Historisches Lexikon der Sowjetunion

Herausgegeben von Hans-Joachim Torke

Historisches Lexikon der Sowjetunion

1917/22 bis 1991

*Herausgegeben
von Hans-Joachim Torke*

VERLAG C. H. BECK MÜNCHEN

Mit 3 Karten und 22 Tabellen

Die Deutsche Bibliothek – CIP-Einheitsaufnahme

Historisches Lexikon der Sowjetunion : 1917/22 bis
1991 / hrsg. von Hans-Joachim Torke. – München :
Beck, 1993
    ISBN 3-406-36771-2
NE: Torke, Hans-Joachim [Hrsg.]

ISBN 3 406 36771 2

© C.H. Beck'sche Verlagsbuchhandlung (Oscar Beck), München 1993
Satz: Fotosatz Otto Gutfreund GmbH, Darmstadt
Druck und Bindung: Ebner, Ulm
Gedruckt auf alterungsbeständigem (säurefreiem) Papier
Printed in Germany

Inhaltsverzeichnis

Vorwort

Die Herausgabe eines Lexikons stellt in Zeiten des Umbruchs ein nicht geringes Wagnis dar: Allzuoft tauchen neue Namen auf, ändern sich Bezeichnungen oder gar Inhalte. Die 1985 eingeleitete Perestrojka war eine solche Umbruchperiode in den Ländern, die zur Sowjetunion gehörten. Mit der Auflösung der letzteren nach 69 Jahren und dem Zusammenbruch des Sowjetsystems nach 74 Jahren ist zwar der Prozeß der Umgestaltung in diesem Raum noch nicht abgeschlossen, aber die sowjetische Geschichte läßt sich nun als historische Periode betrachten.

Insofern knüpft das „Lexikon der sowjetischen Geschichte" an das mit der Oktober-Revolution von 1917 abschließende „Lexikon der Geschichte Rußlands" (Verlag C.H. Beck, München 1985) an, das in der Öffentlichkeit eine gute Aufnahme gefunden hat. Gerade die jüngsten Ereignisse haben ja das Interesse an Osteuropa so verstärkt, daß ein Bedarf an einem umfassenden und schnell informierenden Nachschlagewerk vorhanden ist, zumal die zahlreichen vorliegenden Lexika und Handbücher sich in der Regel auf einzelne Gebiete beschränken, eng fachlich orientiert oder so umfangreich sind, daß ihre Benutzung erschwert ist. Der Informationsbedarf erstreckt sich dabei nicht nur auf die Umgestaltung der letzten sechs Jahre, sondern vor allem auch auf die 20er bis 40er Jahre unseres Jahrhunderts, also auf die Zeit des Aufstiegs Stalins und seiner Herrschaft, deren „weiße Flecken"– so der beliebte Ausdruck – durch die Enthüllungen und Diskussionen sowjetischer Historiker und die Öffnung der Archive im Rahmen der „Perestrojka in der Geschichtswissenschaft" inzwischen weitgehend getilgt worden sind. Insofern kann das Lexikon für sich in Anspruch nehmen, den neuesten Wissensstand in bezug auf die relativ gut erforschte Periode von 1917 bis 1985 und allererste Bewertungen der Perestrojka-Periode von 1985 bis 1991 wiederzugeben.

Dieses Buch soll Lehrern und Studenten, Journalisten und Publizisten, Politikern und Geschäftsleuten sowie allen Interessierten ein zuverlässiger Ratgeber sein. Einzelne der historischen und systematischen Stichwörter beziehen sich dabei je nach Notwendigkeit auf das „Lexikon der Geschichte Rußlands" und verweisen mit dem Kürzel (↑LGR) auf die dortigen Artikel. Auch gelten die gleichen editorischen Grundsätze der wissenschaftlichen Transliteration kyrillischer Wörter (außer bei im Deutschen üblichen Schreibungen wie „Wolga" oder „Sowjet"). Unter Umständen wird das Auffinden schwierig transskribierter Begriffe und Namen deshalb durch Verweise erleichtert (z. B. Jelzin ↑El'cin). Im Unterschied zum Vorläuferband, in dem nur die Herrscherbiographien aufgenommen werden konnten, wurden hier auch die Karrieren der bedeutendsten Persönlichkeiten des politischen und z. T. auch des literarischen und künstlerischen Lebens berücksichtigt.

Den Stichwörtern vorangestellt ist eine Liste sowohl der aus editorischen Gründen verwendeten als auch der in den Artikeln vorkommenden allgemeinen sowjetischen Abkürzungen, von denen der Jargon dieser Epoche sehr viele hervorgebracht hat. Im Anhang befinden sich eine Übersicht über die wichtigsten Daten der sowjetischen Geschichte und eine Zusammenstellung von Nachschlagewerken und einführenden Darstellungen zur Geschichte der Sowjetunion, da die Literaturangaben zu den einzelnen Artikeln auf ein Mindestmaß beschränkt werden mußten. Drei Karten ergänzen den Apparat. Der Anhang enthält ferner die Kurzbiographien der Mitarbeiter dieses Buches.

Der Herausgeber dankt allen beteiligten Kollegen für ihre oft beschwerlichen Bemühungen.

Berlin, Sommer 1992   *Hans-Joachim Torke*

Zur Transliteration kyrillischer Buchstaben

Bei der Aussprache transliterierter Namen und Begriffe sind folgende Regeln zu beachten:

e	=	meist je
s	=	stimmloses s (wie ß)
z	=	stimmhaftes s
c	=	tz
š	=	stimmloses sch
ž	=	stimmhaftes sch (wie in *Journal*)
č	=	tsch
šč	=	schtsch
d', l', m', n', r', s', t'	=	j-Erweichung des Konsonanten

Verwendete Abkürzungen

a) editorische

A. S.	Alter Stil
ASEER	American Slavic and East European Review
BIOst	Bundesinstitut für ostwissenschaftliche und internationale Studien
BSĖ	Bol'šaja Sovetskaja Ėnciklopedija
FOG	Forschungen zur osteuropäischen Geschichte
Ist. Arch.	Istoričeskij Archiv
JGO	Jahrbücher für Geschichte Osteuropas
L	Leningrad
LGR	Lexikon der Geschichte Rußlands (C.H. Beck, München 1985)
M	Moskau, Moskva
Mersh	The Modern Encyclopedia of Russian and Soviet History
N. S.	Neuer Stil
Osteur.	Osteuropa
O.Pr.	Ostprobleme
r.	russisch
R.	Rußland
s.	sowjetisch
S.	Sowjet
SIĖ	Sovetskaja istoričeskaja ėnciklopedija
Slav. Rev.	Slavic Review
Sov. Stud.	Soviet Studies
SPb	St. Petersburg, Sankt-Peterburg
S.-R.	Sowjetrußland
Vopr. Ist.	Voprosy Istorii

b) allgemeine

AG	Autonomes Gebiet
Agitprop	Agitacionno-propagandistskij otdel
AMN	Akademija Medicinskich nauk
AN	Akademija Nauk
AO	Avtonomnaja Oblast'
APN	Akademija Pedagogičeskich nauk
ASSR	Avtonomnaja Sovetskaja Socialističeskaja Respublika
BAM	Baikal-Amur-Magistrale; Bajkalo-Amurskaja Magistral'
BNR	Belarus'kaja Narodnaja Respublika
Burlag	Buril'nyj lager'
Čeka, CK	Črezvyčajnaja komissija
Chozrasčet	Chozjajstvennyj rasčet
CIK	Central'nyj Ispolnitel'nyj komitet
CK	Central'nyj komitet
CKK	Central'naja Kontrol'naja komissija
CPA	Central'nyj Partijnyj Archiv
ČSR	Česká Socialistická Republika
ČSSR	Československá Socialistická Republika
CUGProm	Central'noe upravlenie gosudarstvennoj promyšlennosti
Dal'stroj	Glavnoe upravlenie stroitel'stva Dal'nego Severa
Decisty	Demokratičeskie centralisty
DIAMAT	Dialektischer Materialismus
Donbass	Doneckij bassejn
DOSAAF	Dobrovol'noe obščestvo sodejstvija armii, aviacii i flotu
DOSARM	Dobrovol'noe obščestvo sodejstvija armii
DOSAV	Dobrovol'noe obščestvo sodejstvija aviacii
DOSFLOT	Dobrovol'noe obščestvo sodejstvija flotu
DVR	Dal'nevostočnaja Respublika
EKKI	Exekutivkomitee der Kommunistischen Internationale
FOSP	Federacija Ob-edinenij sovetskich pisatelej
GASSR	Gorskaja Avtonomnaja Sovetskaja Socialističeskaja Respublika
GĖU	Glavnoe ėkonomičeskoe upravlenie
Glavk	Glavnyj komitet
Glavlit	Glavnoe upravlenie literatury i izdatel'stv
Gloėlro	Gosudarstvennaja komissija po ėlektrifikacii Rossii
Gosėkonomkomissija	Gosudarstvennaja ėkonomičeskaja komissija
Gosėkonomsovet	Gosudarstvennyj ėkonomičeskij sovet
Gosizdat	Gosudarstvennoe izdatel'stvo
Goslitizdat	Gosudarstvennoe literaturnoe izdatel'stvo
Gosmedizdat	Gosudarstvennoe medicinskoe izdatel'stvo
Gosplan	Gosudarstvennaja planovaja komissija; Gosudarstvennyj planovyj komitet

Gossnab	Gosudarstvennoe snabženie
Gosstroj	Gosudarstvennyj stroitel'nyj komitet
Gostechnika	Gosudarstvennaja technika
GPU	Gosudarstvennoe političeskoe upravlenie
Gubsovnarchoz	Gubernskij sovet narodnogo chozjajstva
GULag	Glavnoe upravlenie lagerej
GUS	Gemeinschaft Unabhängiger Staaten
IKP	Institut Krasnoj professury
IMĖ	Institut K. Marksa i F. Ėngel'sa
IML	Institut Marksizma-Leninizma
Informbjuro	Informacionnoe bjuro kommunističeskich i rabočich partij
ITL	Ispravitel'no-trudovoj lager'
KGB	Komitet Gosudarstvennoj bezopasnosti
Kolchoz	Kollektivnoe chozjajstvo
Kombed	Komitet bednoty
Komsomol	Kommunističeskij Sojuz molodeži
Komintern	Kommunističeskij Internacional
KP(SS)	Kommunističeskaja Partija (Sovetskogo Sojuza)
Kuzbass	Kuzneckij bassejn
LCK	Literaturnyj centr konstruktivistov
LEF	Levyj front iskusstv
Litbel	Litovskaja-belorusskaja Respublika
Magizdat	Magnitofon-izdatel'stvo
MGB	Ministerstvo Gosudarstvennoj bezopasnosti
MTS	Maschinen-Traktoren-Station; mašinno-traktornaja stancija
Nėp	Novaja ėkonomičeskaja politika
NKGB	Narodnyj Komissariat gosudarstvennoj bezopasnosti
NKVD	Narodnyj komissariat vnutrennich del
NÖP	Neue Ökonomische Politik
OGPU	Ob-edinnenoe Gosudarstvennoe političeskoe upravlenie
Orgbjuro	Organizacionnoe bjuro
Osoaviachim	Obščestvo sodejstvija oborone i aviacionno-chimičeskomu stroitel'stvu SSSR
OSVOK	Osobennoe Soveščanie dlja vozobnovlenija osnovnogo kapitala
OUN	Orhanizacija ukrains'kych nacionalistiv; Organisation Ukrainischer Nationalisten
Politbjuro	Političeskoe bjuro
Politruk	Političeskij rukovoditel'
Prodnalog	Prodovol'stvennyj nalog
Prodrazverstki	Prodovol'stvennye razverstki
Profsojuz	Professional'nyj sojuz
Proletkul't	Proletarskaja kul'tura
Rabfak	Rabočij fakul'tet

Rabkrin	Raboče-krest'janskaja inspekcija
RAPP	Rossijskaja Associacija proletarskich pisatelej
Rbl.	Rubel
REF	Revoljucionnyj front iskusstv
Revvoensovet	Revoljucionnyj voennyj sovet
RGW	Rat für gegenseitige Wirtschaftshilfe
RKI	Raboče-krest'janskaja inspekcija
RKP(b)	Rossijskaja Kommunističeskaja Partija (bol'ševikov)
ROA	Russkaja osvoboditel'naja armija
ROPKP	Rossijskaja Organizacija (Rossijskoe Obščestvo) proletarskich i krest'janskich pisatelej
ROSTA	Rossijskoe Telegrafnoe Agentstvo
RSDRP(b)	Rossijskaja Social-demokratičeskaja Rabočaja Partija (bol'ševikov)
RSFSR	Rossijskaja Sovetskaja Federativnaja Socialističeskaja Respublika
RTS	Remontno-techničeskaja stancija
RVSR	Revoljucionnyj voennyj sovet respubliki
Samizdat	Sam-izdatel'stvo
SĖV	Sovet ėkonomičeskoj vzaimopomošči
SGOR	Sovet gosudarstvennogo ob-edinenija Rossii
SMERŠ	Smert' špionam!
SNCh	Sovet Narodnogo Chozjajstva
SNG	Sodružestvo Nezavisimych Gosudarstv
SNK	Sovet Narodnych komissarov
Sovchoz	Sovetskoe chozjajstvo
Sovnarchoz	Sovet narodnogo chozjajstva
Sovnarkom	Sovet Narodnych komissarov
Specposelenie	Special'noe poselenie
SSSR	Sojuz Sovetskich Socialističeskich Respublik
STO	Sovet truda i oborony
SU	Sowjetunion
SZ	Svod Zakonov; Sobranie Zakonov
TASS	Telegrafnoe agentstvo Sovetskogo Sojuza
TOZ	Tovariščestvo po sovmestnoj obrabotke zemli
Trudarmija	Trudovaja armija
Turkkomissija	Turkestanskaja komissija
Turksib	Turkestano-Sibirskaja železnaja doroga
UdSSR	Union der Sozialistischen Sowjetrepubliken
UK	Ugolovnyj Kodeks
UKK	Uralo-Kuzneckij kombinat
UNR	Ukrajins'ka Narodna Respublika
UPA	Ukrains'ka povstans'ka armija
VAO	Vsesojuznoe Akcionernoe obščestvo
VAPP	Vsesojuznaja Associacija proletarskich pisatelej
VASChNIL	Vsesojuznaja Akademija sel'skochozjajstvennych nauk im. V.I. Lenina

VCIK	Vserossijskij central'nyj Ispolnitel'nyj komitet
VČK	Vserossijskaja Črezvyčajnaja komissija
VKP(b)	Vsesojuznaja Kommunističeskaja Partija (bol'ševikov)
VOAPP	Vsesojuznoe Ob-edinenie associacij proletarskich pisatelej
VOKP	Vsesojuznoe Ob-edinenie krest'janskich pisatelej
VOPKP	Vserossijskaja Organizacija proletarskich i krest'-janskich pisatelej
Vsevobuč	Vseobščee voennoe obučenie
VSNCh	Vysšij Sovet Narodnogo Chozjajstva
VS(S)P	Vserossijskij Sojuz (sovetskich) pisatelej
Vuz	Vysšee učebnoe zavedenie
ZK	Zentralkomitee
ZKK	Zentrale Kontrollkommission
ZSFSR	Zakavkazskaja Sovetskaja Federativnaja Socialisti-českaja Respublika

Abchazien, Abchazische ASSR ↑Georgien

Abtreibung ↑Familie

Achmatova, Anna Andreevna (eigentl. A. A. Gorenko) (1889–1966). Die r.e Dichterin bildete zusammen mit ihrem Mann, N. S. Gumilev (1886–1921, wegen „konterrevolutionärer Tätigkeit" erschossen), und O. E. Mandel'štam (1891–1938) den Dichterkreis der Akmeisten, die nach der ↑Oktober-Revolution wie die Symbolisten und Futuristen als bürgerlich dekadent angegriffen wurden (↑Proletkult). 1922 erschien ihr sechster Gedichtband; in den folgenden 18 Jahren hatte sie Publikationsverbot. 1940 konnte sie wieder veröffentlichen. Die im ↑Zweiten Weltkrieg erweiterten Publikationsmöglichkeiten – A. engagierte sich mit patriotischen Gedichten – wurden ihr 1946 abrupt genommen: Im Dekret des ↑Zentralkomitees vom 14. 8. 1946 wurde ihr zusammen mit dem Satiriker M. M. Zoščenko (1895–1958) vorgeworfen, sie sei eine „typische Vertreterin einer unserem Volk fremden, leeren, ideenlosen Poesie", ihre Gedichte seien durchdrungen vom „Geist des Pessimismus und der Hoffnungslosigkeit" – im Widerspruch zum ↑sozialistischen Realismus. Damit wurde die ↑Ždanov-Ära eingeleitet. A. erhielt Publikationsverbot und wurde aus dem ↑Schriftstellerverband ausgeschlossen. Erst die ↑Entstalinisierung unter ↑Chruščev bot A. seit 1956 die Möglichkeit, einzelne Gedichte und Anthologien zu veröffentlichen. Teil ihrer Rehabilitierung war die Wiederaufnahme in den Schriftstellerverband. In ihren Dichtungen paßte A. sich auch jetzt nicht an die Parteilinie an: Die ‚Geschichtsdichtung' „Poem ohne Held" (1940–1962) ist die Bilanz ihres eigenen Lebens und der Geschichte R.s seit Beginn des 20. Jhs. und hält an den geistigen und kulturellen Traditionen des vorrevolutionären R.s und des Abendlandes fest.

Lit.: Tschukowskaja, L., Aufzeichnungen über Anna Achmatowa, Tübingen 1987; Ketchian, S., The Poetry of Anna Akhmatova. A Conquest of Time and Space, München 1986.   *B.Sch.*

Abrüstung ↑INF-Vertrag

Adžarien, Adžarische ASSR ↑Georgien

Afghanistan konnte 1919 die traditionelle r.-englische Rivalität in ↑Zentralasien nutzen, um die staatliche Unabhängigkeit von der britischen Protektoratsmacht durchzusetzen. Die ↑RSFSR, welche die englisch-r.e Konvention von 1907 (↑LGR) über die Abgrenzung der Interessensphären annulliert und A. im Frieden von ↑Brest-Litovsk politisch anerkannt hatte, unterstützte den neuen Staat zunächst im Hinblick auf die Sicherung der S.-Macht in ↑Turkmenien sowie die Förderung revolutionärer Entwicklungen in Indien. Nach dem Ende des ↑Bürgerkriegs und dem Ausgleich mit England aber wurde A. in die s.e Politik der Verständigung mit Persien und der Türkei einbezogen; der s.-afghanische Freundschaftsvertrag vom 28. 2. 1921 stellte eine lange Zeit stabile Machtbalance her. Erst nach dem ↑Zweiten Weltkrieg kam es im Zeichen der s.-amerikanischen Konfrontation im Mittleren Osten zum engeren Anschluß A.s an die SU:

Während Pakistan, der Iran und die Türkei sich den anti-s.en Bündnissystemen der USA (CENTO, SEATO) anschlossen, suchte A. wegen seines Konflikts mit Pakistan um die von dem afghanischen „Staatsvolk" der Pashtu bewohnten Gebiete jenseits der pakistanischen Grenze Rückhalt bei der SU. So wurde A. seit 1955 außenpolitisch, militärisch und – trotz konkurrierender Bemühungen der USA – auch wirtschaftlich in zunehmendem Maße in die s.e Hegemonialsphäre integriert. Dabei behauptete A. als Königreich und, seit 1973, als Republik noch seine Souveränität als blockfreier Staat, bis 1978 der (von der SU zwar nicht inspirierte, jedoch nachträglich gestützte) Staatsstreich der kommunistischen „Demokratischen Volkspartei A.s" (DVPA) zur unmittelbaren Bindung an die SU im Rahmen verschiedener Hilfe- und Kooperationsabkommen führte. Die Flügelkämpfe innerhalb der regierenden DVPA, vor allem aber die Anfang 1979 einsetzenden Aufstände starker islamischer Widerstandsgruppen verhinderten allerdings eine Konsolidierung des neuen Regimes und veranlaßten ↑Brežnev schließlich zur militärischen Invasion A.s am 25.12. 1979. Aber auch diese erreichte ihr Ziel nicht: Die zuletzt auf ca. 115 000 Mann aufgestockten s.en Interventionstruppen vermochten den Widerstand der von Pakistan aus operierenden und von den USA mit umfangreichen Waffenlieferungen unterstützten Kampforganisationen der Mudjaheddin in keinem Landesteil dauerhaft zu brechen; zugleich aber geriet die SU durch die heftigen internationalen Reaktionen auf die Invasion außenpolitisch in die Defensive. Dennoch zeichnete sich erst unter ↑Gorbačev eine Reorientierung der s.en A.-Politik ab. Sie begann 1986 mit der Ablösung des 1979 von Moskau eingesetzten Staats- und Parteichefs Babrak Karmal durch Generalmajor Mohammed Nadjibullah, der unter s.er Ägide eine Politik der nationalen Versöhnung sowie der Verständigung mit Pakistan einzuleiten versuchte. Den entscheidenden Impuls gab aber erst der Entschluß der SU, ihr militärisches Engagement unabhängig von einer politischen Lösung zu beenden: Sie ebnete den Weg zum Genfer A.-Abkommen, das durch UN-Vermittlung zwischen A., Pakistan, der SU und den USA, jedoch ohne die Mudjaheddin, ausgehandelt und am 15.4. 1988 unterzeichnet wurde. Vereinbart wurden der schrittweise Abzug der s.en Truppen (1989 abgeschlossen) und die Bildung einer parteienübergreifenden Übergangsregierung, die jedoch an der ablehnenden Haltung der Mudjaheddin einstweilen scheitern sollte; gleichzeitig behielten sich die Großmächte vor, ihre jeweilige Partei im fortdauernden Bürgerkrieg weiterhin indirekt (auch mit Waffenlieferungen) zu unterstützen. Trotz der politischen Spaltung der Mudjaheddin-Bewegung setzte sich diese mit der Eroberung der Hauptstadt Kabul 1992 schließlich gegen ihren Kriegsgegner durch. Für die SU hatte der A.-Konflikt in der Schlußphase insofern auch innenpolitische Wirkungen, als die Erfolglosigkeit der Interventionspolitik, die ausufernden Kriegslasten und der wachsende Protest der s.en A.-Veteranen ein Krisenpotential schufen, das seinerseits den inneren Reformdruck beträchtlich erhöhte.

Lit.: Dupree, L., Afghanistan, Princeton 1973; Vogel, H. (Hrsg.), Die sowjetische Intervention in Afghanistan, Baden-Baden 1980; Arnold, A., Afghanistan. The Soviet Invasion in Perspective, Stanford (Cal.) 1986.   *M.G.M.*

Agitprop ↑Propaganda

Agrarkodex ↑Neue Ökonomische Politik

Agrostadt (agrogorod) lautete die Bezeichnung für ein Konzept zur Neuordnung der ↑Landwirtschaft, das 1950/51 diskutiert wurde. Als 1. Sekretär des Moskauer Parteikomitees hatte N. S. ↑Chruščev, zugleich ZK-Sekretär und ↑Politbüromitglied, eine Kampagne zur Zusammenlegung von ↑Kolchozen im Gebiet ↑Moskau eingeleitet. Auf diese Weise sank die Zahl der Kollektivwirtschaften von 250 000 (1950) auf 97 000 (1952). Im Zusammenhang mit der Vergrößerung der Kolchozen, die innerhalb der ↑Bauernschaft offenbar erhebliche Unruhe hervorrief – im Sommer 1950 kam es zu Viehabschlachtungen –, steht die Diskussion um die Veränderung der bäuerlichen Lebensbedingungen durch Errichtung von Agrostädten. Sie waren gedacht als Kolchozgroßsiedlungen mit Schulen, Klubs, Badehäusern, Kulturpalästen, ↑Kindergärten, mit Wasserleitungen und elektrischer Beleuchtung. Als Wohnraum sollten Ein- und Mehrfamilienhäuser mit mehreren Räumen pro Familie entworfen werden. Die Idee der A. wurde von G. M. ↑Malenkov, dem ZK-Sekretär für ↑Landwirtschaft, auf dem XIX. ↑Parteitag 1952 als „Fehler" bezeichnet und in der Folge fallengelassen.

Lit.: Chruščev, N. S., O stroitel'stve i blagoustrojstve v kolchozach, in: Pravda 4. 3. 1951, S. 2–3; Ot redakcii, Ispravlenie ošibki, in: Pravda 5. 3. 1951, S. 1; Malenkov, G., Otčetnyj doklad XIX s-ezdu partii o rabote Central'nogo Komiteta VKP(b), M 1952; Medwedjew, R., Chruschtschow. Eine politische Biographie, Stuttgart/Herford 1984; Nove, A., An Economic History of the U.S.S.R., Harmondsworth 1980.   *H.-H.Sch.*

Akademie der Landwirtschaftswissenschaften ↑V. I. Lenin-Gesamtunionsakademie der Landwirtschaftswissenschaften

Akademie der Medizinischen Wissenschaften (Akademija Medicinskich nauk SSSR; AMN). Die A. d. M. W. war eine Fachakademie, die das System der ↑Akademie der Wissenschaften der UdSSR, in der die Medizin nicht vertreten war, ergänzte. Die A. d. M. W. wurde im Juni 1944 in ↑Moskau gegründet. Dem Gesundheitsministerium der UdSSR direkt unterstellt, bildete sie die höchste wissenschaftliche Einrichtung auf dem Gebiet der medizinischen Wissenschaft. Ihre Aufgabe bestand in der Ausarbeitung von Forschungsplänen bei der Koordinierung der medizinischen Forschung im Lande. Ihre zahlreichen Forschungsinstitute waren in drei Abteilungen aufgegliedert: 1) für Hygiene, Mikrobiologie und Epidemiologie (7 Institute); 2) für Klinische Medizin (13 Institute); 3) für medizinisch-biologische Wissenschaften (9 Institute). Zu den 108 Ordentlichen und 167 Korrespondierenden Mitgliedern kamen noch weitere 22 ausländische Mitglieder, was auf die internationalen Verbindungen der s.en Medizin hinweist. Präsident der A. d. M. W. war N. N. Blochin (geb. 1912). Das wichtigste Publikationsorgan war der „Vestnik AMN SSSR", der seit 1946 erschien.

Lit.: Meyer, K., Das wissenschaftliche Leben in der UdSSR, Berlin ²1963; Müller-Dietz, H., Die Akademie der Medizinischen Wissenschaften der UdSSR. Struktur und Funktion, Boppard 1973; Akademija medicinskich nauk, M 1976; Müller-Dietz, H., Statut der Akademie der Medizinischen Wissenschaften der UdSSR (Einleitung und Text vom 14. 5. 1976), in: Meyer, K., Die Statuten der Wissenschaftlichen Akademien der UdSSR, Berlin 1982, S. 69–98.   *K.M.*

Akademie der Pädagogischen Wissenschaften (Akademija Pedagogičeskich nauk; APN). Die A. d. P. W. wurde im Oktober 1943, mitten im ↑Zweiten Weltkrieg, als Organ der ↑RSFSR in ↑Moskau gegründet und war seit August 1966 die höchste wissenschaftliche Einrichtung der pädagogischen Wissenschaft für die gesamte SU. Als eine der drei Fachakademien ergänzte die A. d. P. W. das System der ↑Akademie der Wissenschaften der UdSSR; sie unterstand unmittelbar dem Ministerium für das Bildungswesen. Die A. d. P. W. legte die Grundlagen für die pädagogische Forschung und Praxis. Sie konzentrierte sich dabei auf die drei wichtigsten Stufen der Ausbildung: das allgemeinbildende Schulwesen (↑Schulen), die beruflich-technische Bildung und auf das Hoch- und Fachschulwesen (↑Hochschulen). Die über ein Dutzend Forschungsinstitute gliederten sich in drei Abteilungen: a) für Theorie und Geschichte der Pädagogik; b) für Didaktik und Fachmethodiken; c) für Psychologie der Altersstufen. Unter den 55 Ordentlichen und 88 Korrespondierenden Mitgliedern befanden sich auch Praktiker. Präsident war I. D. Zverev. Wichtigstes Publikationsorgan war die Zeitschrift „Sovetskaja pedagogika", die seit 1937 erschien.

Lit.: Meyer, K., Das wissenschaftliche Leben in der UdSSR, Berlin [2]1963; Little, D. R., The Academy of Pedagogical Sciences – Its Political Role, in: Sov. Stud. 19 (1967/68), S. 387–397; Szekely, B. B., The Establishment of the Academy of Pedagogical Sciences in the USSR, Ph. Diss. Columbia University, New York 1976; Anweiler, O., Statut der Akademie der Pädagogischen Wissenschaften der UdSSR (Einleitung und Text vom 29. 8. 1967), in: Meyer, K., Die Statuten der Wissenschaftlichen Akademien der UdSSR, Berlin 1982, S. 99–126.   *K.M.*

Akademie der Wissenschaften (Akademija Nauk SSSR; AN). Die A. d. W. war die Nachfolge-Institution der Kaiserlichen A. d. W. von 1725 (↑LGR). Nach der ↑Oktober-Revolution arbeitete die A. d. W. noch eine Zeitlang nach dem Statut von 1836, bis 1925 eine Übergangsphase eingeleitet wurde, in der sie von einer Gelehrtenvereinigung in ein Instrument sozialistischer Wissenschaftspolitik umgewandelt wurde. Die Umbenennung in A. d. W. der UdSSR (1925), durchgreifende Änderungen im Personalbestand (insbesondere 1929), die Unterstellung unter den ↑Rat der Volkskommissare (1933) sowie die Verlegung des Präsidiums und der wichtigsten Institute von ↑Leningrad nach ↑Moskau (1934) sind Stationen dieses Vorgangs, der mit dem Statut von 1935 seinen Abschluß fand. In diesem Statut wurde die „planmäßige Ausnutzung der wissenschaftlichen Errungenschaften zur Mitwirkung bei dem Aufbau einer klassenlosen Gesellschaft" als Hauptaufgabe für die A. d. W. bezeichnet. Seitdem erfuhr die A. d. W. eine Entwicklung und Ausdehnung, die sie zur zentralen Leitstelle der wissenschaftlichen Forschung in der SU machte. Das direkte Unterstellungsverhältnis zum ↑Ministerrat der UdSSR wurde auch durch die koordinierende Funktion des „Staatskomitees für Wissenschaft und Technik" kaum beeinträchtigt. Als „Stab der Sowjetwissenschaft" war die A. d. W. die höchste wissenschaftliche Einrichtung; ihre Mitglieder, die „Akademiker", genossen entsprechende Privilegien. Darüber hinaus war die A. d. W. Mittelpunkt eines ganzen Systems von wissenschaftlichen Forschungseinrichtungen, das sich über die gesamte SU erstreckte, obwohl der Wirkungsbereich der A. d. W. im wesentlichen die ↑RSFSR war. In Novosibirsk bestand die Sibirische Abteilung der A. d. W., die durch die Unterstellung unter den Ministerrat der RSFSR nicht nur administrativ eine Sonderstellung einnahm. Jede weitere ↑Unionsrepublik (außer der RSFSR) besaß eine eigene A. d. W., deren wissenschaftliche Arbeit durch ein Koordinierungsorgan

mit der zentralen A. d. W. abgestimmt wurde. In fachlicher Hinsicht wurde die
A. d. W. in den Fachrichtungen, die sie nicht bearbeitete, durch drei Fachakademien (↑Akademie der Landwirtschaftswissenschaften; ↑Akademie der Medizinischen Wissenschaften; ↑Akademie der Pädagogischen Wissenschaften) ergänzt. –
Die A. d. W. gliederte sich in vier Sektionen: 1) für physikalisch-technische und
mathematische Wissenschaften (5 Abteilungen); 2) für chemisch-technologische
und biologische Wissenschaften (5 Abteilungen); 3) für Erdwissenschaften (2
Abteilungen); 4) für Gesellschaftswissenschaften (4 Abteilungen). Mit ihren
rund 250 Forschungsinstituten, in denen annähernd 50000 wissenschaftliche
Kräfte arbeiteten, war die A. d. W. die größte wissenschaftliche Einrichtung der
Welt. Sie wies 274 Ordentliche, 542 Korrespondierende und annähernd 70 Ausländische Mitglieder auf. Präsident war seit 1986 der Atomphysiker Gurij I.
Marčuk (geb. 1925). Das zentrale Mitteilungsblatt der A. d. W., der „Vestnik
AN SSSR", erschien seit 1931. 1991 wurde die A. d. W. der UdSSR aufgelöst
und die „Russische A. d. W." gegründet.

Lit.: Meyer, K., Das wissenschaftliche Leben in der UdSSR, Berlin ²1963; Akademija nauk
SSSR. Personal'nyj sostav, Bd. 2, M 1974; Ustavy Akademii nauk SSSR, M 1974; Kasack,
W., Die A. d. W. der UdSSR. Überblick über Geschichte und Struktur. Verzeichnis der
Institute, Boppard ³1978; Komkov, G. D., u. a., Geschichte der A. d. W. der UdSSR,
hrsg. und bearbeitet von C. Grau, Berlin 1981; Meyer, K., Statut der A. d. W. der UdSSR
(Einleitung und Text vom 1. 7. 1963), in: Meyer, K., Die Statuten der Wissenschaftlichen
Akademien der UdSSR, Berlin 1982, S. 9–40; Vucinich, A., Empire of Knowledge. The
Academy of Sciences of the USSR (1917–1970), Berkeley/London 1984.   *K.M.*

Akmeisten ↑Achmatova

Aktivist wurde ein Mitglied des „Aktivs" von ↑Partei, ↑Gewerkschaft, ↑Komsomol oder einer gesellschaftlichen Massenorganisation genannt. Das Aktiv umfaßte gewöhnlich neben den hauptamtlichen Mitarbeitern der jeweiligen Organisation auch die Träger von Ehrenämtern und gesellschaftlichen bzw. Parteiverpflichtungen, der Begriff ist jedoch nicht eindeutig abgegrenzt. Ende der 20er
Jahre zählten z. B. zum Parteiaktiv im Betrieb die Mitglieder des Büros der
Betriebszelle, diejenigen der Kommissionen, die das Zellenbüro für Agitproparbeit (↑Propaganda) bildete, die Gruppenorganisatoren und die Parteimitglieder,
die Funktionen in Gewerkschaften, Komsomol u. a. Massenorganisationen
wahrnahmen. Entsprechend dieser Definition des Parteiaktivs spricht man auch
von Gewerkschaftsaktiv, Komsomolaktiv usf.

Lit.: Mel'kumov, V. P., Organizacionnoe stroitel'stvo VKP(b), M/L 1929; Schröder, H.-
H., Arbeiterschaft, Wirtschaftsführung und Parteibürokratie während der Neuen Ökonomischen Politik. Eine Sozialgeschichte der bolschewistischen Partei 1920–1928, in: FOG
31 (Berlin 1982); Brunner, G. (Hrsg.), Das Parteistatut der KPdSU 1903–1961, Köln 1965;
Knižka Partijnogo Aktivista (erschien jährlich).   *H.-H.Sch.*

Alkoholismus, übermäßiger Konsum alkoholischer Getränke, war in der SU kein
neues Phänomen. Entsprechende Berichte sind bereits aus der vorrevolutionären
Zeit bekannt. Neben dem im Rahmen des staatlichen Monopols vertriebenen
Wodka spielte „Selbstgebrannter" (Samogon) stets eine große Rolle. Während
des Ersten Weltkrieges (↑LGR) und im ↑Kriegskommunismus scheint sich der

Alkoholkonsum in Grenzen gehalten zu haben, einerseits weil 1914 staatlicher-
seits die Herstellung und der Verkauf von Wodka eingestellt wurde, andererseits
weil – wenigstens seit 1918 – durch ↑Requirierungen die Rohstoffe für „Selbstge-
brannten" (Getreide, Kartoffeln, Zuckerrüben usw.) nur noch in geringem Maße
zur Verfügung standen. Nach der guten Ernte 1922 begannen die Bauern jedoch
wieder, Schnaps illegal herzustellen. Deshalb wurde mit einem Dekret vom
Januar 1923 die Erzeugung von 20%igem Wodka (sogenanntem „Rykovka",
nach A. ↑Rykov) wieder freigegeben und ein staatliches Wodka-Monopol geschaffen, das auch der Steigerung der Staatseinnahmen zugute kam. In den folgenden Jahren stieg der Alkoholkonsum rasch an. In Moskauer Arbeiterfamilien
nahm er zwischen 1924 und 1928 um das Achtfache zu. Der A. hatte negative
Folgen – sowohl für den Gesundheitsstand der Bevölkerung, als auch für die
Produktionsdisziplin in den Betrieben. Zahlreiche Verstöße wie „Blaumachen"
oder Schlägereien am Arbeitsplatz standen in Zusammenhang mit A. Das Problem bestand auch nach dem ↑Zweiten Weltkrieg weiter. Zwischen 1957 und
1972 stieg die offizielle Wodka-Produktion (ohne Export) von ca. 1400 Mio.
Liter auf 2167 Mio. Liter. Trotz aller Bemühungen, nichtalkoholische Getränke
und solche mit niedrigem Alkoholgehalt populär zu machen – die Erzeugung
von Bier wuchs zwischen 1957 und 1972 um 300 % –, gelang es nicht, den A.
entscheidend einzuschränken. 1974 gaben s.e Familien 6,7 % ihres Monatsbud-
gets für alkoholische Getränke aus. In Alkoholikerfamilien betrug dieser Anteil
bis zu 30 %. Die Ursachen für unmäßigen Alkoholgenuß sind vielfältig. Erheblichen Einfluß auf die Form des A. haben traditionelle Trinkgewohnheiten. Anders als in westlichen Ländern wurden in weiten Teilen der SU (die Republiken
↑Zentralasiens machen hier infolge der traditionellen Religionskultur eine deutliche Ausnahme) vor allem hochprozentige Getränke konsumiert. Unter ↑Gorba-
čev setzte 1985/86 eine massive Kampagne gegen den A. ein (vgl. ZK-Beschluß
vom 7.5. 1985 „Über Maßnahmen zur Überwindung von Trunksucht und Alkoholismus", der zum Gesetz vom 16. Mai führte). Diese zeigte partielle Erfolge,
doch hatte die Einschränkung des Verkaufs von Spirituosen negative wirtschaftliche Folgen. So wurde die Kampagne seit 1987 schrittweise abgeschwächt; Wodka
wurde knapp gehalten, während leichtere Getränke wie Bier und Wein verstärkt
angeboten werden sollten. Über Verbreitung des A. geben neuere Daten einen
Überblick:

Alkoholismus in der UdSSR 1986–1987 (Fälle auf 100 000 Einwohner)

	1986	1987
UdSSR	195,80	180,70
RSFSR	241,80	223,50
Ukrainische SSR	191,60	180,40
Belorussische SSR	219,60	195,70
Uzbekische SSR	45,80	39,80
Kazachische SSR	183,10	186,70
Gruzinische SSR	29,30	29,20
Azerbajdžanische SSR	12,50	14,50
Litauische SSR	202,20	183,90
Moldavische SSR	293,10	254,60

Lettische SSR	302,40	229,40
Kirgizische SSR	92,20	68,70
Tadžikische SSR	53,50	40,80
Armenische SSR	16,20	13,30
Turkestanische SSR	49,50	38,80
Estnische SSR	158,60	142,70

Lit.: Larin, Ju., Struktura raboČego alkogolizma, in: Revoljucija i Kul'tura 1929, No. 2, S. 43–52; Baum, R./Müller-Dietz, H., Alkoholkonsum in der UdSSR, Berichte des BIOst 6.1976, Alkogolizm: Problemy i bor'ba. Novoe v žizni, nauke i technike. Serija „Medicina" 9,3, M 1975; Vestnik Statistiki 1988, No. 12, S. 48–57.   *H.-H.Sch.*

Allrussischer Sowjetkongreß ↑Rätekongreß

Allrussisches Zentrales Exekutivkomitee, Allunionsexekutivkomitee ↑Zentrales Exekutivkomitee

Alma-Ata, heute Hauptstadt ↑Kazachstans und eines Verwaltungsgebiets (oblast'), wurde an der Stelle einer kazachischen Siedlung 1854 als r.e Militärsiedlung Vernoe gegründet und 1867 umbenannt in Vernyj. 1918 eroberten die ↑Bolschewisten die Stadt; im ↑Bürgerkrieg war sie Basis der s.en Herrschaft in Ost-Kazachstan. 1921 erfolgte die Umbenennung in A., 1929 die Verlegung der Hauptstadt der Kazachischen ↑ASSR von Kyzyl-Orda nach A. Im Mai 1930 wurde A. mit der ↑Turksib an das Eisenbahnnetz angeschlossen. 1939 hatte A. bereits 222 000 Einwohner gegenüber 34 000 im Jahre 1917. Die Bedeutung als Verwaltungsmittelpunkt (1936 Hauptstadt der Kazachischen ↑SSR) und als industrielles Zentrum nahm rasch zu, auch durch Evakuierung von Betrieben im ↑Zweiten Weltkrieg und infolge der landwirtschaftlichen Erschließung Kazachstans (↑Neulandkampagne) sowie des Ausbaus der ↑Industrie seit den 50er Jahren. A. wurde mit allen zentralen Einrichtungen der Hauptstädte der s.en ↑Unionsrepubliken ausgestattet: ↑Oberster Sowjet, ↑Ministerrat, ↑Ministerien, Volkswirtschaftsverwaltungen und Gerichte, Sekretariate gesellschaftlicher Organisationen, ↑Akademie d. Wissenschaften (1946), Hoch- und Fachschulen, Fernsehsender und Rundfunkstation, Presse, Theater (r. und kazachisch). Zentralisierung, Urbanisierung, ↑Industrialisierung und Ausbau des Dienstleistungssektors waren mit dem starken Zustrom von Fachkräften verbunden, in der Mehrzahl Großrussen (↑LGR) und ihnen kulturell nahestehende europäische ethnische Gruppen. Unter 1 Mio. Einw. (1985) haben die Großrussen eine klare Dominanz (1959: 73,2 %, 1969: 70,3 %) vor den Kazachen (8,1 % bzw. 12,1 %); dazu kommen Ukrainer (↑LGR), Deutsche, Uzbeken u. a.

Lit.: Meyers Kontinente und Meere: Sowjetunion, Mannheim 1969; ↑Nachschlagewerke im Anhang.   *B.Sch.*

Alphabetisierung ↑Analphabetismus

Analphabetismus war schon in R. eine Erscheinung, welche die kulturelle und ökonomische Rückständigkeit gegenüber den west- und zentraleuropäischen Ländern bewies. Bereits ↑Lenin hatte dieses Problem erkannt; er konnte jedoch unter den Bedingungen des ↑Bürgerkrieges keine durchgreifenden Maßnahmen

treffen. Erst unter der ↑Kulturrevolution ↑Stalins war es möglich, die Bildungs-
defizite auszugleichen, wenn auch z. T. mit paramilitärischen Mitteln. Immerhin
gelang es, durch die beiden Verordnungen von 1930 und 1931 die allgemeine
Schulpflicht einzuführen, auf deren Grundlage das Analphabetentum – wenn
auch für eine altersmäßig begrenzte Bevölkerungsschicht – beseitigt wurde.
Durch einen regelrechten „Kulturfeldzug" unter dem neuen ↑Volkskommissar
für das Bildungswesen, Andrej S. Bubnov (1883–1940), dem Nachfolger ↑Luna-
čarskijs, wurde diese Kampagne noch verstärkt und erhielt dadurch zugleich
politisches Gewicht. Die Ergebnisse dieses Kulturfeldzuges belegen folgende
Zahlen:

*Anteil der Lese- und Schreibkundigen in R. und der SU in % der Gesamtbevöl-
kerung (im Alter von 9 bis 49 Jahren)*

	1897	*1926*	*1939*	*1970*
Männlich	40,3	71,5	93,5	99,8
Weiblich	16,6	42,7	81,6	99,7
Insgesamt	28,4	56,6	87,4	99,7

(BSÈ, 3. Aufl., Bd. 7, M 1972, Sp. 723 [Seite 245])

Es ist gerechtfertigt, die Bevölkerung der SU in den letzten Jahren als „Bildungs-
gesellschaft" zu bezeichnen, wenn auch der Bildungsgrad immer noch von regionalen Gegebenheiten abhängig war.

Lit.: Kumanev, V. A., Revoljucija i prosveščenie mass, M 1973; Die Kulturrevolution in
der UdSSR, M 1974.   *K.M.*

Andreev, Andrej Andreevič (1895–1971), stammte aus einem Dorf im Gouvernement (↑LGR) ↑Smolensk, trat als Arbeiter 1914 in die ↑Sozialdemokratie
(↑LGR) ein und wurde bereits 1915/16 Mitglied des Petrograder Parteikomitees
der ↑Bolschewisten. 1917/19 arbeitete A. im Ural und in der ↑Ukraine als Partei-
und Gewerkschaftsfunktionär, wurde 1920 Sekretär des Allunionsrates der ↑Ge-
werkschaften, unterstützte in der Gewerkschaftsdiskussion zunächst die Position ↑Trockijs (‚Verstaatlichung der Gewerkschaften'), wechselte auf dem IV.
Allunionskongreß der Gewerkschaften (Mai 1921) aber die Front und trat gegen
die ↑Arbeiter-Opposition auf. Seitdem gehörte A. zu den Gefolgsleuten ↑Stalins
und setzte dessen Linie als Vorsitzender des ZK des Verbandes der Eisenbahner
(1922–1927) und als Vorsitzender des Nordkaukasischen Gebietskomitees der
↑VKP (1927–1930) v. a. in der ↑Kollektivierung durch. Vom IX. bzw. XI. bis
zum XXII. ↑Parteitag war A. Mitglied des ↑Zentralkomitees, schon 1924–1925
dessen Sekretär (↑Sekretariat des ZK), 1926 bis 1930 Kandidat, dann 1932–1952
Mitglied des ↑Politbüros, erneut 1935–1946 Sekretär des ZK, 1939–1952 Vorsitzender der ↑Parteikontrollkommission. 1931–1935 war A. ↑Volkskommissar für
Verkehr, im ↑Zweiten Weltkrieg war er für Transportfragen zuständig,
1933–1946 Volkskommissar für ↑Landwirtschaft und anschließend bis 1953
Stellvertreter des Vorsitzenden des ↑Ministerrats. 1946 übernahm er den Vorsitz
im Rat für Kollektivwirtschaften, unterlag 1950 aber ↑Chruščev mit seinem
Reformkonzept und mußte seine „Fehler" offen eingestehen. Stalin entzog A. in
seinen letzten Lebensjahren seine Gunst und schloß ihn von den Politbürositz-
zungen aus. Nach Stalins Tod wurde A. mit Ehrenposten abgefunden.

Lit.: BSĖ (2. und 3. Auflage); Ežegodnik BSĖ; SIĖ; Sovetskij ėnciklopedičeskij slovar',
4. Aufl. M. 1989; Sowjethandbuch, hrsg. v. H. Koch, Köln 1957; Gliederung und Gesicht
eines Führungskollektivs, hrsg. v. H. Koch, Köln 1959; Porträts der UdSSR-Prominenz,
hrsg. v. Inst. zur Erforschung der UdSSR, Loseblattsammlung, 1960 ff.; Jeanne Vronskaya, A Biographic Dictionary of the Soviet Union, 1917–1988, London 1989; parteige-
schichtliche Literatur: Daniels, R. V., Das Gewissen der Revolution. Kommunistische
Opposition in der Sowjetunion, Köln 1962; Fainsod, M., Wie Rußland regiert wird, Köln
1965; Schapiro, L., Die Geschichte der kommunistischen Partei der Sowjetunion, Frankfurt a. M. 1961; Meissner, B., Rußland im Umbruch. Der Wandel in der Herrschaftsord-
nung und sozialen Struktur der Sowjetunion, Frankfurt a. M. 1951, und nachfolgende
Untersuchungen von B. Meissner zur Parteientwicklung; Dokumentation: Sowjetregie-
rungen und zentrale Wirtschaftsbehörden mit Politbüro bzw. Präsidium des ZK der KP, v.
K. C. Thalheim, in: Sowjetunion. Das Wirtschaftssystem, hrsg. v. W. Markert, Köln
1965.

Andropov, Jurij Vladimirovič (1914–1984), geb. im Bezirk (kraj) Stavropol', seit
1939 Mitglied der ↑Partei, begann seine politische Laufbahn 1936–1944 als Funktionär beim ↑Komsomol und setzte sie 1944 in der Kommunistischen Partei der
↑Karelo-Finnischen SSR fort (seit 1947 als 2. ZK-Sekretär). 1951–53 arbeitete A.
als Sektionsleiter des ↑Zentralkomitees der KPdSU. In seine Zeit als Botschafter
in der Ungarischen Volksrepublik (1953–1957) fiel der ungarische Aufstand, bei
dessen Niederschlagung er eine wichtige Rolle spielte. Anschließend wurde A.
Abteilungsleiter und seit 1962 auch Sekretär (↑Sekretariat) des ZK, zuständig für
die Verbindungen zu den kommunistischen und Arbeiterparteien der sozialistischen Staaten. Diese Funktion gab er 1967 auf, um Vorsitzender des ↑KGB zu
werden. Seit 1961 gehörte er dem ZK, seit 1967 als Kandidat und seit 1973 als
volles Mitglied dem ↑Politbüro des ZK an. Nach dem Tode ↑Brežnevs wählte
das Zentralkomitee A. am 12. 11. 1982 zum ↑Generalsekretär. A. übernahm den
Vorsitz im Verteidigungsrat, im Juni 1983 auch das Amt des Vorsitzenden des
↑Präsidiums des Obersten Sowjets. Er war offensichtlich der Vertreter der Kritiker Brežnevs. In seiner Innenpolitik gab es rasch Hinweise auf eine nüchterne
Bilanzierung der s.en Wirtschafts- und Gesellschaftsentwicklung. Veränderungen zeichneten sich ab (Antikorruptionskampagne, Disziplinarmaßnahmen gegen Parteimitglieder). Unter ↑Gorbačev wurden viele der von ihm eingeleiteten
Maßnahmen nachdrücklich aufgegriffen. Seit August 1983 trat A. wegen schwerer Krankheit bis zum Tode am 9. 2. 1984 nicht mehr an die Öffentlichkeit.

Lit.: Medwedjew, Zh., Andropow. Der Aufstieg zur Macht, Hamburg 1983; ders., Andropov. His Life and Death, Oxford 1984; Die Sowjetunion im Übergang von Breschnew
zu Andropow, Berlin 1983 (Abhandlungen des Göttinger Arbeitskreises 5); Die Sowjetunion 1982/83. Ereignisse. Probleme. Perspektiven, München 1983; dass. 1984/85, München 1985; Who's Who in the Soviet Union, München etc. 1984; Who's Who in the
Socialist Countries, New York/München 1978.   *B.Sch.*

Angestellte ↑Klassen

Anti-Partei-Gruppe war der Name, den man im nachhinein der Opposition gab,
die sich im Sommer 1957 im ↑Präsidium des Zentralkomitees der ↑KPdSU gegen
die Innen- und Außenpolitik des ↑Ersten Sekretärs der Partei, N. S. ↑Chruščev,
gebildet hatte. Zu ihr gehörten V. M. ↑Molotov, L. M. ↑Kaganovič, G. M. ↑Ma-

lenkov, K. E. ↑Vorošilov, N. A. ↑Bulganin, M. G. ↑Pervuchin, M. Z. ↑Saburov und (allerdings nicht Präsidiumsmitglied) D. T. ↑Šepilov. Ihr Versuch, die Absetzung Chruščevs im Präsidium des Zentralkomitees (wo sie sich in der Mehrheit wußten) durchzusetzen, mißlang. Chruščev sorgte dafür, daß die Vorgänge nach außen drangen; seine Opponenten sahen sich genötigt, die Frage dem Plenum des ↑ZK vorzulegen, und Verteidigungsminister G. K. ↑Žukov stellte Militärflugzeuge zur Verfügung, damit die ZK-Mitglieder rechtzeitig nach ↑Moskau gebracht werden konnten. In seiner Tagung vom 22. bis 29. Juni 1957 stellte sich das ZK-Plenum hinter Chruščev. Malenkov, Kaganovič, Molotov und Šepilov wurden aus dem Präsidium und Plenum des ZK ausgeschlossen; Bulganin erhielt einen scharfen Verweis (er verlor seinen Präsidiumsposten und den Vorsitz im ↑Ministerrat im Folgejahr). Auch Saburov wurde aus dem ZK-Präsidium ausgeschlossen, und Pervuchin vom Vollmitglied des Präsidiums zum Kandidaten zurückgestuft.

Lit.: Antipartijnaja gruppa, in: SIĖ Bd. 1, Sp. 611 f.   *H.A.*

Antisemitismus wurde von den ↑Bolschewisten bis zum Beginn der 30er Jahre aktiv bekämpft. Dadurch unterschied sich die bolschewistische Politik deutlich von derjenigen der vorangegangenen Zeit. Antisemitische Pogrome hatten während Revolution (↑Oktober-Revolution) und ↑Bürgerkrieg vor allem in der ↑Ukraine einen Höhepunkt erreicht. In der SU wurden alle rechtlichen Beschränkungen für die Juden aufgehoben. Das führte in den 20er und 30er Jahren zu einer umfangreichen Migration der Juden aus den alten Ansiedlungsgebieten in die r.en Groß- und Industriestädte, vor allem nach ↑Moskau und ↑Leningrad. Diese Wanderung verband sich mit einem eindrucksvollen sozialen Aufstieg vieler Juden, die zur Akkulturation an das R.e bereit waren. Seither waren und sind – trotz der nachfolgenden antisemitischen Verfolgungswellen – die Juden in fast allen Elitegruppen überproportional vertreten. In den 30er Jahren stellten sie 2 % der Bevölkerung, aber 16 % der Mediziner und Lehrer und mehr als 4 % der Parteimitglieder. In der Parteiführung waren sie seit der Zeit vor der Revolution stark vertreten gewesen.

Dies hat dazu beigetragen, den volksläufigen A. seit den 30er Jahren wieder anwachsen zu lassen. Während in den ersten beiden Jahrzehnten der S.-Macht nur jüdische religiöse Institutionen geschlossen und zerstört worden waren, wurden Ende der 30er Jahre auch die meisten jiddischen Schulen, Theater, Publikationsorgane und anderen kulturellen Einrichtungen zwangsweise aufgelöst. Der A. wurde Parteilinie. Nach dem ↑Hitler-Stalin-Pakt vom August 1939 wurde der A. des Nationalsozialismus in der UdSSR verschwiegen. Bis heute gibt es keine detaillierte s.e Darstellung des jüdischen Holocaust, obwohl sich von den etwa 5 Mio. s.er Juden (nach der Okkupation der Westgebiete 1939/40) während des ↑Zweiten Weltkriegs etwa 2 Mio. unter deutscher Besatzungsmacht befanden. Ein großer Teil von ihnen fiel dem Holocaust zum Opfer. 1948 wurde das im Zweiten Weltkrieg als eine Art Dachorganisation für wieder erlaubte kulturelle Aktivitäten gegründete Jüdische Antifaschistische Komitee aufgelöst, fast alle Mitglieder wurden verhaftet. Die Jahre 1948 bis 1952 kennzeichnen den Höhepunkt antijüdischer Politik. Fast alle jüdischen Kultureinrichtungen wurden geschlossen, jüdische Intellektuelle und Künstler verschwanden im ↑GU-

Lag. Der volksläufige A. wurde offiziell gefördert. Wahrscheinlich plante ↑Stalin kurz vor seinem Tod die Deportation der Juden aus den Großstädten. Seit den 60er Jahren versteckte sich der A. zumeist unter dem Deckmantel des Antizionismus und einer scharfen antiisraelischen Propaganda. Allerdings konnten von 1971 bis 1984 260000 Juden offiziell die SU verlassen; die meisten emigrierten in die Vereinigten Staaten. Die Erlaubnis zur Emigration gab dem volksläufigen A. neue Nahrung. Die Juden waren aus bestimmten Elitegruppen – wie dem diplomatischen Dienst – weitgehend ausgeschlossen. Ihr Anteil an der ↑Intelligenz war rückläufig, obwohl sie nach wie vor die gebildetste Gruppe der UdSSR waren.

Die ↑Gorbačev-Führung wollte den A. abbauen. Das kam u.a. darin zum Ausdruck, daß seine Existenz in der s.en Gesellschaft zugegeben wurde und in der Publizistik nicht mehr tabu war. Die SU hatte inzwischen auch eine Wiederannäherung an Israel eingeleitet.

Lit.: Kochan, L. (Hrsg.), The Jews in Soviet Russia since 1917, Oxford ³1978; Bland-Spitz, D., Die Lage der Juden und der jüdischen Opposition in der Sowjetunion 1967–1977, Diessenhofen 1980; Pinkus, B., The Soviet Government and the Jews 1948–1967, Cambridge 1984; Freedman, R.O. (Hrsg.), Soviet Jewry in the Decisive Decade 1971–1980, Durham (N.C.) 1984; Rožanskij, A. (Hrsg.), Antievrejskie processy v Sovetskom Sojuze. 3 Bde., Jerusalem 1979–84.   *G.S.*

Antisowjetischer Block der Rechten und Trotzkisten hieß eine innerparteiliche „Verschwörergruppe", die sich unter diesem Namen 1932–1933 angeblich gebildet hatte und die beschuldigt wurde, im Auftrag feindlicher Geheimdienste Spionage zugunsten dieser Staaten, die Zersetzung der s.en Wehrkraft, die Provozierung eines Überfalls auf die UdSSR, ihre Niederlage und territoriale Zerstückelung, schließlich: den Sturz der in der UdSSR bestehenden sozialistischen Gesellschafts- und Staatsordnung und die Wiederherstellung des Kapitalismus zu betreiben. Als Mitglieder des Blocks standen im März 1938 N.I. ↑Bucharin, A.I. ↑Rykov, G.G. ↑Jagoda, N.N. Krestinskij (1883–1938) und 17 weitere Angeklagte vor dem Militärkollegium des Obersten Gerichtshofes der UdSSR; sie alle hatten wichtige, ja höchste Ämter in ↑Partei und Staat bekleidet. In Wirklichkeit war der angebliche Block eine Konstruktion und das Verfahren gegen ihn ein Vorwand, um (tatsächliche, vermeintliche und potentielle) Gegner der stalinistischen Politik in der Staats- und Parteiführung auszuschalten. Nach den Prozessen gegen das ↑Trotzkistisch-Sinowjewistische Terroristische Zentrum 1936 und das ↑Antisowjetische Trotzkistische Zentrum 1937 war es der dritte große politische Schauprozeß (↑Säuberungen). Von den 21 Angeklagten wurden 18 zum Tode verurteilt.

Lit.: Volkskommissariat für Justizwesen der UdSSR. Prozeßbericht über die Strafsache des antisowjetischen Blocks der Rechten und Trotzkisten. Vollständiger stenographischer Bericht, M 1938; Cohen, St.F., Bucharin and the Bolshevik Revolution. A Political Biography, 1888–1938, New York 1974; Katkov, G., The Trial of Bukharin, New York 1969; Ziehr, W., Die Entwicklung des „Schauprozesses" in der Sowjetunion. Ein Beitrag zur sowjetischen Innenpolitik 1928–1938, Diss. Tübingen 1969.   *H.A.*

Antisowjetisches Trotzkistisches Zentrum war eine Sammelbezeichnung für Ju.L. ↑Pjatakov, K.B. ↑Radek, G.Ja. ↑Sokol'nikov, L.P. Serebrjakov

(1888–1937), N. I. Muralov (1877–1937) und 12 weitere prominente Parteifunktionäre, die im Januar 1937 in ↑Moskau vor Gericht gestellt wurden. Die Anklage bezichtigte sie des Vaterlandsverrates, der Spionage, der Diversionstätigkeit, der Schädlingsarbeit und der Vorbereitung terroristischer Akte. Ihre „verbrecherische Organisation" sei 1933 auf Weisung L. D. ↑Trockijs entstanden (parallel zum ↑Trotzkistisch-Sinowjewistischen Terroristischen Zentrum); die Untergrabung der wirtschaftlichen und militärischen Macht als Vorbereitung für einen Überfall fremder Staaten auf die SU, der Sturz der Räteherrschaft, die Rückkehr des Kapitalismus und die Wiederherstellung der Macht der Bourgeoisie seien ihre Ziele gewesen. In den Voruntersuchungen hatten die Angeklagten alle ihnen zur Last gelegten Verbrechen bereits „restlos" zugegeben. Alle 17 Angeklagten wurden (vom Militärtribunal des Obersten Gerichtshofes der UdSSR) verurteilt, 13 davon zur „Höchststrafe", zum Tod durch Erschießen (↑Säuberungen).

Lit.: Volkskommissariat für Justizwesen der UdSSR. Prozeßbericht über die Strafsache des sowjetfeindlichen trotzkistischen Zentrums. Vollständiger stenographiger Bericht, M 1937; Oppenheim, S. A., Show Trial, in: Mersh 35 (1983), S. 41 ff.; Ziehr, W., Die Entwicklung des „Schauprozesses" in der Sowjetunion. Ein Beitrag zur sowjetischen Innenpolitik 1928–1938, Diss. Tübingen 1969. *H.A.*

Antonov-Ovseenko, Vladimir Aleksandrovič (1883–1939), aus Černigov beteiligte sich nach Abschluß seiner militärischen Ausbildung (1904) an Erhebungen, wurde zum Tode verurteilt und verbannt. Nach der Flucht emigrierte er nach Frankreich (1910), wo er zu den Menschewisten (↑LGR) stieß und zur Gruppe um ↑Trockij gehörte. Nach der Rückkehr im Mai 1917 schloß er sich den ↑Bolschewisten an, wurde Sekretär des Militärrevolutionären Komitees (↑LGR) in Petrograd. A.-O. nahm am Sturm auf das Winterpalais teil und verhaftete die Provisorische Regierung (↑LGR). Er gehörte 1917 dem Komitee für Kriegs- und Marinefragen an und übernahm den Oberbefehl über die Truppen des Petrograder Militärbezirks. Nach dem ↑Bürgerkrieg (1918–1920 Kommandeur der Ukrainischen Front, ↑Volkskommissar für Kriegsangelegenheiten der ↑Ukraine) nahm er Aufgaben in den Volkskommissariaten für Arbeit und Inneres und als stellvertretender Vorsitzender des kleinen Rats der Volkskommissare wahr. Er gehörte zu den Anhängern Trockijs und unterstützte 1923 dessen Angriff auf die Parteiführung um ↑Stalin. Er wurde deshalb 1924 seines Postens als Leiter der Politischen Verwaltung der ↑Roten Armee (seit 1922) enthoben und als bevollmächtigter Vertreter in der Tschechoslowakei (seit 1925), in ↑Litauen (seit 1928) und in Polen (seit 1930) verwendet. Nach dem XV. ↑Parteikongreß kapitulierte A.-O. vor dem Druck der Parteiführung und sagte sich von Trockij los. 1934 fand er Verwendung als Staatsanwalt der ↑RSFSR, 1936 als Generalkonsul in Barcelona und 1937 als Volkskommissar für ↑Justiz der RSFSR. Ohne Gerichtsverfahren wurde er ein Opfer der ↑Säuberungen. 1956 wurde A.-O. durch ↑Chruščev rehabilitiert.

Lit.: Sidorovskij, L. I., Ostalsja bol'ševikom do poslednego dnja, in: Otkryvaja novye stranicy..., M 1989, S. 294–297; Dejateli Sojuza Sovetskich Socialističeskich Respublik i Oktjabr'skoj revoljucii, Bd. 1–3, M 1927–29. *B.Sch.*

Antonov-Aufstand. Der A.-A. (r. auch antonovščina) markiert den Höhepunkt der bäuerlichen Widerstandsbewegung gegen die staatlichen Getreiderequirierungen während des ↑Kriegskommunismus. Zentrum der Partisanenkämpfe war das Gouvernement (↑LGR) von Penza (im Südosten des europäischen R.), ihr Führer war A. S. Antonov (geb. zwischen 1885 und 1890, erschossen 1922), der sich selbst als Sozialrevolutionär (↑Parteien [LGR]) bezeichnete. Der Aufstand begann im August 1920, Ende des Jahres standen mehr als 20 000 (nach manchen Schätzungen bis zu 50 000) Bauernpartisanen unter Waffen. Sie versorgten sich aus geplünderten ↑Sovchozen und Fabriken. Eine feste Organisation fehlte ebenso wie ein klares politisches Programm. Erst im Frühjahr 1921 gelang es starken Verbänden der ↑Roten Armee (geführt von M. N. ↑Tuchačevskij und V. A. ↑Antonov-Ovseenko) den Widerstand allmählich zu brechen. Mangelnde Organisation und ausgeprägter Lokalpatriotismus erwiesen sich nun als Schwäche der Bewegung, zumal die neue Agrarpolitik (↑Neue Ökonomische Politik) ihr auch politisch das Wasser abgrub. Sahen die ↑Bolschewisten in den Aufständischen seit jeher „Konterrevolutionäre" und „Banditen", angeführt von ↑„Kulaken" und „Sozialrevolutionären", so betont die westliche Forschung die Eigenständigkeit der („grünen") Bewegung, zwischen „Roten" und „Weißen".

Lit.: Michalev, G. M./Trifonov, I. Ja., Antonovščina, in: SIÈ Bd. 1, Sp. 635–637; Radkey, O. H., The Unknown Civil War in Soviet Russia, A Study of the Green Movement in the Tambov Region 1920–1921, Stanford 1976.   *H.A.*

Apparatčik ↑Nomenklatur

Arbeiter sind nach marxistischer Definition im Kapitalismus Personen, die nicht über Produktionsmittel verfügen und deshalb im Lohnverhältnis bei Besitzern von Produktionsmitteln beschäftigt sind, Mehrwert produzieren, im Bereich der materiellen Produktion vornehmlich mit körperlicher Arbeit befaßt sind und sich aufgrund ihrer Stellung im kapitalistischen Produktionsprozeß durch hohe Organisiertheit und Geschlossenheit auszeichnen. Als Kollektivum – als A.-Klasse oder Proletariat – stehen sie der Bourgeoisie – der Klasse der Produktionsmittelbesitzer – gegenüber. Unter den Bedingungen sozialistischer Produktion mußte diese Definition modifiziert werden, da A. nun selber als „Herren der Produktion" galten und statt Mehrwert Mehrprodukt erzeugten. Körperliche Arbeit und Beschäftigung in der materiellen Produktion blieben als Kriterien bestehen, doch gab es in der s.en Soziologie eine Auseinandersetzung um eine genaue Abgrenzung der A.-Klasse.

Zur Zeit der ↑Oktober-Revolution betrug die Zahl der Industrie-A. ca. 3 Mio. Diese Zahl sank im ↑Kriegskommunismus um die Hälfte (1921/22: 1,243 Mio.), um während der ↑Neuen Ökonomischen Politik langsam wieder anzusteigen. Die forcierte ↑Industrialisierung seit 1928/29 brachte eine Wende. Die A.-Zahlen stiegen rasch – von 2,69 Mio. 1928 auf 5,15 Mio. 1932. In gleicher Weise wuchsen die Zahlen der Bau-A. und der A. im Transportwesen. Der starke Zuzug veränderte die innere Struktur der Arbeiterschaft, junge A. und solche, die direkt aus dem ↑Dorfe kamen, prägten das Bild der neuen Arbeiterschaft. In dem Maße, in dem sich die UdSSR in ein Industrieland verwandelte, wurden die A. zur stärksten Bevölkerungsgruppe:

Anteil der A. (einschließlich des niederen Dienstpersonals und zuzüglich der Familienangehörigen) an der Gesamtbevölkerung (%)

1913	14,6 %
1924	10,4 %
1928	12,4 %
1939	33,5 %
1959	49,5 %
1970	56,8 %
1980	60,0 %

Lit.: Vdovin, A. I./Drobižev, V. Z., Rost rabočego klassa SSSR 1917–1940 gg., M 1970; Schröder, H. H., Arbeiterschaft, Wirtschaftsführung und Parteibürokratie während der Neuen Ökonomischen Politik, in: FOG 31 (Berlin 1982); Senjavskij, S. L., Izmenenie v social'noj strukture sovetskogo obščestva 1938–1970, M 1973; Teckenberg, W., Die soziale Struktur der sowjetischen Arbeiterklasse im internationalen Vergleich, München/Wien 1977. *H.-H.Sch.*

Arbeiterfakultäten (Rabfak). Nachdem durch das Dekret des ↑Rates der Volkskommissare der ↑RSFSR vom 2. 8. 1918 der Zugang an die Universitäten und ↑Hochschulen für alle Bewohner der SU ohne jede Rücksicht auf ihre Vorbildung geöffnet worden war, stellte sich alsbald heraus, daß ein Großteil von ihnen nicht die notwendigen Grundkenntnisse mitbrachte. Um diese Wissenslücken zu schließen, wurden durch Verordnung des Volkskommissars für das Bildungswesen der RSFSR vom 11. 9. 1919 die ersten A. an den Universitäten eingeführt. Durch Dekret derselben Behörde vom 19. 9. 1920 wurde die Einrichtung von A. zum verbindlichen System für alle Hochschulen erhoben. Seit dem Studienjahr 1921/22 erstreckte sich der Besuch der A. auf drei Studienjahre; für ein Fernstudium waren vier Jahre erforderlich. In den folgenden Jahren haben mehrere hunderttausend junge ↑Arbeiter und ↑Bauern die A. durchlaufen. Mit der zunehmenden Konsolidierung des Allgemeinbildenden und Mittleren Schulwesens (↑Schulen) verloren die A.en an Bedeutung; sie wurden Ende der 30er Jahre aufgelöst.

Lit.: Anweiler, O./Meyer, K., Die sowjetische Bildungspolitik 1917–1960. Dokumente und Texte, Berlin ²1979. *K.M.*

Arbeiter-Gruppe ↑Linke Opposition

Arbeiterkontrolle stellte vor und unmittelbar nach der ↑Oktober-Revolution eine Form der Durchsetzung der Arbeitermacht in den Betrieben dar. Die Bewegung der A. entstand spontan in den Großbetrieben ↑Petrograds, ↑Moskaus, des Urals, des ↑Donbass und anderer industrieller Zentren sowie bei den Eisenbahnen. Nach der Februar-Revolution (↑LGR) bildeten sich neben ↑Sowjets (auch ↑LGR) und ↑Gewerkschaften auch Betriebskomitees, die zunächst parallel zu den anderen Organisationen für die ökonomischen Interessen der ↑Arbeiter eintraten. Mit der Verschärfung der Auseinandersetzungen griffen sie auch zunehmend in Produktionsleitung und Unternehmensverwaltung ein. Nach der Oktober-Revolution erhielt die A. durch eine Verfügung des Allrussischen Exekutivkomitees (↑Rätekongreß) eine legale Grundlage (14. 11. 1917). In allen Betrieben sollten von Arbeitern gewählte Betriebskomitees als Kontrollorgane fungieren, deren Entscheidungen für die Unternehmer bindend sein sollten. Die Betriebskomitees wurden in regionalen und in einem Gesamtrussischen Rat für A. zusammengefaßt. Sie gerieten sofort in Widerspruch zu den Unternehmern einerseits und den Gewerkschaften und Sowjets andererseits. Nach der Nationalisierung der Industrie (↑Industrialisierung) wurde der Einfluß der Betriebskomitees zurückgedrängt, die A. verlor an Bedeutung.

Lit.: Brügmann, U., Die russischen Gewerkschaften in Revolution und Bürgerkrieg 1917–1919, Frankfurt a. M. 1972; Lorenz, R., Anfänge der bolschewistischen Industriepolitik, Köln 1965; Pankratova, A. M., Fabrikräte in Rußland. Der Kampf um die sozialistische Fabrik, Frankfurt a. M. 1976; Obrazovanie i razvitie organov socialističeskogo kontrolja v SSSR (1917–1975), M 1975.   *H.-H.Sch.*

Arbeiter-Opposition ↑Linke Opposition

Arbeiter- und Bauerninspektion (RKI, Rabkrin) nannte sich eine einem ↑Ministerium (Volkskommissariat) gleichgestellte Behörde, die 1920–1934 bestand. Die A. u. B. wurde 1920 durch ein Dekret des Allrussischen Exekutivkomitees (↑Rätekongreß) im Rahmen der Reorganisation des Volkskommissariats für ↑Staatskontrolle (gegründet Dezember 1917) ins Leben gerufen. Sie sollte die Bürokratisierung im Staatsapparat bekämpfen und die Einhaltung der Gesetze in der Verwaltung überwachen – die Staatsanwaltschaft entstand erst 1922. 1923 wurde die A. u. B. von Lenin scharf kritisiert und mit der ↑Zentralen Kontrollkommission (ZKK) der ↑Kommunistischen Partei zusammengelegt. Das Volkskommissariat war einerseits zuständig für Kontrolle der Partei, andererseits für Überwachung der Apparate von Staat und Wirtschaft. Im Rahmen der parteiinternen Diskussionen der 20er Jahre und bei den ↑Säuberungen der Partei 1925, 1929/30 und 1933 spielte die ZKK eine wichtige Rolle. Die A. u. B. und die ZKK hatten auch großen Anteil bei der Durchsetzung der Ziele des 1. ↑Fünfjahrplans Ende der 20er Jahre. Der XVII. ↑Parteitag 1934 löste das Volkskommissariat der A. u. B. und der ZKK auf und schuf an deren Stelle eine Kommission für Parteikontrolle beim ↑Zentralkomitee der Partei und eine Kommission für S.-Kontrolle beim Rat der Volkskommissare (↑Ministerrat).

Lit.: Nienhaus, U. D., Revolution und Bürokratie. Staatsverwaltung und Staatskontrolle in Sowjetrußland 1917–1924, Frankfurt a. M. 1980; Lenin, V. I., Wie wir die Arbeiter- und Bauerninspektion reorganisieren sollen, in: ders., Werke, Berlin 1956 ff., Bd. 33, S. 468–473; Perrins, M., Rabkrin and Worker's Control in Russia 1917–1934, in: European Studies Review 1980, S. 225–246; Ikonnikov, S. N., Sozdanie i dejatel'nost' ob-edinennych organov CKK-RKI v 1923–1934 gg., M 1971; Obrazovanie i razvitie organov socialističeskogo kontrolja v SSSR (1917–1975), M 1975.   *H.-H.Sch.*

Arbeiter-Wahrheit ↑Linke Opposition

Arbeitskolonien, Arbeitslager ↑GULag

Arbeitsschule ↑Schulen

Arbeitstag (1. trudoden'; 2. rabočij den'), 1. Im ↑Kolchoz erfolgte nach der Verfügung des ↑Rats der Volkskommissare und des ↑Allunionsexekutivkomitees die Berechnung der Arbeitsleistung nicht pro Kopf, sondern pro geleistetem Arbeitstag (trudoden' als Rechnungseinheit). 2. Eine der ersten Maßnahmen der S.-Macht war die Einführung des Achtstundentages (29. 10./11. 11. 1917). 1927 kündigte das ↑Zentrale Exekutivkomitee anläßlich des 10. Jahrestages der ↑Oktober-Revolution die geplante Einführung des Siebenstundentages an. Dieses Ziel wurde bis 1934 verwirklicht. Die durchschnittliche Länge des Arbeitstages in der ↑Industrie betrug 1926/27 7,45 Stunden, 1928/29 7,37 Stunden, 1934 6,98 Stunden. Die Verkürzung des Arbeitstages stand in Verbindung mit der Beseitigung der Arbeitslosigkeit in der s.en Wirtschaft. Der Arbeitszeitverlust wurde durch vermehrte Einführung von Schichtarbeit kompensiert. 1940 wurde durch Erlaß des ↑Präsidiums des Obersten Sowjets der Achtstundentag wieder eingeführt, zugleich wurde Fernbleiben von der Arbeit unter Strafe gestellt. Während des Krieges wurden Pflichtüberstunden eingeführt, der Zehn- und Elfstundentag wurden die Regel. Nach Kriegsende ging man wieder zum Achtstundentag über. Unter ↑Chruščev gab es mehrere Anregungen, wieder zum Siebenstundentag überzugehen, die jedoch nicht verwirklicht wurden.

Lit.: Schwarz, S. M., Arbeiterklasse und Arbeitspolitik in der Sowjet-Union, Hamburg 1953; Trud v SSSR 1926–1930, M 1930; Trud v SSSR. Statističeskij Spravočnik, M 1936.

H.-H.Sch.

Archangel'sk, an der nördlichen Düna (Dvina) vor deren Einmündung in das Eismeer gelegen, hatte nach dem Verlust der Monopolstellung als r.e Hafenstadt durch die Gründung von St. Petersburg (↑LGR) mit dem Bau der Bahnlinie Vologda–A. neue Bedeutung v. a. als Holzumschlagplatz gewonnen. Im Februar 1918 besetzten die S.s die Stadt, wurden aber durch alliierte Expeditionstruppen (↑Bürgerkrieg) am 2. 8. 1918 zum Rückzug gezwungen. Es kam zur Bildung einer „Provisorischen Regierung der nördlichen Gebiete" unter dem ↑Sozialrevolutionär N. V. Čajkovskij (1850–1926). Nach dem Rückzug der Interventionstruppen im September 1919 eroberten s.e Truppen im Februar 1920 A. Seitdem bestimmten der Ausbau des Hafens und der ↑Industrie sowie die Funktion als Verwaltungsmittelpunkt des Nordgebiets bzw. (1935) des Gebiets A. die Entwicklung der Stadt. Im ↑Zweiten Weltkrieg war A. neben ↑Murmansk wichtiger Hafen für die Hilfslieferungen der Alliierten (↑Lend-Lease-Act). Der weitere Ausbau konzentrierte sich auf den Schiffbau und zugehörige Industrie, den Holzexport aus dem r.en Norden und die Lebensmittelindustrie. Die Einwohnerzahl lag 1985 um 400 000 gegenüber 76 800 (1926) und 51 000 (1939).

Lit.: ↑Alma-Ata.

B.Sch.

Armenien war die flächenmäßig kleinste ↑Unionsrepublik, gleichzeitig diejenige mit der größten ethnischen Homogenität der Bevölkerung: Von 3,4 Mio. Einwohnern 1990 waren 93 % Armenier, nur 2,3 % Russen und der Rest nationale Minderheiten, unter denen die ↑Azeri mit 5,3 % herausragten. Deren Anteil sank allerdings aufgrund der Flüchtlingsbewegungen zwischen A. und ↑Azerbajdžan infolge des Karabagh-Konfliktes seit 1988 erheblich. A. wurde im November 1920 zu einer S.-Republik und bildete von 1922 bis 1936 einen Teil der ↑Transkaukasischen Föderation (ZSFSR). Nach deren Auflösung wurde es als

Teilrepublik der UdSSR konstituiert. Die Hauptstadt war ↑Erevan. Die Armenische SSR umfaßte nur etwa ein Zehntel des historischen A. und beherbergte 45 % der etwa 6 Mio. Armenier der Welt und 65 % der über 4 Mio. Armenier in der SU.

Die Armenier hatten neben den Georgiern von allen Völkern der SU die älteste nationale Geschichte. Sie reicht in die antike Staatenwelt Vorderasiens und des östlichen Mittelmeerraums zurück. Die zuvor unter iranischer Oberherrschaft stehenden ostarmenischen Gebiete kamen zwischen 1805 und 1828 unter r.e Herrschaft. Eine Politik der konfessionellen Assimilierung durch die r.en Behörden steigerte am Ende des 19. Jhs. den armenischen Nationalismus, dessen wichtigster Träger die 1890 in Tiflis (↑Tbilisi) gegründete „Dašnaktsutiun" („armenischer Revolutionsbund") wurde. Konflikte mit der turkstämmigen muslimischen Volksgruppe (Azeri) in Transkaukasien eskalierten bis 1905 zu bürgerkriegsähnlicher Gewalt. Der armenisch-azerbajdžanische Gegensatz, der von sozialen, wirtschaftlichen und religiösen Antagonismen bestimmt war, prägte die Entwicklung im östlichen Transkaukasus bis in die Gegenwart. Die Vernichtungsaktion der Jungtürken an den Armeniern in Anatolien (Westarmenien) im Ersten Weltkrieg (↑LGR) löste Flüchtlingsströme nach Russisch-Transkaukasien aus und verschärfte das dortige interethnische Klima. Nach der ↑Oktober-Revolution 1917 sagten sich die transkaukasischen Länder von R. los. ↑Georgien, ↑Azerbajdžan und A. bildeten einen Staatenbund, der sofort an ethnischen Gegensätzen zerbrach. Daraufhin konstituierte sich A. am 28. 5. 1918 als eigenständige Republik. Ihre von der Dašnaktsutiun geführte Regierung war mit Flüchtlingsproblemen und Massenelend konfrontiert. Zudem befand sich A. quasi im Kriegszustand mit Azerbajdžan wegen territorialer Fragen (Berg-Karabagh, Nachičevan, Zangezur). Ende 1920 wurde A. von der ↑Roten Armee besetzt und einem S.-Regime unterworfen. A. wurde mit Azerbajdžan und Georgien zur ↑Transkaukasischen Föderation zusammengeschlossen. Die Sowjetisierung Transkaukasiens und ein s.-türkischer Interessenausgleich war mit einer territorialen Gliederung verbunden, die auf Kosten A.s zugunsten Azerbajdžans, Georgiens und der Türkei ging. Dazu gehörte die Unterstellung des mehrheitlich von Armeniern bewohnten Gebietes Berg-Karabagh unter die Verwaltungshoheit Azerbajdžans. Bei der Durchsetzung der S.-Macht in Transkaukasien war die Beteiligung von Armeniern an den lokalen Machtstrukturen sehr hoch. Schon 1922 stellten Armenier 89,5 % der Parteimitglieder in A. Dabei wurden wegen der gewaltigen Probleme des Wiederaufbaus (300 000 Flüchtlinge mußten integriert werden) anfangs auch Dašnaken, ↑Menschewisten und ↑Sozialrevolutionäre als Kader rekrutiert. Diese nationale ↑Intelligencija aus vors.er Zeit fiel in den 30er Jahren unter der kriminalisierenden Parole des „Dašnakentums" dem Terror ↑Berijas zum Opfer. Die ↑Kollektivierung der ↑Landwirtschaft rief 1931–1934 Hungersnöte hervor und führte zu landesweitem Widerstand bis hin zur Bildung lokaler Guerillas. Dagegen zeigte die ↑Industrialisierung ähnliche Erfolge wie in ↑Georgien. A. wies in den 40er Jahren die zweithöchste industrielle Wachstumsrate in der UdSSR auf.

In der Zeit nach ↑Stalin erlebte A. eine Hebung des Lebensstandards über den s.en Durchschnitt bei partieller Duldung von Schattenwirtschaft (Papach), das Entstehen einer neuen nationalen Elite mit außergewöhnlich hohen Akademikerquoten und eine „nationale Erneuerung", die mit der Öffnung der armeni-

schen Unionsrepublik gegenüber der Diaspora verbunden war. Zwei nationale
Themen blieben auch nach Stalin unterdrückt: Die Erinnerung an den „je-
gherrn", d. h. an die nationale Katastrophe der Armenier in der Türkei 1915, und
das Begehren nach Vereinigung des Azerbajdžan inkorporierten Autonomen
Gebiets Nagornyj (= Berg-) Karabach (r.e Schreibweise) mit seiner armenischen
Mehrheitsbevölkerung mit A. Der Schweigebann über das erste Thema wurde
1965 mit einer Massendemonstration am 24. April, dem Gedenktag der türkischen Massaker an den Armeniern, durchbrochen. Die Karabach-Frage wurde
unter ↑Gorbačev zu einem der zentralen Themen der s.en Nationalitätenproblematik. Ökologische Mißstände riefen eine grüne Protestbewegung in A. auf den
Plan, die sich 1987 mit dem nationalen Dissens in der Karabach-Frage verband.
Daraus ging 1988 eine Volksfrontbewegung hervor, die Autonomie und Emanzipation von der s.en Zentralgewalt forderte und breite Teile der armenischen
Bevölkerung mobilisierte. A. erklärte am 23. 8. 1990 seine Unabhängigkeit und
setzte sie nach dem ↑Putschversuch restaurativer Kräfte in ↑Moskau per Refe-
rendum im September 1991 in Kraft.

Lit.: Suny, R. G., Armenia in the Twentieth Century, Chicago 1983; Mouradian, C.,
L'Arménie Soviétique depuis la mort de Staline, Paris 1982; dies., De Staline à Gorbatchev.
Histoire d'une république soviétique: L'Arménie, Paris 1990; Halbach, U., Die Armenier
in der Sowjetunion, Berg Karabagh als Beispiel des Nationalitätenproblems, Europa Archiv, F. 18 (1988), S. 513–525.   *U.H.*

Ärzte-Komplott. Am 13. 1. 1953 teilte die ↑ „Pravda" offiziell mit, dem ↑Ministe-
rium für ↑Staatssicherheit sei es gelungen, eine Verschwörung von neun Kreml-
ärzten aufzudecken. Sie hätten A. A. ↑ Ždanov ermordet, Giftanschläge auf Mar-
schälle und Generäle der ↑Roten Armee unternommen und mit ihren Behand-
lungsmethoden die Gesundheit höchster S.-Führer geschädigt. Alle „Mord-
ärzte" seien besoldete Agenten ausländischer Nachrichtendienste gewesen, die
Mehrzahl von ihnen (die „Pravda" nannte: Vovskij, Kogan, Fel'dman, Grinštejn,
Etinger und andere) hätten auch mit zionistischen Organisationen in Verbindung
gestanden. Über die Hintergründe dieser Vorgänge (offenkundig Machtkämpfe
im Apparat, vielleicht der Auftakt zu einer neuen großen Säuberungswelle
(↑Säuberungen) mit antisemitischem Hintergrund) gibt es nur Spekulationen.
Bereits wenige Wochen nach ↑Stalins Tod wurde (am 4. 4. 1953) den Sicherheits-
organen in der „Pravda" vorgeworfen, das Ärztekomplott frei erfunden und die
Geständnisse erpreßt zu haben; der angekündigte Mordprozeß fand nicht statt,
die Ärzte, sämtlich anerkannte Spezialisten, wurden rehabilitiert. In seinen Enthüllungen vor dem XX. ↑Parteitag warf ↑Chruščev Stalin vor, selbst die ganze
Affäre inszeniert und die Anweisung zur Erpressung der Geständnisse gegeben
zu haben.

Lit.: Lewytzkyj, B., Die rote Inquisition. Die Geschichte der sowjetischen Sicherheitsdienste, Frankfurt a. M. 1967; Rapoport, L., Stalin's War Against the Jews. The Doctors'
Plot and the Soviet Solution, New York 1990.   *H.A.*

Aschabad ist im Kern eine Kolonialgründung in einer Oase am Rande der Kara-
Kum-Wüste. Nach der Eroberung ↑Turkestans wurde die Militärfestung A. 1881
als Verwaltungssitz des Gebiets Transkaspien gegründet, das mit dem Bau der

transkaspischen Eisenbahn verkehrsmäßig erschlossen wurde. Nach der ↑Okto-
ber-Revolution konnten sich die ↑Bolschewisten rasch durchsetzen, stießen aber
auf hartnäckigen Widerstand anderer politischer Gruppen, denen englische
Truppen (↑Bürgerkrieg) von Juli 1918 bis Juli 1919 bei der Besetzung von A. zu
Hilfe kamen. In diese Phase fällt die Ermordung von Vertretern der Bolschewisten (Bakuer Kommissare, P. G. Poltorackij [1888–1918]; ihm zu Ehren Umbenennung der Stadt in Poltorack von 1919–1927). Bis 1924 war A. Hauptstadt der
Turkestanischen ASSR, seitdem der Turkmenischen SSR. Die Entwicklung A.s
wurde durch Industrieansiedlungen und Wohnungsbauten stark gefördert. Der
Bau des V. I. Lenin-Kara-Kum-Kanals ermöglichte die Erschließung Turkmeni-
stans und der unmittelbaren Umgebung von A. 1948 wurde A. durch ein Erdbe-
ben fast völlig zerstört. Die Einwohnerzahl stieg von 51 600 (1926) über 127 000
(1939) auf 350 000 (1985).

Lit.: ↑Alma-Ata.   *B.Sch.*

Aspirantur war in der SU die Organisationsform, in welcher der erste wissenschaftliche Grad, der des „Kandidaten der Wissenschaften", erworben wurde.
Voraussetzung war ein abgeschlossenes Studium. Die A. wurde 1925 eingeführt
und durch Verordnung des ↑Rates der Volkskommissare der UdSSR vom 20. 3.
1937 neu definiert. Danach war für die A. in der Regel eine dreijährige Frist
vorgesehen, in der unter Aufsicht eines wissenschaftlichen Leiters die Kandida-
ten-Dissertation angefertigt wurde; daneben mußten auch Lehraufgaben absol-
viert werden. Nach erfolgreichem Abschluß der A. wurde der Grad eines „Kandidaten der Wissenschaften" verliehen. Es bestand auch die Möglichkeit, diesen
Grad durch die Fern-A. zu erlangen. In Ausnahmefällen konnte der Kandidaten-
grad auch innerhalb eines Jahres erworben werden (Jahres-A.). Die Berechti-
gung für die Einrichtung einer A. besaßen etwa zwei Drittel der ↑Hochschulen
sowie eine Anzahl von Forschungsinstituten der ↑Akademie der Wissenschaften
der UdSSR.

Lit.: Aspirantura. Spravočnik, M 1971; Anweiler, O., u. a., Die sowjetische Bildungspolitik von 1958 bis 1973. Dokumente und Texte, Berlin 1976; Anweiler, O./Meyer, K., Die
sowjetische Bildungspolitik 1917–1960. Dokumente und Texte, Berlin ²1979.   *K.M.*

Assessoren des Volkes ↑Beisitzer des Volkes

ASSR ↑Sowjetunion

Astrachan', 1558 im Mündungsdelta der Wolga nördlich des Kaspischen Meeres
durch Russen neu gegründet (↑LGR), gehörte 1918 zum s.en Machtbereich und
war im ↑Bürgerkrieg umkämpfter Stützpunkt gegenüber den ↑Weißgardisten,
die versuchten, hier die südlichen (↑Denikin) und östlichen (↑Kolčak) Fronten
zu verbinden. Zeitweilig befand sich in A. ein selbständiges Militärrevolutionä-
res Komitee (↑LGR) unter Vorsitz von S. M. ↑Kirov. A. entwickelte sich seitdem als Verwaltungsmittelpunkt für das Gebiet A. mit großen Industrieansiedlungen. Die alte Funktion des Hauptumschlagplatzes im r.-persischen bzw.
-zentralasiatischen Handel über das Kaspische Meer ging mit dem Ausbau der
Eisenbahnverbindungen zu ↑Zentralasien verloren, doch behielt die Stadt ihre

Bedeutung als Verkehrsknotenpunkt v. a. für den Handel zwischen Wolga und Kaspischem Meer. Die Einwohnerzahl, die nach dem Bürgerkrieg und der ↑Hungersnot abgesunken war (1909 136 800, 1926 133 000), war 1939 auf 254 000 und 1985 auf 493 000 angewachsen.

Lit.: ↑Alma-Ata.   *B.Sch.*

Atheismus. Der A. bildete von Anfang an einen integralen Bestandteil der bolschewistischen Ideologie und wurde bis zum Ende der 80er Jahre als ein nicht aufgebbarer Teil des ↑Marxismus-Leninismus betrachtet. ↑Lenin sah – in der Nachfolge von Marx – in der Religion eine falsche gesellschaftliche Bewußtseinsform, die in der sozialistischen Gesellschaft absterben werde. Ursache der Religion waren für Lenin primär die gesellschaftlichen Verhältnisse, in denen die Ausbeuterklassen die Religion als „Opium des Volks" (Marx) benutzen, um die Ausgebeuteten niederzuhalten. Deshalb betrachtete Lenin die revolutionäre Umgestaltung der Gesellschaft und die Beseitigung der sozialen Wurzeln der Religion als das Hauptmittel im Kampf gegen sie. Zwar nannte er den Kampf gegen die Religion „das ABC des gesamten Materialismus und folglich auch des Marxismus", aber dennoch sollte der A. nicht zu einer Spaltung der revolutionären Bewegung führen. Wie Lenin die Mitarbeit religiös gebundener ↑Arbeiter in der ↑Partei ausdrücklich zuließ, hat die S.-Macht stets die Zusammenarbeit mit religiösen Kräften im In- und Ausland gesucht, wenn und soweit deren politische Ziele mit denen der S.-Macht konform waren. Seit den 20er Jahren war der A. allerdings für Parteimitglieder verpflichtend.

Während die Partei die Religion bekämpfte, hatte Lenin vom (bürgerlichen) Staat Neutralität gegenüber der Religion gefordert. Deshalb wurde in der SU die Fiktion aufrechterhalten, der S.-Staat sei gegenüber den Religionsgemeinschaften neutral und der kämpferische A. ausschließlich eine Angelegenheit der Partei. Dies war freilich deshalb eine Fiktion, weil die Partei Inhaberin der Staatsmacht war. Der von 1925 bis 1941 bestehende „Verband der kämpferischen Gottlosen" hatte die Aufgabe, durch eine Mischung aus atheistischer Propaganda, Verleumdung und Pogromen vor allem die ↑Orthodoxe Kirche zu bekämpfen. Seit 1947 war die „Allunions-Gesellschaft zur Verbreitung wissenschaftlicher und politischer Kenntnisse", 1963 in „Allunions-Gesellschaft Wissen" umbenannt, Hauptträger der „wissenschaftlich-atheistischen Propaganda". Der A. war darüber hinaus ein fester Bestandteil der Lehrpläne in den allgemeinbildenden ↑Schulen. Seit Anfang der 60er Jahre war der „wissenschaftliche A." Pflichtfach an den Universitäten und den medizinischen, technischen und landwirtschaftlichen ↑Hochschulen. Der verpflichtende Charakter des A. führte zu einer umfassenden Diskriminierung von Mitgliedern der Religionsgemeinschaften. Sozialer Aufstieg und die Wahrnehmung von Führungspositionen in der Gesellschaft (vom Unteroffizier, Lehrer oder Kolchozvorsitzenden aufwärts) waren mit der sichtbaren Teilnahme am Leben einer Religionsgemeinschaft unvereinbar.

Lit.: Ehlen, P., Der Atheismus im dialektischen Materialismus, München 1961; Šachnovič, M. I., Lenin i problemy ateizma, M/L 1961; Powell, D. E., Antireligious Propaganda in the Soviet Union. A Study of Mass Persuasion, Cambridge (Mass.) 1975; Pospielovsky, D., A History of Marxist-Leninist Atheism and Soviet Antireligious Policies, Bd. I–III,

London 1987–88; Kääriäinen, K., Discussion on Scientific Atheism as a Soviet Science. 1960–1985, Helsinki 1989.   G.S.

Aufstand von Kronstadt ↑Kronstädter Aufstand

Außenhandel spielte in den ersten Jahren nach der ↑Oktober-Revolution keine Rolle, da ↑Bürgerkrieg und alliierte Blockade einen Handelsverkehr in nennenswertem Umfang nicht zuließen. Parallel mit der Nationalisierung der Großindustrie, des Bodens, des Verkehrswesens und der Banken wurde auch der A. nationalisiert (22. 4. 1918). Das bedeutete zugleich die Errichtung eines staatlichen A.s-Monopols. Handelsgeschäfte mit fremden Staaten und ausländischen Handelsunternehmen waren nur über die s.en Behörden gestattet. Im ↑Kriegskommunismus hatte das A.s-Monopol keine Bedeutung, da der Handelsverkehr minimal war. Mit dem Übergang zur ↑Neuen Ökonomischen Politik (NÖP) stellte sich das Problem neu. Mitte 1920 wurde ein ↑Volkskommissariat für A. geschaffen, und mit Dekret des Allrussischen ↑Zentralen Exekutivkomitees vom 13. 3. 1922 wurde das A.s-Monopol bestätigt, um die s.e Wirtschaft vor dem Zugriff kapitalistischer Länder zu schützen und die politische Kontrolle über den Warenverkehr mit dem Ausland sicherzustellen.

Infolge der weltwirtschaftlichen Lage, wegen des Mißtrauens der kapitalistischen Länder gegenüber der S.-Macht und aufgrund der bürokratischen Hindernisse, die das A.s-Monopol schuf, entwickelte sich der s.e A. während der NÖP langsam und erreichte nie das Vorkriegsniveau:

Außenhandelsvolumen der UdSSR 1921–1929 (Mio. Rbl., lfde. Preise)

Jahr	Umsatz	Export	Import
1913	2270,2	1192,0	1078,2
1921	181,0	15,8	165,2
1921/22	262,4	49,8	212,6
1922/23	221,5	105,0	116,5
1923/24	475,7	292,6	183,1
1924/25	1020,3	453,0	567,3
1925/26	1144,6	551,5	593,1
1926/27	1192,2	632,7	559,5
1927/28	1362,1	620,7	741,4
1929	1414,8	742,3	690,5

Der A. hatte die typische Struktur einer wenig entwickelten Wirtschaft: es wurden Rohstoffe und Agrarprodukte exportiert und Maschinen und Industrieerzeugnisse eingeführt.

Der 1. ↑Fünfjahrplan und die forcierte ↑Industrialisierung machten eine Verstärkung des Technologietransfers aus dem Ausland nötig, doch setzte die UdSSR langfristig auf Autarkie: das A.s-Volumen ging stetig zurück:

Außenhandelsvolumen 1930–1940 (Mio. Rbl., lfde. Preise)

Jahr	Umsatz	Export	Import
1930	1613,0	812,7	830,3
1931	1502,6	636,1	866,5
1932	1002,9	450,8	552,1
1933	661,8	388,7	273,1
1934	510,3	328,0	182,3
1935	477,4	288,1	189,3
1936	485,4	243,3	242,1
1937	523,7	295,1	228,6
1938	475,1	229,8	245,3
1939	271,4	103,9	167,5
1940	485,2	239,7	245,5

Wie zuvor wurden vor allem Agrarprodukte – trotz ↑Hungersnöten und Rückgang der Agrarproduktion – sowie Rohstoffe exportiert. Bei der Einfuhr dominierten Maschinen und Ausrüstungen (46,8 %), sowie Erze, Metalle und Metallprodukte (15,8 %).

Der deutsche Angriff am 22. 6. 1941 erzwang eine weitgehende Umstellung der Wirtschaft auf Kriegsbedürfnisse. A. spielte in diesem Rahmen nur noch eine marginale Rolle. Bedeutung erlangte jedoch der ↑Lend-Lease-Act, in dessen Rahmen die westlichen Alliierten in umfangreichem Maße Kriegsmaterial an die SU lieferten. Zwar machten Lieferungen im Rahmen des Lend-Lease-Acts nur einen Bruchteil der s.en Kriegsproduktion aus, doch sie betrafen ausgesprochene Engpaßbereiche. So wurden 236 874 t Aluminium und 355 360 t Kupfer geliefert, Mengen, die in etwa der in der SU produzierten Menge entsprachen. Ferner erhielt die SU 362 288 Lkw, 47 238 Jeeps und 32 000 Motorräder, während sie selbst nur 205 000 Kfz und Zugmaschinen herstellte.

Der ↑„Kalte Krieg" und die Existenz sozialistischer oder volksdemokratischer Länder beeinflußten nach dem Krieg den s.en A. Das A.s-Volumen stieg in den Nachkriegsjahren stetig, dabei wuchs der Handel mit den sozialistischen Ländern (↑Comecon) überproportional, während derjenige mit den kapitalistischen Staaten Schwankungen unterworfen war.

Außenhandelsumsatz der UdSSR (Preise des jeweiligen Jahres, umgerechnet nach dem Rubelkurs vom 1. 1. 1961)

Jahr	Umsatz (Mio. Rbl.)	Export (Mio. Rbl.)	Import (Mio. Rbl.)
1940	485	240	245
1950	2925	1615	1310
1960	10073	5007	5066
1970	22079	11520	10559
1980	94097	49634	44463
1985	142093	72664	42492
1986	130871	68285	62586
1987	128883	68142	60741
1988	132155	67115	65040
1989	140879	68742	72137

Außenhandelsumsatz nach Ländergruppen (in %)[1]

	Sozialistische Staaten	Kapitalistische Staaten	Entwicklungs- länder
1940	—	—	—
1950	81,1	15,0	3,8
1960	73,1	19,0	7,8
1970	65,2	21,2	13,5
1980	53,7	33,5	12,7
1985	61,1	26,6	12,1
1986	66,8	22,1	11,0
1987	61,7	21,8	11,3
1988	59,7	23,4	11,3
1989	55,8	26,2	12,1

[1] (Für 1987, 1988, 1989 enthält die s.e Statistik ein nicht erklärtes Residuum von 5,3 bzw. 5,6 bzw. 5,91 Prozent).

Der Handel mit den ↑RGW-Staaten schuf zunächst eine feste Basis. Mit der wachsenden Wirtschaftskraft der SU konnten auch die Handelsbeziehungen mit den westlichen Ländern ausgebaut werden. Zunehmenden Anteil am s.en A. hatte auch die „Dritte Welt". Obwohl der Handel mit den westlichen Industriestaaten fast durchweg eine negative Bilanz hatte, konnte die SU durch Überschüsse im A. mit RGW-Staaten und Entwicklungsländern insgesamt eine ausgeglichene, mitunter leicht positive Handelsbilanz erreichen.

Trotz des Wachstums des A.s-Volumens war die A.s-Intensität der s.en Wirtschaft gering. Gemessen am produzierten Nationaleinkommen betrug das A.s-Volumen des Russischen Reiches 1913 19,8 %, das der SU 1929 6,3 %, 1932 5,6 %, 1937 0,9 %, 1946 4,9 %, 1950 5,4 %, 1955 6,3 %, 1961 6,5 %, 1970 7,8 %, 1975 14,0 % und 1977 15,7 %. Erst unter Brežnev war also ein stärkeres Ansteigen der A.s-Intensität zu verzeichnen. Diese Entwicklung fiel in die Phase der Entspannung und der verstärkten Handelsbeziehungen. Ende der 80er Jahre geriet der s.e A. ernsthaft in die Krise. Die Importe überstiegen die Exporte. Die Außenverschuldung erreichte eine bedenkliche Höhe.

Lit.: Gotthelf, M., Außenhandelsentwicklung und Außenhandelsstrategie in der Sowjetunion. Die Entwicklung des Außenhandels der Sowjetunion mit den westlichen Industrienationen und die sowjetische Außenhandelsstrategie in den Jahren 1918–1978, Frankfurt a. M. 1979; Schneider, H., Das sowjetische Außenhandelsmonopol 1920–25, Köln 1973; Smith, G. A., Soviet Foreign Trade. Organization, Operations, and Policy, 1918–1971, New York usw. 1973; Ėkonomika i vnešneėkonomičeskie svjazi SSSR. Spravočnik, M 1979; Clement, H., Die Organisationsstruktur der sowjetischen Außenwirtschaft, Hamburg 1973; Gruzinov, V. P., The USSR's Management of Foreign Trade, London 1979; Narodnoe chozjajstvo SSSR za 70 let, M 1987.   *H.-H.Sch.*

Autonome Republik Dagestan ↑Berg-Republik

Autonomer Kreis, Autonomes Gebiet ↑Sowjetunion

Autonome Sozialistische Sowjetische Berg-Republik ↑Berg-Republik

Autonome Sozialistische Sowjetrepublik ↑Sowjetunion

Azerbajdžan war die größte der drei transkaukasischen ↑Unionsrepubliken mit
einer Bevölkerung von 7 Mio. (1990), die zu 81 % aus der Titularnation der
Azeri und zu je 8 % aus Armeniern und Russen bestand. Der armenische Bevölkerungsanteil sank seit 1988 aufgrund von Flüchtlingsbewegungen infolge des
Karabagh-Konflikts. A. wurde im April 1920 zu einer ↑Sowjetrepublik, die 1922
der bis 1936 bestehenden ↑Transkaukasischen Föderation eingegliedert wurde.
Nach deren Auflösung wurde es im Dezember 1936 als eigenständige Unionsrepublik konstituiert. Die Hauptstadt war ↑Baku.

Azeri lebten außer in A. innerhalb der SU in ↑Georgien und ↑Armenien und
bilden im Iran die größte nationale Minderheit (8–10 Mio.). Sie gehören zum
westlichen Zweig der Turkvölker und stehen den anatolischen Türken sprachlich
sehr nahe. Sie sind Muslime und waren als Ausnahme unter diesen in der SU
mehrheitlich Anhänger der schiitischen Konfession. Das Gebiet des s.en A.
wurde im ersten Viertel des 19. Jhs. R. infolge r.-persischer Kriege einverleibt.
Seit 1828 ist das historische Siedlungsgebiet der Azeri zwischen R. und dem Iran
aufgeteilt. Die r.e Verwaltung löste einheimische halbsouveräne Chanate (Derbent, Baku, Karabagh u. a.) auf und schuf die Gouvernements (↑LGR) Elizavetpol' und Baku. Sie mischte sich weniger als in anderen Muslimregionen in die
Angelegenheiten der lokalen Bevölkerung ein. Infolge eines frühzeitigen industriellen Aufschwunges kam es jedoch zu erheblichen sozialen und kulturellen
Transformationserscheinungen in A. Seit den 70er Jahren des 19. Jhs. entwickelte
sich Baku mit seiner von ausländischem Kapital getragenen Erdölindustrie zu
einer Industrie-Enklave im Kaukasus. Das Leben in ihr war von sozialen und
nationalen Gegensätzen zwischen Armeniern und Azeri, von der Aktivität marxistischer Gruppen und dem frühzeitigen Entstehen einer nationalen muslimischen ↑Intelligencija gekennzeichnet. Der Konflikt zwischen Armeniern und
Azeri wurde durch Immigration von Armeniern aus der Türkei und durch die
zaristische Raumpolitik im Transkaukasus sowie Umsiedlung verschärft und
entlud sich zu Beginn des 20. Jhs. in gegenseitigen Aggressionen. 1904 wurde
eine marxistische Partei namens „Himmät" (Streben) gegründet. 1911 entstand
„Musavat"(Gleichheit), die sich von einer menschewistischen Partei zur Trägerin
des modernen Azeri-Nationalismus entwickelte. Baku wurde zum Stützpunkt
der ↑Bolschewisten in Transkaukasien.

Nach der ↑Oktober-Revolution erklärte A. unter der Führung der Musavat
seine Unabhängigkeit von R., schloß sich vorübergehend mit ↑Georgien und
↑Armenien zu einem Staatenbund zusammen, der sofort an ethnischen Gegensätzen zerbrach, und wurde im Mai 1918 zu einer unabhängigen Republik. Es
stand mit der Republik Armenien wegen territorialer Dispute (um Berg-Karabagh u. a.) im Kriegszustand. In A. wechselten Regierungen der Musavat-Nationalisten mit denen der Bolschewisten (Kommune von Baku) und ein britisches
Okkupationsregime mit einem türkischen, bis im April 1920 die ↑Rote Armee
unter ↑Ordžonikidze Baku einnahm. A. wurde mit Armenien und Georgien von
1922 bis 1936 zur ↑Transkaukasischen Föderation zusammengeschlossen. Die im
↑Bürgerkrieg zerrüttete Wirtschaft konnte bis 1927 restauriert werden. Die Sowjetisierung begann mit der ↑Nationalisierung grundherrschaftlichen Landes
(beko-chanskie zemli) ab 1920. Im Zuge der ↑Industrialisierung wurden neben

der Erdölindustrie neue Sektoren wie Maschinenbau und chemische Industrie erschlossen. Die ↑Kollektivierung der ↑Landwirtschaft begann 1929 und erfaßte bis 1940 sämtliche Bauernhaushalte. Die ↑Säuberungen in den 30er Jahren vernichteten die alten Kader aus der „Himmät", die den einheimischen Kern der KP A.s bildeten, ebenso die „muslimischen Nationalkommunisten" (↑Sultan-Galievismus) und die Musavatisten. Die Mehrheit der nationalen Intelligencija fiel ihnen zum Opfer. Seit 1928 verfolgten die s.en Behörden in A. eine äußerst repressive Politik gegenüber dem ↑Islam und unterdrückten jede Äußerung eines Azeri-Nationalismus. Lediglich dessen Bestrebungen nach Wiedervereinigung mit den Landsleuten im Iran wurden der s.en Iranpolitik in den 40er Jahren nutzbar gemacht.

Die Entwicklung nach ↑Stalin war von wirtschaftlichem Aufschwung, Korruptionsskandalen und Anti-Korruptions-Kampagnen, vom Aufstieg des Republik-Parteichefs Gejdar Aliev (1969–1982) in die s.e Machtzentrale und vom Konflikt mit ↑Armenien wegen des von A. inkorporierten ↑autonomen Gebiets Nagornyj Karabach (r.e Schreibweise) bestimmt. Der Karabach-Konflikt unter ↑Gorbačev katalysierte den Azeri-Nationalismus und bewirkte eine nationale Massenmobilisierung, der sich auch das kommunistische Regime nicht länger verschließen konnte („Souveränitätserklärung" des ↑Obersten Sowjet in Baku im September 1989). Gewalt gegen die armenische Minderheit (Pogrome in Sumgait im Februar 1989 und in Baku im Januar 1990) und der Zusammenbruch der Partei- und Staatsgewalt in A. führten zu Interventionen der Unionsgewalt (Sonderverwaltung Nagornyj Karabachs vom Januar bis Dezember 1989, militärische Intervention in A. im Januar 1990). Kompliziert wurde die Situation noch durch die außenpolitische Dimension. Die Vorgänge in A. wurden sowohl in der Türkei wie auch im Iran aufmerksam verfolgt. 1992 eskalierte der Konflikt bis an den Rand eines regelrechten Krieges und erschütterte die Regierung der Exkommunisten, die im Mai durch die nationale Volksfront, die stärkste politische Gruppierung im post-s.en A., abgelöst wurde. A. hatte im August 1991, nach dem gescheiterten ↑Putschversuch in ↑Moskau, seine staatliche Unabhängigkeit erklärt.

Lit.: Huddle, F., Azerbaidzhan and the Azerbaidzhanis, in: Katz, S., Handbook of Major Soviet Nationalities, New York 1975, S. 189–209; Istorija Azerbajdžana, hrsg. v. Dž. B. Guliev, Baku 1979; Lemercier-Quelquejay, Ch., Islam and Identity in Azerbaijan, in: Central Asian Survey, vol. 3, n. 2, 1984, S. 29–55; Bennigsen, A./Enders Wimbush, S., Muslims of the Soviet Empire, London 1985, S. 133–146.   *U.H.*

Azeri ↑Azerbajdžan, ↑Armenien

Baikal-Amur-Magistrale (BAM) ist die Bezeichnung für die 3150 km lange Eisenbahnstrecke von Ust-Kut (obere Lena) über die Nordspitze des Baikal-Sees bis Komsomol'sk am Unterlauf des Amur. Dazu gehört ferner im Westen eine Anschlußstrecke an die Transsibirische Eisenbahn („Transsib", ↑LGR), die sogenannte Lena-Bahn, im Osten die Verbindungsbahn von Komsomol'sk nach Sovetskaja Gavan' am Pazifischen Ozean. Projekte einer solchen Linie wurden bereits vor der ↑Oktober-Revolution entworfen. In den 20er Jahren wurde die Idee wieder aufgegriffen. 1939–40 waren die Projektierungsarbeiten abgeschlossen, die Bauarbeiten, offenbar teilweise von Zwangsarbeitern durchgeführt, wurden jedoch nach Kriegsbeginn unterbrochen. Erst 1967 begann man neuerlich mit Projektierungsarbeiten, und 1974/75 wurden die Bauarbeiten aufgenommen. Arbeitskräfte wurden durch Mobilisierungen des ↑Komsomol und anderer Organisationen beschafft, unterstützt durch massive materielle Anreize. Die BAM stellt eine nördliche Parallele der „Transsib" dar; sie liegt in größerem Abstand zur chinesischen Grenze und erschließt eine an Naturschätzen reiche Region. Die Arbeiten an der BAM wurden im November 1984 offiziell abgeschlossen, obgleich wichtige Tunnelstrecken noch nicht fertig waren, sondern von der Bahnstrecke einstweilen umgangen werden.

Lit.: BAM: Problemy, perspektivy..., M 1976; Izyskanie i proektirovanie trassy Bajkalo-Amurskoj magistrali, M 1977; Wood, A. (Hrsg.), Siberia: Problems and Prospects for Regional Development, London 1987. *H.-H.Sch.*

Bajbakov, Nikolaj Konstantinovič (geb. 1911), machte als Erdölingenieur einen raschen Aufstieg in der Zeit der ersten ↑Fünfjahrpläne. Er war bereits mit Leitungsaufgaben in der Erdölindustrie betraut, als er 1939 der ↑KPdSU beitrat. 1940 wurde er Stellvertretender ↑Volkskommissar bzw. Minister für die Erdölindustrie (1946–1948 eingeschränkt auf die Süd- und Westgebiete). 1952 wurde B. in das ↑Zentralkomitee gewählt, übernahm nach der Teilung des ↑Gosplan 1955 den Vorsitz in der Staatlichen Kommission für Perspektivplanung der Volkswirtschaft, wurde aber 1957, wohl wegen seines Auftretens auf der Seite der Gegner ↑Chruščevs, auf Ämter in der ↑RSFSR (1. Stellvertreter des Vorsitzenden des ↑Ministerrats, Vorsitzender des Gosplan, bis 1958) und in regionale Wirtschaftsverwaltungen (1959–1963) versetzt und schied 1961 aus dem Zentralkomitee aus. Seit 1963 kehrte B. als Vorsitzender (Minister) in Staatskomitees (Erdöl, Chemie) beim Gosplan zurück und wurde 1965 unter ↑Brežnev Stellvertreter des Vorsitzenden des Ministerrats und Vorsitzender des Gosplan. Parallel dazu übernahm B. auch Führungsaufgaben im ↑Rat für gegenseitige Wirtschaftshilfe. Die Wiederaufnahme in das Zentralkomitee (1966) besiegelte die politische Karriere des Erdölspezialisten B. Er war eine Stütze für die risikoscheue Wirtschaftspolitik Brežnevs und zog daher nach der Wahl ↑Gorbačevs zum ↑Generalsekretär Kritik auf sich. Im Oktober 1985 wurde er durch N. V. Talyzin (geb. 1929) in seinen Ämtern abgelöst.

Lit.: ↑Andreev, ↑Andropov. *B.Sch.*

Baku wurde im 9./10. Jh. erstmals erwähnt, ebenso die dortigen Erdölquellen. 1806 kam es dauerhaft zum Russischen Reich. Seit den 70er Jahren des 19. Jhs. setzte ein Wettlauf um die Erdölquellen ein, und unter internationaler Beteiligung (Rothschild, Nobel) wurde die Ölgewinnung in großem Maße ausgebaut. Zu Beginn des 20. Jhs. stammte mehr als 50 % der Welterdölproduktion aus B., die Stadt wuchs von 14 000 (1863) auf 364 000 (1913) Einwohner. Die Industriearbeiterschaft spielte bei der Revolution von 1905 (↑LGR) und den Revolutionen von 1917 (↑Februar-Revolution [LGR], ↑Oktober-Revolution) eine wichtige Rolle. Ende Oktober 1917 wurde die S.-Macht ausgerufen, im April 1918 ein Rat der Volkskommissare gebildet, die sog. Bakuer Kommune, die als einziger s.er Stützpunkt in ↑Transkaukasien die Anlehnung an die ↑RSFSR suchte. Ende Juli konnte sie sich nicht mehr halten. Bürgerlich-nationale Kräfte setzten sich, gestützt auf englische, türkische und seit Ende Oktober wieder englische Truppen, durch. Vom September 1918 bis Ende April 1920 war B. Sitz der Musavat-Regierung (↑Azerbajdžan). Dann besetzte die ↑Rote Armee B. Die Stadt wurde Hauptstadt der neugegründeten Azerbajdžanischen SSR. B. blieb Zentrum der s.en Erdölgewinnung, noch 1940 kamen ¾ der s.en Produktion aus dem Gebiet von B. Die Stadt zählte 1939 775 000 Einwohner. Sie war während des ↑Zweiten Weltkrieges strategisches Ziel der deutschen Truppen. Erst 1950 wurde die Erdölproduktion B.s durch das „zweite B." (Ural-Wolga-Erdölgebiet) überholt. Das Wachstum der Stadt hat sich vergleichsweise verlangsamt (1985 1,1 Mio., mit Vororten 1,6 Mio. Einwohner). Als Industrie- und Hafenstadt sowie Verkehrsknotenpunkt und als Landeshauptstadt mit allen Einrichtungen eines Republikzentrums, seit 1967 mit Untergrundbahn, hat B. seine Bedeutung aber kontinuierlich vergrößert. B. entwickelte sich in der 2. Hälfte der 80er Jahre zum Zentrum der Unabhängigkeitsbewegung in Azerbajdžan. Im Januar 1990 richtete das Militär hier ein Blutbad an.

Lit.: ↑Alma-Ata.   *B.Sch.*

Bakuer Kommune ↑Azerbajdžan, ↑Baku

Balkarien ↑Russische Sozialistische Föderative Sowjetrepublik

Baltikum ↑Estland, ↑Lettland, ↑Litauen

BAM ↑Baikal-Amur-Magistrale

Bandera, Stepan (1909–1959), ein Vertreter der ukrainischen nationalistischen Bewegung, war zunächst als Geistlicher in der polnischen West-↑Ukraine tätig und beteiligte sich als Leiter der Westukrainischen Territorialexekutive der Organisation Ukrainischer Nationalisten (OUN) an antipolnischen Aktionen und Anschlägen (Ermordung des polnischen Innenministers B. Pieracki [1895–1934]). Nach der Besetzung der ostpolnischen Gebiete (↑Westukrainische Volksrepublik) durch die ↑Rote Armee aus polnischer Haft befreit, übernahm B. den Vorsitz in der neugegründeten „Revolutionären OUN" und kämpfte im antis.en Untergrund. B. veranlaßte die Bildung der „Ukrainischen Legion", die von der deutschen Wehrmacht im Generalgouvernement ausgebildet wurde. Die Hoffnungen der Bandera-Fraktionen der OUN auf eine Zusammenarbeit mit dem Deutschen Reich erfüllten sich nicht. Am 30. 6. 1941 folgte der Proklamation der ukrainischen Unabhängigkeit im von deutschen Truppen besetzten Lemberg (L'viv) die Verhaftung B.s und seiner Anhänger. Er verbrachte die nächsten Jahre in deutschen Konzentrationslagern. Erst Ende 1944 wurde er freigelassen. Über das Kriegsende hinaus setzten B. und andere ukrainische Nationalisten der Ukrainischen Aufständischen Armee (UPA) den Partisanenkampf in der Westukraine und in Polen fort. Bis 1947 kam es zu erbitterten Auseinandersetzungen zwischen der UPA und s.en Truppen und Polizeiverbänden. Erst dann vermochten die s.en und polnischen Kräfte sich unter großen Verlusten durchzusetzen. B. ging 1946 ins Exil und arbeitete weiter als Vertreter der ukrainischen Nationalisten. 1959 wurde er in München ermordet.

Lit.: Armstrong, J.A., Ukrainian Nationalism, New York [2]1973; Potichnyj, P.J./Shtendera, Y. (Hrsg.), Political Thought of the Ukrainian Underground 1943–1951, Edmonton 1986; Anders, K., Mord auf Befehl. Der Fall Staschynskij, Pfaffenhofen 1963. B.Sch.

Baptisten ↑Religionsgemeinschaft(en)

Barbarossa-Plan ↑Zweiter Weltkrieg

Baškirien, Baškirische ASSR ↑Russische Sozialistische Föderative Sowjetrepublik

Basmači ↑Kirgizien, ↑Tadžikistan, ↑Zentralasien

Bauern (Bauernschaft). Die B., seien es Einzelbauern (krest'jane-edinoličniki) oder Kolchozbauern (kolchozniki), stellten bis zum ↑Zweiten Weltkrieg die größte Bevölkerungsgruppe in der SU. 1924 machten sie (Einzelbauern/Kolchozbauern) 74,9/0,8 % der Bevölkerung aus, 1928 73,7/1,7 %, 1939 0,3/44,9 %, 1959 0/31,4 %, 1970 0/20,5 % und 1980 0/14,9 %. Diese Daten zeigen zum einen den Urbanisierungsprozeß, der insbesondere in der Phase der forcierten ↑Industrialisierung beschleunigt wurde, zum anderen den Strukturwandel innerhalb der in der ↑Landwirtschaft beschäftigten Bevölkerungsgruppe. Herrschte bis 1928/29 die private Produktion in der Landwirtschaft vor, ablesbar an dem hohen Anteil der Einzelbauern, so stellten nach der ↑Kollektivierung die Kolchozbauern die Masse der in der Landwirtschaft Beschäftigten. Mit der verstärkten Umwandlung der ↑Kolchozen in ↑Sovchozen seit Mitte der 50er Jahre wurden auch vermehrt Kolchozbauern in Sovchozarbeiter umgewandelt. So war der Rückgang der Kolchozbauern zwischen 1959 und 1980 nicht nur Folge des Urbanisierungsprozesses, er folgte auch aus der Einschränkung der Kolchozen. Deshalb stellte die Dorfbevölkerung (Kolchozbauern, Sovchozmitarbeiter, ländliche Angestellte, ↑Arbeiter mit Wohnsitz auf dem ↑Dorf) noch 1960 51,2 % der Gesamtbevölkerung, 1970 43,7 % und 1980 37,2 %. In der s.en Literatur war für die Phase vor der Kollektivierung eine Einteilung der Bauern in Landarbeiter (batraki), arme B. (bednjaki), Mittelbauern (serednjaki) und reiche B. (kulaki, ↑Kulak) üblich. Dabei wurde für die Zeit vor der Agrarrevolution 1917/18 das Verhältnis dieser Gruppen mit 65 % bednjaki, 20 % serednjaki und 15 % kulaki angegeben. Für 1928/29 – nach der Nivellierung durch Aufteilung der Gutsländereien und nach der ↑Neuen Ökonomischen Politik soll das Verhältnis 35 % bednjaki, 60 % serednjaki und 4–5 % kulaki betragen haben. Tatsächlich ist die Bestimmung der Differenzierung der B. äußerst kompliziert, da angesichts des wiederaufgelebten Brauches der Feldumteilung (↑Bauerngemeinde [LGR]) die Aussaatfläche der Höfe kein Kriterium für soziale und ökonomische Stellung ist. Daß dennoch innerhalb des Dorfes deutliche soziale Unterschiede bestanden, ist daran erkennbar, daß 1927 28,3 % der Höfe kein Arbeitsvieh besaßen, während 15–20 % des gesamten landwirtschaftlichen Inventars auf 4–5 % der Höfe konzentriert war. Diese Ungleichheit schuf Abhängigkeitsbeziehungen im Dorf, die jedoch nicht der vereinfachten Betrachtungsweise der s.en Führung entsprachen.

Lit.: Merl, S., Der Agrarmarkt und die Neue Ökonomische Politik. Die Anfänge staatlicher Lenkung der Landwirtschaft in der Sowjetunion 1925–1928, München/Wien 1981; Shanin, T., The Awkward Class. Political Sociology of Peasantry in a Developing Society.

Russia 1910–1925, Oxford 1972; Lewin, M., Russian Peasant and Soviet Power. A Study of Collectivization, London 1968; Cox, T. M., Rural Sociology in the Soviet Union. Its History and Basic Concepts, London 1979; Staroverov, V. I., Social'naja struktura sel'-skogo naselenija SSSR na ėtape razvitogo socializma, M 1978.   *H.-H.Sch.*

Beamtentum ↑Bürokratie

Beisitzer des Volkes wirkten – bei Gerichten erster Instanz – gleichberechtigt neben den Richtern an der Rechtssprechung mit. Bereits im Dezember 1917 hatte ein Dekret des ↑Rates der Volkskommissare (↑Justiz) die bestehenden Gerichte aufgelöst und auf Ortsebene durch einen (von den Räten gewählten) Richter und zwei ständig wechselnde Beisitzer ersetzt. Über das Beisitzeramt sollten „die breitesten Massen des ↑Proletariats und der ärmsten ↑Bauernschaft" an der Ausübung der Rechtspflege beteiligt und zur Aufstellung der Beisitzerlisten die Massenorganisationen der ↑Arbeiter (vor allem die ↑Gewerkschaften) herangezogen werden (so das ↑Parteiprogramm von 1919). Das Grundlagengesetz für die Gerichtsverfassung der UdSSR schrieb (1924) die B. d. V. unionseinheitlich vor, seit 1936 standen sie auch in der ↑Verfassung (Art. 109). Der Wahlmodus wechselte dabei mehrfach. Nach Art. 152 der Verfassung von 1977 wurden die Beisitzer der Volksgerichte (unterste Ebene) „auf Versammlungen von Bürgern an ihrem Arbeitsplatz oder Wohnsitz in offener Abstimmung für die Dauer von zweieinhalb Jahren gewählt". Zur Kandidatenaufstellung waren (so das Wahlgesetz für die Volksgerichte von 1981) die Organisationen der ↑Kommunistischen Partei, der Gewerkschaften, des ↑Komsomol und der ↑Genossenschaften und Arbeiterkollektive berechtigt. Die B. d. V. der höheren Gerichte wurden von den entsprechenden ↑Sowjets gewählt. Wie die Richter so waren auch die Volksbeisitzer ihren Wählern gegenüber rechenschaftspflichtig.

Lit.: Narodnye zasedateli, in: BSÈ (3. Aufl.) Bd. 17, S. 282; Fincke, M. (Hrsg.), Handbuch der Sowjetverfassung, 2 Bde., Berlin 1983.   *H.A.*

Beistandspakt(e) schloß die SU 1935 mit Frankreich und der Tschechoslovakei, nachdem die Pläne für einen multilateralen Sicherheitspakt in Osteuropa (ein „Ost-Locarno") an der Ablehnung Deutschlands und Polens gescheitert waren. Diese Ostpakt-Pläne waren vor dem Hintergrund der s.-französischen Annäherung seit dem Abschluß der ↑Nichtangriffspakte von 1932 entwickelt worden und hatten in engem Zusammenhang mit den Verhandlungen über den Beitritt der SU zum ↑Völkerbund (1934) gestanden. Die s.e Politik orientierte sich dabei vorrangig an der defensiven Aufgabenstellung, das System der kollektiven Sicherheit in Europa mit Rücksicht auf die inneren Entwicklungsbedürfnisse der UdSSR zu unterstützen und möglichst gleichgewichtige Beziehungen zu den konkurrierenden kapitalistischen Staaten zu erhalten. So hatte ↑Stalin auf dem XVII. ↑Parteitag im Januar 1934 zwar das nationalsozialistische Deutschland und dessen Sympathisanten als diejenigen Kräfte identifiziert, welche am zielstrebigsten auf die Entfesselung eines imperialistischen Krieges hinarbeiteten. Doch strebte die SU nicht zuletzt deswegen die weitere Einbindung Deutschlands in die eigene Sicherheitspolitik (in Anknüpfung an den am 5. 5. 1933 verlängerten ↑Berliner Vertrag) an. Erst die deutsch-polnische Zusammenarbeit seit dem Nichtangriffspakt vom 26. 1. 1934, die zunehmend sowjetfeindliche

Haltung Hitlers und die definitive Zurückweisung des Ostpakts nötigten zu einer vorläufig einseitigen Verständigung mit Frankreich. Am 2.5. 1935 wurde der s.-französische B. unterzeichnet, dem am 16.5. 1935 ein nachgeordneter s.-tschechoslovakischer B. folgte. Beide Verträge verpflichteten die jeweiligen Partner zu Konsultationen in Krisensituationen und zu unverzüglicher Hilfeleistung im Fall eines nicht provozierten Angriffs von seiten Dritter; gegenüber der ČSR sollte die s.e Beistandsverpflichtung aber nur dann gelten, wenn Frankreich an erster Stelle Hilfe leistete. Da die B. nicht durch militärische Vereinbarungen ergänzt wurden, blieb ihre Verbindlichkeit begrenzt. In der Sudetenkrise 1938 kamen sie angesichts des französischen Einlenkens im Münchner Abkommen nicht zur Wirkung, und durch den ↑deutsch-s.en Nichtangriffspakt 1939 wurden sie de facto außer Kraft gesetzt. – Zu den sog. B.n. von 1939 mit den balt. Staaten ↑Hitler-Stalin-Pakt u. unter den einz. Ländern.

Lit.: Scott, W.E., Alliance against Hitler. The Origins of the Franco-Soviet Pact, Durham 1962; Niclauss, K., Die Sowjetunion und Hitlers Machtergreifung. Eine Studie über die deutsch-russischen Beziehungen der Jahre 1929 bis 1935, Bonn 1966; Jacobsen, H.-A., Primat der Sicherheit, 1928–1938, in: Osteuropa-Handbuch. Sowjetunion. Außenpolitik I, Köln/Wien 1972. *M.G.M.*

Belorußland ↑Weißrußland

Benediktov, Ivan Aleksandrovic (1902–1983), seit 1930 Parteimitglied, übernahm nach seiner Ausbildung zum Landwirtschaftsfachmann Führungsaufgaben in ↑Sovchozen, seit 1937 Funktionen in der Regierung der ↑RSFSR. Er wechselte rasch an die Spitze des ↑Volkskommissariats für ↑Landwirtschaft, zunächst 1938 als 1. Stellvertreter des Volkskommissars und kurz darauf als Volkskommissar. 1943 wurde B. durch A. A. ↑Andreev abgelöst, blieb aber dessen 1. Stellvertreter und rückte 1946 erneut auf die Stelle des ↑Ministers für Landwirtschaft. Bei der Neuordnung der Landwirtschaftspolitik unter ↑Chruščev kam B. an die Spitze des Sovchozenministeriums und wurde stellvertretender Leiter der Staatswirtschaftskommission. Nach Posten in der Wirtschaftsplanung und Landwirtschaftspolitik der RSFSR (1957–1959) wechselte B. in den diplomatischen Dienst. Er wurde (1959–1967, erstmals schon 1953) Botschafter in Indien und übernahm damit eine Schlüsselstelle in der Politik Chruščevs und ↑Brežnevs gegenüber den blockfreien Staaten. 1967 ging B. auf den ähnlich wichtigen Posten in Jugoslawien (bis 1970). Über die Zugehörigkeit zum ↑Zentralkomitee (1939–1941, 1952–1971) ging seine parteiliche Karriere nicht hinaus.

Lit.: ↑Andreev. *B.Sch.*

Berg-Karabagh ↑Armenien, ↑Azerbajdžan

Berg-Republik (Gorskaja Avtonomnaja Sovetskaja Socialističeskaja Respublika). Die Autonome Sozialistische Sowjetische Berg-Republik (GASSR) existierte von 1921 bis 1924 auf dem Territorium des ehemaligen Gebiets Terek im Rahmen der ↑RSFSR. Die Republik erstreckte sich über 73 000 km² und hatte ca. 786 000 Einwohner. Hier lebten sechs nordkaukasische Völkerschaften (Čečenen, Ingušen, Oseten, Kabardiner, Balkaren, Karačajer) sowie Russen und ↑Kosaken.

Entsprechend gliederte sich die Republik auch in sechs Bezirke. Hauptstadt war ↑Vladikavkaz. Am 20. 1. 1921 wurden sowohl die B.-R. als auch die Autonome Republik Dagestan, beide multinationale Gebiete, gegründet. Zwar entsprachen beide Autonomien dem Streben der Völker nach Eigenstaatlichkeit, verfolgten jedoch primär das Ziel, die nordkaukasischen Völkerschaften – ca. zwei Mio. Menschen, denen ein relativ primitives Entwicklungsstadium, meist das Fehlen einer Schriftsprache, fest verwurzelter ↑Islam sowie eine jahrhundertelange Tradition im Kampf gegen die Russen gemeinsam war – in den s.en Herrschaftsbereich zu integrieren. Mit der Einführung einer eigenen Schriftsprache entsprachen die nordkaukasischen Stämme den Kriterien eines Volkes und hatten Anspruch auf eine eigene Republik, was seit Dezember 1921 zur Aufsplitterung der B.-R. in autonome Bezirke führte. Am 7. 7. 1924 wurde sie aufgelöst.

Lit.: Benningsen, A./Lemercier-Quelquejay, Ch., Islam in the Soviet Union, New York 1967.   *G.S.*

Berija, Lavrentij Pavlovič (1899–1953), trat während seiner Ausbildung am Bakuer Technikum 1917 der Sozialdemokratie (↑LGR) bei, wurde – als Georgier! – bald nach der Bildung der ↑Sowjetrepublik ↑Azerbajdžan im April 1920 Vorsitzender der azerbajdžanischen Čeka bzw. GPU (↑Geheimpolizei) und nahm auch in der ↑Transkaukasischen Föderation die Stelle des GPU-Republikvorsitzenden ein. In der Auseinandersetzung mit den bürgerlichen und sozialdemokratischen Gegnern der ↑Sowjets und der Transkaukasischen Föderation baute er seine politische Stellung aus. 1931 wurde B. 1. Sekretär des ↑Zentralkomitees der ↑Kommunistischen Partei ↑Georgiens, 1932 des transkaukasischen Gebietsparteikomitees. Er erwies sich in der Phase der ↑Säuberungen als verläßlicher Anhänger ↑Stalins, in rascher Folge rückte er in die einflußreichsten Stellen der Partei- und Staatsführung ein. 1934 Mitglied des ZK der ↑RKP (b), ersetzte B. 1938 N. I. ↑Ežov als ↑Volkskommissar des Innern und übernahm 1939 auch dessen Platz als Kandidat des ↑Politbüros; 1941 kam dazu der Posten eines Stellvertreters des Vorsitzenden des ↑Rates der Volkskommissare. B. wurde 1941 in das Staatskomitee für Verteidigung (↑Streitkräfte), 1944 zu dessen stellvertretendem Vorsitzenden berufen und Marschall der SU. 1946 verlor er das Ministeramt, ohne daß man ihm den Einfluß auf die Geheimpolizei genommen hätte. Als volles Mitglied des Politbüros seit 1946 bzw. des ↑Präsidiums und ↑Sekretariats des ZK (1952) und weiter als stellvertretender Vorsitzender des ↑Ministerrats gehörte er zum engsten Führungskreis um Stalin und balancierte zwischen den konkurrierenden Gruppen im Politbüro. Nach Stalins Tod kumulierte B. das Amt des 1. Stellvertreters des Vorsitzenden des Ministerrats mit demjenigen des Innenministers, dem auch das Ministerium für Staatssicherheit (1941–1949, 1946–1953) wieder unterstellt wurde. B. war so nächst G. M. ↑Malenkov der stärkste Mann an der Spitze der SU. Gegen die Machtfülle B.s gelang es ↑Chruščev, das Präsidium des ZK und das Oberkommando der Streitkräfte zu mobilisieren. B. wurde am 26. 6. 1953 verhaftet, seiner Ämter enthoben, aus der Partei ausgeschlossen und zusammen mit einigen seiner engsten Mitarbeiter (u. a. V. N. Merkulov, 1895–1953) als Verräter verurteilt und hingerichtet. Das ganze Ausmaß seiner Verbrechen wurde auf dem XX. ↑Parteikongreß in Chruščevs Rede und erneut unter ↑Gorbačev offenbar.

Lit.: Wittlin, T., Commissar. Life and Death of L. P. Berija, London 1972; „Pogruženy v ešelony i otpravleny k mestam poselenij..." L. Berija – J. Stalinu, in: Istorija SSSR, 1991, Nr. 1, S. 143–160; ↑Andreev, ↑Chruščev, ↑Säuberungen, ↑Geheimpolizei. *B.Sch.*

Berliner Blockade nennt man ↑Stalins Versuch, durch die Sperrung der Transitwege nach Berlin am 24. 6. 1948 die Westalliierten zum Verzicht auf eine westdeutsche Teilstaatsgründung oder zur Preisgabe Berlins zu zwingen. Auch in dieser Frage war eine Konfrontation zwischen den Siegermächten des ↑Zweiten Weltkriegs absehbar gewesen, seitdem die Festlegung der USA auf die Politik der „Eindämmung" gegenüber der SU 1946/47 zum offenen Ausbruch des ↑Kalten Krieges geführt hatte: Die gegen den unterstellten s.en Expansionismus in Deutschland und Westeuropa gerichteten Konsolidierungsbestrebungen der USA liefen frühzeitig auf den westdeutschen Teilstaat und dessen Westintegration hinaus, worin die SU ihrerseits eine Gefährdung ihrer aktuellen wirtschaftlich-politischen Position in Deutschland sah. Als daher die interalliierten Deutschlandverhandlungen Ende 1947 endgültig gescheitert waren und sich die Konflikte um einseitige Maßnahmen in den jeweiligen Besatzungszonen verschärften, nahm die SU die strittige Frage der Währungsreform zum Vorwand, um die Westmächte mit der B. B. unter Druck zu setzen. Die Unterbrechung der (in den alliierten Berlin-Vereinbarungen nicht ausdrücklich geregelten) Verkehrsverbindungen nach Berlin bewirkte eine dramatische Versorgungs- und Wirtschaftskrise in den Westsektoren, angesichts derer die USA im Sommer 1948 zeitweilig einen Kompromiß mit der SU erwogen. Der Erfolg der sofort errichteten Luftbrücke zur Versorgung Berlins, aber auch die solidarisierende Wirkung, welche die B. B. sowohl auf die deutsche Bevölkerung als auch auf die westeuropäischen Staaten hatte, veranlaßten dann aber, daß die s.en Forderungen schon Ende August 1948 kategorisch zurückgewiesen wurden. So trieb die SU zwar die politisch-administrative Isolierung West-Berlins sowie die einseitige Neuordnung in der s.en Besatzungszone 1948/49 voran, willigte aber im Frühjahr 1949 in Verhandlungen mit den USA ein, die am 4. 5. 1949 zu dem New Yorker Abkommen über die Aufhebung der B. B. führten. Die westeuropäische Integration und die politische Spaltung Deutschlands wurden durch die B. B. letztlich eher beschleunigt als behindert. Entsprechend stellte sich auch die s.e Deutschlandpolitik spätestens seit der Gipfelkonferenz von ↑Genf auf die Festschreibung der Zweistaatlichkeit sowie die strikte Abschließung West-Berlins (↑Berlin-Ultimatum) ein.

Lit.: Buffet, C., Le blocus de Berlin, Phil. Diss. Paris 1987; Herzfeld, H., Berlin in der Weltpolitik 1945–1970, Berlin/New York 1973. *M.G.M.*

Berliner Vertrag (24. 4. 1926). Der B. V. zwischen der SU und dem Deutschen Reich bestätigte die Grundzüge des ↑Rapallo-Vertrags und verpflichtete zu gegenseitiger Neutralität sowie zum Verzicht auf Aggression und Boykottmaßnahmen. Der Abschluß des B. V.s ging auf s.e Initiative zurück: Er sollte die wirtschaftlich-politische Annäherung des Reichs an die Alliierten seit 1925 (Locarno-Vertrag) ausgleichen, zumindest aber dessen Einbindung in eine anti-s.e Front der ↑„kapitalistischen Einkreisung" verhindern. Tatsächlich ließ sich Deutschland aufgrund des B. V.s auf eine pro-s.e Politik im ↑Völkerbund festlegen; zugleich wurden der SU umfangreiche deutsche Kredite eingeräumt. Langfristig indessen war der Verfall der deutsch-s.en Kooperation durch den B. V. nicht aufzuhalten. Die Neuorientierung Deutschlands im Versailler System veranlaßte vielmehr auch die SU, mit der Politik der Koexistenz (↑Briand-Kellogg-Pakt; ↑Litvinov-Protokoll) und der ↑Nichtangriffspakte eigene Wege zu einem System der kollektiven Sicherheit einzuschlagen.

Lit.: Walsdorff, M., Westorientierung und Ostpolitik. Stresemanns Rußlandpolitik in der Locarno-Ära, Bremen 1971.   *M.G.M.*

Berlin-Ultimatum. Das s.e B.-U., das ↑Chruščev in einer Rede am 10. 11. 1958 angekündigt hatte, wurde den Westmächten in einer Note vom 27. 11. 1958 übermittelt. Die SU kündigte darin einseitig die alliierten Vereinbarungen über Berlin und setzte den Westmächten eine Frist von sechs Monaten, binnen derer die Entmilitarisierung der Westsektoren und deren mögliche Umwandlung in eine „selbständige politische Einheit" geregelt werden sollten. Für den Fall des Scheiterns der Verhandlungen erklärte die SU die Absicht, der DDR durch bilaterale Verträge volle Souveränität sowie die Verfügung über die Zugangswege nach Berlin zu übertragen. Das B.-U. verfehlte jedoch nicht nur seine mutmaß-lich erhoffte Wirkung auf die West-Berliner Wahlen vom Dezember 1958, bei denen die SED nur 1,9 % der Stimmen erhielt. Vielmehr stieß es auch bei den Westmächten auf kategorische Ablehnung. So schwächte die SU ihr B.-U. bald zugunsten allgemeinerer Vorschläge für Sicherheitsregelungen in Deutschland und Europa ab und verzichtete, nachdem die Gipfelkonferenz von ↑Paris nicht zustande gekommen war, auf weitere Versuche einer internationalen Lösung der Berlin-Frage. Statt dessen legte sie sich 1961 nach einer zweiten Berlin-Krise mit dem Mauer-Bau auf eine Politik der strikten Isolierung West-Berlins fest, die erst im ↑Vier-Mächte-Abkommen über Berlin (1971) teilweise revidiert wurde.

Lit.: Herzfeld, H., Berlin in der Weltpolitik 1945–1970, Berlin/New York 1973; Wagner, W., Die sowjetische Drohung mit dem Separatfrieden, Europa-Archiv 20 (1962), 663–702.
M.G.M.

Berlin-Vereinbarungen ↑Vier-Mächte-Abkommen über Berlin

Bessarabien ↑Moldau

Besprizornye ↑Hooliganismus, ↑Makarenko

Birobidžan ↑Chabarovsk

Biškek (gegründet 1825) wurde 1860/62 nach der Besetzung durch r.e Truppen Militärsiedlung und 1878 Kreisstadt des Gebiets Semireč'e (↑Alma-Ata). 1918 wurde die Stadt durch s.e Truppen genommen und 1924/25 zur Bezirksstadt des (Kara-)kirgizischen ↑Autonomen Gebiets und 1926 zur Hauptstadt der ↑Kirgi-zischen ASSR gemacht. Gleichzeitig erfolgte die Umbenennung in Frunze zu Ehren von M. V. ↑Frunze. Seit 1924 war die Stadt an die transkaspische-zentral-asiatische Eisenbahn (↑Verkehrswege) angeschlossen. Die ersten ↑Fünfjahrpläne brachten Industrialisierungsansätze, der Status der Hauptstadt der Kirgizischen SSR (seit 1936) zusätzliche zentrale Funktionen. 1939 hatte Frunze 93 000 Ein-wohner, in der Zeit des ↑Zweiten Weltkrieges und seitdem wuchs die Stadt kontinuierlich. Aber die Ausstattung mit hauptstädtischen Einrichtungen verlief langsam (↑Akademie der Wissenschaften 1954). Frunze hatte 1985 600 000 Einwohner, darunter Großrussen (1959: 71,8 %, 1970: 66,2 %), Kirgizen (9,6 % bzw. 12,3 %), Ukrainer, Tataren, Uzbeken, Deutsche u. a. Die Rückbenennung in B. erfolgte 1990.

Lit.: ↑Alma-Ata.   *B.Sch.*

Bogdanovismus ↑Marxismus-Leninismus

Bolschewismus, Bolschewisten ↑Kommunistische Partei der Sowjetunion

„Bol'ševik" ↑„Kommunist"

Brest, bis 1921 Brest-Litovsk („Litauisches B."), während der Zugehörigkeit zu Polen 1921–39 Brest am Bug, wurde erstmals kurz nach der Jahrtausendwende erwähnt. Der Ort am Übergang über den Bug gehörte zur Kiever Rus', seit 1319 zu ↑Litauen, seit 1569 zu Polen und kam 1795 zum R.en Reich. In den 30er Jahren des 19. Jhs. begann der Ausbau zur Festung. In dem von deutschen Truppen eroberten B. fanden 1917/18 die Verhandlungen statt, die zum Frieden von ↑Brest-Litovsk führten. 1919 eroberten polnische Truppen die Stadt. Nach der Rückgewinnung 1939 wurde über die Grenzstadt gegenüber dem Generalgouvernement ein Großteil des deutsch-s.en Handels abgewickelt. Gegen den deutschen Angriff im ↑Zweiten Weltkrieg konnte sich die Festungsbesatzung im Juni/Juli 1941 einen Monat lang behaupten. Nach der Befreiung (Juli 1944) erfolgte der Wiederaufbau der zerstörten Stadt. Als Verwaltungsmittelpunkt und Grenzstadt nahm B. eine rasche Entwicklung (1939: 41 000, 1985: 222 000 Einwohner).

Lit.: ↑Alma-Ata.   *B.Sch.*

Brest-Litovsk. Durch den Frieden von B.-L. mit Deutschland, Österreich-Ungarn, Bulgarien und der Türkei schied S.-R. am 3.3. 1918 aus dem Ersten Weltkrieg (↑LGR) aus. Schritte zur Beendigung des Kriegs hatten die ↑Bolschewisten sofort nach dem Sturz der Provisorischen Regierung (↑LGR) eingeleitet. Nachdem der II. ↑Rätekongreß mit dem ↑Dekret über den Frieden schon am 26. 10. 1917 A. S. (↑Kalender) (8. 11. 1917) zu Friedensschlüssen „ohne Annexionen und Entschädigungen" aufgefordert hatte, schlug ↑Trockij den Mittelmächten am 13. 11. A. S. (26. 11.) einen Waffenstillstand vor. Gleichzeitig wurde an die Verbündeten appelliert, sich der r.en Friedensinitiative anzuschließen. Da die Entente-Mächte jedoch ablehnten, war die S.-Regierung zum Alleingang genötigt: Der separate Waffenstillstand vom 2. 12. 1917 A. S. (15. 12. 1917) bereitete den Weg für Friedensverhandlungen, die am 9. 12. A. S. (22. 12.) in B.-L. begannen. Die s.en Hoffnungen, dabei einen Annexionsverzicht zur Verhandlungsgrundlage zu machen, erfüllten sich nicht. Vielmehr forderten die Mittelmächte am 5. 1. 1918 A. S. (18. 1. 1918) von S.-R. ultimativ die Abtretung Polens, ↑Litauens und West-↑Lettlands. In der folgenden Verhandlungspause kam es darüber in der s.en Führung zu Kontroversen. Während ↑Bucharin im Vertrauen auf eine weltrevolutionäre Wende die Fortsetzung des Krieges verlangte, erklärte ↑Lenin die Annahme des Ultimatums für zwingend; durchsetzen sollte sich indessen Trockijs Formel „Weder Krieg noch Frieden", wonach die Kriegshandlungen beendet werden sollten, ohne daß S.-R. einen Friedensvertrag unterzeichnete. Den Fortgang der Verhandlungen in B.-L. bestimmte zunächst aber der Konflikt um die ↑Ukraine, bei dem die Mittelmächte schließlich durch einen Separatfrieden mit der von der S.-Macht bedrängten Kiever ↑Rada am 28. 1. 1918 A. S. (10. 2. 1918) vollendete Tatsachen schufen. Einem neuen Ultimatum an S.-R. kam Trockij nun jedoch zuvor, indem er den Kriegszustand einseitig für beendet erklärte und die Demobilisierung der r.en Heere ankündigte. Dieser Schritt veranlaßte die Gegenseite freilich nur, die militärische Offensive wiederaufzunehmen; dem folgenden Vormarsch deutscher Truppen konnte die S.-Macht nichts entgegensetzen. So erlangte Lenin bei den erneuten Auseinandersetzungen in der S.-Führung schließlich die Oberhand: Auf der Basis erweiterter deutscher Forderungen vom 10. 2. A. S. (23. 2.) wurden der Frieden von B.-L. und die begleitenden Verträge ohne neue Verhandlungen unterzeichnet. Mit dem Verzicht auf Polen, Litauen, Lettland, ↑Estland, die Ukraine und Finnland sowie auf die von der Türkei beanspruchten Gebiete im Kaukasus gab S.-R. über 30 % der Bevölkerung des Russischen Reichs sowie den größten Teil von dessen Rohstoff- und Industriepotential vorläufig preis. Gerechtfertigt hat die (bis heute umstrittene) Entscheidung für den verlustreichen Sonderfrieden vor allem Lenins Argument, daß sich die S.-Macht in R. nicht ohne diese „Atempause" hätte behaupten und konsolidieren können. Als trügerisch erwies sich indessen die Erwartung, revolutionäre Umbrüche würden die Politik der imperialistischen Mächte ohnehin kurzfristig außer Kraft setzen. Zwar brachte das Kriegsende im Westen (11. 11. 1918) sowohl den Zusammenbruch des deutschen Ost-Imperiums als auch die förmliche Annullierung des Friedens von B.-L. Doch sollte der Gegensatz zu den Entente-Staaten, der mit dem s.en Separatfrieden aufgebrochen war, bald in der Interventions- und Boykottpolitik gegen S.-R. auf verhängnisvolle Weise wirksam werden.

Lit.: Wheeler-Bennet, J. W., Brest-Litovsk, the Forgotten Peace, London [2]1956; Halweg, W., Der Diktatfrieden von Brest-Litovsk und die bolschewistische Weltrevolution, Münster 1960; Debo, R. K., Revolution and Survival. The Foreign Policy of Soviet Russia 1917–1918, Toronto 1979. *M.G.M.*

Brežnev, Leonid Il'ič (1906–1982), geboren in Kamenskoe (Dneprodzeržinsk), begann seine berufliche Tätigkeit als Agrarspezialist und in der regionalen Landwirtschaftsverwaltung (bis 1930), schloß eine Ausbildung als Metallurg an und wurde Ingenieur. Seit 1931 Mitglied der ↑VKP (b), übernahm er 1937 auch Parteiaufgaben, zunächst in der Stadtverwaltung von ↑Dnepropetrovsk (1937). Während des ↑Zweiten Weltkriegs war B. Politoffizier (↑Militärkommissare) und brachte es bis zum Generalmajor. Seine weiteren Karriereschritte waren wiederum mit Aufgaben in der ↑Ukraine verbunden: 1946 Erster Sekretär des Zaporoger, 1947 des Dnepropetrovsker Gebietsparteikomitees. Diese Plazierung und die Ernennung zum Ersten Sekretär des ↑Zentralkomitees der KP der ↑Moldau (1950) verdankte B. der Empfehlung ↑Chruščevs, mit dessen politischem Aufstieg auch derjenige B.s eng verbunden blieb. Auf dem XIX. ↑Parteikongreß wurde er ins ZK und auf dem anschließenden Oktoberplenum zum

Kandidaten des Präsidiums (↑Politbüro) und zum Sekretär des ZK berufen. Nach ↑Stalins Tod verlor B. die ZK-Aufgaben und wurde vorübergehend stellvertretender Leiter der politischen Hauptabteilung der s.en ↑Streitkräfte. Anfang 1954 sandte Chruščev ihn zur Durchführung der ↑Neulandkampagne nach ↑Kazachstan, wo er die Stelle des 2. und bald als Nachfolger P. K. Ponomarenkos (geb. 1902) die des 1. Sekretärs der Kazachischen KP übernahm. B. kehrte auf dem XX. Parteikongreß erneut ins Zentralkomitee der KPdSU zurück und wurde anschließend Kandidat und bereits auf dem Juli-Plenum 1957 des ZK Vollmitglied des Präsidiums und ZK-Sekretär mit Zuständigkeit für die Schwerindustrie, später auch für die Verteidigungs- und die Raumfahrtindustrie. B. bewährte sich als Gehilfe Chruščevs und vermochte eigene Gefolgsleute aus der Ukraine (Dnepropetrovsker Gruppe) und der Moldau im Zentrum der Partei zu plazieren, u. a. ↑Černenko. Nach dem Tode ↑Vorošilovs 1960 folgte B. ihm als Vorsitzender des ↑Präsidiums des ↑Obersten Sowjets (Staatsoberhaupt). Er verlor dabei seine Sekretariatsaufgaben. Nach der Zurücksetzung von ↑Kozlov konnte B. seit 1963 seine Position wieder stärken. Er kehrte zusammen mit dem Ukrainer N. V. Podgornyj (geb. 1903) ins Sekretariat zurück, gab das Amt des Staatsoberhaupts im Juli 1964 an A. I. ↑Mikojan und wurde beim Sturz Chruščevs im Oktober 1964 dessen Nachfolger als ↑Erster bzw. (1966) Generalsekretär. Sukzessive übernahm B. auch den Vorsitz im Verteidigungsrat, in der Kommission zur Vorbereitung der Neuen ↑Verfassung und 1977 auch das Amt des Staatsoberhaupts. Seine angeblichen militärischen Verdienste im Krieg wurden mit der Marschallswürde geehrt (1976).

Es entwickelte sich ein B.-Kult, der zusammen mit anderen Erscheinungen wie Amtsmißbrauch, Bürokratismus und Stagnation unter ↑Andropov und ↑Gorbačev als Brežnevismus (brežnevščina) geächtet wurde. Nach der Unruhe, die Chruščevs Reformansätze in die Partei gebracht hatten, stand unter B. die Restauration und Stabilisierung des Apparats im Vordergrund. Die ↑Entstalinisierung wurde nicht zurückgenommen, sie kam de facto zum Stillstand und führte um 1970 zu einer partiellen Restalinisierung. Öffnungen in der Gesellschafts- und Kulturpolitik wurden rückgängig gemacht, Dissidenten wurden in Lager gebracht (↑GULag) oder ausgewiesen (↑Solženicyn). Das neue Statut der KPdSU wurde wieder eingeschränkt, die Wirtschaftsreform (↑Liberman-Diskussion) stagnierte. Statt grundlegender Reformen gab es affirmative Kodifikationen, so in den neuen ↑Verfassungen von 1977/78, oder es blieb bei rhetorischen Verbrämungen. Im Kontrast zum Stillstand im Innern gab es außenpolitisch einige Erfolge, insbesondere in der weltpolitischen Abstimmung mit den USA, doch spitzten sich die andauernden internationalen Konflikte seit dem Ende der 70er Jahre zu (↑Afghanistan, Raketenproblematik, Konflikte in der Dritten Welt, Menschenrechtsverletzungen in der SU). B. verkörperte den ↑Apparatčik, der schließlich über den Status quo nicht mehr hinausging und alle Veränderungen blockierte. Typisch für seine Regierung war die personelle Kontinuität in den Partei- und Regierungsämtern und die Überalterung der Personen in den Entscheidungsgremien. Am Ende seiner Herrschaft war der Abstand zwischen Anspruch und Realität des s.en Systems eklatant.

Lit.: Medvedev, R., Advantages of Mediocrity. Leonid Brezhnev: A Political Profile, in: Moscow News Weekly 37/1988; Morozow, M., Leonid Breschnew. Biographie, Stuttgart

1973; Dornberg, J., Breschnew. Herrscher im Kreml, München 1975; Bialer, S., Stalin's Successors, Cambridge 1980; Meissner, B., Sowjetische Kurskorrekturen. Breschnew und seine Erben, Osnabrück 1984; ders., Die Sowjetunion im Übergang von Breschnew zu Andropow, Berlin 1983.   *B.Sch.*

Brežnev-Doktrin ↑Sozialistisches Lager

Briand-Kellogg-Pakt hieß nach seinen Initiatoren (dem französischen Außenminister Briand und dem US-Staatssekretär Kellogg) der am 27. 8. 1928 unterzeichnete internationale Vertrag zur Ächtung von Krieg als Mittel der Politik, dem sich auch die SU wenig später anschloß. Für die Einladung der SU zum Beitritt war vor allem Deutschland (↑Rapallo-Vertrag) gegen starke französische und britische Vorbehalte eingetreten. Ihrerseits hatte die SU das Aushandlungsverfahren und dessen vorgeblich unzureichende Ergebnisse kritisiert; indessen nutzte sie das Angebot nun gezielt, um die außenpolitische Isolation, in welche die Aktivitäten auf der Ebene der ↑Komintern hineingeführt hatten, zu überwinden: Der B.-K.-P. sollte den ersten Ansatzpunkt für jene Politik des Friedens und der kollektiven Sicherheit bieten, die von ↑Stalin auf dem XV. ↑Parteitag am 3. 12. 1927 umrissen und von ↑Litvinov in der Folge realisiert wurde (↑Litvinov-Protokoll).

Lit.: Chaizmann, W. M., Die UdSSR und die Abrüstung zwischen den beiden Weltkriegen, Berlin 1963.   *M.G.M.*

Brilliant ↑Sokol'nikov

Bronštejn ↑Trockij

Buchara, im Zentrum der Oase B., wurde spätestens im 1. Jh. n. Chr. gegründet und war nach wechselvollem Schicksal seit dem 16. Jh. Hauptstadt des gleichnamigen Khanats. Es kam durch den Protektoratsvertrag des Emirs von B. 1868 zum Russischen Reich. Nach der Vertreibung des Emirs wurde B. 1920 Hauptstadt der Sowjetischen Volksrepublik ↑Buchara. Bei deren Auflösung verblieben bei B. nur die Funktionen einer Gebietshauptstadt (1924/25 Zerafšanskij okrug, 1938 Gebiet [Oblast'] B.). Ökonomisch prägend waren u. a. die Baumwoll- und die Wollverarbeitung (Karakulschafe) sowie die Seidenindustrie. Die Einwohnerzahl stieg von 46 000 (1926) über 50 000 (1939) auf 112 000 (1970) und 209 000 (1985), etwa zwei Drittel davon Uzbeken sowie Tadžiken, knapp ein Fünftel Großrussen.

Lit.: ↑Alma-Ata.   *B.Sch.*

Buchara, Sowjetische Volksrepublik B. Die S. V. B. und die Sowjetische Volksrepublik Chorezm (Chiva) bestanden von Oktober bzw. April 1920 bis zur administrativ-territorialen Neugliederung (↑Nationale Abgrenzung) Sowjetisch-↑Zentralasiens 1924. Die beiden Volksrepubliken waren die Nachfolgestaaten des Emirats Buchara und des Khanats Chiva, die seit 1868 bzw. 1873 r.e Protektorate mit weitgehender innerer Selbständigkeit gewesen waren. Die Vertreibung der regierenden Dynastien geschah durch das Zusammenwirken aufständischer turkmenischer Stämme, der radikal-sozialreformerischen Parteien der Jung-Bucharioten bzw. Jung-Chorezmier und kleiner kommunistischer Gruppen. Jedoch führte erst das militärische Eingreifen der ↑Roten Armee vom s.en ↑Turkestan aus zur Errichtung der Volksrepubliken. Trotz formaler Souveränität wurden Buchara und Chorezm zunehmend militärisch, wirtschaftlich und politisch in die SU integriert. Die regierenden ↑Kommunistischen Parteien in beiden Volksrepubliken unterstanden über das Zentralasiatische Büro des ↑ZK der Leitung des ZK in ↑Moskau. Dennoch setzte insbesondere die Staats- und Parteiführung von Chorezm der Auflösung des Staates 1924 Widerstand entgegen.

Lit.: Becker, S., Russia's Protectorates in Central Asia. Bukhara and Khiva 1865–1924, Cambridge (Mass.) 1968; Istorija bucharskoj i chorezmskoj narodnych sovetskich respublik, M 1971; Fragner, B., Sowjetmacht und Islam. Die Revolution von Buchara, in: Haarmann, U./Bachmann, P. (Hrsg.), Die islamische Welt zwischen Mittelalter und Neuzeit. Festschrift für H. R. Roemer, Beirut 1979. *G.S.*

Bucharin, Nikolaj Ivanovič (1888–1938), schloß sich 1906 dem linken Flügel der Sozialdemokratie (↑LGR) an. Aufgrund seiner politischen Aktivitäten wurde er mehrfach verhaftet. 1911 konnte er aus der Verbannung (↑LGR) in den Westen entkommen. Im Ersten Weltkrieg (↑LGR) war B. Vertreter eines linken extremen Internationalismus und griff ↑Lenins Programm der nationalen Selbstbestimmung an. 1917 kehrte er aus den Vereinigten Staaten nach R. zurück und schloß sich Lenin an, wurde auf dem XI. ↑Parteikongreß ins ↑Zentralkomitee der ↑Partei (bis 1937, seit 1934 als Kandidat) gewählt. B. stand an der Spitze des Aufstandes in ↑Moskau (November 1917) und übernahm nach der Oktober-Revolution (↑LGR) Aufgaben an Brennpunkten der Umgestaltung. Seit 1919 war er Kandidat des ↑Politbüros; die Parteiorganisation in Moskau war bis 1929 seine politische Basis. Als Wirtschaftstheoretiker (Professur in Moskau) prägte B. die Diskussionen im ersten Jahrzehnt nach 1917; die Tätigkeit als Redakteur der ↑„Pravda" (1918–1929) bot ihm dazu eine ideale Plattform. Lenin, der sich von ihm vor allem in ökonomischen Dingen stark beeinflussen ließ, sah in ihm den „wertvollsten und bedeutendsten Theoretiker" der Partei. Zwischen B., Führer der ↑Linken Kommunisten, und Lenin kam es in politischen Krisensituationen wiederholt zu Konflikten (Frieden von ↑Brest-Litovsk, Gewerkschaftsdiskussion [↑Gewerkschaften]). B. stellte sich 1920 gegen die „Ultralinken", 1921 trennte er sich von ↑Trockij und leitete 1923 den offenen Angriff gegen dessen „opportunistischen" Kurs ein. 1924 rückte B. auf den Platz Lenins im Politbüro (Vollmitglied). Er verteidigte als Theoretiker der ↑Neuen Ökonomischen Politik eine bauernfreundliche Linie, die auch die „Entfesselung der ↑Kulaken" nicht ausschloß (XIV. ↑Parteikonferenz). Zusammen mit ↑Stalin war B. Hauptankläger der ↑Linken Opposition und Trockijs, ebenso Nutznießer von deren Niederlage und politischer Kaltstellung. So wurde er Nachfolger ↑Zinov'evs als Leiter des Exekutivkomitees der ↑Kommunistischen Internationale (EKKI, Mitglied seit 1919). Diese Machtstellung des „Lieblings" der Partei (Lenin) und Protektors der ↑Bauern brach beim Kurswechsel Stalins, mit dem Übergang zur ↑Kollektivierung und der Annahme des 1. ↑Fünfjahrplans auf der XVI. Parteikonferenz 1929, wie ein Kartenhaus zusammen. Als „Führer" der ↑Rechten Opposition wurde er angegriffen und politisch ausgeschaltet, mußte als Leiter des EKKI zurücktreten und wurde aus dem Politbüro ausgeschlossen. 1929–1932 gehörte B. dem Präsidium des ↑Obersten Volkswirtschaftsrates (unter ↑Ordžonikidze) und dem Kollegium des ↑Volkskommissariats für Schwerindustrie an. Er verlor seine Position bei der „Pravda", verblieb aber im Zentral-komitee und wurde 1934 mit der Aufgabe des Chefredakteurs der „Izvestija" abgefunden. Auch seine Reputation als Vordenker der Partei wurde mit der Niederlage der „Mechanisten", die von der Determiniertheit der Entwicklung zu proletarischer Revolution und Sozialismus ausgingen, in der philosophischen Kontroverse mit den „Dialektikern" (↑Deborin) zerstört. B. zog sich auf die Rolle eines Sprachrohrs Stalins zurück. 1937 wurde er im Zusammenhang mit den ↑Säuberungen verhaftet, im Schauprozeß „gegen den Block der Rechten und Trotzkisten" zum Tode verurteilt und am 15.3. 1938 erschossen. Die unter ↑Chruščev eingeleitete Rehabilitierung B.s kam erst unter Gorbačev zum Ab-schluß: Das Urteil von 1938 wurde vom Obersten Gericht der UdSSR 1988 für nichtig erklärt.

Lit.: Cohen, S. F., Bukharin and the Bolshevik Revolution, New York 1973; Süss, W., N. I. Bucharin. Gesellschaftliches Gleichgewicht und proletarische Revolution, Berlin 1976; Larina, A., Nun bin ich schon weit über zwanzig, Göttingen 1989; Knirsch, P., Die ökonomischen Anschauungen Nikolaj I. Bucharins, Berlin 1959; Katkov, G., The Trial of Bukharin, London 1969; Wehner, M., Die Diskussion um den „Liebling der Partei". Zur politischen Bedeutung der Rehabilitierung N. I. Bucharins, in: Osteur., 1990, Nr. 4, S. 301–317. *B.Sch.*

Buddhismus ↑Religionsgemeinschaften

Budennyj, Semen Michajlovič (1883–1973), aus dem Rostover Gebiet, war bäu-erlicher Herkunft, trat 1903 in die kaiserliche Armee ein, kämpfte im r.-japani-schen Krieg (↑LGR). Er nahm an den Schlachten des Ersten Weltkriegs (↑LGR) als Stabsunteroffizier teil, wurde 1917 zum Vorsitzenden eines Regiments- und des Divisionssoldatenkomitees gewählt und beteiligte sich an der Verteidigung der Provisorischen Regierung (↑LGR). Nach der ↑Oktober-Revolution kämpfte B. im ↑Bürgerkrieg auf der Seite der Räteregierung. 1919 trat er der ↑VKP (b) bei. Seine „Reiterabteilung" zum Kampf mit den ↑Weißgardisten wuchs zu einer Kavalleriedivision und im November 1919 zu einer Kavallerie-Armee (↑Streit-kräfte), die an der Niederschlagung ↑Denikins, ↑Wrangels und am ↑r.-polni-schen Krieg von 1920 entscheidenden Anteil hatte. Seitdem wurden B. Aufgaben beim Ausbau der Kavallerie und in der Führung der ↑Roten Armee übertragen. Die ↑Säuberungen im Offizierskorps berührten die Stellung des Marschalls (1935) nicht. 1937 wurde B. Kommandeur im Moskauer Heeresbezirk, 1939 Stellvertreter und 1940–1941 1. Stellvertreter des ↑Volkskommissars für Verteidi-gung. Im ↑Zweiten Weltkrieg übernahm er verschiedene Führungsaufgaben. Von 1943–1953 war er Kommandeur der s.en Kavallerie, seit 1947 gleichzeitig stell-vertretender Landwirtschaftsminister für Pferdezucht. Politisch blieb B. ohne nennenswerten Einfluß. Nach fünfjähriger Kandidatenzeit wurde er 1939 ins ↑Zentralkomitee gewählt, 1952 rückte er wieder in den Kandidatenstand zurück. So verbindet sich mit seinem Namen vor allem die Erinnerung an die Kämpfe der Reiterarmee und die Leistung B.s als „Vater" der s.en Kavallerie.

Lit.: ↑Andreev. *B.Sch.*

Budget ↑Staatshaushalt

Bukowina ↑Ukraine

Bulganin, Nikolaj Aleksandrovič (1895–1975), schloß sich 1917 der Sozialdemokratie (↑LGR) an, war 1918–1922 bei der ↑Čeka und arbeitete 1922–1927 im ↑Obersten Volkswirtschaftsrat und 1927–1930 als Fabrikdirektor. Seitdem führte seine Karriere in der Verwaltung, begünstigt durch die Liquidierung älterer Parteigenossen während der ↑Säuberungen, stetig aufwärts. 1931–1937 war er Vorsitzender des ↑Sowjets von ↑Moskau, nach der Aufnahme in das ↑Zentralkomitee der ↑VKP (b) 1939 (Kandidat 1934) schon 1937 Vorsitzender des ↑Rats der Volkskommissare der ↑RSFSR und 1938–1941 einer der Stellvertreter ↑Molotovs als Vorsitzender des Rats der Volkskommissare der UdSSR, zugleich auch Vorsitzender der Staatsbank. Im ↑Zweiten Weltkrieg übernahm B. Führungsaufgaben in der ↑Roten Armee, 1944/45 gehörte er dem Staatskomitee für Verteidigung an und war zunächst Stellvertreter ↑Stalins als ↑Volkskommissar für Verteidigung, seit 1947 Minister für Streitkräfte und einer der Stellvertreter Stalins als Vorsitzender des Ministerrats. Ausdruck der Wertschätzung Stalins für B. war die Berufung ins ↑Orgbüro und zum Kandidaten (1946) sowie zum Vollmitglied (1948) des ↑Politbüros. Nach dem Tode Stalins wurde B. einer der vier Ersten Stellvertreter ↑Malenkovs als Vorsitzender des Ministerrats und Kriegs- bzw. Verteidigungsminister (bis 1955). Nach der Ausschaltung Malenkovs durch ↑Chruščev bekam B. den Vorsitz im Ministerrat und nahm daher in der Anfangsphase der Entspannungspolitik auch an internationalen Gesprächen teil (Gipfelkonferenz von ↑Genf 1955). Unter dem Vorwurf, die ↑Anti-Partei-Gruppe unterstützt zu haben, wurde B. 1958 aus dem ↑Präsidium des ZK ausgeschlossen, verlor den Vorsitz im Ministerrat und auch den Rang eines Marschalls der SU (seit 1947). 1961 schied B. auch aus dem ZK aus.

Lit.: ↑Andreev, ↑Chruščev. *B.Sch.*

Bund der Marxisten-Leninisten ↑Kamenev

Bürgerkrieg. Die Machtergreifung der ↑Bolschewisten führte zu einem B. Er begann im Frühjahr 1918 und zog sich bis ins Jahr 1920 hin. „Rote" und „Weiße" standen sich dabei gegenüber, wobei die „Weißen" (Weißgardisten) weder politisch noch organisatorisch eine Einheit bildeten. Eine weitere separate Gruppe bildeten im Grunde die bäuerlichen Partisanenarmeen (↑Machno-Bewegung, ↑Antonov-Aufstand). In den Randgebieten überlagerten sich politische und nationale Probleme. Zeitweilig griffen auch – direkt oder indirekt – ausländische Interventionsmächte (Deutschland, England, Frankreich, Japan und die USA) in die Auseinandersetzungen ein. Die Kämpfe endeten mit dem Sieg der ↑Roten Armee der Bolschewisten.

Schon im Winter 1917/18 hatte sich im Süden des Landes aus Teilen des alten Heeres und Freiwilligenverbänden eine „Weiße Armee" gebildet, die unter der Führung der Generäle L. G. Kornilov (1870–1918) und M. V. Alekseev (1857–1918) stand. Sie nahm Kontakt zu den Donkosaken unter ihrem Hetman (↑LGR) A. M. Kaledin (1861–1918) auf. Zu einer festeren Zusammenarbeit kam es allerdings erst, nachdem General A. I. ↑Denikin nach dem Tod Kornilovs die

Führung der Weißen Armee übernommen hatte und P. N. Krasnov (1869–1947) nach dem Selbstmord Kaledins zum neuen Führer der Donkosaken gewählt worden war. Das geschah im April/Mai 1918. Denikin setzte sich auch dafür ein, die Kontakte zu den Westalliierten zu verstärken. Bereits im März waren britische Truppen in Murmansk und ↑Archangel'sk gelandet, im April hatten die Japaner, unterstützt von den Briten, ihre Landungstruppen in ↑Vladivostok verstärkt. Ziel war zunächst die Sicherstellung der Vorratslager, die dort für die r.e Front angelegt worden waren. Doch noch im Frühjahr und Sommer 1918 sollte sich daraus eine Intervention in die inneren Verhältnisse S.-R.s entwickeln, an der sich dann auch Frankreich und die USA beteiligten. Unter Bruch der Vereinbarungen von ↑Brest-Litovsk rückten seit April die deutschen Truppen weiter vor und suchten die Auseinandersetzungen in ihrem Sinne zu beeinflussen. Sprengkraft entwickelte auch das Nationalitätenproblem, der Vielvölkerstaat schien auseinanderzubrechen. Bis März 1918 hatten bereits Polen, Finnland, ↑Estland, ↑Litauen, ↑Weißrußland und die ↑Ukraine ihre Unabhängigkeit erklärt, im April und Mai folgten der Nordkaukasus und die transkaukasischen Völker (↑Georgien, ↑Armenien, ↑Azerbajdžan). Rumänien hatte im Winter 1917/18 das angrenzende ↑Bessarabien annektiert und weigerte sich, es wieder herauszugeben. In Mittelasien machten sich das Khanat von Chiva (↑Chorezm) und das Emirat von ↑Buchara selbständig. Und völlig undurchsichtig sollte bald auch die Lage in ↑Sibirien werden.

Zum Fanal und Auftakt für die *1. Phase* des B.es wurde – Ende Mai 1918 – der gescheiterte bolschewistische Versuch, die ↑Tschechoslovakische Legion zu entwaffnen und in ihre Heimat zurückzuführen. Ihr Erfolg ermunterte Krasnov und Denikin, die bereits das Don- und Kuban'-Gebiet kontrollierten, nach Osten vorzustoßen, um die Verbindung zu den Tschechoslovaken herzustellen und den Bolschewisten die südlichen Versorgungsstränge abzuschneiden. Sie wußten dabei die Westalliierten hinter sich, die nun die Gegner der Bolschewisten auch offen zu unterstützen begannen. Und während die Lage für letztere an allen Fronten immer schwieriger wurde, brach gleichzeitig im Innern (in ↑Moskau und zwei Dutzend weiteren Städten) ein sozialrevolutionärer Aufstand (↑Parteien) los. Die „Weißen" eroberten im August 1918 ↑Kazan' und erbeuteten dort die Goldreserven der Staatsbank. In ↑Samara wurde eine sozialrevolutionäre, in ↑Omsk eine nationalkonservative Gegenregierung ausgerufen. In ↑Ufa trat dann im September eine „Allrussische Staatskonferenz" zusammen, die sich auf ein gemeinsames „Direktorium"(↑Ufa-Direktorium) einigte, in dem alle nichtbolschewistischen Kräfte vertreten sein sollten. Wider Erwarten überstanden die Bolschewisten den Sommer, und sie vermochten im Herbst sogar, den Ring zu sprengen. Die Verteidigung Caricyns (des späteren Stalingrad, ↑Volgograd), die Wiedereroberung Kazan's, die Zurückdrängung Denikins im Süden und der Tschechen im Osten waren dabei wichtige Schritte. Die Kapitulation Deutschlands erlaubte es der Moskauer Regierung, im November 1918 den Vertrag von Brest-Litovsk für null und nichtig zu erklären. Hinter den abziehenden deutschen Truppen rückte die Rote Armee ins Baltikum, in Weißrußland und der Ukraine ein. Im Januar 1919 wurde die ↑Weißrussische, im April die ↑Ukrainische Volksrepublik ausgerufen.

Doch der Erfolg war nicht von Dauer: Im Frühjahr und Sommer 1919 sammelten sich die „Weißen" Kräfte erneut, die *2. Phase* des B.es begann. In Sibirien regierte jetzt General A. V. ↑Kolčak, der im November 1918 in einem Staatsstreich das Direktorium entmachtet und die Herrschaft an sich gerissen hatte. Er stieß – mit etwa 125 000 Mann – von Osten aus zum mittleren Wolgabogen vor. Als die Westalliierten im Juni 1919 Kolčaks Regime anerkannten, unterstellten sich ihm auch Denikin und Krasnov. Sie hatten – unterstützt von den Westalliierten – die Kräfte im Süden (etwa 150 000 Mann) neu formiert und rückten in zwei Keilbewegungen gegen die untere Wolga und ins Zentrum vor. Wenig später setzte General N. N. Judenič (1862–1933) mit einer Freiwilligenarmee vom Baltikum aus zum Vorstoß auf Petrograd (↑St. Petersburg) an. Der Sturz der bolschewistischen Herrschaft schien – im Spätsommer 1919 – nur noch eine Frage der Zeit. Doch in verzweifelten Anstrengungen gelang es der Roten Armee wiederum, die Offensive zum Stehen zu bringen und im Gegenstoß die Angreifer weit hinter die Ausgangslinie zurückzuwerfen. Die Reste der Judenič-Armee wurden in Estland demobilisiert, nachdem S.-R. und Estland Anfang Februar 1920 Frieden geschlossen hatten. Im Osten lieferten die kriegsmüden Tschechoslovaken im Dezember 1919 Kolčak an die „Roten" aus, er wurde im Februar 1920 erschossen. Und im Süden mußten die „Weißen", von den Kämpfen gegen die Rote Armee wie gegen die Machno-Partisanen gleichermaßen zermürbt, Stellung um Stellung räumen. Große Teile der Denikin-Truppen schifften sich im Frühjahr 1920 am Schwarzen Meer ein, um sich auf die Krim zurückzuziehen. Denikin selbst gab den Oberbefehl an General Baron P. N. ↑Wrangel (Vrangel') ab.

Die *3. Phase* des B.es begann, als Ende April 1920 polnische Truppen in S.-R. einfielen und rasch bis ↑Kiev vorrückten (↑Russisch-polnischer Krieg). Doch bereits im Juni mußte die Stadt wieder geräumt werden, und der bolschewistische Gegenstoß führte die Rote Armee bis vor die Tore Warschaus. Überraschenderweise („Wunder an der Weichsel") kam sie hier zum Stehen und konnte sogar wieder hinter die Landesgrenze zurückgeworfen werden. Mitte Oktober schlossen beide Staaten einen Waffenstillstand, im polnisch-s.en Friedensvertrag (vom 18. 3. 1921) trat die Moskauer Regierung die von Polen beanspruchten Ostgebiete (jenseits der vom Obersten Rat der Alliierten festgelegten Grenzlinie, ↑Curzon-Linie) an Polen ab. Den polnischen Angriff nutzend, waren die „Weißen" Truppen unter Wrangel erneut nach Norden vorgestoßen, und um mehr Rückhalt bei der Bevölkerung zu finden, war im Juni 1920 ein „Agrargesetz" erlassen worden, das den bäuerlichen Forderungen weit entgegenkam. Bedeutung gewann es nicht mehr. Als die polnische und die s.e Regierung den Waffenstillstand vereinbarten, brach auch der „Weiße" Widerstand rasch zusammen. Die Restarmee (mit Zivilisten ca. 130 000 Mann) wurde auf dem Seeweg von der Krim evakuiert.

Den Bolschewisten war es gelungen, in kurzer Zeit eine schlagkräftige neue Armee aus dem Boden zu stampfen und alle Ressourcen des Landes für die Kriegsführung zu mobilisieren (↑Kriegskommunismus). Sie überstanden damit nicht nur die „Konterrevolution" der „Weißen", sondern zwangen auch einen Teil jener Länder in den Staatenverband zurück, die 1917/18 ihre Unabhängigkeit erklärt hatten: Weiß-Rußland und die Ukraine, Chiva und Buchara, Armenien und Azerbajdžan, Georgien und das Transbaikalgebiet – ein Prozeß, der sich bis zur Mitte der 20er Jahre hinzog (Gründung der ↑Sowjetunion). Die Schwäche der „Weißen" war, daß sie keine Einheit bildeten. Das Spektrum reichte von der extremen Rechten bis zu den ↑Sozialrevolutionären; entsprechend weit gingen die Ansichten über den künftigen Neuaufbau auseinander. Nie vermochten die „Weißen" den ↑Bauern und ↑Arbeitern die Furcht ganz zu nehmen, daß nach der Vertreibung der Bolschewisten die alten Zustände zurückkehren könnten. Und nach und nach verloren sie auch die Unterstützung der Westalliierten. Für S.-R., für ↑Partei und Staat, Wirtschaft und Gesellschaft waren die Jahre des B.es prägend.

Lit.: Golubev, A. V. (u. a.), Inostrannaja voennaja intervencija i graždanskaja vojna v SSSR 1918–1920, in: SIĖ Bd. 6; Bradley, J. F. N., Civil War in Russia 1917–1920, London/ Sidney 1975; Fic, V. M., The Bolsheviki and the Czechoslovak Legion. The Origins of their Armed Conflict March–May 1918, New Delhi 1978; Kenez, P., Civil War in South Russia 1918. The First Year of the Volunteer Army, Berkeley/Los Angeles/London 1971; ders., Civil War in South Russia 1919–1920. The Defeat of the Whites, Berkeley/Los Angeles/London 1977; Long, J. W., Civil War and Intervention in North Russia, 1918–1920, Phil. Diss. Columbia University, New York 1972; Mawdsley, E., The Russian Civil War, Boston usw. 1987; Ullmann, R. H., Anglo-Soviet Relations, 1917–1921, 2 Bde., Princeton (N. J.) 1961–1968.   *H.A.*

Bürgerrechte und Bürgerrechtsgarantien waren in allen s.en ↑Verfassungen seit der ↑Oktober-Revolution enthalten (eine Ausnahme bildete nur – als reines Staatsorganisationsgesetz – die Unionsverfassung von 1923/24). Dazu gehörten Gewissens-, Meinungs-, Versammlungs- und Koalitionsfreiheit. Sie galten jedoch nicht als vorstaatliche, naturrechtlich begründete, allgemeine *Menschen*rechte, die auch gegenüber dem Staat einklagbar gewesen wären. Sie waren vielmehr – aus s.er Sicht – dem Staatszweck untergeordnet, sie wurden den Bürgern vom Staat gewährt, um diesen die materielle Teilhabe am Staat zu sichern, und konnten folglich auch eingeschränkt oder entzogen werden.

Entsprechend dem Selbstverständnis des Staates als „Diktatur des städtischen und ländlichen Proletariats und der ärmsten ↑Bauernschaft" (↑Diktatur des Proletariats) beschränkte sich die Gewährleistung der B. in der ersten Verfassung 1918 auf die „Werktätigen" (und schloß damit andere Klassen aus). Die Verfassung garantierte sie ihnen dabei nicht als subjektive Rechte (als Rechte des einzelnen), sondern versprach nur die Schaffung der materiellen Voraussetzungen für ihre Wahrnehmung (durch die Werktätigen im allgemeinen). Die klassenmäßige Einschränkung fiel mit der Verfassung von 1936. Der ↑Sozialismus sei im wesentlichen verwirklicht, antagonistische ↑Klassen gebe es in der UdSSR nicht mehr, die neue Verfassung spiegele dies wider, das verkündete ↑Stalin bei der Vorlage des Entwurfes. Die Beschränkungen des Wahlrechtes wurden aufgehoben, ein neues allgemeines und gleiches Wahlrecht verkündet, der Grundrechtskatalog erweitert. An der Stellung der Grundrechte (als Bürger-, nicht als Menschenrechte) änderte sich damit jedoch nichts. In der neuen S.-Verfassung von 1977 wurde der Grundrechtskatalog noch einmal beträchtlich erweitert. Stand er in der Stalin-Verfassung am Ende, so rückte er nun an die zweite Stelle vor (hinter die Bestimmungen über die gesellschaftliche und politische Grundordnung der UdSSR). Die Stellung der „Persönlichkeit", das Wohl „jedes einzelnen" erfuhr schon in der Präambel eine deutliche Aufwertung. Zu den Grundrechten zählten Gleichheitsrechte (des Geschlechts, der Nationalität, der Bildung, der Religion u. s. f.), sozialökonomische Rechte (auf Arbeit, Erholung, Gesundheit,

Wohnraum, kulturelle Errungenschaften u. s. f.), politische Rechte (darunter Rede-, Presse- und Versammlungsfreiheit einschließlich des Demonstrationsrechtes) sowie persönliche Freiheiten (wie die Unverletzbarkeit der Wohnung, das Brief- und Telefongeheimnis und die Gewissensfreiheit). Doch gerade den politischen Rechten blieb das Staatsziel, die „Festigung und Entwicklung der sozialistischen Ordnung" ausdrücklich vorgeordnet; und mit dem Grundrechtskatalog war „untrennbar" ein Katalog von Grundpflichten verbunden, in denen die Grundrechte ihre politische und gesellschaftliche Begrenzung fanden.

Allerdings hatte sich die SU mit der Ratifizierung der beiden Menschenrechtsabkommen der ↑UNO (1973) und der Zustimmung zur Schlußakte von Helsinki (1975) völkerrechtlich auf die Einhaltung der Menschenrechte und die Gewährung von mehr Freizügigkeit für Menschen, Ideen und Informationen über die Systemgrenzen hinweg verpflichtet. Daß diese Verpflichtung auch eingehalten würde, war seit der Mitte der 70er Jahre eine der wesentlichen Forderungen der inners.en Opposition.

Lit.: Brunner, G., Die Grundrechte im Sowjetsystem, Köln 1963; Eichwede, W., Abweichendes Denken in der Sowjetunion, in: Geschichte und Gesellschaft 13, 1987; Fincke, M. (Hrsg.), Handbuch der Sowjetverfassung, 2 Bde., Berlin 1983; Luchterhandt, O., Die Grundrechte in der neuen sowjetischen Unionsverfassung, in: Osteur. 28 (1978); ders., UN-Menschenrechtskonventionen – Sowjetrecht – Sowjetwirklichkeit. Ein kritischer Vergleich (Schriftenreihe des Bundesinstituts für ostwissenschaftliche und internationale Studien Bd. 7), Baden-Baden 1980; Westen, K., Die Rolle der Grundrechte im Sowjetstaat, in: Maurach, R./Meissner, B. (Hrsg.), 50 Jahre Sowjetrecht, Stuttgart/Berlin/Köln/Mainz 1969.
H.A.

Burjatien, Burjat(-Mongol)ische ASSR ↑Russische Sozialistische Föderative Sowjetrepublik, ↑Sibirien

Bürokratie. Der Begriff B. wird in bezug auf die s.e Entwicklung in verschiedenen Bedeutungen angewandt, die nicht immer klar voneinander abzugrenzen sind. Durchgängig in der Geschichte der SU war die Bürokratismus-Kritik, die sich bei ↑Lenin, ↑Stalin und anderen Parteiführern findet und die sich gegen schlechte Verwaltung, Schlendrian und mangelnde Kultur wendet. Lenins Kritik richtete sich vor allem gegen den unsinnig aufgeblähten Staatsapparat des ↑Kriegskommunismus mit seinen „glavki" (Hauptverwaltungen), punktuell aber auch gegen den allmählich entstehenden Parteiapparat. ↑Trockis Begriff von B. war dem zunächst ähnlich, gewann in der Auseinandersetzung mit dem Parteiapparat aber eine neue Qualität. Trocki begriff die B. als eine neue Herrschaftsschicht, entstanden durch die Entartung der ↑Partei. Dieser Gedanke wurde später von B. Rizzi aufgegriffen und zugespitzt, der die UdSSR als System des „bürokratischen Kollektivismus" (colletivismo burocratico) bezeichnete, mit der B. als herrschender ↑Klasse. Anders als solche Ansätze, die sich aus dem ↑Marxismus speisten, orientierten sich andere Autoren an dem B.-Begriff M.Webers. Hier ist insbesondere die Analyse von R. Bendix zu nennen, der Gesellschaften s.en Typs durch die doppelte Hierarchie von Fachapparat und politisch legitimiertem Apparat charakterisiert sah, so daß ein durch Interferenz zweier unterschiedlich motivierter B.n gekennzeichnetes politisches System entstand. A. G. Meyer definierte das s.e Herrschaftssystem pointiert als „USSR Incorporated", und G. Meyer bestimmte einen besonderen Strukturtypus von B. in sozialistischen Systemen, der durch extrem ungleiche Verteilung und Zentralisierung ökonomischer, politisch-administrativer und kulturell-normativer Verfügungsgewalt charakterisiert ist.

Alle diese Modelle beziehen sich auf den Umstand, daß Herrschaft in der SU über ein Geflecht bürokratischer Apparate ausgeübt wurde, in deren Zentrum der Parteiapparat stand. Im Rahmen dieser bürokratischen Hierarchie existierte eine privilegierte Oberschicht (umgangssprachlich als ↑Nomenklatur bezeichnet), die empirisch weitgehend durch die sozialwissenschaftliche Kategorie ↑Intelligencija abgedeckt wurde.

Lit.: Trotzki, L., Die verratene Revolution, Zürich 1957; Rizzi, B., L'U.R.S.S.: Collectivisme bureaucratique, Paris 1976; Meyer, G., Bürokratischer Sozialismus. Eine Analyse des sowjetischen Herrschaftssystems, Stuttgart 1977; Mayntz, R. (Hrsg.), Bürokratische Organisation, Neue Wiss. Bibliothek 27, Köln 1971; Bendix, R., Herrschaft und Industriearbeit, Frankfurt a. M. 1960.   *H.-H.Sch.*

Caricyn ↑Volgograd

Čečenien, Čečeno-Ingušische ASSR ↑Russische Sozialistische Föderative Sowjetrepublik

Čeka ↑Geheimpolizei

Čeljabinsk, am Ostrand des südlichen Urals gelegen, ging aus einer 1736 anstelle einer Ortschaft der Baškiren gegründeten Festung hervor. Der Verwaltungsmittelpunkt gewann an Bedeutung durch den Bau der Großen Sibirischen Heerstraße und der Eisenbahn nach ↑Ekaterinburg (↑Transsibirische Eisenbahn [LGR]). Mit dem Beginn der Kohlenförderung im Revier von Č. zu Beginn des 20. Jhs. zeichnete sich die Entwicklung der Stadt zu einem Zentrum der Metallurgie ab. Sie wurde durch die Einbeziehung in die Kämpfe des ↑Bürgerkriegs nur zeitweilig unterbrochen. Nachdem sich zunächst s.e Organe hatten einrichten können, kam es im Mai 1918 zu einem Aufstand und zur Besetzung durch die ↑Tschechoslowakische Legion; im Juli 1919 vertrieben Truppen der ↑Roten Armee unter ↑Tuchačevskij und ↑Frunze weißgardistische Abteilungen ↑Kolčaks. Seitdem erfolgte ein kontinuierlicher Ausbau v. a. der Stromerzeugung (↑Goélro) und der Schwerindustrie sowie der Aufbau von Produktionsanlagen für Landmaschinen (Traktoren) in den ↑Fünfjahrplänen der Zwischenkriegszeit. Im ↑Zweiten Weltkrieg gab es zusätzliche Impulse durch den Aufbau zahlreicher evakuierter Industriebetriebe. Der Ausbau als Industriestadt setzte sich seit 1945 ohne Unterbrechung fort. Besonders die Chemieindustrie wurde weiterentwickelt. 1957 kam es nahe Č. zu einem Atomunglück, das erstmals 1976 durch Ž. Medvedev publik gemacht wurde. Die Einwohnerzahl wuchs von 30 000 (1897) über 59 000 (1926), 271 000 (1939) und 689 000 (1959) auf 1,1 Mio. (1985).

Lit.: ↑Alma-Ata.   *B.Sch.*

Čerkessien ↑Russische Sozialistische Föderative Sowjetrepublik

Černenko, Konstantin Ustinovič (1911–1985), aus einer Bauernfamilie stammend, trat 1931 der ↑VKP (b) bei und begann seinen Aufstieg im Kommunistischen Jugendverband (↑Komsomol) und in der Partei zunächst in seinem Heimatbezirk Krasnojarsk (1941–1943 Sekretär des Gebietskomitees) und in Penza (Sekretär 1945–1948). Seit 1948 in Moldawien (↑Moldau) Leiter der ↑Agitprop-Abteilung, seit 1956 Mitglied des ↑Zentralkomitees der KP Moldawiens, gleichzeitig Sektionsleiter in der Abteilung für Agitation und Propaganda des ZK der KPdSU, lernte Č. in ↑Kišinev ↑Brežnev kennen und gehörte seitdem zu dessen „Dnepropetrovsker Gruppe". Brežnev holte Č. als seinen verläßlichen Gefolgsmann nach ↑Moskau: 1960 (bis 1965), während Brežnevs Tätigkeit als Vorsitzender des ↑Präsidiums des Obersten Sowjets (Staatsoberhaupt) als Leiter des Präsidiumssekretariats, seit 1965 als Leiter der Allgemeinen Abteilung des ZK der KPdSU. Seit 1965 Kandidat, wurde Č. 1971 Mitglied des ZK, 1976 dessen Sekretär, 1977 Kandidat und im gleichen Jahr noch Vollmitglied des ↑Politbüros. Als Helfer Brežnevs war Č. farblos genug, um nach dessen Tod und der kurzen Regierungszeit ↑Andropovs als Kandidat der Brežnev-Fraktion im Politbüro und im Zentralkomitee zum ↑Generalsekretär des ZK gewählt zu werden (Februar 1984). Sein hohes Alter und seine Krankheit lähmten die Aktivitäten der s.en Führung. Erkennbar waren Versuche, ernsthaften Reformansätzen Andropovs die Spitze zu nehmen und den starren Kurs Brežnevs zu verteidigen. Obwohl Übergangskandidat, übernahm Č. ähnlich wie Brežnev neben dem Generalsekretärsposten weitere Funktionen: den Vorsitz des Präsidiums des Obersten Sowjets und den Vorsitz des Verteidigungsrats der SU. Č. starb im März 1985.

Lit.: Sowjetunion 1984/85. Ereignisse. Probleme. Perspektiven, München 1985; ↑Andreev.

B.Sch.

Černobyl' ist eine rund 100 km nördlich der ukrainischen Hauptstadt ↑Kiev an der Mündung des Pripjat-Flusses in den Dnepr gelegene Kleinstadt, in der sich Ende April 1986 das bisher größte Unglück in der Geschichte der friedlichen Nutzung der Kernenergie ereignete. Nach schwerwiegenden Bedienungsfehlern (unter Mißachtung der Sicherheitsvorschriften) geriet Block 4 der Kernkraftanlage Č. außer Kontrolle und explodierte. Die Explosion zerstörte das Reaktorgebäude völlig und schleuderte 5 Tonnen radioaktiver Substanzen bis zu 1000 Meter hoch; sie wurden vom Wind zunächst nach Norden getragen, dann über ganz Europa verteilt. Der brennende Graphitblock des Reaktors konnte erst nach Tagen gelöscht werden. Die SU versuchte zunächst, das tatsächliche Ausmaß der Katastrophe zu vertuschen, und gab nur zögernd Einzelheiten preis. An die 100 000 Menschen mußten evakuiert, ein Gebiet mit 30 km Durchmesser um den Reaktor zur Sperrzone erklärt werden; die Zahl der Toten wurde offiziell mit 31 angegeben. Selbst wenn diese Angabe richtig sein sollte: Es ist unstrittig, daß Tausende, ja Zehntausende innerhalb und außerhalb der ehemaligen SU zusätzlich an Krebs erkranken und an den Spätfolgen von Č. sterben werden. Die der s.en Volkswirtschaft entstandenen Kosten und Verluste gingen in die Milliarden. Weite Teile ↑Weißrußlands, der ↑Ukraine und ↑Rußlands sind atomar verseucht.

Lit.: Knabe, B., Der Reaktorunfall im Kernkraftwerk Tschernobyl. I. Die Katastrophe – Bewältigung und Auswirkungen, II. Zur Informationspolitik der Sowjetführung und zu möglichen Folgen, in: Osteur. 37 (1987). *H.A.*

Červonec ↑Rubel

Chabarovsk, 1858 als militärischer Stützpunkt am Amur gegründet, wurde 1880 Verwaltungsmittelpunkt des Küstengebiets (primorskaja oblast') und Sitz des Amur-Generalgouverneurs (↑Generalgouverneur [LGR]). 1897 bekam Ch. den Eisenbahnanschluß nach ↑Vladivostok (Ussuri-Eisenbahn), 1916 durch die Amur-Eisenbahn Verbindung zur Ostsibirischen Eisenbahn. Nach der Februar-Revolution (↑LGR) bildete sich ein Arbeiter- und Soldatenrat, im Dezember 1918 wurde die s.e Herrschaft konstituiert. Im ↑Bürgerkrieg besetzten amerikanisch-japanische Interventionstruppen und weißgardistische Kosakenabteilungen die Stadt, mehrfach wechselte sie den Besitzer. Im Februar 1922 wurde Ch. durch Truppen der ↑Fernöstlichen Republik erobert, kam mit ihr im Herbst 1922 zur ↑RSFSR und wurde administratives Zentrum des Fernöstlichen Gebietes (1926), seit 1938 des Gebiets Ch., in dem sich seit 1934 das autonome jüdische Gebiet mit der Hauptstadt Birobidžan befindet. Ch. hat sich als ökonomisches Zentrum mit Flußhafen und wichtigen Eisenbahnverbindungen kontinuierlich entwickelt, seine Einwohnerzahl ist von 52 000 (1926) über 207 000 (1937) auf 323 000 (1959) und 576 000 (1985) gewachsen.

Lit.: ↑Alma-Ata.   *B.Sch.*

Chačaturjan, Aram Il'ič (1903–1978), geboren in ↑Tbilisi, schloß seine musikalische Ausbildung 1934 in der Klasse für Komposition des Moskauer Konservatoriums ab. Schon vorher war er mit Produktionen hervorgetreten und schuf seitdem ein umfangreiches Werk. Er griff dabei auf Elemente der r.en Musik des 19. Jhs. und auf Traditionen seiner armenischen Heimat sowie der orientalischen Völker der SU zurück. Seit 1937 bzw. 1939 übernahm Ch. Funktionen in der Moskauer bzw. in der s.en Komponisten-Union. 1951 erhielt er eine Professur am Moskauer Konservatorium und am Gnesin-Institut. Seit 1943 gehörte Ch. der ↑KPdSU an und wurde für seine Kompositionen unter ↑Stalin, ↑Chruščev und ↑Brežnev mit zahlreichen Preisen und Auszeichnungen geehrt (↑Lenin-Preis 1959, Staatspreise der UdSSR 1941, 1943, 1946, 1950, 1971, Rotes Arbeiterbanner, ↑Orden der Oktober-Revolution, Lenin-Orden). Der Parteitadel 1948 wegen abstrakter und formalistischer Ästhetik (↑Prokof'ev, ↑Šostakovič) haben seiner Karriere kaum geschadet. 1958 wurde er durch Beschluß des Zentralkomitees rehabilitiert. Ch. übernahm regelmäßig politische Ämter (Mitglied des ↑Obersten Sowjets der Armenischen SSR [↑Armenien] und der UdSSR 1958). Seit 1957 fungierte er als Sekretär des Komponistenverbandes (1. Sekretär T. N. Chrennikov) und war damit ein Vertreter der offiziellen musikpolitischen Linie in der Phase der ↑Entstalinisierung. Ch. verstand es, die jeweils geforderte politische Loyalität zu zeigen und sich anzupassen, zugleich aber in Armenien, in der SU und im Ausland sein musikalisches Ansehen aufzubauen und zu bewahren.

Lit.: Schwarz, B., Musik und Musikleben in der Sowjetunion 1917 bis zur Gegenwart, Teil I–III, Wilhelmshaven 1983; Gojowy, D., Moderne Musik in der Sowjetunion, Laaber 1979.   *B.Sch.*

Char'kov (ukr. Charkiv), eine Gründung der Kosaken (↑LGR) von 1655/56 und nächst ↑Kiev die größte Stadt der ↑Ukraine, wurde nach dem Sieg der ↑Oktober-

Revolution im November/Dezember 1917 durch den 1. Allukrainischen Rätekongreß zur Hauptstadt der Ukrainischen S.-Republik bestimmt. Nach Besetzung durch deutsche Truppen und Soldaten ↑Denikins (↑Bürgerkrieg) im Dezember 1919 wurde die Stadt durch die ↑Rote Armee erobert. Bis 1934 blieb Ch.
Hauptstadt und wurde schwerpunktmäßig als Industrieort ausgebaut (Ch.er
Traktorenfabrik 1931). Die Zurücksetzung gegenüber Kiev durch die Verlegung
der Hauptstadt dorthin beeinträchtigte die weitere Entwicklung nicht. Die Stadt,
die im Oktober 1941 durch deutsche Truppen besetzt wurde, konnte nach vor-
übergehender Befreiung im Februar/März 1943 im August 1943 endgültig wiedergewonnen werden. Nach dem Wiederaufbau der stark zerstörten Stadt erfolgte ein weiterer wirtschaftlicher Ausbau, v. a. im Bereich des Maschinenbaus.
Auch die Ausstattung mit Bildungseinrichtungen und Kulturinstitutionen verbesserte sich kontinuierlich, so daß Ch. seine Position als zweite Metropole der
Ukraine behaupten konnte. Die Einwohnerzahl stieg von 417 000 (1926) über
953 000 (1939) auf 1,554 Mio. (1985).

Lit.: ↑Alma-Ata. *B.Sch.*

Chorezm, Sowjetische Volksrepublik Ch. ↑Buchara, Sowjetische Volksrepublik
B., ↑Zentralasien

Chruščev, Nikita Sergeevič (1894–1971), stammte aus dem ↑Donbass und begann dort vierzehnjährig in Fabriken und Schächten zu arbeiten. 1918 trat er der
RSDRP (b) (↑Parteien [LGR]) bei, nahm am ↑Bürgerkrieg teil (Reiterarmee
↑Budennyjs) und war in den 20er Jahren in der Wirtschafts- und Parteiverwal-
tung der ↑Ukraine tätig, zuletzt als stellvertretender Leiter der Organisationsab-
teilung des ukrainischen ↑Zentralkomitees in ↑Char'kov, dann als Leiter der
entsprechenden Abteilung in ↑Kiev. 1929 begann Ch. ein Studium an der Stalin-
Industrie-Akademie in ↑Moskau und wuchs rasch in die hauptstädtische Parteipolitik hinein: 1932 2. Sekretär des Moskauer Stadt-, 1933 2. Sekretär des Moskauer Gebietsparteikomitees, 1934 Mitglied des Zentralkomitees der ↑KPdSU
(B), 1935 1. Sekretär des Moskauer Gebiets- und Stadtparteikomitees. In den
↑Säuberungen erwies sich Ch. als Anhänger ↑Stalins und wurde 1938 1. Sekretär
des ZK der Ukrainischen KP, gleichzeitig Kandidat des ↑Politbüros in Moskau.
Er besorgte in der Ukraine den Ausschluß der „Parteifeinde" und vermochte sich
als 1. Sekretär bis 1947 zu halten. 1940 leitete Ch. die Eingliederung der West-
Ukraine in die UdSSR. Seit 1939 Vollmitglied des Politbüros, übernahm er im
↑Zweiten Weltkrieg wichtige Koordinationsaufgaben zwischen dem Politbüro
und den verschiedenen Fronten im Südwesten und erreichte den militärischen
Rang eines Generalleutnants. Seit 1944 war er Vorsitzender des ↑Rates der
Volkskommissare der Ukrainischen USSR, und bei ihm lag die volle Verantwortung für den Wiederaufbau in der kriegszerstörten Republik, für die Bekämpfung des Hungers, aber auch für den Kampf mit den ukrainischen ↑Partisanen
der UPA (↑Bandera) und für die Regelung von Fragen im Zusammenhang mit der
Umsiedlung von Polen und Ukrainern aus den Gebieten beiderseits der ↑Cur-
zon-Linie. Die Zuspitzung der ↑Hungersnot in Verbindung mit politischen In-
trigen ↑Malenkovs führte 1947 zeitweilig zu einer empfindlichen Schwächung
der Position Chs. ↑Kaganovič trat vorübergehend an seine Stelle als 1. Sekretär

des ZK, doch schon zum Jahresende verband Ch. erneut den Posten des Ministerpräsidenten mit dem des 1. Sekretärs. 1949 wechselte er auf die Stelle eines ZK-Sekretärs und des 1. Sekretärs des Moskauer Gebietskomitees der VKP(b). In der ↑Kolchoz-Diskussion konnte sich Ch. 1951 gegen ↑Andreev durchsetzen, mußte 1952 aber selbst zurückstecken. Auf dem XIX. Parteikongreß vermochte Ch. 1952 seine Position durch Beförderung von Personen seiner Wahl (↑Brežnev) so zu befestigen, daß er wenige Tage nach Stalins Tod Malenkov vom Posten des Ersten Sekretärs und damit aus dem Sekretariat verdrängen konnte.

Seit September 1953, nach der Ausschaltung ↑Berijas, war Ch. Erster Sekretär des ZK. Mit wechselnden Koalitionen im ZK und im ↑Präsidium des ZK schaltete er Konkurrenten und Gegner (↑Anti-Parteigruppe, ↑Žukov) aus. Nach der Entmachtung ↑Bulganins 1958 übernahm Ch. auch den Vorsitz im ↑Ministerrat. Seine Anhänger und Protegés rückten in leitende Stellungen (Brežnev, ↑Kozlov). Obwohl er selbst zum engsten Stalinkreis gehört hatte, leitete Ch. auf dem XX. ↑Parteikongreß die ↑Entstalinisierung ein. Diese kritische Wendung gegen Stalin war Teil seiner Auseinandersetzung mit den Konkurrenten um die Macht, v.a. mit Malenkov, dessen „Neuen Kurs" (1953) er zunächst angriff, später in wichtigen Teilen selbst übernahm. So wie er sich vom ↑Personenkult absetzte, distanzierte er sich von den verbrecherischen Vorgängen der Stalin-Zeit. Die von ihm eingeleitete Rehabilitierung von zahlreichen Personen und ganzen Bevölkerungsteilen, darunter der im Krieg und nach dem Krieg geächteten nationalen Gruppierungen (↑Wolga-Deutsche), zeigte, daß hinter den Ausfällen gegen Stalin mehr stand als eine taktische Linie, daß es ihm um Erneuerung ging. Auch in der Wirtschafts- und Gesellschaftspolitik, im Bereich von Bildung und Kultur ging Ch. neue Wege. Zahlreiche soziale Mißstände und Mängel, so die Unterprivilegierung der ↑Bauern und die Schwächen im Bildungssystem (↑Schulen) wurden mit neuen Gesetzen angegangen, die Forschung, darunter die Weltraumforschung (↑Sputnik), erhielt auf allen Gebieten neue Impulse. Das ↑Tauwetter in der Literatur setzte sich mit Rückschlägen bis in die 60er Jahre fort und erreichte einen Höhepunkt mit der Publikation von ↑Solženicyns „Ivan Denisovič". Ch. versuchte die Stagnation in der Wirtschaft und Versorgung mit neuen Konzepten zu überwinden (↑Neulandkampagne, ↑Siebenjahrplan, Auflösung der ↑Maschinen-Traktoren-Stationen, Förderung der ↑Sovchozen). 1957 wurde das System der Wirtschaftsorganisation erstmalig verändert (↑Volkswirtschaftsrat, ↑Oberster Volkswirtschaftsrat). Die dabei herbeigeführte Dezentralisierung wurde 1962 durch die Schaffung großer Wirtschaftsräume und durch die Aufgliederung von Staats- und Parteiapparat in einen Industrie- und einen Landwirtschaftszweig aufgefangen. Hinter diesen Plänen und Gesetzen standen nicht allein ökonomische Zweckmäßigkeitsüberlegungen, sondern auch die Absicht, Partei- und Staatsapparat zu flexibilisieren. Die ↑Liberman-Diskussion (seit 1962) stellte in Konsequenz das Stalinsche System der ↑Planwirtschaft in Frage, so wie die Favorisierung der Leicht- und Lebensmittelindustrie die unter Stalin praktizierte Bevorzugung der Schwerindustrie tendenziell ablöste. Die organisatorischen Experimente fanden ihre Parallele in personellen Veränderungen, die in dem Parteistatut von 1961 festgeschrieben wurden. Indessen waren die Konzepte für die verschiedenen Bereiche nicht wirklich aufeinander abgestimmt, deutlichen liberalen Tendenzen stand das rigide Vorgehen gegen die Kirche gegenüber. Die Perspektiven sozialökonomischer Veränderungen im Interesse der S.-Bürger wurden durch die Ankündigung, die SU werde im Wettlauf mit den USA gleichziehen und sie bis 1980 überholen, wegen der tatsächlichen Insuffizienz nicht nur überfrachtet, sondern mittelfristig blockiert.

Auch in der Außenpolitik zeigten sich große Widersprüche. Die Linie der Koexistenz- und Entspannungspolitik gegenüber dem Westen wurde durch die Berlin-Politik (↑Berlin-Ultimatum) und in der ↑Kuba-Krise empfindlich belastet. Immerhin konnte Ch. nach dem gelungenen Start des Sputnik (1957) die Anerkennung der SU als zweiter Weltmacht verbuchen. Die Politik gegenüber den Staaten der Dritten Welt zielte auf Kooperation gegen die kapitalistische Welt, konnte aber Konflikte mit den freigewordenen Ländern nicht verhindern. Ch.s Versuch, den s.en Einfluß im Sekretariat der ↑UNO fest zu verankern (Trojka-Vorschlag), scheiterte. Die Vorstellung des Polyzentrismus und nationaler Selbstbestimmung der kommunistischen Staaten kam mehrfach zum Scheitern (u. a. im ↑ungarischen Aufstand). Die Annäherung Ch.s an Tito, die Verweigerung der Gleichrangigkeit und Partnerschaft in der Atomfrage und die Differenzen in Fragen der Koexistenzpolitik gegenüber dem Westen führten zu einer Entfremdung gegenüber China und Albanien. Die kommunistische Weltbewegung zerbrach. Die Absetzung Ch.s im Oktober 1964 war aber nur zum geringeren Teil bedingt durch außenpolitische Mißerfolge. Gravierender waren die Herausforderungen der an ihren Privilegien interessierten Partei und die Angst vor der destabilisierenden Wirkung der Maßnahmen Ch.s, schließlich auch die Inkohärenz und die Widersprüche der politischen Aktivitäten, der – so der Vorwurf in der Brežnev- und in der ↑Gorbačev-Zeit – Subjektivismus und Voluntarismus Ch.s. In seinem persönlichen Auftreten fanden sich trotz aller Distanz Züge eines Stalinschen Omnipotenzglaubens, die es ihm entgegen seinem Bekenntnis zur ↑kollektiven Führung längerfristig unmöglich machten, mit der Spitze und der Masse der Parteimitglieder auszukommen und zu wirken.

Lit.: Meissner, B., Rußland unter Chruschtschow, München 1960; Paloczi-Horvath, G., Chruschtschow, Frankfurt a. M. 1960; Talbott, S. (Hrsg.), Chruschtschow erinnert sich, Reinbek 1971; Bialer, S., Stalin's Successors, Cambridge 1980; Leonhard, W., Nikita Sergejewitsch Chruschtschow. Aufstieg und Fall eines Sowjetführers, Luzern/Frankfurt a. M. 1965; Chruschtschow, S., Nikita Chruschtschow. Marionette des KGB oder Vater der Perestrojka?, München 1990.   *B.Sch.*

Čičerin, Georgij Vasil'evič (1872–1936), entstammte einer Adelsfamilie im Gouvernement (↑LGR) Tambov. Er arbeitete nach dem Studium in St. Petersburg (↑LGR) im Archiv des Außenministeriums, schloß sich aber 1904 der revolutionären Bewegung an und emigrierte zunächst nach Deutschland, nach Ausweisung 1908 nach Frankreich. 1905 trat Č. der Sozialdemokratie (↑LGR) bei und pendelte von den ↑Menschewisten zu den ↑Bolschewisten und wiederum den Menschewisten. Er nahm Aufgaben in Exilorganisationen wahr und betätigte sich auch während des Ersten Weltkriegs (↑LGR) in London als Koordinator zwischen r.en Linken und englischen Sozialdemokraten. Nach der ↑Oktober-Revolution bezog Č. Position für die Bolschewisten. Nach Ausweisung aus England und der Rückkehr nach ↑Petrograd (Januar 1918) wurde er wegen seiner internationalen Erfahrungen zum Stellvertreter ↑Trockijs als ↑Volkskommissar des Äußeren berufen und erwies sich in den Verhandlungen, die dem Frieden von ↑Brest-Litovsk vorangingen, als verläßlicher Vertreter der Linie ↑Lenins. Im

März 1918 zunächst kommissarischer Leiter, stand Č. vom 30. 5. 1918 bis zum 21. 7. 1930 dem Volkskommissariat für Äußeres vor. Er war ausführendes Organ Lenins und vertrat später den Kurs, den das ↑Zentralkomitee bzw. das ↑Politbüro ihm aufgaben. Č. gehörte dem ↑Zentralen Exekutivkomitee an, lediglich auf dem XIV. und XV. ↑Parteikongreß wurde er ins Zentralkomitee gewählt. Seine Leistung war, daß er sich mit großem Geschick und mit Sachkenntnis für die Wiederherstellung der außenpolitischen Beziehungen R.s verwandte. An der Vorbereitung der Friedensverträge mit den r.en Nachbarstaaten 1920/21, an der Herstellung diplomatischer Beziehungen zu den europäischen Staaten und am Abschluß von Freundschaftsverträgen mit Persien, ↑Afghanistan und der Türkei (1921) war er mittel- oder unmittelbar beteiligt. Č. leitete die r.e Delegation auf den internationalen Wirtschaftskonferenzen in ↑Genua (1922) und Lausanne (1922/23) und unterzeichnete den Vertrag von ↑Rapallo (1922). Auch in der Folge sicherte er mit seiner hohen persönlichen Reputation die internationalen Kontakte der UdSSR und suchte im Sinne einer Politik der „Parallelexistenz" zwischen der UdSSR und den kapitalistischen Staaten Zuspitzungen zu vermeiden oder zu überwinden, die sich aus ausländischem Mißtrauen und revolutionärer Agitation bzw. den Verwicklungen vor allem der ↑Komintern immer wieder ergaben. Dabei teilte Č. die Verantwortung schon früh mit ↑Litvinov, an den er aus gesundheitlichen Gründen 1930 sein Amt abgeben mußte.

Lit.: v. Laue, Th., Soviet Diplomacy. G. V. Chicherin, in: Craig, G. A./Gilbert, F. (Hrsg.), The Diplomats, 1919–1939, Princeton 1953; Gorochow, I., u. a., G. W. Tschitscherin, Berlin 1976. *B.Sch.*

Čkalov, Valerij Pavlovič (1904–1938), profilierte sich als Flieger der ↑Roten Armee. Der „Held der SU" (↑Orden) (1936) trug mit seinen Leistungen als Kunst- und militärischer Versuchspilot sowie mit seinen Rekorden im Non-Stop-Flug (↑Moskau–Kamčatka 1936, Moskau–Nordpol–Vancouver 1937) dazu bei, das Ansehen der s.en Luftwaffe in der Bevölkerung zu festigen und sie zu bedingungslosem Einsatz für die politischen und ökonomischen Ziele ↑Stalins zu motivieren und zu mobilisieren. Das durch die Medien kräftig geförderte Ansehen Č.s wurde nach seinem Tode bei einem Versuchsflug mit einem neuen Jagdflugzeug durch die Benennung zahlreicher Orte wachgehalten. Die ↑Entstalinisierung machte diese Umbenennungen wieder rückgängig – so erhielt „Čkalov" am Ural 1957 seinen alten Namen Orenburg zurück.

Lit.: ↑Andreev. *B.Sch.*

COMECON (Council for Mutual Economic Aid bzw. Assistance; russ.: Sovet Ėkonomičeskoj Vzaimopomošči, SĖV; dtsch.: Rat für gegenseitige Wirtschaftshilfe, RGW) war eine internationale Organisation, die am 25. 1. 1949 gegründet wurde. Gründungsmitglieder waren die SU, die Volksrepublik Bulgarien, die Ungarische Volksrepublik, die Volksrepublik Polen, die Volksrepublik Rumänien und die Tschechoslowakische Sozialistische Volksrepublik. Es folgten am 23. 2. 1949 die Volksrepublik Albanien (nahm seit Dezember 1961 nicht mehr an der Arbeit teil, trat 1962 aus) und am 29. 9. 1950 die DDR. Vietnam, China und Nordkorea, später auch Kuba nahmen als Beobachter an der Arbeit des RGW teil. Mit der Aufnahme der Mongolischen Volksrepublik am 6./7. 7. 1962 wurde erstmals ein nichteuropäisches Land Mitglied des RGW. Zu diesem Zwecke wurde das Statut des RGW geändert. In der Folge traten auch die Republik Kuba (Juli 1972) und die Sozialistische Republik Vietnam (Juni 1978) der Organisation bei. Die Volksrepublik China nahm ihren Beobachterstatus seit 1966 nicht mehr wahr. Seit dem 17. 9. 1964 war die Sozialistische Föderative Republik Jugoslawien dem RGW assoziiert. An der 37. Jahrestagung im Oktober 1983 in Ost-Berlin nahmen als Beobachter Afghanistan, Angola, Äthiopien, die Demokratische Volksrepublik Jemen, Laos, Moçambique und Nicaragua teil. Mit einem Teil dieser Länder wurden Abkommen über Zusammenarbeit geschlossen.

Ursprüngliches Ziel der RGW-Gründung war es, die osteuropäischen Länder aus den wirtschaftlichen Beziehungen mit westlichen Ländern herauszulösen und ihre Einbeziehung in den Marshall-Plan zu verhindern. Von daher waren die Ziele des RGW anfangs eher politisch als wirtschaftlich. Erst Ende 1959 wurde eine Satzung angenommen, die Ziele, Prinzipien, Vollmachten und Funktionen festlegte. Aber auch die Erweiterung des RGW über Europa hinaus dürfte weniger aus wirtschaftlichen Motiven erfolgt sein, vielmehr folgte sie wohl Interessen der s.en Außenpolitik. Als Ziel des RGW galt die „sozialistische ökonomische Integration" der Mitgliedsländer. Der RGW war danach eine Wirtschaftsorganisation der Regierungen (mežpravitel'stvennaja) der sozialistischen Länder, die eine Zusammenarbeit mittels Koordinierung und Vereinigung der Kräfte, eine planmäßige Entwicklung der Volkswirtschaft, beschleunigten Fortschritt von Wissenschaft und Technik und den beschleunigten industriellen Ausbau der weniger entwickelten Länder anstrebten. Das wirtschaftliche Leistungspotential der einzelnen Mitgliedsländer war sehr verschieden. Die SU produzierte etwa zwei Drittel des Sozialprodukts des RGW, lag aber zurück, wenn man das Sozialprodukt pro Kopf nimmt, hier lag die DDR an der Spitze. Dagegen rangierten die Mongolei, Vietnam und Kuba am anderen Ende der Skala.

Die Heterogenität der wirtschaftlichen Leistungsfähigkeit stellte für die Integration ein großes Hindernis dar. Sie war wohl auch die Ursache dafür, daß die gemeinsamen Ziele des RGW nur sehr allgemein gehalten waren. Die Zusammenarbeit erfolgte im Rahmen einer komplizierten Institutionenstruktur. Dazu gehörten die Ratstagung, das Exekutivkomitee, vier Spezialkomitees und 21 ständige Kommissionen (nach Branchen organisiert – Kommission für Chemie, für Kohle – oder funktional – Kommission für Außenhandel, für Valuta- und Finanzfragen). Schließlich ist noch das Sekretariat zu nennen. Sitz dieser Institutionen war ↑Moskau. Entscheidungen mußten einstimmig erfolgen, hatten jedoch nur Empfehlungscharakter. Das Sekretariat hatte nicht einmal das Recht, solche Empfehlungen auszusprechen. Der RGW war insofern keine supranationale, sondern eine zwischenstaatliche Organisation. Die konkrete Zusammenarbeit erfolgte durch Koordinierung der mittelfristigen Volkswirtschaftspläne. Über Planungsvollmachten verfügte der RGW dabei nicht. So vollzog sich die Abstimmung von Struktur- und Investitionspolitik eher im Rahmen zweiseitiger Abstimmung als im Rahmen des RGW. Hauptgebiete der RGW-Integration waren Intrablockhandel und Produktionsspezialisierung. Die Mitgliedsländer wickelten etwa 60 % ihres Außenhandels untereinander ab:

Außenhandel der RGW-Staaten untereinander 1972–1984 (Anteil in %)

	1972	1975	1980	1984
Bulgarien	78,1	73,8	72,8	76,4
ČSSR	67,1	66,0	65,5	73,5
DDR	67,8	66,2	62,7	63,0
Kuba	61,2	55,4	k. A.	82,6
Mongolei	95,4	96,2	97,7	96,0
Polen	59,4	49,7	53,3	68,9
Rumänien	46,4	38,0	34,0	46,6
UdSSR	59,6	51,8	48,6	52,1
Ungarn	65,0	66,1	49,6	49,2

In diesem Bereich war die Integration der Mitgliedsländer sehr hoch und in den letzten Jahren noch gewachsen. Produktspezialisierung bezeichnete einerseits die „internationale Konzentration", d. h. die Verlagerung der Erzeugung bestimmter Endprodukte in ein oder mehrere Länder, und andererseits die „internationale Koproduktion", d. i. die Produktionszusammenarbeit zwischen Betrieben verschiedener Länder. Beide Formen der Zusammenarbeit führten letztlich zu zwischenstaatlichen Handelsverpflichtungen, mündeten also wieder in den Intrablockhandel. 17,5 % der gesamten Intrablockausfuhr wurden im Rahmen solcher Produktspezialisierung abgewickelt, dabei war die DDR ein wesentlicher Lieferant (26 % der Gesamtausfuhr), die SU einer der wichtigsten Bezieher (62 % der Einfuhr). Die „sanfte Revolution" in Osteuropa und der Übergang der meisten RGW-Länder zur Marktwirtschaft entzogen dem RGW die Grundlage. Am 28. 6. 1991 wurde er auf der 46. Ratstagung offiziell aufgelöst.

Lit.: Machowski, H., RGW, in: Pipers Wörterbuch zur Politik, Bd. 4. Sozialistische Systeme, München/Zürich 1986, S. 386–393; Statističeskij Ežegodnik stran-členov Soveta Ėkonomičeskoj Vzaimopomošči (erschien jährlich); Machowski, H./Bethkenhagen, J., Integration im Rat für Gegenseitige Wirtschaftshilfe, Berlin [2]1976; Wallace, W./Clark, R., COMECON. Trade and the West, London 1986.   *H.-H.Sch.*

ČSSR-Intervention (1968) ↑Warschauer Pakt, ↑Sozialistisches Lager

Curzon-Linie wurde die Demarkationslinie genannt, die der Oberste Rat der Alliierten den Parteien im ↑r.-polnischen Krieg erstmals am 8. 12. 1919 als vorläufige Grenze vorschlug. Der Rückzug der polnischen Truppen auf die von Grodno über ↑Brest-Litovsk nach Przemyśl verlaufende C.-L., die an den ethnischen Grenzen zwischen Polen, Weißrussen und Ukrainern orientiert war, sollte den Weg zu einer Grenzregelung in ↑Litauen, ↑Weißrußland und der ↑Ukraine freimachen. Der Krieg dauerte jedoch fort, auch nachdem der britische Außenminister Lord Curzon (1859–1925) den alliierten Grenzvorschlag am 11. 7. 1920 in einem Waffenstillstandsultimatum erneuert hatte (seitdem der Name „C.-L."); im Frieden von ↑Riga setzte Polen schließlich eine weit östlich der C.-L. verlaufende Grenze durch. Erst im ↑Zweiten Weltkrieg erlangte der Vorschlag von 1920 wieder Bedeutung: Auf der Konferenz von ↑Teheran erreichte ↑Stalin die Anerkennung der C.-L. als künftige s.e Westgrenze; sie wurde mit geringen Korrekturen auf der ↑Potsdamer Konferenz bestätigt.

Lit.: Rhode, G., Die Entstehung der Curzon-Linie, in: Osteur. 1955, 2.   *M.G.M.*

Čuvašien, Čuvašische ASSR ↑Russische Sozialistische Föderative Sowjetrepublik

Dagestan, Dagestanische ASSR ↑Berg-Republik, ↑Russische Sozialistische Föderative Sowjetrepublik

Dal'stroj (Glavnoe upravlenie stroitel'stva Dal'nogo Severa = Hauptbauverwaltung des hohen Nordens) bezeichnet die regionale Straflagerverwaltung der ↑OGPU (seit 1934 des ↑NKVD) in der Kolyma-Region mit dem Zentrum Magadan. Der D. wurde angeblich im Winter 1931/32 gegründet, um Goldbergbau in Kolyma zu betreiben. Sein erster Leiter wurde E. Berzin (1888–1937?), ein lettischer Kommunist. 1940–42 bestand der D. vermutlich aus 8 Komplexen von Besserungsarbeitslagern (Ispravitel'no-trudovye lageri = ITL, ↑GULag): Burlag (Kohlebergbau, Bauarbeiten, Steinbrüche), Dal'nevostočnye (= fernöstliche) ITL (Straßen- und Eisenbahnbau) sowie dem Jakutischen ITL, Sevvostočnye (= nordöstliche) ITL, Čukotskie ITL, Kamčatskie ITL und den ITL auf Sachalin (alle: Gold-, Platin-, Bleiminen; Straßenbau, Holzbeschaffung, Steinbrüche, Fischerei). Am 17.1. 1943 wurden A.P. Zavenjagin, stellvertretender Vorsitzender des NKVD, I.F. Nikišev, Leiter von D. und andere Mitarbeiter von D. für ihre Verdienste bei der „Erschließung der Regionen des äußersten Nordens" mit Orden und Medaillen ausgezeichnet. Die Zahl der Lagerhäftlinge läßt sich nicht ermitteln, Schätzungen belaufen sich auf Zahlen um die Million. Die Sterberate war angesichts der Arbeitsbedingungen und des Klimas vermutlich sehr hoch.

Lit.: Dallin, D.J./Nicolaevsky, B.I., Forced Labor in Soviet Russia, New Haven 1947; Vedomosti Verchovnogo Soveta 1943, No.4.   *H.H.Sch.*

Dašnaken ↑Armenien

Deborin (eigentlich: Joffe), Abram Moiseevič (1881–1963), schloß sich schon Ende der 90er Jahre des 19.Jhs. marxistischen Gruppen an. Zunächst gehörte er zu den Bolschewisten (↑Parteien, [↑LGR]), unterstützte dann aber von 1907–17 den Kurs der Menschewisten. Sein Philosophiestudium schloß er 1907 in der Emigration in Bern ab. Nach der ↑Oktober-Revolution beteiligte er sich am Aufbau marxistischer Lehr- und Forschungseinrichtungen in R. sowie an der Herausgabe entsprechender Fachorgane (Sverdlov-Universität, ↑Institut der Roten Professur, Marx-Engels-Institut, Gesellschaft der kämpfenden Materialisten; Zeitschrift „Unter dem Banner des Marxismus", 1926–31). D. war zusammen mit A.F. Martynov (1865–1935) Hauptvertreter der philosophischen Richtung der „Dialektiker", die zunächst mit den „Mechanisten" (↑Bucharin) in offener Konkurrenz standen. Während diese die Allgemeingültigkeit der naturwissenschaftlichen und historischen Gesetze und somit die Determiniertheit auch der revolutionären Abläufe („Selbstlauf") vertraten, kalkulierten jene die Möglichkeit dialektischer Entwicklungssprünge ein und billigten den geistigen Phänomenen eine gewisse Unabhängigkeit zu. Damit rechtfertigten sie in bestimmter Weise ↑Stalins Linie bei der Einleitung der ↑Kollektivierung und der ↑Industrialisierung, welche die realen Gegebenheiten und die Ratschläge der Fachleute ignorierte. Die ↑Kommunistische Partei erklärte 1929 die dialektische Richtung zur offiziellen Parteiphilosophie. Sie verurteilte und verfolgte die Mechanisten sowie die mit ihnen verbundene ↑Rechte Opposition. D., seit 1928 Mitglied der Partei, wurde 1929 durch die Berufung in die ↑Akademie der Wissenschaften honoriert. Wenig später wurden er und die von ihm herausgegebene Zeitschrift „Unter dem Banner des Marxismus" selbst Gegenstand der Parteikritik und dabei mit der ↑Linken Opposition in Verbindung gebracht. Das ↑Zentralkomitee machte der „Gruppe D." unter anderem die Unterschätzung der Leninschen Etappe der marxistischen Philosophie, eine gewisse Trennung der Philosophie von der Praxis und Versuche der Annäherung der Marxschen Dialektik an die idealistische Dialektik Hegels, außerdem Positionen eines „menschewisierenden" Idealismus zum Vorwurf. Seiner weiteren Karriere als Philosoph tat diese Kritik allerdings keinen sichtbaren Abbruch.

Lit.: Ahlberg, R., ‚Dialektische Philosophie' und Gesellschaft in der Sowjetunion, Berlin/Wiesbaden 1960; ders., A. M. Deborin, Wiesbaden 1959 (= Bibliographische Mitteilungen des Osteuropa-Instituts an der Freien Universität Berlin, Heft 2); Bucharin, N., Deborin, A., Kontroverse über dialektischen und mechanistischen Materialismus, Frankfurt a. M. 1974.   *B.Sch.*

Dekret über das Land (dekret o zemle) hieß der erste gesetzgeberische Akt der S.-Macht zur Agrarfrage; das D. ü. d. L. wurde in der Nacht vom 26. auf den 27. Oktober A. S. (8./9. November) 1917 vom 2. ↑Allrussischen Sowjetkongreß verabschiedet. Es basierte auf der Mustervorlage des 1. Allrussischen Kongresses der Bauerndeputierten 1917, der aus 242 regionalen Vorlagen von den Delegierten zusammengestellt worden war, und reagierte auf die Situation im ↑Dorf, wo bald nach der Februar-Revolution (↑LGR) eine Agrarumwälzung in Gang gekommen war, die sich gegen die Gutswirtschaften und die bäuerlichen Einzelwirtschaften richtete. Das D. ü. d. L. hob das Eigentumsrecht der Gutsbesitzer unverzüglich auf und verfügte die Übergabe aller Ländereien der Gutsbesitzer, Domänenverwaltungen, Klöster und Kirchen samt Inventar an die Dorfagrarkomitees und die Kreisbauernräte. Als Richtschnur für das Vorgehen der ↑Bauern im Rahmen der Agrarrevolution sollte die Mustervorlage des Kongresses der Bauerndeputierten dienen. Das D. ü. d. L. wurde im Verlauf des Winters 1917/18 durch eine Reihe von Ausführungsbestimmungen ergänzt.

Lit.: Text dtsch. bei Hellmann, M. (Hrsg.), Die russische Revolution 1917, München 1964; russ.: Sbornik dokumentov po zemel'nomu zakonodatel'stvu SSSR i RSFSR 1917–1954, M 1954; Altrichter, H., Staat und Revolution in Sowjetrußland 1917–1922/23, Darmstadt 1981; Brutzkus, B., Agrarentwicklung und Agrarrevolution in Rußland, Berlin 1925.   *H.-H.Sch.*

Dekret über den Frieden hieß die erste revolutionäre Proklamation zur Außenpolitik, die der 2. ↑Allrussische Sowjetkongreß auf Vorschlag ↑Lenins am Tag nach dem Sturz der Provisorischen Regierung (↑LGR), dem 26. 10. (A. S.)/8. 11. 1917, verabschiedete. Mit der Forderung nach „Frieden ohne Annexionen und ohne Entschädigungen" wandte sich das D. ü. d. F. an alle am Ersten Weltkrieg (↑LGR) beteiligten Staaten sowie an die internationale Arbeiterschaft, die zu solidarischen Friedensbemühungen aufgefordert wurde. Zugleich formulierte es Grundsätze einer künftigen antiimperialistischen Außenpolitik, indem es allen

Nationen das Recht auf Freiheit von staatlicher Fremdherrschaft zusprach. Diese Grundsätze wurden zunächst auch in bezug auf die nichtr.en Nationen des r.en Imperiums bekräftigt („Erklärung der Rechte der Völker R.s" vom 2. (A. S.)/ 15. 11. 1917); ebenso dienten sie aber bereits bei den Friedensverhandlungen von ↑Brest-Litovsk als Ausgangspunkt dafür, die Legitimität der unter deutscher Besatzungshoheit entstandenen Nationalregierungen in ↑Litauen, Kurland und Polen zu bestreiten.

Lit.: Text dtsch.: ↑Dekret über das Land; russ.: Sobranie uzakonenij i rasporjaženij raboče – krest'janskogo pravitel'stva, 1917, Nr. 1,2; Carr, E. H., The Bolshevik Revolution, 1917–1923, Bd. 3, London 1953. *M.G.M.*

Demokratischer Zentralismus ist ein Begriff, der das „leitende Organisationsprinzip der marxistisch-leninistischen Parteien" bezeichnen soll und sich bereits in den ↑Parteistatuten von 1906 und 1919 findet, wobei dort von der Autonomie der Parteibasisorganisationen in lokalen Fragen ausgegangen wird. Ausführlicher definiert wird der d. Z. erstmals in den Parteistatuten von 1934. Danach bedeutet er „a) die Wählbarkeit aller leitenden Organe der ↑Partei von oben bis unten; b) die regelmäßige Rechenschaftslegung der Parteiorgane vor ihren Parteiorganisationen; c) die straffe Parteidisziplin und Unterordnung der Minderheit unter die Mehrheit; d) die unbedingte Verbindlichkeit der Beschlüsse der höheren Organe für die unteren Organe und für alle Parteimitglieder". Fast wörtlich wurde diese Definition auch in das Parteistatut von 1961 übernommen (wobei das Prinzip der Wählbarkeit fortan „von unten nach oben" gelten sollte). Von der Partei übertrug man das Prinzip des d. n. Z. auf die ↑Räte und den gesamten Staatsaufbau. Die s.e ↑Verfassung von 1977 erklärte in Art. 3 den d. n. Z. zum Grundprinzip für die Organisation und Funktion des S.-Staates: Er verbinde „die einheitliche Leitung mit der Initiative und schöpferischen Aktivität der Basis". In der Theorie sollten sich die unterschiedlichen Prinzipien (Demokratie und Zentralismus) ergänzen, in der Praxis dominierte der Zentralismus über die Demokratie. Längst zur Leerformel geworden, konnte der d. Z. auch in den letzten Jahren der SU noch für die Forderung nach stärkerer Demokratisierung herangezogen werden. – In den 20er Jahren nannten sich die Angehörigen der ↑Linken Opposition innerhalb der Partei auf der Grundlage der Ideen des d. n. Z. „Demokratische Zentralisten".

Lit.: Fincke, M. (Hrsg.), Handbuch der Sowjetverfassung, 2 Bde., Berlin 1983; Kazemzadeh, F., Demokratischer Zentralismus, in: Kernig, C. G. (Hrsg.), Sowjetsystem und demokratische Gesellschaft. Eine vergleichende Enzyklopädie, Bd. 1, Basel/Freiburg/Wien 1966; Waller, M., Democratic Centralism – a Historical Commentary, Manchester 1981; Warth, R. D., Democratic Centralism, in: Mersh 9 (1978), S. 55. *H.A.*

Demokratische Zentralisten ↑Linke Opposition

Demokratisierung ↑Gorbačev

Denikin, Anton Ivanovič (1872–1947), absolvierte die Ausbildung zum Offizier (1899 Abschluß der Akademie des Generalstabs) und nahm vor sowie während des Ersten Weltkriegs (↑LGR) verantwortungsvolle Aufgaben in der kaiserlichen

Armee wahr. Während der Februar-Revolution von 1917 (↑LGR) war D. Kommandeur des 8. Korps. Die Provisorische Regierung (↑LGR) ernannte ihn zunächst zum Chef des Hauptquartierstabs und anschließend zum Oberkommandierenden der West- bzw. Südwestfront. Wegen Unterstützung des Kornilov-Putsches (↑LGR) in Haft, konnte er im November 1917 zum Don fliehen. Dort stellte D. zusammen mit M. V. Alekseev (1857–1918) und L. G. Kornilov (1870–1918) die Freiwilligenarmee der ↑Weißgardisten auf. Seit Dezember 1917 Divisionschef, übernahm er nach Kornilovs Tod das Kommando, nach dem Tod Alekseevs den Rang des Oberkommandierenden der Freiwilligenarmee. Seit Dezember 1918 Oberkommandierender der Streitkräfte Süd-R.s, unterstellte er sich im Mai 1919 der Autorität des Admirals ↑Kolčak. In diesem ↑Bürgerkrieg gelang es D. mit Unterstützung der Entente, den Kuban' zu erobern und bis Orel vorzustoßen (Denikinščina). Seine militärische Kraft war damit aber ausgeschöpft. Nach der Zerschlagung seiner rückweichenden Armee durch die ↑Rote Armee nördlich des Kaukasus übergab D. das Kommando an General ↑Wrangel und ging in die Emigration.

Lit.: Denikin, A. I., Očerki russkoj smuty. Bde. 1–2, Paris 1921–22, Bde. 3–5, Berlin 1924–26 (Auszüge in der engl. Ausgabe: The White Army, Gulf Breeze (Florida) 1973 (= The Russian Series, vol. 45); Sokolov, K. N., Pravlenie Generala Denikina, Sofia 1921; Lekovich, D. V., White Against Red. The Life of General Anton Denikin, New York 1974.   *B.Sch.*

Deutsche ↑Sowjetunion-Deutsche, ↑Wolga-Deutsche

Deutsch-russisches Abkommen (1921) ↑Handelsverträge

Deutsch-sowjetischer Grenz- und Freundschaftsvertrag ↑Hitler-Stalin-Pakt

Deutsch-sowjetischer Krieg ↑Zweiter Weltkrieg

Deutsch-sowjetischer Nichtangriffspakt ↑Hitler-Stalin-Pakt

Dialektiker ↑Deborin

Dialektischer Materialismus (DIAMAT) ↑Marxismus-Leninismus

Diktatur des Proletariats war für Marx die „Übergangsperiode", die der Arbeiterrevolution folgen sollte. Das Proletariat werde seine Herrschaft dazu nutzen, „der Bourgeoisie nach und nach alles Kapital zu entreißen" und alle Produktionsmittel „in den Händen des Staates, d. h. des als herrschende Klasse organisierten Proletariats", zu konzentrieren; mit den kapitalistischen Produktionsverhältnissen würden auch die auf ihnen beruhenden „gesellschaftlichen Beziehungen" verschwinden. So werde die „Klassendiktatur des Proletariats… notwendiger Durchgangspunkt zur Abschaffung der Klassenunterschiede überhaupt" („Kommunistisches Manifest", „Klassenkämpfe in Frankreich", „Kritik des Gothaer Programms").

↑Lenin knüpfte hieran an. Die Ablösung des bürgerlichen Staates durch den proletarischen, so schrieb er im Sommer 1917, sei „ohne gewaltsame Revolution unmöglich", und ein Marxist sei nur, „wer die Anerkennung des Klassenkampfes bis zur Anerkennung der D. d. P. ausdehnt". Die diktatorische Klassenherrschaft des Proletariats sei nötig, um den verzweifelten Widerstand der Bourgeoisie niederzuhalten, die Werktätigen und ausgebeuteten ↑Klassen zu organisieren und die sozialistische Wirtschaft in Gang zu bringen („Staat und Revolution"). Die Staatsform sollte dabei der Rätestaat sein. Die nach der ↑Oktober-Revolution geschaffene bolschewistische ↑Sowjetrepublik verstand sich als „Diktatur des städtischen und ländlichen ↑Proletariats und der ärmsten ↑Bauernschaft", mit dem Ziel einer „vollständigen Unterdrückung der Bourgeoisie, der Vernichtung der Ausbeutung eines Menschen durch den anderen Menschen und der Herstellung des ↑Sozialismus, unter dem weder eine Klasseneinteilung noch eine Staatsgewalt sein wird" (↑Verfassung von 1918, Zweiter Abschnitt, 5. Kapitel, Art. 9). Mitte der 30er Jahre konstatierte ↑Stalin, daß große Teile dieses Programms bereits erreicht seien. Der Sozialismus sei „im wesentlichen" verwirklicht, antagonistische Klassen gebe es in der S.-Gesellschaft nicht mehr. Eine neue Verfassung sollte dieser Entwicklung 1936 Rechnung tragen: Sie führte das allgemeine und gleiche Wahlrecht ein. Am Begriff der D. d. P. wurde jedoch festgehalten (so auch im ↑Parteistatut von 1936). Erst ↑Chruščev und das Parteiprogramm von 1961 gaben ihn endgültig auf: S.-R., entstanden als D. d. P., sei zu einem „Staat des ganzen Volkes" geworden, und die ↑KPdSU, gegründet als Klassenorganisation, zu einer echten Volkspartei. Die neue Verfassung nahm 1977 diese Grundsätze auf.

Lit.: ↑Verfassung; Westen, K., Zur Entwicklung der sowjetischen Staatstheorie (Berichte des BIOst, Köln 1968, Nr. 1). *H.A.*

Dnepropetrovsk (ukr. Dnipropetrovs'k) in der Ukrainischen SSR (↑Ukraine) wurde 1783 als Ekaterinoslav im ehemaligen Gebiet der Zaporoger Kosaken (↑LGR) gegründet. Die Stadt war Verwaltungsmittelpunkt und ein Zentrum der Kolonisation Neurußlands (↑LGR), an der auch deutsche Siedler beteiligt waren. Mit dem Anschluß an das Eisenbahnnetz (1884) begann ihr Aufstieg als Industrieort und zugleich als Stützpunkt der Arbeiterbewegung. Im Januar 1918 konnten die ↑Bolschewisten die Macht übernehmen, doch wechselte in den Auseinandersetzungen des ↑Bürgerkrieges die Stadt mehrfach den Besitzer. Erst 1920 wurden die Auseinandersetzungen durch die Einbeziehung in die Ukrainische ↑Sowjetrepublik beendet. Zu Ehren des Kommunisten V. I. Petrovskij (1878–1958) wurde die Stadt 1926 in D. umbenannt. Besetzung und Zerstörung im ↑Zweiten Weltkrieg konnte sie rasch überwinden. Die Einwohnerzahl (1897: 113 000, 1917: 217 000, 1939: 543 000 1959: 690 000) lag 1985 bei 1,15 Mio. Als drittgrößte ukrainische Stadt und als Mittelpunkt des gleichnamigen Gebiets hatte D. auch großes parteipolitisches Gewicht, so als „Basis" der „D.er Gruppe" um ↑Brežnev.

Lit.: ↑Alma-Ata. *B.Sch.*

Donbass (Doneckij [ugol'nyj] bassejn, Donez[kohle]becken) war die wichtigste Kohlelagerstätte im europäischen Teil der ↑UdSSR. Sie umfaßt Teile der Gebiete Lugansk (bis 1990 Vorošilovgrad), Donec und ↑Rostov. 1968 wurden die Kohlevorräte (Braunkohle bis 600 m; Steinkohle bis 1800 m) auf 128 Mrd. t geschätzt.

Erste Kohlegruben wurden im D. 1795–97 angelegt, bald geschlossen und in den 30er Jahren des 19. Jhs. wieder eröffnet. In der zweiten Hälfte des 19. Jhs. wurde der D. zur wichtigsten Kohleregion R.s und Rückgrat der ↑Industrialisierung in der ↑Ukraine. Durch Verbindung des D. mit den Eisenerzlagern in Krivoj Rog wurde eine schwerindustrielle Basis geschaffen. In s.er Zeit bildete sich um den D. der Donec-Dnepr-Wirtschaftsraum mit Erz- und Steinkohlenbergbau, Metallverhüttung, Maschinenbau und chemischer Industrie.

Lit.: Karger, A. (Hrsg.), Fischer Länderkunde Sowjetunion, Frankfurt a. M. 1978; Chruščev, A. T., Geografija promyšlennosti SSSR, M 1969; Ėkonomičeskie rajony SSSR, M ^{2}1969.   *H.-H.Sch.*

Doneck (ukr. Donec'k), urspr. Juzovka, von 1924–61 Stalino, entstand mit der Gründung des Hüttenwerks „Novorossija" im ↑Donbass durch den britischen Industriellen J. Hughes 1869/70. Zahlreiche Bergwerke, Kokereien und metallurgische Betriebe folgten, so daß sich um die Industriebetriebe und die Wohnviertel der Engländer rasch große Arbeitersiedlungen gruppierten. Juzovka (abgeleitet von Hughes) wurde bald auch ein Stützpunkt der r.en bzw. ukrainischen Arbeiterbewegung. Während der Revolution von 1905 (↑LGR) existierte ein Sowjet (↑LGR) der Arbeiterdeputierten. Im März 1917 bildete sich erneut ein ↑Sowjet, der zum Kampf gegen die Zentrale ↑Rada der ↑Ukraine aufrief. Zunächst besetzten aber deutsche Truppen, dann die Armee ↑Denikins die Stadt (↑Bürgerkrieg). Ende 1919 wurde Juzovka von Truppen der ↑Roten Armee besetzt und Teil der Ukrainischen ↑Sowjetrepublik. Die Umbenennung in Stalino signalisierte die Trennung vom westeuropäischen Kapital und von den westeuropäischen Ingenieuren. Das ökonomische Wachstum setzte sich in der Zeit der ↑Industrialisierung unter ↑Stalin mit hohem Tempo fort: 1939 war die Einwohnerzahl von 32 000 (1897) über 105 700 (1926) bereits auf 466 000 angewachsen. Die deutsche Besetzung im ↑Zweiten Weltkrieg (Oktober 1941 bis September 1943) führte zu schwersten Zerstörungen in der Stadt und an den Industrieanlagen. Nach dem raschen Wiederaufbau wurden vorhandene Montan-Betriebe erweitert. Neue Industriezweige (Maschinen-, Fahrzeug-, Gerätebau) kamen hinzu. Mit Rücksicht auf die Funktionen D.s als Gebietshauptstadt wurden zahlreiche neue kulturelle und soziale Einrichtungen geschaffen. Die Einwohnerzahl wuchs auf 708 000 (1957) und 1 Mio. (1985).

Lit.: ↑Alma-Ata.   *B.Sch.*

Don-Republik ↑Kosaken

Dorf. Als D. bezeichnet man im Russischen einerseits alle Formen ständiger Niederlassungen, deren Bevölkerung vorwiegend aus ↑Bauern, Landarbeitern und anderen Personen besteht, die sich vor allem mit landwirtschaftlicher Tätigkeit befassen, andererseits – in erweitertem Sinne – auch ein sozio-ökonomisch, kulturell und naturgeographisch bestimmtes Umfeld, das als Kategorie der ↑Stadt gegenübergestellt wird. Aus der Einbindung der D.-Bevölkerung in die ↑Landwirtschaft ergibt sich in der Regel die geringe Größe der Siedlung, ihre Anpassung an die Gegebenheiten der natürlichen Umwelt und aus dieser auch der Charakter der Tätigkeit ihrer Bewohner (saisonale Zyklen, vergleichsweise geringe Arbeitsteilung, niedriges Niveau kommunaler und kultureller Dienstleistungen im Vergleich zur Stadt). Bis 1960 lebte mehr als die Hälfte der s.en Bevölkerung auf dem D.: 1914 82,1 %, 1923 83,8 %, 1926 82,1 %, 1939 67,2 %, 1950 61,1 %, 1960 51,2 %, 1970 43,7 % und 1980 37,2 %. Bis zur ↑Kollektivierung 1929/30 war das Leben auf dem D. weitgehend von der traditionellen r.en Bauerngemeinde (↑LGR) mit Gemeindeversammlung und Feldumteilung bestimmt. Nur teilweise faßte die S.-Macht über ↑Komitees der Dorfarmut und D.-↑Sowjets im D. Fuß. Beschaffungsapparat und Steuerbehörden verstärkten die Präsenz der S.-Macht im D. von außen. Die Kollektivierung leitete eine Wende ein. Die hergebrachten Strukturen wurden zerschlagen, statt dessen wurden mit ↑Kolchozen, ↑Sovchozen und ↑Maschinen-Traktoren-Stationen neue geschaffen. Mit der Beseitigung des ↑Analphabetismus und der zunehmenden ↑Industrialisierung und Mechanisierung der landwirtschaftlichen Tätigkeit wandelten sich auch die Bedürfnisse und Erwartungen der D.-Bevölkerung. Der Ausbau des Handelsnetzes, die Einrichtung von Klubs, Bibliotheken, ↑Schulen und Kinos, die Verbesserung der Infrastruktur schritt zwar voran, konnte die Unterschiede im Lebensstandard zwischen Stadt und Land aber kaum verringern. So stellte die Abwanderung von Jugendlichen in die Stadt bis zum Ende der SU ein Problem dar.

Lit.: Kudrina, T.A., Kul'tura sovremennoj derevni, M 1980; Zaslavskaja, T.I./Mučnik, I.B. (Hrsg.), Razvitie sel'skich poselenij, M 1977; Cox, T.M., Rural Sociology in the Soviet Union. Its History and Basic Concepts, London 1979. *H.-H.Sch.*

DOSAAF (Dobrovol'noe obščestvo sodejstvija armii, aviacii i flotu = Freiwillige Gesellschaft zur Unterstützung der Armee, der Luftwaffe und der Flotte) war eine paramilitärische, patriotische Massenorganisation. Anstelle der ↑Osoaviachim entstanden 1948 zunächst drei selbständige Gesellschaften für die Armee, die Luftwaffe und die Flotte (DOSARM, DOSAV und DOSFLOT), die sich 1951 zum DOSAAF zusammenschlossen.

Aufgabe der Organisation war es, die Mitglieder zu ständiger patriotischer „Verteidigungsbereitschaft" und in der „Liebe zu den s.en ↑Streitkräften" zu erziehen. Dazu sollten die militärischen Kenntnisse der Bevölkerung verbessert, die „heroischen Traditionen" des S.-Volkes und seiner Streitkräfte gepflegt, die Jugend auf den Militärdienst vorbereitet, der Zivilschutz ausgebaut, die ziviltechnischen Kader organisiert und alle Formen des Militärsportes gefördert werden. Die Organisation hatte eigene Statuten, eine eigene Flagge und ein eigenes Emblem. Mitglied konnte jeder Staatsbürger der UdSSR werden, der mindestens 14 Jahre alt war. Die Basisgruppen (in Fabriken, Betrieben, ↑Sovchozen, Behörden, Lehranstalten u.s.f.) wurden von einem Parteifunktionär geleitet; sie waren auf lokaler, regionaler und überregionaler Ebene zusammengeschlossen und an der Spitze stand ein Zentralkomitee mit einem Vorsitzenden. Die Organisation gab Zeitungen und Zeitschriften heraus, verteilte einschlägige Bücher und Broschüren und warb mit Kinoveranstaltungen und Plakaten. Sie hatte zuletzt rd. 10 Mio. Aktivisten.

Lit.: Stichwort DOSAAF SSSR, in: BSÈ (3. Aufl.), Bd. 8, S. 465; Stegancev, DOSAAF, in: Ežegodnik BSÈ, M 1979, S. 22. *H.A.*

DOSARM, DOSAV, DOSFLOT ↑DOSAAF

Dritte Internationale ↑Komintern

Dušanbe, urspr. Djušambe, 1929 bis 1961 Stalinabad, entstand als Stadt anstelle einer dörflichen Siedlung, die 1924 nach Vertreibung der anti-s.en Basmači-Truppen durch die ↑Rote Armee zur Hauptstadt der neugegründeten ↑Tadžikischen ASSR (1929 Tadžikischen SSR) gemacht wurde. Zu den administrativen und kulturellen Funktionen der Landeshauptstadt traten auch industrielle Kapazitäten, v. a. im Textilbereich (Baumwoll- und Wollverarbeitung) und in der Lebensmittelproduktion. Die Einwohnerzahl, 1924 einige Tsd. Bewohner, wuchs 1939 auf 83 000 und lag 1985 bei 552 000.

Lit.: ↑Alma-Ata.   *B.Sch.*

Dzaudžikau ↑Vladikavkaz

Dzeržinskij, Feliks Ėdmundovič (poln. Feliks Dzierżiński) (1877–1926), stammte aus dem polnischen Kleinadel im Gouvernement (↑LGR) Wilna (↑Vilnius). Schon als Schüler schloß er sich sozialdemokratischen Gruppen an (1894) und arbeitete bald als Berufsrevolutionär auf dem linken Flügel der Sozialdemokratie (↑Parteien [LGR]), zunächst im Litauischen. Wegen seiner politischen Tätigkeit wurde er verhaftet und verbannt, konnte 1899 aber fliehen und ging nach Warschau, wo er bei der Neuorganisation der „Sozialdemokratie des Königreichs Polen und Litauens" (SDKPiL) mitwirkte. Bis zur Februar-Revolution 1917 (↑LGR) führte D. ein bewegtes Leben, das Arbeit in sozialdemokratischen Parteiorganisationen verschiedener polnischer Städte, tätige Mitwirkung während der Revolution von 1905 (↑LGR), Verfolgungen (insgesamt 11 Jahre in Gefängnissen und in der Verbannung [↑LGR]) sowie Exilaufenthalte in Westeuropa (u. a. in Berlin) einschloß. Als Vertreter der SDKPiL, deren Leitung er angehörte, wirkte D. auch an den ↑Parteitagen der r.en Sozialdemokraten 1906 und 1907 mit und wurde 1907 ins ↑Zentralkomitee gewählt. Nach der Befreiung aus dem Gefängnis schloß er sich in ↑Moskau den ↑Bolschewisten an und nahm an der VII. Konferenz und am VI. Kongreß der Partei teil. Seitdem war er ohne Unterbrechung Mitglied des Zentralkomitees. Im Herbst 1917 gehörte D. dem Militärrevolutionären Komitee (↑LGR) an und wirkte beim Aufstand in ↑Petrograd mit. Nach der ↑Oktober-Revolution übernahm er zahlreiche wichtige Funktionen. Im Dezember 1917 wurde ihm der Vorsitz in der ↑Čeka (VČK) übertragen. In dieser Eigenschaft gewann D. bei den Parteifreunden den Ruf eines tadellosen, bei den politischen Gegnern den eines rigorosen, grausamen Kämpfers für die Revolution. Unter zahlreichen weiteren Aufgaben hebt sich die Einbeziehung in das Provisorische Komitee Polens in Białystok im Sommer 1920 während des ↑russisch-polnischen Krieges besonders ab. Sie knüpfte an seine polnische Herkunft und Parteibindung an. D. erwies sich als so tatkräftig im Sinne der Führung, daß auch Spannungen mit ↑Lenin, etwa in der Frage des Friedens von ↑Brest-Litovsk, seine Position nicht schwächen konnten. Zwar kam er in den innersten Machtbereich nicht hinein; er blieb Kandidat des ↑Orgbüros (seit 1920) und des ↑Politbüros (seit 1924). Dafür machte er sich als ↑Volkskommissar unentbehrlich: für Inneres (1919–1923) und für Verkehr

(1921–1924). Anschließend wurde er Vorsitzender des ↑Obersten Volkswirtschaftsrats (1924–1926), wobei ihm die Leitung der ↑Geheimpolizei (GPU, OGPU) bis zu seinem Tode verblieb.

Lit.: Chromow, S., u. a., Feliks Dzierżyński, Biographie, Berlin 1989.   *B.Sch.*

Ehe ↑Familie

Ehrenburg (Èrenburg), Il'ja Grigor'evič (1891–1967), aus einer bürgerlichen jüdischen Familie in ↑Kiev stammend, engagierte sich schon als Gymnasiast in antizaristischen Gruppen und machte Bekanntschaft mit dem Gefängnis. 1908 emigrierte er nach Paris, wo er vielfältige kulturelle Anregungen aufnahm und in seinen ersten literarischen Veröffentlichungen verarbeitete. Der Erste Weltkrieg (↑LGR), den er als Korrespondent r.er Zeitungen in Frankreich erlebte, machte ihn zum Pazifisten. Im Juli 1917 kehrte E. nach R. zurück und schaltete sich mit zahlreichen Publikationen (Gedichte, Erzählungen, Pressebeiträge) in die literarische Diskussion ein. Er beteiligte sich an kulturellen Initiativen – so in der Volksbildung, in der Theaterverwaltung und in der Sozialfürsorge. Seit 1921 hielt E. sich im Ausland (bis 1924 in Berlin) auf und publizierte gleicherweise innerhalb und außerhalb R.s. Er vermied eine bloße Anpassung an die Erwartungen der s.en Führung und bezog erst seit Anfang der 30er Jahre, nach seiner Rückkehr nach ↑Moskau, deutlicher Position für die SU ↑Stalins. In seiner schriftstellerischen Produktion näherte er sich ebenso wie in den Inhalten stärker den Vorgaben des ↑sozialistischen Realismus. Die Tätigkeit als Korrespondent s.er Zeitungen erlaubte E. regelmäßig Auslandsreisen und -aufenthalte (Frankreich, Belgien, Deutschland, 1936/37 Kriegskorrespondent in Spanien, 1937–41 Paris). Die so gewonnene Vertrautheit mit dem Ausland wußte er in der Zeit des ↑Stalinismus, der ↑Säuberungen insbesondere, geschickt zu nutzen, als die Kontakte der SU nach draußen abnahmen. Sein Ansehen im Ausland und das immer prononciertere Friedensengagement (Weltfriedensbewegung nach 1949) machten E. sowohl im ↑Zweiten Weltkrieg (1941 Redaktionsmitglied der ↑„Pravda" und der „Krasnaja zvezda" [„Roter Stern"] mit patriotischen Beiträgen und Aufrufen für den „Vaterländischen Krieg"[↑Sowjetpatriotismus]) als auch für die s.e Außenpolitik in der Phase des ↑Kalten Krieges und der Entspannungspolitik unentbehrlich. Erwies sich E. auf diesem Felde als überaus verläßlich im Sinne der politischen Erwartungen der Führung, so bewahrte er sich doch in seinen schriftstellerischen Werken seine Eigenständigkeit. Unter formalen und inhaltlichen Aspekten wurden einige seiner Schriften aller Perioden scharf kritisiert und über Jahre hin nicht gedruckt. Den Anspruch auf Autonomie des Künstlers hat E. gegenüber den grundsätzlich von ihm respektierten politischen Forderungen immer verteidigt. Um diesen Anspruch ging es auch in seiner Erzählung ↑„Tauwetter" (1954), die einen wesentlichen Anstoß und Beitrag zur ↑Entstalinisierung in der Literatur lieferte und namengebend für die Aufbruchsstimmung unter den Schriftstellern wurde. Tadel und Anerkennung (↑Stalin-Preise 1942 und 1948, ↑Lenin-Preis 1952) hielten sich die Waage. Zeitweilig gehörte E. dem ↑Obersten Sowjet an, doch hielt die Führung der ↑KPdSU letztlich Distanz zu ihm wie umgekehrt er zur Partei.

Lit.: Lauer, R., Il'ja Ehrenburg und die russische Tauwetterliteratur, Göttingen 1975; Trifonova, T.K., Il'ja Èrenburg, M 1954; Vospominanija ob Il'e Èrenburge. Sbornik, M 1975.   *B.Sch.*

Ehrentitel ↑Orden

Einheitsarbeitsschule ↑Schulen

Eisenbahn ↑Verkehrswege

Eisenstein (Ėjzenštejn), Sergej Michajlovič (1898–1948), geboren in ↑Riga, war zunächst gewillt, wie sein Vater Bauingenieur zu werden, fand aber als Angehöriger der ↑Roten Armee im ↑Bürgerkrieg Kontakt zum Agitations- und Propagandatheater (↑Propaganda), wechselte 1920 als Bühnenbildner zum Ersten Arbeitertheater des ↑Proletkult. 1921/22 studierte er bei ↑Meyerhold an der Staatlichen Höheren Regisseurmeisterschule und übernahm 1923 seine erste selbständige Regie am Arbeitertheater. In dieser Zeit begann E. auch seine Vorstellungen von der Verwendung künstlerischer Mittel im Sinne sozialer Einflußnahme zu entwickeln. 1925 wurde sein erster Film „Streik" aufgeführt, in dem die revolutionäre Masse im Mittelpunkt steht. Der folgende Film, „Panzerkreuzer Potemkin", perfektionierte in eindrucksvollen Szenen die Kunst der Montage (theoretischer Begriff: „Montage der Attraktionen") und suchte in suggestiven Aufnahmen das revolutionäre Bewußtsein der Zuschauer anzusprechen. Die internationale Wirkung war gewaltig. Es folgte der Film „Oktober" über die Oktober-Revolution (↑LGR). Seit 1928 lehrte E. Filmregie an der Staatlichen Filmfachschule. 1929–1932 hielt er sich im Ausland auf; er schrieb Drehbücher, drehte selbst in Mexiko und hatte einen regen Austausch mit den führenden westlichen Filmemachern. Zurückgekehrt, widmete er sich der Lehrtätigkeit am Staatlichen Technikum für Kinematographie und arbeitete an verschiedenen Filmen. Die Produktion des Filmes „Bežin-Wiese" (1937) wurde aus ideologischen Gründen, wegen „formalistischer Spielereien" und Nichtbeachtung der Vorgaben des ↑sozialistischen Realismus, eingestellt. Abschließend konnte E. „Aleksandr Nevskij" (1938) und „Ivan Groznyj" (Teil I, 1944). Er behandelte damit Themen und Personen der r.en Geschichte (↑die Stichworte im LGR), die ↑Stalin für die Fundierung des ↑Sowjetpatriotismus und zur Popularisierung des grundsätzlich positiven Charakters der r.en Vergangenheit ebenso wie der s.en Gegenwart für zentral hielt. Stalin selbst kümmerte sich darum, daß die filmische Darstellung dem offiziellen Geschichtsbild folgte, und gab E. unmittelbar die entsprechenden Anweisungen. Die Fortsetzung des „Ivan Groznyj" wurde von Stalin nicht freigegeben. Ein Beschluß des ↑Zentralkomitees enthielt den Vorwurf an E., er habe ein unzureichendes und fehlerhaftes Verständnis historischer Tatsachen gezeigt (September 1946, ↑Ždanov-Ära). E., dem es darum ging, R.s Größe filmisch zu vermitteln, war Stalin ausgeliefert. Immer wieder wurde er gezwungen, ↑Selbstkritik zu üben und seine Vorhaben ideologisch anzupassen. 1941 und 1946 ließ Stalin ihm den ↑Stalin-Preis zuerkennen.

Lit.: Weise, E., Sergej M. Eisenstein in Selbstzeugnissen und Bilddokumenten. Reinbek 1975 (Bibliographie).   *B.Sch.*

Ekaterinburg wurde 1723 auf Initiative von V. N. Tatiščev (1686–1750) als Eisenhüttenzentrum gegründet und entwickelte sich zum Hauptort des r.en Hüttenwesens und weiterer Industriebetriebe des Ural. Die Arbeiterbewegung begann sich am Ende des 19. Jhs. zu organisieren. E. war seit 1903 Sitz des Mitteluralkomitees der RSDRP (↑Parteien [LGR]), auf die J. M. ↑Sverdlov großen Einfluß nahm. Unmittelbar nach der Oktober-Revoluton (↑LGR) übernahm auch in E. der ↑Sowjet die Macht. Im Juli 1918 wurden hier der ehemalige Kaiser, Nikolaus II. (↑LGR), und seine Familie auf Befehl des Uralgebiets-S.s erschossen, wenig später besetzte die ↑Tschechoslowakische Legion die Stadt; die Truppen ↑Kolčaks vermochten sich bis zum Jahr 1919 gegen die ↑Streitkräfte ↑Moskaus zu halten. E. wurde 1919 Gouvernementssitz (Gouvernement [↑LGR]), seit 1923 Hauptstadt des Uralgebiets, seit 1934 des ↑Gebiets Sverdlovsk. Ab 1924 trug E. zu Ehren Sverdlovs diesen Namen (Sverdlovsk). Zu der Zeit der ↑Fünfjahrpläne wurde die ↑Industrie um Großbetriebe für Maschinenbau erweitert. Im ↑Zweiten Weltkrieg wurde im Ural um die Stadt die größte Anzahl evakuierter Betriebe angesiedelt, und auch nach dem Krieg blieb sie ein Schwerpunkt für Industrieausbau und Bevölkerungsansiedlung. Die Stadt behielt ihre Bedeutung als wichtigster Ort im Ural – die Einwohnerzahl wuchs seit 1897 (43 000) ohne auffällige Unterbrechung – 1926: 140 000, 1939: 423 000, 1959: 779 000 – auf (1985) 1,3 Mio. Bei Sverdlovsk wurde im Mai 1960 das amerikanische Beobachtungsflugzeug U 2 abgeschossen – von daher leitete sich eine Verhärtung in den s.en Beziehungen zum Westen her (Abbruch der Gipfelkonferenz von ↑Paris durch ↑Chruščev). Von 1975 bis 1985 fungierte ↑El'cin als Sekretär des Gebietsparteikomitees und wurde 1990 in Sverdlovsk in den ↑Kongreß der Volksdeputierten der ↑RSFSR gewählt. 1991 erfolgte die Rückbenennung in E.

Lit.: ↑Alma Ata.   *B.Sch.*

Ekaterinoslav ↑Dnepropetrovsk

El'cin, Boris Nikolaevič (geb. 1931 in Butka, Bezirk Talica, Gebiet ↑Sverdlovsk), absolvierte ein Bauingenieurstudium, war anschließend in der Bauindustrie tätig und bereits mit 32 Jahren Leiter eines Baukombinats. Dreißigjährig war er der ↑Kommunistischen Partei beigetreten und ging 1968 ganz in die Parteiarbeit. Wie ↑Gorbačev machte er seinen Aufstieg in regionalen Parteiorganisationen, und zwar in Sverdlovsk: 1975 Sekretär, 1976 1. Sekretär des Gebietsparteikomitees, 1978 Deputierter des ↑Obersten Sowjets der UdSSR, 1981 Mitglied des ↑Zentralkomitees der Partei. Sein Aufstieg in der zentralen Parteispitze begann mit der Wahl Gorbačevs zum ↑Ersten Sekretär des ZK und in dessen Gefolge: April 1985 Abteilungsleiter für Bauwesen im ZK, Juli 1985 bis Februar 1986 Sekretär des ZK, dann bis 1987 1. Sekretär des Stadt- und Gebietsparteikomitees in ↑Moskau. Wegen seines konsequenten Eintretens für einen Kurs rascher und radikaler Reformen und damit verbundener Kritik an dem unentschlossenen Demokratisierungskurs (↑Perestrojka) wurde E. im November 1987 als Moskauer Sekretär abgelöst und mit dem Posten des 1. stellvertretenden Vorsitzenden des Staatskomitees für das Bauwesen abgefunden. Im Februar 1988 verlor er auch den Status eines Kandidaten des ↑Politbüros, den er seit 1986 hatte. In der Folge verschärfte E. seine Angriffe auf die Partei und bewegte sich mehr und mehr auf demokratische Positionen zu. Bei den Wahlen zum neuen ↑Kongreß der Volksdeputierten der SU im März 1989 wurde er im Wahlkreis Moskau mit rund 90 % der Stimmen zum Deputierten gewählt. Mit ähnlich hohem Stimmenanteil wählte ihn die Bevölkerung im Wahlkreis Sverdlovsk ein Jahr darauf in den Volksdeputiertenkongreß der ↑RSFSR; der Oberste Sowjet machte ihn im Mai zu seinem Präsidenten, damals dem höchsten Amt in R. Nachdem klar geworden war, daß die Partei nicht bereit war, sich selbst zu demokratisieren und sich aus der Rolle der Staatspartei zurückzuziehen, trat E. während des XXVIII. ↑Parteikongresses aus der KP aus (Juli 1990). Er machte sich zum Sprecher radikaler Reformen in Staat und Wirtschaft und wurde nach dem Tode ↑Sacharovs zum Mittelpunkt der demokratischen Bewegungen in R. Im Juni 1991 wurde er mit deutlicher Mehrheit in unmittelbarer Wahl zum ersten Präsidenten der RSFSR gewählt. Stärker noch als in seiner Eigenschaft als Parlamentspräsident R.s griff er nun in die Besitzstände der Partei ein. Hervorzuheben ist das von ihm angeordnete Verbot der Parteiorganisationen in allen staatlichen Einrichtungen. Diese und andere Maßnahmen, die auch als Antwort auf die reaktionäre Wende Gorbačevs im Sommer und Herbst 1990 zu verstehen sind, bildeten eine Voraussetzung für den ↑Putschversuch vom 20. 8. 1991. E. stand auch diese Herausforderung durch. Der Erfolg der demokratischen Kräfte stärkte seine Autorität nach innen und nach außen. Sowohl das Ende der SU als auch die Regelung der Beziehungen zwischen den Unionsstaaten waren nun weitgehend seinem Wirken anheimgestellt. Mit seinem Parteiaustritt und der Solidarisierung mit den antiparteilichen Kräften hatte er frühzeitig seine Position nach dem unausweichlichen Ende der KP vorbereitet.

Lit.: Boris Jelzin, Aufzeichnungen eines Unbequemen, München 1990.   *B.Sch.*

Engels (Èngel's) (Stadt) ↑Wolga-Deutsche

Englisch-sowjetisches Bündnis (26. 5. 1942). Das e.-s. B. bekräftigte die militärische Kooperation beider Staaten im ↑Zweiten Weltkrieg, die mit dem Moskauer Hilfsabkommen vom 12. 7. 1941 eingeleitet worden war. In die vorausgegangenen Verhandlungen waren auch die kontroversen politischen Fragen, die sich aus dem Erlöschen des ↑Hitler-Stalin-Pakts ergeben hatten, einbezogen worden: von seiten ↑Stalins vor allem die Forderung nach Anerkennung der s.en Grenzen von 1941 (einschließlich Ostpolens, der baltischen Staaten [↑Baltikum], ↑Bessarabiens und der Bukowina [↑Ukraine]) sowie nach einer künftigen territorialen Reduzierung Deutschlands. Doch bewogen Vorbehalte der USA die britische Regierung, entsprechende Festlegungen zu verweigern. So bestimmte das e.-s. B. nur, daß keine Seite „territoriale Erweiterungen" anstreben oder in die inneren Angelegenheiten anderer Staaten eingreifen werde. Der latente Kriegszielkonflikt blieb bis 1943 vertagt (Konferenz von ↑Teheran).

Lit.: Woodward, L., British Foreign Policy in the Second World War, Bd. 1, London 1970.
                                                                                      M.G.M.

Entstalinisierung nennt man die bald nach ↑Stalins Tod 1953 erfolgte Abkehr der neuen Staats- und Parteiführung von den despotischen, terroristischen und illegalen Methoden der stalinistischen Administration sowie die Maßnahmen, die zur Korrektur der damit zusammenhängenden Fehlentwicklungen in Staat und Gesellschaft eingeleitet wurden.
    Die E. begann am 28. 3. 1953 mit einer Generalamnestie für Kriminelle. Am

3. 4. 1953 rehabilitierte man die Kreml-Ärzte (↑Ärzte-Komplott). Die Allmacht der ↑Geheimpolizei wurde gebrochen, der Innenminister ↑Berija verhaftet und hingerichtet. Die Zwangsarbeitslager (↑GULag) wurden aufgelöst, das Millionenheer ihrer Insassen entlassen und teilweise rehabilitiert. Die Konsumgüterproduktion wurde erhöht und die Kulturpolitik liberalisiert. Die E. erreichte ihren Höhepunkt mit der „Geheimrede" ↑Chruščevs vom 25. 2. 1956 auf dem XX. ↑Parteitag der ↑KPdSU, in der er Stalin für den Massenterror (↑Säuberungen) und die „Massendeportationen ganzer Völkerschaften" verantwortlich machte. Im Beschluß des ↑ZK der KPdSU vom 30. 6. 1956 versuchte die neue Parteiführung, die Entstehung des ↑Personenkults um Stalin mit der schwierigen innen- und außenpolitischen Situation der SU in den 30er Jahren zu erklären. Nach der Absetzung Chruščevs im Oktober 1964 wurde die E. eingestellt. Unter seinem Nachfolger ↑Brežnev hat man die Kritik am ↑Stalinismus vielfach abgeschwächt, aber nicht rückgängig gemacht.

Von den Maßnahmen, die während der E. eingeleitet wurden, hatten zunächst nur jene bleibenden Bestand, die mit dem s.en Herrschaftssystem vereinbar waren. Die Annullierung der Sondergerichte und Strafgesetzparagraphen, die die rechtlichen Grundlagen für den Massenterror gebildet hatten – am 19. 4. 1956 bekanntgegeben –, trug wesentlich zur weitgehenden Wiederherstellung der Rechtssicherheit im Sinne der sozialistischen Rechtsstaatlichkeit bei und entspannte die Beziehungen zwischen Staat und Gesellschaft. In der Folgezeit wurde das geltende Recht auch bei der Verfolgung politischer Delikte stärker beachtet. Hierher gehört auch die Ausgliederung jener Theorien aus dem ↑Marxismus-Leninismus, die, wie z. B. Stalins Lehre von der Verschärfung des Klassenkampfes während des sozialistischen Aufbaus, der ideologischen Rechtfertigung des Massenterrors gedient hatten. Die kritische Auseinandersetzung mit den Folgen des Personenkults hat überdies bewirkt, daß eine zentral gelenkte und allgemein verbindliche Verherrlichung der Nachfolger Stalins im Amt des ↑Generalsekretärs der Partei unterblieb. Doch die Versuche vor 1991, die „innerparteiliche Demokratie" zu erweitern und das Prinzip der ↑kollektiven Führung der Partei zu institutionalisieren, scheiterten letztlich, da sie den Entscheidungsstrukturen und Funktionsbedingungen des s.en Herrschaftssystems widersprachen. Die Macht der Spitzenfunktionäre und erst recht der Generalsekretäre war nicht geringer geworden, auch wenn sie nicht mehr wie früher willkürlich schalten und walten konnten und die Interessen der ihnen nachgeordneten ↑Bürokratie beachten mußten. Die Liberalisierung der Kulturpolitik und die Lockerung der ↑Zensur (↑Tauwetter) verwickelten die Partei bald in einen Dauerkonflikt mit den kritischen Strömungen in Kunst und Literatur, der sie veranlaßte, die gewährten Freiheiten wieder Zug um Zug einzuschränken und die Kontrolle in diesem Bereich – wenn auch in erweiterten Grenzen – wiederherzustellen.

Lit.: Crusius, R./Wilke, M. (Hrsg.), Entstalinisierung, Frankfurt 1977; (Chruščev, N. S.), Chruschtschows historische Rede, in: O. Pr. 25/26 (1956); Sprachregelungs-Beschluß des ZK der KPdSU, in: O. Pr. 28 (1956). *R.A.*

Entwickelter Sozialismus ↑Kommunismus

Ėrenburg ↑Ehrenburg

Erevan (früher Ėrivan') gehörte seit dem Frieden von Turkmančaj (1828, ↑LGR) mit dem Osten ↑Armeniens zu R. und war einer der Verwaltungsmittelpunkte ↑Transkaukasiens. Zu Beginn des 20. Jhs. wurden Eisenbahnverbindungen nach ↑Tbilisi und Džul'fa hergestellt. Nach der ↑Oktober-Revolution richtete sich im Mai 1918 die bürgerliche Dašnakenregierung in E. ein, wurde aber im November 1920 und erneut im April 1921 durch die ↑Rote Armee (↑Bürgerkrieg) vertrieben. E. wurde Hauptstadt der Armenischen SSR. Die jahrhundertealten Traditionen E.s als eines politischen und kulturellen Zentrums Armeniens blieben in der S.-Zeit bewahrt. Der Ausbau der ↑Industrie, der wissenschaftlichen, künstlerischen und sozialen Institutionen sowie der Bildungseinrichtungen erfolgte entsprechend dem für die Republikhauptstädte der SU üblichen Muster. Die Einwohnerzahl stieg von 21 000 (1897) über 64 600 (1926), 200 000 (1939) und 493 000 (1959) auf 1,13 Mio. 1985.

Lit.: ↑Alma Ata. *B. Sch.*

Ernährungsdiktatur ↑Requirierungen

Erster Sekretär des ZK ↑Generalsekretär

Erster Weltkrieg ↑LGR, ↑Brest-Litovsk

Erziehung ↑Schulen

Estland (estn. Eesti) liegt im nördlichen Teil des Baltikums und wird von der Ostseeküste, der Narova, dem Peipus- und Pskover See begrenzt. Im Süden — zu ↑Lettland – hat es keine natürlichen Grenzen.

In dem seit 1721 zum Russischen Reich gehörenden E. gewannen nach dem Sturz der r.en Monarchie nationalpolitische Forderungen rasch an Schwungkraft. Schon am 30. 3. 1917 konnten estnische Politiker von der Provisorischen Regierung (↑LGR) in ↑Petrograd Autonomierechte und die administrative Zusammenlegung aller mehrheitlich estnisch besiedelten Gebiete erreichen. Ein frei gewählter, überwiegend von bürgerlichen Kräften getragener Landesrat (Maapäev) konstituierte sich am 1. 7. 1917. Die in ihm nur als Minderheit vertretenen ↑Bolschewisten unter I. Rabčinskij (1879–1950) und V. Kingissepp (1888–1922) konnten im Verlauf des Herbstes und nach der ↑Oktober-Revolution ihren Einfluß verstärken. Von diesen bedrängt, proklamierte angesichts der bereits E. besetzenden deutschen Truppen der Maapäev in Reval (↑Tallinn) am 24. 2. 1918 die selbständige Republik E. und übertrug die Staatsgewalt einer provisorischen Regierung unter K. Päts (1874–1955). Sie mußte jedoch wie die bolschewistischen ↑Räte auch der deutschen Besatzungsmacht weichen, die gemäß den Bestimmungen des Friedens von ↑Brest-Litovsk ganz E. unter ihre vorläufige Verwaltung stellte. Allerdings erhielt der Maapäev am 3. 5. 1918 die De-facto-Anerkennung durch die Westmächte. Nach dem Waffenstillstand und dem Abzug der deutschen Truppen im November 1918 begann das Ringen um E. zwischen den bürgerlichen und den s.en Kräften von neuem. Die nationalestnische Regierung unter Päts vermochte sich dabei dank alliierter und finnischer Hilfe durchzusetzen. Ende Januar 1919 waren die s.en Truppen aus dem Land gedrängt. Die unabhängige Republik E. wurde schließlich am 2.2. 1920 von der ↑RSFSR anerkannt. Ihre Grenze zum S.-Staat umfaßte einen schmalen Gebietsstreifen auf dem östlichen Ufer der Narova, lief durch den Peipussee und schloß das südlich des Pskover Sees liegende Petschora-(Petseri-)Gebiet mit ein. An der Grenze zu Lettland stellte vor allem die Stadt Walk (Valga) ein Problem dar, das wenig später durch die Teilung der mehrheitlich von Letten bewohnten Stadt gelöst werden konnte.

Das vordringlichste Problem E.s, die Agrarfrage, wurde durch eine bereits im Oktober 1919 beschlossene Agrarreform entschärft, die die (überwiegend deutschbaltischen) Großgrundbesitzer enteignete, ihnen aber – anders als z. B. in Lettland – eine geringe Entschädigung zugestand. Vorbildlich war der Schutz, den E. in den folgenden Jahren mit Kulturautonomie (1925) und eigenen Schulen seinen Minderheiten gewährte. Die Republik E. mit nur 1 Mio. Einwohnern litt an bald zutage tretenden konstitutionellen und infrastrukturellen Unzulänglichkeiten, die von den immer nur kurze Zeit amtierenden Regierungen nicht beseitigt werden konnten. Dies sowie die auch E. treffenden Auswirkungen der Weltwirtschaftskrise verhalfen antiparlamentarisch-autoritären Kräften zu vermehrtem politischem Einfluß. Höhepunkt war 1934 die Errichtung eines autoritären Regimes unter dem zum wiederholten Male gewählten „Staatsältesten" Päts, das bis zum Ende der Unabhängigkeit des Landes Bestand hatte. Infolge des ↑Hitler-Stalin-Paktes wurde E. wie die übrigen baltischen Staaten ein Opfer s.er Expansion. Das 1934 um ↑Litauen zur „Baltischen Entente" erweiterte lettisch-estnische Bündnis von 1923 hatte sich aufgrund der divergierenden Interessen der Vertragspartner weder zu einem ernst zu nehmenden regionalen Faktor noch zu einem funktionierenden Verteidigungsbündnis entwickeln können. Bereits am 28. 9. 1939 mußte E. einen ↑Beistandspakt mit der UdSSR eingehen und die Stationierung s.er ↑Streitkräfte hinnehmen. Dem folgte seit dem 17. 6. 1940 die vollständige Besetzung und am 21. 7. die Proklamation E.s als ↑Sowjetrepublik durch eine auf s.en Druck zustande gekommene moskauhörige Mehrheit der Abgeordnetenkammer. Am 6. 8. 1940 wurde E. als Sowjetrepublik der UdSSR eingegliedert.

Mit dem ein knappes Jahr später folgenden Einmarsch der Deutschen verbanden viele Esten vergeblich die Hoffnung auf Wiederherstellung ihrer nationalen Unabhängigkeit. Sie genossen lediglich eine gewisse Vorzugsbehandlung durch die deutschen Besatzungsbehörden. Nach dem Abzug der deutschen Truppen konnte Moskau zwar gegen den Widerstand der Westmächte, aber via facti von diesen schließlich hingenommen, die Estnische SSR restituieren. E. hatte nach dem Krieg außer seiner jüdischen Bevölkerung nach Umsiedlungen (der Deutschbalten 1939/40 und 1941), Massendeportationen (1940/41 und 1945) und durch Flucht einen erheblichen Teil seiner Bevölkerung verloren. Ausgeglichen wurde dieser Verlust durch den Zuzug von Russen, wodurch die demographische Struktur des Landes beträchtlich verändert wurde. Das E. der Nachkriegszeit, das im Januar 1945 das Petschora-Gebiet sowie den Landstreifen östlich der Narova an die RSFSR hatte abtreten müssen, umfaßte etwas mehr als 45 000 km². Von seinen 1,53 Mio. Einwohnern gehörten etwas mehr als 1 Mio. der Titularnation an. Unter den übrigen stellte die r.e Bevölkerung mit 0,4 Mio. die größte Gruppe. Das außer Ölschiefer keine Rohstoffe besitzende E. erfreute sich im Vergleich mit anderen Gebieten der UdSSR eines überdurchschnittlich hohen Lebensstandards. Er basierte vor allem auf der in der Hauptstadt Tallinn angesiedelten hochentwickelten Elektro- und Maschinenbauindustrie sowie auf den hier traditionellen Branchen der holzverarbeitenden und Textilindustrie.

Bestimmende politische Kraft im Land war seit 1989 die energisch auf die Loslösung von der UdSSR hinarbeitende estnische Volksfront Rahvarinne. E. erklärte am 30. 3. 1990 die Restituierung seiner Unabhängigkeit. Endgültig wirksam wurde sie am 20. 8. 1991.

Lit.: Kruus, H., Grundriß der Geschichte des estnischen Volkes, Tartu 1932; Uustalu, E., The History of Estonian People, London 1952; v. Rauch, G., Geschichte der baltischen Staaten, Stuttgart/Berlin/Köln/Mainz 1970; Maamjagi, V. (Hrsg.), Istorija Ėstonskoj SSR, 3. Bd., Tallinn 1974; Raun, T. U., Estonia and the Estonians, Stanford (Cal.) 1987; Meissner, B. (Hrsg.), Die baltischen Nationen. Estland – Lettland – Litauen, Köln 1990. *R.A.M.*

Evtušenko, Evgenij Aleksandrovič (geb. 1933) aus Zima, ↑Gebiet ↑Irkutsk, begann schon als Schüler Gedichte zu schreiben. 1952 erschien die erste Sammlung („Aufklärer der Zukunft"). E. lehnte sich eng an das Vorbild ↑Majakovskij an, auch darin, daß er sich in seinen Werken ganz unmittelbar mit Erscheinungen der s.en Gegenwart beschäftigte. In der Phase des ↑Tauwetters bedeutete das u. a. die Auseinandersetzung mit den Manifestationen des ↑Personenkults unter ↑Stalin und den Auswüchsen des ↑Stalinismus. Auslandsreisen verschafften seinem Werk eine große Resonanz über die SU hinaus und beeinflußten auch Stil und Sujets. E. wurde in der Zeit ↑Chruščevs einer der herausragenden Vertreter der jungen s.en Poesie (neben Andrej ↑Voznesenskij, Bella Achmadulina [eigentlich Isabella Achatovna], geb. 1935, und Robert Ivanovič Roždestvenskij, geb. 1932) und ein Sprecher der s.en literarischen ↑Intelligenz. Seine Gedichte (so 1962 ein Anti-Stalin-Gedicht) und seine Äußerungen erregten öffentliches Aufsehen, sie provozierten aber auch Kritik und Eingriffe von seiten der Obrigkeit. Das Gedicht „Babij Jar", in dem er den s.en Antisemitismus anprangerte (1961), wurde verboten. Zeitweilig wurde er aus dem ↑Komsomol ausgeschlossen. E. vermied im weiteren offene Konfrontationen, machte sich aber immer wieder auch zum Anwalt progressiver Forderungen. In der Stillstandsphase unter ↑Brežnev suchte er, abweichenden Meinungen Raum zu schaffen, und trug damit dazu bei, daß für die jüngere Generation s.er Schriftsteller die Möglichkeit formaler und inhaltlicher Experimente und Neuerungen blieb. Insbesondere hielt er den Kontakt zu westlichen Schriftstellern und Lesern, denen er auf seinen zahlreichen Auslandsreisen begegnet war. Unter ↑Gorbačev stellte E. sich dem neuen Kurs nachdrücklich zur Verfügung und unterstützte die Demokratisierungspolitik durch Übernahme neuer politischer Funktionen.

Lit.: Sidorov, E. Ju., Evgenij Evtušenko. Ličnost' i tvorčestvo, M 1987. *B.Sch.*

Ežov, Nikolaj Ivanovič (1895–1940), seit 1917 Mitglied der ↑Sozialdemokratie, hatte am ↑Bürgerkrieg teilgenommen und war nach kurzer Tätigkeit im ↑Volkskommissariat für Krieg 1922 Parteifunktionär geworden. Nach Aufträgen in ↑Zentralasien gehörte E. seit 1927 dem zentralen Parteiapparat an, in den er auch nach kurzer Amtszeit als stellvertretender Volkskommissar für ↑Landwirtschaft in der Zeit der ↑Kollektivierung zurückkehrte. Insbesondere die Beschäftigung im Büro für Zuweisungen von Parteifunktionären und in der Kommission, der die ↑Säuberung der Partei 1933 übertragen war, verschaffte ihm Einblick in die personellen, die Organisations- und Machtstrukturen der Parteispitze. Als Mann ↑Stalins wurde er auf dem XVII. ↑Parteikongreß ohne Kandidatenzeit ins ↑Zentralkomitee und ins ↑Orgbüro, in die ↑Zentrale Kontrollkommission und zu deren Vorsitzendem, 1935(–38) zum Sekretär des ZK, 1937 zum Kandidaten des ↑Politbüros berufen. Dazu kam 1935 die Mitgliedschaft im Exekutivkomitee der ↑Komintern und im geheimen Sicherheitskomitee des Politbüros, das dem für die ↑Geheimpolizei zuständigen Volkskommissariat für Inneres (NKVD) unter ↑Jagoda übergeordnet war. Im September 1936 bestimmte ein Telegramm Stalins und ↑Ždanovs E. zum Nachfolger Jagodas. In unmittelbarem Auftrag und in engster Verbindung mit Stalin besorgte E. die drastische Verschärfung der Säuberungen, die in der „Ežovščina" ein unvorstellbares Ausmaß annahmen. Die Beseitigung der Mitarbeiter Jagodas, die Schauprozesse der Jahre 1937/38 gegen die „Alte Garde" der Partei, die Hinrichtung von Generälen und Offizieren der ↑Roten Armee, die Verhaftung und Liquidierung von zahllosen Mitarbeitern der Volkskommissariate, nationaler Repräsentanten u. a. stellten dabei nur die kleine, sichtbare Spitze dar. Der Anstifter war Stalin, dessen treuer Gefolgsmann E. war und blieb, auch als schon ↑Berija als Gehilfe und Stellvertreter (Juli 1938) seine eigene Machtstellung im NKVD ausbaute. Im Dezember wurde E. seines Postens enthoben und zum Volkskommissar für Binnenschiffahrt ernannt. Im April 1939 verlor er auch diese Funktion und wurde zusammen mit einer großen Zahl seiner eigenen Mitarbeiter aus ↑Moskau und der Provinz hingerichtet. Damit war zugleich das Ende der großen Säuberung öffentlich gemacht. E.s Methoden blieben auch unter Berija wirksam.

Lit.: Dallin, D. J., From Purge to Coexistence, Chicago 1964; Carmichael, J., Säuberung, Frankfurt a. M. 1972; Chruschtschow erinnert sich, Reinbek 1971.   *B. Sch.*

Ežovščina ↑Säuberungen

Familie. Die F. nahm in den Vorstellungen der ↑Bolschewisten eine andere Position ein als im zarischen R. üblich. Unmittelbar nach der ↑Oktober-Revolution gab die S.-Macht im Dezember 1917 eine Reihe von Dekreten zur zivilen Eheschließung, zu Kindern, zur Führung von Personenstandsakten und Ehescheidung heraus. Im April 1918 wurden diese Dekrete zusammen mit dem Vormundschaftsrecht in das erste Ehegesetzbuch integriert. Ziel der Regelungen war es, das Monopol der ↑Orthodoxen-Kirche in diesen Fragen zu brechen und die Frau dem Manne gleichzustellen. Die Ehe sollte auf Freiwilligkeit beruhen, Ehescheidung war möglich. In einer breiten Diskussion wurde Mitte der 20er Jahre eine Reform der Ehe- und Familiengesetzgebung vorbereitet, die die Grundsätze der Revolutionszeit vertiefen und präzisieren sollte. Das neue Gesetzeswerk trat am 1. 1. 1927 in Kraft. Offiziell registrierte und nichtregistrierte Ehen wurden gleichgestellt, die Ehescheidung wurde erleichtert. Die Schwangerschaftsunterbrechung wurde freigegeben. Eine Wende brachten die 30er Jahre. Am 27. Juni 1936 wurde das geltende Ehe- und Familienrecht einer Revision unterzogen: Ziel war die Stärkung der Familie als Grundlage des sozialistischen Staates. In diesem

Zusammenhang wurde die Ehescheidung erschwert und die Abtreibung verboten. Das revidierte Familiengesetz vom 9. Juli 1944 verschärfte diese Bestimmungen noch weiter. Neben einer Mutterschaftsauszeichnung wurde nun auch eine
„Ledigensteuer" eingeführt. Unter ↑Chruščev trat eine Liberalisierung ein: 1955
wurde die Abtreibung wieder zugelassen. Typisch war jedoch, daß trotz der
Diskussionen über neue Frauenrollen in den 20er Jahren und ungeachtet der
forcierten Einbeziehung der Frau in den Arbeitsprozeß seit Mitte der 30er Jahre
traditionelle Vorstellungen über Frauenrollen dominierten. Das führte zu einer
Doppelbelastung für die Mehrheit der s.en Frauen, die ihre Berufstätigkeit mit
der Rolle in der Familie in Einklang bringen mußten.

Berufstätigkeit von Frauen 1922–1987

Jahr	Frauen im arbeitsfähigen Alter (Mio.)	Frauen in der Volkswirtschaft (Mio.)	Anteil an der Arbeitskraft (in %)
1922		1,56	25%
1928		2,79	24%
1939	52,1		
1940		13,1	39%
1950		19,2	47%
1959	64,7		
1960		29,25	47%
1970	66,3	45,8	51%
1979	75,8		
1980		57,7	51%
1987	76,3	60,05	51%

Lit.: Atkinson, D., Dallin, A., Lapidus, G. (Hrsg.), Women in Russia, Stanford 1977; Lapidus,
G. (Hrsg.), Women, Work, and Family in the Soviet Union, New York 1982; Holland, B.
(Hrsg.), Soviet Sisterhood, Bloomington 1985; die Beiträge von B. Fieseler und G. Peltz in:
Frauengeschichte: Gesucht – gefunden? Auskünfte zum Stand der historischen Frauenfor-
schung, hrsg. v. Fieseler, B., Schulze, B., Köln 1991, S. 214–235, S. 236–256.   *H.-H.Sch.*

Fernöstliche Republik (Dal'nevostočnaja respublika, DVR) war der Name eines
sibirischen Staates, der das Transbaikalgebiet einschließlich der Küstenregion
umfaßte. Er wurde im Frühjahr 1920 gegründet und Ende 1922 der ↑RSFSR
eingegliedert.

Die Niederlage ↑Kolčaks und ein Abkommen über den freien Abzug der
↑Tschechoslowakischen Legion im ↑Bürgerkrieg gaben der ↑Roten Armee im
Winter 1919/20 den Weg nach ↑Sibirien frei. Angesichts der noch immer unsiche-
ren Lage im Gesamtstaat entschied man sich, um eine direkte Konfrontation mit
den japanischen Interventionstruppen zu vermeiden, jedoch, nicht über den
Baikalsee vorzustoßen, sondern sich statt dessen an der Schaffung eines Puffer-
staates zu beteiligen. Die Proklamation des neuen Staates erfolgte am 6. 4. 1920
in Verchneudinsk (heute: Ulan-Ude); er sollte die Transbaikalregion, das Amur-
und Küstengebiet, Kamčatka und Nordsachalin umfassen (insgesamt 1,5 Mio.
km^2 mit 1,8 Mio. Menschen). Außerdem übernahm die F. R. die r.en Rechte an
der Ostchinesischen Eisenbahn. Noch im Frühjahr wurde eine Regierung gebildet und mit Hilfe der RSFSR eine Revolutionäre Volksarmee geschaffen. Die

Regierung erreichte im Juli 1920 den Abschluß eines Waffenstillstandes mit Japan, bis zum Herbst räumten die Japaner ↑Chabarovsk, und die nachlassende japanische Hilfe schwächte auch den Widerstand der ↑„Weißen". Im Oktober rückte die Revolutionäre Volksarmee in Čita ein, das zur neuen Hauptstadt wurde. Im Frühjahr 1921 gab eine konstituierende Versammlung der F.n R. eine bürgerlich-demokratische Verfassung. Bei den Verhandlungen mit Japan in Dairen (August 1921 bis April 1922) verlangte die F. R. zwar vergeblich die vollständige Räumung des Territoriums, doch bis zum Herbst 1922 hatte die Revolutionäre Volksarmee die Küstenregion besetzt, Ende Oktober marschierte sie in ↑Vladivostok ein. Mitte November 1922 erfolgte die Eingliederung der F.n R. in die RSFSR.

Lit.: Agalakov, V. T., Dal'nevostočnaja respublika (DVR), in: SIĖ, Bd. 4 Sp. 959 ff.; Egunov, N. P., Očerki istorii Dal'nevostočnoj Respubliki, Ulan-Ude 1972; Carr, E. H., The Bolshevik Revolution 1917–1923, Bd. 1, Harmondsworth ⁶1975; Smith, C. F., Vladivostok under Red and White Rule, Revolution and Counter-Revolution in the Russian Far East 1920–1922, Seattle 1976; Taylor, P. P., Far Eastern Republic, in: Mersh 11 (1979), S. 51 ff. *H.A.*

Finno-Karelische SSR ↑Russische Sozialistische Föderative Sowjetrepublik

FOSP ↑RAPP

Freiwillige Volkswacht ↑Miliz

Frunze (Stadt) ↑Biškek

Frunze, Michail Vasil'evič (1885–1925), wurde in dem 1926 nach ihm umbenannten ↑Biškek geboren. In St. Petersburg (↑LGR) schloß er sich zu Beginn seines Studiums 1904 der Sozialdemokratie (↑LGR) an und wechselte bald in die Rolle des Berufsrevolutionärs. An der Revolution von 1905 (↑LGR) wirkte er aktiv mit, 1906 war er Delegierter des IV. ↑Parteitages und betätigte sich anschließend als Parteiorganisator und -propagandist. Mehrfach wurde er festgenommen, 1909/10 zweimal zum Tode verurteilt, jedoch zu Zwangsarbeit begnadigt. F. konnte in ↑Sibirien entkommen, ging 1916 an die Westfront und betätigte sich im Untergrund. Nach der Februar-Revolution (↑LGR) übernahm er vielfältige Aufgaben auf der Seite der ↑Sowjets, zunächst in ↑Minsk, dann in Šuja, war an der ↑Oktober-Revolution in ↑Moskau beteiligt und im ↑Bürgerkrieg mit wichtigen militärischen Kommandos betraut. An der Ostfront wirkte er in den Operationen gegen ↑Kolčak mit, leitete die Eroberung ↑Turkestans und betrieb als Mitglied der Turkestanischen Kommission des ↑Zentralen Exekutivkomitees und des ↑Rates der Volkskommissare dessen politische Eingliederung. 1920 übernahm F. den Oberbefehl an der Südfront und trug zur Vertreibung ↑Wrangels entscheidend bei. Er blieb bis 1924 militärischer Chef in der ↑Ukraine und auf der Krim und nahm weitere Aufgaben in der Ukrainischen SSR wahr: den stellvertretenden Vorsitz im Rat der Volkskommissare (seit 1922) und im Wirtschaftsrat (↑Wirtschaftsräte); zudem war er Mitglied des ↑Zentralkomitees der Ukrainischen ↑Kommunistischen Partei. F. tat sich u. a. bei der Bekämpfung der antis.en Banden und bei der Einführung von militärischen Strukturen in der ↑Roten Armee hervor. 1924 holte ↑Stalin F. nach ↑Moskau und führte ihn als Gegengewicht zu ↑Trockij in Spitzenstellungen der Roten Armee: als Stellvertreter Trockijs im ↑Revolutionären Militärrat und im ↑Volkskommissariat für Krieg und Marine, dazu wurde er Stabschef der Roten Armee und Chef der Militärakademie. F. nahm die ihm zugedachte Aufgabe wahr und leitete eine auch gegen Trockij gerichtete Militärreform ein. Er konnte 1925 dessen Nachfolge im Vorsitz des Rates und des Volkskommissariats antreten, außerdem wurde er Mitglied des ↑Rates für Arbeit und Verteidigung. Seit dem X. Parteitag gehörte F. dem Zentralkomitee an, seit dem XIII. war er zusammen mit anderen Anhängern Stalins Kandidat des ↑Polit- und des ↑Orgbüros. F. starb unter ungeklärten Umständen nach einer angeblich von Stalin angeordneten Operation.

Lit.: ↑Andreev, ↑Antonov-Ovseenko.   *B.Sch.*

Fünfjahrpläne[-plan] (pjatiletnij plan, pjatiletka) waren ein wesentliches Element des s.en Planungssystems. Im ursprünglichen Konzept sollten die F. zwischen dem auf 10–15 Jahre angelegten Generalplan und dem operativen Jahresplan eine mittlere Planungsebene schaffen, die mittelfristig über Zielsetzungen und Perspektiven orientierte. Da die Generalpläne nie wirklich Bedeutung erlangten, stellten die F. das einzige Instrument von Perspektivplanung dar. Die Konzipierung eines F.s scheint in der Nachkriegszeit in etwa folgendermaßen abgelaufen zu sein: Aufgrund von Vorgaben aus dem ↑Politbüro und den Branchen(↑)ministerien arbeitete ↑Gosplan Richtlinien aus, die zunächst vom Politbüro gebilligt werden mußten, ehe ein ↑Parteitag sie bestätigte. Auf der Basis dieser Richtlinien stellte Gosplan in Zusammenarbeit mit den Planungsorganen der ↑Unionsrepubliken, den Branchenministerien und den verschiedenen Staatskomitees den F. auf, der vom ↑Obersten Sowjet beschlossen wurde und somit Gesetzeskraft erlangte. Die operative Umsetzung eines F.s erfolgte in Jahresplänen, welche die Wirtschaftsplanung den aktuellen Gegebenheiten anpassen sollten und den F.-Rahmen oft genug korrigieren mußten.

Nachdem mit dem ↑Goélro-Plan erstmals Wirtschaftsplanung versucht worden war, gingen Gosplan und ↑Oberster Volkswirtschaftsrat Mitte der 20er Jahre daran, Entwürfe für einen F. zu konzipieren. 1925/26 begann Gosplan „Kontrollziffern" jeweils für ein Jahr herauszugeben, aus denen sich in der Folge die Jahrespläne entwickelten. Im März 1926 erschien der erste F.-Entwurf von Gosplan, im Juli 1926 der Entwurf der Sonderberatung für die Rekonstruktion des Grundkapitals (OSVOK) beim Obersten Volkswirtschaftsrat. Auf dem Hintergrund der Industrialisierungsdebatte 1924–28 (↑Industrialisierung) wurden die Entwürfe beider Behörden mehrfach neu formuliert. Dabei wurden – offenbar auf politischen Druck hin – die jährlichen Wachstumsraten immer höher angesetzt. Schließlich wurde der Gosplan-Entwurf vom April 1929 in seiner Optimalvariante als *1. F.* verabschiedet (1928–1933, im Vollzug um 1 Jahr verkürzt). Der 1. F. strebte eine Steigerung der Industrieproduktion auf 230 % des Niveaus von 1927/28 an, wobei das Schwergewicht auf der Produktionsgüterindustrie lag, die um 264 % steigen sollte, während für die Konsumgüterindustrie ein Wachstum um 106 % vorgesehen war. Die Optimalvariante rechnete mit fünf guten Ernten und der Möglichkeit langfristiger Kredite aus dem Ausland. Beide Annahmen erwiesen sich als unrealistisch. Aus gutem Grund hatte Gosplan zugleich eine niedrigere Ausgangsvariante vorgelegt, die mit ungünstigen Rahmenbedingungen rechnete, von der Parteiführung jedoch abgelehnt wurde. Die gewaltsame ↑Kollektivierung der ↑Landwirtschaft, die im F. nicht vorgesehen war und zu einem Einbruch der Agrarproduktion führte, wirkte sich ebenso negativ aus. Außerdem war der Plan nicht ausbilanziert, da man bei der Planung einer gesamten Volkswirtschaft bisher keine Erfahrung hatte. Ein Problem war z. B., daß es keinen Vorlauf für Kaderplanung (↑Kader) gegeben hatte – die benötigten Ingenieure, Techniker und Facharbeiter mußten in aller Eile herangezogen werden. Der 1930 vorgelegte Kaderplan kam in jeder Hinsicht zu spät. So kann es nicht wundern, daß von einem planvollen Ausbau der Volkswirtschaft im 1. F. keine Rede sein konnte. Dennoch wurden erhebliche Wachstumsraten in der ↑Industrie erzielt, die aber mit einem Sinken der Reallöhne und dem Rückgang des Lebensstandards der Bevölkerung bezahlt wurden. – Der 2. F. (1933–1937) schloß sich unmittelbar an den 1. an, obgleich er erst auf dem XVII. Parteitag 1934 offiziell angenommen wurde. Losung des 2. F.s war die „osvoenie" – die Aneignung. Die neuen Betriebe und Anlagen, die im 1. F. errichtet worden waren, sollten nun genutzt, die wirtschaftliche Lage konsolidiert werden. „Meisterung der Technik" und Hebung des Lebensstandards sollten zu dieser Konsolidierung beitragen. Die Planziele waren relativ gemäßigt. Im Verlauf des 2. F.s wurden sie jedoch mehrfach revidiert, zum Teil wohl wegen der außenpolitischen Entwicklung. Der Anteil der Rüstungsproduktion wurde ausgeweitet. – Der 3. F. (1938–1942; 1941 wegen des deutschen Überfalls abgebrochen) wurde vom XVIII. Parteitag 1939 angenommen. Er sah rasches weiteres Wachstum von Industrie- und Agrarproduktion vor und legte ein gewisses Gewicht auf die Konsumgüterproduktion. Infolge der Verhaftung vieler Wirtschaftsspezialisten während der Großen ↑Säuberung 1937/38 und der sich verschärfenden außenpolitischen Situation, die zunehmend Ressourcenallokation im Verteidigungssektor erforderlich machte, lag die tatsächliche Produktion 1941 beim Abbruch des Planes weit hinter den Planzielen zurück. Während des ↑Zweiten Weltkriegs wurde dann von einer Perspektivplanung abgesehen. Kurzfristige Pläne für Monat, Quartal und Jahr wurden auf die jeweiligen wechselnden Bedingungen abgestellt. Die Umstellung der Wirtschaft auf Kriegsproduktion und die Verlagerung der Produktion in den Osten der UdSSR waren wichtige Aufgaben, die im Rahmen solcher Planung geleistet werden mußten. – Der 4. F. (1946–1950), der im März 1946 vom Obersten Sowjet verabschiedet wurde, setzte sich zum Ziel, die s.e Volkswirtschaft wiederherzustellen, die Kriegsschäden zu beseitigen und 1950 das Produktionsniveau von 1940 zu übertreffen. Der Schwerpunkt der Investitionen lag im Produktionsgüterbereich. Tatsächlich gab es im industriellen Bereich erhebliche Zuwächse, während die Schwierigkeiten im Agrarbereich nicht überwunden wurden. – Der 5. F. (1951–1955), verabschiedet auf dem XIX. Parteitag 1952, sah ebenfalls einen beschleunigten Ausbau der Produktionsgüterindustrie vor, doch führte ↑Stalins Tod 1953 und der nachfolgende Führungswechsel zu einem Wandel der wirtschaftspolitischen Orientierung, so daß der Plan eher Übergangscharakter hatte. Wirtschaftlich war der Plan relativ erfolgreich. – Der 6. F. (1956–1960; 1959 abgebrochen), der vom XX. Parteitag 1956 bestätigt wurde, setzte hohe Planziele an. Als es sich zeigte, daß sie – trotz oder wegen der durchgreifenden Reform der Wirtschaftsverwaltung (↑Wirtschaftsräte, ↑Volkswirtschaftsrat) – nicht erreicht wurden, wurde er abgebrochen und an seiner Stelle ein ↑Siebenjahrplan (1959–1965) verabschiedet. – Die F. der Ära ↑Brežnev – 8. F. (1966–1970), 9. F. (1971–1975), 10. F. (1976–1980) und 11. F.

(1981–1985) – hatten Schwergewichte in der Produktionsgüterindustrie, wenngleich zeitweise auch die Hebung des Lebensstandards wichtiges Ziel wurde. Seit Mitte der 70er Jahre wurde eine Wachstumsschwäche der s.en Wirtschaft erkennbar, auf die ↑Andropov und später ↑Gorbačev mit einer Reformpolitik antworteten. – Der *12. F.* (1986–1990) setzte dann auch auf eine umfassende Modernisierung der Wirtschaft und eine Beschleunigung des wissenschaftlichtechnischen Fortschritts. Doch noch in dieser Periode wurden die Elemente der zentralen Perspektivplanung stark geschwächt. Ein 13. F. wurde nicht mehr verabschiedet. Der Übergang zum Markt verbot das auch.

Lit.: Nove, A., An Economic History of the U.S.S.R., Harmondsworth 1980; Zaleski, E., Planning for Economic Growth in the Soviet Union, 1918–1932, Chapel Hill 1971; ders., Stalinist Planning for Economic Growth, 1933–1952, London 1980; Lorenz, R., Sozialgeschichte der Sowjetunion I, 1917–1945, Frankfurt a.M. 1976; Baykov, A., The Development of the Soviet Economic System. An Essay on the Experience of Planning in the U.S.S.R., Cambridge 1970.   *H.-H.Sch.*

Gagarin, Jurij Alekseevič (1934–1968), gebürtig aus dem Gebiet Smolensk, ging nach Abschluß seiner Berufsausbildung als Formgießer 1955 zu den s.en Luft-(↑)streitkräften und wurde 1960 wegen seiner Qualitäten als Jagdflieger in die neugebildete Kosmonautentruppe aufgenommen. Am 12.4. 1961 führte er als erster Mensch eine Erdumfliegung im Kosmos mit dem Raumschiff „Vostok" durch (Flugzeit: 1 Std. und 48 Min.). Diesem von der s.en Führung (↑Chruščev) als Zeichen der Leistungsfähigkeit und Überlegenheit der SU gewürdigten und vielfach propagandistisch verwerteten Erfolg schlossen sich für G. zahlreiche Ehrungen an: Das Mitglied der ↑KPdSU (1960) wurde als Held der SU (↑Orden) ausgezeichnet, erhielt den Rang eines Obersten, wurde Deputierter des ↑Obersten Sowjets und Mitglied des Zentralkomitees des ↑Komsomol. Auf zahlreichen Auslandsreisen wurde er mit Auszeichnungen überschüttet. G. war in der Kosmonautenausbildung tätig. Er verunglückte auf einem Übungsflug. Der s.en Jugend wurde G. als leuchtendes Vorbild gezeigt, sein Heimatort Gžatsk und zahlreiche militärische und zivile Einrichtungen wurden nach ihm benannt.

Lit.: ↑Andreev.   *B.Sch.*

Galizien ↑Ukraine

Gau, Gebiet ↑Sowjetunion

Geheimpolizei ist ein Sammelbegriff, der im Westen mitunter jene staatlichen Administrativorgane bezeichnet, die in der SU selbst „Organe der Staatssicherheit" hießen. An ihrer Spitze stand (seit 1954) das „Komitee für Staatssicherheit" (Komitet gosudarstvennoj bezopasnosti, abgekürzt KGB) beim ↑Ministerrat der UdSSR, dessen Vorsitzender zugleich Mitglied des Ministerrates war. Ihm unterstanden direkt die Komitees für Staatssicherheit in den Unions- und Autonomen Republiken, die Verwaltungen für Staatssicherheit in den Gauen, Gebieten und Großstädten. Zu den Aufgaben des hierarchisch aufgebauten und zentralgesteuerten KGB-Apparats gehörte die Spionage und Gegenspionage; er übernahm bei politischen Delikten (aber auch bei bestimmten Amts- und Wirtschaftsdelikten) die Ermittlungen und Voruntersuchungen; als Verfassungsschutz unterhielt der KGB einen umfangreichen, innerstaatlichen Informations-, Kontroll- und Überwachungsapparat, der sich gegen alle Dissidenten und Regimegegner richtete; außerdem oblag ihm der Grenzschutz (wozu in Friedenszeiten die Verfügung über die Grenztruppen gehörte, deren Stärke zuletzt auf 150 000 bis 200 000 Mann geschätzt wurde). Den KGB leitete von 1954 bis 1958 I. A. ↑Serov, von 1958 bis 1961 A. N. ↑Šelepin, von 1961 bis 1967 V. E. Semičastnyj und von 1967 bis 1982 Ju. V. ↑Andropov und dann kurzfristig V. V. Fedorčuk. Seit Dezember 1982 war V. M. Čebrikov, von September 1988 bis zum ↑Putschversuch vom 18.–20. 8. 1991 V. A. Krjučkov Chef des KGB.

Bezeichnung und Organisationsform der G. haben im Laufe der s.en Geschichte mehrfach gewechselt. Bereits im Dezember 1917 war eine „Allrussische Außerordentliche Kommission" (Vserossijskaja Črezvyčajnaja komissija; Abk. VČK oder einfach ČK, davon deutsch auch Tscheka) zur Bekämpfung von Konterrevolution und Sabotage gegründet worden. Sie entwickelte im ↑Bürgerkrieg rasch einen umfangreichen Apparat. Als Instrument des „roten" Terrors und Gegenterrors organisierte sie Gefängnisse und Konzentrationslager, die Zahl der Erschießungen ging schon im Sommer 1918 in die Tausende. Leiter der ČK war F. E. ↑Dzeržinskij. Nach Ende des Bürgerkrieges und mit Beginn der ↑Neuen Ökonomischen Politik wurde die ČK (einschließlich ihrer Lokalorgane) aufgelöst. Ihre Aufgaben gingen im Februar 1922 an das ↑Volkskommissariat des Innern über, das dafür eine gesonderte Abteilung schuf. Sie führte die unverdächtige Bezeichnung „Staatliche Politische Verwaltung" (Gosudarstvennoe Političeskoe Upravlenie: GPU). Mit der Gründung der SU wurde die GPU (im Winter 1922/23) erneut eine selbständige Behörde. Als „Vereinigte (Obedinennoe) Staatliche Politische Verwaltung" (OGPU) erhielt sie praktisch den Rang eines Volkskommissariats der UdSSR und ihr Vorsitzender einen Sitz (mit beratender Stimme) im ↑Rat der Volkskommissare der UdSSR. Als Dzeržinskij 1926 starb, wurde V. R. Menžinskij (1874–1934) neuer Leiter der OGPU und G. G. ↑Jagoda sein Stellvertreter. Waren seit 1921 – mit dem Bemühen um mehr Rechtssicherheit – die innerstaatlichen Aktivitäten der G. stark eingeschränkt worden, so wurde dies Ende der 20er Jahre mit der Forcierung der ↑Industrialisierung und dem Beginn der ↑Kollektivierung rasch anders. Neben Arbeiterbrigaden, ↑Komsomol, Staatsanwaltschaft und Schnellrichtern wurde auch die GPU aufs Land geschickt, um die staatlichen Getreidebeschaffungspläne zu erfüllen, um die Großbauern, die „↑Kulaken als Klasse", zu liquidieren und um den Prozeß der Zwangskollektivierung voranzutreiben. Überall, auch in den Fabriken, „entdeckte" sie Agenten, Verräter und Saboteure, die den sozialistischen Aufbau gefährdeten. Die Zahl der Verhaftungen ging in die Hunderttausende, die „Feinde der S.-Macht" wurden in Musterprozessen abgeurteilt, die Zwangsarbeitslager füllten sich. 1930 wurde innerhalb der OGPU eine ‚Hauptverwaltung der Lager' (↑GULag) geschaffen, die Jagoda unterstand. Jagoda übernahm auch die Leitung der Gesamtorganisation, als OGPU-Chef Menžinskij 1934 starb. Mitte der 30er Jahre versprach die politische Führung eine Normalisierung der Lage, die sozialistische Umbruchsphase sei „im wesentlichen" abgeschlossen. 1934 wurde ein neues gesamtstaatliches „Volkskommissariat des Innern" (Narodnyj Komissariat Vnutrennich Del, NKVD, im Deutschen auch: NKWD) gebildet und die „Vereinigte Staatliche Politische Verwaltung" ihm eingegliedert; gleichzeitig sollte das Gerichtskollegium der OGPU aufgelöst werden. Doch was zunächst – mit der Eingliederung der G. in die allgemeine Polizeiverwaltung – wie ihre Entmachtung aussah, entpuppte sich als das Gegenteil: Sie dominierte nun den gesamten Polizeiapparat. An die Stelle des aufgelösten Gerichtskollegiums trat noch im gleichen Jahr ein Sonderkollegium des NKVD, das auf administrativem Wege Deportationen, Verbannungen und Einweisungen in ein Zwangsarbeitslager vornehmen konnte. Der Mord an S. M. ↑Kirov wurde im Dezember 1934 zum Auftakt einer neuen, schlimmeren Terrorwelle, der Zeit der großen ↑Säuberungen. ↑Stalin liquidierte dabei nicht nur die alte Garde der ↑Bolschewisten, sondern auch einen Großteil der Partei-, Militär- und Wirtschaftskader. Vom Strudel der Entwicklung wurde auch die G. selbst mitgerissen. Jagoda fiel 1936 in Ungnade und wurde durch N. I. ↑Ežov abgelöst. Ežovs Säuberungen bezogen sich auch auf den Apparat der G., Jagoda wurde vor Gericht gestellt und hingerichtet. Ežovs Schreckensherrschaft dauerte bis 1938, auch er hat seine Ablösung im Amt nicht überlebt.

Die Leitung der G. lag seit 1938 in den Händen L. P. ↑Berijas. In verschiedenen Funktionen hat er ihre Entwicklung bis 1953 maßgeblich mitgeprägt. Dabei wechselte die Organisationsform mehrfach: 1941 wurde ein eigenes Volkskommissariat für Staatssicherheit (Narodnyj Komissariat Gosudarstvennoj bezopasnosti, NKGB) aus dem Innenkommissariat ausgegliedert, noch im gleichen Jahr wieder mit diesem vereint, 1943 erneut ausgegliedert. Im gleichen Monat (April 1943) entstand – als Spionageabwehrabteilung des Volkskommissariats für Verteidigung – die Organisation „Tod den Spionen" (SMERŠ). 1946 wurde aus dem Volkskommissariat für Staatssicherheit und SMERŠ das Ministerium für Staatssicherheit (MGB) gebildet, das nach Stalins Tod (1953) unter Berijas Leitung wiederum mit dem Innenministerium zusammengelegt wurde. Berijas Versuch, den Sicherheitsapparat im Machtkampf um Stalins Nachfolge einzusetzen, mißlang. 1954 wurde erneut die Leitung der Sicherheitsorgane (jetzt als KGB) aus dem Innenministerium ausgegliedert.

Lit.: Barron, J., KGB. Arbeit und Organisation des sowjetischen Geheimdienstes in Ost und West, Bern/München 1954; ders., KGB heute. Moskaus Spionageorganisation von Innen, Bern/München 1984; Conquest, R., The Soviet Police System, London 1968; Deacon, R., A History of the Russian Secret Service, New York 1972; Gerson, L., The Secret Police in Lenin's Russia, Philadelphia 1976; Hingley, R., The Russian Secret Police. Muscovite, Imperial Russian and Soviet Political Security Operations, 1565–1970, London 1970; Leggett, G., The Cheka. Lenin's Political Police (Dec. 1917–Febr. 1922), Oxford 1981; Lewytzkyj, B., Die rote Inquisition. Die Geschichte der sowjetischen Sicherheitsdienste, Frankfurt a. M. 1967. *H.A.*

Gemeinschaft Unabhängiger Staaten ↑GUS

Generalsekretär war der offizielle Titel des Führers der ↑Kommunistischen Partei der SU. Der G. leitete das ↑Sekretariat des Zentralkomitees der KPdSU und bestimmte seit Mitte der 20er Jahre faktisch die Richtlinien der s.en Politik. Das Amt eines „verantwortlichen Sekretärs" wurde (im Zusammenhang mit dem Ausbau des zentralen Parteiapparates) vom VIII. ↑Parteitag im März 1919 geschaffen. Zentrale Bedeutung gewann es jedoch erst, als im April 1922 ↑Stalin (mit dem Titel eines „Generalsekretärs") das Amt übernahm. Er behielt es bis zu seinem Tod. 1953 bis 1964 leitete ↑Chruščev das Sekretariat des Zentralkomitees, wobei er den Titel eines „Ersten Sekretärs" führte. Sein Nachfolger war (zwischen 1964 und 1982) ↑Brežnev, der seit 1966 der Partei wieder als „Generalsekretär" vorstand. Bei dieser Benennung des Amtes blieb es auch unter ↑Andropov (1982–1984), ↑Černenko (1984–1985) und ↑Gorbačev (1985–1991).

Lit.: ↑Sekretariat des Zentralkomitees.   *H.A.*

Genf. Die Gipfelkonferenz von G. (18.–23.7. 1955) war das Ergebnis der s.en Entspannungsinitiative gegenüber dem Westen, die ↑Malenkov nach ↑Stalins Tod eingeleitet hatte. Diese war in bezug auf Deutschland und eine europäische Sicherheitsregelung freilich frühzeitig gescheitert; die SU hatte weder die „Wiederbewaffnung" der Bundesrepublik zu verhindern vermocht noch die westeuropäische Bündnisintegration der NATO, der nun der ↑Warschauer Pakt gegenübergestellt wurde. Doch schienen sich mit der Beendigung des ↑Korea-Kriegs, der Schlichtung des Indochina-Konflikts (Genfer Außenministerkonferenz vom 8.5.–21.6. 1954) und dem Abschluß des Staatsvertrags über die Neutralisierung Österreichs (15.5. 1955) Chancen abzuzeichnen, die Beziehungen zwischen den nunmehr gefestigten Machtblöcken zu stabilisieren. So nahmen die Regierungschefs der vier Siegermächte des ↑Zweiten Weltkriegs auf der Konferenz von G. erstmals seit 1945 direkte Verhandlungen über Sicherheits- und Abrüstungsfragen auf, die zwar nicht zu konkreten Vereinbarungen, wohl aber zu einer „Klimaverbesserung" führten. Jedenfalls schien der Höhepunkt des ↑Kalten Krieges damit überschritten zu sein, obwohl die Kooperation im „Geist von Genf" bald durch neue regionale Konflikte (↑Ungarischer Aufstand, ↑Berlin-Ultimatum) sowie durch das nukleare Wettrüsten (↑Kuba-Krise) wieder zeitweise überlagert wurde.

Lit.: Loth, W., Die Teilung der Welt 1941–1955, München ⁵1985.   *M.G.M.*

Genossenschaft(en) (kooperacija) spielten bereits vor der ↑Oktober-Revolution eine Rolle in R. 1917 hatten die Konsum.-G. 11,5 Mio. Mitglieder und bestritten etwa 35 % des Einzelhandelsumsatzes. Die ↑Bolschewisten forderten in ihrem Programm die Vereinigung der gesamten Bevölkerung in Konsumkommunen, die den Verbrauch kontrollieren und die gleichmäßige Verteilung aller Konsumgüter sichern sollten. Gegen den Widerstand der G. wurden diese im Dekret vom 12.4. 1918 zunächst dazu verpflichtet, die gesamte Bevölkerung zu versorgen, am 27.5. wurden sie dem ↑Volkskommissariat für Versorgung unterstellt. Doch erst im Juli 1919 gelang es den Bolschewisten, den Einfluß von Menschewisten und Sozialrevolutionären (↑Parteien) im Zentralverband der G. zu brechen. Agrar- und Gewerbe-G. wurden erst im Januar 1920 an die örtlichen Konsum-G. angeschlossen. Die Einbindung in das System der Versorgungsdiktatur (↑Requirierungen) brachte jedoch die Arbeit der G. zum Erliegen. In der ↑Neuen Ökonomischen Politik wurde eine Reorganisation der G. auf Basis freiwilliger Mitgliedschaft eingeleitet. Der Schwerpunkt der G. lag im ↑Dorf. Bis 1929 erfaßten Konsumgenossenschaften 80 % der Bauernhöfe. Neben den Konsum-G. wurden die landwirtschaftlichen G. ausgebaut. Darunter fielen ↑Kolchozen, Kredit-G., Verarbeitungs- und Absatz-G. G. galten als wichtige Form der Verbindung von staatlicher Wirtschaft und kleiner Warenproduktion und somit als Mittel zum Aufbau des ↑Sozialismus. ↑Kollektivierung und forcierte ↑Industrialisierung veränderten die G.s-Bewegung. „Centrosojuz", der Zentralverband der G., wurde zur zentralen Planungs- und Verteilungsagentur und konzentrierte sich nach 1935, als der Staatshandel alle städtischen G. übernahm, völlig auf das Dorf. 1958 repräsentierte Centrosojuz 18 800 Konsum-G. mit 37,4 Mio. Mitgliedern und bestritt 30 % des Einzelhandelsumsatzes. 1974 waren es 9500 G. mit 62 Mio. Mitgliedern und 30 % des Einzelhandelsumsatzes. Neben Konsum-G. spielten Fischerei- und Wohnungsbau-G. eine Rolle. Die ↑Perestrojka schuf auch im Bereich der G. eine neue Situation. Das G.s-Gesetz vom 26. 5. 1988 erlaubte die Bildung von unabhängigen Kooperativen. Trotz Beschränkungen durch die Behörden waren im März 1991 8,2 Mio. Menschen im neuen G.ssektor beschäftigt. G. bildeten so erste Ansätze zur „Entstaatlichung" des Eigentums, die 1991/92 in Gang kam.

Lit.: Merl, S., Der Agrarmarkt und die Neue Ökonomische Politik, München, Wien 1981; Morozov, L. F., Ot kooperacii buržuaznoj k kooperacii socialističeskoj. Iz istorii stanovlenija sovetskoj kooperacii, M 1969; Bučaev, G. A., Razvitie kooperativnoj torgovli, M 1981; Klimov, A. P., Potrebitel'skaja kooperacija v sisteme razvitogo socializma, M 1980.   *H.-H.Sch.*

Genua. Die Wirtschaftskonferenz von G. fand vom 10. 4. bis 19. 5. 1922 unter Teilnahme von 29 Staaten, u. a. Großbritannien, Deutschland, Italien, Frankreich, Polen, der Tschechoslovakei und der ↑RSFSR, die zugleich die Interessen der anderen später in die UdSSR eingehenden ↑Sowjetrepubliken vertrat, sowie von fünf britischen Dominions statt. Die Konferenz sollte Reparationsprobleme regeln und den internationalen Handels- und Kapitalaustausch normalisieren. Da die USA, der Hauptgläubiger der Weltwirtschaft, nicht teilnahmen, erbrachte die Konferenz kein Ergebnis. Der Versuch, die RSFSR zur Anerkennung der Vorkriegsschulden und zur Entschädigung für die Enteignung ausländischen Besitzes zu veranlassen, scheiterte, da die Siegermächte des Ersten Weltkrieges (↑LGR) nicht bereit waren, die RSFSR de jure anzuerkennen, die Kriegsschulden zu annullieren und ihr Finanzhilfe zu gewähren. Angesichts dieser Situation schloß die RSFSR mit dem Deutschen Reich, dem wichtigsten anderen Verlierer des Krieges, den Vertrag von ↑Rapallo.

Lit.: Genuėzskaja konferencija 1922. Materialy Genuėzskoj konferencii (Podgotovka, otčety zasedanij, raboty komissij, diplomatičeskie perepiski i pr.), M 1922; Dokumenty vnešnej politiki SSSR, t. 5, M 1961; Deutsch-sowjetische Beziehungen bis Rapallo, Köln 1972.   *H.-H.Sch.*

Georgien (georg. Sakartvelo) im Westen Transkaukasiens wurde am 25. 2. 1921 zur ↑Sowjetrepubik und 1922 der ↑Transkaukasischen Föderation (ZSFSR) eingegliedert. Nach deren Auflösung wurde es am 5. 12. 1936 als Teilrepublik der UdSSR konstituiert. Die Hauptstadt ist ↑Tbilisi (Tiflis). G. hatte 1990 5,5 Mio. Einwohner, davon 69 % Georgier, 9 % Armenier, 7,4 % Russen und 5 % Azeri. In G. leben nationale Minderheiten mit autonomem Gebietsstatus: Abchazen und Adžaren mit ↑Autonomen Republiken und Osseten mit dem ↑Autonomen Gebiet der Süd-Osseten.

Georgier leben kaum außerhalb ihrer Titularrepublik. Sie waren das bodenständigste Volk der UdSSR und galten als besonders nationalbewußt. Neben den Armeniern blickten sie auf die älteste nationale Geschichte unter den Völkern in der SU zurück. Ihre Ethnogenese war schon in vorchristlicher Zeit in dem Raum, in dem sie heute leben, abgeschlossen. Ihre staatliche Tradition reicht in die Antike zurück. Zwischen der Türkei und dem Iran eingekeilt, unterstellte sich das georgische Königreich von Kartli-Kacheti 1774 r.em Schutz und wurde 1801 von R. annektiert. Weitere georgische Gebiete gelangten nachfolgend unter die Herrschaft des Zaren, dessen Politik eine Opposition provozierte, die in den 90er Jahren des 19. Jhs. in die Entwicklung einer mit der r.en Arbeiterbewegung eng verbundenen georgischen Sozialdemokratie (↑LGR) einmündete. Nach der Spaltung der r.en Sozialdemokratie orientierte sich die georgische Bewegung am Menschewismus (Parteien [↑LGR]), der nach der Februar-Revolution (↑LGR) zur bestimmenden politischen Kraft in G. wurde. Georgische Menschewisten wie Nikolaj Čcheidze (1864–1926), Noj Žordanija (1870–1953), Iraklij Cereteli (1882–1959) waren mit dem politischen Geschehen in ↑Petrograd eng verbunden.

Auf die bolschewistische Machtübernahme reagierten die transkaukasischen Länder mit der Loslösung von R. und der Bildung einer Staatenföderation, die sofort an inneren Gegensätzen zerbrach. Am 26. 5. 1918 erklärte sich G. zu einer eigenständigen Republik. Da es jeglicher Verbindung zur Außenwelt beraubt war, unterstellte es sich deutscher Schutzherrschaft. Von der s.en Historiographie später als reaktionäres Werkzeug des Imperialismus diffamiert, führte die menschewistische Regierung unter Noj Žordanija soziale Reformen durch und wurde von einer breiten gesellschaftlichen Basis getragen. Die Führer der westeuropäischen Sozialdemokratie erwiesen ihr großen Respekt. G. schloß im Mai 1920 einen Vertrag mit der ↑RSFSR, in dem die S.-Regierung die Souveränität G.s anerkannte. Dafür verlangte Moskau die Tolerierung einer Kommunistischen Partei in G. Im Februar 1921 eroberte die 11. ↑Rote Armee unter ↑Ordžonikidze von ↑Azerbajdžan aus Tbilisi und stürzte mit Hilfe der lokalen ↑Bolschewisten die menschewistische Regierung. Angeblich erfolgte die Intervention als „internationalistische Hilfe" auf eine lokale Massenerhebung hin. Obwohl ↑Lenin für G. „eine originelle Taktik auf der Basis von Konzessionen" verlangte, war die von Ordžonikidze geleitete Anfangsphase der Sowjetisierung in G. sehr repressiv. Aus ihr ragte die Auseinandersetzung ↑Stalins mit den georgischen Bolschewisten um B. Mdiwani über die erzwungene Eingliederung G.s in die Transkaukasische Föderation 1921 heraus. Stalins Auftreten rief Empörung über die s.e Nationalitätenpolitik und Lenins Entrüstung über den „großr.en Chauvinismus im Kaukasus" hervor. Im August 1924 kam es zu einem Generalaufstand gegen diese Politik in G., dessen Niederschlagung 4000 Todesopfer forderte. Erst die Periode der ↑Neuen Ökonomischen Politik und eine revidierte Nationalitätenpolitik brachten eine Phase der Entspannung und des wirtschaftlichen Wiederaufbaus. Die ↑Kollektivierung der ↑Landwirtschaft ab 1929 stieß bei den georgischen ↑Bauern auf besonders starken Widerstand. Der „verschärfte Kampf gegen die ↑Kulaken" ab Februar 1931 provozierte Bauernrevolten in weiten Teilen des Landes. Der Aufstieg des aus G. (Mingrelien) stammenden Lavrentij ↑Berija im transkaukasischen Parteiapparat führte ab 1932 zur Diktatur des ↑Stalin-Kultes in G. Die einheimischen Altbolschewisten wurden wegen „Terrorismus und Hochverrat" und „nationalem Abweichlertum" liquidiert, ebenso die intellektuelle Elite des Landes, darunter fast die gesamte Studenten- und Professorenschaft der Universität von Tbilisi.

Nach Stalins Tod wurde der mit ↑Chruščev verbündete V. Mžavanadze (geb. 1902) Parteichef in G. Die ↑Entstalinisierung traf trotz des besonders repressiven Charakters Stalinscher Herrschaftsmethoden im Kaukasus in G. auf gewisse Widerstände, die aus einem nationalen Kult um den Georgier Stalin resultierten. In den 60er und 70er Jahren prosperierte G.s Wirtschaft, wobei unter Mžavanadzes Führung eine beträchtliche Schattenwirtschaft entstand, aus der Privatunternehmer wie Otari Lazišvili mit einem Netz von Untergrundfirmen aufstiegen. 1972 wurde Mžavanadze entmachtet und durch Ėduard ↑Ševardnadze ersetzt, der eine umfassende Antikorruptionskampagne leitete. 1985 stieg der erfolgreiche georgische Parteichef zum Außenminister der UdSSR auf und wurde in Tbilisi durch Patjašvili ersetzt. In der Zeit nach Stalin war auch eine breite nationale ↑Intelligencija entstanden. G. weist die höchsten Akademikerquoten in der gesamten SU auf. Seine dichte, relativ unabhängige Kulturszene – Film, Literatur, bildende Kunst – ist von einem starken Nationalbewußtsein geprägt. Das selbstbewußte Verhalten der Georgier in ihrer Republik (und in der Union) führte zu breiter nationaler Teilnahme im politischen, wirtschaftlichen und kulturellen Leben G.s, manchmal aber auch zu intolerantem Verhalten gegenüber ethnischen Minderheiten wie Abchazen und Osseten. Unter ↑Gorbačev katalysierte insbesondere der Konflikt mit den Abchazen den georgischen Nationalismus, der sich mit eskalierenden Unabhängigkeitsforderungen artikulierte. Das brutale Vorgehen von Armee und Sicherheitskräften gegen eine gewaltlose Demonstration am 9. 4. 1989 befestigte den Willen auf Austritt G.s aus der SU in breiten Teilen der Bevölkerung. Der prominenteste Führer der Unabhängigkeitsbewegung, Zwiad Gamsachurdia, wurde im Mai 1991 zum Präsidenten gewählt. Sein anmaßender, autoritärer Regierungsstil führte zu schweren innenpolitischen Machtkämpfen und Konflikten mit nationalen Minderheiten nach der Unabhängigkeitserklärung der Republik (9. 4. 1991). Gamsachurdia wurde im Januar 1992 gestürzt und von einem interimistischen Staatsrat abgelöst, der im März Ė. Ševardnadze an seine Spitze berief.

Lit.: Suny, R. G., Sakartvelo. The Making of the Georgian Nation, Stanford (Cal.) 1987; Katz, S., Handbook of Major Soviet Nationalities, New York/London 1975; Bagrationi, D. G., Istorija Gruzii, Tbilisi 1971. *U.H.*

„Geschichte der KPdSU" ↑„Kurzer Lehrgang"

Gesundheitswesen. Das G. wurde in der SU als ein staatliches System sozialökonomischer, medizinischer und gesellschaftlicher Maßnahmen verstanden, das dazu diente, Krankheiten zu verhüten und zu behandeln, durch Prophylaxemaßregeln im Arbeits- und Umweltbereich den Gesundheitszustand der Bevölkerung zu heben und den Bürgern ein langes aktives Leben zu gewährleisten. Das G. sollte unentgeltlich, wissenschaftlich und für jedermann zugänglich sein.

Am 11. 7. 1918 wurde durch Schaffung des ↑Volkskommissariats für G. die gesamte medizinische Versorgung, die vorher verschiedenen Behörden und den „zemstva" (↑LGR) unterstand oder privat organisiert war, in einer Hand zusammengefaßt. Die Möglichkeiten des neuen Volkskommissariats waren im ↑Kriegskommunismus jedoch begrenzt. Infolge von Kriegseinwirkung und Verschlechterung der Lebensbedingungen verschlimmerte sich der Gesundheitszustand der Bevölkerung dramatisch. Epidemien nahmen überhand. Zahlreiche Todesfälle des Hungerjahres 1921 (↑Hungersnot) sind darauf zurückzuführen, daß die durch Hunger geschwächten Menschen Krankheiten erlagen. In den Jahren der ↑Neuen Ökonomischen Politik gelang es, die Situation zu stabilisieren. Die allgemeine Besserung des Lebensstandards, der Ausbau der Gesundheitserziehung und des Gesundheitssystems führten zu einem Rückgang der Infektionskrankheiten. Zwischen 1923 und 1927 z. B. sank die Zahl der gemeldeten Pokkenfälle von 46 000 auf 15 000 und die der Malariafälle von 5,7 Mio. auf 3,7 Mio. ↑Kollektivierung, die Hungersnot von 1932–34 und die Senkung des Lebensstandards durch die ↑Industrialisierung führten jedoch dazu, daß diese Zahlen wieder zunahmen. Zwischen 1928 und 1932 stieg die Zahl der gemeldeten Malariafälle von 3,5 auf 4,5 Mio., die der Pocken von 10 000 auf 60 000 und die von Typhus von 110 000 auf 220 000. Diese Entwicklung vollzog sich trotz des schrittweisen Ausbaus des G.s. In den Jahren des 1. ↑Fünfjahrplans stieg die Zahl der Ärzte von 63 219 auf 76 177, die der Hospitalbetten in der ↑Stadt von 4,42 pro 1000 Einwohner auf 5,38 und auf dem ↑Dorf von 0,77 auf 1,23. Der Ausbau des G.s wurde durch den ↑Zweiten Weltkrieg zeitweise behindert, führte in den Nachkriegsjahren jedoch zu deutlichen Erfolgen. Pocken wurden ausgerottet, Malaria und Kinderlähmung stark zurückgedrängt.

In den 70er Jahren kam es jedoch zu einem Rückschlag. Die Säuglingssterblichkeit stieg an (1971: 22,9 auf 1000 Geburten; 1976: 35,6 auf 1000 Geburten), die Fälle von Diphtherie, Scharlach und Masern nahmen zu. Unter den sozial bedingten Krankheiten spielte Alkoholabhängigkeit (↑Alkoholismus) eine große Rolle. Angeblich waren 1980 17 % der Bevölkerung alkoholabhängig – d. h. 40 Mio. Menschen. 17 Mio. wurden als alkoholkrank bezeichnet. Diese negative Entwicklung vollzog sich, obwohl die SU mit 40 Ärzten auf 10 000 Einwohner (insgesamt 1983 1,1 Mio. Ärzte, einschließlich der Zahnärzte) die höchste Versorgungsdichte der Welt aufwies. Die Ausbildung der Ärzte erfolgte in 83 medizinischen Instituten und dauerte in der Regel sechs Jahre. Zur Versorgung der Bevölkerung dienten Kliniken, Polikliniken und ärztliche Reviere, die jeweils bestimmte Regionen oder Betriebe betreuten. Die Dichte der medizinischen Versorgung war unterschiedlich: während in der ↑Tadžikischen SSR auf 10 000 Einwohner 25,5 Ärzte kamen, waren es in der ↑Georgischen SSR 51,2. Entfielen in der Tadžikischen SSR auf einen Bürger 7,6 ambulante Konsultationen, so betrug ihre Anzahl in ↑Litauen 13,3 (Unionsdurchschnitt 11,1; alle Zahlen für 1983). Zunehmende ↑Glasnost' machte Kritik am G. möglich. 1990 wurden Vergleichszahlen veröffentlicht, die ein niederschmetterndes Bild zeichneten: *Gesundheitswesen in der UdSSR (1987) und den USA (1984)*

Indikatoren:	UdSSR	USA
Mittlere Lebenserwartung	70	75
Müttersterblichkeit (Todesfälle/100 000 Geburten)	47,7	8,0
Kindersterblichkeit (Todesfälle/1000 Geburten)	24,7	10,0
Zahl der Ärzte pro 10 000 Einwohner	43,3	25,7
Zahl der Klinikbetten auf 10 000 Einwohner	130,6	54,5
Anteil des Gesundheitswesens im Staatshaushalt	4,5	10,0
Ausgaben f. die mediz. Vers. pro E. i. J. (Rub./$)	80	1772

Krankheitsfälle (auf 100 000 Einwohner)	*UdSSR*	*USA*
Bauchtyphus	3,2	0,16
Bakterielle Dysenterie	197,4	73,5
Virushepatitis	304,6	133,2
Masern	67,4	1,1
Keuchhusten	7,2	0,96
Meningitis	5,4	1,16
Malaria	0,56	0,42
Tuberkulose	44,0	9,4
Gonorrhoe	59,8	372,0
Syphilis	5,6	12,2

Lit.: Hyde, G., The Soviet Health Service. An Historical and Comparative Study, London 1974; Kaser, M., Health Care in the Soviet Union and Eastern Europe, London 1976; Vinogradov, N. A. (Hrsg.), Organizacija zdravoochranenija v SSSR, M [2]1962; Davis, C./ Feshbach, M., Rising Infant Mortality in the U.S.S.R. in the 1970's, in: International Population Reports, Ser. P-95, Washington D. C. 1980; Davis, C., Zur Ökonomie des sowjetischen Gesundheitssystems, 2 Bde., Berichte des OEI der FU Berlin. Reihe Medizin, H. 134, 1984; Argumenty i fakty 1990, No. 4, S. 7.   *H.-H.Sch.*

Getreidekrise ↑Kollektivierung

Gewerkschaft(en) (professional'nye sojuzy; profsojuzy) bestanden im zaristischen R. nur kurze Zeit. In organisierter Form traten sie erstmals während der Revolution von 1905 (↑LGR) in Erscheinung. Während des Jahres 1917 stieg die Zahl der Gewerkschaftsmitglieder steil an: von einigen Hunderttausend auf 1,5 Mio. Innerhalb der G. kämpften ↑Bolschewisten, ↑Menschewisten und ↑Sozialrevolutionäre um Einfluß.

Nach den Vorstellungen der Bolschewisten sollten die G. in das Konzept der ↑Arbeiterkontrolle eingebunden werden. In Wirklichkeit erwuchs ihnen in den Betriebskomitees, zum Teil auch in den ↑Sowjets eine Konkurrenz. In den Auseinandersetzungen mit den Betriebskomitees konnten sich die G. durchsetzen, doch galt es weiterhin, ihre Beziehung zu S.-Staat und ↑Partei abzuklären. Auf dem 1. Gewerkschaftskongreß 1918 erklärten sich die G. bereit, die S.-Macht zu unterstützen und die Organisation der Produktion an sich zu ziehen. Gegenüber dem Staat wollten sie aber eine gewisse Unabhängigkeit wahren. Im ↑Bürgerkrieg übernahmen die G. zunehmend staatliche Funktionen in der Wirtschaft. Ein Konflikt mit dem neugegründeten ↑Obersten Volkswirtschaftsrat zeichnete sich ab. Beim Übergang zur ↑Neuen Ökonomischen Politik kam es innerhalb der Partei zu einer Auseinandersetzung um die Rolle der G. – die sogenannte G.s-Debatte. ↑Trockij und ↑Bucharin forderten die völlige Verstaatlichung der G., die ↑Arbeiteropposition dagegen die Übertragung der ganzen Wirtschaftsverwaltung an die G. ↑Lenin vertrat eine Kompromißposition: Zwar sollten die G. dem Staat untergeordnet sein und im Wirtschaftsbereich gewisse Kompetenzen haben, doch sollten sie eine gewisse Unabhängigkeit wahren und Arbeiterinteressen schützen, zugleich aber auch die ↑Arbeiter für den ↑Sozialismus erziehen. Während der Neuen Ökonomischen Politik besetzten die G. im Betrieb und im ↑Volkskommissariat für Arbeit Positionen, die es ihnen ermöglichten, in Arbeitskonflikten zu vermitteln und partiell – in Auseinandersetzung mit Betriebsdirektor und Betriebs-

parteisekretär, mit denen zusammen der Gewerkschaftssekretär ein „Dreieck"
bildete – Arbeiterinteressen wahrzunehmen. Mit dem Übergang zur forcierten
↑Industrialisierung wandelte sich auch die Funktion der G. Im Rahmen des
Kampfes gegen die ↑„rechte Opposition" wurde die „rechte" G.s-Leitung durch
eine andere ersetzt, die sich mit der Politik der forcierten Industrialisierung
identifizierte. Die G. wurden reorganisiert und übernahmen nun Mobilisierungs-
funktionen. Gegen die zunehmende Verdichtung der Herrschaft im Betrieb und
die Verschärfung der Arbeitsdisziplin unternahmen die G. nichts; an der Lohnpo-
litik, während der Neuen Ökonomischen Politik über Aushandlung von Kollek-
tivverträgen noch eine der Funktionen der G., wurden sie nicht mehr beteiligt. In
den 50er und 60er Jahren hatten die G. zum einen soziale Funktionen, zum
anderen solche der Organisation von Partizipation. Zu den Mitwirkungsfunktio-
nen der G. gehörten die Vorbereitung der Betriebsplanung (u. a. der Sozialpläne),
Leitung der Produktionskonferenzen, Abschluß kollektiver Verträge und die
Organisation des ↑sozialistischen Wettbewerbs. Im Rahmen der zentralen Planung waren hier die Spielräume der G. aber kaum nennenswert. Partizipationsin-
stanzen wie Produktionskonferenzen und sozialistischer Wettbewerb dienten
auch eher der Mobilisierung der Belegschaften für die Planerfüllung als einer
wirklichen Mitbestimmung. Auf der anderen Seite waren die G. an der Festlegung
von Prämien beteiligt, an der Überwachung der Sicherheits-, Hygiene- und
anderen Arbeitsschutzvorschriften, sie organisierten die Vermittlung von Ferien
und Erholungsaufenthalten, vermittelten Wohnungen und Kinderkrippenplätze
und waren auch zuständig für Werksverpflegung und betriebliche Einkaufsmög-
lichkeiten. Anfang der 80er Jahre waren ca. 98 % aller Beschäftigten in den G.
organisiert. Die Umgestaltung der s.en Gesellschaft (↑Perestrojka) stellte die G.
vor ganz neue Aufgaben, denen sie aufgrund ihrer Struktur und ihres Selbstver-
ständnisses nicht mehr gewachsen waren. In der Arbeiterbewegung und den
Massenstreiks Ende der 80er Jahre spielten sie keine Rolle mehr.

Lit.: KPSS o profsojuzach, M 1982; Brügmann, U., Die russischen Gewerkschaften in
Revolution und Bürgerkrieg 1917–1919, Frankfurt a. M. 1972; Istorija profsojuzov SSSR.
Učebnoe posobie, 2 Bde., M 1977 u. 1979; Deutscher, I., Die sowjetischen Gewerkschaf-
ten. Ihr Platz in der sowjetischen Arbeitspolitik, Frankfurt a. M. 1969; Lewytzkij, B., Die
Gewerkschaften in der Sowjetunion. Geschichte, Aufgaben und Stellenwert der Gewerk-
schaften in der sowjetischen Gesellschaft, Frankfurt a. M. 1970.   *H.-H.Sch.*

Glasnost' (Offenheit, Öffentlichkeit, Transparenz) wurde zu einem Schlüsselbe-
griff der Reformen ↑Gorbačevs; nur mit mehr G., so wurde seit 1985 argumen-
tiert, lasse sich die politische, moralische, gesellschaftliche und wirtschaftliche
Krise (Gorbačev: „Vorkrise") überwinden, in welche die SU während der Zeit
↑Brežnevs (während der „Jahre der Stagnation") geraten sei.
    G. stand dabei programmatisch für den freieren Zugang zu Informationen, für
die offenere Diskussion von Problemen und Mißständen, für die Förderung von
↑Kritik und Selbstkritik, für die Transparenz von Entscheidungen in Wirtschaft
und Politik und für die Beteiligung der Massen an ihnen. Die Staatsführung
setzte sichtbare Zeichen: Mit der Forderung nach G. startete sie Kampagnen
gegen behördliche Bevormundung und Überheblichkeit, gegen Bürokratismus
und Korruption; mit der Lockerung der ↑Zensur durften bisher verfemte Autoren wieder erscheinen, indizierte Filme und Theaterstücke aufgeführt werden;

erstmals wurde erlaubt, daß die Medien ausführlich über Tabuthemen (Kriminalität, Drogenmißbrauch, Unglücksfälle, Demonstrationen und Unruhen) berichteten; und in vorher nicht vorstellbarem Ausmaß begann man, Probleme der Innen- und Außenpolitik kontrovers zu diskutieren, z. B. Probleme der Versorgung und der Wirtschaftsführung, der ↑Justiz und der Rechtsstaatlichkeit, der Ökologie und der stalinistischen Vergangenheit. Aus der Forderung nach G. erwuchs das (regional begrenzte) Experiment, S.-Wahlen durch Aufstellung mehrerer Kandidaten wieder zu echten Wahlen zu machen. Auch der Vorschlag, künftigen Verkrustungen durch die Begrenzung der Amtsdauer von Spitzenpolitikern vorzubeugen, ordnete sich dieser Politik zu.

Die Forderung nach G., der Schaffung einer kritisch-loyalen Öffentlichkeit, erschien damit als Teil des programmatisch geforderten Demokratisierungsprozesses und des grundlegenden Umbaus von Staat, Wirtschaft und Gesellschaft (↑Perestrojka). Die XIX. ↑Parteikonferenz, die vom 28. Juni bis zum 1. Juli 1988 im Moskauer Kongreßpalast tagte, widmete dem Thema G. eine eigene Entschließung und begründete darin ausführlich ihre Notwendigkeit.

Lit.: Gorbatschow, M., Perestrojka. Die zweite russische Revolution, München 1987; Battle, J. M., Uskorenie, Glasnost' and Perestrojka. The Pattern of Reform under Gorbachev, in: Soviet Studies, vol. XL, no. 3, July 1988; Davies, R. W., Perestrojka und Geschichte. Die Wende in der sowjetischen Historiographie, München 1991; Mommsen, M., Von „Kritik und Selbstkritik" zu „glasnost". Tendenzen zur Pluralisierung der öffentlichen Meinung in der Sowjetunion, in: Mommsen, M./Schröder, H.-H. (Hrsg.), Gorbatschows Revolution von oben. Dynamik und Widerstände im Reformprozeß der UdSSR, Frankfurt/Berlin 1987, S. 11–30; Schmidt-Häuer, C./Huber, M., Rußlands zweite Revolution. Chancen und Risiken der Reformpolitik Gorbatschows, München/Zürich 1987.   *H.A.*

Goëlro (Gosudarstvennaja komissija po ėlektrifikacii Rossii, Staatskommission zur Elektrifizierung Rußlands) steht für den ersten Perspektivplan zur Wiederherstellung und Entwicklung der Volkswirtschaft des S.-Staates. Die G. wurde am 21. Februar 1920 gegründet und legte im Dezember 1920 auf dem 8. ↑Allrussischen Sowjetkongreß ein langfristiges wirtschaftliches Aufbauprogramm vor. Kern des G.-Plans war die Neugestaltung aller Wirtschaftszweige auf der Grundlage eines umfassenden Ausbaus der Elektroenergiewirtschaft, wie ihn ↑Lenin mit seiner mehrfach geäußerten Parole „Kommunismus – das ist S.-Macht plus Elektrifizierung des ganzen Landes" anvisierte. Im Verlauf von 10–15 Jahren sollten 20 Heiz- und 10 Wasserkraftwerke errichtet werden. Von der Elektrifizierung der Volkswirtschaft erwartete man eine erhebliche Steigerung der Produktivität, eine Anhebung der industriellen Produktion auf das Doppelte des Vorkriegsniveaus und den Abbau des Gegensatzes von ↑Stadt und ↑Land. Das Elektrifizierungsprogramm wurde bis Ende des 1. ↑Fünfjahrplans erfüllt, doch ist eine Evaluierung des G.-Plans schwierig, da er im Laufe der 20er Jahre mehrfach revidiert und von anderen Plänen überlagert wurde.

Lit.: Lorenz, R., Sozialgeschichte der Sowjetunion I, 1917–1945, Frankfurt a. M. 1976; Haumann, H., Beginn der Planwirtschaft. Elektrifizierung, Wirtschaftsplanung und gesellschaftliche Entwicklung Sowjetrußlands 1917–1921, Düsseldorf 1974; Plan ėlektrifikacii RSFSR. Doklad VIII S-ezdu Sovetov gosudarstvennoj komissii po ėlektrifikacii Rossii, M ²1955; Trudy Gosudarstvennoj Komissii po Ėlektrifikacii Rossii (GOĖLRO). Dokumenty i Materialy, M 1960; Steklov, V. Ju., V. I. Lenin i ėlektrifikacija, M 1970.   *H.-H.Sch.*

Gorbačev, Michail Sergeevič (geb. 1931), aus Privol'noe, Region Stavropol', hat seine politische Karriere in seinem Heimatgebiet gemacht. Mit Ausnahme der Studienjahre an der juristischen Fakultät der Moskauer Staatlichen Universität (1950–55) (↑Hochschulen) hat er alle Stufen des Aufstiegs in der ↑Partei, aber auch der fachlichen Spezialisierung in der Region Stavropol' genommen. Vorrangig beschäftigte er sich in diesem vor allem landwirtschaftlich geprägten Gebiet mit Agrarfragen – 1967 schloß er ein entsprechendes Fernstudium ab. Seit 1952 Mitglied der KP, war er zunächst als Jurist tätig, wurde aber schon bald in die Arbeit des ↑Komsomol geholt und durchlief rasch die Funktionen bis zum 1. Sekretär des Regionskomsomolkomitees. Von dort wechselte er zu Parteiaufgaben: 1962 Parteiorganisator der territorialen ↑Kolchoz- und ↑Sovchoz-Vereinigung Stavropol', ebenfalls 1962 Abteilungsleiter im Regionsparteikomitee der KPdSU, 1966 1. Sekretär des Stadtpartei-, 1968 2. Sekretär und 1970–81 1. Sekretär des Regionsparteikomitees. Neben den üblichen Aufgaben beschäftigten ihn in dieser Zeit v. a. Fragen der landwirtschaftlichen Entwicklung und allgemein einer Steigerung der ökonomischen Effizienz, ebenso nationale Probleme, die sich aus der Existenz nationaler ↑Minderheiten (u. a. in dem ↑Karačaer-Čerkessischen ↑Autonomen Gebiet) ergaben. Seit 1971 gehörte G. dem ↑Zentralkomitee der KPdSU an, 1978 wurde er zu einem der Sekretäre des ZK berufen, 1979 zum Kandidaten und schon 1980 zum vollen Mitglied des ↑Politbüros. Die verfahrene Situation in der Getreidewirtschaft und in der Agrarproduktion überhaupt boten G. die Möglichkeit, sich innerhalb der Partei zu profilieren und bei den Reformansätzen in den letzten Jahren ↑Brežnevs Einfluß und Unterstützung zu gewinnen. Bei der politischen Vorbereitung des „Lebensmittelprogramms" (1982) und in der Diskussion neuer Wirtschaftsmethoden tat er sich hervor. Am politischen Programm ↑Andropovs war er bereits maßgeblich beteiligt und galt als sein „Kronprinz". Nach dem Tode ↑Černenkos setzte G. sich durch, wurde als Vertreter der Kritiker der Brežnev-Fraktion zum ↑Generalsekretär des ZK gewählt und übernahm bald auch den Vorsitz im Obersten Verteidigungsrat der SU.

Schon rasch trat G. mit Kritik an den gesellschaftlichen, ökonomischen und den politischen Strukturen der SU hervor. Auf dem XXVII. ↑Parteitag legte er ein umfassendes Gesamtprogramm für die Modernisierung des Landes vor, das auch die KP und die Staats- sowie Partei(↑)bürokratie einschloß. In den Mittelpunkt seines Konzepts für die Modernisierung stellte er den Begriff der ↑Perestrojka, die auf alle innen- und auch die außenpolitischen Bereiche angewandt werden sollte. Im einzelnen blieben die konkreten Veränderungen vielfach unbestimmt. Erst im Laufe der Zeit fanden Präzisierungen statt, die es erlauben, den neuen Begriff der Demokratisierung, etwa im neuen Wahlgesetz von 1988 oder bei der Reform des ↑Obersten Sowjets, zu erkennen. Im Vordergrund der ökonomischen Reformen zur Überwindung der „Stagnation" unter Brežnev standen die stärkere Verankerung der Selbstbestimmung der Betriebe, die stärkere Berücksichtigung der Arbeitermitbestimmung (Wahl der Betriebsdirektoren) und die Förderung genossenschaftlicher und privater Initiativen vor allem auf dem Gebiet der Versorgung und der landwirtschaftlichen Produktion. Zentrale Elemente der Stabilisierung seiner Herrschaft waren die Liberalisierung im Medienbereich mit einer Aktivierung der kritischen Rolle der ↑Presse, des Rundfunks und Fernsehens sowie der künstlerischen Tätigkeiten (Film, Theater, Literatur)

(↑Glasnost'). G. vermochte sukzessive seine Machtstellung durch Umbesetzungen auf Kosten der Brežnev-Anhänger und durch günstige Plazierung eigener Gefolgsleute zu stabilisieren. Die Offenlegung der Schwierigkeiten in der SU war nicht gleichbedeutend mit ihrer Überwindung. Ökonomische Krisen, aber auch Spannungen auf dem Gebiet der Nationalitätenproblematik spitzten sich zu. Die XIX. ↑Parteikonferenz 1988 und die Wahl sowie der Arbeitsbeginn des ↑Kongresses der Volksdeputierten 1989 bzw. des reformierten Obersten Sowjets und die Wahl G.s zu dessen Vorsitzendem (Staatsoberhaupt) zielten auf Popularisierung des Programms der Perestrojka und auf Harmonisierung gegensätzlicher sozialer und nationaler sowie religiös-kultureller Interessen. Die Auseinandersetzung mit der s.en Vergangenheit und die Aufdeckung der Verbrechen ↑Stalins sowie der Versäumnisse ↑Chruščevs und Brežnevs sollten die Notwendigkeit der Reformen und der neuen Auslegung der sozialistischen Prinzipien der KP zusätzlich rechtfertigen und die demokratischen Ansätze verdeutlichen.

Spätestens seit 1988 wurde allerdings deutlich, daß G. mit Demokratisierung nicht das Ende der Parteiherrschaft meinte. Während die demokratische Bewegung in der SU an Eigengewicht gewann und nationale sowie regionale Autonomie-, bald auch Unabhängigkeitsbewegungen sich der Kontrolle der Partei und des Zentrums entzogen, beharrte G. auf dem Führungsmonopol der Unions- und Parteiführung. Von daher speiste sich auch seine Bereitschaft, Repressionen gegen nationale und Separationstendenzen wenn nicht selbst anzuordnen, so doch klar zu billigen (↑Tbilisi April 1989, ↑Baku Jan. 1990, Baltikum, v. a. ↑Vilnius Jan. 1991); ebenso erklärte sich die „reaktionäre Wende" seit dem Spätsommer 1990, als G. trotz zahlreicher Warnungen seiner liberalen Berater und gegen Voten im Parlament wichtigste Posten in der Staatsführung mit Vertretern des konservativen Flügels der Partei besetzte. Er erhoffte sich davon eine Stabilisierung, die es ihm erlaubte, im „Krieg der Gesetze" zwischen der Union und den Republiken, in der Auseinandersetzung um Kompetenzen, v. a. um den neuen Unionsvertrag, und um die Realisierung immer neuer Reformprogramme zur Ankurbelung der Wirtschaft die Oberhand zu gewinnen und die Kontrolle über die zerfallende Partei und die Staatsverwaltung zurückzuerlangen. Tatsächlich ebnete er damit den Weg zum ↑Putschversuch des reaktionären „Notstandskomitees" am 18.–20. 8. 1991. G.s Versuch, sich als erstes Opfer des Putsches zu präsentieren, wirkte angesichts seiner klaren Orientierung gegen die Abschaffung der Parteiprivilegien, gegen die demokratischen und Souveränitätsforderungen im Lande, wenig überzeugend. Vieles spricht dafür, daß die Drahtzieher der Revolte im Vertrauen darauf handelten, daß bei einem Gelingen des Staatsstreichs G. selbst sich an die Spitze der Notstandsregierung setzen würde. Anders hätte er des gesamtstaatlichen Verfalls kaum mehr Herr werden können. Zwar war es ihm vergönnt, die Rolle des Staatspräsidenten nach seiner „Befreiung" wieder zu übernehmen, allerdings wurde er durch ↑El'cin gezwungen, das Amt des Generalsekretärs der seit dem 22. 8. 1991 faktisch verbotenen Partei am 24. 8. aufzugeben. Damit verlor er in der politischen Isolierung infolge des Putsches die letzte Machtbasis. Er wurde zum Spielball der Politik des r.en Präsidenten, der ihm schließlich in der Auseinandersetzung um einen Unionsvertrag zunächst den administrativen Apparat der Union, dann mit der Deklaration über die Auflösung der Union (21. 12. 1991 – zusammen mit den anderen souveränen und unabhängigen Republiken) auch das Präsidentenamt entzog (25. 12. 1991).

G. war zu keinem Zeitpunkt in der SU populär und hatte somit kaum eine Chance, in freien Wahlen das Präsidentenamt wiederzugewinnen oder außerhalb der Partei eine Führungsaufgabe übertragen zu bekommen. Demgegenüber konnte G. im westlichen Ausland große Sympathie, jedenfalls Vertrauen, für sich gewinnen. Der Friedensnobelpreis 1990 oder sein triumphaler Besuch in Deutschland (1989) sind ein Beleg dafür, daß seine Sicherheits- und Abrüstungspolitik, nach anfänglichem Zögern, bald in vollem Umfang gewürdigt wurde. G. nutzte die Chance, die ihm das Interesse des Westens an einer blockübergreifenden Sicherheitspartnerschaft bot, und führte sein Land immer stärker in die internationale Zusammenarbeit ein. Es gelang ihm aber nicht, den damit verbundenen Zuwachs an internationaler Autorität innenpolitisch zu nutzen. Im Gegenteil: Die Schere zwischen außenpolitischen Erfolgen und innenpolitischen Mißerfolgen öffnete sich in einer nicht mehr aufzuhaltenden Bewegung. Noch so großzügige Hilfsangebote westlicher Staaten und vor allem die Zusagen der Bundesrepublik Deutschland bei den Verhandlungen zur Vorbereitung der Wiedervereinigung trugen angesichts der desolaten Situation in der SU keine Früchte und konnten seine Position nicht mehr festigen. G.s Kalkül, über das „neue Denken" die internationale Staatengemeinschaft für eine Modernisierung des sozialistischen S.-Staates heranzuziehen, scheiterte an der fehlenden Kohärenz des sich auflösenden s.en Systems.

Lit.: Medwedjew, Z., Der Generalsekretär, Darmstadt 1986; Gorbatschow, M. S., „Zurück dürfen wir nicht!", Bremen 1987; Gorbatschow, M., Ausgewählte Reden und Aufsätze, Bd. 1, Berlin 1987; ders., Meine Vision. Die Perestroika in den neunziger Jahren. So geht es weiter, 2. Aufl. 1990; Ruge, G., Michail Gorbatschow. Eine Biographie, Frankfurt/M. 1990; Sheeky, G., Gorbatschow. Der Mann, der die Welt verändert hat, München 1991; Gorbatschow, M., Der Zerfall der Sowjetunion, München 1992.   B.Sch.

Gor'kij (Stadt) ↑Nižnij Novgorod

Gor'kij, Maksim (eigentlich Aleksej Maksimovič Peškov, 1868–1936), aus ↑Nižnij Novgorod, gilt in der SU als „Klassiker der sozialistischen Literatur". Der Sohn eines Tischlers wurde zu einem der renommiertesten r.en Schriftsteller dieses Jahrhunderts, der sein umfangreiches literarisches Schaffen (Romane, Erzählungen) mit revolutionärem Engagement (1901–02 Anschluß an die Sozialdemokratie [↑LGR]) verband und als sozialistischer Dichter unmittelbar an den politischen Konflikten in R. nach der Jahrhundertwende teilnahm. Seine erste Erzählung veröffentlichte er 1892 schon unter dem Pseudonym G. (= der Bittere). Während der Revolution von 1905 (↑ LGR) zeitweilig eingekerkert, emigrierte er 1906 und hielt sich bis zur Rückkehr nach R. (1913) meist auf Capri auf. 1907 nahm er nach vorübergehendem Parteiaustritt am V. ↑Parteitag der Bolschewisten in London teil. Mehrfach hatte G. Konflikte mit ↑Lenin. Dies gilt v. a. für seine Mitarbeit in der Capreser Parteischule und für seine Version des „Gottsuchertums" (bogoiskatel'stvo), mit der er durch ↑Lunačarskij und A. A. Bogdanov (eigentlich Malinovskij, 1873–1928) (↑Proletkult) in Berührung gekommen war. Von diesen trennte sich G. jedoch und unterstützte 1914 Lenins Absage an den Krieg. Nach der ↑Oktober-Revolution stieß er mit skeptischen und ablehnenden Stellungnahmen gegen die Fortsetzung des Ersten Weltkrieges (↑LGR), den Terror und die Bauernpolitik auf die Kritik der s.en Führung

(Verbot seiner Zeitung „Novaja žizn'" [„Neues Leben"] 1918). Andererseits griff er die neuen Möglichkeiten kulturellen (↑Kulturrevolution) und sozialen Handelns auf (Leitung der „Kommission für die Verbesserung der Lebensbedingungen der Wissenschaftler", Gründung des „Hauses der Künste und der Wissenschaften" in ↑Petrograd, zahlreiche Initiativen für Publikationsvorhaben und Volksbildungsmaßnahmen). Trotz seiner Loyalitätsbekundungen (Lenin-Rede 1920) blieben Spannungen, denen sich G. durch erneute Emigration – angeblich ein Kuraufenthalt auf Rat Lenins – entzog (1921–24 Deutschland, Tschechoslovakei, 1924–28 Sorrent). Nach seiner Rückkehr ergriff er in den sozialen und ökonomischen Umgestaltungen Partei für ↑Stalin (u. a. durch verharmlosende Darstellung der Situation in den ↑Straflagern der ↑Geheimpolizei). Im letzten Stadium der Gleichschaltung der Schriftsteller (↑RAPP) war er mit der Durchsetzung des ↑sozialistischen Realismus als des verbindlichen literarischen Prinzips bei der Vorbereitung des 1. Allunionskongresses der S.-Schriftsteller maßgeblich beteiligt und wurde zu dessen Präsidenten gewählt (↑Schriftstellerverband). G.s realistischer Darstellungsweise und seiner psychologisierenden Charakterzeichnung kam diese Realismuskonzeption, die wiederum dem Kontrollanspruch des ↑Stalinismus Rechnung trug, entgegen. Trotz dieser Nähe, trotz der z. T. weitgehenden Anpassung an den Zeitgeist bewahrte sich G. Distanz und verzichtete nicht auf Kritik. Mit seinem Wirken hoffte er zu einem Kompromiß zwischen den verfeindeten Kräften beizutragen, doch schwand das Vertrauen auf die positive Beeinflußbarkeit Stalins 1935/36. So mag sein Tod zu Beginn der ↑Säuberungen ihn vor der Einbeziehung in die Schauprozesse bewahrt haben. Mutmaßungen über eine Ermordung G.s auf Befehl Stalins können sich auf unklare Umstände seines Todes stützen, ebenso auf die Aussagen ↑Jagodas im 3. Schauprozeß (1938) oder die Vorwürfe im ↑Ärzte-Komplott, G. sei von Stalins Gegnern ermordet worden.

Lit.: Gourfinkel, N., Maxim Gorki in Selbstzeugnissen und Bilddokumenten, Hamburg 1958 (Rowohlts Monographien 9); Gorki, M., Gesammelte Werke in Einzelbänden, hrsg. v. Kosing, E., u. Mirova-Florin, E., Bd. 1–23, Berlin und Weimar 1966–80; Borras, F. M., Maxim Gorky. Oxford 1967; O chudožestvennom masterstve M. Gor'kogo. Sbornik statej, M 1960. *B.Sch.*

Gosplan (ursprünglich: Gosudarstvennaja obščeplanovaja komissija pri STO, Staatliche Generalplankommission beim ↑Rat für Arbeit und Verteidigung; seit 3. 2. 31 Gosudarstvennaja planovaja komissija pri SNK SSSR, Staatsplankommission beim ↑Rat der Volkskommissare der UdSSR; seit 15. 12. 47 Gosudarstvennyj planovyj komitet Soveta ministrov SSSR, Staatsplankomitee des Ministerrats der UdSSR) wurde am 22. 2. 1921 gegründet und beauftragt, einen einheitlichen gesamtstaatlichen Wirtschaftsplan auszuarbeiten. In der ersten Hälfte der 20er Jahre besaß G. keinen wirklichen Einfluß, die ↑Volkskommissariate setzten sich über seine Vorschläge hinweg. In der zweiten Hälfte der 20er Jahre legte G. mehrere ↑Fünfjahrplan-Entwürfe vor, die mit Entwürfen des VSNCh (↑Oberster Volkswirtschaftsrat) konkurrierten. Mit Eintritt in die Fünfjahrplanperiode wurde G. ausgebaut, die Zahl seiner Mitarbeiter stieg rasch (1921: 34; Oktober 1930: 615; Oktober 1931: 2570). G. wurde Zentralinstanz der Perspektivplanung. Er verfügte über neun Sektoren, die sich mit einzelnen Bereichen – ↑Industrie und Transport, Energie, Bauwirtschaft, Arbeit, Landesverteidigung,

Statistik usw. – befaßten. Am 15. 12. 1947 fand eine Reorganisation statt; neben
G. wurde ein Staatskomitee für material-technische Versorgung (Gossnab SSSR)
und eines für Einführung neuer Technik (Gostechnika) geschaffen. 1955 wurde
das weiterbestehende G. in zwei Behörden aufgeteilt, das Staatskomitee für
Perspektivplanung der Volkswirtschaft (Gosudarstvennyj komitet po perspek-
tivnomu planirovanija narodnogo chozjajstva), das sich mit langfristiger Planung
befaßte, und die „Staatliche Wirtschaftskommission für die laufende Planung der
Volkswirtschaft" (Gosudarstvennaja komissija po tekuščemu planirovaniju narodnogo chozjajstva, Gosėkonomkomissija), die bereits 1957 wieder aufgelöst
wurde, während erstere als G. weiterbestand, jedoch ohne administrative Vollmachten. 1959 wurde der „Staatliche Wissenschaftlich-wirtschaftliche Rat des
Ministerrat" (Gosudarstvennyj naučno-ėkonomičeskij sovet pri Sovete ministrov, Gosėkonomsovet) geschaffen, der die langfristige Planung übernahm. Im
Rahmen der Reform von 1962 wurde aus diesem ein neues G. gebildet, während
das bisherige G. in den ↑Volkswirtschaftsrat überführt wurde. Beide Behörden
gingen 1963 in den Obersten Volkswirtschaftsrat ein. Nachdem dieser 1965 aufgelöst wurde, verstärkte sich die Rolle von G. wieder. Die fortschreitende
Schwächung der zentralen Wirtschaftsleitung nach 1985 ließ dann auch die Bedeutung von G. zurücktreten. In der Kabinettsreform von 1991 wurde G. in ein
Ministerium für Wirtschaft und Prognose umgebildet (Ministerstvo ėkonomiki i
prognozirovanija SSSR). *H.-H.Sch.*

Lit.: Pollock, F., Die planwirtschaftlichen Versuche in der Sowjetunion 1917–1927, Leipzig 1929 (Nachdruck Frankfurt a. M. 1971); Diaconoff, P. A., Gosplan and the Politics of
Soviet Planning, 1929–1932, Indiana University. Phil. Diss. 1973 (University Microfilms);
Raupach, H., Das Planungssystem, in: Osteuropa-Handbuch. Sowjetunion. Das Wirtschaftssystem, Köln 1965; Nove, A., Das sowjetische Wirtschaftssystem, Baden-Baden
1980.

Gossnab ↑Gosplan

Gostechnika ↑Gosplan

GPU ↑Geheimpolizei

Gromyko, Andrej Andreevič (1909–1989), ein Bauernsohn aus Gomel' in ↑Weiß-
rußland, trat 1931 der ↑VKP (b) bei. Nach der Ausbildung als Ökonom wurde
er Mitarbeiter des Instituts für Ökonomie der ↑Akademie der Wissenschaften in
↑Moskau (Kandidat der Ökonomie). 1939 wechselte G. in das ↑Volkskommissa-
riat für auswärtige Angelegenheiten und übernahm die Leitung der Abteilung für
amerikanische Länder. Seit September 1939 war G. Rat an der s.en Vertretung in
den USA, von 1943–46 Botschafter in Washington und gleichzeitig Gesandter in
der Republik Kuba. 1945 gehörte G. der s.en Delegation in ↑Potsdam an. Er
unterzeichnete die Charta der ↑UNO für die SU und wurde ihr erster ständiger
Vertreter im Sicherheitsrat (1946–48). Seit 1947 war er einer der Stellvertreter
↑Molotovs als Außenminister und amtierte unter ↑Vyšinskij von 1949–52 als
1. stellvertretender Außenminister. Kurzfristig wirkte G. 1952/53 als Botschafter
in London. Nach ↑Stalins Tod wurde er erneut 1. Stellvertreter, diesmal unter
Molotov als Außenminister, und folgte ihm im Amt nach dem kurzen Zwischen-

spiel ↑Šepilovs 1957. Seit 1956 Mitglied des ↑Zentralkomitees (1952 Kandidat), diente G. ↑Chruščev, ↑Brežnev, ↑Andropov und ↑Černenko als Leiter der s.en Außenpolitik. Er war an der Umsetzung der s.en internationalen Politik während und unmittelbar nach dem ↑Zweiten Weltkrieg beteiligt (↑Kalter Krieg), verkörperte aber auch die Koexistenz- und Entspannungspolitik der Nachfolger Stalins. Wegen seiner Vertrautheit mit den angelsächsischen Ländern, v.a. den USA, verstand es G., den Weltmachtanspruch und die s.en Sicherheitsinteressen gegenüber Washington, ebenso aber die Kooperationsbereitschaft konsequent zu vertreten und in zahlreichen internationalen Abmachungen zu fixieren. Die Anerkennung für die erfolgreichen Bemühungen zur Durchsetzung der außenpolitischen Konzeptionen der ↑Generalsekretäre erfolgte erst spät: 1973 durch die Berufung ins ↑Politbüro, 1983 durch die Ernennung zum 1. Stellvertreter des Vorsitzenden des ↑Ministerrats. G. vertrat 1985 die Wahl ↑Gorbačevs zum Generalsekretär und wurde dafür mit der Wahl zum Vorsitzenden des Präsidiums des ↑Obersten Sowjets (bis 1989) belohnt. Er sicherte Gorbačevs Stellung gegenüber den konservativen Kritikern in der Parteiführung und ebnete so dessen Politik den Weg.

Lit.: Gromyko, A.A., Erinnerungen, Düsseldorf 1989; ↑Andreev.   *B.Sch.*

Großer Vaterländischer Krieg ↑Zweiter Weltkrieg

Grundrechte ↑Bürgerrechte

Gruzinien ↑Georgien

GULag (Glavnoe upravlenie ispravitel'no-trudovych lagerej = Hauptverwaltung für die Besserungs-Arbeitslager) ist die Abkürzung für die Behörde, der in den 30er Jahren Zug um Zug alle Straflager in der UdSSR unterstellt wurden. Bis Ende der 20er Jahre hatte es zwei Arten von Lagern gegeben: Die einen, bestimmt für Kriminelle, unterstanden den ↑Volkskommissariaten des Innern (NKVD) der ↑Unionsrepubliken, die anderen, bestimmt für (im weitesten Sinne) politische Häftlinge, der OGPU (↑Geheimpolizei). Ende der 20er und Anfang der 30er Jahre schwoll die Zahl der Häftlinge im Zuge der ↑Kollektivierung der ↑Landwirtschaft gewaltig an, außerdem wurden alle, die mehr als drei Jahre zu verbüßen hatten, der OGPU überstellt und innerhalb der OGPU (1930) eine Lagerhauptverwaltung (G.) eingerichtet. Als im Dezember 1930 die NKVDs der Unionsrepubliken aufgelöst wurden, übernahmen die einzelrepublikanischen Volkskommissariate der ↑Justiz vorübergehend die Aufsicht über die ehemaligen NKVD-Lager. 1934 wurde ein gesamtstaatliches Volkskommissariat des Innern, ein NKVD der UdSSR, geschaffen, die OGPU ihm eingegliedert und dem G. das gesamte Lagersystem in der UdSSR unterstellt. Das G. verwaltete damit ein riesiges Imperium, ein weit verzweigtes, sich ständig erweiterndes Netz von Straflagern, das A. ↑Solženicyn später mit einem Inselmeer („Archipel Gulag") vergleichen sollte. Ihre Zahl stieg auf weit über 100; über die Zahl der Lagerinsassen lagen lange nur (westliche) Schätzungen vor; sie differierten erheblich und bewegten sich zwischen 2 und 20 Mio. Die Überprüfung der Schätzung anhand der nun zugänglichen Archivmaterialien hat begonnen; eine endgültige Bewertung steht noch aus. Schon seit Anfang der 30er Jahre erfolgte der systematische Einsatz der Häftlinge zur Zwangsarbeit: in der Holzindustrie, in Bergwerken, bei der Kohle- und Zink-, Phosphat- und Bleigewinnung; im Straßen-, Eisenbahn- und Kanalbau (am bekanntesten wurde ihr großer und verlustreicher Einsatz beim Bau des Weißmeer- und des Wolga-Don-Kanals) (↑Verkehrswege). Das G. existierte bis zu seiner Auflösung im Jahr 1956.

Lit.: Antonov-Ovseenko, A. V., Protivostojanie, in: Literaturnaja gazeta, 1991 (3. April); Conquest, R., The Great Terror. Stalin's Purges of the Thirties, London 1968; ders., Kolyma. The Arctic Death Camps, New York 1978; Dallin, D. J./Nicolaevsky, B., Forced Labor in Soviet Russia, New York/London 1948; Jasny, N., Labour and Output in Soviet Concentration Camps, in: The Journal of Political Economy (1952), No 50 u. 60; Oppenheim, S. A., Labor Camps in the Soviet Union, in: Mersh 18 (1980); Poljakov, Ju. A., Žiromskaja, V. B., Kiselev, I. N., Polveka molčanija. Vsesojuznaja perepis' naselenija 1937 g., in: Sociologičeskie issledovanija 1990 Nr. 6–8; Rosefielde, S., An Assessment of the Sources and Uses of Gulag Forced Labor 1929–1956, in: Sov. Stud. 33 (1981); Solschenizyn, A., Der Archipel GULAG, 3 Bde., Bern 1974–76; Wheatcroft, S. G., On Assessing the Size of Forced Concentration Camp Labour in the Soviet Union, 1929–56, in: Sov. Stud. 33 (1981); Zemskov, V. N., Ob učete speckontingenta NKVD vo vsesojuznych perepisjach naselenija 1937 i 1939 gg., in: Sociologičeskie issledovanija 1991 No 2; ders., Zaključennye, specposelency, ssyl'noposelency, ssyl'nye i vyslannye (statistiko-geografičeskij aspekt), in: Istorija SSSR 1991, No 5.   *H.A.*

GUS (Gemeinschaft Unabhängiger Staaten, r. Sodružestvo nezavisimych gosudarstv, abgekürzt SNG). Ende Dezember 1991 trat M. ↑Gorbačev als Präsident der UdSSR zurück. Der S.-Staat, dem er angeblich vorstand, existierte nicht mehr; drei seiner Kernrepubliken (↑Rußland, ↑Weißrußland und die ↑Ukraine) hatten die SU wenige Tage zuvor für „aufgelöst" erklärt und an ihrer Stelle eine lose „Gemeinschaft Unabhängiger Staaten" gegründet. Sie sollte dem Beitritt weiterer Gebiete der ehemaligen SU offenstehen. Vorausgegangen war ein mehrjähriger Zerfallsprozeß, in dem Regionen, ↑Nationalitäten und Völkerschaften mehr und mehr Selbstbestimmung, schließlich Souveränität und Unabhängigkeit forderten. In der SU selbst sprach man von einer „Explosion des Ethnischen". Sie war seit 1989/90 nicht mehr nur ein Problem der Randrepubliken, sie bedrohte zunehmend die Existenz des Gesamtstaates. Das zeigte sich spätestens 1990, als sich nacheinander alle 15 ↑Unionsrepubliken für „souverän" erklärten – was sie formell nach der Verfassung bereits waren, aber nun offenkundig wirklich sein wollten. An die zwei Dutzend Siedlungsgebiete von nationalen Minderheiten (↑Autonome Republiken), die bisher Teile von Unionsrepubliken waren, folgten diesem Schritt und verknüpften ihre Souveränitätserklärung mit der Forderung, als eigene Unionsrepublik anerkannt zu werden. Doch „Souveränität" genügte manchen schon nicht mehr, sie forderten „Unabhängigkeit". Die baltischen Nationen (↑Baltikum) gingen dabei voran. Mit dem Hinweis, daß sie 1940 gewaltsam von der SU vereinnahmt worden waren, verkündeten sie im Frühjahr 1990 ihr Ausscheiden aus dem s.en Staatsverband. Ihr Beispiel machte Schule. ↑Georgien, ↑Moldawien folgten, ↑Armenien, die Ukraine, Rußland u. a. drohten es zumindest an. Gorbačev war aufs höchste alarmiert. Mitte 1990 versprach er allen ein neues Staatsorganisationsgesetz, einen neuen „Unionsvertrag", der den Forderungen der Einzelrepubliken weit entgegenkam; sie sollten sich künftig als souverän bezeichnen dürfen, ihren staatlichen Aufbau selbst regeln, über ihre Wirtschaftsordnung selbst bestimmen und über ihre Bodenschätze und Ressourcen eigenverantwortlich entscheiden. Das Reizwort ↑„Sozialismus" wurde aus der Staatsbezeichnung gestrichen, UdSSR sollte künftig „Union der Souveränen Sowjetrepubliken" heißen. Dies bedeutete nichts anderes als die Entmachtung des Zentrums und die Übertragung eines Großteils seiner politischen, wirtschaftlichen und verfassungsrechtlichen Kompetenzen auf die Einzelrepubliken. Nach Verhandlungen erklärten sich 9 (der bisherigen 15) Unionsrepubliken – Rußland an der Spitze – bereit, einem solchen Staatenbund beizutreten. Nach Terminplan sollte die Unterzeichnung des neuen Unionsvertrages am 20. August 1991 beginnen und bis zum Oktober abgeschlossen sein. Dieser Unterzeichnung suchte ein ↑Putschversuch im August 1991 zuvorzukommen. Er scheiterte und beschleunigte damit jenen Prozeß, den er zu verhindern suchte: die Auflösung der SU.   *H.A.*

Lit: Götz, R./Halbach U., Politisches Lexikon GUS, München 1992.

Handel ↑Außenhandel, ↑Handelsverträge

Handelsverträge waren Anfang der 20er Jahre für die s.e Führung ein Mittel, die diplomatische und außenwirtschaftliche Isolierung aufzubrechen, in welche die S.-Macht während des ↑Bürgerkrieges durch die alliierte Blockade geraten war. Zwar hob der „Oberste Rat" der Alliierten diese Blockade im Januar 1920 auf, doch kamen Handelsbeziehungen mit dem Ausland erst langsam in Gang. Ein erster Schritt waren die Friedensverträge mit ↑Estland (2. 2. 1920), ↑Litauen (12. 7. 1920) und ↑Lettland (11. 8. 1920), die u. a. den Abschluß von Handelsabkommen vorsahen, eine Option, die jedoch erst spät realisiert wurde (Estland 1924, Lettland 1927, Litauen 1928). Allerdings beinhaltete der Friedensvertrag mit Estland die Meistbegünstigungsklausel im gegenseitigen Wirtschaftsverkehr sowie Zoll- und Tariffreiheit. 1920–22 spielte das Baltikum, ursprünglich Teil des r.en Wirtschaftsraums, im s.en Außenhandel eine nicht unbedeutende Rolle. Mit Persien unterzeichnete die SU am 26. 2. 1921 einen Friedensvertrag, der auch die Wirtschaftsbeziehungen regelte (ein 1924 abgeschlossenes Handelsabkommen wurde von Persien nicht ratifiziert). Der Durchbruch war aber erst das provisorische Handelsabkommen mit Großbritannien vom 16. 3. 1921, das eine Art von Meistbegünstigung und die Anerkennung des s.en Außenhandelsmonopols festlegte. Handels-, Bank- und Kreditoperationen sollten gefördert werden. Die Regelung der Schuldenfrage wurde ausgeklammert. Am selben Tag unterzeichnete der S.-Staat einen Freundschaftsvertrag mit der Türkei, der den Transitverkehr regelte. Erst 1922 wurde in Istanbul eine Filiale der „Arcos" (All Russian Corporative Society Ltd., Sitz: London) eingerichtet, die den ganzen s.-türkischen Handel abwickelte. 1924 wurde schließlich eine von der „Arcos" betriebene gemischte Gesellschaft „Russo-Turk" gegründet. Mit dem Deutschen Reich wurde am 6. 5. 1921 ein deutsch-r.es Abkommen abgeschlossen, das die Erweiterung der Tätigkeit der Kriegsgefangenenkommissionen beider Seiten vorsah. Zugleich wurde vereinbart, daß die r.e Handelsvertretung in Deutschland als legitime Vertretung der r.en Regierung anzusehen sei und der völkerrechtliche Schutz auf das Eigentum der r.en Regierung ausgedehnt werden sollte. Das bedeutete eine De-facto-Anerkennung der s.en Regierung und des Außenhandelsmonopols. Im selben Jahr zogen weitere kapitalistische Staaten nach – Norwegen (2. 9.), Österreich (7. 12.) und Italien (26. 12.; wurde auf Beschluß des ↑Rats der Volkskommissare vom 9. 6. 1922 nicht ratifiziert). Die SU nahm auch an der Internationalen Wirtschaftskonferenz in ↑Genua teil, doch kam es dort zu keiner Einigung; statt dessen schloß die SU am 16. 4. 1922 den Vertrag von ↑Rapallo ab.

Lit.: Angaben zu Daten und Inhalten von Handelsverträgen vgl. in: Konferenzen und Verträge. Vertrags-Ploetz, Teil II, Bd. 4A, 4B, 5, Würzburg 1959, 1963, 1975; A Calendar of Soviet Treaties, 2 Bde., Stanford (Cal.) 1959, 1980; Dokumenty vnešnej politiki SSSR, M 1957 ff.; v. Knorre, W., Der Ausbau des Außenhandelsmonopols, in: Osteur.-Handbuch. Sowjetunion. Das Wirtschaftssystem, Köln 1965, S. 461–483; Schramm, G. (Hrsg.), Handbuch der Geschichte Rußlands, Bd. 3, 1, Stuttgart 1983, S. 659 ff.   *H.-H.Sch.*

Heer ↑Streitkräfte

Held der Sowjetunion ↑Orden

Historischer Materialismus (Histomat) ↑Marxismus-Leninismus

Hitler-Stalin-Pakt nennt die westliche Geschichtsschreibung den deutsch-s.en Nichtangriffspakt vom 23. 8. 1939, mit dem sich die SU am Vorabend des ↑Zweiten Weltkriegs auf eine Kooperation mit Hitler-Deutschland festlegte. Die Möglichkeit einer solchen Verständigung hatte sich diplomatisch erst im Zuge der deutsch-s.en Wiederannäherung seit April 1939 abgezeichnet. Doch war diese Option von ↑Stalin schon frühzeitig erwogen worden, da die Orientierung an den Westmächten und dem System der „kollektiven Sicherheit" (↑Nichtangriffspakte; ↑Beistandspakte) der SU keine hinreichenden Sicherheitsgarantien gegen die akute Kriegsbedrohung zu bieten schien. Die reservierte Haltung Frankreichs und Englands gegenüber einer Bündniskooperation mit der SU sowie die zögerliche Politik der Westmächte während des ↑Spanischen Bürgerkriegs und der Sudetenkrise von 1938 hatten s.e Bedenken wachsen lassen, daß sie der SU die Hauptlast eines Krieges zuschieben oder gar eine Verständigung mit den Achsenmächten auf Kosten der SU suchen würden. Daher mußte die s.e Politik nach Stalins Auffassung zumindest darauf bedacht sein, Bündnisentscheidungen offenzuhalten, bis es zu einer direkten Konfrontation zwischen den imperialistischen Mächten kam; dann würde die SU in der günstigen Position sein, zum geeigneten Zeitpunkt als möglicherweise kriegsentscheidende Kraft in den Krieg eingreifen zu können.

Die Frage wurde nach dem deutschen Einmarsch in Prag und Hitlers aggressiver Wendung gegen Polen im Frühjahr 1939 akut. Während Großbritannien sich am 31. 3. auf förmliche Sicherheitsgarantien für Polen festlegte, und die Westmächte nun um die militärische Kooperation der SU warben, eröffnete Stalin seinerseits die parallelen Verhandlungen mit Deutschland, die zum Abschluß des H.-S.-P.s führten. Dabei fiel die Entscheidung gegen Großbritannien und Frankreich wahrscheinlich weder wegen deren zögerlicher Verhandlungsführung bzw. ihrer Vorbehalte gegen die s.en Bündnisbedingungen noch wegen der Tatsache, daß die Einigung mit Deutschland der SU territorialen Gewinn verhieß. Den Ausschlag scheint vielmehr Stalins Überlegung gegeben zu haben, daß in dieser Lage der deutsch-s.e Pakt die Deutschen in ihren Absichten gegen Polen bestärken und damit die Herbeiführung jener Kriegskonstellation begünstigen würde, in welcher die SU die angestrebte Schlüsselposition erlangen konnte. Der in ↑Moskau unterzeichnete offizielle Nichtangriffspakt knüpfte an den ↑Berliner Vertrag von 1926 an: Er schloß gegenseitige Gewaltanwendung aus und verpflichtete zur Neutralität bei Konflikten mit Dritten. Ein (erst 1945 im Wortlaut bekannt gewordenes) Geheimes Zusatzprotokoll definierte künftige Einflußsphären beider Staaten nach dem stillschweigend vorausgesetzten deutschen Überfall auf Polen. Danach sollten Finnland, ↑Estland und ↑Lettland dem Einfluß und der eventuellen „Besitznahme" der SU anheimgegeben sein; die Verständigung über das Schicksal des polnischen Staats wurde vertagt, jedoch eine provisorische Grenze an Narev, Weichsel und San festgelegt; auf dem Balkan gestand Deutschland der SU einen nicht näher definierten Anspruch auf ↑Bessarabien zu.

Der Abschluß des H.-S.-P.s hat die Ausgangslage des Zweiten Weltkriegs entscheidend im Sinne der s.en Erwartungen beeinflußt. Während Deutschland nach dem Überfall auf Polen (1. 9. 1939) auch gegen die am 3. 9. 1939 in den Krieg eingetretenen Westmächte zunächst erfolgreich war, vermochte die SU ihre Territorialansprüche aus dem Geheimen Zusatzprotokoll Zug um Zug zu realisieren, ohne unmittelbar in den Krieg hineingezogen zu werden. Am 17. 9. 1939 besetzte die ↑Rote Armee die ostpolnischen Gebiete bis zum Bug, der im deutsch-s.en Freundschafts- und Grenzvertrag vom 28. 9. 1939 als definitive Grenze benannt wurde. Die baltischen Staaten nötigte die SU zunächst zu Beistands- und Stationierungsverträgen (28. 9., 5. 10. und 10. 10. 1939), um sie im Juni 1940 zu besetzen und im Oktober 1940 förmlich zu inkorporieren. Auch Rumänien beugte sich im Juni 1940 s.-deutschem Druck und trat Bessarabien sowie die Nordbukowina (↑Ukraine) an die SU ab. Lediglich Finnland widersetzte sich den s.en Gebiets- und Einflußansprüchen, worauf ein Angriff s.er Truppen am 30. 11. 1939 den ↑s.-finnischen Krieg auslöste. Erste Komplikationen zeichneten sich für die SU hingegen Ende 1940 ab, als Stalins Forderungen nach einer Erweiterung der s.en Einflußsphäre in Skandinavien und Südosteuropa mit deutschen Interessen kollidierten. Die Gegensätze schienen indessen nach dem deutsch-s.en Wirtschaftsabkommen vom 11. 1. 1941 und dem Einlenken der SU angesichts der Erfolge des deutschen Balkanfeldzugs vom April 1941 noch einmal ausgeglichen. So hielt Stalin eine deutsche Wendung gegen die SU, vor der Geheimdienste und westliche Regierungen immer häufiger warnten, weiterhin für unwahrscheinlich; er unterstellte, daß Hitler eine neue Front zwangsläufig vermeiden würde, solange das britische Kriegsengagement anhielt. Erst der Beginn des deutschen Angriffs am 22. 6. 1941 erwies dies als Fehleinschätzung: Er machte das auf dem H.-S.-P. begründete politische Konzept zunichte und leitete den kriegsentscheidenden Anschluß der SU an die Anti-Hitler-Koalition ein. Die s.e Geschichtsschreibung nach 1945 hat den H.-S.-P. lange Zeit als einen gerechtfertigten Defensivakt dargestellt und die Existenz des Geheimen Zusatzprotokolls geleugnet. Erst die umfassende Neubewertung der Stalin-Zeit in der s.en Historikerdiskussion seit 1988 leitete eine offene Auseinandersetzung darüber in der SU ein (↑Glasnost'). Diese erlangte insofern auch politische Bedeutung, als die Republiken Estland, Lettland und ↑Litauen die Rechtmäßigkeit ihrer staatlichen Unabhängigkeitserklärungen von 1990 u. a. mit dem völkerrechtswidrigen Charakter der s.en Annexion aufgrund des H.-S.-P.s begründeten.

Lit.: McSherry, J.E., Stalin, Hitler and Europe, 2 Bde., Cleveland 1968–70; Allard, S., Stalin und Hitler. Die sowjetische Außenpolitik 1930–1941, Bern 1974; Hildebrand, K., Kalkül zwischen Macht und Ideologie. Der Hitler-Stalin-Pakt, Bern 1980; Hildebrand, K./ Schmädeke, J./Zernack, K., (Hrsg.), 1939. An der Schwelle zum Zweiten Weltkrieg. Die Entfesselung des Zweiten Weltkriegs und das internationale System, Berlin/New York 1990; Fleischhauer, I., Der Pakt. Hitler, Stalin und die Initiative der deutschen Diplomatie 1938–1939, Frankfurt a. M. 1990.   *M.G.M.*

Hochschule(n) hießen in der SU alle Höheren Lehranstalten (Vysšie učebnye zavedenija; VUZy). Mit ihren insgesamt 894 Einrichtungen bildeten sie ein umfangreiches, vielgegliedertes System, in das neben den zahlreichen Fach-H. auch die 69 Universitäten des Landes einbezogen waren. Die Ausbildung an den Fach-H. war dabei eng auf den künftigen Beruf des Studenten ausgerichtet und bestimmte dadurch das „Profil" der Anstalt. Der Bedarf an hochqualifizierten Spezialisten wurde frühzeitig jährlich von den zuständigen Fach(↑)ministerien errechnet und dann den einzelnen Fach.-H. als verbindliche Planziffer vorgegeben. Aus diesem Verfahren, das an der Berufswelt orientiert war, ergab sich für jede H. eine doppelte administrative Abhängigkeit. Die allgemeinen Leitungsaufgaben wurden durch das Ministerium für H.-Bildung und Mittlere Fachbildung der UdSSR wahrgenommen; in den einzelnen ↑Unionsrepubliken führten entsprechende Unterbehörden die unmittelbare Leitung aus. Was die Vorbereitung auf die künftigen Berufe betraf, so war jede Fach-H. daneben noch dem entsprechenden Ressortministerium unterstellt, für dessen Fachgebiet sie den qualifizierten Nachwuchs heranbildete. Dadurch sollte die Nachfrage an qualifizierten Spezialisten bereits frühzeitig – zu Beginn des Studiums – ermittelt werden; die Absolventen der Fach-H. standen den Behörden nach ihrem Studium daher auch zur Disposition. Grundlage dieses Planungsschemas war die „Kaderpolitik" (↑Kader), die sich in den 30er Jahren unter ↑Stalin endgültig durchsetzte, bis zuletzt allerdings nicht ohne erhebliche Planungsfehler ablief.

Bereits im 19.Jh. war das von Alexander I. (↑LGR) geschaffene Universitätssystem durch die Gründung von Fach-H. ergänzt worden. Unter der S.-Regierung wurden schon zu Beginn der 20er Jahre zahlreiche Universitäten und Fach-H. gegründet, die freilich nur über eine ungenügende materielle Basis verfügten. Die Studienpläne hatten vielfach noch Versuchscharakter. Erst mit dem Beginn der Herrschaft Stalins wurden Universitäten und H. zu einem Instrument der volkswirtschaftlichen Planungspolitik. Der Bedarf an Spezialisten bestimmte auch Zahlenverhältnis und fachliche Gliederung der H. Den größten Teil der Fach-H. nahmen die Technischen H. ein, von denen etwa 200 bestanden; sie versorgten das Land mit Ingenieuren für die ↑Industrie und die Volkswirtschaft. Nach der Anzahl folgen dann die Pädagogischen H. (für die Lehrerausbildung an der Mittelschule; ↑Schulen); die Medizinischen H. (für die Heranbildung der Ärzte); die Landwirtschaftlichen H. (für die Ausbildung des wissenschaftlich qualifizierten agronomischen Personals). Niedrigere Zahlen wiesen dann die übrigen, fachlich gegliederten H. auf; so die H. für Wirtschaft und Recht, für Kunst und Kultur; die Konservatorien und Archivschulen. Die Universitäten spielten im Zusammenhang der H. eine besondere Rolle. Sie waren einerseits für die Heranbildung des wissenschaftlichen Nachwuchses bestimmt (obwohl dort auch Lehrerausbildung stattfand). Auf der anderen Seite sollten sie auch die wissenschaftlich-kulturellen Zentren ihrer Region (Unionsrepubliken oder ↑Autonome Republiken) bilden; viele wurden erst nach dem ↑Zweiten Weltkrieg gegründet.

Die einzelnen H. gliederten sich in Fakultäten, die von Dekanen geleitet wurden. An der Spitze der H. stand der Rektor; sowohl dem Rektor als auch den Dekanen waren Wissenschaftliche Räte beigegeben, die über die wichtigsten Fragen von Lehre und Forschung (↑Aspirantur) bestimmten. Theoretisch-leitendes Organ war die Monatszeitschrift „Vestnik vysšej školy" (H.-Bote), die von dem Ministerium für H.-Bildung und Mittlere Fachbildung der UdSSR herausgegeben wurde.

Kennzeichen der Fach-H. war eine hochgradige Spezialisierung. Für die Studenten ergab sich dadurch automatisch ein vorgegebener Numerus clausus, dessen Kontingente sich an den späteren Berufschancen orientierten. Der Andrang zum Studium war dennoch unvermindert hoch, da in der SU nur über das Studium an den H. Berufe mit Einfluß und Privilegien erreicht werden konnten. Dadurch wurde auch die Anzahl der Studenten staatlich gesteuert. Sie betrug zuletzt insgesamt 5,1 Mio. Dabei muß jedoch berücksichtigt werden, daß nur wenig mehr als die Hälfte (2,7 Mio.) im „Direktstudium" studierten; der Rest absolvierte sein Studium nebenberuflich (im Abend- oder Fernstudium). Voraussetzung für die Aufnahme an eine H. war die Absolvierung einer zehnjährigen Ausbildung an der Mittelschule, die durch eine wahlweise Ausbildung an einer berufsbildenden Schule oder an einer Mittleren Fachschule ergänzt werden konnte. Eingangsvoraussetzungen und umfangreiche Aufnahmeprüfungen standen vor der Zulassung zum Studium; nach Abschluß wurde den Absolventen ein Arbeitsplatz garantiert. Die Mehrzahl der Studenten erhielt ein staatliches Stipendium; es bemaß sich in der Vergabe und in der Höhe nach den Studienleistungen und reichte in der Regel zum Lebensunterhalt. Ein Merkmal des Studiums in der SU war nicht nur eine starke Verschulung, sondern auch der hohe Spezialisierungsgrad, der sich aus der Ausrichtung auf den künftigen Beruf ergab. Der Anteil der Frauen an den Studenten mit 55 % war relativ hoch. Trotz der verbindlichen Studienpläne und der überall gültigen Studieninhalte gab es bemerkenswerte Unterschiede in der Qualität der Universitäten und H., was ihr wissenschaftliches Niveau und die personelle wie instrumentelle Ausstattung betraf. Die Anstalten der Hauptstädte (↑Moskau, ↑Leningrad, ↑Kiev, ↑Tbilisi oder ↑Taškent) standen dabei obenan; zu den Einrichtungen an der Peripherie war ein deutliches Niveaugefälle zu beobachten.

Lit.: Meyer, K., Das wissenschaftliche Leben in der UdSSR, Berlin ²1963; Čutkerašvili, E., Kadry dlja nauki, M 1968; Narodnoe obrazovanie, nauka i kul'tura v SSSR, M 1977; Anweiler, O./Meyer, K., Die sowjetische Bildungspolitik von 1917–60, Berlin ²1979; Anweiler, O./Kuebart, F./Meyer, K., Die sowjetische Bildungspolitik von 1958 bis 1973, Berlin 1976; Novikov, L., Hochschulen in der Sowjetunion. Eine Untersuchung zum Verhältnis von Bildungs- und Beschäftigungssystem, Weinheim/Basel 1981. *K.M.*

„Hooliganismus" (chuliganstvo, Übernahme aus dem Englischen), zu deutsch etwa ‚Rowdytum‘, ist ein Begriff aus dem s.en Strafrecht. Der Kriminalkodex von 1922 (UK RSFSR 1922, § 176) bezeichnete damit „mutwillige, ziellose

Handlungen, die mit offensichtlicher Mißachtung einzelner Bürger oder der Gesellschaft insgesamt verbunden sind". Als Strafe war Besserungsarbeit oder Haft bis zu einem Jahr vorgesehen. Zwischen 1925 und 1932 wurde – nicht zuletzt wegen der in Banden organisierten verwahrlosten und obdachlosen Kinder (besprizornye), deren man nicht Herr wurde – ein Siebtel der Urteile in der ↑RSFSR wegen dieses Delikts gefällt. Im Rahmen der Kampagne gegen den H. 1925/26 wurde die Strafzumessung verschärft und der Inhalt des Begriffs erweitert. Neben Beleidigung, Schlägereien, willkürlicher Verletzung der Gesetze, Widerstand gegen die Staatsgewalt wurden auch Angriffe auf die S.-Macht und die Produktionsdisziplin dazu gerechnet. Im Zusammenhang mit dem Gesetz über das sozialistische Eigentum (SZ 1932, No. 62, § 360) verlor H. als Straftatbestand zeitweise an Bedeutung. Das Strafgesetzbuch der RSFSR von 1960 (UK RSFSR 1960, § 206) definiert H. als „vorsätzliche Handlungen, welche die öffentliche Ordnung grob stören oder offene Mißachtung der Gesellschaft ausdrücken". Als „bösartigen H." bezeichnet das Stafrecht Taten, die sich durch besonderen Zynismus oder besondere Grobheit auszeichnen oder mit Widerstandshandlungen gegen Miliz oder Ordnungsdienste verbunden sind. Leichtere Fälle können mit Geldstrafen oder Freiheitsentzug bis zu einem Jahr bestraft werden, für „bösartigen H." sind Haftstrafen von einem bis zu fünf Jahren vorgesehen.

Lit.: BSĖ, M [1]1926 ff.; Strafgesetzbuch der RSFSR vom 22. November 1926, Berlin/Leipzig 1931; Ugolovnyj kodeks RSFSR. S izmenenijami i dopolnenijami na 1 janvarja 1978 g., M 1978. *H.-H.Sch.*

Hungersnöte[-not] hat es in der r.en Geschichte wiederholt gegeben. Angesichts der ungünstigen agrargeographischen Bedingungen – ein großer Teil der fruchtbaren Schwarzerderegion liegt in Zonen jährlich schwankender Niederschläge – und einer großen agrarischen Überbevölkerung, welche die Möglichkeit zur Reservenbildung einschränkte, führten Mißernten rasch zu Krisensituationen. Nach der ↑Oktober-Revolution kam es zu zwei Hungerkatastrophen – 1921 und 1932. Die H. von 1921 war Folge von ↑Bürgerkrieg und ↑Kriegskommunismus. Die Requisitionspolitik (↑Requirierungen) hatte die ↑Bauern dazu veranlaßt, die Saatflächen einzuschränken. Als 1921 Niederschläge weitgehend ausblieben, kam es zu einer Mißernte, die insbesondere in Süd-R. zu einer Katastrophe führte. Nach offiziellen Angaben starben 4–5 Mio. Menschen. Die H. von 1932–34 war Ergebnis der verfehlten Kollektivierungspolitik (↑Kollektivierung), die zu einem Zusammenbruch der landwirtschaftlichen Produktion führte. Nach westlichen Schätzungen kostete die H. 1932–34 5,5 Mio. Menschenleben.

Lit.: Meyer, G., Studien zur sozialökonomischen Entwicklung Sowjetrußlands 1921–1923, Köln 1974; Itogi bor'by s golodom v 1921–22 gg., M 1922; Dalrymple, D. G., The Soviet Famine of 1932–34, in: Sov. Stud. 15 (1963/64) S. 250–284; dies., The Soviet Famine of 1932–1934. Some Further References, ebd. 16 (1964/65) S. 471–474; Lorenz, R., Sozialgeschichte der Sowjetunion 1917–1945, Frankfurt a. M. 1976; Conquest, R., Ernte des Todes. Stalins Holocaust in der Ukraine, München 1988; Merl, St., Wie viele Opfer forderte die „Liquidierung der Kulaken als Klasse"? Anmerkungen zu einem Buch von Robert Conquest, in: Geschichte und Gesellschaft 14 (1988), S. 534–540. *H.-H.Sch.*

Ideologie ↑Leninismus, ↑Marxismus-Leninismus, ↑Stalinismus

Industrialisierung (im sowjetischen Sprachgebrauch gewöhnlich: sozialistische Industrialisierung in der UdSSR). Die I. des S.-Staates zwecks Herstellung der sozialökonomischen Grundlage für den Aufbau des ↑Sozialismus war das Ziel aller Gruppierungen innerhalb der ↑Kommunistischen Partei. Dissens bestand lediglich über Industrialisierungsstrategie und Zeithorizont. Die SU war in der Phase der ↑Neuen Ökonomischen Politik ein Agrarland, in dem die kleine Warenproduktion überwog. Die im ↑Kriegskommunismus stark abgesunkene Industrieproduktion erholte sich langsam wieder und erreichte 1926/27 den Vorkriegsstand. Bereits 1924 begann die politische Auseinandersetzung um den einzuschlagenden Industrialisierungskurs. In dieser Debatte, die auch durch die parteiinternen Konflikte beeinflußt wurde, standen sich verschiedene Positionen gegenüber. Preobraženskij (1886–1937) hielt eine Akkumulation zu Lasten der privatwirtschaftlichen ↑Landwirtschaft für notwendig. Durch Instrumente der Steuer- und Preispolitik sollte ein Werttransfer in die staatliche Großindustrie bewirkt werden, um so den sozialistischen Sektor zu stärken und die Produktionsgüterindustrie vordringlich zu entwickeln. ↑Bucharin dagegen vertrat die Position einer „gleichgewichtigen" Entwicklung. Industrielles Wachstum sollte zunächst durch Ausbau der Landwirtschaft und Stärkung der Nachfrage nach industriellen Konsumgütern induziert werden. Die tatsächliche Entwicklung folgte keiner der beiden Konzeptionen. Zwar wurde eine I. initiiert, die vor allem auf Ausbau der Produktionsgüterindustrie hinauslief, doch führte die gewaltsame ↑Kollektivierung dazu, daß ein Werttransfer aus der Landwirtschaft in den Industriesektor in großem Ausmaß nicht mehr möglich war. Trotz solcher politischer Fehlgriffe, zahlreicher Planungsmängel und struktureller Probleme, wie Mangel an Facharbeitern und Ingenieuren, Transportproblemen u. a., gelang es der s.en Führung, in wenigen Jahren die Grundlagen für eine moderne ↑Industrie zu schaffen.

Sowjetische und westliche Angaben über das Wachstum der s.en Industrieproduktion 1928–1937 (1928 = 100 %)

Jahr	Gesamte Industrie		Großindustrie	
	s.e Angaben	*westl. Angaben*	*s.e Angaben*	*westl. Angaben*
1928	100 %	100 %	100 %	100 %
1933	213 %	165 %	251 %	192 %
1937	446 %	287 %	537 %	371 %

Selbst wenn man von westlichen Schätzungen ausgeht, weist die s.e Industrieproduktion ein erhebliches Wachstumstempo auf. In diesen Jahren wurde die industrielle Basis geschaffen, die der SU im ↑Zweiten Weltkrieg erfolgreichen Widerstand gegen den deutschen Angriff möglich machte. Andererseits wirkten die Strukturentscheidungen – Schwergewicht bei der Produktionsgüterindustrie, unzureichende Förderung der Infrastruktur, Vernachlässigung der landwirtschaftlichen Produktion – bis zuletzt nach. Die Strukturmängel der s.en bzw. r.en Volkswirtschaft der jüngsten Zeit sind Folgen des in den 30er Jahren gewählten I.s-Weges.

Lit.: Carr, E. H./Davies, R. W., Foundations of a Planned Economy, 1926–29, 2 Bde., Harmondsworth 1974 u. 1976; Erlich, A., Die Industrialisierungsdebatte in der Sowjetunion, 1924–28, Frankfurt a. M. 1971; Lorenz, R., Sozialgeschichte der Sowjetunion I. 1917–45, Frankfurt a. M. 1976; Istorija industrializacii SSSR 1926–1941 gg., 4 Bde., M 1969–73; Zaleski, E., Planning for Economic Growth in the Soviet Union, 1918–1932, Chapel Hill 1971; ders., Stalinist Planning for Economic Growth, 1933–52, London 1980.

H.-H.Sch.

Industrie galt den ↑Bolschewisten als Grundlage für die Errichtung einer sozialistischen Gesellschaft. So war der rasche Ausbau der I. und die Verwandlung der UdSSR aus einem Agrarstaat in einen I.-Staat ein vordringliches Ziel der s.en Führung. Sie konnte auf dem aufbauen, was vor der ↑Oktober-Revolution für den Aufbau der I. in R. getan worden war. Mit massiver Unterstützung des Staates war im letzten Jahrzehnt des 19. Jh.s eine Produktionsgüter-I. aufgebaut worden, die auch nach 1905, als die Konsumgüter-I. rascher zu wachsen begann, dominierte. Im Rahmen einer „nachholenden ↑Industrialisierung" war die I. mit hohem Tempo ausgebaut worden; der Staat hatte den nicht vorhandenen Markt substituiert.

Erster Weltkrieg (↑LGR), Revolution und ↑Kriegskommunismus unterbrachen diese Entwicklung. Die Großbetriebe wurden nach 1917 sukzessive nationalisiert, 1920 schließlich auch die Betriebe der Klein-I. Kriegszerstörungen, Roh- und Brennstoffmangel führten zu einem Niedergang der I.-Produktion, die 1920/21 noch etwa 20 % des Stands von 1913 betrug. Nach dem Übergang zur ↑Neuen Ökonomischen Politik erholte sich die I. wieder. An die Stelle der bürokratischen Verwaltungsformen des Kriegskommunismus traten Trusts und Syndikate, so daß die I. auf dem Markt der NÖP eine recht starke Position innehatte. Die Kleinbetriebe wurden reprivatisiert. Mitte der 20er Jahre erreichte die I.-Produktion wieder den Vorkriegsstand. Die Grundfonds waren jedoch veraltet und abgenutzt, so daß umfangreiche Neuinvestitionen dringlich wurden. Die Strategie der Industrialisierung wurde in der zweiten Hälfte der 20er Jahre intensiv diskutiert, die Entscheidung fiel schließlich mit dem Übergang zur forcierten Industrialisierung und dem Eintritt in die Periode der ↑Fünfjahrpläne 1928/29. Die I. wurde mit hohem Tempo ausgebaut, wobei das Schwergewicht auf der Produktionsgüter-I. lag. Das industrielle Wachstum wurde vor allem auf extensivem Wege erreicht, durch vermehrte Einbeziehung von Ressourcen. Das Übergewicht der Produktionsgüter-I. und der extensive Charakter des Wachstums sind bis in neueste Zeit Kennzeichen der s.en I.-Struktur geblieben. Dennoch wurden beachtliche Erfolge erzielt:

Produktion ausgewählter I.-Erzeugnisse 1913–1940

	1913	1928	1932	1937	1940
Elektroenergie (Mrd.kw/h)	2,0	5,0	13,5	36,2	48,3
Erdöl (Mio.t)	10,3	11,6	21,4	28,5	31,1
Kohle (Mio.t)	29,2	35,5	64,4	128,0	165,9
Roheisen (Mio.t)	4,2	3,3	6,2	14,5	14,9
Stahl (Mio.t)	4,3	4,2	5,9	17,7	18,3
Werkzeugmaschinen (1000)	1,8	2,0	19,7	48,5	58,4
Traktoren (1000)	–	1,3	48,9	51,0	31,6
Baumwollstoffe (Mio.lfd.m)	2672	2678	2694	3448	3954

Der Mangel an qualifiziertem Personal, Disproportionalitäten in der Entwicklung, unzureichende Investitionen in die Verkehrsinfrastruktur, niedrige Produktivität und Qualitätsmängel wirkten sich auf die I.-Produktion negativ aus. Die Verschärfung der außenpolitischen Situation führte in der zweiten Hälfte der 30er Jahre zu einer Ausweitung der Rüstungsproduktion. Dennoch traf der deutsche Überfall die SU 1941 unvorbereitet. Der rasche Vormarsch der Wehrmacht im ↑Zweiten Weltkrieg erzwang die Verlagerung zahlreicher I.-Betriebe in den Osten. Trotz dieser Erschwernisse gelang die Umstellung auf Kriegsproduktion. Mit Unterstützung durch Lieferungen der Westalliierten (↑Land-Lease-Act) und unter großen Entbehrungen der Bevölkerung wurde eine leistungsfähige Rüstungs-I. aufgebaut:

Entwicklung der I.-Produktion 1940–1945

	1940	1941	1942	1943	1944	1945
Produktionsgüter	100	111	100	119	139	112
darunter:						
-Panzer	100	112	184	234	296	276
-Flugzeuge	100	126	178	223	239	177
-Roheisen	100	93	32	38	49	59
Konsumgüter	100	77	41	45	49	59

Die Kriegszerstörungen waren erheblich. Geht man vom Stand des Jahres 1940 aus, so waren 60 % der Stahlverhüttungskapazitäten und 60 % der Kohleförderungskapazitäten vernichtet. 65 000 km Eisenbahn (↑Verkehrswege) waren zerstört worden. Innerhalb von nur drei Jahren wurde ein großer Teil der I.-Anlagen wieder aufgebaut. 1948 wurde im Produktionsgüterbereich, 1949 im Konsumgütersektor der Vorkriegsstand erreicht und übertroffen. Die Priorität lag dabei einseitig bei der Erzeugung von Produktionsgütern und – angesichts des ↑Kalten Krieges – bei der Rüstungs-I. Erst in den 50er Jahren begann die Führung über eine Verlagerung der Prioritäten nachzudenken, doch konnte sich eine derartige Orientierung bis 1991 nicht durchsetzen.

Produktion ausgewählter I.-Erzeugnisse 1940–1980

	1940	1945	1950	1960	1970	1980
Elektroenergie Mrd. kw/h)	48,3	43,3	91,2	292,3	740,9	1295
Erdöl (Mio.t)	31,1	19,4	37,9	147,9	353,0	603
Kohle (Mio.t)	165,9	149,3	261,1	509,6	624,1	716
Roheisen (Mio.t)	14,9	8,8	19,2	46,8	85,9	109
Stahl (Mio.t)	18,3	12,3	27,3	65,3	115,9	148
Werkzeugmaschinen (1000)	58,4	38,4	70,6	155,9	202,3	230
Traktoren (1000)	31,6	7,7	116,7	238,5	458,5	555
Baumwollstoffe (Mio.lfd.m)	3954	1616	3899	6387	7482	8027

Im Vergleich zu den entwickelten I.-Ländern wuchs die I.-Produktion der SU sehr rasch. Die Wachstumsraten gingen aber allmählich zurück, und in der zweiten Hälfte der 70er Jahre geriet die s.e I. in eine Wachstumskrise, da es nicht gelungen war, das extensive Wachstum in ein intensives zu überführen. Mit der Verknappung der vorhandenen Ressourcen (Arbeitskräfte u. a.) wurde die niedrige Produktivität und die Innovationsschwäche der I. immer stärker fühlbar. Unter ↑Gorbačev begann eine durchgreifende Reform der wirtschaftlichen Mechanismen. Fehlgriffe der Reform führten in eine tiefe wirtschaftliche Krise.

Lit.: Lorenz, R., Sozialgeschichte der Sowjetunion I, 1917–1945, Frankfurt a. M. 1976; Nove, A., An Economic History of the U.S.S.R., Harmondsworth 1980; Zaleski, E., Planning for Economic Growth in the Soviet Union, 1918–1932, Chapel Hill, 1971; ders.: Stalinist Planning for Economic Growth, 1933–1952, London 1980; Narodnoe chozjajstvo SSSR 1922–1972 gg. Jubilejnyj statističeskij ežegodnik, M 1972; Narodnoe chozjajstvo SSSR v ... g. Statističeskij ežegodnik, M. (erschien jährlich). *H.-H.Sch.*

Industrie-Partei. Überall auf der Suche nach „Konterrevolutionären", „Saboteuren" und „Schädlingen", die den sozialistischen Aufbau bedrohten, machten ↑Geheimpolizei und Strafverfolgungsbehörden Anfang der 30er Jahre eine illegale Organisation von bürgerlichen Wirtschaftsfachleuten und Ingenieuren ausfindig, der sie den Namen I.-P. gaben. Als Gründer ihrer „Zentrale" wurden in der ↑„Pravda" die Ingenieure Plačinskij, Fedorovič und Rabinovič genannt. In engem Kontakt mit großkapitalistischen Emigrantenkreisen in Paris und unter der Führung von in R. verbliebenen ehemaligen Großindustriellen sollte es dieser I.-P. gelungen sein, bis auf höchste Posten in ↑Gosplan und im ↑Obersten Volkswirtschaftsrat vorzudringen: Mit „Schädlingsarbeit" in der Industrie und im Transportwesen – so der Vorwurf – sollten Ressourcen lahmgelegt, Disproportionen zwischen den einzelnen Wirtschaftszweigen erzeugt, das Tempo des sozialistischen Aufbaus gedrosselt und Unzufriedenheit unter den Werktätigen hervorgerufen werden. Das Ziel der „antis.en Wühlarbeit" sei der Sturz der ↑Diktatur des Proletariats und die Restauration des Kapitalismus gewesen.

Im Oktober 1930 wurde die angebliche Führung dieser I.-P. verhaftet und Ende des Jahres vor Gericht gestellt. Von den acht Angeklagten wurden fünf zum Tode verurteilt, die übrigen zu langjährigen Freiheitsstrafen (wobei das Präsidium des ↑Zentralen Exekutivkomitees die Todesstrafen nachträglich in Zeitstrafen umwandelte).

Lit.: Trifonov, I. Ja., Očerki istorii klassovoj bor'by v SSSR v gody NĖPa (1921–37), M 1960; Ziehr, W., Die Entwicklung des „Schauprozesses" in der Sowjetunion. Ein Beitrag zur sowjetischen Innenpolitik 1928–1938, Berlin 1969. *H.A.*

INF-Vertrag ist das Kürzel für den „Vertrag über die Abschaffung der landgestützten Mittelstrecken-Atomwaffen" (*Intermediate Range Nuclear Forces*), der am 8. 12. 1987 in ↑Moskau zwischen der SU und den USA geschlossen und am 27. 5. 1988 vom US-Senat ratifiziert wurde. Er regelte die Vernichtung der ca. 2600 in Europa stationierten Raketen der Reichweite von 500 bis 5500 km innerhalb von 36 Monaten; in die vereinbarten Kontrollregelungen wurden die westeuropäischen Stationierungsländer von US-Atomwaffen durch separate Abkommen mit den USA einbezogen. Der INF-V. stellte die erste substantielle Abrüstungsvereinbarung zwischen den Supermächten nach dem ↑Zweiten Weltkrieg dar. Während der ABM-Vertrag von 1972 sowie der SALT I-Vertrag von 1973 lediglich Obergrenzen weiterer Rüstung fixierten, trat das Abkommen von 1974 über die bedingte Einstellung von Atomtests ebensowenig in Kraft wie der SALT II-Vertrag von 1979, dessen Ratifizierung die USA angesichts der Stationierung neuer s.er Mittelstreckenraketen in Europa sowie der s.en Invasion ↑Afghanistans verweigerten. Aufgrund des sog. Nato-Doppelbeschlusses zur Nachrüstung in Europa boten die USA dann 1981 erstmals an, über eine „Nullösung" in bezug auf Mittelstreckenwaffen zu verhandeln. Zu einer Annäherung darüber kam es jedoch erst im Zuge der neuen Außenpolitik ↑Gorbačevs (die u. a. weitgehende s.e Zugeständnisse in der umstrittenen Frage der gegenseitigen Verifizierung von Abrüstungsmaßnahmen vor Ort brachte) sowie im Rahmen der s.-amerikanischen Einigung über das Ziel einer Reduzierung der strategischen Nuklearwaffen auf der „Konferenz für vertrauensbildende Maßnahmen und Abrüstung in Europa" (KSZE) von 1986: Die Verhandlungen über den INF-V. bildeten zunächst nur eine begleitende Initiative zu den nun begonnenen START-Gesprächen, führten indessen unabhängig von diesen zur ersten definitiven Übereinkunft.

Lit.: Risse-Kappen, Th., Null-Lösung. Entscheidungsprozesse zu den Mittelstreckenwaffen 1970–1987, Frankfurt a. M./New York 1988.   *M.G.M.*

Ingušen ↑Russische Sozialistische Föderative Sowjetrepublik

Institut der Roten Professur (Institut krasnoj professury, IKP) war die Bezeichnung für eine Spezial(↑)hochschule in der SU, deren Aufgabe es war, marxistisch geschultes Hochschulpersonal für die Lehrtätigkeit im Fach Gesellschaftswissenschaften bereitzustellen. Das IKP wurde durch Verordnung des ↑Rates der Volkskommissare vom 11. 2. 1921 ins Leben gerufen. Der Studiengang erstreckte sich über drei Jahre. Das IKP war in verschiedene Abteilungen gegliedert (zu der ökonomischen, historischen und philosophischen Abteilung traten später noch weitere hinzu). Rektor des IKP war von 1921 bis zu seinem Tode 1932 der bekannte marxistische Historiker M. N. ↑Pokrovskij. Das IKP hatten viele Persönlichkeiten durchlaufen, die später in ↑Partei, Politik und Wissenschaft der SU eine wichtige Rolle spielten. Nach verschiedenen Umgliederungen, die auch durch außerwissenschaftliche Faktoren bestimmt wurden, wurde das IKP 1937/38 aufgelöst.

Lit.: K istorii Instituta krasnoj professury, in: Ist. Arch. 1958, Nr. 6, S. 73–90; Anweiler, O./Meyer, K., Die sowjetische Bildungspolitik 1917–1960. Dokumente und Texte, Berlin ²1979.   *K.M.*

Institut für Marxismus-Leninismus (Institut Marksizma-Leninizma pri CK KPSS; IML) war der Name für die zentrale Forschungs- und Publikationsstelle der ↑KPdSU in ↑Moskau. Die Vorformen des IML gehen noch auf Bestrebungen ↑Lenins zurück, eine Ausgabe der Werke von Marx und Engels herauszugeben, die jedoch unvollendet blieb. 1920 entstand das „erste Marx-Museum der Welt", das 1921 in das „Marx-Engels-Institut" (Institut K. Marksa i F. Ėngel'sa", IMĖ) umgewandelt wurde. Seitdem existierte das Institut unter wechselnden Namen und in wechselnden Abhängigkeitsverhältnissen, bis es schließlich am 28. 3. 1956 den Namen Institut für Marxismus-Leninismus erhielt und dem ↑ZK der KPdSU unterstellt wurde. Das IML sammelte und bewahrte alle Schriften und Dokumente, die mit Leben und Werk von Marx, Engels und Lenin zusammenhingen, sowie alle bedeutenden Dokumente, welche die Geschichte der KPdSU betrafen, und publizierte sie. Es beherbergte das Zentrale Parteiarchiv (CPA

IML). Unter den Veröffentlichungen des IML sind die Gesamtausgaben Lenins (4. Auflage M 1941–67, 40 Bde., ins Deutsche übersetzt; 5. Auflage M 1958–65, 55 Bde.) zu nennen, aber auch die „Geschichte der KPdSU", M 1964 ff., 6 Bde., oder die „Geschichte des ↑Großen Vaterländischen Krieges der SU", M 1960–65, 6 Bde. Das IML besaß in jeder ↑Unionsrepublik eine Filiale, die u. a. auch die lokalen Lenin-Museen betreute. Seit 1957 gab das IML die Zeitschrift „Voprosy istorii KPSS" („Fragen der Geschichte der KPdSU") heraus.

Lit.: Običkin, G. D., Važnyj centr propagandy marksistko-leninskoj teorii, in: Vopr. Ist., 1961, Nr. 6, S. 3–12; IML k 100-letiju so dnja roždenija V.I. Lenina, in: Kommunist, 1968, Nr. 17, S. 52–56; Verchovcev, I. P./Levina, Z. A., Idejnyj arsenal kommunistov, M 1971.

K.M.

Intelligencija oder „Intelligenz" als Kollektivbegriff für Intellektuelle bezeichnete im Verständnis der Mehrheit der s.en Autoren eine gesellschaftliche Schicht (proslojka), die sich durch die Merkmale ihrer beruflichen Tätigkeit – hochqualifizierte geistige Arbeit – von der ↑Arbeiter-↑Klasse und der ↑Kolchoz-↑Bauernschaft einerseits und den Angestellten (služaščie) andererseits unterschied. Zur I. zählten danach vor allem Personen mit Hoch- oder Fachschulbildung sowie diejenigen, die entsprechende Tätigkeiten ohne spezielle Ausbildung ausübten, sogenannte „Praktiker" (praktiki). In einem engeren, weniger sozialwissenschaftlich geprägten Sinne, der an den früheren „Mythos der I. als Opposition" (↑Intelligencija [↑LGR]) anknüpfte, wurde I. mitunter auch im Sinne einer kritischen Bildungselite verstanden.

Nach der ↑Oktober-Revolution waren die ↑Bolschewisten in vielen Bereichen (Industrieproduktion, Verwaltung, Militär u. a.) auf die Zusammenarbeit mit dem vorhandenen Führungspersonal – den „bürgerlichen Spezialisten" – angewiesen, da nur ein geringer Teil der Parteimitglieder über Spezialkenntnisse verfügte. Dies führte zu Problemen, da einerseits die Bolschewisten der „bürgerlichen I." mißtrauten, diese wiederum die S.-Macht ablehnte. Während der ↑Neuen Ökonomischen Politik wurden „bürgerliche Spezialisten" in großem Umfang zur Mitarbeit herangezogen. Im Rahmen der ↑Smena-Vech-Bewegung gelang es auch, eine Reihe von Emigranten zur Rückkehr zu bewegen. Mit dem Übergang zur forcierten ↑Industrialisierung setzte eine Wende ein. Während der „Schädlingskampagne" (1928–1931; ↑Schauprozesse) wurden bürgerliche Spezialisten verfolgt und als Sündenböcke für Fehlentwicklungen hingestellt. Zugleich begann der beschleunigte Aufbau einer „s.en I.". Über die Reform der ↑Hochschulen und durch „vydviženie", d. h. Beförderung von Produktionsarbeitern in verantwortliche Positionen, suchte man eine neue, durch proletarische Herkunft und Parteizugehörigkeit ausgewiesene I. zu schaffen. In den folgenden Jahren nahm die Zahl der zur I. gezählten Personen ständig zu. Der s.e Soziologe S. L. Senjavskij machte folgende Angaben: 1940 2,4 Mio., 1945 2,2 Mio., 1950 3,2 Mio., 1955 5,1 Mio., 1960 8,8 Mio., 1965 12 Mio. und 1970 16,8 Mio. Innerhalb der I. unterschieden die s.en Autoren die I., die in der Sphäre der materiellen Produktion tätig war (Manager, Ingenieure und Techniker, Agronomen, Zoologen, Veterinäre u.a.), die I., die in den Bereichen Wissenschaft, Kunst, Bildung und ↑Gesundheitswesen tätig war (Hochschullehrer, Journalisten, Lehrer, Künstler, Musiker, Schauspieler, Ärzte), und die I. im Staatsapparat und in der Leitung gesellschaftlicher Organisationen (Richter, Staatsanwälte, Advokaten, Funktionsträger in den Apparaten von Staat, ↑Partei, ↑Gewerkschaften, ↑Komsomol usw.).

Lit.: Bailes, K. E., Technology and Society under Lenin and Stalin. Origins of the Soviet Technical Intelligentsia, 1917–1941, Princeton (N. J.) 1978; Lampert, N., The Technical Intelligentsia and the Soviet State. A Study of Soviet Managers and Technicians 1928–1935, London 1979; Sovetskaja intelligencija. Kratkij očerk istorii (1917–1975 gg.), M 1977; Senjavskij, S. L., Izmenenija v social'noj strukture sovetskogo obščestva 1938–1970, M 1973; Zezina, M. R., Sovetskaja intelligencija v uslovijach razvitogo socializma, M 1982.

H.-H.Sch.

Internationalismus als Grundsatz des revolutionären ↑Marxismus-Leninismus kennzeichnete dem Anspruch nach die besondere, neuartige Qualität der gesamten s.en Außenpolitik seit der ↑Oktober-Revolution. Die Deutungen und politischen Konsequenzen dieses Grundsatzes haben sich mit der Zeit wesentlich gewandelt. Nach ↑Lenins Revolutionstheorie war der I. zunächst ein strategisches Gebot im Kampf gegen die ebenfalls internationalisierte, d. h. zu einem Weltsystem gewordene Herrschaft des Kapitalismus: Der 1914 entfesselte imperialistische Krieg müsse in einen Bürgerkrieg gegen den Imperialismus überführt werden; in diesem aber werde das Proletariat der Industrieländer nicht allein siegen können, sondern nur im Bündnis mit allen vom Imperialismus unterdrückten Klassen und Völkern in der Welt. Auch nach dem Sieg der ↑Bolschewisten in R. behielt dieser strategische Aspekt vorerst Gültigkeit, da diese an ein baldiges weltweites Ausgreifen der Revolution glaubten. Entsprechend legte sich die ↑RSFSR nicht nur im Rahmen der ↑Komintern, sondern auch in ihrer staatlichen Außenpolitik (↑Dekret über den Frieden) darauf fest, im Sinne der revolutionären Interessen des Weltproletariats zu handeln. In dem Maße allerdings, wie die weltrevolutionären Hoffnungen in der Folge schwanden, wurde auch die Tendenz zu einer Unterordnung des proletarischen I. unter die staatlichen Interessen der SU erkennbar, wie sie ↑Stalin schließlich mit der Theorie vom ↑„Sozialismus in einem Lande" auch programmatisch begründete. Zwar stand noch das Eingreifen der SU in den ↑Spanischen Bürgerkrieg zumindest propagandistisch im Zeichen des I. Doch wurde der Wandel in der fortschreitenden Instrumentalisierung und schließlichen Auflösung der Komintern (1943) offenbar. Nach dem ↑Zweiten Weltkrieg wurde die Ideologie des I. in anderen politischen Zusammenhängen aktualisiert: Einerseits berief sich die SU seit dem ↑Kalten Krieg auf den I. als Integrationsprinzip des ↑Sozialistischen Lagers sowie als Grundlage des unter ↑Chruščev forcierten Werbens um die Länder der Dritten Welt, und sie rechtfertigte mit dem I. auch die Intervention in der ČSSR von 1968. Andererseits wurde der s.e Anspruch auf globale Vertretung proletarisch-revolutionärer Interessen auch innerhalb des Sozialistischen Lagers, seit den 60er Jahren vor allem von China, zunehmend in Frage gestellt.

Lit.: Nollau, G., Die Internationale. Wurzeln und Erscheinungsformen des proletarischen Internationalismus, Köln/Berlin 1961; Geyer, D., Voraussetzungen sowjetischer Außenpolitik in der Zwischenkriegszeit, in: Osteuropa-Handbuch. Sowjetunion, Außenpolitik I, Köln/Wien 1972.   *M.G.M.*

Intervention, alliierte I. ↑Bürgerkrieg

Intourist (Inturist) war eine Allunionsaktiengesellschaft (VAO), zuständig für die Abwicklung des Auslandstourismus in die SU und für die Organisation von touristischen Reisen s.er Staatsbürger ins Ausland. Mit dieser Zielsetzung wurde sie bereits 1929 gegründet. Für den ausländischen Touristen organisierte I. auch den Besuch von Ausstellungen, Museen, Sport-, Theater- und Konzertveranstaltungen, wobei mit harter (westlicher) Währung gezahlt werden mußte. I. hatte in vielen s.en Städten Büros, eigene Omnibusse und spezielle Hotels.

Lit.: Sovetskij ènciklopedičeskij slovar', hg. von Prochorov, A. M., u. a., M 1986.   *H.A.*

Irkutsk entstand an der Mündung des Irkut in die Angara während der Eroberung bzw. Erschließung Sibiriens (↑LGR) im 17. Jh. und gewann als Zwischenstation für den r.en Handel mit China und für den Pelzhandel an Bedeutung. Es wurde Verwaltungsmittelpunkt für Ostsibirien (Gouvernement [↑LGR] 1764), seit 1803/24 Sitz eines Generalgouverneurs (↑LGR). Im 19. Jh. blieb I. eine Stadt der politischen Verbannung (↑LGR). Der Bau der Transsibirischen Eisenbahn (↑LGR, Fertigstellung 1902) schuf die Voraussetzungen für eine stärkere ökonomische Einbindung und Entwicklung, die aber erst unter ↑Stalin rascher voranzuschreiten begann. Noch in den 20er Jahren beruhte der Ruf der Stadt v. a. auf dem Rauchwarenhandel. 1917 war I. s. geworden, wurde aber vom Juli 1918 bis zum Januar 1920 durch ↑Weißgardisten gehalten. Ihr Führer ↑Kolčak wurde in I. erschossen. Der industrielle Aufschwung stützte sich v. a. auf die Kohlevorkommen des I.er Beckens und auf das Wasserkraftwerk am I.er Stausee (1956). Die Einwohnerzahl der Gebietshauptstadt lag 1847 bei 51 400, 1926 bei 98 900, 1939 bei 250 000, 1959 bei 366 000 und 1985 bei 597 000.

Lit.: ↑Alma-Ata.   *B.Sch.*

Islam. Der I. war nach der ↑Orthodoxen Kirche die zweitgrößte ↑Religionsgemeinschaft in der SU. Zu den ihrer Tradition nach muslimischen Völkern gehörten Mitte der 80er Jahre etwa 50 Mio. Menschen (= 18 % der Gesamtbevölkerung), die hauptsächlich in den zentralasiatischen Republiken ↑Zentralasien, im Wolga-Ural-Raum, im Nordkaukasus, in ↑Dagestan und in ↑Azerbajdžan lebten.

In den Jahren des ↑Bürgerkriegs und des Kampfes gegen die ↑Basmači übte die S.-Macht große Zurückhaltung gegenüber den islamischen religiösen Institutionen, um den Widerstand nicht zusätzlich zu verschärfen. Erst von 1925 an wurden die Waqf-Ländereien, von deren Ertrag die Religionsschulen unterhalten wurden, enteignet und diese Schulen geschlossen. Zugleich hob die S.-Macht die islamischen Gerichte (Scharia) auf. Bei der Massenschließung von Moscheen, der Deportation von Mullahs und den Kampagnen zur Entschleierung der Frauen nach 1928 kam es teilweise zu bewaffnetem und bürgerkriegsähnlichem Widerstand. Während 1913 im Russischen Reich (ohne ↑Buchara und Chiva) 26 000 Moscheen bestanden hatten, waren zu Beginn des ↑Zweiten Weltkrieges auf dem Territorium der SU nur noch 1300 Moscheen für die Gläubigen geöffnet. Diese Zahl stieg in den folgenden Jahren, ging aber während der Religionsverfolgung um 1960 wieder zurück. Für 1986 wurde die Zahl der muslimischen religiösen

Vereinigungen von offizieller s.er Seite mit 751 angegeben. Seit 1943/44 bestanden vier „Geistliche Leitungen": für die Muslime Zentralasiens und ↑Kazachstans in ↑Taškent, für die europäische SU und ↑Sibirien in ↑Ufa, für ↑Transkaukasien sowie alle Schiiten in der SU in ↑Baku und für den Nordkaukasus in Machačkala (Dagestanische ↑ASSR). Eine herausgehobene Rolle, besonders als politischer Sprecher des Islam in der SU, spielte der Obermufti von Taškent als Präsident der bedeutendsten Geistlichen Leitung. Seit 1982 bekleidete Šamsuddin Chan ibn Zijantdin Chan ibn Išan Babachan dieses Amt. 90 % der Muslime der SU waren Sunniten; nur in Azerbajdžan bildeten die Schiiten die Mehrheit. Eine geistliche Ausbildung war nur an zwei nach dem Zweiten Weltkrieg wiedereröffneten Medresen in Buchara und Taškent möglich.

Die wenigen legal wirkenden islamischen geistlichen Institutionen stellten jedoch nur einen kleinen Teil der tatsächlich tätigen religiösen Einrichtungen und Aktivitäten dar. Zumindest seit den 50er Jahren waren Tausende nicht registrierter, wandernder Mullahs in Privathäusern und Gottesdienststätten, meist auf islamischen Friedhöfen, aktiv. In Zentralasien, Azerbajdžan und im Nordkaukasus wurden praktisch alle Jungen der einheimischen Völker beschnitten und alle Toten nach islamischem Ritus beigesetzt. Wegen der Unmöglichkeit der Wallfahrt nach Mekka war eine große Zahl von heiligen Stätten innerhalb der SU entstanden, wohin die Gläubigen – illegal – pilgerten. Im Nordkaukasus waren dies vielfach die Gräber der Imame, die im 19. Jh. gegen die r.en Eroberer gekämpft hatten. Die Pilgerstätten waren Zentren der illegalen Sufi-Bruderschaften. Die fundamentalistischen und antimodernistischen Sufis hatten besonders im Nordkaukasus eine große Zahl von Anhängern. Die nach dem Zweiten Weltkrieg bei den islamischen Völkern herangewachsenen neuen ↑Intelligenz-Schichten betrachteten den I. als ihr historisches und kulturelles Erbe, und zwar unabhängig von persönlicher Religiosität. Insofern hatte der I. als Lebensform und Brauchtum eine breite soziale Basis, die sich mit dem wachsenden Nationalbewußtsein der Völker weiter verstärkte.

Lit.: Bennigsen, A./Lemercier-Quelquejay, Ch., Islam in the Soviet Union, New York 1967; Bräker, H., Kommunismus und Weltreligionen Asiens. Zur Religions- und Asienpolitik der Sowjetunion, 2 Bde., Tübingen 1969; dies., Les musulmans oubliés. L'islam en URSS aujourd'hui, Paris 1981; Bennigsen, A./Broxup, M., The Islamic Threat to the Soviet Union, London 1983.   *G.S.*

Ivanovo(-Voznesensk) geht auf zwei gutseigene Ansiedlungen, das Dorf Ivanovo und die Beistadt Voznesensk im Gouvernement (↑LGR) Vladimir zurück. Bis 1861 gehörten sie den Grafen Šeremetev. Schon früh entwickelte sich I. zu einem Industrie- und Handelsdorf. In dem Zentrum der bäuerlichen Leinenindustrie (1741 erste Leinwandmanufaktur) erfolgte gegen Ende des 18. Jh.s der Übergang zur Baumwollverarbeitung und zur Druckkattunproduktion. Durch Einführung von Maschinen erweiterte sich die Produktionspalette. In der Mitte des 19. Jh.s galt I. wegen seiner für den r.en, aber auch für den asiatischen Markt bestimmten Produktion und der großen Massierung von Betrieben als „r.es Manchester". Die Bauernbefreiung (↑LGR) schuf die rechtlichen Voraussetzungen für die Zusammenlegung von I. und V. (gegründet 1853) zur Industriestadt I.-V. (1871). Die Zahl der Arbeiter (↑LGR) stieg bis zum Ende des 19. Jh.s auf 30000, die Bereitschaft zu Streiks und Ausständen wuchs in gleichem Maße und kulminierte während der Revolution von 1905 (↑LGR), als in I.-V. der erste r.e Arbeiter(↑)sowjet entstand, und im Ersten Weltkrieg (↑LGR) 1915. Nach der Februar-Revolution (↑LGR) etablierte sich in I.-V. erneut ein starker Sowjet, und die ↑Bolschewisten setzten sich bei der ↑Oktober-Revolution rasch durch. Im ↑Bürgerkrieg war I.-V. eine stabile Position der ↑Roten Armee. Damals wurde die Stadt als die „dritte proletarische Hauptstadt der S.-Republik" bezeichnet. 1929 beteiligten sich Textilarbeiter aus I.-V. und aus den Gouvernements ↑Moskau und ↑Tver' an der ersten Verpflichtung zum ↑sozialistischen Wettbewerb („Vertrag der 58 000"). Die Stadt, seit 1932 mit dem Namen Ivanovo, wurde 1929 Hauptort des gleichnamigen ↑Gebiets. Sie blieb ein Zentrum der Textilindustrie und des Maschinenbaus, lag aber im Entwicklungstempo nach neuen Anstößen in der Zeit der ↑Neuen Ökonomischen Politik und während des ersten ↑Fünfjahrplans unter ↑Stalin hinter anderen Städten deutlich zurück. Die Einwohnerzahl lag 1985 bei 474 000 (1887: 54 000, 1923: 72 000, 1939: 285 000, 1959: 335 000).

Lit.: ↑Alma-Ata.   *B.Sch.*

„Izvestija" ↑Presse

Jagoda, Genrich Grigor'evic (1891–1938), beteiligte sich an den Revolutionen seit 1905 (↑LGR), trat 1907 der Sozialdemokratie (↑LGR) bei, stieß im ↑Bürgerkrieg zur ↑Čeka und traf vermutlich in Caricyn (↑Volgograd) erstmals mit ↑Stalin zusammen. Seit 1920 gehörte J. unter ↑Dzeržinskij dem Präsidium der Čeka an und war seit 1924 als Stellvertreter des Vorsitzenden der ↑OGPU (1926–1934), V. A. Menžinskij (1874–1934), bereits für deren Tätigkeitsfelder zuständig und die treibende Kraft der immer mächtiger werdenden Behörde. Ihm wird die Einrichtung des Sträflingslagers Solovki im Weißmeer und der nachfolgenden Arbeitslager zugeschrieben, die im ↑GULag zusammengefaßt wurden. Auch der Einsatz der OGPU bei der Liquidierung von ↑Bauern während der ↑Kollektivierung war sein Werk. Die „Popularisierung" von Solovki und der Sträflingsarbeit beim Bau des Weißmeer-Kanals durch Schriftsteller (u. a. ↑Gor'kij) war seine Idee. Während der Getreidekrise 1928 und der Vorbereitung der Kollektivierung scheint er zeitweilig der bauernfreundlichen Gruppe in der Führung der ↑VKP (b) (↑Rechte Opposition) nahegestanden zu haben. Um so gefügiger war er später Stalin im Vorfeld der ↑Säuberungen, beim Mord an ↑Kirov und bei der Vorbereitung des 1. Schauprozesses 1936. Stalin hatte J. mit größten Vollmachten ausgestattet: 1930 war er Kandidat und auf dem XVII. ↑Parteitag 1934 Mitglied des ↑Zentralkomitees sowie nach dem Tode Menžinskijs Leiter der OGPU-Nachfolgeorganisation, des ↑Volkskommissariats für Inneres (NKVD), geworden. Seine Ablösung 1936 durch seinen Mitarbeiter ↑Ežov wurde fälschlich als Ende der politischen Verfolgungen verstanden. Stalin fand J. zunächst mit dem Volkskommissariat für Post- und Fernmeldewesen ab, ehe er ihn 1937 absetzen und verhaften ließ. Im 3. Schauprozeß 1938 warf die Anklage J. die Ermordung Kirovs, ↑Kujbyševs, Menžinskijs und Gor'kijs sowie zahlreiche Mordversuche vor. J. wurde für schuldig befunden und erschossen.

Lit.: ↑Andreev.   *B.Sch.*

Jakutien, Jakutische ASSR ↑Russische Sozialistische Föderative Sowjetrepublik, ↑Sibirien

Jalta, Konferenz von J. (4.–11. 2. 1945). Die K. v. J. war die zweite der alliierten Kriegskonferenzen, auf denen ↑Stalin, Roosevelt und Churchill die militärisch-politischen Zielsetzungen der Anti-Hitler-Koalition in der Endphase des ↑Zweiten Weltkriegs festlegten. Die Gewichte zwischen den Hauptalliierten hatten sich seit der Konferenz von ↑Teheran abermals zugunsten der SU verschoben. Das lag einerseits an den militärischen Erfolgen der ↑Roten Armee, besonders in der Januar-Offensive von 1945, andererseits an dem gesteigerten Interesse der USA, die SU für den Kriegseintritt gegen Japan sowie für eine Kooperation in der ↑UNO zu gewinnen. So konnte Stalin auf der Konferenz von J. durch Eingehen auf die amerikanischen Anliegen wesentliche Zugeständnisse an die s.en Ansprüche auf weiträumige strategische Absicherung in Europa durchsetzen. Hinsichtlich Polens bekräftigten die „Großen Drei" die ↑Curzon-Linie als Ostgrenze und verfügten, daß die unter s.er Ägide gebildete provisorische Regierung nach der Erweiterung um polnische Exilpolitiker anerkannt werden sollte; die Exilregierung in London, die auch nach der Niederlage des ↑Warschauer Aufstands die s.en Polen-Konzepte abgelehnt hatte, verlor damit ihre Handlungsgrundlage. Ähnliche politische Übergangsregelungen wie für Polen wurden für Jugoslawien in Aussicht genommen.

In bezug auf Deutschland bestätigten die Hauptalliierten die am 14. 11. 1944 vereinbarte Einteilung der Besatzungszonen (jetzt unter Beteiligung Frankreichs). Vertagt wurde die Entscheidung über die Aufteilung Deutschlands, die Festlegung der deutschen Ostgrenze sowie die Frage der ↑Reparationen.

Am Ende der Konferenz von J. stand eine „Erklärung über das befreite Europa", die den befreiten Ländern demokratische Selbstbestimmung zusicherte. Diese Festlegung sowie die Entscheidungsvorbehalte der Konferenz von J. hinderten die SU indes nicht, die Neuordnung in den bis zur deutschen Kapitulation (8. 5. 1945) besetzten Ländern gemäß den eigenen Einflußinteressen voranzutreiben. Zugleich zeichnete sich eine Verschärfung der interalliierten Gegensätze ab. Auf der Konferenz von ↑Potsdam wurde noch einmal versucht, diese auszugleichen.

Lit.: Conte, A., Die Teilung der Welt. Jalta 1945, München 1967; Kolko, G., The Politics of War. Allied Diplomacy and the World Crisis of 1943–1945, London 1969; Clemens, D. S., Jalta, Stuttgart 1972.   *M.G.M.*

Jekaterinburg ↑Ekaterinburg

Jelzin ↑El'cin

Jevtuschenko ↑Evtušenko

Joffe ↑Deborin

Judentum ↑Religionsgemeinschaften, ↑Antisemitismus

Junge Garde (Molodaja Gvardija) war der Name einer ↑Partisanen-Gruppe von Jugendlichen, die im Städtchen Krasnodon (im Donec-Gebiet) gegen die deutschen Besatzungstruppen kämpfte. Sie bildete sich im Oktober 1942, rief in Flugblättern die Bevölkerung zum Durchhalten und zum Widerstand auf, störte mit Sabotageakten die kriegswirtschaftliche Nutzung der Kohleschächte, verschaffte sich Waffen und verübte damit Anschläge auf Angehörige der Besatzungsmacht. Bereits im Januar 1943 wurde die Organisation verraten und zerschlagen. Von über 90 Personen, die zum engeren oder weiteren Kreis gehörten, überlebten nur wenige. Im September 1943 zeichnete das ↑Präsidium des Obersten Sowjet viele Mitglieder der Gruppe (posthum) mit hohen Orden aus. Der russische Schriftsteller A. A. Fadeev (1901–1956) schrieb über sie einen in der SU viel gelesenen Roman (Die j.G., 1945). Nach der Gruppe wurden auch Ortschaften, ↑Sovchozen, ↑Kolchozen u. s. f. benannt.

Lit.: Borovikova, V. N., Molodaja gvardia, in: SIÈ Bd. 9, Sp. 585 ff.; Byčkov, L. N., Partizanskoe dviženie v gody Velikoj Otečestvennoj Vojny 1941–1945, M 1965; Partijnoe podpol'e. Dejatel'nost' partijnych organov i organizacij na okkupirovannoj sovetskoj territorii v gody Velikoj Otečestvennoj Vojny, M 1983; Armstrong, J. A. (Hrsg.), Soviet Partisans in World War II, Madison (Wisc.) 1964. *H.A.*

Justiz. Per Dekret wurden am 22. 11.(A.S.)/5. 12. 1917 (sog. Gerichtsdekret Nr. 1) alle bestehenden ordentlichen Gerichte sowie die Institutionen der Untersuchungsrichter, der Staatsanwaltschaft und der Advokaten abgeschafft. Neue Gerichte sollten die alten ersetzen, die Richter (und ↑Beisitzer des Volkes) künftig demokratisch gewählt werden und als Ankläger oder Verteidiger jeder unbescholtene Staatsbürger fungieren können. „Revolutionäres Gewissen" und „revolutionäres Rechtsbewußtsein" wurden zu Leitlinien der Rechtsprechung erklärt. Den Kampf gegen die „Konterrevolution" hatten ↑Revolutionäre Tribunale zu übernehmen, wobei der (wenig später gegründeten) ČK (↑Geheimpolizei) die Durchführung der Ermittlungen übertragen wurde.

Die Praxis des ↑Bürgerkriegs sah rasch anders aus: Im Bedarfsfall konnten die Revolutionären Tribunale alles an sich ziehen, die Grenzen zu blanker Lynch-J. wurden fließend, und die ČK übte als Organ des roten Terrors und Gegenterrors eine umfangreiche Administrativ-J. aus. Die ↑Neue Ökonomische Politik erzwang ein Umdenken, auch in der Rechtspolitik. Chaos und Willkür sollten geordneten Verhältnissen („sozialistischer Gesetzlichkeit") weichen. Ein neues, einheitliches Gerichtssystem wurde geschaffen, dabei waren Staatsanwaltschaft und Advokatur wieder zugelassen, Revolutionäre Tribunale und ČK verschwanden, und die Administrativ-J. wurde stark eingeschränkt. Die ursprünglich geplante direkte Richter- und Beisitzerwahl verblieb weiterhin in den Händen der ↑Räte-Organe und kam damit dem Prinzip der Ernennung sehr nahe. Die Ende der 20er Jahre durch ↑Stalin begonnene „zweite Revolution" (ausgehend von der forcierten ↑Industrialisierung und zwangsweisen ↑Kollektivierung der ↑Landwirtschaft) nahm auch die J. in die politische Pflicht, ja die führende Schule der Jurisprudenz (Pašukanis) erklärte die J. zum bloßen Instrument im Klassenkampf. Sie hatte die „Schädlinge" und „Saboteure am sozialistischen Aufbau" abzuurteilen, weitauslegbare gesetzliche Bestimmungen schufen dafür die Voraussetzungen; die verbliebenen Möglichkeiten der Administrativ-J. (durch die Geheimpolizei) wurden extensiv wahrgenommen und durch Sondergesetze noch erweitert. Daß Stalin diese Phase Mitte der 30er Jahre für beendet erklärte, änderte an der Rechtspraxis wenig: Die Ausnahmegesetze wurden nicht aufgehoben, die formale Einhaltung des Prozeßrechtes verhinderte die Inszenierung der ↑Schauprozesse nicht, die Allmacht der Geheimpolizei blieb ungebrochen. Die ↑Entstalinisierung unter N.S. ↑Chruščev ging mit einer umfassenden Rechtsreform einher. Der XX. ↑Parteitag (1956) verpflichtete alle ↑Partei- und S.-Organe wieder auf „sozialistische Gesetzlichkeit", d. h. die strikte Einhaltung der bestehenden Gesetze. Die alten Sondergesetze wurden aufgehoben, Sondergerichtsbarkeit sollte es nicht mehr geben, die Rechtsprechung allein und ausschließlich den ordentlichen Gesetzen vorbehalten sein. Neukodifizierung des Gerichtsverfassungsgesetzes, des Straf- und Zivilgesetzbuches sowie des Straf- und Zivilprozeßrechtes folgten (1958–64). Dabei ging das neue Strafrecht von einem formellen, tatbestandsmäßigen Verbrechensbegriff aus (der den materiellen, politisch definierten Verbrechensbegriff überlagerte), das Gerichtsverfassungsgesetz betonte die Unabhängigkeit der Richter, der strafbegründende Analogieschluß wurde im Sinne eines strikten Rechtspositivismus untersagt. Am Prinzip der Richterwahl wurde festgehalten, praktische Bedeutung gewann dies jedoch kaum. Um die Bürger stärker an der Rechtspflege zu beteiligen, wurden ↑Kameradschaftsgerichte eingerichtet.

Die neue ↑Verfassung von 1977 schrieb (im Kap. 20) als Grundprinzipien der s.en J.-Organisation fest: das Rechtsprechungsmonopol der Gerichte, ihre Kollegialverfassung, Wählbarkeit der Richter (und Volksbeisitzer), ihre Unabhängigkeit (bloße Verpflichtung auf das Gesetz), die Öffentlichkeit der Verhandlungen, die Gleichheit aller vor dem Gesetz und das Recht auf Verteidigung.

Lit.: Koževnikov, M.V., Istorija sovetskogo suda 1917–1956 gody, M 1957; Altrichter, H., Staat und Revolution in Sowjetrußland 1917–1922/23, Darmstadt 1981; Fincke, M. (Hrsg.), Handbuch der Sowjetverfassung, Bd.2, Berlin 1983; Hazard, J.N., Settling Disputes in Soviet Society. The Formative Years of Legal Institutions, New York 1960; Kucherov, S., The Organs of Soviet Administration of Justice: Their History and Operation, Leiden 1970; Maurach, R./Meissner, B. (Hrsg.), 50 Jahre Sowjetrecht, Stuttgart/Berlin/Köln/Mainz 1969; Meder, W., Das Sowjetrecht. Grundzüge seiner Entwicklung 1917–1970, Frankfurt/Berlin 1971; Westen, K., Rechtsformen nach dem Tode Stalins, in: Boettcher, E./Lieber, H.-J.,/Meissner, B. (Hrsg.), Bilanz der Ära Chruschtschow, Stuttgart/Berlin/Köln/Mainz 1966.   *H.A.*

Juzovka ↑Doneck

Kabardinien, Kabardino-Balkarische ASSR ↑Russische Sozialistische Föderative Sowjetrepublik

Kader (von frz. ‚cadre‘, Stamm eines Truppenkörpers, Leitungspersonal) bezeichnete im r.en Sprachgebrauch den etatmäßigen Bestand an Mitarbeitern einer Behörde, eines Betriebs, der ↑Partei oder einer gesellschaftlichen Massenorganisation, im weiteren Sinne jeden ständigen Mitarbeiter. In den ↑Streitkräften wurde damit der gesamte im aktiven Dienst befindliche Personalbestand bezeichnet. Über diese allgemeine Bestimmung hinaus erlangte der Begriff im Ver-

ständnis der Kommunistischen Partei politische Bedeutung. Kaderpartei bezeichnete – im Gegensatz zur Massenpartei – die Organisation der Berufsrevolu-
tionäre. Kaderpolitik, die Besetzung von Schlüsselstellungen mit kompetentem,
verläßlichem Personal, war ein wichtiges Herrschaftsinstrument.

Lit.: Balla, B., Kaderverwaltung. Versuch einer Idealtypisierung der „Bürokratie" sowje-
tisch-volksdemokratischen Typs, Stuttgart 1972; Artikel „kadry" in der BSÈ, 3. Aufl.,
Moskau 1970–78.   *H.-H.Sch.*

Kaganovič, Lazar' Moiseevič (1893–1991), stammte aus der ↑Ukraine und schloß
sich als Schuhmacher mit 17 Jahren den ↑Bolschewisten (↑LGR) an. An verschiedenen Orten der Ukraine beteiligte er sich an revolutionären Tätigkeiten
(kommunistische Propaganda, Streiks und Ausstände). Nach der Februar-Revolution (↑LGR) und der ↑Oktober-Revolution erweiterte sich sein Aufgabenfeld,
er wirkte an der Konstituierung der ↑Partei und der Parteiarbeit mit. Im ↑Bür-
gerkrieg nahm er an den Kämpfen mit ↑Denikin teil, gehörte seit 1920 dem
Turkestanischen Büro des ↑Zentralkomitees an und wirkte als ↑Volkskommissar,
als einer der Leiter des ↑Militärrevolutionären Rates und als Vorsitzender des
Stadt(↑)sowjets von ↑Taškent bei der Eroberung und politischen Gleichschaltung
↑Turkmeniens mit. Schon in dieser Phase erwies sich der Berufsrevolutionär K.
als zuverlässige Stütze ↑Stalins, der ihn kurz nach seiner Wahl zum ↑Generalse-
kretär in seine nächste Nähe holte. Im Juli 1922 Leiter der Organisations- und
Instruktionsabteilung, später der Organisations- und Verteilungsabteilung des
↑Sekretariats, wurde K. auf dem XII. ↑Parteitag zum Kandidaten, auf dem XIII.
Parteitag zum Mitglied des Zentralkomitees gewählt. K. machte seinen weiteren
Aufstieg in raschen Schritten, immer als bedingungsloser „Kampfgefährte" Stalins: 1924/25 (erneut 1928–39) Sekretär des Zentralkomitees und des ↑Orgbüros,
1925–28 1. Sekretär des ZK der KP der Ukraine, 1926 Kandidat, 1930 Vollmitglied des ↑Politbüros. K. besorgte in diesen Funktionen die völlige Ausrichtung
der Partei auf Stalin (Parteisäuberung 1933/34, Vorsitz in der ↑Parteikontroll-
kommission seit 1934). Dessen Kurs in den ↑Fünfjahrplänen, bei der ↑Kollekti-
vierung und bei der ↑Industrialisierung, ebenso den ↑Säuberungen, trug K. be-
dingungslos und mit Aggressivität. 1928/29 übernahm K. die Gleichschaltung
der ↑Gewerkschaften. 1930–35 wirkte er als 1. Sekretär des Stadt- und Gouvernementparteikomitees in ↑Moskau und tat sich als Erbauer der Untergrundbahn
(Metro) hervor. K. gehörte bis zum Tode Stalins zu dessen engsten Mitarbeitern.
Auch in der staatlichen Verwaltung übernahm er zahlreiche Funktionen, oft als
„Feuerwehrmann" bei der Lösung verfahrener Situationen: 1935–44 (mit zwei-
maliger Unterbrechung) Volkskommissar für Verkehrswesen, gleichzeitig für
Schwerindustrie (1937–39), für Brennstoffindustrie (1939) und Erdölindustrie
(1939/40), außerdem seit 1938 Stellvertreter des Vorsitzenden im ↑Rat der Volkskommissare, mit kurzfristiger Unterbrechung 1947, bis zu Stalins Tod. Während
des ↑Zweiten Weltkriegs gehörte K. seit 1942 dem Staatskomitee für Verteidigung an, ebenso den Kriegsräten mehrerer Fronten. 1947 wurde er zeitweilig
1. Sekretär und Mitglied des Politbüros des ZK der Ukraine, als die Stellung
↑Chruščevs, den K. in ↑Juzovka und Moskau gefördert hatte, in Frage gestellt
war. Nach Stalins Tod konnte K. seine Position zunächst behaupten. Er blieb in
dem auf dem XIX. Parteitag eingerichteten ↑Präsidium des ZK und wurde

1. stellvertretender Ministerpräsident. 1955/56 übernahm er auch den Vorsitz des neugebildeten Staatskomitees des Ministerrats für Arbeits- und Lohnfragen, 1956/57 (wie schon 1946/47) den Posten des Ministers für Baustoffindustrie. K. widersetzte sich der ↑Entstalinisierung. Im Juni 1957 gelang es Chruščev, K. als Mitglied der ↑Anti-Partei-Gruppe aus sämtlichen Staats- und Parteiämtern zu entfernen. Zahlreiche seit 1935 nach ihm benannte Orte und Betriebe (so die Moskauer Metro) wurden umbenannt. K. übernahm die Leitung eines Kali-Kombinats im Ural. 1961 schloß die Partei ihn aus.

Lit.: Medvedev, R. A., Sud'ba stalinskogo narkoma Lazarja Kaganoviča, in: ders., Oni okružali Stalina, M 1990, S. 89–166; ↑Andreev, ↑Antonov-Ovseenko.   *B.Sch.*

Kalender. Die S.-Macht übernahm im Februar 1918 den gregorianischen K., der seit Ende des 16. Jh.s nach und nach im Westen eingeführt worden war (↑LGR). Der 1. Februar 1918 „alten Stils" (A.S.) wurde zum 14. Februar 1918 erklärt. Damit wurde der Unterschied in der Datierung in R. und im Westen, der sich seit dem Jahr 1900 auf 13 Tage erhöht hatte, aufgehoben. Weil die Machtergreifung der ↑Bolschewisten am 25. Oktober 1917 A.S. stattfand, wurde der Jahrestag der ↑Oktober-Revolution seit 1918 am 7. November (= 25. Oktober plus 13 Tage) gefeiert. Die ↑Orthodoxe Kirche hat sich jedoch bis heute nicht dem gregorianischen K. angeschlossen, und das Kirchenjahr folgt weiter dem julianischen K., weshalb z. B. das Weihnachtsfest (25. Dezember) stets auf den 7. Januar neuen Stils fällt.

Lit.: Lietzmann, D. H./Aland, D. K., Zeitrechnung der römischen Kaiserzeit, des Mittelalters und der Neuzeit..., Berlin 1956; Kamenceva, E. I., Chronologija, M 1967.   *G.S.*

Kalinin (Stadt) ↑Tver'

Kalinin, Michail Ivanovič (1875–1946), kam aus dem Gouvernement (↑LGR) ↑Tver' 1893 nach ↑St. Petersburg. Als Industriearbeiter (Dreher) lernte er marxistische Gruppen kennen und schloß sich 1898 der r.en Sozialdemokratie (↑LGR) an. Für die Partei ständig im Einsatz, kam er auch regelmäßig in Konflikt mit der politischen Polizei, was ihn veranlaßte, seine Arbeitsorte mehrfach zu wechseln. Als Delegierter auf dem IV. ↑Parteitag der RSDRP unterstützte K. den Kurs ↑Lenins und blieb seitdem dessen loyaler Gefolgsmann, auch in den Diskussionen der Kriegs- und Revolutionszeit 1917. Nach der Februar- (↑LGR) und der ↑Oktober-Revolution übernahm K. Aufgaben in der Petrograder Stadtverwaltung. Auf der Prager Konferenz und dem VIII. Parteitag wurde er ins ↑Zentralkomitee der ↑RKP(b) gewählt und kurz danach einstimmig zum Nachfolger ↑Sverdlovs als Vorsitzender des Allrussischen ↑Zentralen Exekutivkomitees, d. h. als Staatsoberhaupt berufen. Nach Bildung der SU 1922 übernahm K. den Vorsitz auch im Präsidium des neuen Zentralen Exekutivkomitees. Als Anhänger ↑Stalins wurde K. auf dem XIV. Parteitag ins ↑Politbüro gewählt. In der Zeit nach dem XV. Parteitag versuchte K. zeitweilig, den harten Kurs Stalins bei der Vorbereitung des ↑Fünfjahrplanes und zu Beginn der ↑Kollektivierung durch Kompromißvorschläge zu mildern. Bereits 1929 unterstützte er aber erneut und rückhaltlos Stalin gegen die ↑Linke und ↑Rechte Opposition und machte sich in den 30er Jahren zum unentwegten Interpreten und Popularisator des Stalinschen

Systems. In zahlreichen Reden äußerte er sich zu den Grundlagen des kommunistischen Erziehungswesens und der sozialistischen Moral. Stalin honorierte ihm dies mit der Wahl zum Vorsitzenden des ↑Präsidiums des Obersten Sowjets, des s.en Parlaments nach der Stalin-↑Verfassung von 1936. Schon 1931 war die Stadt Tver' ihm zu Ehren in K. umbenannt worden – eine Auszeichnung, die 1990 rückgängig gemacht wurde.

Lit.: Tolmatschow, A., Michail Kalinin. Eine Biographie, Berlin 1986; Fainsod, M., Wie Rußland regiert wird, Köln 1965. *B.Sch.*

Kaliningrad , das 1255 gegründete Königsberg i. Pr., wurde am Ende des ↑Zweiten Weltkriegs von Truppen der ↑Roten Armee erstürmt (šturm Kenigsberga). Unter Berufung auf die Beschlüsse der Konferenz von ↑Potsdam annektierte die SU die Stadt und das nördliche Ostpreußen und bildete zunächst einen Sondermilitärbezirk Königsberg (September 1945), dann das ↑Gebiet Königsberg mit der Stadt als Zentrum, das als Exklave der ↑RSFSR angeschlossen wurde (7. 4. 1946). Am 4. 7. 1946 wurde die Stadt zu Ehren ↑Kalinins in K. umbenannt. Damit wurde deklariert, daß die deutsche Geschichte der Stadt und des Gebiets rigoros ausgelöscht werden sollte. Begründet wurde dies ebenso wie das Annektionsverlangen ↑Stalins in Potsdam mit der angeblich aggressiv-militaristischen Rolle der Stadt im Konzept preußisch-deutscher Eroberungskriege gegen die osteuropäischen Völker. Diese Interpretation wurde durch den Hinweis auf das Kontrollratsgesetz zur Auflösung Preußens (25. 2. 1947) abgesichert. Die 1945 in der Stadt verbliebene deutsche Bervölkerung wurde, soweit sie die Notzeit überleben konnte, 1947/48 vertrieben. Statt dessen wurden seit 1945, intensiv seit dem Juli 1946, aus allen Teilen der SU, vornehmlich aus den vom Krieg betroffenen Gebieten, Familien und Spezialisten in das Gebiet umgesiedelt, so daß die Bevölkerung (1946 300000) 1954 auf 610000 Bewohner angewachsen war. Mit den Umsiedlungen wurde die ökonomische Rekonstruktion und die Angleichung an die sozialen Verhältnisse der SU sehr rasch eingeleitet. Während Königsberg 1939 390000 Einwohner gehabt hatte, betrug die Einwohnerzahl K.s bei völlig ausgewechselter Bevölkerung 1985 385000. Die Entwicklung der Stadt wurde maßgeblich davon bestimmt, daß das Gebiet K. verbotene Zone war, in der das Militär und militärische Sicherheitsinteressen in allem Vorrang hatten. Erst im Frühjahr 1991 fielen diese Beschränkungen. Seitdem erwartet die Stadt sich größere Entwicklungsperspektiven von der Einrichtung einer Wirtschaftssonderzone. Der eigentliche Stadtausbau K.s hatte erst in der zweiten Hälfte der 60er Jahre begonnen: Während noch als Ruinen erhaltene preußische Bauten (Schloß) planiert wurden, entstanden neue Stadtquartiere und Gebäude im Zentrum. Erst in der letzten Zeit konnten sich Bestrebungen bemerkbar machen, die entgegen der offiziellen Linie der s.en Politik den deutschen und mitteleuropäischen Charakter der Stadt ernstnehmen und ihn zum Ausgangspunkt eines r.-ostpreußischen Regionalismus machen.

Lit.: Wörster, P., Das nördliche Ostpreußen nach 1945 – Verwaltung, Bevölkerung, Wirtschaft, in: Dokumentation Ostmitteleuropa, 4.Jg. H. 1 und 5.Jg. H. 1/2, Marburg 1978–79; Samaja zapadnaja. Sbornik dokumentov i materialov o stanovlenii i razvitii Kaliningradskoj oblasti. I, 1946–1952, II, 1952–1961, Kal. 1980/87; Ju. Ivanov, Von Kaliningrad nach Königsberg, Leer 1991. *B. Sch.*

Kalmücken, Kalmückische ASSR ↑Russische Sozialistische Föderative Sowjetrepublik

Kalter Krieg ist der 1947 in der öffentlichen Diskussion der USA geprägte Begriff für die weltweite Konfrontation zwischen der SU und den USA, die 1946 mit den Konflikten um die Gestaltung der europäischen Nachkriegsordnung begann und in der Folge zur Formierung von ideologisch und machtpolitisch konkurrierenden Blöcken führte. Bis heute gibt es in Ost und West kontroverse Deutungen des K.n K.s. So stehen der traditionellen westlichen These vom K.n K. als Reaktion auf einen aggressiven s.en Expansionismus nicht nur gegenläufige s.e Interpretationen gegenüber, die den US-Imperialismus als Konfliktursache begreifen. Vielmehr hat auch die westliche Diskussion alternative Deutungen entwickelt, wonach das Interesse des US-Kapitals an einer weltweiten Durchsetzung amerikanischen Wirtschaftseinflusses („revisionistische" These), innenpolitische Zwänge oder auch gegenseitige Fehleinschätzungen der Supermächte sowie ein ideologischer Überhang in der US-Außenpolitik den K.n K. maßgeblich bestimmt haben.

Angelegt war die Frontenbildung des K.n K.s bereits in den Gegensätzen innerhalb der Anti-Hitler-Koalition im ↑Zweiten Weltkrieg. Für die Westalliierten stand die Notwendigkeit, der SU um des Bündnisses willen Zugeständnisse an ihre politisch-territorialen Interessen zu machen, stets im Widerspruch zu dem Grundsatz, in der politisch und wirtschaftlich offen zu gestaltenden Nachkriegsordnung (Konzept der „Einen Welt") keine s.e Einflußsphäre zuzulassen. So konnte die SU aufgrund ihrer Kriegserfolge seit 1943 zwar auf den Konferenzen von ↑Teheran, ↑Jalta und ↑Potsdam ihre Ordnungsprinzipien für die von der ↑Roten Armee besetzten Länder durchsetzen, doch wuchs zugleich die Entschlossenheit der Westmächte, den Machtzuwachs der SU zu beschränken bzw. zu revidieren. Dabei setzten die USA 1945 zunächst auf Versuche, durch wirtschaftlichen Druck (kurzfristige Einstellung der Lieferungen nach dem ↑Lend-Lease-Act) und indirekte Drohung mit dem gerade erprobten atomaren Potential ein Einlenken der SU in bezug auf die politische Neuordnung in Osteuropa, die Deutschlandpolitik sowie die Frage der ↑Reparationen zu erzwingen. Da dies jedoch mißlang, vollzogen Großbritannien und die USA 1946/47 die Wende zur Konfrontation mit der SU: Die 1946 von G. F. Kennan begründete These von der Notwendigkeit, die vermeintlich ihrem Wesen nach aggressive, expansive und kooperationsfeindliche Hegemonialpolitik der SU durch langfristige wirtschaftliche und politisch-militärische Maßnahmen „einzudämmen", wurde zur Grundlage der 1947 von den USA proklamierten „Truman-Doktrin", die ein globales Engagement gegen kommunistische Einflußnahme vorsah. Inwieweit die s.e. Strategie in den daraus folgenden Konflikten vor allem reaktiv bedingt war bzw. inwieweit innenpolitische Zwänge sowie die Ziele der s.en Osteuropapolitik auch ein eigenes Interesse der SU an der Eskalation des K.n K.s begründet haben, ist schwer zu bestimmen. Jedenfalls wurde die „volksdemokratische" Umgestaltung in Osteuropa und der s.en Besatzungszone in Deutschland nun beschleunigt, und mit der Zurückweisung des Marshall-Plans sowie der Bildung von ↑Comecon und ↑Kominform trieb die SU die internationale Abgrenzung eines ↑Sozialistischen Lagers gegenüber dem Westen voran. Ihren Höhepunkt erreichte die politische Konfrontation

im Zeichen eines heftigen Propagandakriegs und beiderseitiger Kooperations-
feindlichkeit in der Phase zwischen der ↑Berliner Blockade und dem ↑Korea-
Krieg. Zugleich erwies sich allerdings hier wie auch an den Reaktionen auf den
↑Siebzehnten Juni 1953, daß weder die USA noch die SU in der Lage bzw.
willens waren, offensiv in die Interessen- und Einflußsphäre der anderen Seite
einzugreifen. So lief die Konfrontation des K.n K.s letztlich auf die Vollendung
der 1946 eingeleiteten Blockbildung (einschließlich der Teilung Deutschlands)
hinaus. In der Gründung des ↑Warschauer Pakts kam dieser Prozeß zu einem
Zeitpunkt zum Abschluß, als sich auf der Gipfelkonferenz von ↑Genf auch
erste Verständigungsmöglichkeiten zur Überwindung des K.n K.s abzeichne-
ten.

Die Entwicklung der folgenden Jahre blieb indessen widersprüchlich: Während es einerseits Ansätze zu Kooperations- und Abrüstungsbemühungen gab,
führte andererseits die seit der Bewaffnung der SU mit atomaren Interkontinentalraketen offensivere Außenpolitik ↑Chruščevs mit dem ↑Berlin-Ultimatum
und in der ↑Kuba-Krise zu neuen Spannungshöhepunkten. Erst in den 70er
Jahren begann der Entspannungsprozeß den Zustand der Beziehungslosigkeit
zwischen den Blocksystemen allmählich zu überwinden und damit die Grundstruktur des K.n K.s aufzulösen.

Lit.: Loth, W., Die Teilung der Welt. Geschichte des Kalten Krieges 1941–1955, München
1980; Mastny, V., Moskaus Weg zum Kalten Krieg, München 1980; Bonwetsch, B., Kalter
Krieg als Innenpolitik, in: Quarthal, F., Setzler, W. (Hrsg.), Stadtverfassung, Verfassungs-
staat, Pressepolitik, Sigmaringen 1980, 230–249; Hoensch, J. K., Sowjetische Osteuropapolitik 1945–1975, Kronberg 1977.   *M.G.M.*

Kamenev, Lev Borisovič (eigentl. Rozenfel'd) (1883–1936), schloß sich 1901 der
r.en ↑Sozialdemokratie (↑LGR) an. Auf dem V. ↑Parteitag gehörte er zum frak-
tionellen Zentrum der Bolschewisten und war seitdem einer der engsten Mitarbeiter ↑Lenins, ohne dessen Positionen uneingeschränkt zu teilen. Er leitete die
bolschewistische Fraktion in der IV. Staatsduma (↑LGR). Nach der Februar-
Revolution (↑LGR) kehrte K. aus der sibirischen Verbannung (↑LGR), seit
Herbst 1914, zurück und nahm eine gemäßigt „rechte" Haltung ein, er sprach
gegen Lenins April-Thesen (↑LGR) und zusammen mit ↑Zinov'ev gegen den
bewaffneten Aufstand im Oktober (↑Oktober-Revolution), was Lenin scharf
geißelte. In der Übergangsphase bis zur Auflösung der Konstituierenden Versammlung (↑LGR) gehörte er zur rechten Fraktion, die in wesentlichen Punkten,
so in der Koalitionsfrage, Lenins Forderungen nicht vertrat. K. verlor deshalb
den seit November 1917 von ihm wahrgenommenen Vorsitz im Allrussischen
↑Zentralen Exekutivkomitee (November 1918). Auch zum Frieden von ↑Brest-
Litovsk nahm K. eine abweichende Stellung ein. In der Diskussion um die
↑Gewerkschaften schloß er sich nach Zögern Lenins Position an („Plattform der
Zehn"). Seit der VII. ↑Parteikonferenz gehörte K. dem ↑Zentralkomitee an, auf
dem VIII. Parteitag wurde er ins ↑Politbüro gewählt. Seine parteiliche Machtbasis war 1918–26 der Vorsitz im Stadt(↑)sowjet ↑Moskaus. In diese Zeit fiel der
Höhepunkt der politischen Karriere K.s. Nach Lenins Tod bildete er im Mai
1924 zusammen mit Zinov'ev und ↑Stalin die „Trojka", die die Gesamtleitung
der ↑Partei übernahm. Zudem war er seit 1922 einer der Stellvertreter des Vorsitzenden des ↑Rates der Volkskommissare (bis Januar 1926) und stellvertretender,

seit 1924 Hauptvorsitzender des ↑Rates für Arbeit und Verteidigung (bis 1926).
Schon früh ergaben sich Spannungen zwischen Stalin und Zinov'ev, in die auch
K. als Anhänger Zinov'evs einbezogen wurde. Stalin entzog durch personelle
Umbesetzungen mit Hilfe des Parteisekretariats K. seine Moskauer Machtbasis.
Dieser, der die ↑Neue Ökonomische Politik nicht mittrug, gehörte 1925 zur
↑Linken Opposition und verlor im Zusammenhang mit deren Niederlage und
Unterwerfung das Amt des ↑Volkskommissars für Außen- und Innenhandel
(Januar–August 1926) und neben der Moskauer Position vor allem nach der
Vollmitgliedschaft (auf dem XIV. Parteitag) auch die Kandidatenschaft für das
Politbüro (Oktober 1926). Nur kurzfristig noch war er 1927 bevollmächtigter
Vertreter der SU in Italien. Bei der Abrechnung Stalins mit der „Vereinigten
Opposition" auf dem XIV. Parteitag wurde mit 75 Oppositionsführern auch K.
aus der Partei ausgeschlossen, obwohl er sich zusammen mit Zinov'ev von seinen
alten Vorstellungen distanziert und seinen Anschluß an die Parteiorthodoxen
erklärt hatte. Versuche ↑Bucharins im Mai 1928, K. für ein Bündnis gegen Stalin
zu gewinnen, scheiterten. Zunächst kam Stalin K. entgegen und ließ K. im Juni
1928 wieder in die Partei aufnehmen. Politische Einflußmöglichkeiten erhielt er
damit allerdings nicht. Bereits 1932 erfolgte der erneute Ausschluß im Zusammenhang mit der sog. „Verschwörung Rjutins" (M. N. Rjutin, 1890–1937). In
einem Verfahren der ↑OGPU gegen den „Bund der Marxisten-Leninisten" wurden K., Zinov'ev u. a. bestraft. Schon 1933 nahm die Partei K. wieder auf. Nach
der Ermordung ↑Kirovs wurde er 1934 zum dritten Mal ausgeschlossen und
1935 vor Gericht gestellt. Im Prozeß gegen das „Moskauer Zentrum" wurde K.
zu fünf Jahren Freiheitsentzug, anschließend im „Kreml'-Prozeß" zu insgesamt
zehn Jahren Haft verurteilt. Im ersten der ↑Schauprozesse wurde K. 1936 zusammen mit Zinov'ev und 14 anderen Linken erneut vor Gericht gestellt wegen
des Versuchs, Stalin und die gesamte S.-Führung zu ermorden. K. wurde zum
Tode verurteilt und hingerichtet. Auch die ↑Entstalinisierung ↑Chruščevs
brachte K. nicht die Rehabilitierung. Erst unter ↑Gorbačev wurde K. differenzierter bewertet und 1988 in allen Punkten rehabilitiert.

Lit.: Daniels, R. V., Das Gewissen der Revolution, Köln 1962; „Unpersonen" – wer waren
sie wirklich? Bucharin, Rykow, Trotzki, Sinowjew, Kamenew, Berlin 1990; Baranowa,
L., Die Tragödie Lew Kamenews, in: Sputnik, Sept. 1989, S. 44–49.   *B.Sch.*

Kameradschaftsgericht(e) (auch Kollegengerichte genannt) wurden als Teil der
↑Justiz-Reformen ↑Chruščevs eingeführt, wobei man sich auf Rechtstraditionen
aus der Frühzeit des S.-Staates berief. Im Oktober 1959 wurde dazu ein Musterstatut veröffentlicht, im Juli 1961 ein entsprechendes Gesetz für die ↑RSFSR
verabschiedet. Danach konnten K. bei allen Kollektiven mit mehr als 50 Personen gebildet werden: bei Betrieben und Behörden ebenso wie bei ↑Kolchozen
und höheren oder mittleren Lehranstalten (↑Hochschulen, ↑Schulen). Sie waren
jeweils auf den allgemeinen Versammlungen der ↑Arbeiter und Angestellten,
Kolchozbauern und Studierenden für die Dauer von zwei Jahren zu wählen. Sie
sollten Dinge, die unterhalb der eigentlichen Strafrechtsebene lagen, verhandeln,
etwa Fragen der Arbeitsdisziplin, Verlust oder Beschädigung von Inventar, dessen eigenmächtiger Gebrauch zu privaten Zwecken, Erscheinen in betrunkenem
Zustand, Beleidigung von Kollektivmitgliedern samt Schlägereien, Verletzungen

der Hausordnung, Beschädigung von Gemeinschaftseigentum, unwürdiges Verhalten gegenüber Frauen, Vernachlässigung von Gemeinschaftseigentum u. s. f. Das K. konnte Entschuldigungen verlangen, Verwarnungen und Tadel aussprechen, kleinere Geldstrafen verhängen, aber auch schwererwiegende Dinge (wie Arbeitsplatzwechsel, Wohnungsentzug) anregen.

Die Absicht war, breite Schichten an der Rechtspflege, an der Erziehung der Bürger im Sinne der kommunistischen Einstellung zur Arbeit, zum sozialistischen Eigentum, zur Beachtung der Regeln des sozialistischen Gemeinschaftslebens zu beteiligen. Daß die K. das Rechtsprechungsmonopol der ordentlichen Gerichte durchbrachen und zur Quelle neuer Rechtsunsicherheit werden konnten, wurde gesehen, aber in Kauf genommen.

Die K. traten in der Zeit nach Chruščev etwas in den Hintergrund, blieben aber bestehen. Reformen (wie die des Jahres 1977) bemühten sich um eine stärkere Formalisierung und Verrechtlichung der Tätigkeit der K., von denen es in der UdSSR über 200 000 gab.

Lit.: Berman, H. Y., Legality versus Terror. The Post-Stalin Law Reform, in: Carter, G. M., u. a. (Hrsg.), Politics in Europe, New York 1965; Bilinsky, A., Kameradschaftsgerichte in der UdSSR, in: Osteur.-Recht 1962; Fincke, M. (Hrsg.), Handbuch der Sowjetverfassung, 2 Bde., Berlin 1983; Loeber, D. A., Rechtsverfolgung durch das Kollektiv, in: O.Pr. 11 (1959); Schmidt, H. Th., Die sowjetischen Gesellschaftsgerichte, Köln 1969; Westen, K., Rechtsreformen nach dem Tode Stalins, in: Boettcher, E., u. a. (Hrsg.), Bilanz der Ära Chruschtschow, Stuttgart/Berlin 1966; ders., Gerichtsverfassung und Prozeßrecht, in: Bütow, H. G. (Hrsg.), Länderbericht Sowjetunion, München 1986. *H.A.*

Kanäle ↑Verkehrswege

Kapitalistische Einkreisung. Mit der Formel von der k.n E. charakterisierte ↑Lenin auf dem 9. Allrussischen ↑Rätekongreß im Dezember 1921 die äußere Lage S.-R.s nach dem Ende des ↑Bürgerkriegs: Im Konflikt zwischen Kapitalismus und ↑Sozialismus sei ein vorläufiges Gleichgewicht eingetreten, das den unversöhnlichen Systemgegensatz zwar nicht aufhebe, der „sozialistischen Republik in einer k.n E." jedoch Spielraum biete, sich militärisch wie politisch zu behaupten und zu entwickeln. Diese gegenüber der Bürgerkriegs-Periode neue Einschätzung der Weltlage beeinflußte nicht nur den Übergang vom ↑Kriegskommunismus zur ↑Neuen Ökonomischen Politik, sondern veranlaßte auch eine Veränderung der Prioritäten in der s.en Außenpolitik. Das Prinzip des revolutionären ↑Internationalismus im Sinne der Beschleunigung weltrevolutionärer Entwicklungen trat angesichts der Konsolidierung des kapitalistischen Lagers in den Hintergrund. Statt dessen sollte S.-R., um der k.n E. zu begegnen, die Erhaltung des politischen Gleichgewichts anstreben, den „Krieg" gegen die imperialistischen Mächte aber im Rahmen der ↑Komintern-Politik sowie auf der Ebene wirtschaftlicher Konkurrenz (aufgrund vertraglicher Beziehungen) weiterführen. Unter ↑Stalin wurde der Begriff der k.n E. in der Theorie des ↑„Sozialismus in einem Lande" weiterentwickelt; die außenpolitische Konsequenz bildete das Bekenntnis zur „Koexistenz", das 1927 eine Phase aktiver s.er Sicherheitspolitik (↑Litvinov-Protokoll; ↑Nichtangriffspakte) einleitete.

Lit.: Geyer, D., Voraussetzungen sowjetischer Außenpolitik in der Zwischenkriegszeit, in: Osteuropa-Handbuch. Sowjetunion. Außenpolitik I, Köln/Wien 1972; Uldricks, T.J., Diplomacy and Ideology. The Origins of Soviet Foreign Relations 1917–1930, London/ Beverley Hills 1979.   *M.G.M.*

Karabagh (r. Karabach) ↑Armenien, ↑Azerbajdžan

Karačaer ↑Russische Sozialistische Föderative Sowjetrepublik

Karaganda, im Mittelpunkt eines großen Kohlebeckens, entwickelte sich aus einer kazachischen Siedlung zur zweitgrößten Stadt ↑Kazachstans. Bereits im 19. Jh. begann der Kohlenbergbau, doch erst nach dem Anschluß K.s an die Transsibirische Eisenbahn (↑LGR) 1931 setzte ein boomhafter Aufschwung des Bergbaus ein. 1932 wurde K. Stadt und 1936 Hauptstadt des ↑Gebiets K. Im ↑Zweiten Weltkrieg wurden viele ↑Sowjetunion-Deutsche nach K. in die Bergwerke und in die 1941 gegründete Kazachische Metallurgische Fabrik deportiert. Nach ↑Stalins Tod kam es 1953 in K. zu einem Aufstand. Im Gebiet K. stellten neben den dominierenden Russen (686 000) und den Kazachen (184 000) auch noch in jüngster Zeit die Deutschen mit 131 000 Personen (1979) die dritte Gruppe neben Ukrainern (112 000), Tataren (42 000) u. a. Die Einwohnerzahl der Stadt K. wuchs von 156 000 (1939) auf 397 000 (1959) und 617 000 (1985).

Lit.: ↑Alma Ata.   *B.Sch.*

Kara-Kalpaken, Karakalpakische ASSR ↑Uzbekistan

Kara-Kirgizisches Autonomes Gebiet ↑Kirgizien

Karelien, Karelische ASSR, Karelo-Finnische SSR ↑Russische Sozialistische Föderative Sowjetrepublik

Kastanienrede nennt man ↑Stalins Rechenschaftsbericht vor dem XVIII. ↑Parteitag am 10. 3. 1939. Er umriß darin u. a. die Grundlinien der s.en Außenpolitik, betonte ihren Friedenswillen, warnte – indirekt – die Westmächte vor dem Versuch, Hitler auf die SU abzulenken, und signalisierte Gesprächsbereitschaft gegenüber allen Staaten, also auch gegenüber dem nationalsozialistischen Deutschland. Die außenpolitische Aufgabe der ↑Partei – so Stalin – werde darin bestehen, „1. auch in Zukunft eine Politik des Friedens und der Festigung sachlicher Beziehungen mit allen Ländern zu betreiben; 2. Vorsicht zu beobachten und den Kriegsprovokateuren, die es gewohnt sind, sich von anderen die Kastanien aus dem Feuer holen zu lassen, nicht die Möglichkeit zu geben, unser Land in Konflikte hineinzuziehen"; als Punkt 3 und 4 nannte Stalin die Stärkung der Kampfkraft der ↑Roten Armee und die Festigung der Freundschaftsbeziehungen mit den Werktätigen aller Länder, die an Frieden und Freundschaft zwischen den Völkern interessiert seien. Ein Kurswechsel der s.en Außenpolitik bahnte sich an: Hatte sie bisher im Bunde mit den Westmächten in einem kollektiven Sicherheitspakt Schutz vor der faschistischen Bedrohung gesucht, so betrieb sie nun den Ausgleich mit dem nationalsozialistischen Deutschland, der im Sommer zum ↑Hitler-Stalin-Pakt führte.

Lit.: Stalin, J. W., Werke, Bd. 14, ²1976, S. 192 f.; Hildebrand, K., Kalkül zwischen Macht und Ideologie. Der Hitler-Stalin-Pakt. Parallelen bis heute, Zürich 1980; Hillgruber, A., Der Zweite Weltkrieg, 1939–1945, in: Geyer, D. (Hrsg.), Osteuropa-Handbuch. Sowjetunion. Außenpolitik 1917–1955, Köln/Wien 1972; Schramm, G., Die Sowjetunion in der internationalen Krise, in: ders. (Hrsg.), Handbuch der Geschichte Rußlands, Bd. 3,1, Stuttgart 1983. *H.A.*

Katholiken ↑Religionsgemeinschaften

Katyń ist ein Ort bei ↑Smolensk in ↑Weißrußland, in dessen Nähe deutsche Truppen im April 1943 ein Massengrab mit den Leichen von über 4000 polnischen Offizieren entdeckten. Es handelte sich um Angehörige der polnischen Einheiten, die nach dem Einmarsch der ↑Roten Armee in Ostpolen am 17. 9. 1939 (↑Hitler-Stalin-Pakt) in s.e Gefangenschaft geraten waren. Insgesamt 15 000 Offiziere waren zunächst in drei s.en Lagern interniert und im April/Mai 1940 zum größten Teil ermordet worden – die Insassen des Lagers Kozel'sk in K. Die deutschen Meldungen über die Entdeckungen von K., die vom polnischen Widerstand bestätigt wurden, gaben den Anlaß zum Abbruch der Beziehungen zwischen der SU und der polnischen Exilregierung in London am 25. 4. 1943. Von s.er Seite wurde die Verantwortung der SU für die Morde von K. freilich bestritten. Erst in den 80er Jahren brachten zunächst polnische, später auch s.e Historiker die Schuldfrage wieder öffentlich in ihren Ländern zur Sprache; sie spielte eine wichtige Rolle in der politischen Diskussion seit 1989 über die Normalisierung der s.-polnischen Beziehungen; aber erst nach dem Ende der SU änderte sich die offizielle Haltung zur Schuldfrage.

Lit.: Zawodny, J. K., Zum Beispiel Katyn. Klärung eines Kriegsverbrechens, München 1971. *M.G.M.*

Kazachstan war mit 2,7 Mio. km² die zweitgrößte ↑Unionsrepublik nach der ↑RSFSR. Es erstreckt sich vom Kaspischen Meer bis nach China, von Südsibirien bis zur Kirgizensteppe im Süden. Es wurde 1920 als ↑Autonome Republik innerhalb der RSFSR (zuerst als ↑„Kirgizische", dann als „Kazachische ASSR") und 1936 als Unionsrepublik konstituiert. Die Hauptstadt war zuerst Kzyl-Orda, ab 1929 ↑Alma Ata. K. hatte 1990 16,7 Mio. Einwohner, davon 40 % Kazachen, 38 % Russen, je 6 % Ukrainer und Deutsche. Kazachen lebten außerhalb der SU auch in Xinjiang (China).

Die Kazachen wurden im Süden K.s im 9. Jh. islamisiert, in den Nordregionen erst im 14. Jh. und nur oberflächlich (↑Islam). Ihre Sprache gehört zum Nordostzweig des Türkischen und wurde im 19. Jh. schriftlich fixiert. Sie sind Nachkommen nomadischer Reitertruppen im Gefolge der mongolischen Eroberer ↑Zentralasiens und R.s. Die Berufung auf die mongolische Machttradition bildet noch heute eine wichtige Facette im Nationalbewußtsein der Kazachen. Ihre oberste politische Organisationsform waren vor der r.en Eroberung drei große Stammesföderationen (Horden, Džuzy), die als geographisch-psychologische Realität bis heute nachwirken. Sie unterstellten sich unter dem Druck fremder Invasionsmächte im 18. Jh. der r.en Protektionsherrschaft. Trotz Rebellionen gegen die r.e Oberherrschaft 1783–97 und in den 30er Jahren des 19. Jhs. zeigten sich die Kazachen gegenüber modernisierenden europäischen Einflüssen aufgeschlossen und reagierten erst am Ende des 19. Jhs. auf den Massenzustrom slavischer Siedler mit einem starken antir.en Affekt. Nach der Februar-Revolution 1917 (↑LGR) gründeten überwiegend der Stammesaristokratie angehörende kazachische Intellektuelle eine national-autonomistische Partei, die nach der ↑Oktober-Revolution eine Alaš-Orda genannte Regierung in K. bildete. Sie konnte sich bis zum Sommer 1919 halten, kämpfte zunächst auf der Seite der ↑ „Weißen" (↑Bürgerkrieg), suchte dann aber wegen deren Weigerungshaltung gegenüber kazachischen Autonomieforderungen Annäherung an die ↑Bolschewisten, die sich im Frühjahr 1920 in K. durchsetzten.

Revolution und ↑Kriegskommunismus vernichteten die kazachische Viehwirtschaft. 1921 fielen über eine Mio. Kazachen einer ↑Hungersnot zum Opfer. Die S.-Macht in K. war für die nächsten Jahre mit dem wirtschaftlichen Wiederaufbau beschäftigt und mischte sich wenig in die bestehenden sozialen Machtstrukturen ein. Die lokalen S.-Organe waren weitgehend mit alten Sippen- und Aul-Autoritäten identisch (Aul = Siedlung). Die von Russen dominierte lokale ↑Parteiorganisation kooptierte die kazachische ↑Intelligencija in ihre Reihen, schloß 1923 aber ehemalige Mitglieder der Alaš-Orda aus. Russen und Kazachen in der Parteiführung gerieten über die Landverteilung und die Immigration slavischer Siedler nach K. in Streit. 1925 begann mit der Mobilisierung „Roter Karawanen" und „Roter Jurten" zwecks ↑Alphabetisierung und politischer Beeinflussung der Bevölkerung und mit der Kampagne gegen „veraltete Traditionen" die „Sowjetisierung der Aule". Aber erst die ↑Kollektivierung der ↑Landwirtschaft ab 1929 schuf Ansätze einer sozialen Transformation. Für die größtenteils nomadisierenden Kazachen bedeutete sie zwangsweise Seßhaftmachung, Liquidierung der angestammten nomadischen Wirtschafts- und Lebensform, einen traumatischen Eingriff in ihre Existenz. Sie führte zur demographischen Katastrophe, zu Massenflucht, Hungersnöten und einem Bevölkerungsschwund um mehr als ein Viertel. Nach ↑Stalin führte die von ↑Chruščev 1953 initiierte ↑Neulandkampagne die sozio-ökonomische Umwandlung K.s weiter. Aus der Steppenzone Nord-K. sollte eine zweite Kornkammer der SU (neben der ↑Ukraine) gemacht werden. Die Landwirtschaft wurde von ↑Kolchozen weitgehend auf ↑Sovchozen und auf Getreideanbau neben der traditionellen Viehwirtschaft umgestellt. Diese Politik brachte weitere Siedlerwellen nach K. und stieß auf Widerstand. Die 60er bis 80er Jahre waren in K. von einer Zunahme der kazachischen Repräsentanz in politischen und kulturellen, weniger in wirtschaftlichen lokalen Machtorganen und dem Entstehen einer breiten nationalen Bildungselite besonders in der langen Amtszeit (1964–86) des Parteichefs Dinmuhammed Kunaev bestimmt. Die Ablösung Kunaevs durch den Russen Gennadij Kolbin, Teil eines alle mittelasiatischen Unionsrepubliken umfassenden Kaderrevirements unter ↑Gorbačev, löste im Dezember 1986 heftige Unruhen in Alma-Ata aus, die der s.en Öffentlichkeit erstmals die Virulenz der Nationalitätenfrage zum Bewußtsein brachte. Unter dem Präsidenten Nursultan Nazarbaev (seit April 1990) begann K. eine Reformperiode und erklärte am 16. 12. 1991 seine staatliche Unabhängigkeit, nachdem sich Nazarbaev bis dahin für eine „erneute Union" eingesetzt hatte.

Lit.: Olcott, M. B., The Kazakhs, Stanford (Cal.) 1987; Simon, G., Nationalismus und Nationalitätenpolitik in der Sowjetunion, Baden-Baden 1986, S. 107–130; Baišev, S. B., Social'no-ėkonomičeskoe razvitie sovetskogo Kazachstana, Alma-Ata 1979.   *U.H.*

Kazan', die an der Einmündung der Kazanka in die Wolga gelegene Hauptstadt ↑Tatariens, wurde nach der Eroberung durch Ivan dem Schrecklichen (↑LGR) ein wichtiger Ausgangspunkt für die Erschließung Sibiriens (↑LGR) und die Besiedlung der Gebiete zwischen Wolga und Ural. Die Gouvernementstadt (seit 1708) gewann mit Tuch- und anderen Manufakturen und Fabriken im 19. Jh. eine große industrielle Bedeutung. Die Folgen der Brandschatzung durch die Aufständischen unter Pugačev (↑LGR) ließen sich rasch beseitigen. 1804 gründete Alexander I. (↑LGR) die Universität K. Die Kombination von Verwaltung, Industrie, Verkehrswegen und kulturellen Funktionen vermittelte der Stadt eine große Attraktivität: Sowohl liberale als auch revolutionäre und marxistische Bewegungen hatten in K. starke Anhängerschaften; ↑Lenin studierte zeitweilig hier. Nach dem Sieg der ↑Bolschewisten im November 1917 existierte im tatarischen Teil K.s, jenseits des Flusses Bulak, von Februar bis April 1918 eine bürgerliche tatarische Republik (Zabulačnaja respublika). Die Besetzung K.s durch Truppen der ↑Tschechoslowakischen Legion und ↑Weißgardisten im August brachte die hierher verlagerte Geldreserve der Russischen Staatsbank in deren Hände. Schon im September kehrte die ↑Rote Armee zurück. Gegen die Bedrohung K.s durch ↑Kolčak wurden 1919 u. a. tatarische Truppen mobilisiert. Seit 1920 ist K. Hauptstadt der ↑Tatarischen ASSR. Die Evakuierung von Industriebetrieben aus den frontnahen Gebieten während des ↑Zweiten Weltkriegs führte zu einem zusätzlichen Ausbau des ökonomischen Potentials der Stadt. Die Einwohnerzahl des bedeutenden Industriestandorts und zugleich Verkehrsknotenpunktes K. entwickelte sich von 127 900 (1897) über 174 700 (1926), 398 000 (1939) und 646 800 (1959) auf 1,047 Mio. (1985). Die nationale Zusammensetzung bestand 1926 aus 72 % Russen und 24 % Tataren.

Lit.: ↑Alma-Ata, ↑LGR. *B.Sch.*

Keržencev (eigentl. Lebedev), Platon Michajlovič (1881–1940), beteiligte sich nach seinem Anschluß an die Sozialdemokratie (↑LGR) 1904 an revolutionären Umtrieben und illegalen Aktionen für die Partei, ehe er 1912 emigrierte. Nach seiner Rückkehr 1918 arbeitete er an der „Izvestija" mit und war von 1919 bis 1920 verantwortlicher Leiter der ↑ROSTA. 1920 nahm er an den Friedensverhandlungen mit Finnland teil. In der Folge arbeitete er an wechselnden Stellen, so im ↑Volkskommissariat des Äußeren (v. a. Abteilung für romanische Länder, 1921–23 Bevollmächtigter in Schweden, 1925/26 in Italien), 1923/24 bei der ↑Arbeiter- und Bauerninspektion (Sektion für wissenschaftlich-technische Arbeit), 1927/28 in der Statistischen Zentralverwaltung, 1928–30 als stellv. Leiter der ↑Agitprop-Abteilung des ↑Zentralkomitees, 1930 bei der ↑Kommunistischen Akademie und als Direktor des Akademie-Instituts für Literatur, Kunst und Sprache, 1931–33 als Geschäftsführer beim ↑Rat der Volkskommissare, 1933–36 als Vorsitzender des Radiokomitees, 1936–38 als Vorsitzender für künstlerische Angelegenheiten beim Rat der Volkskommissare, zuletzt als stellvertretender Hauptredakteur der Großen und der Kleinen Sowjetenzyklopädie. K. erwies sich so in zahlreichen Aufgabenbereichen als verwendungsfähig, kam aber nicht in größere Nähe zum Machtzentrum. Seine Domäne lag im journalistischen und im publizistischen Bereich und – gerade in der Anfangszeit – auf dem Felde der Propaganda für die S.-Macht.

Lit.: ↑Andreev. *B.Sch.*

KGB ↑Geheimpolizei

Kiev (ukr. Kyiv) (↑LGR) lag nach der Februar-Revolution (↑LGR) im Schnittpunkt gegensätzlicher politischer, sozialer und nationaler Interessen. Auf die sich daraus entwickelnden Konflikte nahmen auch die westlichen Nachbarn der ↑Ukraine, das wiedererstandene Polen und das Deutsche Reich, direkt oder mittelbar Einfluß. Bei den militärischen Auseinandersetzungen spielte die Bedeutung der Stadt seit den Anfängen der Geschichte der Ostslaven und als geistiger Mittelpunkt der ukrainischen Nationalbewegung eine besondere Rolle. Zunächst vermochte sich in K. die zentrale ↑Rada zu behaupten, die ihren Gegner im K.er ↑Sowjet hatte. Nach der ↑Oktober-Revolution etablierte sich die Rada vollends (Niederschlagung eines kommunistischen Aufstands im November 1917) und machte K. zur Hauptstadt der ↑Ukrainischen Volksrepublik. Im Januar 1918 gelang es den ↑Bolschewisten, mit Hilfe s.er Truppen die Stadt zu erobern und die Ukrainische ↑Sowjetrepublik auszurufen. Im März besetzten deutsche Truppen, die von der Rada herbeigerufen worden waren, die Stadt. Nach der Vertreibung der Rada wurde K. Sitz des Hetmanats (↑Hetman [LGR]) P. P. Skoropads'kyjs (1873–1945), fiel aber im Dezember 1918 wieder an die Truppen der Ukrainischen Volksrepublik unter ↑Petljura, die wiederum im Februar 1919 durch die ↑Rote Armee abgelöst wurden. Bereits im August 1919 zogen sich die s.en Truppen vor den national-ukrainischen Soldaten Petljuras und den ↑Weißgardisten unter ↑Denikin zurück. In Straßenkämpfen behielt dieser die Oberhand und vermochte K. bis zum Dezember zu halten. Erst dann kehrte die Rote Armee zurück. Im Mai/Juni 1920 gelang Petljura im Bündnis mit polnischen Truppen ein letztes Mal die zeitweilige Besetzung K.s. Inzwischen hatte die Ukrainische SSR ihren Regierungssitz in das weniger gefährdete ↑Char'kov verlegt. Der Wiederaufbau K.s erfolgte nur schleppend. Mit den ↑Fünfjahrplänen begann der Ausbau der Stadt zu einem industriellen Zentrum. Erst 1934 verlegten das ↑Zentralkomitee der Ukrainischen ↑KP(b) und die Regierung der Ukrainischen SSR ihren Sitz nach K. Der Anwartschaft der Stadt auf eine autonome nationale Führungsrolle wurde allerdings nicht entsprochen; durch die ↑Säuberungen wurden entsprechende Erwartungen ukrainischer Nationalisten radikal blockiert. Nach starkem Widerstand s.er Truppen fiel K. während des ↑Zweiten Weltkriegs für zwei Jahre in deutsche Hand (September 1941–November 1943). Bei der Rückeroberung wurde K. stark zerstört und erlitt hohe Verluste an Menschen. Vorausgegangen war die Vernichtung der Mehrheit der großen jüdischen Bevölkerungsgruppe (1926: 150000 Juden bei 514000 Einwohnern) durch die Deutschen. K. wurde mit großem Aufwand wiederaufgebaut und mit allen Attributen einer Republikhauptstadt (u.a. Bau einer Metro, Eröffnung 1961) ausgestattet. Die Einwohnerzahl wuchs durch den Ausbau als Industrie-, Kultur- und Wissenschaftszentrum von 248000 (1897) über 851000 (1939) und 1,104 Mill. (1959) auf 2,448 Mill. (1985), davon ca. 10% Russen. Unverändert hielt K. damit den dritten Platz unter den s.en Städten. Die Ausprägung spezifischer ukrainischer Züge, wie sie von K.er Dissidenten seit ↑Chruščev und unter ↑Brežnev gefordert wurde, blieb der Stadt allerdings vorenthalten. Die ↑Perestrojka eröffnete jedoch neue Möglichkeiten ukrainischer nationaler Profilierung.

Lit.: ↑Alma-Ata.   *B.Sch.*

Kindergarten. Der K. war in der SU der wichtigste Bestandteil der „Vereinigten Vorschuleinrichtungen", die dem Schulwesen (↑Schulen) vorgeschaltet waren. Zusammen mit dem System der Kinderkrippen und Kinderhorte betreute der K. die Kinder ab einem Alter von zwei Monaten bis zum Schuleintritt mit zuletzt sechs Jahren. In den K. wurden Kinder vom vierten Lebensjahr an aufgenommen; das letzte Jahr galt als Vorschulerziehung. Auf deren Notwendigkeit hatte bereits das ↑Volkskommissariat für das Bildungswesen am 11.1. 1918 (N. S.) aufmerksam gemacht. Nach mehreren Zwischenregelungen rückte dann der „Erziehungsplan für den K." vom 18. 7. 1968 die gesamte Tätigkeit des K.s in die unmittelbare Nähe der Vorschulerziehung. Durch Gruppenerziehung (die Jahrgänge wurden im Umfang von 20–25 Kindern zusammengefaßt) mit Körpererziehung, Erwerb der Grundkenntnisse des Lesens, Schreibens und Rechnens sowie einer nachhaltigen ideologischen Schulung kam dem K. ein wichtiger Stellenwert bei der Heranbildung von Kindern in der SU zu, ganz abgesehen von der Entlastung der meist berufstätigen Mütter. Zuletzt war mehr als die Hälfte der s.en Kinder in der Kinderkrippe oder im K. untergebracht.

Lit.: Weaver, D. K., Lenins Enkel. Vorschulerziehung in der SU, Ravensburg 1971; Spravočnik po doškol'nomu vospitaniju, M 1972; Eichberg, E., Vorschulerziehung in der Sowjetunion, Düsseldorf 1974; Anweiler, O., u. a., Die sowjetische Bildungspolitik von 1958 bis 1973. Dokumente und Texte, Berlin 1976; Erziehung in Krippe und Kindergarten in der Sowjetunion, hrsg. von Saporoshez, A. W., und Markowa, T. A., Berlin 1980.   *K.M.*

Kirche ↑Orthodoxe Kirche, ↑Religionsgemeinschaften

Kirgizien im nordöstlichen Teil Sowjetisch- ↑Zentralasiens wurde 1924 im Zuge der „nationalen Abgrenzung" zunächst als ↑Autonomes Gebiet der Kara-Kirgizen, 1936 als Kirgizische SSR gebildet. Die Hauptstadt wurde nach dem berühmtesten Mitglied der ↑„Turkkommissija" ↑Frunze benannt (↑Biškek). Auf dem überwiegend gebirgigen (Tien-Shan, Alay-Pamir), an Bodenschätzen reichen Territorium lebten 1990 4,4 Mio. Einwohner, davon 52 % Kirgizen, 21,5 % Russen und 12 % Uzbeken. Kirgizen leben außerdem in ↑Uzbekistan und ↑Tadžikistan sowie in China und Afghanistan. Sie gehören zu den kleineren türkischen Ethnien Zentralasiens, die von Uzbeken, Ujguren, Kazachen und Mongolen in Randgebiete abgedrängt wurden. Sie berufen sich auf ein historisches Kirgizenreich in der Altaj-Region und am Enisej im 9.–10. Jh., dessen ethnohistorische Verbindung zu den Kirgizen der Tien-Shan-Region jedoch nicht verifiziert ist. Ihre Sprache, in der sie eine brillante, vor dem 20. Jh. mündlich tradierte Dichtkunst entfalteten, zählt zur zentraltürkischen Gruppe. Die Kirgizen wurden relativ spät, im 17.–18. Jh., islamisiert. Der ↑Islam in K. wird bis heute sehr stark von Sufi-Bruderschaften geprägt.

K. bildete im 19. Jh. einen Teil des Khanats von Kokand. Kirgizen lebten außerdem im Khanat Chiva und im Emirat ↑Buchara. Mit der Eroberung Kokands durch r.e Truppen 1876 gelangte K. unter r.e Herrschaft und wurde zu einer Ansiedlungsregion für Siedler aus den Agrarmetropolen R.s. Die einheimischen Nomaden büßten dabei Weideland ein und verarmten. Nach der Massenerhebung 1916 und den darauffolgenden Repressionsmaßnahmen flohen 150 000

Nomaden nach China. Im Frühjahr 1918 fiel K. unter die Kontrolle der S.-Macht von ↑Taškent und bildete einen Teil der ↑Sowjetrepublik ↑Turkestan. Anfangs völlig von Russen dominiert, betrieb die S.-Macht ab 1920 eine Politik der Annäherung an die Einheimischen. Führer der sehr kleinen kirgizischen ↑Intelligencija wurden in die S.-Verwaltung kooptiert. Die sozio-kulturellen Strukturen K.s mit seiner Nomadenwirtschaft und Stammesordnung blieben vorläufig unangetastet. Kontroversen in der lokalen Parteiorganisation entstanden in den 20er Jahren über die Frage der Rückerstattung von Land durch slavische Siedler an einheimische Bauern. 1925 kritisierten einheimische ↑Kader die Ausbreitung der r.en Sprache im öffentlichen Leben. Eine andere Gruppe verteidigte die Stammesstrukturen und tribalen Eliten vor der Sowjetisierung und wurde 1926 aus der ↑Partei ausgeschlossen. Die ↑Kollektivierung der ↑Landwirtschaft und die erzwungene Seßhaftmachung der Nomaden rief am Ende der 20er Jahre heftigen Widerstand und ein Wiederaufleben der muslimischen Guerilla der Basmači in K. hervor. Ganze Stämme flohen mit ihren Herden nach China. ↑Alphabetisierung und Urbanisierung veränderten das Leben der Kirgizen. Die ↑Industrialisierung schuf eine völlig neue Wirtschaftsstruktur. Dennoch zeigen sich im Leben dieser Nation bis heute starke traditionelle Grundzüge mit einer deutlichen Gliederung nach Stammes- und Sippenzusammenhängen und mit der Großfamilie (bir atanyng baldary = Kinder eines gemeinsamen Vaters) als sozialer Grundzelle. Das nationale Verhalten wurde durch das Festhalten an islamischen oder pseudo-islamischen und stammestraditionellen Bräuchen wie kalym (Brautkauf) und aqsaqallyk (Ältestenautorität), durch die Besinnung auf das „Erbe der Ahnen" in Literatur und Kunst (Mirasismus), durch Abgrenzung gegenüber Russen und Uzbeken, durch ethnischen Partizipationskampf im öffentlichen Leben der ↑Unionsrepublik und durch die Abwehr linguistischer Russifizierungstendenzen gekennzeichnet. Der vor allem im Fergana-Tal lebendige Antagonismus zwischen Kirgizen und Uzbeken kam im Juni 1990 im ↑Gebiet Oš zu einem sehr gewalttätigen Konflikt zwischen beiden Volksgruppen zur Entladung. In der Reformperiode unter ↑Gorbačev gelang in K. eine stärkere politische Erneuerung als in anderen zentralasiatischen Unionsrepubliken. 1990 ging aus den Präsidentschaftswahlen der Wissenschaftler Askar Akaev als Sieger hervor. Er ist der einzige Republikführer im posts.en Zentralasien, der nicht der kommunistischen Parteiführung entstammt. Nach dem ↑Putschversuch vom 18.–20.8.1991 in ↑Moskau, dem sich Akaev mit aller Entschiedenheit entgegenstellte, erklärte K. am 31.8.1991 seine staatliche Unabhängigkeit.

Lit.: Istorija Kirgizskoj SSR, t.1, Frunze 1984; Hetmatek, A., Kirgizstan and the Kirgiz, in: Katz, Z., Handbook of Major Soviet Nationalities, New York/London 1975, S. 238–261; Akiner, Sh., Islamic Peoples of the Soviet Union, London 1983; Bennigsen, A., Enders Wimbush, S., Muslims of the Soviet Empire, London 1985, S. 73–85.   *U.H.*

Kiričenko, Aleksej Ilarionovič (geb. 1908), trat mit 17 Jahren dem ↑Komsomol, mit 22 der ↑VKP(b) bei. Er war zunächst in der ↑Landwirtschaft tätig und schloß seinen beruflichen Aufstieg durch ein Studium in Landmaschinentechnik in Azov ab. Bereits 1938 wechselte K. aus der Landwirtschaftsverwaltung in die Parteilaufbahn, zunächst als Mitarbeiter des ↑Zentralkomitees der KP der

↑Ukraine. K. wurde einer der wichtigsten Helfer ↑Chruščevs in dessen Zeit als ↑Generalsekretär der Ukrainischen KP. 1945–49 war er 1. Sekretär des Gebiets- und Stadtparteikomitees ↑Odessa, von 1949 bis 1953 2. Sekretär und Mitglied des ↑Politbüros in ↑Kiev. Er löste 1953 L. G. Mel'nikov (1906–1981) als 1. Sekretär ab (bis 1957). Chruščev hielt weiter die Hand über K., der immer wichtigere Funktionen übernahm: 1952 Mitglied des ZK der KPdSU, 1955 Mitglied des ↑Präsidiums des ZK. 1957 wechselte K. als Sekretär für Organisations- und ↑Kader-Angelegenheiten in das Sekretariat des ZK und damit in die nächste Nähe Chruščevs. 1960 mußte K. aus unbekannten Gründen diesen Posten an ↑Kozlov abtreten und fiel rasch aus allen anderen Stellungen: Januar–Juni 1960 1. Sekretär des Gebietparteikomitees ↑Rostov, im Mai 1960 Ausscheiden aus dem Präsidium, 1961 auch aus dem ZK. Auch nach der Absetzung Chruščevs erfuhr K. keine sichtbare Rehabilitierung.

Lit.: Fainsod, M., Wie Rußland regiert wird, Köln 1975.   *B. Sch.*

Kirov (eigentl. Kostrikov), Sergej Mironovič (1886–1934), stammte aus dem Gouvernement (↑LGR) Vjatka. 1904 schloß er sich in ↑Tomsk den Sozialdemokraten (↑LGR) an und wurde 1905 zum Mitglied des Tomsker Parteikomitees gewählt. Er machte Bekanntschaft mit der kaiserlichen Polizei, wurde 16 Monate im Gefängnis festgehalten und kam nach weiterer Tätigkeit in ↑Irkutsk nach ↑Vladikavkaz. Hier wurde er 1917 in den ↑Sowjet gewählt und in den zweiten Allrussischen ↑Rätekongreß delegiert. Im Februar 1919 übernahm er den Vorsitz im provisorischen Militärrevolutionären Komitee (↑LGR) von ↑Astrachan' und spielte im ↑Bürgerkrieg eine wichtige Rolle bei den Kämpfen der ↑Roten Armee im Süden. Der X. ↑Parteitag wählte K. zum Kandidaten des ↑Zentralkomitees. Das Schwergewicht seiner Tätigkeit lag unverändert im Kaukasusbereich, zunächst in der Autonomen Sozialistischen Sowjetischen ↑Berg-Republik (1921), dann in der KP ↑Azerbajdžans (Sekretär 1921). Bei der Gründung der Transkaukasischen Sozialistischen Föderativen Sowjetrepublik (1922) (↑Transkaukasische Föderation) war K. beteiligt. Auf dem XII. Parteitag wurde K. als Mann ↑Stalins ins ZK gewählt. Der weitere Aufstieg verlief rasch: 1926 machte Stalin K. als Sekretär des Gouvernementkomitees ↑Leningrads und des Nordwestlichen Büros des ZK der ↑VKP(b) zum Nachfolger des entmachteten ↑Zinov'ev, parallel dazu erfolgte die Berufung zum Kandidaten des ↑Politbüros. Seitdem gehörte K. zum engsten Kern der „Zentrumsgruppe" (Stalin, ↑Molotov, ↑Kaganovič, ↑Mikojan) und bewährte sich bei der Gleichschaltung der Partei in Leningrad sowie der innerparteilichen Auseinandersetzung mit Stalins Kritikern und Gegnern und bei deren Ausschaltung. 1930 wurde er ins Politbüro gewählt. K. war ein typischer Vertreter der zunächst eher zweitrangigen Parteiarbeiter, die ihren Aufstieg in die erste Reihe der Protektion Stalins und der bedingungslosen Anpassung an seine politischen Forderungen verdankten. 1934 erreichte K. den Höhepunkt seiner Macht: Er wurde Sekretär und Mitglied des ↑Orgbüros des ZK. Von einer oppositionellen Einstellung zu Stalin war bis zu diesem Zeitpunkt nichts bekannt. In der Partei besaß K. große Popularität. Das liefert einen Anhaltspunkt dafür, daß die Ermordung K.s am 1. 12. 1934 nicht das Werk von „Parteifeinden" war, wie es die offizielle Darstellung behauptete, sondern daß Stalin selbst seinen potentiellen Rivalen ausschaltete. Für den Mord wurden mehrere Personen, die Stalin unbequem geworden waren, gleichzeitig verantwortlich gemacht, zunächst ↑Kamenev, später ↑Jagoda. Tatsächlich spricht alles dafür, daß Stalin selbst die Fäden zog und den geglückten Mord geschickt benutzte, um die ↑Säuberungen zu rechtfertigen. Zahlreiche Städte und Siedlungen wurden nach K. benannt, so die Stadt Vjatka.

Lit.: Carmichael, J., Säuberung. Die Konsolidierung des Sowjetregimes unter Stalin 1934–1938, Frankfurt 1972; Conquest, R., Am Anfang starb Genosse Kirov, Düsseldorf 1970; Celms, G., Ubijstvo Kirova; Poslednij svidetel', in: Literaturnaja gazeta, 1990, Nr. 26, S. 12 f.   *B.Sch.*

Kišinev (mold. Chisinau) kam 1812 zum Russischen Reich und bildete schon bald den Verwaltungsmittelpunkt eines Territoriums mit einer national bunt gemischten Bevölkerung. 1918 fiel K. mit dem Gebiet der ↑Moldau an Rumänien. Nach der Rückgewinnung durch die SU 1940 bzw. nach der Vertreibung rumänischer und deutscher Truppen während des ↑Zweiten Weltkriegs wurde K. als Hauptstadt der Moldauischen SSR wieder aufgebaut und mit zusätzlichen zentralen Funktionen ausgestattet (Gründung der Universität 1945, der ↑Akademie der Wissenschaften der Moldauischen SSR 1961, zahlreiche neue Industriebetriebe, kulturelles und sprachliches Zentrum der Moldauer). Die Einwohnerzahl, die 1895 bei 108 000 gelegen hatte, stieg von 112 000 (1939) auf 216 000 (1959) und 624 000 (1985). Dabei ging der hohe Anteil der jüdischen Bevölkerung durch die deutsche Ausrottungspolitik stark zurück.

Lit.: ↑Alma-Ata.   *B.Sch.*

Klasse(n) sind nach ↑Lenin große Gruppen von Menschen, die sich nach ihrer Stellung im historisch bestimmten System gesellschaftlicher Produktion, ihrer Beziehung zu den Produktionsmitteln und ihrer Rolle im Prozeß gesellschaftlicher Arbeitsteilung definieren. Im Kapitalismus führt die unterschiedliche Stellung im Produktionsprozeß zu antagonistischen Widersprüchen, die im K.-Kampf ihren Ausdruck finden. Diese Widersprüche wurden nach s.er Lehrmeinung in der sozialistischen Gesellschaft – d. h. in der SU nach 1936 – aufgehoben, doch bestanden K. weiter. Erst auf einer sehr hohen Stufe der gesellschaftlichen Entwicklung, nach Überwindung der Teilung von Kopf- und Handarbeit, der Widersprüche zwischen ↑Stadt und ↑Land, sei danach mit dem Verschwinden der K. zu rechnen (klassenlose Gesellschaft).

Nach der ↑Oktober-Revolution übernahm, so die s.en Autoren, die ↑Arbeiter-K. die führende Rolle, liquidierte die Ausbeuter-K. und stellte ein Bündnis mit der werktätigen ↑Bauernschaft und Teilen der ↑Intelligenz her. Im Rahmen des sozialistischen Aufbaus entwickelten sich diese weiter, so daß die Arbeiter-K. nun neben ↑Kolchoz-Bauernschaft und der Schicht der werktätigen Intelligenz stand. Die These ↑Stalins von der Verschärfung des K.-Kampfes beim Übergang zum ↑Sozialismus – die ideologische Legitimation für die Stalinsche Repressionspolitik – wurde seit der ↑Entstalinisierung von s.en Autoren abgelehnt.

Die genaue Abgrenzung der K. und Schichten in der s.en Gesellschaft wurde aber von der s.en Soziologie weiter diskutiert. Zur Arbeiter-K. wurden dabei in

der Regel Industrie- und Bauarbeiter, die Arbeiter in ↑Sovchozen und in der
Waldwirtschaft gezählt, ferner diejenigen im Verkehrswesen und in der Post,
teilweise auch die im Handel und in der Versorgung. Zur Kolchozbauernschaft
als K. wurden Personen gerechnet, die in der ↑Landwirtschaft Handarbeit ausübten und kollektiv über Produktionsmittel verfügten. Die s.e Intelligenz galt,
im Gegensatz zu den beiden anderen Gruppen, nicht als K., sondern als Schicht
(proslojka). Ihr wurden Personen zugerechnet, die hochqualifizierte geistige Tätigkeit ausübten. Ein Problem stellte die Zuordnung der Angestellten (služaščie-
nespecialisty) dar, die nicht physisch tätig waren, aber auch nicht der Intelligenz
angehörten. Sie wurden weitgehend als eigene Gruppe geführt, die wie die Intelligenz eine Schicht zwischen den K. (mežklassovoj) darstellte. Letztlich nicht
geklärt war allerdings, wo die genauen Grenzen zwischen Angestellten und
Intelligenz einerseits und Angestellten und Arbeiter-K. andererseits verliefen.
Als allgemeine Definition galt, daß Angestellte alle Personen waren, die nicht-
physische und niedrigqualifizierte Tätigkeit ausübten. Kolchozangestellte stellten innerhalb der Angestelltenschaft eine Untergruppe dar, wie die Kolchoz-
intelligenz innerhalb der Intelligenz. Hier wird schon deutlich, welche Probleme
die K.-Gliederung für die s.en Sozialwissenschaftler aufwarf. So mußten sich
etwa Studien, die sich mit dem ↑Dorf befaßten, über definierte K.-Grenzen
hinwegsetzen und für die gesamte ländliche Bevölkerung – Kolchozbauern, Sovchozarbeiter, in der Landwirtschaft beschäftigte Intelligenz und Angestellte –
analytisch neue Kategorien definieren.

Lit.: Lenin, W. I., Die große Initiative, in: ders., Werke, Berlin 1956 ff., Bd. 29; ders.,
Ökonomik und Politik in der Epoche der Diktatur des Proletariats, ebd. Bd. 30, S. 91–101;
Rutkevič, M. N. (Red.), Social'naja struktura razvitogo socialističeskogo obščestva v
SSSR, M 1976; Senjavskij, S. L. Izmennenija v social'noj strukture sovetskogo obščestva
1938–1970; Rzvitie social'noj struktury obščestva v SSSR. Aktual'nye problemy sociologi-
českich issledovanij, M 1985.   *H.-H. Sch.*

Kolčak, Aleksandr Vasil'evič (1874–1920), machte nach der Abolvierung des
Marinekorps (1894) und der Beförderung zum Leutnant zur See (1899) einen
raschen Aufstieg. Während der Polarexpeditionen 1900–03 und 1908–11 zeichnete er sich als Hydrologe aus. Im russisch-japanischen Krieg (↑LGR) hatte er
wichtige Kommandos und geriet dabei in Kriegsgefangenschaft. Im Ersten Weltkrieg (↑LGR) wurde Vizeadmiral K. 1916 das Kommando über die Schwarzmeer-
flotte übertragen. Die Provisorische Regierung (↑LGR) berief ihn von seinem
Posten und sandte ihn in besonderer Mission nach Großbritannien und in die
USA. Von ↑Sibirien aus griff Admiral K. in den ↑Bürgerkrieg ein. Er übernahm im
Oktober 1918 den Posten des Kriegs- und Marineministers in dem nach ↑Omsk
übergesiedelten ↑Ufa-Direktorium. Bereits im November stürzte K. diese vorwiegend sozialistische Regierung und machte sich, gestützt auf bürgerliche Kräfte
und Militärs, zum „Obersten Verweser des r.n Staates", de facto zum Kopf einer
Militärdiktatur, die auf die Zusammenarbeit mit der ↑Tschechoslowakischen Le-
gion und den Alliierten angewiesen war. Der „höchste Oberbefehlshaber" kontrollierte eine Zone, die im Osten bis an den Baikalsee reichte, im Westen nach
Kämpfen mit der ↑Roten Armee zeitweilig ↑Perm' und ↑Ufa einschloß und von
Vjatka bis ↑Kazan' reichte. K.s Regierung wurde zur Zeit ihrer größten Erfolge im
Mai 1919 von den Alliierten anerkannt. K. sicherte ihnen die Verwirklichung

liberaler Forderungen zu. Allerdings wurden diese Perspektiven durch den raschen Gegenvorstoß der Roten Armee im Oktober 1919 zunichte gemacht. Bereits im November ging Omsk verloren. K. wurde schließlich in ↑Irkutsk durch die bisherigen verbündeten Tschechen und Franzosen an die „Irkutsker revolutionäre Regierung" ausgeliefert, die ihn in Abstimmung mit Moskau erschießen ließ. Am Ende hatte K. nicht nur die Unterstützung seiner Verbündeten verloren, sondern auch große Teile der ↑Bauern und der Stadtbevölkerung in Sibirien gegen sich aufgebracht, da er es nicht verstanden hatte, auf deren Forderungen in geeigneter Weise zu reagieren.

Lit.: Garmiza, V., Direktorija i Kolčak, in: Vopr. Ist., 1976, 10; Fleming, P., The Fate of Admiral Kolchak, London 1963; Drokov, S. V., Aleksandr Vasil'evič Kolčak, in: Vopr. Ist. 1991, Nr. 1, S. 50–67.   *B.Sch.*

Kolchoz(en) (kollektivnoe chozjajstvo, Kollektivwirtschaft) waren laut offizieller s.er Definition eine freiwillige Vereinigung werktätiger ↑Bauern zur gemeinsamen landwirtschaftlichen Großproduktion auf gesellschaftlicher Basis und mittels kollektiver Arbeit. Im Unterschied zum ↑Sovchoz galt die K. als Form genossenschaftlichen Eigentums (im Gegensatz zum Staatseigentum). Vom Staat erhielt der K. Boden zur unbefristeten Nutzung, verfügte aber als juristische Person über Gebäude, Maschinen, Vieh und Geld. Er arbeitete auf Basis kommerzieller Rechnungsführung (chozrasčet). Die Leitung wurde von der Versammlung der K.-Mitglieder gewählt. Die Arbeit auf dem Land des K. erfolgte im Rahmen von Brigaden und wurde nach einem Normensystem entlohnt, das die Arbeitsleistung in ↑Arbeitstagen (‚Tagwerken') bemaß. Neben der kollektiven war die private Produktion ein wesentliches Element des K. Die K.-Mitglieder verfügten über privates Hofland. Erträge ihrer privaten Erzeugung durften die K.-Mitglieder auf dem ↑Kolchoz-Markt verkaufen. Die Autonomie des K. wurde stark eingeengt durch staatliche Vorgaben, die Statut und Arbeitsorganisation des K. regelten, sowie durch Preispolitik und direkte Eingriffe in die Produktion des K. Die Herausbildung des K. in seiner späteren Form war Folge eines langen Prozesses, der nach 1917 mit der Bildung erster Kollektivwirtschaften einsetzte und durch die ↑Kollektivierung 1929/30 die gesamte ↑Landwirtschaft erfaßte. Das „Musterstatut des landwirtschaftlichen Artel's" (1. März 1930) (Artel' ↑LGR) regelte Aufbau und Arbeit der neuen K., wurde in der Folge mehrfach revidiert (u. a. 1935, 1938, 1965). Die Entwicklung ging bis Mitte der 50er Jahre zu ständiger Vergrößerung der K., seitdem gingen die Anbauflächen pro K. wieder zurück. Seit dieser Zeit wurden K. verstärkt in Sovchozen umgewandelt.

	1928	1940	1950	1960	1970	1979
Kolchozen (1000)	33,3	235,5	121,4	44,0	33,0	26,0
Sovchozen (1000)	1,4	4,2	5,0	7,4	15,0	20,8

Lit.: Nove, A., Das sowjetische Wirtschaftssystem, Baden-Baden 1980; Nove, A., Die Agrarwirtschaft, in: Osteuropa-Handbuch, Sowjetunion. Das Wirtschaftssystem, Köln/ Graz 1965; Wädekin, K.-E., Sozialistische Agrarpolitik in Osteuropa, 2 Bde., Berlin 1974, 1978; Suslov, I. F., Kolchozy v ėkonomičeskoj sisteme socializma, M 1974; Sel'skochozjajstvennaja ėnciklopedija, 6 Bde., M [4]1969–1975.   *H.-H.Sch.*

Kolchoz-Markt nannte sich eine Institution, in deren Rahmen den ↑Bauern der ↑Kolchozen der Verkauf von Agrarerzeugnissen erlaubt war. Seit 1932 hatten die Kolchozen die Möglichkeit, Überschüsse, die nach Erfüllung des staatlichen Getreidebeschaffungsprogramms im Kolchoz verblieben waren, auf Märkten und in Kolchoz-Läden zu verkaufen. Mit dem Statut über das landwirtschaftliche Artel' (↑LGR) vom 17. 2. 1935 erhielten die Kolchozmitglieder privates Hofland, dessen Erträge ebenfalls verkauft werden durften. Der Handel erfolgte auf dem K.-M., der in der Regel unter der Aufsicht der lokalen ↑Sowjets stand. Der Anteil des Kolchozhandelsumsatzes betrug 1940 ca. 19 % des gesamten Einzelhandelsumsatzes, 1961 5 %. Bei Lebensmitteln allerdings lag der Anteil weit höher: In der ↑Ukraine z. B. waren es 1958 bei Fleisch 29,8 %, Milch und Milchprodukten 16,5 %, Kartoffeln 55 %, Gemüse 42,5 % und bei Obst 71,7 %. Die Preise lagen 1960 auf dem K.-M. um ca. 35 % über denen des staatlichen Einzelhandels.

Lit.: Backe-Dietrich, B., Handel und Versorgung, in: Osteuropa-Handbuch, Sowjetunion. Das Wirtschaftssystem, Köln/Graz 1965, S. 424–432; Wädekin, K.-E., The Private Sector in Soviet Agriculture, Berkeley u. a. 1973; Šmelev, G. I., Ličnoe podsobnoe chozjajstvo i ego svjazi s obščestvennym proizvodstvom, M 1971. *H.-H.Sch.*

Kollegengerichte ↑Kameradschaftsgerichte

Kollektive Führung ist das Schlagwort für die Aufteilung der höchsten Ämter in ↑Partei und Staat, die nach ↑Stalins Tod voneinander getrennt wurden: K. E. ↑Vorošilov, G. M. ↑Malenkov, L. P. ↑Berija, V. M. ↑Molotov und N. S. ↑Chruščev übernahmen kollektiv die Führung. In seinem Rechenschaftsbericht vor dem XX. ↑Parteitag (im Februar 1956) bezeichnete Chruščev diesen Vorgang als „Wiederherstellung" eines Grundprinzips Leninscher Politik und dessen „größtmögliche Festigung" als „von erstrangiger Bedeutung". Die vom Parteitag in Auftrag gegebene Neufassung des ↑Parteistatuts (verabschiedet 1961) schrieb in Art. 27 die k. F. als „höchstes Leitungsprinzip der Partei" fest: Sie sei „unerläßliche Voraussetzung einer normalen Tätigkeit der Parteiorganisationen, einer richtigen Erziehung der ↑Kader sowie der Entwicklung von Aktivität und Initiative der Kommunisten". ↑„Personenkult und damit zusammenhängende Verstöße gegen die innerparteiliche Demokratie" wurden verurteilt, sie seien unvereinbar mit Leninschen Prinzipien. Der seither geltende Grundsatz der k.n F. hat allerdings die zeitweilige Verbindung des höchsten Parteiamtes (des ↑Generalsekretärs) mit hohen und höchsten Staatsämtern – schon unter Chruščev selbst, dann auch bei L. I. ↑Brežnev, Ju. V. ↑Andropov, K. U. ↑Černenko und M. S. ↑Gorbačev – nicht verhindert.

Lit.: Brunner, G., Das Parteistatut der KPdSU 1903–1961, Köln 1965. *H.A.*

Kollektivierung bezeichnet den Prozeß des Zusammenschlusses bäuerlicher Privatwirtschaften zu Kollektivbetrieben und landwirtschaftlichen Arteli (↑LGR). Die forcierte K. der ↑Landwirtschaft in den Jahren 1929–32 veränderte die sozialen und ökonomischen Grundlagen des s.en Herrschaftssystems prinzipiell, beendete die ↑Neue Ökonomische Politik und leitete die Phase des ↑„Stalinismus" ein.

In der Vorstellung der ↑Bolschewisten basierte die sozialistische Landwirtschaft auf kollektiver Bodenbearbeitung im Rahmen vergesellschafteter Großbetriebe. Doch bereits vor der ↑Oktober-Revolution hatten die Bolschewisten verstanden, daß das Interesse der ↑Bauern nicht auf die Schaffung sozialistischer Großbetriebe gerichtet war, sondern auf Umteilung des Gutslandes und Weiterführung ihrer privaten Wirtschaften. Das ↑Dekret über das Land trug 1917 diesen Vorstellungen, die sich bereits im Rahmen der spontanen Agrarrevolution Bahn brachen, auch Rechnung. Nur ein sehr geringer Teil der Gutswirtschaften blieb erhalten und wurde kollektiv bewirtschaftet. 1921 betrug der Anteil solcher Betriebe an der gesamten Aussaatfläche ca. 1 %. Drei Formen kollektiven Wirtschaftens hatten sich herausgebildet: die landwirtschaftliche Kommune (kommuna; Ende 1920 2117 in der ↑RSFSR), in welcher der gesamte Besitz – außer persönlichen Habseligkeiten – vergesellschaftet war und der Boden gemeinsam bearbeitet wurde, das landwirtschaftliche Artel' (Ende 1920 8581 in der RSFSR), in der die Mitglieder Land, Ausrüstung und Vieh gemeinsam besaßen und das Land kollektiv bewirtschafteten, aber getrennt in ihren Höfen lebten, eigenes Gartenland besaßen und Vieh hielten und gemäß ihrer Arbeitsleistung bezahlt wurden, und schließlich die ↑Genossenschaften zur gemeinsamen Bodenbearbeitung (TOZ – tovariščestvo po sovmestnoj obrabotke zemli; Ende 1920 946 in der RSFSR), deren Mitglieder separat wirtschafteten, sich jedoch gegenseitig bei der Feldarbeit unterstützten. Im Rahmen der Neuen Ökonomischen Politik hatten diese kollektiven Wirtschaftsformen jedoch nur marginale Bedeutung, im Gegensatz zu Kredit- oder Konsumgenossenschaften. ↑Lenin maß den Genossenschaften in jeder Form hervorragende Bedeutung bei der Einbeziehung der Bauern in den sozialistischen Aufbau zu. Vom sozialistischen Großbetrieb in Form der staatlich unterstützten Kollektivwirtschaft, die mit modernen Produktionsmitteln arbeitet, sollte für die Masse der Bauern ein Anreiz ausgehen, sich für die K. zu entscheiden. Überzeugung durch Beispiel, Freiwilligkeit, Gewaltlosigkeit waren nach Lenin Grundprinzipien dieser Entwicklung. Nachträglich wurden diese Vorstellungen, die Lenin in einigen Artikeln skizziert hatte, von der s.en Führung unter der Bezeichnung „V. I. Lenins Kooperativplan" zusammengefaßt und zur Legitimation der eigenen Politik eingesetzt. Diese Auffassung ist jedoch nicht haltbar: Zum einen handelte es sich bei Lenins Ideen nicht um ein geschlossenes Konzept, zum andern ist es nie gelungen, die Kollektivwirtschaften der Neuen Ökonomischen Politik zu Musterbetrieben zu machen. In der Regel waren es ökonomisch eher schwache Wirtschaften, die von den Bauern belächelt wurden. Die Entscheidung für eine rasche K. unter Anwendung von Zwangsmitteln hatte denn auch andere Gründe. Die Beschaffungsprobleme waren in der zweiten Hälfte der 20er Jahre gewachsen. Bei wachsenden Bevölkerungszahlen waren die Ernteergebnisse nur langsam angestiegen, die Resultate der Getreidebeschaffung waren 1927 und 1928 sogar zurückgegangen (Getreidekrise). Gründe sah die S.-Führung nicht in der Zerschlagung des Privathandels und der verfehlten Preispolitik, sondern in der privaten Produktion und dem Einfluß der ↑„Kulaken". Durch Zwangsmaßnahmen und Kampagnen zur Verstärkung des Geldabzugs aus dem ↑Dorf suchte man die Beschaffungskampagnen wirksamer zu machen. Auf die Krise, die diese Politik hervorrief, reagierte die Stalinsche Führung mit einer „Flucht nach vorn". Am 5.12.1929 wurde eine Kommission des ↑Politbüros zu Fragen der K. geschaffen (Vorsitz:

Ja. A. Jakovlev, 1896–1938), am 27.12. erklärte ↑Stalin, daß man nun dazu übergehe, die „Kulaken" als ↑Klasse zu liquidieren. In dem Dekret „Über das Tempo der K." vom 5.1. 1930 beschloß das ↑Zentralkomitee, die K. der Landwirtschaft bis 1931/32 weitgehend abzuschließen. Unter dem Druck von oben begannen die Aktivisten vor Ort ohne klare Vorstellungen über die ökonomischen Folgen mit einer hastigen K.s-Kampagne. Am 20.1. 1930 waren 21,6 % der bäuerlichen Haushalte kollektiviert, am 1.Februar 32,5 %, am 1.März 65 %. Auch wenn dies wohl weitgehend auf dem Papier stand, reagierten die Bauern auf den Druck von seiten der lokalen Aktivisten mit passivem, mitunter auch mit aktivem Widerstand. Um die Abgabe ihres Viehs an die Kollektivwirtschaften zu verhindern, schlachteten viele Bauern ihr Vieh ab. Zwischen 1928 und 1934 sank der Bestand an Rindern um 45,5 %, der an Pferden um 54,6 %, der an Schafen um 66,1 % und der an Schweinen um 55,7 %. Angesichts des massiven Widerstandes und der Gefährdung der Frühjahrsaussaat steckte die s.e Führung zurück. Am 2.3. 1930 veröffentlichte die ↑ „Prawda" Stalins Artikel „Vor Erfolgen von Schwindel befallen", der die Übertreibungen der K. verurteilte und das Freiwilligkeitsprinzip unterstrich. Folge dieser Wende war ein rascher Rückgang des Anteils kollektivierter Betriebe. Im August 1930 gehörten nur noch 21,4 % der Höfe Kollektivwirtschaften an. Im März 1930 wurde auch das Musterstatut des landwirtschaftlichen Artel's veröffentlicht, das der weiteren K.s-Bewegung zugrunde liegen sollte. Im Herbst 1930 wurde die Kampagne wieder verstärkt. Im Sommer 1931 hatte der Anteil der kollektivierten Höfe wieder 52,7 % erreicht. Mittels Steuer- und Wirtschaftspolitik, durch Einsatz von ↑OGPU-Truppen und Freiwilligenbrigaden wurde der Widerstand der Bauern gebrochen. Viele Bauern wurden verhaftet oder umgesiedelt, andere flohen in die Städte. Viehabschlachtungen und Zusammenbruch der Getreidewirtschaft führten im Verein mit einer Mißernte zu einer ↑Hungersnot. Indes baute die s.e Führung im Dorf einen eigenen Apparat auf. Über ↑Maschinen- und Traktoren-Stationen und Politische Abteilungen dort und in den ↑Sovchozen wurde Herrschaft verdichtet. Im zweiten ↑Fünfjahrplan ging die K. weiter: 1933 waren 65 % der Wirtschaften kollektiviert, 1934 71,4 %, 1935 83,2 %, 1936 90,5 %, 1937 93 % und 1940 96,9 %. 1949–53 wurde die K. in den Gebieten abgeschlossen, die 1939/40 und 1945 zur SU kamen.

Für Bauern und Landwirtschaft hatte die K. verheerende Folgen. Im Rahmen der Zwangsmaßnahmen, der Umsiedlung und durch Hunger kamen mehrere Millionen Menschen um. Die Agrarproduktion sank unter den Stand von 1913. Dagegen stieg die staatliche Beschaffung, die die Versorgung der Städte sichern sollte. 1935 konnten die 1929/28 eingeführten Rationierungsmaßnahmen wieder aufgehoben werden. Die K. war zwar wirtschaftlich ein Fehlschlag, doch war die Verstaatung der Bauernschaft, ihre Einbindung in die Kontrolle durch den Staat gelungen.

Lit.: Merl, S., Der Agrarmarkt und die Neue Ökonomische Politik, München/Wien 1981; ders., Die Anfänge der Kollektivierung der Sowjetunion, Wiesbaden 1985; Davies, R. W., The Socialist Offensive. The Collectivization of Soviet Agriculture, 1929–1930, London 1980; ders., The Soviet Collective Farm, London 1980; Levin, M., Russian Peasants and Soviet Power. A Study of Collectivization, London 1968; Danilov, V. P., Sozdanie material'no-techničeskich predposylok kollektivizacii sel'skogo chozjajstva v SSSR, M 1957; Ivnickij, N. A., Klassovaja bor'ba v derevne i likvidacija kulačestva kak klassa (1929–1932

gg.), M 1972; Moškov, Ju. A., Zernovaja problema v gody splošnoj kollektivizacii sel'-
skogo chozjajstva SSSR (1929–1932 gg.), M 1966.   *H.-H.Sch.*

Kollontaj (geb. Domontovič), Aleksandra Michajlovna (1872–1952), stammte
aus der Familie eines adeligen Gutsbesitzers. Sie kam nach der Ausbildung zur
Lehrerin in Berührung mit der bürgerlichen Frauenbewegung. Die Bekanntschaft mit der fast gleichaltrigen E. D. Stasova (1873–1966) weckte ihr Interesse
an den Problemen der r.en Arbeiterinnen. Sie machte sich mit deren Not vertraut und arbeitete sich in R. und bei zahlreichen Auslandsaufenthalten in die
marxistische Theorie ein. Begegnungen mit Rosa Luxemburg, Karl Kautsky, G.
Plechanov (1856–1918), schließlich mit ↑Lenin banden sie zusätzlich an die r.e
Sozialdemokratie (↑LGR). Bis 1915 gehörte K. zur menschevistischen Gruppe
um die Zeitschrift „Naše Slovo" („Unser Wort"). Sie äußerte sich zu zahlreichen
Themen, sie engagierte sich in der praktischen Arbeit für die r.e Arbeiterschaft
und die ↑Partei sowie für die internationale Linke. Ihr Hauptanliegen war die
Verbesserung der Lage der Arbeiterinnen. Der Erste Weltkrieg (↑LGR) über-
raschte sie in Berlin. K. schloß sich 1915 der Linken um Lenin an und schrieb
seitdem in verschiedenen Sprachen gegen den Krieg. In der nationalen Frage
vertrat sie, anders als Lenin, internationalistische Positionen, hielt von ihren
rasch wechselnden Exilorten in den skandinavischen Ländern und in den USA
gleichwohl immer engen Kontakt zu ihm. Nach ihrer Rückkehr nach ↑Petrograd
unmittelbar nach der Februar-Revolution (↑LGR) schloß sie sich den Linken an
und unterstützte Lenins April-Thesen (↑LGR). Auf dem VI. ↑Parteikongreß
wurde sie ins ↑Zentralkomitee der RSDRP(b) gewählt (bis 1918). Auf dem VII.
Parteikongreß gehörte sie zum Kreis um ↑Bucharin, der Lenins Eintreten für den
Frieden von ↑Brest-Litovsk als Verrat am Internationalismus mißbilligte. Seit-
dem gehörte K. dem ZK nicht mehr an. 1920–23 vertrat sie entschieden die
Forderungen der ↑Arbeiter-Opposition. Nur wenige Monate gehörte sie dem
Ersten ↑Rat der Volkskommissare als Ressortleiterin für die staatliche Fürsorge
an. Während des ↑Bürgerkriegs übernahm sie ↑Propaganda-Aufgaben für den
Rätestaat und seine Politik. Als Leiterin der Frauenabteilung (1919 anstelle der
Arbeiterinnenabteilung, gegr. 1918, Leiterin Inessa Armand, 1874–1920) beim
ZK seit 1920 hatte sie über einige Zeit großen Einfluß auf die Frauen-, Familien-
und Gesundheitspolitik (↑Gesundheitswesen). Ihre großen Erfahrungen in der
internationalen Arbeit wurden durch die Übertragung des Postens einer stellvertretenden Leiterin des Internationalen Frauenkommissariats bei der ↑Komintern
gewürdigt. Die Niederlage der Arbeiter-Opposition besiegelte auch die politische Isolierung in innenpolitischen Fragen: K. verlor mit dem Vorsitz in der
Frauenabteilung (aufgelöst 1929) jeden Einfluß auf die Frauenpolitik, ↑Stalin
machte auch wichtige Teile der von ihr eingeleiteten emanzipatorischen Sozial-
politik rückgängig oder blockierte deren Wirkungen. Sie wurde seit Herbst 1922
auf außenpolitische Missionen abgeschoben – als bevollmächtigte Vertreterin der
SU in Norwegen (1923), in Mexiko (1926), seit 1927 erneut in Norwegen, 1930
als Gesandte, seit 1943 als Botschafterin in Schweden (bis 1945). Zuletzt
fungierte sie als Beraterin des ↑Ministeriums des Äußeren. Die außenpolitischen
Aufgaben – zeitweilig auch beim ↑Völkerbund – retteten K. als einziger aus der
Gruppe der bekannteren Gegner Stalins in den ↑Säuberungen das Leben.

Lit.: Kollontai, A., Ich habe viele Leben gelebt... Berlin 1982; Farnsworth, B., Aleksandra Kollontai, Stanford 1980; Bonwetsch, B., „Madame Kollontai". Die erste Diplomatin der Welt, in: Lust und Last. Sowjetische Frauen von A. Kollontai bis heute, hrsg. von K. v. Soden, Berlin 1990; Clements, B., Bolshevik Feminist. The Life of Alexandra Kollontai, London 1979.   *B.Sch.*

Kombinat (kombinat, mitunter auch: proizvodstvennoe ob-edinenie = Produktionsvereinigung) war eine Bezeichnung für verschiedene Formen betrieblicher Vereinigungen in der s.en Wirtschaft. Bis zur Reform unter ↑Gorbačev verfügten die K.e in der Regel nicht über Selbständigkeit und unterstanden der Leitung von Hauptverwaltungen o. ä. Ein K. bzw. eine Produktionsvereinigung faßte eine Reihe von Einzelbetrieben zusammen, die entweder ähnliche Technologien nutzten und daher gleiche Rohstoffe verwendeten oder bei unterschiedlicher Technologie dem gleichen Branchenministerium unterstanden (z. B. administrative Vereinigungen in der Kohleindustrie). Ferner gab es K.e für kommunale Dienstleistungen, die gänzlich unterschiedliche Kleinbetriebe innerhalb einer Region zusammenfaßten. Seit Amtsantritt Gorbačevs wurde verstärkt eine Neustrukturierung der K.e diskutiert, denen größere Selbständigkeit eingeräumt werden sollte. Der Zusammenbruch der UdSSR machte solche Veränderungsversuche gegenstandslos.

Lit.: Nove, A., Das sowjetische Wirtschaftssystem, Baden-Baden 1980; Wähler, J.P. (Hrsg.), Deutsches und sowjetisches Wirtschaftsrecht, Tübingen 1981; Meissner, B., Reformen der Wirtschaftsverwaltung und institutionelle Veränderungen im Ministerrat der UdSSR unter Gorbačev, in: Osteur. 1986, S. 265–86.   *H.-H.Sch.*

Komi-ASSR ↑Russische Sozialistische Föderative Sowjetrepublik

Kominform hieß im westlichen Sprachgebrauch das „Informationsbüro der kommunistischen und Arbeiterparteien" (r.e Abkürzung: „Informbjuro"), das im September 1947 auf einer Konferenz von neun kommunistischen Parteien, darunter auch westeuropäischen, im schlesischen Szklarska Poręba (Schreiberhau) gegründet wurde. Als internationaler Organisation waren dem K. enger begrenzte Aufgaben zugewiesen als der 1943 aufgelösten ↑Komintern: Es beschränkte seine Tätigkeit auf Europa und diente formell nur der Information und Koordination zwischen gleichberechtigten Mitgliedsparteien; einzige ständige Einrichtung war das „Büro" des K. mit Sitz in Belgrad, später Bukarest, dem die Redaktion des K.-Organs „Für dauerhaften Frieden, für Volksdemokratie" oblag. In der s.en Außenpolitik kam der K.-Gründung die Funktion zu, den Mitte 1947 eingeschlagenen Weg zur Blockbildung in Konfrontation mit den USA propagandistisch zu unterstützen. Das K. sollte die politisch-ideologische Integration der Volksdemokratien unter s.er Führung fördern sowie der US-Strategie des Marshall-Plans (↑Kalter Krieg) sowohl im eigenen Lager als auch in Westeuropa entgegenwirken. Die begrenzte Tauglichkeit des K. als eines s.en Steuerungsinstrumentes erwies sich indessen bereits im Konflikt zwischen ↑Stalin und Tito, der am 28. 6. 1948 zum Ausschluß der jugoslavischen Kommunisten führte. Seit 1949 verlor das K. daher rasch an politischer Bedeutung, und nach Stalins Tod (1953) fungierte es nur noch als Publikationsstelle. Am 17. 4. 1956 wurde das K. aufgelöst.

Lit.: Nollau, G., Die Internationale. Wurzeln und Erscheinungsformen des proletarischen Internationalismus, Köln/Berlin ²1961; Claudin, F., Die Krise der Kommunistischen Bewegung. Von der Komintern zur Kominform, 2 Bde., Berlin 1978.   *M.G.M.*

Komintern (Kommunistische Internationale) hieß die Weltorganisation kommunistischer Parteien, die auf Initiative der ↑Bolschewisten auf einem Kongreß in ↑Moskau im März 1919 gegründet wurde. Ihre Vorgeschichte hatte die K. in den Bestrebungen ↑Lenins und einer Minderheit europäischer Sozialisten, die 1914 zerbrochene II. Internationale mit revolutionärer Zielrichtung zu erneuern: Nach Lenins Erwartung sollte der Erste Weltkrieg (↑LGR) das imperialistische Weltsystem endlich so weit erschüttern, daß nicht nur das Proletariat der Industrieländer, sondern auch und vor allem die Völker in kolonialer oder halbkolonialer Abhängigkeit zu revolutionärem Widerstand gegen den Imperialismus übergingen; diese Kräfte sollte die neue, III. Internationale auf das Ziel der Weltrevolution hin zusammenfassen. Freilich erlangten für die K. schon bald nach ihrer Gründung andere Perspektiven Vorrang. In dem Maße, wie seit 1920 die Chancen einer Ausbreitung der Revolution in Europa und Asien schwanden, wuchs ihr die Funktion zu, die Konsolidierung der S.-Macht als Vorposten des Weltkommunismus und deren Stärkung gegenüber dem kapitalistischen Umfeld international zu unterstützen. Sie wurde zu einem Instrument der s.en Außenpolitik, mit dem diese die Aktivitäten der kommunistischen Parteien und Organisationen in anderen Ländern ihren Interessen gemäß lenkte. Grundlage dafür war die zentralistische Organisationsstruktur der K. Das 1920 verabschiedete Statut verpflichtete die in Ländersektionen organisierten Mitgliedsparteien nicht nur auf den ↑demokratischen Zentralismus, sondern unterwarf sie auch verbindlich den Weisungen des Exekutivkomitees in Moskau. Die damit eingeleitete „Bolschewisierung" der K. wurde durch die von ↑Stalin bis 1928 durchgesetzten Ergänzungen (Reorganisation der Länder-Sektionen, Delegierung statt Wahl der Vertreter für den K.-Kongreß) vollendet. So gelang es in den 20er und 30er Jahren tatsächlich, die K.-Strategie auch an die Richtungsveränderungen in der s.en Politik anzupassen. Der Übergang S.-R.s zur ↑Neuen Ökonomischen Politik und zum Prinzip der befristeten Koexistenz mit den kapitalistischen Staaten bedeutete für die K. eine Abkehr von revolutionärem Radikalismus. Statt dessen sollten die K.-Parteien die s.-r.en Bemühungen um wirtschaftliche Außenkontakte in ihren Ländern stützen; zugleich wurden sie seit 1921 darauf verpflichtet, Bündnisse mit demokratischen Sozialisten und Gewerkschaften, in rückständigen Ländern auch mit antiimperialistischen Kräften außerhalb der Arbeiterbewegung zu suchen. Diese Taktik der „Einheitsfront" wurde 1928 insofern modifiziert, als sie nun forciert gegen die Sozialdemokratie zur Wirkung gebracht werden sollte, deren „Sozialfaschismus" Stalin auch als Hauptgefahr für die SU identifizierte. Der Kampf gegen den Faschismus stand hinter dieser Aufgabe zurück, bis die SU 1935 mit ihren ↑Nichtangriffs- und ↑Beistandspakten eine außenpolitische Wende vollzog; nun wurde mit dem Konzept der „Volksfront" aller antifaschistischen Kräfte für die K. eine neue Taktik verbindlich, die im ↑Spanischen Bürgerkrieg erstmals zur Geltung kam. Auch den erneuten außenpolitischen Kurswechsel des ↑Hitler-Stalin-Pakts vollzog die K. noch ebenso mit wie schließlich die Rückkehr zum Antifaschismus nach Hitlers Angriff auf die SU (↑Zweiter Weltkrieg). Doch nun wurde die Existenz der K. aus s.er Sicht zunehmend zum Hindernis, da sie die SU mit dem Vorwurf internationaler Subversionsbestrebungen belastete und ihr damit die angestrebte politische Integration in die Anti-Hitler-Koalition der Großmächte erschwerte. Stalin veranlaßte daher am 15. 5. 1943 die Selbstauflösung der K.

Lit.: Braunthal, J., Geschichte der Internationale. Bd. 2, Berlin/Bonn ³1978; Uldricks, T. J., Diplomacy and Ideology. The Origins of Soviet Foreign Relations 1917–1930, London 1979.   *M.G.M.*

Komitee der Dorfarmut ↑Komitees der Armen

Komitee der Staatssicherheit ↑Geheimpolizei

Komitee für den Norden hieß ein Gremium, das beim Präsidium des Allrussischen ↑Zentralen Exekutivkomitees der ↑RSFSR von 1924 bis 1935 bestand. Es leistete umfangreiche Arbeit zum Schutz der Interessen der kleinen Völker des Hohen Nordens. Das K. f. d. N. initiierte und leitete die Entwicklung von Schriftsprachen für die Völker des Hohen Nordens, richtete Grund(↑)schulen ein und trieb die Sowjetisierung durch Gründung von lokalen ↑Sowjets und neun Nationalen Kreisen voran. 1925 wurde in ↑Leningrad das Institut der Völker des Nordens gegründet – eine in seiner Art einzigartige Institution, in der Funktionäre und Spezialisten für die Arbeit im Hohen Norden – teilweise selbst Angehörige der kleinen Völker – ausgebildet wurden. Das K. f. d. N. wurde im Zuge der Stalinschen Nationalitätenpolitik aufgelöst, als an die Stelle der gezielten Förderung der nichtr.en Völker die Betonung alles Russischen und der Russen trat.

Lit.: Thomas, L., Geschichte Sibiriens. Von den Anfängen bis zur Gegenwart, Berlin 1982, S. 182ff.   *G.S.*

Komitee für öffentliche Sicherheit ↑Moskau

Komitees der Armen (komitety bednoty, abgek. kombedy, eigentlich: Komitees der [Dorf-]Armut) sollten in der zweiten Hälfte des Jahres 1918 (↑Bürgerkrieg) die S.-Regierung bei der schwierigen Aufgabe der Lebensmittel- (vor allem Getreide-)Beschaffung unterstützen. Das Allrussische ↑Zentrale Exekutivkomitee und der ↑Rat der Volkskommissare ordneten (per Dekret vom 8. und 11. Juni 1918) ihre Gründung in allen Dörfern und ländlichen Amtsbezirken an. An der Wahl der K. d. A. konnten sich aktiv und passiv alle beteiligen, die selbst keine Getreideüberschüsse erzielten. Von den Getreideüberschüssen, welche die K. d. A. bei den großen und reicheren ↑Bauern konfiszierten, sollten sie selbst einen Anteil zu Vorzugsbedingungen erhalten. Gleichzeitig übertrug ihnen der Staat die Verteilung von Massengebrauchsartikeln und einfachsten landwirtschaftlichen Geräten. Der Versuch, die Solidarität des ↑Dorfes aufzubrechen, erwies sich als schwierig, und wo die K. d. A. organisiert wurden, verdoppelten sie eigentlich nur die vorhandenen ↑Sowjets. Bereits im Herbst und Winter 1918/19 wurden die K. d. A. wieder aufgelöst. Ein neuer Versuch, den „Klassenkampf aufs Dorf" zu tragen und die ärmeren Schichten des Dorfes als „Stützen der S.-Macht" zu organisieren, begann Mitte der 20er Jahre. Ihre tatsächliche Bedeutung blieb unerheblich.

Lit.: Luckij, E. A., Komitety bednoty, in: SIĖ Bd. 7 (1965), Sp. 571 f.; Spirin, L. M., Klassy i partii v graždanskoj vojne v Rossii (1917–1920), M 1968; Altrichter, H., Die Bauern von Tver'. Vom Leben auf dem russischen Dorf zwischen Revolution und Kollektivierung, München 1984; Merl, St., Die Anfänge der Kollektivierung in der Sowjetunion. Der Übergang zur staatlichen Reglementierung der Produktions- und Marktbeziehungen im Dorf 1928–1930, Wiesbaden 1985.   *H.A.*

Kommissariat ↑Ministerien

Kommunismus meint ursprünglich die Schaffung einer gerechten Gesellschaftsordnung durch die Einführung der Gütergemeinschaft, welche die ökonomische und soziale Gleichheit aller Individuen gewährleisten soll. In der Geschichts- und Gesellschaftstheorie von Karl Marx bezeichnet der Begriff eine sozialökonomische Gesellschaftsformation, die gesetzmäßig aus der sozialistischen Revolution hervorgeht und in der das Privateigentum an den Produktionsmitteln abgeschafft, die Wirtschaft vergesellschaftet und die Güterverteilung nach dem Bedürfnisprinzip geregelt ist. Mit der Verwirklichung der kommunistischen Gesellschaft verbindet sich im Marxismus (↑Marxismus-Leninismus) die Erwartung, daß sie einen Überfluß an materiellen und kulturellen Gütern schaffen, die Gleichartigkeit des Sozialgefüges begründen, die rationale Planung der gesellschaftlichen Entwicklung ermöglichen und die Menschen von allen undurchschaubaren politischen und ökonomischen Zwängen befreien werde, die sie in der bisherigen Geschichte von ihrem humanen Gattungswesen entfremdet hätten. Die K.-Vorstellungen von Marx haben sich im Verlauf seines Lebens in einzelnen Aspekten geändert, aber ihre utopischen Implikationen bewahrt. In den „Ökonomisch-philosophischen Manuskripten" (1844) entwirft er ein humanistisches K.-Ideal, das die Versöhnung aller Widersprüche in der menschlichen Natur anstrebt. Aber schon in der „Deutschen Ideologie" (1845/46) und erst recht im „Kommunistischen Manifest" (1848) tritt an die Stelle der Versöhnungsidee eine politische Konflikt- und Gewaltstrategie, die den Weg zum K. bahnen und seinen Bestand sichern soll.

In der Schrift „Kritik des Gothaer Programms" (1875) macht Marx darauf aufmerksam, daß zwischen der kapitalistischen und der kommunistischen Gesellschaft die Periode der revolutionären Umwandlung der einen in die andere liege, die durch die ↑Diktatur des Proletariats gekennzeichnet sei. Die Unterscheidung zwischen einer „niederen" und einer „höheren Phase" des K. hat insbesondere die K.-Vorstellungen ↑Lenins beeinflußt. Sie bot die Möglichkeit, die realistischen von utopischen Elementen der K.-Konzeption zu trennen. Der K., auf dessen Verwirklichung es Lenin ankam, bezog sich in erster Linie auf die praktisch umsetzbaren Teile der Marxschen Zukunftsvorstellungen. K. bedeutete für ihn die Verwandlung aller Bürger des neuen Gemeinwesens in ↑Arbeiter und Angestellte eines die ganze Gesellschaft umfassenden Staatssyndikats, das streng darüber wacht, daß jeder Werktätige das ihm zugewiesene Maß der Arbeit verrichtet und das ihm zustehende Maß der Konsumtion nicht überschreitet. Im wissenschaftlich-technischen Fortschritt der s.en Wirtschaft erblickte er die entscheidende Voraussetzung für den Aufbau des K. Der pragmatische Grundzug seiner K.-Vorstellungen kommt in der von ihm mehrfach wiederholten Parole zum Ausdruck: „K. – das ist S.-Macht plus Elektrifizierung des ganzen Landes."

Zu den differenzierteren Merkmalen, wie sie gemeinhin mit der „höheren Phase" des K. verbunden werden, verhielt er sich grundsätzlich skeptisch. Allen überspannten Erwartungen, die sich an die „höhere Phase" knüpften, trat er in der Schrift „Staat und Revolution" („Gosudarstvo i revoljucija", 1918) mit der Behauptung entgegen, daß es „keinem Sozialisten je eingefallen" sei, „zuzusichern', daß die höhere Phase der Entwicklung des K. eintreten wird". Obwohl er in anderen Zusammenhängen wieder auf der Realisierbarkeit aller Aspekte der „höheren Phase" beharrte, zeigt diese Äußerung doch die Vorbehalte, die er hinsichtlich ihres Wirklichkeitsgehalts hegte.

Im Verlauf der s.en Geschichte ist der Übergang in das kommunistische Entwicklungsstadium mehrfach angekündigt worden. So ist z. B. schon die Periode des sogenannten ↑Kriegskommunismus, der durch die allgemeine Arbeitspflicht, die Naturalisierung der Löhne und die Ablieferungspflicht landwirtschaftlicher Erzeugnisse charakterisiert war, von Lenin zunächst als Sprung in den K. aufgefaßt worden. Aber in allen Fällen sind diese Ankündigungen nach einer gewissen Zeit der Besinnung wieder rückgängig gemacht worden. Besonders ernüchternd hat sich auf die s.en Zukunftserwartungen das Scheitern des Versuchs ausgewirkt, den K. im Rahmen eines gewaltigen Zwanzigjahrplans zu erreichen. Das 3. ↑Parteiprogramm der ↑KPdSU, das am 31. 10. 1961 auf dem XXII. ↑Parteitag beschlossen worden ist, sah die Verwirklichung des K. in der Zeit von 1961 bis 1980 vor und enthielt die feierliche Versicherung: „Die heutige Generation der S.-Menschen wird im K. leben." Als in den 70er Jahren klar wurde, daß das Wirtschaftswachstum des Landes weit hinter den gesteckten Zielen zurückblieb, mußte der wachsende Widerspruch zwischen Theorie und Wirklichkeit erklärt werden. Die Revision der theoretischen Grundlagen, auf denen bis dahin die Periodisierung der s.en Geschichte und die Prognostizierung der sozialen Entwicklung beruhten, wurde mit der neuen „Theorie des entwickelten ↑Sozialismus" vollzogen. Sie ging im Gegensatz zu früheren Vorstellungen davon aus, daß die s.e Gesellschaft das kommunistische Stadium noch nicht erreicht habe, sondern sich erst in der Periode der „Vervollkommnung des Sozialismus" befinde. Die überarbeitete Fassung des 3. Parteiprogramms enthielt daher auch keinen Hinweis mehr auf den Zeitpunkt für den Eintritt der s.en Gesellschaft in das kommunistische Zeitalter. Nach Maßgabe des neuen Parteiprogramms, das auf dem XXVII. Parteitag der KPdSU (25. 2.–6. 3. 1986) verabschiedet wurde, befand sie sich erst in der Epoche „der planmäßigen und allseitigen Vervollkommnung des Sozialismus", die einen Zeitraum von unbestimmbarer historischer Dauer beanspruchen würde.

Lit.: Ramm, T., Die künftige Gesellschaftsordnung nach der Theorie von Marx u. Engels, in: Marxismus-Studien, 2. Folge, Tübingen 1957; Strumilin, S. G., Naš mir čerez 20 let, M 1964; Oberländer, E., Kernig, C. D., Kommunismus, in: Sowjetsystem und demokratische Gesellschaft. Eine vergleichende Enzyklopädie, Bd. III, Freiburg i. Br. 1969; Leonhard, W., Was ist Kommunismus? Wandlungen einer Ideologie, München 1976; Ahlberg, R., Die sowjetische Gesellschaftstheorie in der Mitte der achtziger Jahre, in: Osteur. 5, 1986.   *R.A.*

„Kommunist" hieß die vom ↑Zentralkomitee der ↑KPdSU herausgegebene, periodisch erscheinende Zeitschrift, die als theoretisches und politisches Hauptorgan der Partei galt. Ihre Gründung wurde im November 1923 vom ↑Orgbüro der Kommunistischen Partei beschlossen, im Januar 1924 erschien die erste Nummer, zunächst noch unter dem Namen „Bol'ševik". Als man 1952 den Zusatz „Bolschewisten" aus der offiziellen Parteibezeichnung strich, benannte man auch das Parteiorgan in „K." um. Der Themenkatalog war weit gefächert, er reichte von Fragen der marxistisch-leninistischen Ideologie, des Parteiaufbaus und der politischen Ökonomie bis zu historischen und kulturellen Themen. Hinzu kamen der Abdruck historischer und aktueller Dokumente zur Entwicklung der Partei und der kommunistischen Bewegung, Leserbriefe und ein Rezensionsteil. Im August 1991 benannte sich die Zeitschrift in „Svobodnaja mysl'" (Freier Gedanke) um und versteht sich seitdem als „Tribüne demokratischer linker Kräfte". Als Herausgeber fungiert ein „journalistisches Redaktionskollektiv". In den meisten Unionsrepubliken erschienen – unter dem gleichen Namen „K." und herausgegeben vom jeweiligen Zentralkomitee – Monatszeitschriften. – Die Zeitschrift „K." ist nicht mit dem gleichnamigen Organ zu verwechseln, das die ↑Linken Kommunisten 1918 zeitweilig herausgaben.

Lit.: Čepikov, M. G., Kommunist, in: BSÈ (3. Aufl.) Bd. 12, S. 527; Stichwort: Kommunist, in: SIÈ, Bd. 7.   *H.A.*

Kommunistische Akademie ↑Sozialistische Akademie

Kommunistische Partei der Sowjetunion (1903–1918 Russische Sozialdemokratische Arbeiterpartei/der Bolschewisten [Rossijskaja Social-Demokratičeskaja Rabočaja Partija/bol'ševikov; RSDRP/b]; 1918–1925 Russische Kommunistische Partei/der Bolschewisten [Rossijskaja Kommunističeskaja Partija/bol'ševikov; RKP/b]; 1925–1952 Kommunistische Allunionspartei/der Bolschewisten [Vsesojuznaja Kommunističeskaja Partija/bol'ševikov; VKP/b]; seit 1952 Kommunistische Partei der Sowjetunion [Kommunističeskaja Partija Sovetskogo Sojuza; KPSS]; die Abkürzung KPdSU ist in deutschsprachigen Dokumenten der ↑Komintern seit 1925 geläufig). Die Partei der Bolschewisten ging aus der „Mehrheitsfraktion" der Russischen Sozialdemokratischen Arbeiterpartei hervor (↑Parteien [LGR]). Als alleinregierende und seit 1920/21 einzige politische Partei bestimmte sie die Entwicklung des S.-Staates entscheidend mit. Ideologie und Herrschaftssystem wurden von ihr geprägt. Im Laufe der s.en Geschichte wandelten sich jedoch inneres Gefüge und gesellschaftliche Funktionen der KPdSU immer wieder.

Zu den wichtigsten Funktionen der Partei in der s.en Gesellschaft gehörten die Erzeugung von Identität und Legitimation durch ↑Ideologie, die Einwirkung auf Prozesse politischer Sozialisation, die Rekrutierung, Sozialisierung und der Einsatz von ↑Kadern, die Konzipierung von Regeln und von Organisationsstrukturen, das Entwerfen politischer Zielvorstellungen und von Konzepten zu ihrer Durchsetzung, schließlich auch die Durchsetzung von Politik über Mobilisierung gesellschaftlicher Gruppen, über Verwaltungshandeln und Steuerung von Apparaten. Die KPdSU wirkte also auf ideologische Prozesse ebenso ein wie auf solche des sozialen Wandels. Darüber hinaus bestimmte sie die s.e Politik. Allerdings wirkten nicht alle Angehörigen der Partei in gleicher Weise mit. Es ist sinnvoll, zwischen Parteibasis, d. h. der Masse der Mitglieder, dem Apparat der KPdSU, also der Gruppe der „Parteibeamten" (Apparatčiki, ↑Nomenklatur), und dem engeren Führungskreis zu unterscheiden. An der eigentlichen politischen Entscheidungsfindung waren in der Regel nur Mitglieder des letzteren beteiligt. Dem Apparat kam die wichtige Rolle der Entscheidungsvorbereitung und Implementierung zu, die Masse der Mitglieder sollte als Multiplikatoren wirken und die Kommunikation mit der Gesellschaft sichern. Diese Unterscheidungen und diese Rollenverteilung ergaben sich allerdings erst im Verlauf der Geschichte.

Die Entwicklung der KPdSU, die 1987 mehr als 19 Mio. Mitglieder zählte, ist auch an der Veränderung der Mitgliederzahlen abzulesen:

		Mitglieder (einschl. Kandidaten)
1917	(Jan.)	23 600
	(Aug.)	200 000
1918	(März)	390 000
1921		732 521
1922		528 354
1924		472 000
1925		801 804
1927		1 212 505
1933		3 555 338
1938		1 920 002
1941		3 872 465
1945		5 760 369
1953		6 897 224
1964		11 022 369
1970		14 011 784
1980		17 802 289
1983		18 117 903

Eine zahlenmäßig unbedeutende Partei wuchs in Revolutions- und ↑Bürgerkriegs-Jahren rasch an und organisierte einen ↑Räte-Staat (↑Oktober-Revolution, ↑Kriegskommunismus). Ein funktionierender Parteiapparat existierte nicht, die Führungsgruppe um ↑Lenin lenkte den Staat durch Delegierung von Parteimitgliedern in den Staatsapparat und durch Sonderorgane. Die Beendigung des Bürgerkrieges nahm man zum Anlaß einer durchgreifenden Reorganisation. Mehrere hunderttausend Mitglieder wurden aus der Partei entfernt, ferner begann man damit, systematisch einen Apparat aufzubauen. Diese Aufgabe übernahm der 1922 zum ↑Generalsekretär ernannte ↑Stalin. Innerhalb kurzer Zeit gelang es, einen funktionierenden Zentralapparat zu schaffen und erste Verbindungen zu den regionalen Organisationen anzuknüpfen. Es entstand eine parteiinterne ↑Bürokratie, die sich in Konflikten mit der ↑Linken, später auch der ↑Rechten Opposition politisch durchsetzen konnte. Gestützt auf diese Schicht baute Stalin die Position des Generalsekretärs, die ursprünglich rein organisatorische Funktion hatte, zu einer politischen Schlüsselstellung aus. Das Lenin-Aufgebot von 1924, das Oktoberaufgebot von 1927 und die Massenrekrutierung neuer Mitglieder während des 1. ↑Fünfjahrplans führten dem Parteiapparat eine neue Basis ohne revolutionäre und politische Traditionen zu. Der Massenzufluß und die Übernahme ökonomischer Leitungsaufgaben durch die Partei überforderten allerdings den Apparat erheblich. Die Organisationsreformen von 1929/30 und 1934 sollten dem zunehmenden Durcheinander entgegenwirken.

Begleitet wurden sie von einer 1933 einsetzenden Mitgliederrevision, die nach
↑Kirovs Ermordung bald in ↑Säuberung und massive Repression überging. Die
Mitgliederzahlen gingen um 1,5 Mio. zurück, die Schicht der Apparatčiki wurde
durch regellose Verhaftungen dezimiert. In die freiwerdenden Stellen rückte eine
neue Generation von Parteibeamten nach, die nicht mehr der Revolutions- und
Bürgerkriegsgeneration angehörte, sondern ihren Aufstieg Ende der 20er, Anfang der 30er Jahre begonnen hatte. Die Partei büßte in dieser Phase viele Funktionen ein, die sie an den Staats- oder Polizeiapparat abgab. Die Entwicklung
von ideologischen und politischen Konzepten stagnierte, es dominierte ein ↑Per-
sonenkult um Stalin und ein festgefahrener Dogmenkanon. Der ↑Zweite Weltkrieg führte zu einem Wiederanwachsen der Partei. Im Rahmen umfassender
Mobilisierung für die Verteidigung der UdSSR nahm die KPdSU mehr als zwei
Mio. neue Mitglieder auf. Dennoch war ihr Aufgabenkreis unter Stalin sehr
beschränkt. Der Übergang zur ↑kollektiven Führung nach Stalins Tod belebte
die KPdSU wieder. Unter ↑Chruščev wurde die Zahl der Parteimitglieder noch
weiter ausgedehnt, dieser versuchte auch der KPdSU wieder eine echte Funktion
zu geben, indem er sie stärker für Wirtschafts- und Verwaltungsarbeit verantwortlich machen wollte. Seine Strukturreform der Partei, die diese Tendenzen
unterstützen sollte und die 1962 einsetzte, hatte jedoch keine positiven Ergebnisse und wurde nach seinem Sturz 1964 wieder rückgängig gemacht.

Angesichts der Komplexität moderner Gesellschaften hat die KPdSU viele
ihrer Funktionen nur unzureichend erfüllt, da sie einem erstarrten ideologischen
Kanon verhaftet war. Dennoch besetzte sie bis vor kurzem die Schlüsselpositio-
nen der s.en Gesellschaft und bestimmte den politischen Prozeß. Erst 1985
wurde die „Umgestaltung" (↑Perestrojka) eingeleitet, welche die Erstarrung und
Stagnation überwinden sollte. Sie bedeutete langfristig für den Parteiapparat
erhebliche Machteinbußen. Schritt für Schritt wurde der Einfluß der Partei beschnitten. Die Wahlen zum ↑„Kongreß der Volksdeputierten" im Frühjahr 1989
und zum seinerseits vom Kongreß gewählten ↑Obersten Sowjet neuer Prägung
schufen erstmals in der Geschichte der SU ein Arbeitsparlament, das in Konkurrenz zum ↑Zentralkomitee der Partei trat. Die Wahlen zu den lokalen ↑Sowjets
im Frühjahr 1990 schufen eine ebenso legitimierte Konkurrenz für die Parteikomitees auf der unteren Ebene. Formal gab das ZK-Plenum im Februar 1990
bereits den Anspruch auf die Führungsrolle der Partei auf. Diese Entscheidung
wurde vom XXVIII. ↑Parteitag 1990 bestätigt. Allerdings formierte sich ein
konservativer Flügel, der einen weiteren Machtabbau der Partei verhindern
wollte. Doch die Entstehung zahlreicher nichtkommunistischer Bewegungen
und Parteien in den Republiken höhlte die politische Position der KPdSU weiter
aus. Bei demokratischen Wahlen in den einzelnen Republiken erlitt die KPdSU
schwere Einbußen.

Im Juli 1991 unternahm ↑Gorbačev schließlich einen weiteren Anlauf, die
KPdSU im Innern weitgehend umzugestalten. Der ↑Putschversuch im August
1991, in dem die politisch marginalisierte Partei schon keine wesentliche Rolle
mehr spielte, machte weiteren Reformversuchen jedoch ein rasches Ende. Nach
dem Zusammenbruch des Putsches wurde die KPdSU von den Republikspräsi-
denten verboten.

Lit.: KPSS v rezoljucijach i rešenijach s-ezdov, konferencij i plenumov CK, 14 Bde., M 1970 ff.; Istorija KPSS v 6 tt., M 1964 ff.; Istorija KPSS, M 1985 (vgl. Geschichte der Kommunistischen Partei der Sowjetunion, Frankfurt a. M. 1971; Übersetzung der Ausgabe M 1969); Schapiro, L., The Communist Party of the Soviet Union, New York 1970; Rigby, T. H., Communist Party Membership in the USSR, 1917–1967, Princeton (N.J.) 1968; Service, R., The Bolshevik Party in Revolution. A Study in Organizational Change 1917–1923, London 1979; Schröder, H. H., Arbeiterschaft, Wirtschaftsführung und Parteibürokratie während der Neuen Ökonomischen Politik. Eine Sozialgeschichte der bolschewistischen Partei 1920–1928, in: FOG Bd. 31, Berlin/Wiesbaden 1982; ders., Industrialisierung und Parteibürokratie. Ein sozialgeschichtlicher Versuch über die Anfangsphase des „Stalinismus" 1928–1934, in: FOG Bd. 41, Berlin/Wiesbaden 1988; Hough, J. F., The Soviet Prefects: The Local Party Organs in Industrial Decision Making, Cambridge (Mass.) 1969; Moses, J. G., Regional Party Leadership and Policy Making in the USSR, New York 1974; Chotiner, B. A., Khrushchev's Party Reform. Coalition Building and Institutional Innovation, Westport (Conn.) 1984. *H.-H.Sch.*

Kommunistische Universitäten ↑Hochschulen

Komsomol ist die geläufige Abkürzung für den „Leninschen kommunistischen Allunionsbund der Jugend" (Vsesojuznyj Leninskij Kommunističeskij Sojuz Molodeži). Der K. bildete die große politische Nachwuchsorganisation der ↑KPdSU. Er spielte in der ideologischen Erziehung der Jugend eine entscheidende Rolle. Die ersten Vereinigungen kommunistischer Jugendlicher hatte es bereits 1917 gegeben; diese Gruppierungen schlossen sich auf einem Kongreß vom 29. 10. bis zum 4. 11. 1918 in ↑Moskau zusammen und konstituierten sich als „Kommunistischer Jugendverband Rußlands". In den Jahren des ↑Bürgerkrieges waren die Angehörigen des Verbandes an verschiedenen Fronten tätig; 1920 zählte er über 400 000 Mitglieder. Nach ↑Lenins Tod erhielt die Organisation seinen Namen; seit 1926 trug sie die heutige Bezeichnung. Der K. war nach den Prinzipien der KPdSU gegliedert, die Grundorganisationen befanden sich daher an den Beschäftigungs- und Ausbildungsstätten. Als Mitglieder konnten Jugendliche im Alter zwischen 14 und 28 Jahren aufgenommen werden. Aus ihnen rekrutierten sich häufig die zukünftigen ↑Kader der KPdSU. In den Händen des K. lag zudem die Betreuung der Jugendorganisation „Pioniere". Während des „Aufbaus des ↑Sozialismus" in den 30er Jahren vollbrachten Mitglieder des K. erhebliche ideelle und materielle Leistungen, so auf Großbaustellen im ↑Donbass oder in ↑Magnitogorsk. Auch am Bau der U-Bahn in Moskau waren K.zen führend beteiligt. Die Mitgliederzahl stieg von 2,3 Mio. im Jahre 1929 auf 4,5 Mio. 1933 und auf 10,2 Mio. im Jahre 1940. Besondere Beachtung verdient die Gründung einer völlig neuen Siedlung in Ost- ↑Sibirien, die 1932 erfolgte und noch im gleichen Jahr den Namen Komsomol'sk-na-Amure erhielt; die Stadt ist als Flußschiffhafen ein wichtiger Verkehrsmittelpunkt geworden und zählt heute 250 000 Einwohner. Während des ↑Zweiten Weltkrieges mußten viele K.zen nicht nur die Arbeit der an die Front Eingezogenen übernehmen, sondern wurden auch direkt im Kampf eingesetzt, z. T. auch als ↑Partisanen, was für viele den sicheren Tod bedeutete. Nach dem Krieg überschritt die Zahl der Mitglieder die 20-Mio.-Grenze und stieg auf über 40 Mio. (1982) an. Der K. kann somit als eine Massenbewegung gekennzeichnet werden. In den Nachkriegsjahren wurden Mitglieder des K. wiederum auf Großbaustellen eingesetzt; vor allem in der

↑Neuland-Kampagne und bei dem Bau der ↑Baikal-Amur-Magistrale. Innerhalb der ↑Hochschulen spielte der K. eine wichtige Rolle bei den Arbeitseinsätzen der Studenten und Hochschüler im Rahmen des „dritten Semesters". – Seit 1925 erschien als Zentralorgan des K. die Zeitung „Komsomol'skaja Pravda". 1991 diskutierte der K. seine Auflösung.

Lit.: Fisher, R. T., Pattern for Soviet Youth, New York 1959; Der Leninsche Komsomol, Bd. 1–2, Berlin 1971 f.; Slavnyj put' Leninskogo Komsomola, Bd. 1–2, M 1974; Komsomol v Vuze, M 1981.   *K.M.*

Kongreß der Volksdeputierten. Im Dezember 1988 stimmten die beiden Kammern des ↑Obersten Sowjets einer Verfassungsänderung zu, die als neues „höchstes Organ der Staatsgewalt" (Art. 108) einen „K. d. V. der UdSSR" (s-ezd narodnych deputatov SSSR) vorsah. Er war auf fünf Jahre zu wählen und sollte einmal im Jahr zu ordentlichen Sitzungen zusammenkommen. Die Verfassungsänderung der Union wurde zum Vorbild für die ↑Republiken.

Neu war nicht nur die Institution, sondern auch das Wahlrecht. Von den insgesamt 2250 Deputierten sollten 750 in territorialen, 750 in national-territorialen Wahlkreisen und 750 von im Wahlgesetz aufgeführten gesellschaftlichen Organisationen (wie der ↑KPdSU, den ↑Gewerkschaften, dem ↑Komsomol u. a.) gewählt werden. Überall hatten die Wahlen ‚personenbezogen' zu sein und die Auswahl zwischen mehreren Kandidaten zu ermöglichen. Für die 1500 Mandate der territorialen und nationalterritorialen Wahlkreise war dabei ein Verfahren mit Direktwahl, Mehrfachkandidatur, offenen Wahlkampagnen und Bewerberkonkurrenz, für die 750 Deputierten der gesellschaftlichen Organisationen ein indirektes Verfahren und die Bildung von Wahlkommissionen vorgesehen. Die Kompetenzen waren weitgefaßt: Der K. d. V. sollte künftig zuständig sein für Verfassungsänderungen, die Kontrolle der Einhaltung der ↑Verfassung (Wahl einer entsprechenden Kommission), die Durchführung von Volksabstimmungen, die Annahme von Perspektivplänen, für Grundsatzentscheidungen der Innen- und Außenpolitik und die Bestätigung des Vorsitzenden des ↑Ministerrates der UdSSR. Vor allem aber wählte er in geheimer Abstimmung und aus seiner Mitte einen neuen Obersten Sowjet (mit 542 Abgeordneten) und den Vorsitzenden des Obersten Sowjets (in der Rolle eines Staatspräsidenten). Die Wahl zum K. d. V. der UdSSR fand im März 1989, die konstituierende Session vom 25. 5.–9. 6. 1989 statt. In dieser ersten Session wurde nicht nur der neue Oberste Sowjet und sein Vorsitzender (↑Gorbačev) gewählt; die Debatten zeigten auch einen neuen politischen Stil: das öffentliche Austragen kontroverser Meinungen (↑Glasnost'). Sie wurden vom Fernsehen direkt übertragen und waren im Wortlaut auch in den großen Tageszeitungen nachzulesen. Sie setzten sich im Obersten Sowjet fort, führten hier wie dort zu Gruppen- und Fraktionsbildungen und trugen damit nicht unwesentlich zur Auflösung, ja schließlich Abschaffung des Machtmonopols der Kommunistischen Partei (im Frühjahr 1990) bei.

Zwei – im Grunde gegensätzliche – Entwicklungen schränkten jedoch in der Folgezeit die Bedeutung der neuen parlamentarischen Gremien (des K.es d. V. und des von ihm gewählten und ihm verantwortlichen Obersten Sowjets) ein: 1. die beträchtliche Erweiterung der Kompetenzen des Staatspräsidenten (ohne die eine Bewältigung der anstehenden Probleme nicht möglich schien); und

2. der rapide Machtverfall des Zentrums (angesichts der Souveränitäts- und Autonomiebestrebungen der Einzelrepubliken). Seit Mitte 1990 wurde über einen neuen Unionsvertrag nachgedacht und verhandelt, der einen Großteil der politischen und ökonomischen Zuständigkeiten auf die Republiken übertragen sollte, um die Union als solche zu erhalten. Der mißglückte ↑Putschversuch vom 18.–20. 8. 1991 beschleunigte diese Entwicklung. Der eilends einberufene K. d. V. votierte für die Beschleunigung des Übergangs der SU zu einer ‚Union Souveräner Staaten‘ und gab am 5. 9. 1991 seine Zustimmung zu einem neuen verfassungsändernden „Gesetz über Organe der Staatsmacht und der Regierung der UdSSR in der Übergangszeit“, das den K. d. V. als Institution und höchstes Staatsorgan nicht mehr vorsah.

Lit.: Meissner, B., Gorbatschows Umbau des Sowjetsystems I–VI, in: Osteur. 39 (1989) u. 40 (1990); Pervyj s-ezd narodnych deputatov SSSR, Stenografičeskij otčet, 2 Bde., M 1989.   *H.A.*

Konstituierende Versammlung ↑LGR

Konterrevolution ↑Bürgerkrieg

Kooperativen ↑Genossenschaften

Korea-Krieg. Der K.-K. bildete einen Höhepunkt der Konfrontation zwischen SU und USA im Verlauf des ↑Kalten Kriegs. Ausgegangen war der Konflikt von der Teilung Koreas am Ende des ↑Zweiten Weltkriegs. Entgegen den 1945 getroffenen Absprachen war es seit 1946 zu einer fortschreitenden Abgrenzung der s.en Besatzungszone gegenüber der amerikanischen und 1948 auch zur Gründung separater Staaten gekommen, die nach dem Abzug der beiden Besatzungsmächte (1948/1949) ihrerseits in offene Konkurrenz um die Beherrschung ganz Koreas traten. So wuchsen die Spannungen im Zeichen beiderseitiger Grenzverletzungen, bis ein (von der SU wahrscheinlich gebilligter) Großangriff nordkoreanischer Truppen auf Südkorea am 25. 6. 1950 den K.-K. auslöste. Zu einer internationalen Krise weitete sich der Konflikt indessen erst dadurch aus, daß der südkoreanische Staatschef Synman Rhee, unterstützt durch den US-Oberkommandierenden in Japan D. MacArthur, die USA zu massivem Eingreifen mit dem Ziel eines „roll back“ des kommunistischen Einflusses bewegen konnte: Nachdem die südkoreanischen Streitkräfte in einem taktischen Rückzug den Großteil des Landes vor den Angreifern geräumt hatten, ließ sich die US-Regierung von der Gefährlichkeit der Lage überzeugen und beschloß, überraschend für die SU, zu intervenieren. Die mit einem Mandat der ↑UNO ausgestatteten US-Truppen landeten am 15. 9. 1950 im Rücken der nordkoreanischen Angreifer, schlossen diese mit Unterstützung der im Süden stehenden Streitkräfte ein und überschritten, zehn Tage nach den südkoreanischen Truppen sowie nach einer weiteren UN-Resolution zugunsten einer gewaltsamen Wiedervereinigung Koreas, am 7./8. 10. 1950 die Grenze nach Nordkorea. In Abstimmung mit der SU griff China darauf zugunsten Nordkoreas ein, womit die zweite Phase des K.-K.s begann. Die erfolgreiche Gegenoffensive der chinesisch-nordkoreanischen Verbände, unterstützt durch s.e Waffenlieferungen an beide Länder, verlagerte den Kriegsschauplatz wieder nach Südkorea. Nach schweren Kämpfen stabilisierte sich die Front im Juni 1951 nahe der früheren Grenze. Da sowohl die SU als auch die USA eine weitere Eskalation des Konflikts scheuten, brachten s.e Angebote jetzt Waffenstillstandsverhandlungen in Gang. Im Zeichen des heftig geführten s.-amerikanischen Propagandakrieges blieben diese jedoch lange ergebnislos. Erst nach ↑Stalins Tod kam es zum Kompromiß in der am meisten umstrittenen Frage des Kriegsgefangenenaustauschs, wodurch der Weg zum Waffenstillstand vom 27. 7. 1953 frei wurde, der die Vorkriegssituation in Korea im wesentlichen wiederherstellte. Für die SU bedeuteten die unvorhergesehenen Wirkungen des K.-K.s einen Rückschlag. Der K.-K. hatte nicht nur Chinas Position aufgewertet und das verstärkte anti-s.e Engagement der USA in Asien herausgefordert. Vielmehr erleichterte er es auch den USA, die politisch-militärische Integration Westeuropas unter Einschluß der Bundesrepublik gegen den „s.en Expansionismus" voranzutreiben. ↑Chruščev reagierte darauf mit einer Reihe von Entspannungsinitiativen, die zur ↑Vier-Mächte-Außenministerkonferenz von Berlin und zur Gipfelkonferenz von ↑Genf führten.

Lit.: Guttmann, A., Korea, Cold War and Limited War, Lexington ²1972; Simmons, R. R., The Strained Alliance. Peking, Pyongyang, Moscow and the Politics of the Korean Civil War, New York 1975.   *M.G.M.*

Kosaken (auch ↑LGR) in der Erscheinungsform der wilden, halbautonomen Freibeuter und Krieger, welche die offenen Grenzzonen des r.en und polnischen Reichs zwischen Ural und Dnjepr als Kolonisten und Wächter sicherten, gab es bei Ausbruch der Februar- (↑LGR) und ↑Oktober-Revolution von 1917 nicht mehr. Seit Ende des 19. Jhs. in 11 (Don, Kuban', Terek, ↑Astrachan', Orenburg, Ural, ↑Sibirien, Semireč'e, Transbajkal, Amur, Ussuri) Heere (= Militärkolonien) gegliedert, zogen sich ihre Siedlungen vom Don über den Kaukasus entlang der zentralasiatischen Wüste bis zum Baikalsee, dem Amur und an das Japanische Meer. Militärisch waren sie als reine Kavallerietruppe ein Teil der kaiserlichen Armee geworden, und sie genossen – oft als Polizeitruppe bei inneren Unruhen oder gegen Aufständische eingesetzt – mit Steuerbefreiungen, dem Anrecht auf Landzuteilung und Selbstverwaltung unter dem Kriegsminister gewisse Sonderrechte. Diese konnten allerdings aufgrund der fortschreitenden, von zahlreichen sozialökonomischen Widersprüchen begleiteten ↑Industrialisierung des Kaiserreiches immer schwerer aufrechterhalten werden. Zerfallserscheinungen und soziale Unzufriedenheit trugen daher auch dazu bei, daß die meisten K.-Gemeinschaften die Februar-Revolution und die ↑Provisorische Regierung unterstützten. Sonderinteressen, Anarchie und der sich zwischen „Roten" und ↑„Weißen" entwickelnde ↑Bürgerkrieg, aber auch die persönlichen Ambitionen einzelner Atamane (K.-Befehlshaber) ließen unter den inzwischen in einer Union zusammengeschlossenen K.-Gemeinschaften die Forderung nach Autonomie und Selbständigkeit laut werden. So bildeten sich kurzlebige K.-Republiken mit so bekannten Atamanen wie A. Kaledin (1861–1918) und P. Krasnov (1869–1947) am Don, A. Dutov (1864–1921) in Orenburg oder B. Annenkov (1890–1927) in Semireč'e an der Spitze, die sich gegen die Bajonette und Agitation der ↑Bolschewisten und die Vereinnahmung durch die „Freiwilligenarmee" ↑Denikins und ↑Wrangels auf Dauer nicht behaupten konnten. Im Sommer 1919 kämpfte bereits ein aus Don- und Kuban'-K. formiertes Rotes Kavalleriekorps unter ↑Budennyj für die Revolution, während größere K.-Verbände schon länger zu den besten Truppen der „Freiwilligenarmee" zählten. Als diese Ende 1920 auf der Krim endgültig geschlagen war, wurden mit ihr auch rund 50000 K. evakuiert, die in den verschiedensten Teilen der Welt Asyl fanden.

Die in der Heimat gebliebenen K. erhielten – wie ↑Lenin auf dem 1. Allrussischen Kongreß der arbeitenden K. am 1. 3. 1920 bereits hatte erkennen lassen – weder Autonomie noch Sonderrechte. Ihr Unvermögen, sich den Bedingungen des S.-Staates anzupassen, Zwangs(↑)kollektivierung und „Entkulakisierung" sorgten in ihren Gebieten für ständige Unruhe und führten zwischen 1931 und 1933 zu Aufständen, die blutig niedergeschlagen wurden. Eine geringfügige Verbesserung ihrer Lage ergab sich ab 1936, als ihnen u. a. auch der Eintritt in die ↑Rote Armee erleichtert bzw. ermöglicht wurde. Weit über 100000 K. kämpften im ↑Zweiten Weltkrieg loyal unter den roten Fahnen, zeichneten sich, wie z. B. ein Verband unter General L. Dovator (1903–1941), aus, legten aber auch den Anachronismus ihrer Erscheinung als Kavallerie im modernen Krieg bloß. Nur wenige desertierten zu den deutschen Angreifern, die allerdings 1942 im Don- und Kuban'gebiet auf kollaborationsbereite K. stießen. Aus diesen wurden seit 1943 zunächst einzelne Schwadronen, dann ein ganzes Korps unter General H. v. Pannwitz aufgestellt, das sich nach einem kurzen Einsatz gegen jugoslawische Partisanen im Mai 1945 britischen Truppen im Drautal ergeben mußte. Von diesen wurden die K. zusammen mit den sie begleitenden Familien an die UdSSR ausgeliefert. Die Kommandeure wurden hingerichtet und die übrigen bis nach ↑Stalins Tod gefangengehalten.

Lit.: Golubych, M., Kazač'ja derevnja, M/L 1930; Longworth, Ph., Die Kosaken. Legende und Geschichte, Wiesbaden 1971; Karmann, R., Der Freiheitskampf der Kosaken. Die weiße Armee in der russischen Revolution 1917–1920, Puchheim 1985; Seaton, A., Horsemen of the Steppes. The Story of the Cossacks, London 1985.   *R.A.M.*

Kostrikov ↑Kirov.

Kosygin, Aleksej Nikolaevič (1904–1980), wuchs in einer Arbeiterfamilie in St. Petersburg (↑LGR) auf. Mit 15 Jahren kam er zur ↑Roten Armee. Nach der Entlassung 1921 absolvierte K. eine Berufsausbildung als Ingenieur und arbeitete 1924–30 in der Konsum(↑)genossenschaft. 1927 trat er der ↑Partei bei. Die Ausbildung zum Textilingenieur (1930–35) eröffnete ihm den Weg in die ↑Industrie. Kaum zum Direktor einer Textilfabrik avanciert (1937), machte K. den Sprung in die Parteiarbeit. Er wurde Leiter der Industrie- und Transportabteilung des Gebietsparteikomitees ↑Leningrad und unmittelbar darauf zum Vorsitzenden des Exekutivkomitees des Leningrader Stadt(↑)sowjets gewählt. An seinem weiteren raschen Aufstieg waren herausragende Vertreter der Leningrader Parteiorganisation, so ↑Ždanov und ↑Voznesenskij, beteiligt. Anfang 1939 wurde K. ↑Volkskommissar für die Textilindustrie. Wiederum ein Jahr später stieg er zu einem der Stellvertreter des Vorsitzenden des Rates der Volkskommissare bzw. des ↑Ministerrats auf (1940–53), gleichzeitig war er 1943–46 Vorsitzender des Rates der Volkskommissare der ↑RSFSR. K. wirkte v. a. bei der Umstellung der Industrie auf die militärischen Bedürfnisse mit. So war er als Stellvertreter des

Vorsitzenden im Evakuierungsrat an der Überführung wichtiger Industriebetriebe ins Landesinnere beteiligt. 1942 hielt K. sich zeitweilig als Beauftragter des
Staatsverteidigungskomitees im belagerten Leningrad auf. Auch nach dem Kriege
wurden K. zahlreiche zusätzliche Aufgaben übertragen: Minister für Finan-
zen 1948/49 (Beteiligung an der Durchführung der Währungsreform von 1947),
Minister für Leichtindustrie 1949–53. 1946 wurde er zum Kandidaten, 1948 zum
Vollmitglied des ↑Politbüros berufen. Die ↑„Leningrader Affäre" beeinflußte
auch das Leben und die Karriere K.s. Bei der Umbildung des Politbüros zum
Präsidium des ↑Zentralkomitees wurde er zum Kandidaten zurückgestuft, nach
↑Stalins Tod ging ihm selbst dieser Status verloren. Bei der Neubildung des
Ministerrats verblieb ihm nur das Ministerium für Leichtindustrie, erweitert um
die Zuständigkeit für die Nahrungsmittelproduktion (bis 1953/54). Erst im
Herbst 1953 wurde K. erneut stellvertretender Vorsitzender des Ministerrats (bis
1956). Damit begann eine neue Karriere, die ihm u. a. die Aufgabe des stellver-
tretenden Leiters in der Staatswirtschaftskommission beim Ministerrat für die
laufende Planung der Volkswirtschaft brachte, anschließend die entsprechenden
Funktionen im ↑Gosplan. Nach der Ausschaltung der ↑Antiparteigruppe wurde
K. von neuem Kandidat des Präsidiums des ZK. Ebenso wurde er nun wieder
Stellvertreter, seit 1960, nach dem Ausscheiden ↑Kozlovs, 1. stellvertretender
Vorsitzender des Ministerrats (neben ↑Mikojan), 1959/60 gleichzeitig Vorsitzender des Gosplans. Nach der Absetzung ↑Chruščevs übernahm K. den Posten des
Ministerratsvorsitzenden und behielt ihn bis zu seinem Tode. Unter ↑Brežnev
war er unbestrittener Mittelpunkt des staatlichen Verwaltungssystems. Aufgrund
langer Erfahrung waren ihm die Organisation und die Abläufe, aber auch die
Schwächen des s.en Wirtschaftssystems bestens vertraut, so daß er die Gesamt-
leitung der immer weiter sich vergrößernden Wirtschaftsbürokratie zuverlässig
wahrnehmen konnte. K. trat auch als Leiter außenpolitischer Delegationen auf
(Vermittlung zwischen Indien und Pakistan: Abkommen von ↑Taškent 1966).
Als Angehöriger des Präsidiums bzw. des Politbüros gehörte er zum innersten
Kreis der ↑„kollektiven Führung" unter Brežnev. Als verläßlicher Verwaltungs-
chef garantierte er Stabilität der s.en Verwaltung nach Chruščev und galt als
Beispiel eines sachbezogenen, für sich selbst anspruchslosen Führers in der Par-
tei.

Lit.: ↑Andreev. *B.Sch.*

Kozlov, Frol Ramonovič (1908–1965), galt lange Zeit als „Kronprinz" ↑Chru-
ščevs für die Nachfolge in der Leitung der ↑KPdSU. K. war bäuerlicher Herkunft
und zunächst Textilarbeiter. Nach Absolvierung des Polytechnischen Instituts in
↑Leningrad war er seit 1936 als Hütteningenieur in Iževsk in der ↑Udmurtischen
ASSR tätig und ging dort hauptamtlich in die Parteiarbeit – schon seit 1926
gehörte er der VKP(b) an. 1944–47 arbeitete er im Apparat des ↑Zentralkomi-
tees, wechselte anschließend in die Regionalarbeit nach ↑Kujbyšev (2. Sekretär
des Gebietsparteikomitees) und 1949 nach Leningrad, zunächst als Parteiorganisator in den Kirov-Werken, dann als Sekretär in das Stadtparteikomitee. Auf
dem XIX. ↑Parteitag ins ZK gewählt, wurde er ebenfalls 1952 2., 1953 1. Sekretär des Leningrader Gebietsparteikomitees. Nach einer nur wenige Monate dauernden Kandidatenzeit avancierte K. 1957 zum Mitglied des ↑Präsidiums des

ZK. Im gleichen Jahr übernahm er den Vorsitz im ↑Ministerrat der RSFSR. 1958 folgte die Funktion des 1. Stellvertreters des Vorsitzenden des Ministerrats, d. h. zu diesem Zeitpunkt Chruščevs. Die Berufung in das ↑Sekretariat des ZK schloß sich unmittelbar an. Hier übernahm er die Aufgaben des zurückgestuften ↑Kiričenko für die Kader- und Organisationsfragen. Bis zu seinem Schlaganfall 1963 nahm K. in der Rangfolge den zweiten Platz hinter Chruščev ein, der ihn als Wirtschaftspraktiker favorisierte.

Lit.: Fainsod, M., Wie Rußland regiert wird, Köln 1965. *B.Sch.*

KP(b), KPdSU ↑Kommunistische Partei der Sowjetunion

Kraj ↑Sowjetunion

Krasin, Leonid Borisovič (1870–1926), war einer der wenigen technischen Spezialisten, die sich der revolutionären Arbeiterbewegung anschlossen. Schon 1890 gehörte K. einer Gruppe von revolutionären Studenten an – die s.e Geschichtsschreibung berechnet seine Zugehörigkeit zur ↑Kommunistischen Partei von diesem Datum an. Erst 1900 konnte er wegen seiner politischen Aktivitäten seine Ausbildung als Elektrotechniker abschließen. Seine berufliche Tätigkeit verband er weiterhin mit revolutionären Engagements in verschiedenen Gebieten R.s. K., ↑„Lenins Vertrauensmann", „Ingenieur, Parteifinanzier und nebenbei Bombenleger" (Daniels), nahm an dem II. ↑Parteitag teil und gehörte seitdem dem ↑Zentralkomitee der RSDRP an. Er unterstützte 1903 (gegen Lenin) den Kompromiß zwischen Bolschewisten und Menschewisten (↑Parteien [LGR]) und setzte sich in der Folge für die Parteieinheit ein. In der Revolution von 1905 (↑LGR) gehörte K. dem ↑Sowjet von St. Petersburg (↑LGR) an. Auf dem IV. und dem V. Parteitag wurde er als Mitglied bzw. als Kandidat des ZK bestätigt. 1908 ging K. ins Ausland. Politisch stand er der Capreser und der Vpered-Gruppe (↑Marxismus-Leninismus) nahe und gehörte nach der von Lenin herbeigeführten Spaltung zur „linken Gruppe". Aus den ideologischen und Fraktionskämpfen zog K. sich nach 1909 zurück und konzentrierte sich auf die berufliche Laufbahn als Ingenieur bei Siemens & Schuckert, deren Moskauer Filiale bzw. St. Petersburger Zentrale er bis zum Kriegsbeginn leitete. Während des Ersten Weltkriegs (↑LGR) verwaltete er einen Teil der beschlagnahmten Siemens-Firmen. Nach der ↑Oktoberrevolution stellte K. sich in den Dienst der neuen Macht und söhnte sich mit Lenin aus. Als Verwaltungs- und Industriefachmann wurde er zu wichtigen Aufgaben in der Binnenwirtschaft und im ↑Außenhandel herangezogen. Als Mitglied des ↑Obersten Volkswirtschaftsrats gewann K. bürgerliche Spezialisten für die SU. 1919/20 war er ↑Volkskommissar für Verkehr und gehörte dem ↑Rat für Arbeit und Verteidigung an. Herausragend waren seine Bemühungen um eine Wiederanknüpfung politischer und ökonomischer Beziehungen zu den westlichen Staaten (Verhandlungen über den Frieden von ↑Brest-Litovsk, Gespräche mit ↑Estland 1919/20, Teilnahme an den Konferenzen von Haag und ↑Genua). Seit 1918 Volkskommissar für Handel (bis 1920: und Industrie), leistete K. vielfältige Koordinationsarbeit. Spezielle Aufträge wurden ihm übertragen (1920–23 Bevollmächtigter und Handelsvertreter in Großbritannien, 1924 Bevollmächtigter Vertreter in Frankreich). Auf dem XII. Parteitag übte K.

scharfe Kritik an der Rückständigkeit der Parteistrukturen und griff die Einmischung der Partei in die Wirtschaftsverwaltung an. Auf dem XIII. und XIV. Parteitag wurde er ins ZK gewählt, konnte aber keinen politischen Einfluß mehr ausüben, da die neuen Leute ↑Stalins zu diesem Zeitpunkt bereits tonangebend waren. 1925 verlor K. das Amt des Volkskommissars, ihm verblieb der Posten des Bevollmächtigten Vertreters in London.

Lit.: Krasin, L., Leonid Krasin. His Life and Work. London 1929; Zarnickij S. V., u. Trofimova, L. I., Sovetskoj strany diplomat, M 1968; Daniels, R. V., Das Gewissen der Revolution, Köln 1962; Karpova, L., L. B. Krasin – sovetskij diplomat, M 1962.   *B.Sch.*

Kriegskommissare ↑Militärkommissare

Kriegskommunismus nennt man die bolschewistische Innen-, Sozial- und Wirtschaftspolitik der Jahre 1918–1920. In ihrem Mittelpunkt stand die Mobilisierung aller Reserven für den ↑Bürgerkrieg. Maximale Zentralisierung der politischen Macht, Sondervollmachten für das Kriegs-, Transport- und Versorgungs(↑)kommissariat sowie für die Außerordentliche Kommission (ČK) zur Bekämpfung von Konterrevolution und Sabotage (↑Geheimpolizei), Nationalisierung der gesamten ↑Industrie und ihre Unterstellung unter eine staatliche Zentralverwaltung, die Verpflichtung der ↑Bauern, die gesamte Agrarproduktion zu Fixpreisen (in der Realität oft entschädigungslos) an den Staat abzuliefern, deren Verteilung (nach festen Normen) durch staatliche Versorgungsorgane, die Zusammenfassung der Bevölkerung in Konsum(↑)genossenschaften, die strikte Durchführung der allgemeinen Arbeitspflicht, schließlich die Ausschaltung von Geld und Markt und ihre Ersetzung durch ein „kommunistisches" Produktions- und Distributionssystem – das waren Kennzeichen (zumindest Ziele) dieser Politik.

Nur mit straffer Führung und zentraler Planung, strikter Disziplin und äußerster Anstrengung sei der Kampf gegen Hunger, Krieg und Konterrevolution zu bestehen, lautete seit dem Frühjahr/Sommer 1918 die Leitlinie der bolschewistischen Parteiführung. Als neues Zentrum der Macht entstand der nur sechs Personen umfassende ↑Rat für Arbeiter- und Bauernverteidigung. Die ↑Volkskommissare für Versorgung, Transport und Militärwesen erhielten diktatorische Befugnisse und begannen, sich ihren eigenen, straff zentralisierten Verwaltungsapparat aufzubauen, unabhängig von den Lokal- und Regionalräten (↑Sowjets). Der ↑Rätekongreß, nach der Verfassung oberstes Staatsorgan, tagte nur mehr einmal im Jahr und verlor damit jede unmittelbare politische Bedeutung. Das ↑Zentrale Exekutivkomitee trat zwischen Sommer 1918 und Frühjahr 1920 zu keiner einzigen Sitzung mehr zusammen. Zur „Bekämpfung des Wirtschafts- und Verkehrschaos" und zur „Festigung der Diktatur der Arbeiterklasse und der Dorfarmen" wurden Ende Juni 1918 per Dekret alle Großunternehmen verstaatlicht, darunter die gesamte Schwer- und Grundstoffindustrie. Eine neue Verordnung übertrug im August 1918 dem ↑Obersten Volkswirtschaftsrat explizit die Gesamtorganisation von Produktion und Verteilung, die Leitung der Staatsfinanzen und die Verwaltung aller Betriebe. In den nächsten zwei Jahren entstand hieraus eine gigantische bürokratische Wirtschaftsadministration, welche die nationalisierten Betriebe allmählich erfaßte, vertikal in Industriezweige zusammenschloß und jeweils einer Haupt- oder Zentralverwaltung unterstellte. Schon

im Frühjahr 1918 hatte die bolschewistische Regierung das Getreidehandelsmo-
nopol der Provisorischen Regierung (↑LGR) erneuert, den Versorgungsorganen
Sondervollmachten erteilt, zu ihrer Unterstützung bewaffnete Arbeiterbrigaden
aufs ↑Dorf geschickt und im Dorf selbst für die Bildung der ↑Komitees der
Armen geworben. Seit August 1918 durften in den getreideproduzierenden
Gouvernements (↑LGR) Industriewaren nur noch gegen Getreide im Natural-
tausch abgegeben werden. Hatte die Regierung sich zunächst noch um die bäuerlichen „Überschüsse" bemüht, so definierte sie seit Januar 1919 von oben,
aufgrund des staatlichen Bedarfs, wieviel Brot- und Futtergetreide von den zentralen und regionalen Versorgungsorganen aufgebracht, d. h. bei den Bauern
beschlagnahmt werden sollte. Zug um Zug versuchte die Regierung, den gesamten Warenverkehr staatlicher Regie zu unterstellen und die Bevölkerung in Konsumgenossenschaften („Konsumkommunen") zusammenzuschließen. Im Juli
1918 hatte die S.-Verfassung die allgemeine Arbeitspflicht verkündet. Im Winter
1918/19 wurde – mit der obligatorischen Einführung des „Arbeitsbuches" für
jeden Werktätigen – diese Verfassungsvorschrift überprüfbar gemacht und im
Februar 1920 noch erweitert: Fortan konnte jeder zusätzlich zu Sonderaufgaben
„im Interesse der sozialistischen Gesellschaft" herangezogen werden, einmalig
oder auch periodisch. Gleichzeitig behielt sich die Regierung das Recht vor,
Arbeitskräfte aus der ↑Roten Armee, der ↑Landwirtschaft und der Heimindu-
strie abzuziehen und zum Einsatz in staatlichen Unternehmen und Institutionen
zwangszuverpflichten.

Die Maßnahmen waren aus der Not geboren, sie konnten die wirtschaftlichen
Schwierigkeiten allenfalls lindern, nicht beheben: Der Verfall des Transportsy-
stems ging stetig fort, die industrielle Produktion sank auf einen Bruchteil des
Vorkriegsvolumens, die Reallöhne der ↑Arbeiter verfielen und die Bauern erhielten immer weniger für ihr Getreide, da die Industrie fast nur noch für die
Rüstung produzierte. Da Geld seinen Wert verlor, mußte der Staat die Arbeiter
in Naturalien entlohnen, und da die staatlichen Stellen die Versorgungsprobleme
nicht in den Griff bekamen, blühte der Schwarzhandel auf. Dennoch griff in der
Parteiführung die Überzeugung um sich, bereits auf dem richtigen, direkten Weg
zu einer „kommunistischen" Gesellschaft zu sein: Die durch Inflation bedingte
Naturalisierung der Wirtschaftsbeziehungen wurde als Überwindung des Kapitalismus gefeiert; das zentralstaatliche System der Produktionsplanung, -kon-
trolle und -verteilung schien Voraussetzung für den optimalen Einsatz aller Mittel; es sollte beibehalten und ausgebaut werden, auf Dauer den Markt ersetzen
und eine Neuentwicklung der Ware-Geld-Beziehung verhindern; und die individuelle Landwirtschaft sah man nur noch als „absterbende Übergangsform".
Konsequent wurde dieser Kurs auch nach Ende des Bürgerkrieges fortgesetzt; ja
er erlebte jetzt erst (im Winter 1920/21) seinen Höhepunkt: Per Verordnung
wurden Ende November auch Klein- und Kleinstunternehmen verstaatlicht; im
Dezember beschloß der ↑Rat der Volkskommissare – in Erweiterung des Systems der „proletarischen" Naturalwirtschaft – die kostenlose Abgabe von Lebensmitteln und Massengebrauchsartikeln; wenig später erfolgte die (völlige
oder partielle) Abschaffung von Mieten sowie der Gebühren für Energie, Post
und Telefon, Wasser und Kanalisation; gleichzeitig wurde die Abschaffung der
Geldsteuern ins Auge gefaßt. Den großen Sprung nach vorn sollte die Elektrifizierung des Landes bringen, die Planung war hierfür bereits abgeschlossen

(↑Goélro). ↑Lenin brachte die Hoffnungen und Erwartungen auf die bündige Formel: „Kommunismus – das ist S.-Macht plus Elektrifizierung des ganzen Landes". Der K. scheiterte wenig später am massiven Widerstand der Arbeiter, Bauern und Soldaten (↑Kronstädter Aufstand, ↑Antonov-Aufstand, ↑Neue Ökonomische Politik).

Lenin hat für die wirtschaftspolitischen Experimente der Jahre 1918–20 den Begriff des K. geprägt und sie im nachhinein als bloßen Notbehelf, erzwungen durch Krieg und Ruin, zu erklären versucht. Die s.e Forschung ist ihm dabei weitgehend gefolgt. Sicher trifft dies die Sache nur zur Hälfte. Zwar erleichterte der Bürgerkrieg die Durchsetzung des autoritär-zentralistischen Kurses. Doch das Leitbild des zwangsverwalteten Wohlfahrtsstaates war älter als der Bürgerkrieg und überlebte ihn auch.

Lit.: Berchin, I. B., Voennyj kommunizm, in: SIÈ Bd. 3, Sp. 600 ff.; Gimpel'son, E. G., Voennyj kommunizm. Politika, praktika, ideologija, M 1968; Gladkov, I. A., Očerki sovetskoj ėkonomiki 1917–20 gg., M 1956; Altrichter, H., Staat und Revolution in Sowjetrußland 1917–1922/23, Darmstadt 1981; ders./Haumann, H. (Hrsg.), Die Sowjetunion. Von der Oktoberrevolution bis zu Stalins Tod, Bd. 2: Wirtschaft und Gesellschaft, München 1987; Haumann, H., Beginn der Planwirtschaft. Elektrifizierung, Wirtschaftsplanung und gesellschaftliche Entwicklung Sowjetrußlands 1917–1921, Düsseldorf 1974; Roberts, P. C., War Communism, in: Slav. Rev. 29, 1970.   *H.A.*

Krim-Tataren, ASSR der Krim ↑Russische Sozialistische Föderative Sowjetrepublik

Kritik und Selbstkritik war eine ritualisierte Form der sozialen Kontrolle, die in der SU Ende der 20er Jahre zur Überwindung der Entfremdungstendenzen zwischen Staat und Gesellschaft eingeführt wurde. Sie wurde mit dem Aufruf des ↑Zentralkomitees der ↑KPdSU vom 2. 6. 1929 an alle ↑Arbeiter institutionalisiert, die Mängel und Widersprüche der s.en Politik ohne Ansehen der Person zu kritisieren und auch das eigene Verhalten einer freiwilligen Kritik zu unterziehen. Die K. u. S. „von oben nach unten und von unten nach oben" sollte die Kommunikation zwischen Staat und Gesellschaft verbessern und die Bevölkerung zu einer aktiveren Mitarbeit am sozialistischen Aufbau veranlassen. Aus diesem Grunde wurde dieses Prinzip jahrzehntelang zu den „Triebkräften der sozialistischen Gesellschaft" gezählt. In der politischen Praxis büßte es jedoch sehr bald seine motivierenden und korrigierenden Funktionen ein und verwandelte sich in den Händen der Partei in ein Mittel der politischen Disziplinierung. In der zweiten Hälfte der 80er Jahre paßte ↑Gorbačev die Kriterien und den Charakter der K. u. S. an die neuen Aufgaben der Liberalisierung und Demokratisierung der s.en Gesellschaft an. Seither galten K. u. S. als Strukturprinzipien der s.en Öffentlichkeit, welche die Beziehungen zwischen Partei, Staat und Gesellschaft partnerschaftlich regulieren sollten.

Lit.: Šarikov, I. S., Kritika i samokritika – dvižuščaja sila razvitija sovestskogo obščestva, in: Voprosy filosofii 1 (1950); Inkeles, A., Public Opinion in Soviet Russia, Cambridge (Mass.) 1950; Borisova, R., Svidetel'stvo našej sily, M 1962.   *R.A.*

Kronstädter Aufstand. Die Unzufriedenheit mit der ↑Kommunistischen Partei und ihrer Politik des ↑Kriegskommunismus führte im Sommer und Herbst 1920 zu Bauernaufständen (↑Antonov-Aufstand, ↑Machno-Bewegung), im Winter darauf auch zu Demonstrationen und Arbeiterstreiks in den Städten. Unruhen in ↑Petrograd griffen Ende Februar 1921 auf die der Stadt vorgelagerte Inselfestung Kronstadt über. Dort stationierte Matrosen trafen sich am 28. Februar zu einer Protestversammlung und verabschiedeten eine Resolution, die am 1. März auf einer Kronstädter Massenversammlung, zu der etwa 15 000 Matrosen, Soldaten und Zivilisten gekommen waren, bestätigt wurde. Der von der Parteiführung nach Kronstadt entsandte M. I. ↑Kalinin kam nicht zu Wort.

Die Kronstädter Resolution forderte u. a. unverzügliche Neuwahlen zu den ↑Sowjets, weil die bestehenden nicht den wahren Willen der ↑Arbeiter und ↑Bauern zum Ausdruck brächten; die Neuwahlen sollten unter den Bedingungen geheimer Stimmabgabe erfolgen, vorher sollte freie Wahlagitation möglich sein; die Rede- und Pressefreiheit sei zwar nicht generell, aber für Arbeiter und Bauern, Anarchisten (↑Anarchismus [LGR]) und linkssozialistische ↑Parteien wiederherzustellen, die Versammlungs- und Aktionsfreiheit der ↑Gewerkschaften und Bauernvereinigungen ebenso; Privilegien für eine einzelne Partei, gemeint war die kommunistische, dürfe es nicht länger geben. Die ihnen angetragene Losung nach Einberufung einer Konstituierenden Versammlung (↑LGR) übernahmen die Kronstädter nicht; ihre Leitidee war vielmehr, zu den ursprünglichen Zielen der ↑Oktober-Revolution, zu einer freien Rätedemokratie der Arbeiter und Bauern zurückzukehren. Noch am 1. März wurden Delegierte zur Vorbereitung der S.-Neuwahlen bestellt und am 2. März ein fünfköpfiges Provisorisches Revolutionskomitee gewählt, das die Macht auf Kronstadt übernahm. Telegraphenamt, Munitionsdepots und die Zentrale der ↑Čeka wurden besetzt, kommunistische Parteimitglieder verhaftet.

Die Moskauer Regierung (allen voran ↑Lenin und ↑Trockij) verurteilte die Vorgänge als „weißgardistische", „antis.e" und „konterrevolutionäre" Meuterei: Sie verhängte über Kronstadt das Kriegsrecht, unterbrach die Versorgungswege und beauftragte am 5. März M. N. ↑Tuchačevskij mit der Niederschlagung des Aufstandes. Ein in der Nacht zum 8. März unternommener erster Versuch mißlang. Erst am 17./18. März wurde die Festung nach vorherigem Artilleriebeschuß genommen. Am Sturm über das Eis des zugefrorenen finnischen Meerbusens beteiligten sich neben 45 000–50 000 Rotarmisten auch zahlreiche Delegierte des X. ↑Parteitages. Daß gerade Kronstadt, das 1917 und in der Zeit danach als Hort der Revolution gegolten hatte, gegen die Politik der bolschewistischen Partei rebellierte, traf die Staatsführung besonders hart und trug mit zu ihrer Entscheidung bei, die kriegskommunistischen Experimente abzubrechen (↑Neue Ökonomische Politik).

Lit.: Stichwort ‚Kronštadskij antisovetskij mjatež, in: SIĖ Bd. 8, Sp. 178 ff.; Aurich, P., Kronstadt 1921, Princeton; Getzler, I., Kronstadt 1917–1921. The Fate of a Soviet Democracy, Cambridge 1983; Kool, F./Oberländer, E. (Hrsg.), Arbeiterdemokratie oder Parteidiktatur, Olten/Freiburg i. Br. 1967; Meyer, G., Studien zur sozialökonomischen Entwicklung Sowjetrußlands 1921–1923, Köln 1974. *H.A.*

Krylenko, Nikolaj Vasil'evič (1885–1938), stieß 1904 zur Sozialdemokratie (↑Parteien [LGR]). In den Fraktionskämpfen tat er sich nicht besonders hervor. Auf der Berner Parteikonferenz 1915 ergriff er Partei für ↑Bucharin. Nach seiner Rückkehr nach R. wurde K. verhaftet und zur Armee geschickt. Während der Februar-Revolution (↑LGR) wurde er in verschiedene Soldatenkomitees der

Südwestfront und schließlich als Deputierter zum 1. Allrussischen Rätekongreß (↑LGR) gesandt, in dessen Präsidium er für die ↑Bolschewisten auftrat. K. wurde zum Mitglied des Allrussischen ↑Zentralen Exekutivkomitees gewählt. Er stellte die Verbindung zwischen der ↑Partei und der revolutionären Armee her, so als Mitglied des Petrograder Militärrevolutionären Komitees (↑LGR) und des Komitees für Kriegs- und Marineangelegenheiten (zusammen mit ↑Antonov-Ovseenko und P.E. Dybenko [1889–1938]) im ↑Rat der Volkskommissare (Nov. 1917). Die Funktionen kulminierten in der Ernennung zum Oberbefehlshaber der Armee (↑Streitkräfte) und zum ↑Volkskommissar für Kriegsangelegenheiten. Aus Opposition gegen die von ↑Trockij vertretene Militärpolitik zog sich K. aus dem Verteidigungsressort zurück und wechselte, entsprechend seinem Studienabschluß 1914, im März 1918 in die ↑Justiz-Verwaltung. Er baute die s.e Rechtsprechung auf: 1918–31 als Hauptankläger in den großen politischen Prozessen (↑Säuberungen), 1922–31 als Vorsitzender des Obertribunals beim Zentralen Exekutivkomitee und als Stellvertretender Justizkommissar, seit 1931 als Justizkommissar der ↑RSFSR, seit 1936 als Volkskommissar für Justiz der SU. 1938 wurde K. ohne öffentliches Verfahren verurteilt und hingerichtet. Nach seiner Rehabilitierung im Zusammenhang mit der ↑Entstalinisierung unter ↑Chruščev wurden später K.s Verdienste um die s.e Rechtstheorie und -pflege deutlich gewürdigt.

Lit.: ↑Andreev.   *B.Sch.*

Kuba-Krise nennt man die Konfrontation zwischen der SU und den USA im Oktober 1962, ausgelöst durch den s.en Versuch, atomare Mittelstreckenraketen auf Kuba zu stationieren. Ihren Hintergrund hatte die K.-K. in dem nuklearen Rüstungswettlauf, der eingesetzt hatte, als die SU durch die Produktion von Interkontinentalraketen 1957 mit den USA gleichzog und möglicherweise auch einen relativen Vorsprung erlangte. Seitdem hatten die forcierten amerikanischen Rüstungsanstrengungen die „Raketenlücke" wieder geschlossen, wodurch die SU entgegen offiziellen Beteuerungen ihren militärischen und rüstungswirtschaftlichen Spielraum erneut bedroht sah. Die Entscheidung, das Kräfteverhältnis durch den Ausbau Kubas zur s.en Nuklearbasis erneut zu verändern, fällte ↑Chruščev vermutlich im Juli 1962; bestärkt hatte ihn darin die Beobachtung, daß der vermeintlich unerfahrene US-Präsident J.F. Kennedy sowohl bei der mißglückten Invasion Kubas durch exilkubanische Truppen (16./17.4. 1961) als auch angesichts des Berliner Mauerbaus (12./13.8. 1961) eher zurückhaltend taktiert hatte. Als jedoch die USA Gewißheit darüber gewannen, daß die s.en Lieferungen nach Kuba nicht der vorgeblich defensiven Bewaffnung Kubas galten, sondern in Atomwaffen bestanden, reagierte der US-Präsident unerwartet scharf. Am 22.10. 1961 verhängte er eine Seeblockade über Kuba und forderte die SU ultimativ zur Einstellung der Stationierungsvorbereitungen auf. Eine weitere Zuspitzung des Konflikts wurde durch Vermittlung der ↑UNO umgangen. Am 26.10. 1962 begann ein Briefwechsel zwischen Chruščev und Kennedy, der im Ergebnis einen Kompromiß formulierte: Während die USA die staatliche Integrität Kubas anerkannten, erklärte die SU, auf die dadurch überflüssig gewordene Defensivbewaffnung Kubas verzichten zu wollen. Mit der K.-K. endete Chruščevs außenpolitische Offensive im Zeichen der nuklearen Aufwertung der SU; sie leitete zu einer neuen Phase von Entspannungsbemühungen über, bei denen die SU die neue Rolle als zweite Weltmacht neben den USA nicht mehr aufgab.

Lit.: Beggs, R., The Cuban Missile Crisis, London 1971; Kahan, J. K./Long, A. K., The Cuban Missile Crisis. A Study of Its Strategic Context, in: Political Science Quarterly 1972. *M.G.M.*

Kujbyšev (Stadt) ↑Samara

Kujbyšev, Valerian Vladimirovič (1888–1935), stellte sich schon mit 16 Jahren in den Dienst der sozialdemokratischen Bewegung, sein Beruf war „revolutionäre Tätigkeit" an wechselnden Orten, in die ihn die Flucht vor der Polizei bzw. die Justiz führten (achtmal polizeilicher Arrest, viermal Verbannung [↑LGR] nach ↑Sibirien). Nach der Rückkehr aus der Verbannung 1917 übernahm K. die Organisation der Sozialdemokratie (↑Parteien [LGR]) in ↑Samara und besorgte im Herbst 1917 die Machtübernahme durch die ↑Bolschewisten. Mit lokalen Aufgaben blieb er auch während des ↑Bürgerkrieges befaßt, den er im Dienst der ↑Roten Armee seit Herbst 1918 als Politkommissar und als Mitglied der Militärrevolutionären Räte (↑LGR) mehrerer Armeen mitmachte. In den Kämpfen an der Südostfront kam K. in Berührung mit Männern wie ↑Frunze und ↑Kirov (Verteidigung von ↑Astrachan') sowie ↑Stalin. Daraus resultierte auch die Ernennung zum Stellvertretenden Vorsitzenden der ↑Turkkomissija seit Oktober 1919. Anschließend trat er in das Präsidium der ↑Gewerkschaften (Dezember 1920 Leitung der Wirtschaftsabteilung), wechselte aber schon im April 1921 zu wirtschaftlichen Aufgaben. K. wurde Mitglied des ↑Obersten Volkswirtschaftsrats und im November 1921 Leiter der Hauptverwaltung für die Elektrifizierung (↑Goėlro). Auf dem X. ↑Parteitag wurde K. Kandidat, auf dem XI. Vollmitglied des ↑Zentralkomitees. Seitdem machte er, gefördert durch Stalin und in ständiger bedingungsloser Unterordnung unter dessen Pläne, einen glänzenden Aufstieg in der ↑Partei: 1922 Sekretär des ZK (in dieser Eigenschaft Teilnahme an der Sitzung des ↑Politbüros zu ↑Lenins kritischen Briefen, Januar 1923), 1923 bei der Reform der Partei- und Staatskontrolle als Nachfolger Stalins Vorsitzender der ↑Zentralen Kontrollkommission und des ↑Volkskommissariats der ↑Arbeiter- und Bauerninspektion, 1926 zeitweilig Stellvertretender Vorsitzender des ↑Rates der Volkskommissare und des ↑Rates für Arbeit und Verteidigung. Seit 1926 hatte K. den Vorsitz im Allunionsrat für Volkswirtschaft (↑Volkswirtschaftsrat) (bis 1930), auf dem XV. Parteitag wurde K. zum Mitglied des ZK gewählt und ebenfalls Mitglied des Politbüros. Derart plaziert konnte er sich nachdrücklich in die Debatte um die ↑Industrialisierung einschalten und bei der Ausarbeitung des ↑Fünfjahrplans im Sinne Stalins die Maximalvariante durchsetzen sowie schließlich auch deren Verwirklichung in die Hand nehmen. 1930 konnte K. seine Machtfülle weiter steigern: Er übernahm den Vorsitz in der Staatsplankommission (↑Gosplan) und gleichzeitig die Funktion des Stellvertreters des Vorsitzenden im Rat der Volkskommissare und im Rat für Arbeit und Verteidigung. Die Verantwortung für die Vorbereitung und Durchführung auch des zweiten Fünfjahrplans lag damit im wesentlichen bei K. 1934 gab er den Gosplan-Vorsitz ab und wurde erster Stellvertreter ↑Molotovs im Rat der Volkskommissare und im Arbeits- und Verteidigungsrat, zugleich Vorsitzender der aus der Arbeiter- und Bauerninspektion 1934 gebildeten Kommission für S.-Kontrolle beim Rat der Volkskommissare. K.s Tod wurde 1938 einem Mordkomplott ↑Jagodas zugeschrieben.

Lit.: ↑Andreev.   *B.Sch.*

Kulak (wörtl. „Faust") bezeichnete in den 20er und 30er Jahren polemisch reiche und begüterte ↑Bauern. Nach der Agrarrevolution und angesichts der wiederholten Landumteilung im Rahmen der Dorfgemeinde ließ sich die soziale Differenzierung der Bauernschaft nicht einfach anhand von Grundbesitz feststellen. Als K. wurde deshalb identifiziert, wer eines der folgenden Merkmale erfüllte: Beschäftigung von Lohnarbeitern in einem Umfang, der die Wirtschaft zu einem Gewerbe- oder Industriebetrieb machte (z. B. einer Mühle, Ölschlägerei, Graupenmühle o. ä.); Einkünfte aus der Ausleihe von Landmaschinen und Arbeitsvieh oder aus dem Verleih von Geld; Handel, kommerzielle Vermittlung oder andere Einkünfte, die nicht aus eigener Arbeit stammten. Aufgrund dieser Kriterien wurden Mitte der 20er Jahre etwa 4 % der Bauernwirtschaften der Kategorie K.en zugerechnet. In den Agrarkrisen der zweiten Hälfte der 20er Jahre dienten die K.en der s.en Politik als Sündenböcke; im Rahmen der ↑Kollektivierung sollten sie „als ↑Klasse" vernichtet werden. Die Zwangsmaßnahmen trafen allerdings nicht nur die K.en, sondern auch die Masse der Mittelbauern.

Lit.: Lorenz, R., Sozialgeschichte der Sowjetunion I. 1917–1945, Frankfurt a. M. 1976; Meyer, G., Studien zur sozialökonomischen Entwicklung Sowjetrußlands 1921–1923, Köln 1974; Merl, S., Der Agrarmarkt und die Neue Ökonomische Politik, München/Wien 1981; Kricman, L., Klassovoe rassloenie sovetskoj derevni, M 1926.   *H.-H.Sch.*

Kulturrevolution oder „sozialistische Kulturrevolution" meint die Machtübernahme des ↑Proletariats auf den Gebieten der Bildung, Literatur und Kunst. Abgesehen von dieser sehr allgemeinen Bestimmung, wurde der Begriff im Laufe der s.en Geschichte sehr unterschiedlich verwendet.

Die Anhänger des ↑Proletkults sahen im Anschluß an A. A. Bogdanov (1873–1928) (↑Marxismus-Leninismus) die K. als eigenständige Aufgabe neben der politischen und der sozialökonomischen Revolution. War die politische Revolution Sache der ↑Partei und die sozialökonomische, in ihren Augen, Angelegenheit der ↑Gewerkschaften, so sollte für die K. die Proletkultbewegung zuständig sein. Ihr Ziel war dabei die Schaffung einer völlig neuen und klassenspezifischen proletarischen Kultur in Arbeiterklubs und -studios unter Ausgrenzung der bäuerlichen Massen und der bürgerlichen ↑Intelligenz. In Auseinandersetzung mit dem Proletkult setzte ↑Lenin die Prioritäten der K. völlig anders: Zu allererst sei es notwendig, daß R. aus seiner „halbasiatischen Kulturlosigkeit" herausgeführt werde und das Kulturniveau westlicher, „bürgerlicher" Staaten erreiche. Die Ausrottung des ↑Analphabetismus sei nur unter Verwendung „bürgerlicher Spezialisten" möglich, und die Hebung der Elementarbildung müsse die bäuerlichen Massen einbeziehen. Nicht durch Ablehnung, sondern kritische Aneignung und schöpferische Fortentwicklung werde die „bürgerliche Kultur" überwunden; nur durch Demokratisierung der Bildung, d. h. ihre Verbreitung unter den Massen, könne die geistige Herrschaft des Bürgertums gebrochen werden; ja nur eine solche K. unter Führung der ↑Kommunistischen Partei garantiere den Sieg des ↑Sozialismus. Mit beiden Auffassungen sind zugleich die Pole der frühen s.en Kulturpolitik umschrieben. Alle anderen Konzepte einer K. (↑Lunačarskij, ↑Trockij) lagen irgendwo zwischen diesen Polen, neigten mehr der einen oder anderen Richtung zu. Ist in modernen s.en Texten (vgl. die Große Sowjetenzyklopädie) von K. die Rede, so orientiert man sich am Leninschen Begriff.

In jüngerer Zeit hat man (S. Fitzpatrick u. a.) den Begriff der K. auch auf die Stalinsche Revolution Ende der 20er und Anfang der 30er Jahre angewandt, um die gesamtgesellschaftliche Mobilisierung, die sie mit sich brachte, zu beschreiben: ungelernte Arbeiter stiegen zu Facharbeitern auf, Facharbeiter zu Angestellten (↑Klassen); Proletarier drangen in Ingenieurs- und Leitungsposten vor, machten sich daran, die alten Facheliten abzulösen; in den ↑Hochschulen das gleiche Bild: ein Zustrom junger Arbeiter und Kommunisten, die gegen das Althergebrachte agierten, militant auf mehr Praxisbezug pochten und die Ablösung der alten Professoren forderten. Die Stalinsche Revolution wird damit in die Nähe der chinesischen K. der 60er Jahre gerückt, die freilich nach s.em Verständnis überhaupt nichts mit dem ursprünglichen Begriff einer sozialistischen K. zu tun hat.

Lit.: Arnol'dov, A. I., Socializm i kul'turnaja revoljucija, M 1970; ders., Kul'turnaja revoljucija, in: BSĖ (3. Aufl.) Bd. 13; Bogdanov, A. A., O proletarskoj kul'ture, 1904–1924. Sbornik statej, M/L 1924; Lenin, W. I., Über Kultur und Kunst. Eine Sammlung ausgewählter Aufsätze und Reden, Berlin 1960; Anweiler, O. A., Erziehungs- und Bildungspolitik, in: Anweiler, O. u. Ruffmann, K.-H. (Hrsg.), Kulturpolitik der Sowjetunion, Stuttgart 1973; Erler, G. u. Kernig, C. D., Kulturrevolution, in: Sowjetsystem und Demokratische Gesellschaft, Bd. 3, Freiburg 1969; Fitzpatrick, S. (Hrsg.), Cultural Revolution in Russia, 1928–1931, Bloomington ²1984. *H.A.*

Kursk, im nördlichen, r.en Schwarzerdegebiet, geht auf eine erstmals im 11. Jh. erwähnte Stadt zurück. K. wurde 1780/97 Hauptstadt eines Gouvernements (↑LGR), konnte sich als Getreidehandelsplatz entwickeln und wurde wichtiger Standort der Lebensmittelindustrie. Im Dezember 1917 konnten die ↑Bolschewisten die Macht für sich gewinnen, mußten sich aber von September bis November 1919 vor ↑Denikins auf ↑Moskau vorrückenden Truppen zurückziehen (↑Bürgerkrieg). In der Zeit der ↑Fünfjahrpläne wurde der Abbau der reichen Eisenerzvorkommen im Bereich der K.er Magnetanomalie begonnen. Im ↑Zweiten Weltkrieg war K. von November 1941 bis Februar 1943 von deutschen Truppen besetzt, die Schlacht am K.er Bogen (Juli/August 1943) machte die s.e Überlegenheit gegenüber den Deutschen erstmals deutlich sichtbar. Die Einwohnerzahl stieg von 76000 (1897), 96000 (1926, davon 82% Russen, 6% Juden, 3% Ukrainer), 119900 (1939) und 205000 (1959) auf 420000 (1985).

Lit.: ↑Alma-Ata. *B.Sch.*

Kursk, Schlacht von K. ↑Zweiter Weltkrieg

„Kurzer Lehrgang" hieß der Untertitel des offiziellen Lehrbuchs der Geschichte der ↑KPdSU, das 1938 unter dem Titel „Geschichte der Kommunistischen Partei

(Bolschewisten). Kurzer Lehrgang" (Istorija Vsesojuznoj Kommunističeskoj Partii [bol'ševikov]. Kratkij kurs) in einer Auflage von mehreren Millionen Exemplaren in ↑Moskau erschien. In der Folgezeit diente es als authentische Quelle zum Studium des ↑Marxismus-Leninismus. Auf dem XIX. ↑Parteitag der KPdSU im Oktober 1952 ist die Bezeichnung „Bolschewisten" aus dem Namen der Partei gestrichen worden. Seither erschien auch das Lehrbuch ohne diesen Zusatz im Titel. Der Untertitel „K. L." ist in den folgenden Auflagen ebenfalls weggefallen. In den Ausgaben, die in den 30er Jahren erschienen sind, findet sich als Hinweis auf die Autoren nur die Bemerkung auf dem Titelblatt, daß das Werk „Unter der Redaktion einer Kommission des ↑Zentralkomitees der KPdSU(B)" entstanden sei. Im Vorwort der Herausgeber der Werke ↑Stalins zum 1. Band (1946) seiner Schriften wird dagegen Stalin allein als Verfasser der „K. L." bezeichnet. Die frühere italienische Übersetzung der Parteigeschichte, die 1944 in Rom herausgegeben worden war, nannte wiederum Stalin, ↑Kalinin, ↑Molotov, ↑Vorošilov, ↑Kaganovič, ↑Mikojan, ↑Ždanov und ↑Berija als deren Verfasser. Nachdem auf dem XX. Parteitag der KPdSU im Februar 1956 die Umarbeitung des Lehrbuchs beschlossen worden war, erschien es unter der Redaktion B. N. Ponomarevs (geb. 1905). Die vorläufig letzte Auflage der Parteigeschichte ist 1983 herausgekommen.

Lit.: Kratkij kurs istorii VKP(b) – moguče idejnoe oružie bol'ševizma, in: Bol'ševik 17 (1948); Stökl, G., Parteigeschichte für Sowjetbürger, in: Wort und Wahrheit 15 (1960); Achminov, H., Die neue „Geschichte der KPdSU", in: Das Parlament, Beilage 25 (1960).
R.A.

Kuzbass (Kuzneckij bassejn, Kuznecker Becken), in West- ↑Sibirien, östlich von ↑Novosibirsk, war eine der größten Kohlelagerstätten der UdSSR. Bei einer Förderung von ca. 110 Mio. t pro Jahr (1978) reichen die Vorräte 400–500 Jahre. Die Gebirgsumrahmung des 300 km langen und 100 km breiten K. enthält Silber-, Blei-, Zink- und Eisenerzlager. Im Norden ist das K. an die Transsibirische Eisenbahn (↑LGR) angeschlossen. Obwohl der Kohleabbau bereits im 18. Jh. begann, gewann das K. erst nach der ↑Oktober-Revolution wirklich an Bedeutung, besonders, nachdem die XVI. ↑Parteitag 1930 beschlossen hatte, eine zweite Kohle- und Metallverhüttungsbasis zu schaffen (↑Ural-Kuzneck-Kombinat). Anfang der 70er Jahre arbeiteten im K. 90 Kohlegruben und Tagebaue. Die Kohle befindet sich relativ nahe unter der Oberfläche (maximale Tiefe 500 m, im Durchschnitt 200 m) und übertrifft die Kohle im ↑Donbass qualitativ bei weitem. Etwa die Hälfte der geförderten Kohle wurde in Westsibirien verbraucht, 20 % im Ural, der Rest in Mittelasien und Europa.

Lit.: Karger, A. (Hrsg.), Fischer Länderkunde Sowjetunion, Frankfurt a. M. 1978; Kirstein, T., Sowjetische Industrialisierung – geplanter oder spontaner Prozeß? Eine Strukturanalyse des wirtschaftspolitischen Entscheidungsprozesses beim Aufbau des Ural-Kuzneck-Kombinats 1918–1930, Baden-Baden 1979; Ėkonomičeskie rajony SSSR, M ^{2}1969; Chruščev, A. T., Geografija promyšlennosti SSSR, M 1969. *H.-H.Sch.*

Land ↑Dorf

Landwirtschaft. Die L. eines Landes wird nachhaltig beeinflußt durch seine agrargeographischen Gegebenheiten. Die SU befand sich hier in keiner sonderlich günstigen Situation. Etwa 75 % des Landes hatten im Jahr weniger als 120 frostfreie Tage, die Vegetationsperiode war also im Durchschnitt sehr kurz. In 80 % der SU herrschte Trockenklima. Nur ein geringer Teil des Bodens eignete sich wirklich gut für die L.; dazu gehörten vor allem die Schwarzerdeböden, die sich jedoch zum Teil in Zonen geringen Niederschlages finden. Insgesamt wurden deshalb nur etwa 10 % der Landfläche ackerbaulich genutzt, beinahe 75 % entfielen auf Wald und Ödland.

Neben den agrargeographischen Bedingungen spielten Organisationsstruktur der L. und Techniken der Bodennutzung eine nicht unerhebliche Rolle. Dabei war die Ausgangssituation 1917 schwierig (↑Landfrage, ↑Stolypinsche Agrarreform [LGR]). Die Agrarrevolution, die 1917/18 vor sich ging, komplizierte die Situation noch. In einem spontanen Prozeß, der durch das ↑Dekret über das Land lediglich eine Billigung fand, teilten die ↑Bauern das Gutsland unter sich auf und vernichteten vielfach das Inventar der Gutswirtschaften. Organ dieser Umteilung war die r.e Bauerngemeinde (↑LGR), die in der Agrarrevolution wieder auflebte. Nach Untersuchungen aus dem Jahre 1922 erbrachte die Aufteilung der Gutsländereien nur eine beschränkte Erweiterung des bäuerlichen Bodenbesitzes – um 8,3 % in den nördlichen Gouvernements (↑LGR), 15 % in den zentralen Industriegouvernements, 27,5 % in den zentralen landwirtschaftlichen Gouvernements und 16,3 % in den Gouvernements an der unteren Wolga. Umgerechnet auf den Kopf der bäuerlichen Bevölkerung waren das weniger als 0,1 Desjatinen (1 desjatine = 1,093 ha) in den Gouvernements ↑Moskau, Novgorod und Vjatka, 0,1–0,25 Des. in ↑Kursk oder Mogilev, 0,25–0,5 Des. in Orel, ↑Voronež und Kaluga und 0,5–1 Des. in ↑Saratov. Ergebnis der Agrarrevolution war so eine Zerschlagung der marktproduzierenden Großbetriebe und eine soziale Nivellierung der Bauernschaft. Der Mittelbauer wurde nach 1918 zur beherrschenden Figur im ↑Dorf. ↑Kriegskommunismus und ↑Requirierungen im Rahmen des Systems der Ernährungsdiktatur, die versuchten, über Zwangsmaßnahmen die Versorgung von ↑Roter Armee und industriellen Zentren sicherzustellen, führten zu einem weiteren Niedergang der L., da für die Bauern kein Anreiz mehr bestand, Überschüsse zu produzieren. Die meisten Höfe gingen zur „geschlossenen Hauswirtschaft" über. Der Übergang zur ↑Neuen Ökonomischen Politik und die Einführung der ↑Landwirtschaftssteuer leiteten eine Wende ein. Nach der Mißernte von 1921 und der daraus resultierenden ↑Hungersnot schuf die gute Ernte von 1922 die Basis für den raschen Aufschwung der L. 1925 erreichte die Agrarproduktion etwa den Vorkriegsstand. Der überwiegende Anteil der L. war dabei in der Hand kleiner Warenproduzenten: 98,3 % der Aussaatfläche war 1927 in der Verfügung privater Betriebe, 0,6 % in der Hand von ↑Kolchozen, und 1,1 % wurde von ↑Sovchozen bestellt. Das Vorherrschen privater Produktion und das Fehlen großer Überschuß erzeugender Betriebe war die Ursache dafür, daß, obwohl die Ernteergebnisse den Vorkriegsstand erreichten, der Anteil des vermarkteten Getreides niedriger war als vor 1914. Angesichts der ungünstigen „terms of trade" verkauften die Bauern weniger und verzehrten selber mehr als vor dem Kriege. Probleme wie die „Schere" der Preisindices von Agrar- und Industrieprodukten und der „Warenhunger", d. h. die Unfähigkeit der staatlichen ↑Industrie, die bäuerliche Nachfrage zu befriedigen, steigerten die Motivation der Landwirte nicht, einen größeren Anteil ihrer Produktion zu vermarkten. Die fehlerhafte Preis- und Beschaffungspolitik der S.-Macht verschärfte diese Probleme, und es kam in der zweiten Hälfte der 20er Jahre mehrfach zu Getreidebeschaffungskrisen, auf die Partei- und S.-Führung zunehmend panisch reagierten. Schließlich versuchten sie, mit einer gewaltsam vorangetriebenen ↑Kollektivierung den Knoten durchzuschlagen. Folge war ein Einbruch der Agrarproduktion, der mitursächlich war für die Hungersnot 1932–34. Erst 1933 begann sich die L. mit einer guten Ernte wieder zu erholen. Die private Produktion war weitgehend liquidiert worden, 1937 waren 99 % der Saatfläche in der Hand von Kolchozen oder Sovchozen. Allerdings hatten die Kolchoz-Angehörigen nach dem „Musterstatut für das landwirtschaftliche Artel" (↑LGR) ein Anrecht auf privates Hofland, auf dem in der Regel eine Neben-L. betrieben wurde. Der ↑Zweite Weltkrieg schädigte die s.e L. schwer – in den westlichen Gebieten waren Infrastruktur und landwirtschaftlicher Kapitalstock weitgehend zerstört, Zugvieh und Arbeitskraft fehlten. Angesichts der Bevorzugung der Industrie in der unmittelbaren Nachkriegsperiode und der gestrafften Kontrolle der L. durch die S.-Führung (↑Rat für Kollektivwirtschaften) erholte sich die Agrarproduktion zunächst nur langsam. Obendrein wurde die landwirtschaftliche Entwicklung dadurch behindert, daß Scharlatanen wie ↑Lysenko Einfluß auf die Agrarwissenschaften eingeräumt wurde. Ein Wandel trat erst mit ↑Stalins Tod im Jahre 1953 ein. Die ↑kollektive Führung kündigte eine Wende der Preispolitik, eine Verstärkung der Anreize und der Investitionen in der L. an. Daneben wurde ein umfangreiches Neulandgewinnungsprogramm proklamiert. 13 Mio. ha unbebautes Land in Süd-↑Sibirien, Nord-↑Kazachstan und angrenzenden Gebieten sollten neu erschlossen werden.

Entwicklung der Agrarproduktion 1909–1980 (im Durchschnitt pro Jahr)

	Getreide		Baumwolle	Fleisch
	(Mio. t)	(dz/ha)	(Mio. t)	(Mio. t)
1909–13	72,5	6,9	0,68	4,8
1924–28	69,3	7,6	0,58	4,2
1928–32	73,6	7,5	1,04	4,3
1933–37	72,9	7,1	1,84	2,7
1938–40	77,9	7,7	2,51	4,5
1946–50	64,8	6,7	2,32	3,5
1951–55	88,5	8,0	3,89	5,7
1956–60	121,5	10,1	4,36	7,9
1961–65	130,3	10,2	4,99	9,3
1966–70	167,6	13,7	6,1	11,6
1971–75	181,6	14,7	7,67	14,0
1976–80	205,0	16,3	8,93	14,8

(1909–13, 1946–80 = heutige Grenzen; 1924–1940 Grenzen von 1939)

Nach s.en Angaben betrug das Ergebnis der ↑Neulandkampagne zwischen 1954 und 1956 tatsächlich 35,5 Mio. ha. Diese Erfolge wurden durch die negativen Folgen von Monokultur und Bodenerosion eingeschränkt, Probleme, die lange ignoriert wurden. ↑Chruščev widmete der Agrarpolitik verstärkte Aufmerksamkeit. Es gelang zeitweise auch die Produktion der L. zu steigern. Die Agrarreform von 1958 belastete die L. jedoch stark. Die schlechte Ernte von 1963 zwang zu umfangreichen Importen von Getreide aus dem westlichen Ausland. Trotz erheblichen Produktionswachstums in den folgenden Jahren blieb die Produktion der L. in der Regel hinter der Nachfrage zurück. Neben den agrargeographischen Gegebenheiten und Mängeln der Infrastruktur schlugen sich hier vor allem die unzureichenden Leistungen der Industrie für die Landwirtschaft nieder. Für eine umfassende Technisierung und Rationalisierung der L. fehlten nach wie vor die Mittel. Auch die Phase der ↑Perestrojka veränderte die Grundstruktur der L. bis Mitte 1991 nicht entscheidend. Erst eine umfassende Privatisierung wird in der nachs.en Ära eine neue Grundlage für den Agrarsektor schaffen.

Lit.: Lorenz, R., Sozialgeschichte der Sowjetunion I. 1917–1945, Frankfurt a. M. 1976; Nove, A., An Economic History of the USSR, Harmondsworth 1980; Merl, S., Der Agrarmarkt und die Neue Ökonomische Politik. Die Anfänge staatlicher Lenkung der Landwirtschaft in der Sowjetunion 1925–1928, München/Wien 1981; McCauley, M., Khrushchev and the Development of Soviet Agriculture. The Virgin Land Programme 1953–1964, London 1976; Wädekin, K. E. (Hrsg.), Current Trends in the Soviet and East European Food Economy. Osteuropas Nahrungswirtschaft gestern und morgen, Berlin 1982; Stuart, R. C. (Hrsg.), The Soviet Rural Economy, Totowa (N.J.) 1983. *H.-H.Sch.*

Landwirtschaftsakademie ↑V. I. Lenin-Gesamtunionsakademie der Landwirtschaftswissenschaften

Landwirtschaftssteuer (prodovol'stvennyj nalog, prodnalog, wörtl. Lebensmittelsteuer). Die L. löste 1921 die Getreideablieferungspflicht (↑Requirierungen) ab und leitete als Naturalsteuer den Übergang zur ↑Neuen Ökonomischen Politik ein. Angesichts der politischen Krise des Winters 1920/21 und der anhaltenden Bauernunruhen erließ die S.-Regierung am 21. 3. 1921 das Dekret „Über die Ersetzung der Ablieferungspflicht für Nahrungsmittel und Rohstoffe durch eine Naturalsteuer". Danach sollten die ↑Bauern nur noch einen festgelegten Teil ihrer Produktion im Rahmen einer progressiven Besteuerung abliefern. Die Überschüsse, die nach Ablieferung der L. in der Bauernwirtschaft verblieben, konnten auf Märkten und in ↑Genossenschaften frei verkauft werden. Die Begrenzung der Abgaben und die Freigabe des Handels stimulierte die Bauern zu einer Erweiterung ihrer Produktion und legte die Basis für die Wiederbelebung der ↑Landwirtschaft in der Neuen Ökonomischen Politik.

Lit.: Direktivy KPSS i Sovetskogo Pravitel'stva po chozjajstvennym voprosam, t. 1. 1917–1928, M 1957; Meyer, G., Studien zur sozialökonomischen Entwicklung Sowjetrußlands 1921–1923, Köln 1974; Merl, S., Der Agrarmarkt und die Neue Ökonomische Politik, München/Wien 1981. *H.-H.Sch.*

Lebedev ↑Keržencev

Lebendige Kirche ↑Orthodoxe Kirche

LEF ↑RAPP

Lend-Lease-Act (Leih-Pacht-Gesetz) wurde das am 11. 3. 1941 vom amerikanischen Kongreß verabschiedete Gesetz genannt, das den Präsidenten ermächtigte, anderen am ↑Zweiten Weltkrieg beteiligten Staaten Kriegsmaterial zur Verfügung zu stellen, sofern die Sicherheit der USA dies erforderte. Das Ersuchen der SU um Unterstützung nach dem L.-L.-A. (30. 6. 1941) stieß in den USA zunächst auf starke Widerstände. Doch setzte sich Präsident F. D. Roosevelt mit seiner Überzeugung von der kriegsentscheidenden Bedeutung der SU durch: Amerikanische Waffenlieferungen begannen nach dem Moskauer Protokoll vom 1. 10. 1941, dem am 11. 6. 1942 auch ein förmlicher Rahmenvertrag folgte. Die Lieferungen dauerten bis zum 20. 9. 1945 und erreichten einen Umfang von 26 Mrd. US-$; sie erfolgten auf Kredit- bzw. Leihbasis, ohne daß die Zahlungsverpflichtungen der SU einstweilen verbindlich geregelt oder politische Bedingungen daran geknüpft wurden. Nachträglich, im ↑Kalten Krieg, allerdings kam es auch über die L.-L.-A.-Leistungen zu Auseinandersetzungen zwischen der SU und den USA. Sie wurden erst durch ein Abkommen vom 18. 10. 1972 beigelegt, in dem die SU eine Teilentschädigung für die 1945 in der SU verbliebenen Güter zusagte.

Lit.: Herring, G. C., Aid to Russia 1941–1946. Strategy, Diplomacy, the Origins of the Cold War, New York/London 1973.   *M.G.M.*

Lenin (so der Politikername seit 1901 nach mehreren anderen Pseudonymen, wahrscheinlich nach dem sibirischen Fluß Lena, eigentlich Ul'janov), Vladimir Il'ič (1870–1924), war der Wegbereiter und Motor der sozialistischen Revolution in R. und der unbestrittene Führer S.-R.s in den ersten fünf Jahren nach der ↑Oktober-Revolution. L. wurde in Simbirsk (seit 1924 Ul'janovsk) geboren und wuchs in einem liberalen Elternhaus auf. Über seinen vier Jahre älteren Bruder Aleksandr, Anhänger der Narodnaja volja (↑LGR), 1887 wegen Vorbereitung eines Attentats auf Kaiser Alexander III. (↑LGR) hingerichtet, kam L. mit revolutionären Gedanken in Berührung und trat gleich nach Beginn seines Studiums an der Universität ↑Kazan' in Verbindung zu entsprechenden Zirkeln. Er verlor deshalb seinen Studienplatz, konnte 1891 aber als Externer sein Examen an der Juristischen Fakultät der Universität St. Petersburg (↑LGR) ablegen. Nur kurze Zeit praktizierte L. als Anwaltsgehilfe in ↑Samara. 1893 ging er als Rechtsanwalt nach St. Petersburg. Stärker noch als schon in Samara nahm er Kontakt zu revolutionären Kreisen auf und wurde Berufsrevolutionär. Er machte sich umfassend mit der zeitgenössischen ökonomischen Literatur, mit dem Denken der r.en revolutionären Bewegung und der internationalen marxistischen Diskussion vertraut – zeitlebens hat er diesem Diskurs größte Aufmerksamkeit gewidmet neben den zahllosen Debatten auf Kongressen, in Redaktionsstuben und in Zirkeln. 1895 machte L. die erste Reise nach Westeuropa, nach Deutschland, Frankreich und in die Schweiz, und stellte den Kontakt zur „Gruppe der Befreiung der Arbeit"(↑LGR) um G. V. Plechanov (1856–1918) und P. E. Aksel'rod (1850–1928) und zu Führern der internationalen marxistischen Bewegung her. Zurückgekehrt, führte L. zusammen mit L. Martov (Pseudonym für Ju. O. Cederbaum, 1873–1923) verschiedene linke Gruppen zum Petersburger „Kampfbund zur Befreiung der Arbeiterklasse" zusammen. 1897 wurde L. für drei Jahre in die Verbannung (↑LGR) nach ↑Sibirien geschickt (Aufenthalt in

Šušenskoe, Gouvernement [↑LGR] Enisejsk, dort Heirat mit N. K. Krupskaja, 1869–1939). Ergebnis seiner intensiven theoretischen Arbeiten waren Darlegungen zur ökonomischen Situation R.s („Entwicklung des Kapitalismus in R.", 1899), die L. die Basis für die Bestimmung der „Aufgaben der r.en Sozialdemokraten" (1898) lieferten.

Nach der Rückkehr aus der Verbannung hielt sich L. 1900–1905 in Westeuropa (u. a. München, London, Genf) auf und gab dort zusammen mit Martov, A. N. Potresov (1869–1934), Plechanov, Aksel'rod und V. I. Zasulič (1851–1919) als „Zentralorgan der R.en sozialdemokratischen Arbeiterpartei" (↑Parteien [LGR]) die Zeitschrift „Iskra"(Funke) (1900–1905) heraus. In dieser Zeit entwickelte L. seine Vorstellungen von den Aufgaben und der Funktion der Partei und formulierte die Absage an die r.e ↑Intelligenz und deren Zirkel, ebenso das Bekenntnis zum ↑Proletariat als eigentlicher Basis der Revolution und zum elitären Parteiverständnis (↑Leninismus). Auf dem 2. ↑Parteikongreß kam es erstmals zu einer Konfrontation von zwei Hauptgruppierungen, bei der die Gruppe um L. als die „Mehrheitler", die Bolschewisten, firmierten, ohne in den Streitfragen des Kongresses die Majorität gehabt zu haben. Lenin ging seitdem konsequent seinen Weg. Er erwies sich in konkreten politischen Fragen als lernfähig und flexibel, allerdings bestimmte das nicht sein innerparteiliches Vorgehen. Hier suchte er seine Linie als einzige angemessene durchzusetzen und scheute weder Konflikte noch Spaltungen. So kam es auch zum Bruch mit der Iskra-Gruppe: L. schied aus der Redaktion aus. Er war nun Führer des radikalen Flügels der sozialdemokratischen Bewegung, zu deren publizistischem Organ er die Zeitschrift „Vpered" (Vorwärts, 1904/05) machte. Auf dem Londoner Parteikongreß wurde 1905 die Einheit wieder hergestellt, aber Einheit war für L., anders als für die meisten, auch für seine linken Genossen, kein Wert an sich. Nach dem Londoner Parteikongreß kehrte L. im November 1905 nach St. Petersburg zurück, ohne daß er auf die Revolution von 1905 (↑LGR) noch hätte Einfluß nehmen können. Schon bald mußte er sich nach Finnland zurückziehen und ging 1907 erneut, diesmal für zehn Jahre, ins Exil (Genf, Paris, Krakau). Wichtigste Schlußfolgerung L.s aus den zurückliegenden Ereignissen war, daß er den unmittelbaren Übergang von der bürgerlichen zur sozialistischen Revolution forderte. 1906 wurde L. nicht als Vertreter der Bolschewisten ins ↑Zentralkomitee gewählt, 1907 wurde er Kandidat. Erst seit 1912 (Prager Konferenz) gehörte er dauerhaft und zugleich bestimmend dem ZK an. Er steuerte seine Anhänger in ständigen Auseinandersetzungen mit den ↑Menschewisten sowie rechten und linken Abweichlern (Otzovisten [„Rückrufler" = für die Abberufung der sozialdemokratischen Abgeordneten], Versöhnlern, ↑Marxismus-Leninismus) durch die zahlreichen Anfechtungen, die sich aus der Forderung nach innerparteilicher Demokratie (gegen L.s ↑ demokratischen Zentralismus), nach Einheit der sozialdemokratischen Bewegung, nach Mitwirkung der Sozialisten in der Staatsduma (↑LGR) (die Duma als Propagandatribüne oder als echtes Forum politischer Mitwirkung), „Expropriationen" als Quelle der Parteifinanzen, ↑Bogdanovismus, Revisionismusverlockungen (so den Empiriokritizismus) und in der Nationalitätenfrage ergaben. Durch die Parteischule von Longjumeau (1909) und durch eine umfangreiche Publizistik bezog L. Position und grenzte sich ab. 1912 erreichte er auf der Prager Konferenz den Ausschluß der Menschewisten aus der RSDRP und – wichtiger noch – konnte von Krakau aus Einfluß auf die sozialdemokratischen

Partei- und Gewerkschaftsaktivitäten in R. nehmen. L. orientierte sich in den
Fragen der konkreten Parteiarbeit an den realen Gegebenheiten und griff daher
die Möglichkeiten auf, welche die Wahl in die Staatsduma den sozialdemokrati-
schen Delegierten bot, v. a. auch die Chance zu legaler Publikationstätigkeit
(↑„Pravda„). Bei Ausbruch des Ersten Weltkriegs (↑LGR) existierte so eine L.s
Vorstellungen nahekommende radikale Partei in R. L. hielt sich während des
Krieges in Bern und Zürich auf und polemisierte gegen die „Sozialverräter" der
sozialistischen Internationale. Auf der Zimmerwalder (1915) und der Kienthaler
Konferenz (1916) forderte er die Überführung des imperialistischen Krieges in
die sozialistische Revolution; die neue revolutionäre Zuspitzung, die er für R.
erwartete, werde mit der sozialistischen Revolution im Westen zusammenflie-
ßen. Nach der Februar-Revolution (↑LGR) konnte L. mit Unterstützung der
deutschen Regierung durch Deutschland und über Skandinavien nach ↑Petro-
grad zurückkehren. Hier verpflichtete er seine Partei mit den April-Thesen
(↑LGR) zu einem Kurs, der einen Kompromiß mit der Provisorischen Regierung
(↑LGR) ausschloß und mit der Parole „Brot, Land und Frieden" den Zugang zur
Bevölkerung suchte. Nach dem gescheiterten Juli-Aufstand (↑LGR) mußte L.
nach Finnland fliehen, kehrte aber am 6. 11. 1917 (24. 10. 1917 N.S.) nach
Petrograd zurück und nahm an der Durchführung des von ihm seit langem
angestrebten Aufstands teil (↑Oktober-Revolution). Anschließend wurde er
zum Vorsitzenden des ↑Rates der Volkskommissare der ↑RSFSR gewählt. Der
Vorsitz in der Regierung in Verbindung mit der Führungsstellung im Zentralkomitee der ↑Kommunistischen Partei/der Bolschewisten, so seit 1918 die Bezeichnung der RSDRP, und im ↑Rat der Arbeiter- und Bauernverteidigung sowie in
zahlreichen anderen Gremien und Beratungen gab L. einen universalen Einfluß
auf die Gestaltung der s.en Politik in der Phase des ↑Kriegskommunismus während des ↑Bürgerkrieges sowie der Phase der ↑Neuen Ökonomischen Politik,
ebenso in ökonomischen (↑Goèlro) wie in außenpolitischen Fragen (Friede von
↑Brest-Litovsk). L. war außerhalb seiner Partei höchst umstritten. So wie man
seiner Regierung ein rasches Ende prophezeite, suchte man ihn selbst auszuschalten (Attentat der Sozialrevolutionärin D. Kaplan, 30. 6. 1918). Auch in der
Partei regten sich abweichende Gruppierungen. Lenin trennte sich von starken
Kräften wie der ↑Arbeiteropposition und griff zur Befestigung seines Kurses
auch auf Unterdrückungen und politische Repressionen (↑Geheimpolizei,
↑Kronstädter Aufstand) zurück, so wie er in der Partei das Fraktionsverbot
unterstützte. Internationale Absicherung schaffte L. der RSFSR durch die Gründung der ↑Komintern (1919). Seine Hoffnungen auf die sozialistische Weltrevolution, die mehrfach durch revolutionäre Ereignisse in Mitteleuropa und in der
kolonialen Welt neu angefacht wurden, erfüllten sich nicht. Wirkungsvoller war
dagegen die v. a. von ↑Čičerin und ↑Krasin vertretene außenpolitische Koopera-
tionspolitik, welche die Rückkehr R.s in die internationale Politik ermöglichte.
Bis zum XII. Parteikongreß dominierte L. die Entwicklung in der Partei. Im Mai
1922 erlitt er einen ersten Schlaganfall, der ihn aus der aktiven Politik ausschaltete. Im November 1922 hielt er seine letzte öffentliche Rede. Nach einem
zweiten Schlaganfall nahm er zur Situation der Partei letztmals Stellung (↑Testa-
ment Lenins). Insbesondere bewegte ihn die Frage einer geeigneten Persönlichkeit zur Fortsetzung seiner Arbeit (↑Stalin, ↑Trockij, ↑Bucharin, ↑Pjatakov).
Obwohl er mit der Forcierung des demokratischen Zentralismus das Entstehen

einer Staats- und Parteibürokratie gefördert hatte, beschäftigte ihn jetzt die Isolierung und die Bürokratisierung der Partei. Nach seinem Tode wurde L. in das für ihn errichtete Mausoleum (↑Lenin-Mausoleum) auf dem Roten Platz überführt und ausgestellt.

Lit.: Shub, D., Lenin. A Biography, New York 1949 (dt. Wiesbaden 1957); Fischer, L., Das Leben Lenins, Köln/Berlin 1965; Trotzki, L., Der junge Lenin, Wien/München/Zürich 1969; Lenin. The Man, the Theorist, the Leader. A Reappraisal, hrsg. v. Schapiro, L., und Reddaway, P., Boulder/London 1967; Lewin, M., Lenins letzter Kampf, Hamburg 1970; Lenin-Chronik. Daten zu Leben und Werk. Zusgest. von Gerda und Hermann Weber, München 1974; Harding, N., Lenin's Political Thought. Vol. I, New York 1977, Vol. 2 1981; Rigby, T. H., Lenin's Government: Sovnarkom 1917–1922, Cambridge 1979; Service, R., Lenin: a Political Life. Vol. I: The Strengths of Contradiction, Bloomington 1985; Williams, R. C., The Other Bolsheviks. Lenin and his Critics, 1904–1914, Bloomington 1986; Nation, C. R., War on War. Lenin, the Zimmerwald Left, and the Origins of Communist Internationalism, Durham (usw.) 1989; W. I. Lenin. Biographie, Berlin (Ost) 1982.   *B.Sch.*

Leningrad ↑St. Petersburg

Leningrader Affäre ↑Voznesenskij

Leninismus war ursprünglich ein pejorativer Ausdruck, mit dem die innerparteilichen Gegner ↑Lenins seine dogmatische und intolerante Einstellung zu allen organisatorischen und taktischen Fragen der Russischen Sozialdemokratischen Arbeiterpartei (↑Parteien [LGR]) in der Epoche vor der ↑Oktober-Revolution verurteilten. Mit positiven Vorstellungen ist der Begriff erst nach 1917 besetzt worden. In der Frühphase der s.en Geschichte sah man in Lenin einen Politiker, der sich durch die Umsetzung marxistischer Ideen in die politische Praxis R.s auszeichnete. Die pragmatischen und voluntaristischen Züge seines Denkens standen damals noch im Vordergrund sowohl der positiven als auch der negativen Bewertung seines Wirkens. Eine weitere, seinerzeit weitverbreitete Deutung stammte von ↑Zinov'ev, der das hervorstechendste Merkmal des L. in der Bedeutung erblickte, die diese Theorie den r.en ↑Bauern als Bündnispartnern der Arbeiterklasse in der sozialistischen Revolution zuwies. Die Betonung der Bauernfrage in der Revolution schränkte die Geltung des L. auf die agrarisch geprägten Verhältnisse R.s ein. ↑Stalin hob demgegenüber die internationale Bedeutung des L. hervor. Er erklärte in der Schrift „Über die Grundlagen des L." (Ob osnovach leninizma) (1924), daß der L. „der Marxismus der Epoche des Imperialismus und der proletarischen Revolution" sei. In dieser Konzeption erscheint der L. als eine Wissenschaft, die im 20. Jh. das wissenschaftliche Erbe von K. Marx angetreten hat. Diese Begriffsbestimmung setzte sich durch, da sie dem Selbstverständnis der bolschewistischen ↑Partei entsprach und der Parteiführung überdies die Möglichkeit bot, das s.e Modell des ↑Sozialismus international verbindlich zu machen.

Marxismus und L. stellten im s.en Denken eine theoretische Einheit dar, die nicht mehr aufgelöst werden durfte. Aus diesem Grunde taucht der Begriff „L." in s.en Lexika nicht als ein besonderes Stichwort auf. Inhaltliche Ausführungen zum L. findet man dagegen unter den Rubriken ↑„Marxismus-Leninismus" und

„Lenin". Überhaupt waren s.e Darstellungen darauf gerichtet, den L. mit dem Marxismus zu verschmelzen, um die internationale Geltung der von Lenin vollzogenen Anpassung der Theorie an die besonderen r.en Verhältnisse hervorzuheben. Die Adaptation des Marxismus an die Situation in R. kam in drei Bereichen des L. besonders deutlich zum Ausdruck, und zwar in der Lehre von der „Partei neuen Typs", die sich in der Oktober-Revolution als ein wirksames Instrument zur Mobilisierung der Massen erwies; in der Imperialismustheorie, welche die theoretischen Voraussetzungen für die Rechtfertigung der sozialistischen Revolution in einem zurückgebliebenen Land schuf, und in der Revolutionstheorie, die in der armen bäuerlichen Bevölkerung R.s einen revolutionären Bündnispartner der Arbeiterklasse entdeckte. Diese nationalen Aspekte des L. wurden in der s.en Interpretation grundsätzlich als eine allgemeingültige „Weiterentwicklung" des Marxismus behandelt.

Lit.: Luppol, I. K., Lenin und die Philosophie, Wien/Berlin 1929; Lefèbvre, H., La pensée de Lénine, Paris 1957; Geyer, D., Lenin in der russischen Sozialdemokratie, Köln/Graz 1962; Flechtheim, O. K., Bolschewismus 1917–1967, Wien/Frankfurt/Zürich 1967; Jowtschuk, M. T., Leninismus, philosophische Tradition und Gegenwart, Berlin 1973.   *R.A.*

Lenin-Mausoleum heißt das terrassenförmig angelegte Monumentalgebäude, in dem sich der Glassarkophag mit dem einbalsamierten Leichnam ↑Lenins befindet. Auf dem Roten Platz in ↑Moskau an der Kremlmauer errichtet, diente es der S.-Führung zugleich als Tribüne für die Abnahme der alljährlichen Großparaden und -demonstrationen (z. B. am 1. Mai oder 7. November). Als Lenin im Januar 1924 starb, beschlossen ↑Zentralkomitee und S.-Regierung (aufgrund, wie es heißt, von über 1000 Zuschriften aus dem Volk) den Körper der Nachwelt zu erhalten. Zur Aufbahrung des Toten beauftragten ↑Rätekongreß und ↑Zentrales Exekutivkomitee den Architekten A. V. Ščusev (1873–1949), ein hölzernes provisorisches Mausoleum zu errichten, das in der Form bereits dem jetzigen Gebäude glich. 1930 wurde das Holzgebäude durch einen in dunkelrot und schwarz gehaltenen Steinbau (aus Granit, Marmor, Labrador und Porphyr) ersetzt. Nach ↑Stalins Tod im März 1953 beschloß das Zentralkomitee, ihn neben Lenin im Mausoleum aufzubahren, aus dem L.-M. wurde ein Lenin- und Stalin-Mausoleum (Mavzolej V. I. Lenina i I. V. Stalina). Im Zuge der ↑Entstalinisierung ↑Chruščevs wurde Stalins Leichnam (nach dem XXI. ↑Parteitag 1961) aus dem Mausoleum entfernt und an der Kremlmauer beigesetzt. Auch auf dem schwarzen Labrador-Monolith über dem Eingang wurde Stalins Name getilgt, und die 3. Auflage der Großen Sowjetenzyklopädie erwähnte zum Stichwort L.-M. nicht einmal mehr die Stalinepisode.

Lit.: Abramov, A., Mavzolej Lenina, M ³1972; Chan-Magomedov, S. O., Mavzolej Lenina, M 1972; Mavzolej V. I. Lenina i I. V. Stalina, in: BSÈ (2. Aufl. 1954), Bd. 25, S. 593 f.; Mavzolej V. I. Lenina, in: BSÈ (3. Aufl. 1974), Bd. 15, S. 139.   *H.A.*

Lenin-Preis(e) wurden in der SU für „herausragende Leistungen auf dem Gebiet der Wissenschaft, Technik, Literatur, Journalistik und Publizistik, Kunst und Architektur" verliehen. Die Verleihung erfolgte an ↑Lenins Geburtstag (22. April); der Ausgezeichnete erhielt eine Urkunde, eine Goldmedaille mit Lenins Bildnis sowie einen Geldpreis von 10000 Rubel. Der L.-P. wurde 1925 als Auszeichnung für wissenschaftliche Leistungen geschaffen. Nach 1935 wurde er nicht mehr vergeben und faktisch durch den (1939 geschaffenen) Stalin-Preis ersetzt. Im September 1956 beschlossen das ↑Zentralkomitee und der ↑Ministerrat der SU, die Institution der L.-P. wiederzubeleben; sie sollten künftig nicht mehr nur für wissenschaftliche und technische Leistungen, sondern auch für Literatur und Kunst verliehen werden. Seit 1960 wurden damit auch Publizisten und Journalisten, seit 1970 auch Kinderbuchautoren und Schöpfer von Kunst für Kinder ausgezeichnet.

Lit.: Borisov, Ju.S., Iz istorii Leninskich premij, in: Istorija SSSR 1957 No 1; Leninskie Premii, in: SIĖ Bd. 8, Sp. 580 f.; Leninskie premii, in: BSĖ (3. Aufl.) Bd. 14, S. 328 f.   *H.A.*

Lettische Schützen. L. S.-Verbände waren während des Ersten Weltkriegs (↑LGR) ursprünglich aus Kriegsfreiwilligen zum Spezialeinsatz gegen die deutschen Angreifer aufgestellt und dann durch normale Wehrpflichtige aufgefüllt worden. Seit Frühsommer 1917 galten sie als Parteigänger der ↑Bolschewisten. Unmittelbar nach der ↑Oktober-Revolution wurde ein Regiment der L.n S. zum innerstädtischen Einsatz gegen die „Konterrevolution" nach ↑Petrograd beordert. Ein Spezialbataillon der L.n S. übernahm den Schutz der S.-Regierung im Smol'nyj. Es begleitete den Zug, als der ↑Rat der Volkskommissare im März 1918 nach ↑Moskau umzog, und bewachte fortan den Kreml. Als besonders verläßliche Elitetruppe wurden L. S.-Regimenter an den Brennpunkten des ↑Bürgerkriegs eingesetzt. Sie waren auch an der Niederschlagung des sozialrevolutionären Aufstandes im Sommer 1918 (↑Parteien) beteiligt. Nach starken Verlusten, die der Truppe die ursprüngliche nationale Identität bereits genommen hatten, wurden die L.n S.-Verbände im November 1920 aufgelöst.

Lit.: Drizulis, A., Krastiņš (Hrsg.), Revoljucionnye Latyšskie strelki, Riga 1980 (Dt. Übers. hrsg. von C. Grau u. G. Rosenfeld, Die roten lettischen Schützen 1917–1920, Berlin 1985); Draudin, T. Ja., Boevoj put' latyšskoj strelkovoj divizii v dni oktjabrja i v gody graždanskoj vojny (1917–1920), Riga 1960; Ezergailis, A., The Latvian Impact on the Bolshevik Revolution, New York 1983; Kajmin', Ja., Latyšskie strelki v bor'be za pobedu oktjabr'skoj revoljucii, Riga 1961; Spreslis, A. I., Latyšskie strelki na straže sovetskogo oktjabrja 1917–1918 gg., Riga 1967.   *H.A.*

Lettland (lett. Latvija) ist die moderne Bezeichnung für das aus dem größten Teil des ehemaligen r.en Gouvernements (↑LGR) Livland und dem Gouvernement Kurland entstandene und z. T. schon seit 1710 zum Russischen Reich gehörende Territorium östlich und südlich der Rigaer Bucht, das bis 1990 die Lettische ↑SSR einnahm. Das sich seit dem Ende des 19. Jh.s vor allem in der Auseinandersetzung mit der deutschbaltischen Oberschicht herausbildende lettische Nationalbewußtsein hatte durch die von Flucht und Evakuierung gekennzeichneten Kriegsereignisse (↑Erster Weltkrieg [LGR]), aber auch durch die Teilnahme lettischer Regimenter (↑Lettische Schützen) am Kampf gegen die deutschen Truppen seit 1915 weiter an Kontur gewonnen. Nach der Februar-Revolution (↑LGR) wurden in L. sofort Forderungen nach Autonomie und dem administrativen Zusammenschluß aller lettisch besiedelten Gebiete erhoben. Während sich die bolschewistischen Linken in ↑Räten konstituierten, wählten die bürgerlichen Gruppen am 26. 3. 1917 in Wolmar (Valmiera) einen provisorischen Landesrat, der von der Regierung in ↑Petrograd wie von den lettischen ↑Bolschewisten nur bedingt akzeptiert wurde. Angesichts der weiter vorrückenden Deutschen, die im September 1917 ↑Riga eingenommen, hatten, schlossen sich dort bürgerliche Politiker unter Führung von K. Ulmanis (1877–1942) zu einem „Demokratischen Block" zusammen. In den von den Deutschen unbesetzten Gebieten konstituierte sich nach der ↑Oktober-Revolution ein lettischer Nationalrat, mit dem allerdings ein Ende Dezember 1917 gebildetes bolschewistisches Exekutivkomitee um Macht und Einfluß konkurrierte. Mit der Besetzung des ganzen Landes durch die Deutschen nach dem Frieden von ↑Brest-Litovsk im März 1918 mußten zwar die Bolschewisten weichen, aber jetzt war auch den bürgerlich-nationalen Kreisen jede politisch-organisatorische Tätigkeit verwehrt, so daß erst nach dem Abzug der deutschen Besatzungsarmee am 18. 11. 1918 die Republik Lettland ausgerufen und eine nationale Regierung unter Ulmanis gebildet werden konnte. Diese hatte nun in einem zähen Bürgerkrieg ihre Ansprüche gegen rasch wieder vordringende S.-Truppen zu verteidigen, die nach der Proklamation einer Lettischen ↑Sowjetrepublik am 14. 12. 1918 deren Regierung unter P. Stučka (1865–1932) zur Seite standen. Diplomatisch von den Alliierten unterstützt, konnte Ulmanis, nachdem die s.en Kräfte von intervenierenden deutschen Truppen geschlagen worden waren, am 8. 7. 1919 in Riga wieder die Regierungsgeschäfte übernehmen. Mit estnischer und alliierter Hilfe war bis Ende 1919 schließlich auch die Truppe des weißgardistischen (↑Weiße) Abenteurers Bermondt-Avalov vertrieben worden. L.s Unabhängigkeit war erreicht, als mit polnischer Unterstützung im Januar Lettgallen erobert und am 1. 8. 1920 mit Moskau Frieden geschlossen worden war.

Ähnlich wie die beiden anderen neu entstandenen baltischen Staaten (↑Estland, ↑Litauen) hatte auch die Republik L. Probleme zu bewältigen, die grundsätzlich nicht unlösbar schienen. Eine schon 1920 verabschiedete radikale Landreform, die dem (deutschbaltischen) Großgrundbesitz die sozialökonomische Basis entzog und fast ausschließlich den landlosen lettischen ↑Bauern zugute kam, verbesserte die Agrarproduktion wesentlich und ließ die Landbevölkerung neben dem Militär zu einer Stütze der Staatsmacht werden. Eine zunehmende Parteienzersplitterung und ständig wechselnde Koalitionen ließen aber keine kontinuierliche Regierungsarbeit zu. Dies erzeugte im Verbund mit den auch L. erreichenden Auswirkungen der Weltwirtschaftsdepression eine sich rasch zuspitzende Systemkrise, auf die eine nationalistisch-staatsautoritäre Antwort nach Vorbild der Nachbarstaaten die einzige Lösung zu sein schien. Am 16. 5. 1934 verhängte daher Ulmanis den Ausnahmezustand und regierte bis 1940 ohne Parlament, das durch berufsständische Korporationen ersetzt wurde. Im ↑Hitler-Stalin-Pakt war L. der s.en Interessensphäre zugeschlagen worden. In einem am 5. 10. 1939 unterzeichneten Vertrag mußte L. der ↑UdSSR Stützpunkte einräumen und nach einem Ultimatum am 16. 6. 1940 der Stationierung s.er Truppen und der Bildung einer sowjetfreundlichen Regierung in Riga zustimmen. Weitgehend manipulierte Wahlen sorgten bald für ein kommunistisch majorisiertes Parlament, das am 21. 7. die lettische S.-Republik ausrief, deren Aufnahme in die UdSSR am 5. 8. 1940 erfolgte. Der deutsche Einmarsch in die UdSSR im Juni 1941 und die bis 1944 dauernde Okkupationszeit, in der ein Generalkommissariat L. gebildet wurde, verschonten zwar die meisten Letten, nicht aber die Juden L.s, von denen bereits im November 1941 27000 einem Nazi-Massaker zum Opfer fielen. Wie schon in der Zeit vor dem deutschen Einfall kam es mit den seit Ende 1944 zurückkehrenden s.en Behörden auch wieder zu Zwangs-(↑)kollektivierung und Massendeportationen, die dieses Mal vor allem die wohlhabende bäuerliche Bevölkerung erfaßten.

Die restituierte Lettische SSR, die im Januar 1945 einen schmalen Gebietsstreifen zwischen Kačanovo und Gavry an die RSFSR abtreten mußte, wies nach Umsiedlungen (der Deutschbalten 1939 u. 1941), Massenvernichtung, Deportationen und Flucht eine veränderte demographische Struktur auf, die bis in die jüngste Zeit durch einen wachsenden Anteil der nichtlettischen Bevölkerung gekennzeichnet war. Auf den 63 700 km^2 der Lettischen SSR lebten 2,6 Mio. Menschen, von denen nach den ca. 1,5 Mio. Letten die Russen mit über 800 000 die zweitgrößte Einwohnergruppe stellten. Die innerhalb der UdSSR einen Spitzenplatz einnehmende Wirtschaftsleistung L.s basierte vor allem auf dem Maschinenbau, elektrotechnischen und Automatisierungsbetrieben sowie auf einigen leistungsfähigen Branchen der Leichtindustrie.

Bestimmende politische Kraft im Land war seit 1989 die auf die Loslösung von der UdSSR hinarbeitende Lettländische Volksfront (Latvjas Tautas Fronte). L. erklärte am 4. 5. 1990 die Restituierung seiner Unabhängigkeit, die am 28. 8. 1991 endgültig in Kraft trat.

Lit.: Spekke, A., History of Latvia. An Outline, Stockholm 1951; Rutkis, J. (Hrsg.), Latvia, Country and People, Stockholm 1967; Andersons, E. et al. (Hrsg.), Latvia, Past and Present, Wawerly, Iowa, 1969; Rauch, G. v., Geschichte der baltischen Staaten, Stuttgart/Berlin/Köln/Mainz 1970; Meissner, B. (Hrsg.), Die baltischen Nationen. Estland – Lettland – Litauen, Köln 1990. *R.A.M.*

Liberman-Diskussion. Die L.-D. war eine publizistische Auseinandersetzung um Konzepte von Wirtschaftsreformen in den Jahren 1962/63. Ausgelöst wurde sie durch einen Artikel E. G. Libermans (geb. 1897) in der ↑„Pravda". Libermans Reformkonzept, das „Char'kover System", wollte das System der Bindung der Betriebe an die Volkswirtschaft verändern. Statt einer Vielzahl überbetrieblich geplanter Kennziffern sollte den Betrieben von der Zentrale nur ein nach Sortiment und Lieferfrist aufgegliederter Produktionsumfang vorgegeben werden. Auf der Basis einer Rentabilitätsrechnung auf Grund von Gewinn und Betriebskapital sollten die Betriebe den Ablauf ihrer Tätigkeit selbständig regeln. In der auflebenden Reformdiskussion zeichneten sich drei Positionen ab: Neben 1. Befürwortern einer weitgehenden Reform standen 2. orthodoxe Wirtschaftswissenschaftler, die vor einer Gefährdung der „proportionalen Entwicklung der sozialistischen Wirtschaft" warnten; 3. eine große Gruppe von Ökonomen teilte zwar Libermans Kritik am bestehenden Wirtschaftssystem, plädierte aber für weniger weitgehende Maßnahmen. Unmittelbare Folgen hatte die L.-D. nicht, doch beeinflußte sie die drei Jahre später eingeleitete Wirtschaftsreform.

Lit.: Liberman, E. G., Plan, pribyl' i premija, in: Pravda 9. 9. 1962, auch: O. Pr. 1962, No. 21; Thalheim, K. C./Höhmann, H. H. (Hrsg.), Wirtschaftsreformen in Osteuropa, Köln 1968; Höhmann, H. H., Wirtschaftsentwicklung und Wirtschaftsreform in der UdSSR. Ursachen, Voraussetzungen, Ergebnisse und Probleme der Reformmaßnahmen in der sowjetischen Industrie 1965–1976, Diss. Frankfurt a. M. 1978. *H.-H.Sch.*

Liga kämpferischer Gottloser ↑Atheismus

„Linguistik-Briefe" nennt man die kritischen Äußerungen ↑Stalins zu den Vorstellungen des s.en Sprachwissenschaftlers ↑Marr über die Sprache als Phänomen des „Überbaus", die 1950 in der ↑„Pravda" veröffentlicht wurden. Anschließend sind sie in allen wichtigen theoretischen Zeitschriften der SU abgedruckt und auf philosophischen Konferenzen ausgewertet worden. Die Buchausgabe erschien im gleichen Jahr unter dem Titel „Der Marxismus und die Fragen der Sprachwissenschaft" (Marxsizm i voprosy jazykoznanija). Während der Diskussion über die Thesen der „L.-B." ist der ↑Marxismus-Leninismus von einem Teil jener Dogmen befreit worden, die entweder unglaubwürdig geworden waren oder die Entwicklung der exakten Wissenschaften behinderten. Im einzelnen erklärte Stalin, daß die Sprache nicht zum „Überbau" gehöre, wie das Marr fälschlich annehme, sondern ein klassenneutrales Kommunikationsmittel aller Schichten der Gesellschaft sei. Dasselbe gelte auch für die Produktivkräfte, die ebenso wie die Sprache klassenindifferente Werkzeuge der Gesellschaft seien. In der Diskussion – an der sich Stalin nicht mehr beteiligte – sind dann weitere Gegenstandsbereiche aus dem Prokrustesbett des marxistischen Basis-Überbau-Schemas herausgelöst und zu objektiven Mitteln der Erkenntnis und Kommunikation erklärt worden. Auch die Naturwissenschaften haben in diesem Zusammenhang ihren Status als klassenunabhängige Wissenschaften wiedergewonnen. Ferner sind die formale und die mathematische Logik ihres „Klassencharakters" entkleidet und in den Rang vollgültiger Wissenschaften erhoben worden. Seither galten nur noch die „Gesellschaftswissenschaften" als „Klassenwissenschaften" im traditionellen Sinne, und zwar mit der Einschränkung, daß auch sie zumindest im Sozialismus „richtige" Wissenschaften seien.

Lit.: Thomas, L. L., The Linguistic Theories of N. J. Marr, Berkeley/Los Angeles 1957; Die Bedeutung der Arbeiten des Genossen Stalin über den Marxismus und die Fragen der Sprachwissenschaft für die Entwicklung der Wissenschaften. Protokoll der theoretischen Konferenz der Abteilung Propaganda beim ZK der SED vom 23. bis 24. 6. 1951 im Haus der Presse zu Berlin, Berlin 1952; Gente, H. P. (Hrsg.), Stalin, J., Marxismus und Fragen der Sprachwissenschaft und Marr, N., Über die Entstehung der Sprache, München 1968; Nowikow, W. W., Die Arbeiten J. W. Stalins über die Sprachwissenschaften und die Fragen der sowjetischen Literaturwissenschaft, Berlin 1954.   *R.A.*

Linke Abweichung ↑Linke Opposition

Linke Kommunisten war die Bezeichnung für eine innerparteiliche Oppositionsgruppe, die im Frühjahr und Sommer 1918 Grundpositionen der Leninschen Außen- und Innenpolitik widersprach. Ihr Zentrum war die Moskauer ↑Partei-Organisation, zu ihren prominentesten Vertretern gehörten N. I. ↑Bucharin, A. S. Bubnov (1884–1938), V. V. Obolenskij-Osinskij (1887–1938), G. I. Lomov-Oppokov (1888–1938) und K. ↑Radek. Zeitweilig gaben die L.n K. sogar eine eigene Zeitschrift (↑„Kommunist") heraus. Die Gruppe entstand in den Auseinandersetzungen um den Frieden von ↑Brest-Litovsk, den die L.n K. ablehnten. Sie forderten statt dessen, den Krieg (↑Erster Weltkrieg [LGR]) als Partisanenkampf fortzusetzen, ihn in einen „Bürgerkrieg gegen das internationale Kapital" umzuwandeln, der zugleich die Basis der Revolution verbreitere.

Auch als ↑Lenin im April und Mai 1918 mit Verweis auf die drohende wirtschaftliche Katastrophe ein Ende der wilden Enteignungen und Nationalisierungen (der „rotgardistischen Attacke auf das Kapital"), mehr Disziplin und Ordnung und eine staatskapitalistische Übergangszeit forderte, widersprachen die L.n K.: Die soziale Revolution sollte nicht abgestoppt, sondern konsequent zu Ende geführt werden, und der Neuaufbau nicht zentral und von oben, sondern dezentral, von unten erfolgen. Die Kritik der L.n K. wurde später von den verschiedenen Gruppen der ↑Linken Opposition fortgeführt.

Lit.: Morozov, B. M., Levye kommunisty, in: BSÈ (3. Aufl.) Bd. 14, S. 244; Cohen, St. F., Bukharin and the Bolshevik Revolution. A Political Biography 1888–1938, New York 1974; Daniels, R. V., Das Gewissen der Revolution. Kommunistische Opposition in Sowjetrußland, Köln/Berlin 1962. *H.A.*

Linke Opposition (in der s.en Terminologie: Linke Abweichung [levyj uklon]). Schon im Winter 1917/18 gab es Gruppen innerhalb der ↑Partei, denen die Politik der Parteiführung nicht weit genug ging. Sie warfen ihr vor, Grundziele der Revolution aufzugeben. Gegen den Abschluß des Separatfriedens mit Deutschland (↑Brest-Litovsk) und ↑Lenins staatskapitalistische Wirtschaftspolitik formierten sich Anfang 1918 die ↑„Linken Kommunisten". Zwar verstummte der Protest allmählich mit Ausbruch des ↑Bürgerkrieges, aber in jeder Entspannungsphase trat er erneut zutage. Die wichtigste Gruppierung waren dabei 1919/20 die „Demokratischen Zentralisten". Ihre Kritik richtete sich gegen die zunehmende Zentralisierung, Bürokratisierung und Militarisierung von Staat, Wirtschaft und Gesellschaft, die faktisch den staatsbürgerlichen und politischen Rechten der ↑Arbeiter die Grundlage entzogen. Zu den führenden Mitgliedern der Demokratischen Zentralisten (russ. auch decisty) gehörten T. V. Sapronov (1887–1939), V. N. Maksimovskij (1887–1941) und V. V. Obolenskij-Osinskij (1887–1938), der schon den Protest der Linken Kommunisten mitgetragen hatte. In die gleiche Richtung ging auch die Kritik der „Arbeiter-Opposition" an der entstandenen zentralen Wirtschaftsbürokratie. Sie forderte seit Herbst 1920 die Abschaffung der Einmannleitung in den Fabriken und die (Wieder-)Einführung einer kollegialen Wirtschaftsverwaltung, organisiert nach rätedemokratischem Grundmuster, mit Willensbildung streng von unten nach oben. Vorgetragen vor allem von A. G. ↑Šljapnikov und A. M. ↑Kollontai, berief sich die Kritik auf die Mißstimmung breiter Arbeiterkreise in den Fabriken. Ihre Forderungen wurden auf dem X. ↑Parteitag im März 1921 zurückgewiesen und als „anarchistisch-syndikalistische Abweichung" verurteilt. Doch die Gruppen der Demokratischen Zentralisten und Arbeiter-Opposition bestanden fort, und es bildeten sich sogar zwei neue Kritikzirkel, die sich „Arbeiter-Gruppe" und „Arbeiter-Wahrheit" nannten. Letztere forderte offen die Schaffung einer neuen „Arbeiterpartei". Den Höhepunkt der Auseinandersetzung mit der L.n O. bildeten die Debatten um den Kurs der Partei und die weitere Entwicklung des S.-Staates 1925–27. Die L. O. kritisierte dabei den Verfall der innerparteilichen Demokratie, das Wiederentstehen kapitalistischer Strukturen unter der ↑Neuen Ökonomischen Politik und das Stalinsche Konzept des Aufbaus des ↑„Sozialismus in einem Lande". Vor allem aber forderte die L. O. eine viel entschlossenere ↑Industrialisierung des Landes. Als Wortführer traten dabei u. a. L. D. ↑Trockij, E. A.

Preobraženskij (1886–1937), G.E. ↑Zinov'ev und L.B. ↑Kamenev auf. Die
L.O. unterlag, ihre führenden Mitglieder verloren 1927 alle Partei- und Regie-
rungsämter und während der ↑Säuberungen in den 30er Jahren oft das Leben
(↑Trotzkistisch-Sinowjewistisches terroristisches Zentrum).

Lit.: Daniels, R.V., Das Gewissen der Revolution. Kommunistische Opposition in
Sowjetrußland, Köln/Berlin 1962; Farnsworth, B., Aleksandra Kollontai, Stanford 1980;
Holmes, L.E., Workers' Opposition, in: Mersh 44 (1987), S.48ff.; Kool, F./Oberländer,
E. (Hrsg.), Arbeiterdemokratie oder Parteidiktatur (Dokumente der Weltrevolution
Bd.2), Olteden/Freiburg 1967; Klug, E., Die „Gruppe des Demokratischen Zentralismus"
und der 10. Parteitag der KPR(B) im März 1921, in: JGO 35 (1987); Service, R., The
Bolshevik Party in Revolution. A Study in Organizational Change 1917–1923, London
1979; Sorensen, J.B., The Life and Death of Soviet Trade Unionism, 1917–1928, New
York 1969; Wolter, U. (Hrsg.), Die linke Opposition in der Sowjetunion 1923–1928, 5
Bde., Berlin 1976.   *H.A.*

Litauen (lit. Lietuva), das im Mittelalter ein weit über die ethnischen Grenzen
reichendes Großreich gebildet hatte und danach in einer Realunion mit Polen
verbunden war, war mit den Teilungen Polens (↑LGR) an das Russische Reich
gefallen. Unter dessen Herrschaft und in der Auseinandersetzung mit dem kulturell und sozial dominierenden Polentum hatte sich bis zum Beginn des 20.Jh.s
eine starke, u.a. von der niederen katholischen Geistlichkeit getragene litauische
Nationalbewegung entwickelt, die nach der Februar-Revolution (↑LGR) aktiv
wurde. Mit Genehmigung der Deutschen, die seit 1915 das gesamte litauische
Gebiet besetzt hielten, konstituierte sich im September in Wilna (↑Vilnius) unter
A. Smetona (1874–1944) ein Litauischer Landesrat (Lietuvos Taryba), der am
11.10. und ein weiteres Mal am 16.2. 1918 die Unabhängigkeit L.s erklärte. Die
Taryba, die rasch auch von den zahlreichen Auslandslitauern in den USA anerkannt wurde und seit dem 28.10. 1918 als Valstybeś Taryba (= Staatsrat) oberstes Staatsorgan war, konnte jedoch erst im November 1918 eine Regierung
unter A. Voldemaras (1883–1940) bilden, nachdem mit dem Waffenstillstand von
Compiègne jede Rücksichtnahme auf die gegenüber der deutschen Reichsregie-
rung eingegangenen Verpflichtungen entfiel, die engste Bindungen an das Reich
und massive Einflußnahme Berlins auf die bisherige litauische Politik bedeutet
hatten.

Mit dem Abzug der deutschen Truppen Anfang Januar 1919 mußte die inzwischen umgebildete Regierung zunächst vor polnischen, dann vor s.en Truppen
nach Kowno (Kaunas) ausweichen. Letztere riefen am 6.1. 1919 die S.-Republik
L. sowie am 27.2. die Vereinigung mit ↑Weißrußland zur Litauisch-Weißrussi-
schen S.-Republik („Litbel") aus, die aber mit der polnischen Okkupation Wil-
nas bereits im April 1919 ihr Ende fand. Mit deutscher Hilfe gelang es der
zwischenzeitlich aufgestellten litauischen Armee, bis zum Sommer die ↑Bolsche-
wisten aus dem übrigen litauischen Gebiet zu vertreiben. Am 12.7. 1920 –
während des ↑russisch-polnischen Krieges – kam schließlich ein Friedensvertrag
mit der ↑RSFSR zustande, in dem auch L.s Anspruch auf Wilna anerkannt
wurde. Ungelöst blieb wegen dieser Stadt dagegen der Konflikt mit Polen. Auch
Schlichtungsversuche der Alliierten hatten lange keinen Erfolg. Eine von ihnen
vorgeschlagene Demarkationslinie wurde von beiden Seiten erst am 7.10. 1920
vertraglich akzeptiert, wobei Wilna – seit Juli schon besetzt – bei L. blieb. Der

angeblich rebellische polnische General L. Żeligowski nahm Stadt und Umgebung allerdings am 9.10. 1920 wieder ein. Trotz litauischer Proteste wurde das zunächst als „Mittel-L." proklamierte, erheblich erweiterte halbautonome Staatsgebilde am 20.2. 1922 Polen eingegliedert. Das Memelgebiet war auf der Pariser Friedenskonferenz zwar von Deutschland abgetrennt, aber einem interalliierten Kondominium unterstellt worden. L. brachte es durch einen militärischen Handstreich im Januar 1923 unter seine Herrschaft, die am 16.2. 1923 offiziell von den Alliierten anerkannt und durch ein Autonomiestatut für das Gebiet am 8.5. 1924 rechtlich definiert wurde. Die Zwischenkriegszeit war innenpolitisch von einer relativ moderaten Agrarreform sowie dem Aufbau von Wirtschaft und Verwaltung geprägt. Einer bis 1926 dauernden parlamentarischen Phase folgte nach Militärputsch und Staatsstreich ein autoritäres Regiment unter dem Präsidenten Smetona, das zunehmend mehr nationalistische und säkularetatistische Züge annahm, dabei aber weder der inneren Probleme Herr werden, noch den Dauerkonflikt mit seinen Nachbarn (Memel/Wilna) lösen konnte. Im März 1938 mußte das außenpolitisch isolierte L. Polen mit der Aufnahme der bisher verweigerten diplomatischen Beziehungen entgegenkommen und im März 1939 an Deutschland das Memelgebiet abtreten.

Als Folge des ↑Hitler-Stalin-Paktes verlor L. seit dem Abschluß eines Grenzvertrages und ↑Beistandspaktes mit Moskau am 10.10. 1939 ähnlich wie ↑Lettland und ↑Estland nach und nach seine Souveränität und wurde schließlich am 3.8. 1940 als 15. S.-Republik der UdSSR eingegliedert. Bis zum Kriegsausbruch im Juni 1941 erfolgte die Vertragsumsiedlung von ca. 50000 Deutschen, aber auch die Deportation von ca. 40000 Litauern ins Innere der UdSSR. Nach dem Einmarsch der deutschen Armeen wurde L. ein Generalkommissariat des Reichskommissariats Ostland, dessen Verwaltung nationale Bestrebungen der Litauer unterband, sich sonst aber auf die wirtschaftliche Ausbeutung des Landes beschränkte. Nicht verschont blieb die jüdische Bevölkerung, die dem Nazi-Terror zum Opfer fiel. Bevölkerungsverluste bedeutete auch der Abzug der Deutschen 1944, denen sich zahlreiche Litauer anschlossen, sowie die Restituierung der S.-Macht, die – begleitet von Massendeportationen – L. nun zur S.-Republik umstrukturierte. Territorial wurde L. wieder um das Memelgebiet vergrößert. Das schon 1939 angegliederte Wilnagebiet wurde um einige weißr.e Gemeinden arrondiert.

Die Litauische ↑SSR war mit 65200 km² und 3,57 Mio. Einwohnern die größte der drei baltischen Republiken. Ca. 80 % der Bevölkerung gehörten der Titularnation an; die zweit- und drittstärkste Gruppe bildeten Russen und Polen, denen mit einem größeren Abstand die Weißrussen folgten. Am überdurchschnittlichen Beitrag der baltischen Republiken zur s.en ↑Industrie-Produktion war auch L. beteiligt, dessen vor allem um die Hauptstadt Vilnius, um Klaipeda (Memel), Kaunas und Panevėžis konzentrierte Elektro-, Maschinenbau- und chemische Industrie sowie wichtige Branchen der Leichtindustrie das Profil der Wirtschaft des Landes bestimmten. Die Unabhängigkeitsbewegung Sajūdis (Bewegung für den Umbau) wurde im Laufe des Jahres 1989 zur bestimmenden politischen Kraft L.s. Getragen wurde sie auch von der KP, die den Verbund der ↑KPdSU als eine eigenständige litauische Partei verlassen hatte. Am 11.3. 1990 erklärte L. die Restituierung seiner Unabhängigkeit.

Lit.: Vardys, V. St. (Hrsg.), Lithuania under the Soviets. Portrait of a Nation, 1940–65, New York/Washington/London 1965; Ochmański, J., Historia Litwy, Wrocław 1967; Rauch, G. v., Geschichte der baltischen Staaten, Stuttgart/Berlin/Köln/Mainz 1970; Hellmann, M., Grundzüge der Geschichte Litauens, Darmstadt ³1986; Meissner, B. v. (Hrsg.), Die baltischen Nationen. Estland – Lettland – Litauen, Köln 1990.   *R.A.M.*

Litauisch-Weißrussische Sowjetrepublik ↑Litauen, ↑Russisch-polnischer Krieg, ↑Weißrußland

„Literaturnaja gazeta" (Literaturzeitung) war das Organ der Leitung des ↑Schriftstellerverbandes der UdSSR. 1929 als Blatt der „Föderation der Vereinigung der s.en Künstler" (FOSP) gegründet, ging es nach der Gründung des s.en Schriftstellerverbandes (1934) auf diesen über. 1942–1944 erschien es unter dem Titel „Literatura i iskusstvo" (Literatur und Kunst), wobei die Komitees für Kunst und Kino beim ↑Rat der Volkskommissare der UdSSR als Mitherausgeber fungierten. 1947 wurde aus der „L. g." eine literarische und allgemeinpolitische Zeitung, die zweimal, seit 1950 sogar dreimal pro Woche erschien. Seit 1967 wurde die „L. g." in einer Ausgabe pro Woche publiziert. Neben literaturkritischen Artikeln und Auszügen aus literarischen Werken druckte die „L. g." auch Aufsätze und Beiträge zu allgemein-, kultur-, gesellschafts- und wirtschaftspolitischen Themen ab. Die „L. g." unterstützte den Reformkurs ↑Gorbačevs (↑Glasnost', ↑Perestrojka). Ihre Auflagenhöhe stieg dabei von 1,5 Mio. auf über 6 Mio. (Anfang der 90er Jahre) Exemplare.

Lit.: Kalašnikov, V. A., Literaturnaja gazeta, in: BSĖ (3. Aufl.) Bd. 14, S. 513.   *H.A.*

Litvinov, Maksim Maksimovič, eigentl. Max Wallach (1876–1951), stieß 1891 zur Sozialdemokratischen Partei (↑Parteien [LGR]) und übernahm bald schon propagandistische Aufgaben. 1900 wurde er in Arrest genommen, konnte 1902 entfliehen und emigrierte in die Schweiz. Seine Aufgaben waren dort u. a. der illegale Versand der „Iskra" (Der Funke) nach R., später die illegale Einfuhr von Presseerzeugnissen und das Einschmuggeln von Menschen nach R. Seit 1903 gehörte L. zu den Anhängern ↑Lenins. 1905 organisierte er in St. Petersburg (↑LGR) zusammen mit ↑Krasin die Publikation der bolschewistischen Zeitung „Novaja žizn'" (Neues Leben). 1907 ließ er sich in London nieder und arbeitete dort als Sekretär der Gruppe der RSDRP. Nach der ↑Oktober-Revolution wurde L. zum diplomatischen Vertreter in Großbritannien, seit Juli 1918 auch in den USA bestimmt. Im September wurde er festgenommen und gegen den in R. verhafteten britischen Vertreter Robert H. Bruce Lockhard ausgetauscht. Als Mitglied des Kollegiums des ↑Volkskommissariats für Auswärtige Angelegenheiten ging L. im November 1919 nach Kopenhagen und nahm Verhandlungen mit Großbritannien, also einer der Interventionsmächte im ↑Bürgerkrieg, auf. Nach Repatriierungsabkommen mit den baltischen Republiken (↑Baltikum) im November 1919 unterzeichnete er ein Abkommen über Gefangenenaustausch mit Großbritannien und entsprechende Verträge mit weiteren westeuropäischen Staaten. 1920 wurde L. zum Bevollmächtigten und zum Handelsvertreter in ↑Estland ernannt, 1921 Stellvertreter des Volkskommissars für Auswärtige Angelegenheiten und gleichzeitig zum Mitglied des Kollegiums des Volkskommissariats der ↑Arbeiter- und Bauerninspektion und zum Stellvertreter des Vorsitzenden des Hauptkonzessionskomitees berufen. 1922 stellvertretender Leiter der s.en Delegation auf der Haager Konferenz, wirkte L. bei der Vorbereitung mehrerer Handelsverträge mit westeuropäischen Staaten (1924–27) mit und übernahm in wachsendem Umfang die Vertretung s.er Interessen in der Vorbereitungskommission zu den Abrüstungskonferenzen des ↑Völkerbundes (1926–29, Vorschlag einer allgemeinen Abrüstung). Eine herausragende Leistung war das Moskauer Protokoll vom 9.2. 1929 über das vorfristige nkrafttreten des Kriegsächtungspaktes (↑Briand-Kellogg-Pakt), durch das die SU erstmals mit ihren vier westlichen Anrainern zu einer gemeinsamen Sicherheitsmaßnahme gelangte. Damit war zugleich das Leitmotiv der Außenpolitik angespielt, die L. als Volkskommissar für Auswärtige Angelegenheiten von 1930–1939 hartnäckig verfolgte, das Prinzip der kollektiven Sicherheit. Auf der Abrüstungskonferenz des Völkerbundes (1932) und auf der Londoner Weltwirtschaftskonferenz (1933) verfolgte er diese Vorstellungen. Ergebnisse waren: 1933/34 die Konvention über die Definition eines Angriffs mit allen Grenznachbarn, 1933 die Aufnahme diplomatischer Beziehungen mit den USA, 1934 die Aufnahme der SU in den Völkerbund (L. leitete die s.e Delegation in Genf 1934–38), die ↑Beistandspakte mit Frankreich und der Tschechoslovakei, schließlich eine allgemeine Annäherung an die westlichen Demokratien. Seit Mitte der 30er Jahre stellten sich in wachsendem Maße Schwierigkeiten ein, die Erfolge der expansionistischen Staaten brachten die Sicherheitspolitik L.s zum Scheitern. Auf dem XVII. und dem XVIII. ↑Parteikongreß wurde sein Wirken noch durch die Wahl ins ↑Zentralkomitee anerkannt. Seine Abberufung als Volkskommissar im Mai 1939 (Nachfolger ↑Molotov) machte das Abrücken der SU von der außenpolitischen Linie L.s deutlich und wurde als eine Vorentscheidung für die deutsch-sowjetische Annäherung (↑Hitler-Stalin-Pakt) verstanden. Auf der XVIII. ↑Parteikonferenz wurde L. nicht mehr ins ZK gewählt. Zu Beginn des ↑Zweiten Weltkrieges als stellvertretender Volkskommissar wieder in Dienst genommen (bis 1946), wirkte L. 1941/43 als Botschafter in den USA (und als Gesandter in Kuba). L.s Außenpolitik hat u. a. die Einbeziehung der SU in die internationale Politik weit vorangebracht, gleichzeitig dem Land in der Phase der ↑Kollektivierung und ↑Industrialisierung unter ↑Stalin eine wichtige Abschirmung vermittelt.

Lit.: Litvinov, M. M., V bor'be za mir, M 1938; Roberts, H. L., Maxim Litvinov, in: The Diplomats, 1919–1939, Princeton, N. J., 1953; Šejnis, Z. S., „Venkov ne nado" (Žizn' i sud'ba Maksima Litvinova), in: Otkryvaja novye strannicy... Meždunarodnye voprosy: sobytija i ljudi, Moskau 1989, S. 183–192. *B.Sch.*

Litvinov-Protokoll nennt man nach seinem Initiator ↑Litvinov die Vereinbarung der Moskauer Konferenz vom 9.2. 1929, mit der die SU, Polen, Rumänien, ↑Estland und ↑Lettland (sowie nachträglich auch ↑Litauen, Persien und die Türkei) den ↑Briand-Kellogg-Pakt von 1928 über die Ächtung des Kriegs noch vor der Ratifizierung durch alle Unterzeichnerstaaten in Kraft setzten. Seine praktische Bedeutung verlor das L.-P. schon im August 1929, als der Antikriegspakt selbst völkerrechtlich wirksam wurde. Doch hatte die Initiative die Friedensbereitschaft der SU und ihre Unterstützung für ein System der kollektiven Sicherheit außenpolitisch wirksam demonstriert: Sie bildete einen ersten Schritt in der von ↑Stalin und Litvinov seit 1927 (parallel zur s.en Strategie in der ↑Komintern) verfolgten Koexistenzpolitik und ebnete den Weg zu der Sicherheitspolitik, die mit dem System der ↑Nichtangriffspakte und mit dem Beitritt zum ↑Völkerbund begründet wurde.

Lit.: Chaizmann, W. M., Die UdSSR und die Abrüstung zwischen den beiden Weltkriegen, Berlin 1963.   *M.G.M.*

Londoner Außenministerkonferenz (11. 9.–2. 10. 1945). Auf der L. A. tagte erstmals der Alliierte Rat der Außenminister, der nach Beschluß der Konferenz von ↑Potsdam die umstritten gebliebenen Bedingungen einer internationalen Friedensordnung aushandeln sollte. Beteiligt waren neben den Hauptalliierten des ↑Zweiten Weltkriegs auch Frankreich und China. Der seit Frühjahr 1945 dominante s.-amerikanische Gegensatz in der Frage des s.en Einflusses in Osteuropa ließ sich indessen auch durch die L. A. nicht überwinden. Während ↑Molotovs Vorschläge darauf zielten, die im Sinne der s.en Sicherheitskonzepte betriebene politische Umgestaltung in den von der ↑Roten Armee besetzten Ländern zu bestätigen, beharrten die USA auf dem Prinzip des einheitlichen „Weltsystems", das die Errichtung geschlossener Einflußsphären ausschloß. So zeichnete sich mit dem Scheitern der L. A. der endgültige Zerfall der Anti-Hitler-Koalition ab. Zwar willigte US-Außenminister Byrnes auf der nachfolgenden Moskauer Außenministerkonferenz (16.–26. 12. 1945) in einen Kompromiß über Osteuropa ein, doch legte Präsident Truman die USA in der Folge auf eine konträre Politik der „Eindämmung" fest, die zur Konfrontation mit der SU im ↑Kalten Krieg überleitete.

Lit.: Gaddis, J. L., The United States and the Origins of the Cold War, 1941–1947, New York ²1976; Yergin, D., Der zerbrochene Frieden. Die Ursprünge des Kalten Kriegs und die Teilung Europas, Frankfurt a. M. 1979.   *M.G.M.*

Luftwaffe ↑Streitkräfte

Lunačarskij, Anatolij Vasil'evič (1875–1933), hat als ↑Volkskommissar für Volksbildung eine bedeutende Rolle in der s.en kulturellen Arbeit im ersten Jahrzehnt des Bestehens der SU gespielt (↑Kulturrevolution). Er stammte aus einer Beamtenfamilie. Mit 20 Jahren trat er in Verbindung zu sozialdemokratischen Kreisen. Während seines breit angelegten Studiums in Zürich hatte er zeitweilig Berührung zur „Gruppe der Befreiung der Arbeit" (↑LGR). Nach seiner Rückkehr nach R. 1897 war er wegen seiner revolutionären Aktivitäten polizeilicher Verfolgung ausgesetzt und wurde mehrfach in Verbannung (↑LGR) geschickt. 1904 emigrierte L. nach Genf. Frühe Berührungen mit ↑Lenin und die Zugehörigkeit zur Gruppe der ↑Bolschewisten schwächten sich seit 1907 ab, als L. sich den Befürwortern eines Boykotts der Staatsduma (↑LGR) anschloß und, auf der Suche nach einer Synthese von marxistischen und modernen philosophischen Strömungen (Avenarius, Mach), sich A. A. Bogdanov (1873–1929) und dessen „Gottbildnerei" anschloß. Konträr zu Lenins Weg waren auch die Mitwirkung L.s in den Parteischulen von Capri und Bologna sowie die Zugehörigkeit zur neuen Vpered-Gruppe. Distanz blieb auch nach der Annäherung auf der Grundlage übereinstimmender linker internationalistischer Positionen im Ersten Weltkrieg (↑LGR). L. gehörte zu den Mežrajoncy, die seit 1913 die verschiedenen sozialdemokratischen Gruppierungen zu vereinigen suchten, und wurde nach

der Rückkehr nach R. im Mai 1917 auf dem VI. ↑Parteikongreß mit dieser
Gruppe in die bolschewistische ↑Partei aufgenommen. Im ersten ↑Rat der Volkskommissare übernahm L. das Ressort der Volksbildung (bis 1928) und leistete
hier Pionierarbeit. Im Mittelpunkt seiner Bemühungen standen die ↑Schulen.
Zur Propagierung der Räterepublik trug L.s Volkskommissariat im ↑Bürgerkrieg
vielfältig bei. Die Ausgestaltung der Kulturrevolution förderte L. mit bedeutenden theoretischen Beiträgen, mußte aber bei den praktischen Programmen angesichts deutlicher Kritik Lenins immer wieder zurückstecken, etwa bei der Be-
handlung des ↑Proletkultes, dem L. großen Spielraum einräumen wollte, während Lenin seine Unterordnung unter das Volkskommissariat verlangte und auch
durchsetzte. L. beschäftigte sich intensiv mit den Fragen der Vermittlung zwischen bürgerlicher und proletarischer Kultur (↑RAPP). Er war Experimenten
aller Art aufgeschlossen und rückte den Gedanken der Toleranz in den Vordergrund, mußte aber gegenüber den zunehmenden administrativen Eingriffen beim
Machtaufstieg ↑Stalins mehr und mehr nachgeben. Seine Weltoffenheit und die
Aufgeschlossenheit für kulturelle Experimente verschafften L. auch im Ausland
Ansehen und erleichterten die Wiederherstellung der internationalen Kulturbe-
ziehungen. Gleichwohl konnte L. den Abzug bedeutender Schriftsteller und
Künstler ins Ausland nicht verhindern. Die Gewinnung eines Teils der alten und
die Vorbereitung einer neuen s.en ↑Intelligencija waren sein Werk (Mitwirkung
bei der Gründung der ↑Kommunistischen Akademie, 1918–1936). Die von L.
mitvorbereitete Resolution des ↑Zentralkomitees vom 18.7. 1925 sicherte noch
einmal Spielräume für Experimente. 1929 war es wie in der Schulpolitik und in
der Frage der Erwachsenenbildung (↑Analphabetismus) auch bei der Gestaltung
des kulturellen Lebens mit L.s Einfluß vorbei. An die Spitze der Partei war L.
nie vorgestoßen, über den Status des Delegierten auf Parteitagen nie hinausge-
kommen. Ihm verblieb 1929 der Vorsitz im Wissenschaftskomitee beim ↑Zentra-
len Exekutivkomitee der SU. Schon seit 1927 war er als Stellvertreter ↑Litvinovs
zu Abrüstungskonferenzen delegiert worden. 1933 wurde L. zum Botschafter
bei der Spanischen Republik bestellt, starb aber auf dem Weg dorthin in Paris.

Lit.: Lunačarskij, A. V., Sobranie sočinenij v 8 tt, M 1963 ff.; Byčkova, N. V., u. Lebedev,
A. A., Pervyj narkom prosveščenija, M 1960; Fitzpatrick, S., The Commissariat of En-
lightenment. Soviet Organization of Education and the Arts under Lunacharsky, October
1917–1921, Cambridge 1970; Mandel'štam, R. S., Knigi A. V. Lunačarskogo. Bibliografi-
českij ukazatel', M/L 1926.   *B.Sch.*

Lysenko, Trofim Denisovič (1898–1976), war Ukrainer bäuerlicher Herkunft. Er
qualifizierte sich als Agronom und beschäftigte sich nach dem Abschluß seiner
Ausbildung am Landwirtschaftlichen Institut ↑Kiev in Versuchsanstalten mit
Selektionsfragen. 1928 trat L. erstmals mit Thesen zur Ertragssteigerung von
Getreide auf. Er schloß dabei an die Arbeiten ↑Mičurins an und behauptete, daß
Veränderungen der Erbsubstanz von Pflanzen durch äußere Einflüsse, z. B. ex-
treme Temperaturen oder Aufpfropfen, herbeigeführt werden können und daß
diese Ergebnisse dem Marxismus entsprechen („Menschen neuen Typs"). Seine
Behauptungen kamen gerade recht zum landwirtschaftlichen Umbruch in der
↑Kollektivierung. Es gelang ihm, seine wissenschaftlichen Kritiker als „Schäd-
linge" darzustellen und ↑Stalin persönlich von seinen Qualitäten zu überzeugen.
Damit war sein weiterer Aufstieg gesichert. 1935 wurde er in die ↑V.I.-Lenin-

Gesamtunionsakademie der Landwirtschaftswissenschaften berufen. L. verstand es geschickt, marxistische Begrifflichkeit mit seinen biologischen Auffassungen zu verbinden, die sich als besonders praxisorientiert und für die Entwicklung der Produktivität der s.en ↑Landwirtschaft als unmittelbar nützlich empfahlen. L. gelang es, den weltberühmten Genetiker N. I. Vavilov (1887–1943) durch politische Eingriffe stürzen und vernichten zu lassen; dessen Platz als Präsident der Landwirtschaftsakademie übernahm er selbst. Zahlreiche ↑Stalin-Preise, Lenin-Orden und der Titel eines Helden der Sowjetunion (1945) dokumentierten die hohe politische Wertschätzung für seine biologischen Lehren. Die Erfolge in der Praxis blieben allerdings aus. Als seine Stellung schon ins Wanken geriet, vermochte L. 1948 die Unterstützung ↑Ždanovs für sich zu mobilisieren. Seine Theorien wurden für die S.-Biologie verbindlich gemacht. Geschickt nutzte er dabei die antiwestlichen Tendenzen (↑Ždanov-Ära) gegen seine Kritiker, die er als reaktionäre idealistische Theoretiker bloßstellte. Auch ↑Chruščev setzte in der Landwirtschaftspolitik auf „wissenschaftliche Wunder", wie sie L. und seine Anhänger in Aussicht stellten. Somit war L. trotz der ↑Entstalinisierung weiterhin unentbehrlich. Die Ablösung L.s als Präsident der Landwirtschaftsakademie (1956) wurde 1961 rückgängig gemacht (bis 1964). Auch danach bestimmten seine Anhänger die s.en biologischen Forschungen. Erst zum Schluß war die Einsicht in der SU allgemein, daß L. der s.en Genetik und Biologie großen Schaden zufügte.

Lit.: Huxley, J. S., Soviet Genetics and World Science, Lysenko and the Meaning of Heredity, London 1949; Medvedev, Zh., Der Fall Lysenko, Hamburg 1971; Baranowa, L., Das „Phänomen" Lysenko, in: Sputnik, Mai 1989, S. 122–126.   *B.Sch.*

Machaevismus ist die Bezeichnung für die Revolutions- und Klassentheorie des polnischen Anarchisten J. W. Machajski (1866–1926), in der die ↑Intelligenz als eine parasitäre ↑Klasse behandelt wird, welche die sozialistische Revolution dazu benutzt, um an die Macht zu gelangen. Der M. hat als eine verhältnismäßig weitverbreitete politische Strömung während der ↑Oktober-Revolution die ohnehin schon feindselige Einstellung der Massen gegenüber den gebildeten Schichten der r.en Gesellschaft womöglich verstärkt. Er greift die These M. A. Bakunins (1818–1876) auf, daß die Verwirklichung der Marxschen Ideen nicht zur Befreiung des Volkes, sondern zu seiner Beherrschung durch die Intelligenz führen werde. Die Intelligenz eigne sich im Produktions- und Distributionsprozeß aufgrund des von ihr monopolisierten Fachwissens einen Teil des Mehrwerts an und beteilige sich damit an der Ausbeutung der Arbeiterklasse. In der sozialistischen Revolution werde sie ihre Machtstellung als kollektive Eigentümerin der geistigen Produktionsmittel dazu benutzen, die Kontrolle über den Staat an sich zu reißen und die ↑Arbeiter aller Mitwirkungsmöglichkeiten zu berauben. Ihr Aufstieg zur herrschenden Klasse kann nach Machajski nur dadurch verhindert werden, daß man während der Revolution nicht nur die materiellen, sondern auch die geistigen Produktionsmittel vergesellschaftet. Von der s.en Parteiführung ist der M. nach der Oktober-Revolution nur halbherzig bekämpft und erst Anfang der 30er Jahre wegen seiner negativen sozialpsychologischen Auswirkungen auf das Prestige der neuen s.en Intelligenz energisch unterdrückt worden.

Lit.: Vol'ski, A. (J. W. Machajski), Umstvennyj rabočij, Genua 1905; Utechin, S. V., Bolsheviks and their Allies after 1917, in: Sov. Stud. 2 (1958); Gouldner, A. W., Prologue to a Theory of Revolutionary Intellectuals, in: Telos 26 (1975/76).   *R.A.*

Machno, Nestor Ivanovič (1889–1934), wurde in Guljajpole im Gouvernement (↑LGR) ↑Ekaterinoslav in einer Bauernfamilie geboren. Er wuchs unter ärmlichsten Verhältnissen auf und mußte sich als Hirte und als Landarbeiter verdingen. Mit 16 Jahren, während der Revolution von 1905 (↑LGR), schloß sich M. einer Anarchistengruppe (↑Anarchismus [LGR]) an. Im Anschluß an einen Überfall gefaßt, wurde M. zu zwanzigjähriger Gefängnishaft verurteilt. Während der Haftzeit (in Hand- und Fußfesseln) machte er sich mit der Ideenwelt des Anarchismus vertraut. Durch die Februar-Revolution (↑LGR) befreit, kehrte M. in seine Heimat zurück. Hier wurden ihm sofort Aufgaben in der Dorfverwaltung übertragen, u. a. als Haupt des ↑Sowjets der Bauerndeputierten. M. setzte sich für radikale Veränderungen ein, ging gegen die Gutsbesitzer und Großbauern mit Schärfe vor und hatte bis zum Oktober 1917 die Landumverteilung abgeschlossen sowie die Gründung landwirtschaftlicher Kommunen eingeleitet. Einsprüche der Regierungen in ↑Petrograd oder ↑Kiev (Zentrale ↑Rada) wurden nicht beachtet. Der Aktionsradius M.s erweiterte sich nach dem Einmarsch der deutschen Truppen in die ↑Ukraine im April 1918. Ein Gespräch mit ↑Lenin stellte ihn nicht zufrieden und führte zu keinem Einvernehmen. Indessen kämpfte M. seit Anfang 1919 in Absprache mit der ↑Roten Armee gegen ↑Petljura und die „weißen" Truppen unter ↑Denikin (↑Bürgerkrieg). Die Kooperation zerbrach im Frühjahr 1919, die Gegensätze ließen sich auch später nur kurzfristig überwinden. M. trat in einen Doppelkrieg gegen die Rote Armee und Denikin (↑Machno-Bewegung). Er wurde von der s.en Historiographie lange als „Anführer der kleinbürgerlichen Konterrevolution in der Ukraine" denunziert, wurde aber zuletzt mit mehr Sensibilität für die bäuerliche Vorstellungswelt bald als orthodoxer Anarchist, mit dem Schwerpunkt auf „Volksmacht", bald als Diktator gedeutet. M. war nach allen Mißerfolgen im Juni 1921 genötigt, sich nach Rumänien abzusetzen, und lebte bis zu seinem Tode im Exil in Paris.

Lit.: Müller, E., Autonome Bewegungen des Volkskrieges in Sowjetrußland nach der Revolution von 1917, in: Schulz, G. (Hrsg.), Partisanen und Volkskrieg, Göttingen 1985; Golovanov, V., „Little father" of the Ukraine, in: Pravda International, Bd. 3 Nr. 5, S. 36–38, Nr. 6, S. 28–30; Savčenko, V. A., Izmena „bat'ki" Machno i „železnaja metla" Trockogo, L. D. (Pričiny i sledstvija machnovskogo mjateža 1919 g.), in: Istorija SSSR. 1990 Nr. 2, S. 75–90; Volkovinskij, V. N., Nestor Ivanovič Machno, in: Vopr. Ist. 1991, Nr. 9–10, S. 38–58.   *B.Sch.*

Machno-Bewegung (r. machnovščina) hieß eine bäuerlich-anarchistische Aufstands- und Revolutionsbewegung, die Ende 1917 in kleinen Gruppen zunächst im Gouvernement (↑LGR) ↑Ekaterinoslav entstand und schnell die ländliche Bevölkerung der benachbarten Gebiete – zwischen Don und dem Unterlauf des Dnestr – erfaßte. Seit Oktober 1918 stand der von den Lehren Bakunins und Kropotkins beeinflußte Nestor I. ↑Machno an der Spitze dieser Bewegung, unter deren schwarzen Fahnen sich teilweise bis zu 20000 aktive Kämpfer zusammenfanden. In den Losungen ihres anarchistisch-sozialrevolutionären Programms forderten sie die Enteignung von Land und dessen direkte Vergabe an die landhungrige bäuerliche Bevölkerung. Außerdem sollte – basierend auf dem Räteprinzip (↑Sowjets) – eine Föderation freier lokaler Gemeinden jedem einzelnen eine weitgehende politische, vor allem auch kulturelle Autonomie und individuelle Entfaltungsmöglichkeiten garantieren. Hauptgegner der gut ausgerüsteten und von Machno geschickt geführten Bauernanarchisten waren daher die Armeen der ↑„weißen" Generale, grundsätzlich aber jeder, der sich der Verwirklichung ihrer spontanen, oft willkürlichen Aktionen entgegenstellte. Nach wechselhaften Kämpfen an praktisch allen Fronten des ↑Bürgerkriegs in der ↑Ukraine wurden ihre äußerst mobilen, inzwischen aber dezimierten Kampfgruppen im August 1921 endgültig von der ↑Roten Armee zerschlagen, nachdem sie ihre Rolle als deren wichtigste Verbündete im Kampf gegen die Konterrevolution in der Ukraine erfüllt hatten.

Lit.: Arschinow, P., Anarchisten im Freiheitskampf. Geschichte der Machno-Bewegung (1918–1921), Zürich 1971; Peters, V., Nestor Makhno: The Life of an Anarchist, Winnipeg 1970; Malet, M., Nestor Makhno in the Russian Civil War, London 1982; Dahlmann, D., Land und Freiheit. Machnovščina und Zapatismo als Beispiele agrarrevolutionärer Bewegungen, Stuttgart 1986.   *R.A.M.*

Magnitogorsk, Industriestadt am südlichen Ural im ↑Gebiet ↑Čeljabinsk, verdankt seine Entstehung dem schwerpunktmäßigen Ausbau der Schwer(↑)industrie im ersten ↑Fünfjahrplan (↑Industrialisierung). Die Basis bildeten die reichen Erzvorräte des Magnetberges (gora magnitnaja) und die über 2500 km per Bahn herantransportierte Kohle des Kuznecker Reviers („Kuzneck-Ural-Kombinat", ↑Kuzbass). M. entstand 1929–31, 1931–33 nahmen in rascher Folge das Erzbergwerk, die Kokerei, der Hochofen für die Rohstahl- und der Martinofen für die Blockstahlerzeugung die Produktion auf. In M. entwickelte sich das größte Eisenhüttenkombinat der SU. An der Errichtung der Stadt und der Industrieanlagen waren zahllose r.e und ausländische Arbeiter beteiligt, ihre Pionierarbeit wurde als Ausdruck der Mobilisierung und der Mobilisierbarkeit für den Aufbau des ↑Sozialismus unter ↑Stalin gefeiert. Auch die alten Zentren der Montanindustrie (↑Čeljabinsk, ↑Sverdlovsk) wurden in den industriellen Boom einbezogen. An der Steigerung der Produktion von Kriegsgerät im ↑Zweiten Weltkrieg hatte M. hohen Anteil. In der Nachkriegszeit wurde die Fixierung auf die Metallurgie durch die Ansiedlung von Maschinenbau und Chemiefabrikation (auf Kohlebasis) überwunden. Die Einwohnerzahl, die 1939 bereits bei 146 000 lag, erreichte 1959 311 000 und 1985 422 000.

Lit.: ↑Alma Ata.   *B.Sch.*

Majakovskij, Vladimir Vladimirovič (1893–1930), war der – auch politisch – herausragende Lyriker des ersten Jahrzehnts der SU. Noch während seiner Schulzeit nahm er im Verlauf der Revolution von 1905 (↑LGR) an Schülerdemonstrationen teil. 1908 trat er der RSDRP (↑Parteien [LGR]) bei. Nach mehreren Verhaftungen stellte M. seine Mitarbeit in der Partei ein und wandte sich ganz künstlerischer Tätigkeit zu. 1912 kam er in den Kreis der Futuristen und veröffentlichte seitdem zahlreiche Gedichte und Poeme. 1917 unterstützte M. die ↑Oktober-Revolution vorbehaltlos und engagierte sich mit zahlreichen literarischen Beiträgen bei der Verteidigung ↑Räte-R.s. Seit 1919 arbeitete er als

Zeichner und Dichter für die ↑ROSTA-Fenster. Schon 1919 zeichnete sich aber auch der Konflikt M.s mit der ↑Partei ab, als der Anspruch der Futuristen, sie verkörperten die einzige wirklich proletarische Kunst, zurückgewiesen wurde. Den Kurswechsel zur ↑Neuen Ökonomischen Politik begrüßte M., da er davon die Freisetzung und eine Erweiterung der künstlerischen Möglichkeiten erwartete, obwohl schon 1920 ↑Lenin und die Partei ihre Absage an den ↑Proletkult und andere nichtkonforme Kunstrichtungen deutlich gemacht hatten (↑Junge Garde). Tatsächlich konnte die Gruppe der Futuristen LEF (Linke Front der Kunst, 1922–29) mit der gleichnamigen Zeitschrift (1927/28: Neuer LEF) in der Öffentlichkeit wirken, und M. hatte darin einen gesicherten Spielraum. Seit Mitte der 20er Jahre schnitt die Partei die Freiräume der „Mitläufer" (so ↑Lunačarskij über die nichtparteigebundenen Schriftsteller 1920) jedoch mehr und mehr zurück; gegenüber der von ↑Stalin favorisierten ↑RAPP hatten die Futuristen seit 1927/28 keinen Stand mehr. 1929 trennte sich M. von den Futuristen um den LEF und gründete die Revolutionäre Front (REF). Die Konkurrenz der verschiedenen Schriftstellergruppierungen wurde unter dem Einfluß der Partei, die sich der RAPP bediente, für M. unerträglich. Er geriet immer mehr in Widerspruch zur s.en ↑Bürokratie, die er in seinen Stücken bloßstellte. Seine Popularität war beträchtlich, seine Freundschaft mit ↑Gor'kij (seit 1925) gewährte ihm weiteren Schonraum. 1930 sah M. sich genötigt, der RAPP beizutreten. Als sich seine Erwartungen, auf die Gestaltung der künstlerischen Möglichkeiten für sich und die experimentellen Schriftsteller Einfluß nehmen zu können, nicht erfüllten, beging er Selbstmord. M. wurde nicht zur „Unperson", doch konnten zahlreiche seiner aggressiven Stücke unter Stalin nicht gespielt werden. Erst während der ↑Entstalinisierung unter ↑Chruščev wurden diese wieder ins Repertoire aufgenommen, und seine gesammelten Werke durften 1955/56 erscheinen.

Lit.: Majakovskij, V. V., Polnoe sobranie sočinenij, 13 Bde., M 1955–61; Happert, H., Wladimir Majakowski in Selbstzeugnissen und Bilddokumenten, Reinbek 1965; Storch, W., Vladimir Majakovskij, Velber 1969; Ripellino, A. M., Majakowskij und das russische Theater der Avantgarde, Köln 1964. *B.Sch.*

Makarenko, Anton Semenovič (1888–1939), war einer der bekanntesten s.en Pädagogen und Schriftsteller. Er stammte aus Belopol'e und war der Sohn eines Arbeiters, der mit 30 Jahren erfolgreich lesen und schreiben lernte. Diese Erfahrung sowie die Konfrontation mit der Arbeitswelt, vor allem aber die Bekanntschaft mit M. ↑Gor'kij prägten M., der seine berufliche Laufbahn als Lehrer an einer zweiklassigen Schule der Eisenbahnwerkstätten von Kremenčug begann. Berühmt wurde die Gor'kij-Arbeitskolonie, die er 1920 bei Poltava für verwahrloste und obdachlose Kinder, die sog. „Bezprizornye" (↑„Hooliganismus"), einrichtete und bis 1928 leitete. Seine Erfahrungen verarbeitete M. in dem auch literarisch anspruchsvollen Buch „Ein pädagogisches Poem" (Der Weg ins Leben), Bd. 1–3, 1935–36. In seinem „Buch für Eltern" (1937) faßte M. seine pädagogischen Ansichten anschaulich zusammen. Aus theoretischen Überlegungen und praktischen Erfahrungen gewann er die Einsicht, daß Führung und paramilitärische Disziplin pädagogisch hochstehende, ethische Erscheinungen seien; in dem Ideal der „pädagogischen Meisterschaft" erblickte er die höchste Form einer geplanten Erziehung, die übrigens die Analogie zur industriellen

Produktion erkennen läßt; schließlich war er überzeugt von der erzieherischen Kraft des Kollektivs, dessen Rolle in der SU über den Bereich der Pädagogik hinaus eine wichtige Maxime darstellt. Kurz vor M.s Tod erschien 1939 sein letztes Buch „Flaggen auf den Türmen".

Lit.: Makarenko, A. S., Sočinenija v semi tomach, Moskva ²1957 f. (deutsch: Werke, Bd. 1–7, Berlin 1956–62); ders., Gesammelte Werke („Marburger Ausgabe"), hrsg. v. Froese, L. u. Hillig, G., Ravensburg 1976 ff.; Hillig, G./Rauch, I., A. S. Makarenko. Das deutsche Schrifttum bis 1962, Berlin 1963; Rüttenauer, I., A. S. Makarenko. Ein Erzieher und Schriftsteller in der Sowjetgesellschaft, Freiburg 1965; Makarenko-Materialien, hrsg. v. Hillig, G./Weitz, S., Marburg 1969; Hofmann, F., A. S. Makarenko, Köln 1980; Nezel, I., Pädagogik der natürlichen Erziehung. A. S. Makarenkos Konstruktion der erziehenden Umwelt, Weinheim/Basel 1983.   *K.M.*

Malenkov, Georgij Maksimilianovič (1902–1988), stand beim Tode ↑Stalins auf dem Höhepunkt seiner politischen Laufbahn. Die „Große Sowjetenzyklopädie" würdigte ihn um diese Zeit als „hervorragenden Funktionär", als „treuen Schüler ↑Lenins und Kampfgenossen Stalins". Tatsächlich hatte M. seine Qualitäten als verläßlicher Anhänger Stalins mehrfach unter Beweis gestellt und ebenso seine Fähigkeit, Chancen zur Ausschaltung von Konkurrenten zu nutzen, aber auch empfindliche Niederlagen rasch zu überwinden. Als ↑ „apparatčik" hatte er dazu beste Gelegenheiten. 1920 schloß M. sich den Kommunisten (↑KPdSU) an. Nach dem Abschluß des Studiums (Diplomingenieur) wechselte er 1925 als technischer Sekretär in den Apparat des ↑Zentralkomitees und damit in den Machtbereich Stalins. ↑Kaganovič, den M. ebenso wie ↑Ežov aus seiner Militärzeit in ↑Turkestan kannte, holte ihn 1930 in das Stadtparteikomitee ↑Moskau. Hier begegnete er seinem späteren Widersacher ↑Chruščev zum ersten Mal. 1934 kehrte er als Leiter der Abteilung für leitende Parteiorgane, d. h. für die Spitzenfunktionäre, in den ZK-Apparat zurück und hatte engste Beziehungen zu Ežov. An den ↑Säuberungen wirkte M. – mit außerordentlichen Vollmachten ausgestattet – persönlich mit, so in ↑Armenien und in ↑Weißrußland. Auch nach seiner Wahl ins ZK und seinem Aufstieg zu einem der Sekretäre des ZK (1939–53) blieb er für die ↑Kader-Arbeit zuständig. 1941 wurde M. Kandidat des ↑Politbüros. Der Übergang in die Staatsadministration erfolgte während des ↑Zweiten Weltkriegs mit der Aufnahme in das ↑Staatskomitee für Verteidigung. Zu seinen besonderen Aufgaben gehörte die Ankurbelung der Kriegs-(↑)industrie, darunter v. a. des Flugzeug- und Motorenbaus. Im August 1943 wurde ihm der Vorsitz im Komitee für die Wiederherstellung der Wirtschaft in den von der deutschen Okkupation befreiten Gebieten beim ↑Rat der Volkskommissare übertragen. Zusammen mit ↑Berija kam er 1946 ins Politbüro. Er behielt den Posten eines ZK-Sekretärs und wurde zudem zu einem der Stellvertreter Stalins ernannt. Wenig später jedoch erlebte M. einen schweren Einbruch in seiner Karriere. Im Zusammenhang mit einer Strafsache wegen angeblicher „Schädlingstätigkeit" in der s.en Luftfahrtindustrie wurde M. von seinen Aufgaben entbunden und nach ↑Taškent abgeschoben. Gestützt durch Berija, kehrte er aber sehr rasch in seine Ämter zurück, und zusammen mit diesem besorgte er wenig später in der ↑ „Leningrader Affäre" die Ausschaltung ↑Ždanovs und seiner Leningrader Anhänger. Seit 1949 häuften sich die Anzeichen dafür, daß Stalin M. die Rolle des Kronprinzen zudachte. Nach Stalins Tod übernahm er mit Hilfe Berijas die Position Stalins als Vorsitzender des Ministerrats. Sehr rasch setzte jedoch der Machtverfall ein. Noch im März 1953 verlor er seinen Platz im Sekretariat des ZK, behielt aber den Vorsitz im ZK. Die Ausschaltung Berijas beraubte ihn seiner wichtigsten Stütze im politischen Machtkampf. Sein Vorstoß für den „Neuen Kurs" im Sommer 1953 (Steuerreduzierung für die ↑Bauern, Schuldenerlaß für die ↑Kolchosen, Steigerung der Konsumgüterproduktion zu Lasten der Schwerindustrie) verschaffte ihm öffentliche Zustimmung. Chruščev gelang es aber, Fehler M.s auszunutzen und ihm im Februar 1955 den Vorsitz im Ministerrat zu nehmen. Die ↑kollektive Führung erfuhr so ihre erste Einschränkung. M. behielt allerdings noch die Position eines stellvertretenden Ministerratsvorsitzenden neben der neuen Aufgabe als Minister für Kraftwerke. Erst auf dem Juniplenum 1957 konnte Chruščev mit der ↑Anti-Partei-Gruppe auch M. aus dem ↑Präsidium des ZK und dem ZK verdrängen. Die ↑Entstalinisierung traf gerade M. wegen seiner engen Bindung an die ↑Geheimpolizei und der Mitverantwortung für die Säuberungen. M. wurde nach 1957 Direktor eines Kraftwerks in ↑Kazachstan. Mit Zustimmung ↑Brežnevs konnte er nach seiner Pensionierung nach Moskau zurückkehren. Die umfangreichen Rehabilitierungen in der SU unter ↑Gorbačev haben dazu beigetragen, das Bild M.s um neue negative Züge zu ergänzen.

Lit.: Medvedev, R., Nesostojavšijsja „naslednik" Stalina, in: ders., Oni okružali Stalina, M 1990, S. 275–312; Ebon, M., Malenkov, Stalin's Successor, New York 1953.   *B.Sch.*

Mari-ASSR ↑Russische Föderative Sozialistische Sowjetrepublik

Marine ↑Streitkräfte

Marr, Nikolaj Jakovlevič (1864–1934), Sprachwissenschaftler, Archäologe und Ethnograph, absolvierte eine Ausbildung an der Fakultät für orientalische Sprachen der Universität St. Petersburg (↑LGR) und hatte von 1900 bis zu seinem Tod selbst eine Professur in dieser Fakultät. Das Schwergewicht seiner Untersuchungen lag bei den kaukasischen Sprachen. Politisch wirksam wurden seine Forschungen über die „neue Lehre von der Sprache", d. h. zur Theorie und Geschichte der Sprache („Marrismus"). Als Leiter der Akademie für die Geschichte der materiellen Kultur, die 1919 aus der Petrograder Archäologischen Kommission gebildet worden war, konnte M. – seit 1930 auch als Mitglied der ↑Partei – seiner Konzeption, daß alle Sprachen in einem einheitlichen Prozeß aus gleichen Elementen hervorgegangen seien, der Stadialtheorie, in der s.en Wissenschaft weitreichenden Einfluß sichern. Sprachen waren demnach Bestandteil des gesellschaftlichen Überbaus (↑Marxismus-Leninismus) und insoweit „gemacht". Die Vorstellungen M.s waren in der SU akzeptiert, bis ↑Stalin in seinen Ausführungen „Der Marxismus und die Fragen der Sprachwissenschaft" (1950) die Thesen radikal zerpflückte (↑ „Linguistik-Briefe"). Dabei hob er darauf ab, daß Sprachen kein Überbauelement, sondern ein selbständiges, historische Perioden überdauerndes Element, ohne Rückbindung an einzelne ↑Klassen seien. Die Anhänger M.s verloren daraufhin ihre Positionen, neue, Stalin folgende Wissenschaftler konnten avancieren. In der Phase der ↑Entstalinisierung wurde versucht, die wissenschaftlichen Leistungen M.s gerecht zu bewerten. Überzogene Positionen, unzureichende Argumentationen wurden sachlich dargestellt.

Lit.: Ellis, J., u. Davies, R. W., The Crisis of Soviet Linguistics, in: Sov. Stud., vol. II, No. 3 (Jan. 1951); Abaev, V. I., N. Ja. Marr (1864–1934). K 25-letiju so dnja smerti, in: Voprosy jazykoznanija, 1960, 1.   *B. Sch.*

Marxismus-Leninismus war die Bezeichnung der Staatsdoktrin der SU und der sozialistischen Länder, die sich an das s.e Vorbild anlehnten. Der M.-L. gründete nach Auffassung seiner Vertreter auf den Erkenntnissen von K. Marx, F. Engels und ↑Lenin über das dialektische Wesen der Entwicklungsgesetze von Natur und Gesellschaft, über die Widersprüche der kapitalistischen Produktionsweise, die Erscheinungsformen des Klassenkampfes, die historische Mission der Arbeiterklasse, die Theorie und Taktik der proletarischen Revolution und die Methoden und Ziele des sozialistischen und kommunistischen Aufbaus. In Wirklichkeit umfaßte der M.-L. auch die Beiträge ↑Stalins (mit einigen Korrekturen und Modifikationen, ↑Stalinismus) sowie die seiner Nachfolger im Amt des ↑Generalsekretärs der ↑KPdSU zur marxistisch-leninistischen Ideologie. Diese aus mehreren historischen Epochen stammenden Analysen, Postulate und Werturteile wurden aus s.er Sicht als ein einheitliches System dargestellt, das dem planmäßigen Aufbau des ↑Sozialismus unter der Führung der ↑Kommunistischen Partei zugrunde lag, die praktische und theoretische Tätigkeit der kommunistischen Parteien lenkte, dem internationalen Klassenkampf des Proletariats die Ziele setzte und damit allen fortschrittlichen Kräften als Anleitung zur revolutionären Veränderung der Welt diente.

Der Begriff selbst ist erst Mitte der 20er Jahre in die s.e Terminologie aufgenommen worden. Ursprünglich bezeichnete man die von Lenin geschaffene Version des Marxismus als „Bolschewismus" (↑Leninismus), um sie terminologisch von den politischen Theorien der r.en und westeuropäischen Sozialdemokratien abzugrenzen. Das Bedürfnis nach einer genaueren und umfassenderen Bezeichnung für die ideologischen Grundlagen des s.en Staates entstand erst im Zusammenhang mit der Unterscheidung zwischen „Marxismus" und „Leninismus". Als Stalin den Leninismus 1924 in den Rang des „Marxismus der Epoche des Imperialismus und der proletarischen Revolution" erhob, wurde das Werk Lenins als eine selbständige „Weiterentwicklung" des Marxismus mit einem eigenen Erkenntnisertrag charakterisiert. Die Unterscheidung zwischen zwei Bestandteilen der marxistisch-leninistischen Weltanschauung machte es erforderlich, einen Begriff zu finden, der sowohl die Differenz als auch die Einheit ihrer Elemente zum Ausdruck brachte. Diese Aufgabe übernahm die Neologie „M.-L.", die V. V. Adoratskij (1878–1945) 1926 mit der Schrift „Was ist der Marxismus-Leninismus?" (Čto takoe marksizm-leninizm?) einführte und theoretisch begründete. In den folgenden Jahren bürgerte sie sich als der offizielle Name der s.en Staatsdoktrin ein.

Der M.-L. erhebt den Anspruch, eine universelle Wissenschaft zu sein, die das Wirken der historischen und sozialen Gesetze erklärt und damit die Entwicklung der Gesellschaft vorhersehbar und beherrschbar macht. Als „Gesetze", welche die soziale Entwicklung unserer Zeit bestimmen, gelten die Ablösung des Kapitalismus durch den Sozialismus im Prozeß der proletarischen Revolution, die friedlich konkurrierende Koexistenz von Staaten mit unterschiedlichen Gesellschaftsordnungen, das „Gesetz von der wachsenden Rolle der Volksmassen in der Geschichte" und die „gesetzmäßig wachsende Verschärfung des Klassenkampfes im internationalen Maßstab". Nach Auffassung des M.-L. haben diese „Gesetzmäßigkeiten" in der Geschichte einen allgemeinen Charakter angenommen. Ihr Wirken werde sich im Ergebnis der zukünftigen sozialistischen Revolution auf alle Völker der Welt ausdehnen. In dieser Betrachtung erscheint die gesamte neuere Geschichte als Bestätigung der Vorhersagen von Marx, Engels und Lenin über den unaufhaltsamen Siegeszug des Sozialismus. Alle Aufstände, Revolutionen, Unabhängigkeits- und Befreiungsbewegungen, die im 20. Jh. zur Entstehung kommunistischer Staaten oder zur Erweiterung der s.en Macht- und Einflußsphäre beigetragen haben, werden auf diese Weise in den Rang von „gesetzmäßigen" Erscheinungen erhoben, die auf die globale Ausdehnung des Sozialismus hinauslaufen. Der M.-L. ist weder mit dem Marxismus noch mit dem Leninismus identisch. Er umfaßt vielmehr sehr verschiedene Theorien, die im Verlauf der s.en Geschichte in seinen Bestand aufgenommen worden sind. Dabei sind seine Inhalte immer wieder neuen Problemstellungen angepaßt worden, welche die Differenzierung seiner Struktur bestimmt und die Revision einzelner Dogmen erzwungen haben. In den 20er Jahren waren die Bestandteile des M.-L. nur sehr locker miteinander verbunden. In den 40er und 50er Jahren sind sie zu einer mehr oder weniger einheitlichen Lehre zusammengefaßt worden, in der nach inhaltlichen Kriterien zwischen dem dialektischen und historischen Materialismus, der Politischen Ökonomie des Kapitalismus und der sogenannten Theorie und Taktik der internationalen kommunistischen Bewegung unterschieden wurde. Als der zunehmende Umfang der politischen Theorien, der aus den Analysen des sozialistischen und kommunistischen Aufbaus sowie der s.en Außenpolitik erwuchs, die Struktur des M.-L. zu sprengen drohte, schuf man Anfang der 60er Jahre kurzerhand den „Wissenschaftlichen Kommunismus" als einen neuen Bestandteil des M.-L., in dem die Theorie der Politik zusammengefaßt wurde. Die zuletzt geltende Gliederung unterschied daher folgende Elemente im M.-L.: Die Philosophie des dialektischen und historischen Materialismus, die Politische Ökonomie des Kapitalismus und Sozialismus und den Wissenschaftlichen Kommunismus. Parallel zur Differenzierung der Struktur des M.-L. verlief die Revision seiner Dogmen: Mit der Theorie des „Entwickelten Sozialismus", die in den 70er Jahren entstand, wurde z. B. die gesamte bisherige Perspektive des kommunistischen Aufbaus revidiert. Nach der neuen Periodisierung der s.en Geschichte stand die s.e Gesellschaft nicht mehr an der Schwelle des ↑Kommunismus, sondern erst am Anfang der „Vervollkommnung des entwickelten Sozialismus".

Lit.: Kuusinen, O. V., Osnovy marksizma-leninizma, M 1962; Konstantinow, F. W. (Hrsg.), Grundlagen der marxistisch-leninistischen Philosophie, Berlin 1974; Fedossejew, P. N. (Hrsg.), Wissenschaftlicher Kommunismus, Berlin 1973; Wetter, G., Der dialektische Materialismus, Wien ⁴1958.   *R.A.*

Marxismus-Leninismus-Institut ↑Institut für Marxismus-Leninismus

Maschinen-Traktoren-Stationen (MTS) entstanden seit 1928 auf genossenschaftlicher Grundlage. Sie sollten zu einer rascheren Ausstattung der ↑Landwirtschaft mit schwerem Arbeitsgerät beitragen. 1930 wurden die MTS zu staatlichen Einrichtungen gemacht und – parallel zur durchgängigen ↑Kollektivierung – im gesamten Gebiet der SU gegründet. Ihre Aufgabe war die Führung und Kontrolle der ↑Kolchozen, in denen die ↑Partei nur schwach vertreten war. Außerdem hatten sie den ↑Genossenschaften landwirtschaftliche Maschinen und Traktoren auf Vertragsbasis zur Verfügung zu stellen. Die Einsätze waren durch hohe Naturalabgaben zu vergüten. Angesichts des geringen Umfangs an verfügbaren Maschinen konnten die propagandistisch gesteigerten Erwartungen an die Mechanisierung nur in bescheidenem Maße erfüllt werden. Die raschen Zuwachsraten in der Ausstattung der MTS mit Traktoren – 66 000 1930, 531 000 1940 – entsprachen keineswegs dem Bedarf von 242 500 Kolchozen mit 116 Mio. ha Anbaufläche (1937). 1940 gab es 7069 MTS. Sie spielten im staatlichen Versorgungssystem eine zentrale Rolle, denn über die MTS wurde der größte Teil der landwirtschaftlichen Erzeugnisse eingezogen. Der ↑Zweite Weltkrieg warf die MTS durch Zerstörungen und durch die Umorientierung der ↑Industrie auf die massive Produktion von Panzern statt Traktoren weit zurück. Nach dem Kriege brauchte es Jahre zur Überwindung der Schäden. Die Zahl der MTS stieg auf 8985 (1953) und lag 1957 nach Zusammenlegungen und strukturellen Veränderungen bei 7903. Die Ausstattung mit Traktoren hatte sich gegenüber 1940 lediglich verdoppelt (1 044 000), die Produktivität aber nach amtlichen Angaben deutlich erhöht. Im Zusammenhang mit der Agrarreform ↑Chruščevs wurde 1958 der Verkauf der MTS beschlossen. Auch der größte Teil der Mitarbeiter wechselte in die Kolchozen. Zur Begründung verwies Chruščev auf die Festigung der Kolchozen und die negativen Folgen der Teilung der Zuständigkeiten für die Landwirtschaftsentwicklung. Bereits Mitte 1959 hatten 94 % der Kolchozen Maschinen erworben. Für 32 Mrd. Rubel (darunter 18 Mrd. Rubel für MTS-Bestände) waren Landmaschinen gekauft worden. Mit der Auflösung wurden auch für die Ablieferungen und die Parteistruktur auf dem Lande neue Regelungen getroffen. Die als Nachfolgeeinrichtungen geschaffenen Reparaturtechnischen Stationen (RTS) konnten weder wie vorgesehen ausreichend Maschinen noch Ersatzteile beschaffen. 1961 trat an ihre Stelle die Allunionsvereinigung des ↑Ministerrats Sojuzsel'choztechnika, welche die Ausstattung der Landwirtschaft mit technischem Gerät übernahm.

Lit.: Osteuropa-Handbuch. Sowjetunion. Das Wirtschaftssystem, Köln 1965.   *B.Sch.*

Mechanizismus ↑Bucharin

Medaillen ↑Orden

Medizin ↑Gesundheitswesen

Memelgebiet ↑Litauen, ↑Kaliningrad

Menschenrechte ↑Bürgerrechte

Menschewismus, Menschewisten ↑Parteien

Mescheten ↑Uzbekistan

Meyerhold (Mejerchol'd), Vsevolod Èmil'evič (eigentl. Karl Theodor Kasimir) (1874–1940), stellte seine Erfahrungen und Konzepte einer neuen Theaterkunst, die er seit Beginn des Jahrhunderts an wechselnden Plätzen und in Auseinandersetzung mit dem bürgerlichen naturalistischen Theater (↑Stanislavskij) entwickelt hatte, nach der ↑Oktober-Revolution in den Dienst der revolutionären Veränderungen. Er wirkte für einen „Theater-Oktober", für ein wirksames, politisch agitierendes Theater. Markant war u. a. die Hervorhebung der Rolle des Regisseurs, der Theaterstücke zielbewußt in ein politisches Programm einfügt. 1918 trat M. der ↑Kommunistischen Partei bei. Als Leiter der Sektion Theater im ↑Volkskommissariat für Bildung (↑Lunačarskij) konnte er auf die Politik der ↑Räte-Regierung in diesem Bereich Einfluß nehmen (↑Kulturrevolution), als künstlerischer Leiter des Moskauer Revolutionstheaters, 1923/26 bis 1938 „Staatliches M.-Theater", seine Vorstellungen vom politischen Theater unmittelbar verwirklichen und experimentieren. ↑Majakovskij war sein bevorzugter Autor. Die Regie M.s zielte v. a. auf Massenwirksamkeit und war deshalb trotz der Vorbehalte gegenüber den deutlichen Einflüssen der zeitgenössischen bürgerlichen Vorbilder den in der Partei maßgeblichen Kunstrichtern genehm. M. prägte in besonderer Weise auch den s.en Film und die inhaltlichen und technischen Konzepte des produktivsten Regisseurs, S. M. ↑Eisensteins. Bestimmte stilistische Elemente waren daher dem s.en Revolutionsfilm und -theater gemeinsam. Die großen Inszenierungen M.s waren auch im westlichen Ausland zu sehen und beeinflußten westliche Regisseure und Schriftsteller. Mit dem Aufstieg ↑Stalins begann der Stern M.s zu sinken. Die Vorstellungen Stalins gingen eher auf konventionelle Inszenierungen im Sinne ↑Stanislavskijs; avantgardistische Ansprüche, wie M. sie vertrat, waren ihm fremd. 1932 griff sogar Lunačarskij M. an, immerhin nicht ohne Respekt vor M.s Leistungen. Auf M. und andere Künstler war aber der Vorwurf des Formalismus gemünzt, der wirklich künstlerische Produktionen ausschließe. Der am Ende der 20er und zu Beginn der 30er Jahre immer deutlicher werdenden künstlerischen Gängelung folgte 1938 die Schließung des M.-Theaters. Für kurze Zeit vermochte Stanislavskij M. noch zu Arbeiten heranzuziehen. 1940 wurde M. von Stalin für die Beseitigung ausgesondert und – wie es in späteren Jahren in der SU hieß – „grundlos Repressalien ausgesetzt", d. h. umgebracht. Seit der ↑Entstalinisierung unter ↑Chruščev wird M. in der SU wieder gewürdigt. Erst seit ↑Gorbačev schließt die „Rehabilitierung nach dem Tode" aber das gesamte künstlerische Programm und Schaffen M.s einschließlich der experimentellen Elemente ein.

Lit.: Bradshaw, M. (ed.), Soviet Theatres, 1917–41, New York 1954; Meyerhold, V., Theaterarbeit 1917–30, hrsg. von R. Tietze, München 1974; Jelagin, J., Kunst und Künstler im Sowjetstaat, Frankfurt a. M./Hamburg 1961 (engl. Taming the Arts, New York 1951); Rudnizki, K., Die Ausmerzung eines Theaters, in: Sputnik, Juni 1989, S. 82–91.

B.Sch.

MGB ↑Geheimpolizei

Michajlov, Nikolaj Aleksandrovič (1906–1982), schloß sich im Alter von 24 Jahren der ↑Kommunistischen Partei an und schlug eine Parteilaufbahn ein: Betriebsparteifunktionär in ↑Moskau (1932–37), Redakteur der Zeitschrift „Komsomol'skaja pravda" (1937/38), 1. Sekretär des Zentralkomitees des ↑Komsomol (1938–52) und Mitglied des ↑Zentralkomitees (seit 1939) und des ↑Orgbüros des ZK. Unter M.s Leitung entwickelte sich der Komsomol zur Jugendmassenorganisation. M. trug zum Ausbau der internationalen Kooperation und zur Vermittlung des s.en Vorbilds an die staatlichen Jugendorganisationen anderer Länder Osteuropas u. a. durch die Mitarbeit in der kommunistischen Weltjugendbewegung bei. 1952 erfolgte der Aufstieg M.s zu höheren Aufgaben: Er wurde Sekretär des ZK und 1. Sekretär des Parteikomitees Moskau. Bis zu ↑Stalins Tod gehörte er auch dem ↑Präsidium des ZK an. 1954/55 amtierte M. als s.er Botschafter in Polen. Anschließend übernahm er das ↑Ministerium für Kultur der SU und gestaltete die Politik der ↑Entstalinisierung in diesem Bereich mit. So wenig wie E. A. Furceva (1910–1974), die ihn 1960 im Amt ablöste, vermochte er aber den unsteten Kurs ↑Chruščevs in der Kulturpolitik in einem eindeutigen Sinne zu konturieren und auf die liberalen Erwartungen umfassend einzugehen. Zwischen 1960 und 1965 vertrat M. die SU in Indonesien, in einer Phase, in der die s.en Bemühungen um eine Verfestigung der Beziehungen zu den blockfreien Staaten einen Höhepunkt erreichten. Bis 1970 fungierte M. als Vorsitzender des Staatskomitees beim ↑Ministerrat für das Pressewesen. Er schied aus, als sich die konservativen Tendenzen der s.en Kulturpolitik unter ↑Brežnev vollends durchsetzten.

Lit.: ↑Andreev.   *B.Sch.*

Mičurin, Ivan Vladimirovič (1855–1935), tat sich als Obstzüchter hervor, der u. a. neue winterharte Sorten herauskreuzte. Aufgrund offenbarer Erfolge kam er zu weitgehenden Schlüssen hinsichtlich der Beeinflußbarkeit der pflanzlichen Erbeigenschaften durch gezielte Manipulation der Umweltfaktoren. Seine optimistischen genetischen Vorstellungen fielen bei ↑Stalin, der sich von ihnen beträchtliche Produktivitätszuwächse bei der s.en ↑Landwirtschaft nach der ↑Kollektivierung erhoffte, auf fruchtbaren Boden. Sie paßten außerdem ideal zu den der Stalinschen Politik eigenen optimistischen Erwartungen hinsichtlich der Umgestaltung des Menschen durch eine bloße Veränderung der äußeren Lebensbedingungen. Die Stadt Kozlov wurde 1932 nach M. in Mičurinsk umbenannt und beherbergte M.s Forschungsinstitute. Er starb dort. Nach dem Tode M.s wurden seine oft nur unzulänglich fundierten wissenschaftlichen Erkenntnisse durch ↑Lysenko zum System des Mičurinismus entwickelt und für die s.e Biologie sowie für die landwirtschaftliche Praxis verbindlich gemacht.

Lit.: Mitschurin, I. W., Ausgewählte Schriften, Berlin ²1951; Schmidt, M., Mitschurin. Leben und Werk, Berlin ²1949; Sankewitsch, E., Die Arbeitsmethoden der Mitschurinschen Pflanzenzüchtung, Stuttgart 1950.   *B.Sch.*

Mikojan, Anastas Ivanovič (1895–1978), ein Armenier, schloß sich nach der Absolvierung einer Ausbildung am geistlichen Seminar in Ečmiadzin den ↑Bolschewisten an (1915). Nach der Februar-Revolution (↑LGR) hielt sich M. in dem Geflecht der sich vielfach schneidenden oder überlagernden politischen und militärischen Aktionen von Parteien, Nationen und Großmächten im Kaukasusgebiet (↑Georgien, ↑Armenien, ↑Azerbajdžan, ↑Bürgerkrieg) an die Partei ↑Lenins. Er war einer der Organisatoren der s.en Herrschaft in Azerbajdžan. 1919 begegnete M. Lenin in ↑Moskau. Danach zeichnete sich die Betrauung mit

Aufgaben auch außerhalb des Kaukasus ab. Eine wichtige Rolle spielte dabei die Verbindung M.s zu ↑Ordžonikidze. Nach der Funktion als Gouvernementsparteisekretär in ↑Nižnij Novgorod (1920–22) übernahm M. 1922 den Posten des Sekretärs des Südöstlichen Büros des ↑Zentralkomitees der ↑RKP(b) in ↑Rostov am Don, 1924 des Nordkaukasus-Gebietsparteikomitees. 1926 wechselte M. in die zentrale Verwaltung der Partei bzw. des Staates. Seit 1923 Mitglied des ZK, wurde er jetzt Kandidat des ↑Politbüros und als Nachfolger ↑Kamenevs ↑Volkskommissar für ↑Außen- und Binnenhandel. Als Mann ↑Stalins blieb M. seitdem Regierungsmitglied (1930–34 Volkskommissar für Versorgung, 1934–38 für Nahrungsmittelindustrie, 1938–49 Volkskommissar bzw. Minister für Außenhandel, 1953–55 für Handel). Dem Fachmann wurden weitere erstrangige Aufgaben zugetraut und übertragen: 1939 Mitglied des Politbüros (bis 1966), 1937 Stellvertreter des Vorsitzenden des ↑Rates der Volkskommissare (bis 1955, dann 1. Stellvertreter des Vorsitzenden des ↑Ministerrats bis 1964), im ↑Zweiten Weltkrieg Vorsitzender des Komitees für Lebensmittel- und Sachversorgung der ↑Roten Armee, Mitglied des Staatskomitees für Verteidigung (1942–45) mit Zuständigkeit für die gesamte Versorgung der Armee, 1943–46 Mitglied des Komitees für die Wiederherstellung der Wirtschaft in den Westgebieten (↑Malenkov). In Verbindung damit stand auch M.s Beteiligung an der Besatzungs- und Reparationspolitik (1945 Aufenthalt in der Sowjetischen Besatzungszone Deutschlands), in der er im Gegensatz zu Malenkov maßvolle Vorstellungen vertrat. In den letzten Lebensjahren Stalins war die Stellung M.s gefährdet. Das erleichterte ihm den Übergang zu ↑Chruščev, den er gegen Malenkov unterstützte. Er erwies sich als unentbehrlicher Helfer in den Angelegenheiten der Staatsadministration. Als Spezialist für den Außenhandel trat er mehrfach auch in internationalen Verhandlungen auf. 1964 wurde M. Nachfolger ↑Brežnevs als ↑Vorsitzender des ↑Präsidiums des Obersten Sowjets und übernahm damit eine Position in der Machtkonstellation, die die Ablösung Chruščevs herbeiführte. Als er selbst 1965 das Amt des Staatsoberhaupts aufgeben mußte, verblieb ihm (bis 1974) die Zugehörigkeit zum Präsidium des Obersten Sowjets. Aus dem Präsidium des ZK allerdings schied er 1966 aus. Er hatte ohne Unterbrechung die Gründungs- und Ausbauphasen der SU mitgetragen und die Bürokratisierung sowie Erstarrung miterlebt und -geprägt. Das Selbstwertgefühl der s.en politischen Klasse verkörperte er wie kein anderer. Stützen konnte er sich dabei auf die in langen Dienstjahren erworbene Kenntnis und Sachkompetenz in der Steuerung des s.en Staates.

Lit.: Medvedev, R., Ot Il'iča do Il'iča, in: ders., Oni okružali Stalina, M 1990, S. 167–220.

B.Sch.

Militär ↑Streitkräfte

Militärkommissare oder Kriegskommissare (voennye kommissary) waren Vertreter der ↑Kommunistischen Partei und der S.-Führung bei den Einheiten, Verbänden und Dienststellen der s.en ↑Streitkräfte. Das Vorbild lieferte die Einrichtung des „Obersten Militärrates" am 4.3. 1918, dessen Leitung sich ein Militärkommandeur (General) und zwei (politische) Kommissare teilten. Nach gleichem Muster wurden im April 1918 die Dienststellen der Roten Armee (einschließlich der gesamten Militärverwaltung) reorganisiert: In der Leitung stand jeweils ein Militärspezialist (meist ein ehemaliger Offizier) zwei M.n gegenüber. Solange die ↑Bolschewisten noch auf den Sachverstand der ehemaligen (zaristischen) Offiziere angewiesen waren, im ↑Bürgerkrieg zumal, sollten M., der Revolution ergebene Kommunisten, für die strikte Durchführung der Regierungspolitik in der Armee sorgen. In den 20er Jahren wurden die M. mit der Einführung der Einzelleitung abgeschafft, aber die politische Führung griff im Mai 1937 auf dem Höhepunkt der ↑Säuberungen in der Armeeführung erneut auf sie als Kontrollinstrument zurück. Zwar wurde im August 1940 die Maßnahme größtenteils zurückgenommen und die alte Befehlsstruktur (Einmannleitung) wieder hergestellt, doch schon im Jahr darauf, kurz nach Kriegsausbruch, führte man die M. bei allen Regimentern, Divisionen, Stäben und Dienststellen wieder ein. Zusammen mit dem Kommandeur trugen sie die volle Verantwortung für die „unerschütterliche Bereitschaft" der Truppe, „bis zum letzten Blutstropfen die Feinde unserer Heimat zu bekämpfen und jeden Fußbreit s.en Bodens ehrenvoll zu verteidigen". Im Oktober 1942 verfügte ein Erlaß des ↑Obersten Sowjet die Abschaffung der Institution der M., d.h., die M. wurden zu bloßen Stellvertretern der Kommandeure in politischen Fragen zurückgestuft (vgl. die Institution des ↑Politruk bei den unteren Einheiten).

Lit.: Gusev, S.I., Graždanskaja vojna i Krasnaja Armija, M 1958; Kommunističeskaja partija Sovetskogo Sojuza o Vooružennych Silach Sovetskogo Sojuza. Sbornik dokumentov, 1917–1958, M 1958; Petrov, Ju.P., Stroitel'stvo politorganov, partijnych i komsomol'skich organizacij armii i flota (1918–1968), M 1968; Altrichter, H., Staat und Revolution in Sowjetrußland 1917–1922/23, Darmstadt 1981; ders. (Hrsg.), Die Sowjetunion. Von der Oktoberrevolution bis zu Stalins Tod. Bd. 1: Staat und Partei, Dokumente, München 1986.   *H.A.*

Miliz (milicija) war der Name der s.en Polizei. Sie schützte – im Kampf mit dem Verbrechen – die öffentliche Ordnung, das sozialistische Eigentum sowie die Rechte und legalen Interessen von Bürgern, Unternehmen, Organisationen und Einrichtungen; so steht es im Ukaz (Erlaß) über die s.e M. vom 8.6. 1973. Bereits wenige Tage nach der ↑Oktober-Revolution wurden alle ↑Räte (durch Verordnung des ↑Volkskommissariats des Innern vom 28.10. [A.S.]/10.11. 1917) aufgefordert, Arbeitermilizen zu schaffen, die als neue Polizeiorgane unmittelbar und ausschließlich den Arbeiter- und Soldatenräten unterstellt waren. Sie sollten die bürgerlichen M.en ersetzen, die sich seit der Februar-Revolution (↑LGR) gebildet hatten. Standen sie bis 1931 in der alleinigen Verfügungsgewalt der Ortsräte, so wurden sie danach (entsprechend dem Prinzip der doppelten Unterstellung) in den Apparat des Volkskommissariats (seit 1946 Ministerium) des Innern eingegliedert. Mit dem Ziel, die entstandene Kluft zwischen Staat und Gesellschaft zu überwinden und die Bürger wieder stärker an den öffentlichen Aufgaben zu beteiligen, wurden seit Ende der 50er Jahre im Zuge der ↑Chruščevschen Vergesellschaftungspolitik zusätzliche „freiwillige Volkswachten" (dobrovol'nye narodnye družiny) geschaffen, die – mit eigenem Stab und angebunden an die Orts-S.s – die Aufgabe des Schutzes der öffentlichen Ordnung (in Betrieben, Wohngebieten, Bahnhöfen, Parks u.s.f.) mit übernehmen sollten. In der Praxis blieben die hilfspolizeilichen Funktionen der Volkswachten sehr begrenzt.

Lit.: Milicija, in: BSÈ (3. Aufl.) Bd. 16, S. 258 f.; Fincke, M. (Hrsg.), Handbuch der Sowjetverfassung, 2 Bde., Berlin 1983; Hastrich, A., Die Freiwillige Volkswacht in der UdSSR, in: Osteur.-Recht 1964; Schmidt, H. Th., Die sowjetische Polizeigesetzgebung und der geltende materielle Polizeibegriff der UdSSR, in: Verwaltungsarchiv 1976. *H.A.*

Minderheiten ↑Nationale Abgrenzung, ↑Nationalitäten, ↑Nationalitätensowjet, ↑Nationalkommunisten, ↑Religionsgemeinschaften

Mingrelien ↑Georgien

Ministerien (Ministerium) im herkömmlichen Sinne sollte es in ↑Räte-R. ursprünglich nicht geben. In bewußter Abgrenzung von der bisherigen Tradition (↑Ministerien [LGR]) schufen die ↑Bolschewisten im Oktober 1917 einen „Rat der Volkskommissare", der das Land als „provisorische Arbeiter- und Bauernregierung" verwalten sollte; provisorisch hieß: zunächst bis zur Einberufung der Verfassungsgebenden Versammlung (↑LGR). Zu allen Zweigen des staatlichen Lebens sollten „Kommissionen" entstehen, die – geleitet von den Volkskommissaren und „in engem Kontakt mit den Massenorganisationen der ↑Arbeiter, ↑Bauern und Soldaten" – die Verwirklichung des vom 2. ↑Rätekongreß beschlossenen Regierungsprogramms übernehmen sollten.

Das alles blieb jedoch Programm, die Kommissionen bildeten sich nicht; statt dessen übernahmen die Volkskommissare de facto (als „Volkskommissariate") die alten M. und mit ihnen auch einen Großteil der alten Beamtenschaft. Die im Sommer 1918 beschlossene erste ↑Verfassung sah 17 Volkskommissariate vor, die im wesentlichen der herkömmlichen Ressortgliederung (Außen, Innen, ↑Justiz, Arbeit, Finanzen, ↑Landwirtschaft u. s. f.) entsprachen. Mit der Gründung der Sowjetunion 1922/23 wurden auch gesamtstaatliche Volkskommissariate eingerichtet. Der Bund übernahm dabei die alleinige Zuständigkeit auf den Gebieten Äußeres und ↑Außenhandel, ↑Militär und Marine, Post und Verkehr, teilte sich die Kompetenzen mit den ↑Unionsrepubliken auf Gebieten wie Versorgung, Arbeit, Finanzen und überließ ihnen Gebiete wie Inneres, Landwirtschaft, Justiz, Bildung und ↑Gesundheitswesen ganz. Die Verfassung von 1936 übernahm prinzipiell diese Regelung; sie unterschied zwischen Volkskommissariaten der ganzen Union (obščesojuznye) und solchen der Unionsrepubliken (sojuznorepublikanskie), wobei die ersteren – für die Bundeskompetenzen zuständig – nur auf Gesamtstaatsebene existierten, während die zweiten ihren Ressortbereich im Einvernehmen mit gleichnamigen Volkskommissariaten der Einzelrepubliken verwalten sollten. Die Ausgliederung immer neuer Ressorts ließ die Zahl der Volkskommissariate, die seit 1946 auch offiziell wieder M. hießen, gewaltig ansteigen (1937 waren es 18, 1947: 58), bei gleichzeitiger Erweiterung der Bundeskompetenzen. Beides versuchten die Chruščevschen Reformen (↑Chruščev) rückgängig zu machen. Im Dezember 1963 gab es 11 M. (3 der Union und 8 der Unionsrepubliken), wobei allerdings neben die M. eine Vielzahl ressortübergreifender Staatskomitees geschaffen worden waren. In den 70er Jahren stieg die Zahl der M. erneut auf über 60.

Lit.: ↑Ministerrat. *H.A.*

Ministerrat. Der M. der UdSSR (nach Art. 128 der letzten ↑Verfassung identisch mit der „Regierung der UdSSR") war das „höchste vollziehende und verfügende Organ der Staatsgewalt der UdSSR". Der M. übte administrative (exekutive) und verordnende (rechtssetzende) Tätigkeiten aus, während die politische Richtliniengewalt bei den zentralen ↑Partei-Organen lag. Der M. wurde vom ↑Obersten Sowjet, auf einer gemeinsamen Sitzung des ↑Unions- und des ↑Nationalitätensowjets, gebildet und war dem Obersten Sowjet und seinem ↑Präsidium verantwortlich und rechenschaftspflichtig. Der M. der UdSSR bestand aus dem Vorsitzenden des M. der UdSSR, den Ersten Stellvertretern und (einfachen) Stellvertretern des Vorsitzenden, den Ministern der UdSSR und den Vorsitzenden der Staatskomitees der UdSSR. Das Gremium umfaßte damit über 100 Personen. Neben dem M. der UdSSR gab es Ministerräte auch in den ↑Unions- und ↑Autonomen Republiken.

Der M. ging aus dem Rat der Volkskommissare hervor, der 1917 unmittelbar nach der ↑Oktober-Revolution als provisorische Regierung eingerichtet worden war. Nach der Auflösung der Konstituierenden Versammlung (↑LGR) im Januar 1918 wurde das Provisorium zur regulären „Arbeiter- und Bauernregierung der Russischen Republik" erklärt und in dieser Funktion von der ersten Verfassung der ↑RSFSR (im Juli 1918) bestätigt. Der Rat der Volkskommissare war dem Allrussischen ↑Rätekongreß und seinem Allrussischen ↑Zentralen Exekutivkomitee verantwortlich. Nach der Bildung der UdSSR wurde 1923/24 auch ein Rat der Volkskommissare für den Gesamtstaat geschaffen, wobei in den Unionsrepubliken der jeweilige Rat der Volkskommissare als Regionalregierung erhalten blieb. Mit der Abschaffung der Rätekongresse und Zentralen Exekutivkomitees und der Einrichtung des (direkt gewählten) Obersten Sowjet und seines Präsidiums (in der Verfassung von 1936) wurde der Rat der Volkskommissare letzteren verantwortlich. 1946 wurden die Räte der Volkskommissare in Ministerräte umbenannt, was sie der Sache nach bereits vorher waren. Mitbedingt durch die ständig steigende Zahl der ↑Ministerien, bildete sich 1941 als operatives Organ und inneres Kabinett ein Büro, 1949 ein Präsidium des M.s. Die Verfassung von 1977 nahm (in Art. 132) erstmals von dieser Entwicklung Notiz, wobei sie dem Präsidium vor allem die Funktion eines Wirtschaftskabinetts zuwies.

Lit.: Cikulin, V. A., Istorija gosudarstvennych učreždenij SSSR, 1936–65 gg., M 1966; Irošnikov, M. P., Sozdanie sovetskogo central'nogo gosudarstvennogo apparata. SNK i NK, L ²1967; ders., V. I. Lenin – predsedatel' Sovnarkoma, M 1975; Nelidov, A. A., Istorija gosudarstvennych učreždenij SSSR, 1917–36 gg., M 1962; Altrichter, H., Staat und Revolution in Sowjetrußland, Darmstadt 1981; Fincke, M. (Hrsg.), Handbuch der Sowjetverfassung, 2 Bde., Berlin 1983. *H.A.*

Minsk, Hauptstadt ↑Weißrußlands, hat seit 1919 eine beachtliche Entwicklung genommen. Erste Erwähnungen der Stadt beziehen sich auf das 11. Jh. Seit dem 14. Jh. war M. ein wichtiges Handels- und Verwaltungszentrum Litauens. Durch die zweite Teilung Polens (↑LGR) kam M. zum Russischen Reich und wurde Gouvernementstadt. 1898 fand in M. der erste ↑Parteikongreß der RSDRP (↑Parteien [LGR]) statt, 1900 der Vereinigungsparteitag der Sozialdemokratie Polens und Litauens. Im Ersten Weltkrieg (↑LGR) geriet M. 1915 in die Hauptfrontlinie. In der Februar-Revolution (↑LGR) bestimmten aufrührerische Soldaten das Geschehen in der Stadt. Dem Übergang der Macht an die ↑Bolschewisten im November 1917 folgte von Januar bis Dezember 1918 die Besetzung durch deutsche Truppen. 1919 wurde M. Hauptstadt der Weißrussischen ↑SSR. Von August 1919 bis Juli 1920 hielten polnische Truppen die Stadt besetzt (↑Russisch-polnischer Krieg). Der Ausbau von M. zum Regierungssitz, zum Industrieort und kulturellen Zentrum Weiß-R.s (Gründung der ↑Akademie der Wissenschaften 1929) wurde durch die deutsche Besetzung im ↑Zweiten Weltkrieg (bis 1944) und die Zugehörigkeit zum Reichskommissariat Ostland unterbrochen. Neben materiellen Zerstörungen waren hohe menschliche Verluste zu beklagen: Die jüdische Bevölkerung, die 1926 einen Anteil von 43,6 % an der Gesamtbevölkerung (40,8 % Weißrussen, 7,3 % Großrussen, 4,1 % Polen, 1 % Tataren, 1,8 % andere Gruppen) von 124 000 Einwohnern gehabt hatte, wurde weitgehend ausgerottet. Nach dem Krieg wurde M. neu erbaut. Neue große Fabrikanlagen entstanden (Traktoren- und Lastwagenfabrikation). Die neuen Betriebe zogen zahlreiche Menschen aus den ↑Kolchozen in die Stadt. Die Einwohnerzahl stieg von 91 000 (1897) und 237 000 (1939) über 509 000 (1959) auf 1,5 Mio. (1985). Der Anteil der Russen wuchs dabei von 114 000 (1959) auf 214 000 (1970).

Lit.: ↑Alma Ata. *B.Sch.*

Mitschurin ↑Mičurin

Mittelasien ↑Zentralasien

Moldau (mold. bzw. rum. Moldova), auch Moldawien und Moldauische ↑SSR, ist die Bezeichnung für das zwischen den Ostkarpaten, dem mittleren und unteren Dnestr sowie der Donaumündung liegende Gebiet und ehemalige rumänische Fürstentum. Ein Teil davon – seit Beginn des 19. Jh.s als Bessarabien bezeichnet – bildete das Territorium der Moldauischen SSR.

In dem seit 1812 unter russischer Herrschaft stehenden Bessarabien, dessen Bevölkerung sich 1919 zu knapp 65 % aus Moldauern (= Rumänen), außerdem aus Juden, Ukrainern, Russen, Deutschen und anderen ethnischen Gruppen zusammensetzte, übernahm in der Auflösungsphase des r.en Kaiserreichs ein Landesrat (Sfatul Tării) die Macht und proklamierte im Dezember 1917 die demokratische Moldauische Republik, die sich einer föderativen r.en Republik anschließen wollte. Nach der Unabhängigkeitserklärung der ↑Ukraine erfolgte im Februar 1918 auch die Unabhängigkeitserklärung der nunmehr von R. isolierten M. Aber schon am 8. 4. 1918 wurde Bessarabien Rumänien eingegliedert, nachdem der Landesrat einen entsprechenden Beschluß gefaßt hatte. Während die ↑Ukrainische Volksrepublik Anfang 1919 diesen Gebietsverlust de facto akzeptierte, belastete er in den folgenden zwei Jahrzehnten die s.-rumänischen Beziehungen. Nach gescheiterten Einigungsversuchen zwischen Moskau und Bukarest wurde im Oktober 1924 aus Teilen der zur Ukrainischen SSR gehörenden Bezirke Balta, Tul'čin und ↑Odessa links des Dnestr die ca. 8200 km² große Moldauische ↑Autonome SSR mit der Hauptstadt Balta (und ab 1929 Tiraspol') gebildet. Die Existenz dieser ASSR, von deren rund 550 000 Einwohnern nur ein Drittel Moldauer waren, sowie die dort zu beobachtende Förderung der moldauischen Nationalkultur sollten in unübersehbarer Weise die Ansprüche der UdSSR demonstrieren.

Der Gewinn Bessarabiens wurde für die UdSSR erst möglich, als Rumänien nach Ausbruch des ↑Zweiten Weltkriegs und infolge des ↑Hitler-Stalin-Paktes einem am 26. 6. 1940 gestellten s.en Ultimatum und deutschem Zuraten nachgeben und innerhalb einer 24-Stunden-Frist das Gebiet zwischen Dnestr, Pruth und Donaumündung vor einrückenden s.en Truppen räumen und aufgeben mußte. Es wurde am 2. 8. 1940 auf Beschluß des ↑Obersten Sowjet der UdSSR mit den auf der linken Dnestrseite liegenden Kreisen Kamenka, Rybnica, Dubossary, Grigoriopol', Tiraspol' und Slobodzeja der nun aufgelösten Moldauischen ASSR vereint und als Moldauische SSR mit der Hauptstadt ↑Kišinev der UdSSR eingegliedert. Die restlichen acht Kreise der ehemaligen ASSR blieben im Verband der Ukrainischen SSR, die außerdem um den südbessarabischen Distrikt Cetatea Alba (früher: Akkerman, seit 1944: Belgorod Dnestrovskij) und den größten Teil des Distrikts Izmail erweitert wurde. Aufgrund eines deutsch-s.en Vertrages vom 5. 9. 1940 wurden nachfolgend rund 90 000 Bessarabiendeutsche in das Deutsche Reich bzw. in die ihm inzwischen angegliederten polnischen Gebiete umgesiedelt. Die noch im August 1940 in Angriff genommene s.e Umgestaltung der M. wurde rasch vorangetrieben. Sie erfaßte mit Landenteignung, ↑Nationalisierung und ↑Kollektivierung vor allem den Agrarbereich, in dem bis Mitte 1941 über 170 ↑Kolchozen und ↑Sovchozen eingerichtet wurden. Im Juni 1941 wurde sie jedoch abrupt unterbrochen, als das mit Hitler verbündete Rumänien die verlorengegangenen Gebiete erobern und für drei Jahre wieder unter seine Herrschaft bringen konnte. Die s.e Offensive im Sommer 1944 brachte die S.-Macht zurück, und die Bestimmungen eines am 12. 9. 1944 in Moskau mit Rumänien abgeschlossenen Waffenstillstandes führten zum abermaligen Verlust der M. an die UdSSR. Völkerrechtlich sanktioniert wurde er endgültig durch einen am 10. 2. 1947 in Paris unterzeichneten Friedensvertrag.

Die mit 34 000 km² nach der ↑Armenischen SSR zweitkleinste, aber mit 120,2 Einwohnern/km² weitaus am dichtesten besiedelte ↑Sowjetrepublik hatte etwa 4,1 Mio. Einwohner. Neben der die Mehrheit bildenden Titularnation lebten hier Ukrainer, Russen, die (türksprachigen, aber christlichen) Gagauzen, Juden und Bulgaren. In der Wirtschaft der M., deren Urbanisierungsgrad zu den niedrigsten in der gesamten UdSSR gehörte, dominierte mit der Produktion von Wein, Obst, Gemüse und Tabak sowie dem Anbau von Getreide und Zuckerrüben der Agrarsektor. Er war auch Abnehmer und Lieferant verschiedener Branchen der einheimischen Leicht- und Veredelungsindustrie. Am 23. 6. 1990 erklärte die Republik ihre Souveränität, am 27. 8. 1991 folgte die Unabhängigkeitserklärung.

Lit.: Aspects des relations russo-roumaines. Rétrospectives et orientations, Études de G. Cioranesco et al., Paris 1967; Istorija Moldavskoj SSR, Bde. I u. II, red. L. V. Čerepnin et al., Kišinev 1965 u. 1968; Fischer-Galati, St., Moldavia and the Moldavians, in: Handbook of Major Soviet Nationalities, ed. Z. Katz et al., New York/London 1975; Ciorănescu, G.: Bessarabia. Disputed Land between East and West, München 1985.   *R.A.M.*

Molotov (Stadt) ↑Perm'

Molotov (eigentl. Skrjabin), Vjačeslav Michajlovič (1890–1986), war eines der wichtigsten Werkzeuge ↑Stalins bei der Gestaltung der s.en Innen- und Außenpolitik, dabei selbst nicht ungefährdet durch die Machenschaften des ↑Generalsekretärs. M. stammte aus der Familie eines Angestellten. Sechzehnjährig schloß er sich den Sozialdemokraten (↑Parteien [LGR]) an. 1912 war er wie Stalin Mitarbeiter der ↑„Pravda". 1917 gehörte M. zusammen mit ↑Šljapnikov zum illegalen Russischen Büro des ↑Zentralkomitees, das sich entschieden gegen die Provisorische Regierung (↑LGR) und für die ↑Sowjets aussprach. Damit stand er dem Kurs, den ↑Lenin nach seiner Rückkehr nach ↑Petrograd im April 1917 verfolgte, sehr nah und konnte sich durch den Verlauf der Entwicklung vom Sommer 1917 bis zum Umsturz im Oktober (↑Oktober-Revolution) bestätigt sehen. M. gehörte dem Petrograder Militärrevolutionären Komitee (↑LGR) an. Durch sein verläßliches Verhalten war er für die Übernahme wichtiger Leitungsaufgaben in regionalen und zentralen Einrichtungen der neuen Macht bestens empfohlen und übernahm Parteiaufgaben in ↑Nižnij Novgorod (1919) und ↑Doneck (1920). Anschließend avancierte er zum Sekretär der ↑KP(b) der ↑Ukraine. 1920 in den Kandidatenstand berufen, gelangte M. schon 1921 ins Zentralkomitee der ↑VKP(b) und wurde sowohl Kandidat des ↑Politbüros wie Vollmitglied des ↑Orgbüros. Während die Anhänger ↑Trockijs aus dem Sekretariat des ZK ausschieden, wurde M. „verantwortlicher" Sekretär (bis 1930). Damit arbeitete er in engster Nachbarschaft Stalins, in dessen nächster Umgebung er seitdem blieb. Seit 1926 gehörte M. auch dem ↑Politbüro an. In der Vorphase der ↑Kollektivierung scheint er einen behutsameren Kurs favorisiert zu haben, doch war an seiner grundsätzlichen Loyalität gegenüber Stalin kein Zweifel möglich. 1930 wechselte M. in die Staatsverwaltung und übernahm den Vorsitz im ↑Rat der Volkskommissare und trug die Stalinsche Politik verläßlich mit. 1939 übergab Stalin ihm auch die Nachfolge ↑Litvinovs als Leiter des ↑Volkskommissariats für auswärtige Angelegenheiten. Damit wurde der außenpolitische Kurswechsel eingeleitet, der zum ↑Hitler-Stalin-Pakt im August 1939 führte. M. besorgte auch die ↑Säuberung des Volkskommissariats von „nicht verläßlichen" Vertretern, konkret den Anhängern der Politik der Kooperation mit den Westmächten. Nach dem deutschen Überfall auf die SU (↑Zweiter Weltkrieg) übernahm Stalin selbst den Vorsitz im Rat der Volkskommissare, M. wurde Erster Stellvertreter (bis 1957). Auch im Staatsverteidigungskomitee war M. Stellvertreter Stalins (1941–45) und zugleich verantwortlich für die Panzerproduktion. Seine Domäne wurde allerdings die Außenpolitik. Er war an allen Drei- bzw. Viermächtekonferenzen der Kriegs- und Nachkriegszeit beteiligt. Die s.e Außenpolitik in der Phase des ↑Kalten Krieges, charakterisiert durch das „Njet" zu vielen westlichen Vorschlägen, ist mit seinem Namen eng verbunden. In den letzten Regierungsjahren Stalins war M.s Position über lange Zeit sehr prekär. 1949 mußte er das Außenministerium an ↑Vyšinskij abgeben, um 1952 gab es deutliche Anzeichen dafür, daß er bei Stalin in Ungnade gefallen und bedroht war. Stalin machte deutlich, daß er M. keinesfalls als seinen Nachfolger zu sehen wünschte. Stalins Tod und der Übergang zur Führung ↑Malenkov/↑Chruščev befreiten ihn aus einer schwierigen Situation und ermöglichten es ihm, das Außenministerium wiederum zu übernehmen. Auch sonst gab es Zeichen für seine Restituierung. M. vertrat sein Land auf den Viererkonferenzen in Berlin (↑Vier-Mächte-Außenminister-Konferenz) und ↑Genf (1954 und 1955). Nach der Ausschaltung Malenkovs mußte 1956 im Zuge der ↑Entstalinisierung auch M. eine Zurücksetzung hinnehmen. Er verlor den Posten des Außenministers. Die Funktion des Ministers für Staatskontrolle erwies sich nur als Übergangslösung vor der vollständigen Entmachtung. Bei der Ausschaltung der ↑Anti-Partei-Gruppe im Juni 1957 wurde M. aus allen Partei- und Staatsämtern entfernt. Bis 1960 wirkte er als Botschafter in der Mongolischen Volksrepublik, 1960–62 als Vertreter der SU bei der Internationalen Agentur für Atomenergie, ehe er in Pension geschickt wurde.

Lit.: ↑Andreev; Bromage, B., Molotov. The Story of an Era, London 1956; Medvedev, R., Ob odnom moskovskom dolgožitele, in: ders., Oni okružali Stalina, M 1990, S. 11–88.

B.Sch.

Mordvinien, Mordvinische ASSR ↑Russische Föderative Sozialistische Sowjetrepublik

Moskau (↑LGR) hatte in der SU die Stellung der einzigen Hauptstadt des Landes, die ihm durch die Gründung von St. Petersburg (↑LGR) 1712 streitig gemacht worden war, zurückgewonnen und die damit verbundene Hervorhebung vor allen anderen s.en Städten dank intensiver Förderung durch die ↑Partei- und Staatsführung zusätzlich ausbauen können. Der Kreml' (↑LGR) als Sitz der Spitze von Partei und Staat und das ↑Lenin-Mausoleum an der Kreml'-Mauer versinnbildlichten den politisch-ideologischen Vorrang M.s, der durch zahlreiche Auszeichnungen und Würdigungen unterstrichen wurde. Die Kommunistische Partei knüpfte auf diese Weise an die durch die re. Geschichte vorgegebene politische und geistig-kulturelle Führungsrolle M.s ohne Einschränkung an. Mit der Verlegung der s.en Regierung von ↑Petrograd nach M. am 12.3.1918 wurde diese Entwicklung eingeleitet. Seitdem konzentrierten sich alle politischen Einrichtungen in M.: ↑Parteikongresse und ↑Parteikonferenzen sowie zentrale Parteiinstitutionen, der ↑Rat der Volkskommissare und alle ↑Ministerien und Kommissionen, der ↑Oberste Sowjet und (1989–91) der ↑Kongreß der Volksdeputierten der SU. Dabei sind seit 1922 zu den Einrichtungen der ↑RSFSR die Institutionen der SU hinzugekommen. Neben die Partei- und Staatsspitzen traten die Behörden der zentralgeleiteten ↑Planwirtschaft. Der gewaltige institutionelle Apparat füllte sich mit zahllosen Mitarbeitern (↑Bürokratie).

Der Machtwechsel zwischen der Provisorischen Regierung (↑LGR) und der s.en Herrschaft vollzog sich in M. nicht so rasch wie in Petrograd (↑Oktober-Revolution). Nach siebentägigem Widerstand kapitulierte das „Komitee für öffentliche Sicherheit", das auch hier die Gegenkräfte gesammelt hatte (15.11. 1917). Nach der Übersiedlung der Regierung stand die Stadt im Mittelpunkt der Auseinandersetzungen politisch rivalisierender Gruppen. In M. spielte sich der Aufstand der linken ↑Sozialrevolutionäre ab (6./7.7. 1918), der auch auf andere mittelr.e Städte übergriff. Ein anarchistischer Putschversuch (1918) (Anarchismus [LGR]) und sonstige oppositionelle Ansätze wurden von der ↑Čeka unterdrückt, die in M. ihren Hauptsitz nahm (Lubjanka). Im ↑Bürgerkrieg richteten weißgardistische Truppen ihre Angriffskeile auf M., den Sitz des ↑Rates für Arbeiter- und Bauernverteidigung. Zwar kam es trotz bedrohlicher Vorstöße nicht zu einem Kampf um M., jedoch war die Situation in der Stadt schwer genug. Von allen Versorgungssträngen abgeschnitten, kam das ökonomische Leben fast zum Stillstand. Durch Hunger hervorgerufene Abwanderung aufs Land und die Verfolgung bzw. der Fortgang des wohlhabenden Bürgertums führten dazu, daß die Einwohnerzahl M.s am Ende des Bürgerkriegs von 2 Mio. (1917) auf 800 000 gesunken war. In der Phase der ↑Neuen Ökonomischen Politik erholte sich M. sehr schnell. Die traditionellen ↑Industrie-Zweige (Textil-, Lebensmittel- und Metallbetriebe) erreichten den Stand der Vorkriegsproduktion, der Neubau von Wohnungen und der Ausbau des Verkehrswesens (Auto- und Trolleybusse) setzten ein. 1923 stieg die Einwohnerzahl auf 1,5 Mio., 1926 auf 2 Mio. Die Administration lag beim Stadtexekutivkomitee des Stadt(↑)sowjets (Vorsitzender bis 1926: ↑Kamenev), doch wurde seit der zweiten Hälfte der 20er Jahre das Moskauer Komitee der Partei (Vorsitzende u. a. ↑Kaganovič, 1930–35, ↑Chruščev, 1935–38) maßgeblich, und letztlich war die Spitze der Partei unter ↑Stalin für alle Entscheidungen hinsichtlich des Ausbaus M.s zur sozialistischen Hauptstadt zuständig.

Nach der Verstaatlichung bzw. der Kommunalisierung aller Immobilien hatten die zuständigen Organe freie Hand, sozialpolitische Veränderungen herbeizuführen, etwa die Umsiedlung von ↑Arbeitern in bürgerliche Wohngebiete u. ä. In Verbindung mit politischen Maßnahmen gingen die alten adligen und bürgerlichen Schichten in M. weitgehend unter bzw. emigrierten. Die „ausbeuterischen ↑Klassen", die 1912 9 % der Bevölkerung umfaßten, lagen 1926 nur noch bei 0,6 % und waren 1939 statistisch verschwunden. Tendenzen zur Beschneidung nicht nur der politischen und ökonomischen, sondern auch der kulturellen Vielfalt und des religiösen Lebens kamen in den 20er und vor allem in den 30er Jahren voll zum Tragen (↑Kulturrevolution, ↑Orthodoxe Kirche, ↑Atheismus); die Blütezeit der 20er Jahre nahm ein rasches Ende. Dafür brach der Planungsgigantismus über M. herein. Das Stadtgebiet wurde in der Zeit des 1. ↑Fünfjahrplans erweitert und neugegliedert. Zwischen dem 1. 1. 1929 und dem 31. 12. 1932 wuchs die Einwohnerzahl von 2,3 auf 3,6 Mio. 1931 wurde ein Übergangsplan zur sozialistischen Rekonstruktion der Stadtwirtschaft M.s ausgearbeitet, der 1935 in einen „Generalplan zur Rekonstruktion M.s" mündete und eine erneute Stadterweiterung einschloß. Kernstück war neben der Überwindung der Rückständigkeit und der Defizite im Wohnungs- und Straßenbau der Bau der Metro, deren erstes Teilstück 1935 als „Kaganovič-Metro" eröffnet werden konnte. Den neuen Anlagen fielen Bauten von historischer oder kulturell-religiöser Bedeutung, so die Erlöser-Kathedrale, zum Opfer. Während allgemein Kunst und Wissenschaft in Inhalt und Organisation gleichgeschaltet wurden, gewann M. durch die Einrichtung neuer Forschungs- und Ausbildungsinstitute landesweit an Prestige, v. a. 1934 durch die Verlegung der Zentrale der ↑Akademie der Wissenschaften nach M. Von den durchgängigen Uniformierungstendenzen und dem eklektizistischen Verständnis von Kultur legte auch der neue Baustil (Zuckerbäckerstil) Zeugnis ab, der in der Metro und in Repräsentations- und Wohnungsbauten Anwendung fand und die vorausgehenden Einflüsse moderner westlicher Architektur verdrängte. M. wurde durch die Zuweisung von Arbeitskräften, Ressourcen und Finanzmitteln in jeder Hinsicht privilegiert. 1939 lag die Einwohnerzahl bereits bei 4,1 Mio. Die Auswirkungen des Terrors in der Phase der ↑Säuberungen und der M.er Schauprozesse konnten diesen Veränderungen gegenüber leicht übersehen werden. Die sozialistische ↑Indu-

strialisierung brachte M. neue Betriebe des Maschinenbaus und der Elektrotech-
nik, den Ausbau der Automobil- und Flugzeugproduktion. M. wurde Mittelpunkt des s.en Fluglinien- und Straßennetzes und erhielt durch den M.-Wolga-
Kanal einen leistungsfähigen Binnenhafen mit Anschluß an das r.e Binnenschiff-
fahrtsnetz (1932–37). Am Sitz der ↑Komintern sammelten sich in den 20er und
30er Jahren viele Vertreter der internationalen kommunistischen Bewegung. Angesichts der weitgehenden Abschottung der SU war M. somit der Ort mit den
intensivsten Außenbeziehungen. Mit dem ↑Hitler-Stalin-Pakt eröffneten sich für
M. neue Funktionen als Stadt bilateraler und multilateraler Tagungen. Als Partner der westlichen Alliierten im ↑Zweiten Weltkrieg und als Führungsmacht im
kommunistischen Block konzentrierte die s.e Führung alle Verhandlungen und
Organisationen in der Stadt. Bald nach dem deutschen Überfall auf die SU
drangen deutsche Truppen im Oktober/November 1941 bis auf 25–30 km vor die
Stadt vor. Die Regierung und das diplomatische Korps wurden nach ↑Kujbyšev
evakuiert, zahlreiche Industriebetriebe und etwa 2 Mio. Menschen umgesiedelt.
Am 16. Oktober erreichte die Stimmung in M. ihren Tiefpunkt, am 19. Oktober
wurde der Belagerungszustand verhängt, Verteidigungsstellungen wurden vorbereitet. ↑Stalin, das ↑Staatskomitee für Verteidigung, das Hauptquartier und die
zentralen Zeitungen (↑Presse) blieben in der Stadt. Die „Schlacht um Moskau"
(30. 9. 1941–20. 4. 1942) endete mit einer deutschen Niederlage. Die Zerstörungen hielten sich dank der s.en Luftabwehr in Grenzen. Die erfolgreiche Verteidigung rückte M. noch mehr ins Zentrum des s.en Traditionsbewußtseins. Die
Siegesparade am 24. 6. 1945 und die Achthundertjahrfeier 1947 symbolisierten
die engen Bindungen, die zwischen M. und der sozialistischen Entwicklung in
der SU gesehen wurden.

Der Wiederaufbau war rasch abgeschlossen, neue prunkvolle Gebäude und
Quartiere wurden geschaffen, seit 1960 auch in modernen westlichen Baufor-
men, und so der Weltmacht- und sozialistische Führungsanspruch (Sitz des
↑Rates für gegenseitige Wirtschaftshilfe, der Organisation des ↑Warschauer Paktes, zahlreiche sozialistische Koordinationseinrichtungen) untermauert. 1980
fanden in M. die Olympischen Spiele statt – M. trat als Mittelpunkt nicht nur der
sozialistischen Staaten der Welt in Erscheinung. Mit der fünften Gebietserweite-
rung seit 1917 wuchs die Stadt 1960/61 bis zu der weit um M. herumgeführten
Ringautobahn (erbaut 1956–62) und z. T. darüber hinaus. In der Industrie dominierte der Maschinenbau und die Metallverarbeitung neben der Baustoff- und
der traditionellen Leicht-(Textil-) sowie Lebensmittelindustrie. Die Einwohnerzahl, die 1959 bei 5 Mio. gelegen hatte, erreichte 1985 8,7 Mio. Trotz Zuzugsre-
gulierung und umfangreichen Baumaßnahmen wuchs die Wohnungsnot. Auch
andere soziale Mißstände wurden unter ↑Gorbačev deutlich. M. erwies sich
nunmehr als ein Zentrum sozialer Probleme. Dies führte in Verbindung mit der
Konzentration wissenschaftlicher und kultureller ↑Intelligenz angesichts der innenpolitischen Verhärtung nach der Phase der ↑Entstalinisierung unter Chruščev
in der Regierungszeit ↑Brežnevs zu einer besonderen Aktivität der Dissidenten in
M. Auch die Nationalitätenspannungen in der SU kamen in der Stadt, die einen
Anteil von mehr als 10 % nichtr.er Bevölkerung hatte, an die Öffentlichkeit.
Versuche Chruščevs und Gorbačevs, die in M. zentrierte Bürokratie abzubauen
oder zu schwächen, blieben erfolglos. Ebenso scheiterten bis zuletzt Dezentrali-
sierungsansätze angesichts der ökonomischen (M. als Hauptort des zentralen

Wirtschaftsbezirks) und kulturellen Ausstrahlung der Stadt. Die Demokratisierung des politischen Systems verstärkte vielmehr die Rolle M.s als Mittelpunkt der verschiedenen Kommunikationssysteme in der SU.

Lit.: Istorija Moskvy, hrsg. von S. S. Chromov u. a., Moskva ⁴1980; Karger, A., Moskau, in: Geographische Rundschau 17 (1965) S. 479ff.; Simon, S., Moscou. Paris 1964; Moskva. Ėnciklopedija, Moskau 1980. *B.Sch.*

Moskau, Schlacht um M. ↑Zweiter Weltkrieg

Moskauer Außenministerkonferenz (1943) ↑Teheran, Konferenz von T.

Moskauer Außenministerkonferenz (1945) ↑Londoner Außenministerkonferenz

Moskauer Vertrag heißt im deutschen Sprachgebrauch der deutsch-s.e Vertrag vom 12. 8. 1970, der die Grundlage für die politische Normalisierung der Beziehungen zwischen den Staaten des ↑Warschauer Pakts und der Bundesrepublik Deutschland bildete; er bereitete den Weg für die entsprechenden Vertragsschlüsse der Bundesrepublik mit Polen und der DDR sowie für das ↑Vier-Mächte-Abkommen über Berlin. Seit der Beilegung der ↑Kuba-Krise waren angesichts des nuklearen Patts zwischen den Supermächten Bestrebungen wirksam gewesen, den ↑Kalten Krieg zu überwinden. Doch wurde die SU erst durch die Auswirkungen der Intervention in der ČSSR (1968), vor allem aber durch den Konflikt mit China bzw. die 1969 angebahnte chinesisch-amerikanische Annäherung dazu bewogen, eine Entspannung gerade in der deutschen Frage anzustreben. Ein Eingehen auf die Bedürfnisse der Bundesrepublik nach Festigung ihrer politisch-wirtschaftlichen Beziehungen zum ↑Sozialistischen Lager sollte es der SU nun ermöglichen, die Konflikte in Mitteleuropa (unter Ausnutzung latenter Spannungen zwischen den USA und ihren europäischen NATO-Partnern) zu entschärfen, ohne daß der DDR ihre staatlichen Existenzgarantien zugleich entzogen wurden. Da auch die Bundesrepublik seit Bildung der sozialliberalen Regierung zu einer förmlichen Anerkennung des politischen Status quo bereit war, konnte im M. V. ein entsprechender Kompromiß erzielt werden: Beide Seiten bekannten sich zur Normalisierung der europäischen Staatenbeziehungen auf der Grundlage der „in diesem Raum bestehenden wirklichen Lage" (Art. 1) sowie zum Prinzip des Gewaltverzichts (Art. 2); ausdrücklich wurde die Unverletzlichkeit aller europäischen Grenzen, einschließlich der Oder-Neiße-Grenze sowie der innerdeutschen Grenze, garantiert (Art. 3). Die Widersprüche zwischen den jeweiligen Rechtspositionen in Auslegung der Beschlüsse der Konferenz von ↑Potsdam wurden indessen, wie bereits die kontroverse Ratifizierungsdebatte im deutschen Bundestag 1972 zeigte, durch den M. V. nicht aufgehoben. Auch die von der SU erstrebte völkerrechtliche Anerkennung der DDR beinhaltete er nicht. Dennoch erzielte er die erhoffte Entspannungswirkung, da sich ein faktischer Konsens über die Zweistaatlichkeit Deutschlands sowie über den deutschen Verzicht auf Gebietsansprüche jenseits von Oder und Neiße als Grundlage der deutsch-s.en Beziehungen durchsetzte. Revidiert wurden die Regelungen des M. V.s in bezug auf die staatliche Situation Deutschlands durch die „Zwei-plus-Vier-Vereinbarungen" von 1990, in denen die SU dem Beitritt der

DDR zur Bundesrepublik und der Wiederherstellung der vollen staatlichen Souveränität Deutschlands zustimmte.

Lit.: Larrabee, F. St., The Politics of Reconciliation: Soviet Policy towards West-Germany 1964–1970, Phil. Diss. Columbia 1978; Griffith, W. E., Die Ostpolitik der Bundesrepublik Deutschland, Stuttgart 1981.   *M.G.M.*

MTS ↑Maschinen-Traktoren-Stationen

Murmansk verdankt seine Entstehung dem Ersten Weltkrieg (↑LGR). Wegen der Blockierung der Ostsee und des Schwarzen Meeres durch die Mittelmächte ließ die r.e Führung in kürzester Zeit – unter Einsatz von Zwangsarbeitern und Kriegsgefangenen – eine Eisenbahnverbindung, die Murmanbahn, von der Nordbahn zur Murmanischen Küste, d. h. zur eisfreien Kolabucht der Barentssee, bauen, die 1916 den Betrieb aufnahm. Dabei wurde die seit 1915 entstandene Siedlung zur Stadt Romanov am Murman, seit 1917 M. erhoben. Über den neuangelegten Hafen konnte die militärische und die zivile Versorgung R.s durch die Entente erfolgen. Deren Truppen und weiße Kräfte (↑Bürgerkrieg) hielten M. von März 1918 bis zum Februar 1920 besetzt. 1921 wurde die Stadt Sitz des neuen Gouvernements (↑LGR) M. für die Kolahalbinsel (1927/38 Teil des Gebiets ↑Leningrad, seitdem selbständiges Gebiet). Seit Ende der 20er Jahre, in der Phase der ↑Fünfjahrpläne und ↑Säuberungen, trieb die s.e Führung den Ausbau M.s als Industrie- und Handelsort, vor allem aber als Flottenstützpunkt der ↑Roten Armee rigoros, unter Rückgriff auf eine ständig wachsende Zahl von Zwangsarbeitskräften (↑GULag), voran. Die Einwohnerzahl, die 1926 erst bei 8800 gelegen hatte, war 1939 bereits auf 119000 angewachsen. Während des ↑Zweiten Weltkrieges hatte M. exzeptionelle Bedeutung für die angelsächsischen Nachschublieferungen (↑Lend-Lease-Act) an die SU vom Nordatlantik, die trotz der Kämpfe an der M.-Front (Bombenzerstörungen in M.) kontinuierlich eintrafen. Noch 1985 wurde M. wie andere Städte der SU als „Heldenstadt" ausgezeichnet. – Nach Beseitigung der Kriegszerstörungen entwickelte sich die Stadt als Industrie- und Hafenort (Standort von Fischerei- und Handelsflotten; Ausgangspunkt des Nördlichen Schiffahrtswegs, Nordostpassage; Schiffbau, Fischverarbeitung). Die militärischen Funktionen wurden weiter ausgebaut (Standort der Nordflotte). Die Einwohnerzahl wuchs bis 1985 auf 419000.

Lit.: ↑Alma-Ata.   *B.Sch.*

Musavat ↑Azerbajdžan

Muslims ↑Islam

MVD (MWD) ↑Geheimpolizei

Nachičevan, Nachičevanische ASSR ↑Azerbajdžan, ↑Armenien

Nagornyj Karabach ↑Armenien, ↑Azerbajdžan

Nationalbolschewismus ↑Nationalkommunisten

Nationaldemokratische Partei ↑Parteien

Nationale Abgrenzung (nacional'noe razmeževanie). Die n. A. im Jahre 1924
brachte eine völlige administrativ-territoriale Neugliederung Sowjetisch-Zentral-
asiens mit Grenzziehungen nach ethnisch-sprachlichen Kriterien. An die Stelle des
Generalgouvernements (↑LGR) Steppe (seit 1920 ↑Kirgizische [1924 umbenannt in
↑Kazachische] ASSR, vergrößert durch die ehemaligen Gouvernements [↑LGR]
Ural'sk und Turgaj), des Generalgouvernements Turkestan (seit 1918 ↑Sowjetrepu-
blik ↑Turkestan, seit 1922 Turkestanische ASSR) und der nominell souveränen
Sowjetischen Volksrepubliken ↑Buchara und Chorezm traten die ↑Unionsrepubli-
ken ↑Uzbekistan und ↑Turkmenistan, die ASSR Kazachstan (vergrößert durch die
Gebiete Syrdar'ja und Semireče), die Autonomen Gebiete Kirgizien und Karakalpakien (die drei letzteren im Verband der ↑RSFSR) sowie die ASSR Tadžikistan im
Verband der Unionsrepublik Uzbekistan. Nach verschiedenen Statuserhöhungen
und administrativen Umorganisationen bestanden seit 1936 die fünf Unionsrepubliken: Uzbekistan, Turkmenistan, Kazachstan, Kirgizien und Tadžikistan sowie
die ASSR Karakalpakien im Verband der Unionsrepublik Uzbekistan. Die n. A.
erfolgte gegen den Widerstand vieler einheimischer ↑Nationalkommunisten, die
für die Bildung einer großen türkischen S.-Republik eintraten. Die n. A. hat den
Prozeß der Nationsbildung in Zentralasien erheblich gefördert.

Lit.: Vaidyanath, R., The Formation of the Soviet Central Asian Republics, New Delhi
1967; Istorija kommunističeskich organizacij Srednej Azii, Taškent 1967; Hayit, B., Turkestan zwischen Rußland und China, Amsterdam 1971.   *G.S.*

Nationalisierung ↑Industrialisierung

Nationalismus ↑Sowjetpatriotismus

Nationalitäten (↑einzelne Stichworte, z. B. „Armenien")

Nationalitätensowjet (Sovet nacional'nostej) hieß die zweite Kammer des
↑Obersten Sowjet; er entsprach insofern funktional der zweiten Kammer eines
Parlaments. Im N. waren die nationalen administrativ-territorialen Einheiten
durch eine in der ↑Verfassung festgelegte feste Anzahl von Abgeordneten vertreten. Die Völker ohne administrativ-territoriale Autonomie (wie die Deutschen
oder Polen) waren im N. nicht repräsentiert.
    Der N. bestand seit der ersten Bundesverfassung der UdSSR von 1924. Er war
aus der gleichnamigen Einrichtung beim ↑Volkskommissariat für die Nationalitäten der ↑RSFSR, das von 1917 bis 1923 bestand, hervorgegangen. Seit 1920
berief der Volkskommissar dieses Gremium aus Vertretern verschiedener nicht-
r.er Nationen, das unter seinem Vorsitz beratende Funktionen wahrnahm. Die
↑Unionsrepubliken und ↑Autonomen Republiken entsandten nach der Verfassung von 1924 je 5 Abgeordnete in den N., die Autonomen Republiken ↑Adža-
rien und ↑Abchazien sowie die ↑Autonomen Gebiete je einen. Eine wirkliche
Interessenvertretung der nichtr.en Völker ist der N. zu keiner Zeit gewesen.

Dagegen bestand von 1924 bis 1936 ein eigenständiges Präsidium des N. als permanent tätiges Verfassungsorgan – im Unterschied zu dem nur periodisch einberufenen N. Das Präsidium des N. hat sich in einer Vielzahl konkreter Einzelfälle bemüht, ökonomische und kulturelle Interessen der nichtr.en Völker durchzusetzen. Dieses Verfassungsorgan, das schon 1924 gegen den Willen ↑Stalins eingerichtet worden war, wurde 1936 aus der neuen Verfassung gestrichen. Seitdem gab es nur ein gemeinsames ↑Präsidium (beider Kammern) des Obersten Sowjet. Seit 1936 war der N. verfassungsrechtlich der ersten Kammer – dem ↑Unionssowjet – gleichgestellt. Seither wurden seine Abgeordneten ebenfalls direkt gewählt. Politisches Gewicht erlangte der N. dadurch nicht. Dagegen wurde die von 1957 bis 1966 bestehende Ökonomische Kommission des N. mit der ausdrücklichen Aufgabe „der allseitigen Berücksichtigung der Bedürfnisse der Unionsrepubliken" geschaffen. Diese Ständige Kommission nahm in der Regierungszeit ↑Chruščevs ähnlich wie das Präsidium des N.s vor 1936 in begrenztem Umfang tatsächlich Interessen der nichtr.en Völker wahr. Die Verfassung von 1977 bestimmte in Art. 110 Abs. 3, daß die Unionsrepubliken je 32, die Autonomen Republiken je 11, die Autonomen Gebiete je 5 und die ↑Autonomen Kreise je einen Abgeordneten in den N. wählen. ↑Gorbačev beabsichtigte, die weitgehende funktionale Gleichartigkeit der beiden Kammern aufzuheben und dem N. Funktionen bei der Gesetzgebung in der Regional- und Nationalitätenpolitik zuzuweisen.

Lit.: Fincke, M. (Hrsg.), Handbuch der Sowjetverfassung, 2 Bde., Berlin 1983; Simon, G., Nationalismus und Nationalitätenpolitik in der Sowjetunion, Baden-Baden 1986. *G.S.*

Nationalkommunisten stellten in den 20er Jahren eine starke Strömung in den nichtr.en Parteiorganisationen dar, obwohl sie zu keiner Zeit eine geschlossene Fraktion bildeten. Sie einte aber die Hoffnung, sie könnten die soziale Revolution in den nichtr.en Territorien mit der Befreiung vom r.en Kolonialismus verbinden. Viele N. kamen aus vorrevolutionären reformerischen oder sozialistischen nationalen ↑Parteien (↑auch LGR) oder Gruppierungen, die sich nach dem ↑Bürgerkrieg auflösen mußten. Möglichst weitgehende Derussifizierung der nationalen Territorien, Ausbau des Föderalismus, d. h. Einschränkung der Zentralgewalt, und Aufbau einer wirklichen Autonomie im kulturellen, ökonomischen und personalpolitischen Bereich sowie innerhalb der ↑Partei bestimmten die Zukunftsvorstellungen der N., die in der ↑Ukraine, in ↑Georgien und ↑Tatarien den größten Einfluß hatten. Führender Theoretiker der N. war Sultan-Galiev (↑Sultan-Galievismus). Seit Ende der 20er Jahre ging ↑Stalin nicht mehr nur mit politischen Mitteln, sondern auch mit ↑Polizei und ↑Justiz gegen die N. vor, die alle den ↑Säuberungen bis 1939 zum Opfer fielen.

Lit.: Bennigsen, A. A. u. Wimbush, S. E., Muslim National Communism in the Soviet Union, Chicago 1979; Mace, J. E., Communism and the Dilemma of National Liberation. National Communism in Soviet Ukraine 1918–1933, Cambridge (Mass.) 1983; Carrère d'Encausse, H., Le Grand Défi. Bolcheviks et nations, 1917–1930, Paris 1987. *G.S.*

Naturalsteuer ↑Landwirtschaftssteuer

Nemčinov, Vasilij Sergeevič (1894–1964), schloß seine wissenschaftliche Ausbildung 1917 an der ökonomischen Abteilung des Moskauer Handelsinstituts ab. Seit 1928 hatte N. einen Lehrstuhl für Statistik inne, seit 1940 war er Direktor der K.-A.-Timirjazev-Landwirtschaftsakademie in ↑Moskau – im gleichen Jahr trat er auch der ↑Partei bei. In der späten ↑Stalin-Zeit und unter ↑Chruščev avancierte N. in wissenschaftliche Leitungsfunktionen, von denen aus er die Entwicklung im Bereich der Ökonomie und Statistik, darüber hinaus die mathematische Grundlegung der ökonomischen Planung entscheidend in Gang bringen konnte: als Vorsitzender des Rates zum Studium der Produktivkräfte (1949–63), als Professor am Lehrstuhl für Politökonomie der Akademie der Sozialwissenschaften, als Akademiemitglied und als Sekretär der Abteilung für ökonomische, philosophische und Rechtswissenschaften der ↑Akademie der Wissenschaften (1946) und als Mitglied des Präsidiums der Akademie. 1958 organisierte N. das erste Labor für ökonomisch-mathematische Forschungen in der SU, aus dem 1963 das Zentrale Mathematisch-ökonomische Institut der Akademie hervorging. N. trug so dazu bei, daß die s.e Ökonomie den selbstverschuldeten Rückstand gegenüber den modernen westlichen ökonomischen Theorien und Methoden überwinden konnte. Maßnahmen Stalins, die renommierte r.e Nationalökonomen wie V. A. Bazarov (Rudnev, 1874–1939) und N. D. Kondrat'ev (1892–1938) und deren Ansätze zerstört hatten, konnten überwunden und das kritische Potential ihrer Theorien konnte zurückgewonnen werden. In der ↑Liberman-Diskussion sprach sich N. entschieden für die Reform der betrieblichen Entscheidungsprozesse aus. Mit seiner wissenschaftlichen Arbeit, die sich in zahllosen Publikationen niederschlug, trug N. zur Rehabilitierung der frühen s.en Ökonomen und zur Grundlegung der kritischen ökonomischen Reformvorstellungen in der Zeit ↑Gorbačevs bei.

Lit.: ↑Andreev. *B.Sch.*

Neopopulismus ↑Parteien

NĖP ↑Neue Ökonomische Politik

Neue Ökonomische Politik (NÖP oder r. Nėp) nennt man den innenpolitischen Kurs, den die ↑Kommunistische Partei seit Anfang des Jahres 1921 zu steuern begann. Mit ihm entfernte sie sich Schritt für Schritt von der vorherigen Politik des ↑Kriegskommunismus. Arbeiterstreiks, Bauernrevolten (↑Antonov-Aufstand, ↑Machno-Bewegung) und Soldatenunruhen (↑Kronstädter Aufstand) hatten den Wandel erzwungen. Angesichts des Massenprotestes wurde das eben noch propagierte Ziel des „unmittelbaren Übergangs zum ↑Kommunismus" als nicht realisierbar aufgegeben. Die Parteiführung setzte statt dessen, gegen den heftigen Widerstand des Linken Flügels (↑Linke Opposition), auf Versöhnung und Ausgleich, auf eine Politik, die den inneren Frieden, das „Klassenbündnis zwischen ↑Arbeitern und ↑Bauern"(smyčka) wiederherstellte.

Im Februar und März 1921 überzeugte ↑Lenin erst das ↑Politbüro, dann den X. ↑Parteitag, daß das Zwangssystem der staatlichen Lebensmittelbeschaffung nicht länger aufrechtzuerhalten war. An seine Stelle trat eine einfache „Natural-

steuer" (↑Landwirtschaftssteuer), und die Höhe der Belastung (also der an den
Staat abzuliefernden Lebensmittel) wurde deutlich geringer angesetzt als bisher.
Was der Bauer an Überschüssen erzielte, konnte er fortan auf eigene Rechnung
veräußern. In der Gewerbepolitik setzte sich die neue Linie fort. Mitte Mai
beschloß der ↑Rat der Volkskommissare, „zur Unterstützung der Handwerks-
und kleinen Industriebetriebe" alle überflüssigen Reglementierungen abzuschaf-
fen. Wie die Bauern sollten auch die Handwerker und Kleinproduzenten wieder
frei über die Produkte ihrer Arbeit verfügen können. Hatte die S.-Führung im
November 1920 Klein- und Kleinstbetriebe verstaatlicht, so ließ sie nun – ein
halbes Jahr später – ihre Neugründung zu. Und wieder ein halbes Jahr darauf –
im Dezember 1921 – stellte sie sogar die Reprivatisierung der nationalisierten
Kleinbetriebe in Aussicht, wenn nachgewiesen werden konnte, daß die Nationalisierung faktisch nicht vollzogen war oder die Betriebskapazitäten von den
staatlichen Stellen nur unzureichend genützt wurden. Angesichts der riesigen
Probleme, die sich der ↑Industrieverwaltung stellten, wurde die Verpachtung
einzelner Staatsbetriebe ins Auge gefaßt. Ein Regierungsdekret regelte im Juli
1921 die Modalitäten: als Pächter kamen (in dieser Reihenfolge) Kooperative,
↑Genossenschaften und Einzelpersonen in Frage; kam ein Pachtvertrag zustande, so konnte er vorzeitig weder vom Pächter noch vom Staat gelöst werden.
Selbst jenseits der Grenzen warb die S.-Führung um Vertrauen: Mit der Vergabe
von Konzessionen versuchte man, ausländisches Kapital ins Land zu ziehen; und
flankierend dazu sollte die Steigerung des Exports helfen, den Wirtschaftsprozeß
anzukurbeln. Die neue Politik mußte sich auch in der Betriebsführung nieder-
schlagen. Die Unternehmensverwaltungen wurden angehalten, strikt auf die
Wirtschaftlichkeit des Betriebes zu achten. Die Betriebsleitungen erhielten mehr
Kompetenzen, größere Unabhängigkeit gegenüber der Zentralverwaltung
(↑Oberster Volkswirtschaftsrat). Löhne hatten sich nach der Leistung und nur
nach der Leistung zu richten, Gleichmacherei zwischen Arbeitern unterschiedlicher Qualifikation sollte es nicht mehr geben; das eben noch so hoch gepriesene
System der kostenlosen Versorgung durch den Staat wurde abgeschafft. Auch die
allgemeinen Rahmenbedingungen wurden der neuen Wirtschaftspolitik angepaßt: Eine Währungsreform bemühte sich, die verheerenden Folgen der Inflation
zu beseitigen. Die noch im Vorjahr geführte Diskussion um die „Abschaffung
des Geldes" verstummte. Rückkehr zur Normalität – das sollte auch für die
Staatsverwaltung gelten. Die während des Bürgerkrieges geschaffenen außerordentlichen Organe, Komitees und Kommissionen wurden ihrer Sondervollmachten entkleidet und aufgelöst, die ↑Räte in ihre verfassungsmäßigen Rechte
wiedereingesetzt. Eine Justizreform bemühte sich um mehr Rechtssicherheit.
Hatte der Kriegskommunismus die bäuerliche Individualwirtschaft nur noch als
„absterbende Übergangsform" behandelt, so stellte die Neufassung des Agrar-
rechts (vgl. den Agrarkodex vom Oktober 1922) den Bauern wieder frei, wie sie
den Boden bestellten (kollektivwirtschaftlich, als Einzelbauern oder im Rahmen
der Gemeinde), und ging von der „obščina", der Bauerngemeinde (↑LGR), als
Normalfall aus. Unter bestimmten, relativ weitgefaßten Bedingungen war die
Einstellung von Knechten, Mägden und Tagelöhnern sowie die zeitlich befristete
Verpachtung von Feldern wieder zugelassen.
   Alles in allem: Auch während der Nẹp behielt der Staat die „Kommandohö-
hen der Wirtschaft" fest in der Hand – das Bankwesen, die Währung, das Ver-

kehrssystem, den ↑Außenhandel, die große und die mittlere Industrie. Unterhalb dieser Schwelle aber bemühte er sich um mehr Leistung und Effektivität, um mehr Markt und Wettbewerb, um weniger Gängelung von oben und mehr Initiative von unten – ein Programm, das in den 80er Jahren neue Aktualität gewann (↑Gorbačev, ↑Perestrojka).

Der Wiederaufstieg aus der wirtschaftlichen Talsohle war nicht leicht und nicht frei von Rückschlägen. Noch bevor die neue Politik richtig greifen konnte, suchte im Sommer und Herbst 1921 eine ↑Hungersnot das ausgepowerte Land heim, die Millionen das Leben kostete. Dann verschleuderten die Fabriken – weit unter Wert – ihre Lagerbestände, um an Geld zu kommen und ihre Arbeiter bezahlen zu können. Seit Herbst 1922/Frühjahr 1923 stiegen die Industriepreise überproportional stark an („Scherenkrise"), was die staatlichen Bemühungen um ein besseres Verhältnis zu den Bauern stark belastete. Und 1924 kam es in ↑Georgien erneut zu Bauernunruhen. Immerhin: die industrielle Bruttoproduktion wuchs stetig, 1925/ 26 war der Vorkriegsstand erreicht. Auch bei der landwirtschaftlichen Produktion und im Transportwesen wurden deutliche Fortschritte erzielt.

Aber war das System der Nėp damit nicht bereits an seine Grenzen gestoßen? Rußland war noch immer ein Agrarland. Mußten bei der weiteren Entwicklung, bei der Schaffung einer schwerindustriellen Basis nicht neue Wege beschritten werden? Förderte die Nėp nicht die Wiederherstellung kapitalistischer Strukturen, die Erstarkung des Großbauern (des ↑Kulaken) auf dem ↑Dorf und des Kleinbourgeois in der ↑Stadt? Hierüber wurde seit Mitte des Jahrzehnts in der Parteiführung heftig gestritten. Vor allem die sog. „Linken", L. D. ↑Trockij, E. A. Preobraženski (1886–1937), G. E. ↑Zinov'ev, L. B. ↑Kamenev u. a., sahen die Nėp, ihre Entwicklungsfähigkeit und die damit verbundene Strategie vom Aufbau des ↑„Sozialismus in einem Lande" eher kritisch. Sie stießen damit auf den Widerstand von Politikern wie ↑Bucharin, unterstützt von ↑Stalin, ↑Rykov, M. P. Tomskij (1880–1936) u. a., die das Einvernehmen mit der Bauernschaft, das „Klassenbündnis zwischen Arbeitern und Bauern", als unabdingbar für die politische und ökonomische Entwicklung der SU ansahen. Zwar wurde die „linke" Kritik zunächst zurückgewiesen (ihre Vertreter verloren 1926/27 Sitz und Einfluß in der Parteiführung), doch übernahm der Entschluß zur forcierten ↑Industrialisierung und nachfolgend zur ↑Kollektivierung der ↑Landwirtschaft (1929/30) wesentliche Teile ihrer Forderungen. Sie beendeten faktisch die Nėp.

Lit.: Dmitrenko, V. P., Novaja ėkonomičeskaja politika, in: SIĖ Bd. 10, Sp. 261 ff.; Leninskoe učenie o Nėpe i ego meždunarodnoe značenie, M 1973; Novaja ėkonomičeskaja politika. Voprosy teorii i istorii, M 1974; Sovetskij sojuz v`20-e gody (kruglyj stol), in: Vopr. Ist. 1988, Nr. 9; Altrichter, H./Haumann, H. (Hrsg.), Die Sowjetunion. Von der Oktober-Revolution bis zu Stalins Tod. Bd. 2: Wirtschaft und Gesellschaft, dtv-dokumente 2949, München 1987; Ball, A. M., Russia's Last Capitalists. The Nepmen, 1921–1929, Berkeley/Los Angeles/London (2. Aufl.) 1990; Fitzpatrick, S./Rabinowitch, A./ Stites, R. (Hrsg.), Russia in the Era of Nep. Explorations in Soviet Society and Culture, Bloomington/Indianapolis 1991; Haumann, H., Sozialismus als Ziel. Probleme beim Aufbau einer neuen Gesellschaftsordnung (1918–1928/29), in: Schramm, G. (Hrsg.), Handbuch der Geschichte Rußlands, Bd. 3, Stuttgart 1983; Lewin, M., The Making of the Soviet System. Essays in the Social History of Interwar Russia, London 1985; Merl, St., Der Agrarmarkt und die Neue Ökonomische Politik. Die Anfänge staatlicher Lenkung der Landwirtschaft in der Sowjetunion 1925–1928, München/Wien 1981.   *H. A.*

Neulandkampagne meint als politisches Schlagwort jenen groß angelegten, mit dem Namen ↑Chruščevs eng verbundenen Versuch, durch eine gewaltige Ausweitung der Nutz- und Saatfläche die Versorgungsprobleme der SU endgültig zu lösen. Der Schwerpunkt der Aktion lag dabei außerhalb der traditionellen Agrarwirtschaftsräume, in einem Gürtel, der sich von den Steppengebieten an der mittleren Wolga bis nach Süd-↑Sibirien/Nord-↑Kazachstan erstreckte. Wie vom Plenum des ↑Zentralkomitees im Februar/März 1954 beschlossen, wurden Hunderttausende für den Einsatz im Osten, für die Bewältigung der großen patriotischen Aufgabe angeworben. Ein Strom von Baumaterialien, Maschinen und Traktoren begleitete sie. Unterkünfte mußten gebaut, Plansiedlungen angelegt, Eisenbahnverbindungen geschaffen werden. Der Getreideanbau selbst wurde großbetrieblich in Mammut-↑Sovchozen mit 20 000 bis 40 000 ha Größe organisiert. Zwischen 1954 und 1960 wurden über 40 Mio. ha Neu- und Brachland unter den Pflug genommen, die Saatfläche vergrößerte sich um über 30 Mio. ha (was in etwa der Anbaufläche Kanadas entsprach). Nach ermutigenden Anfängen stellten sich bald Rückschläge ein, die frühzeitig die Grenzen des Gesamtprogramms ahnen ließen. Die klimatischen Bedingungen (unzureichende Niederschläge, Steppenstürme, verfrühte Schneefälle) hielten das Ernterisiko hoch. Die ungünstige Kosten-Nutzen-Relation (lange ↑Verkehrswege, der Zwang zu umfangreichen Neuinvestitionen) und Spätfolgen (Bodenerosion, Versalzung) kamen hinzu. So blieb der Erfolg zweifelhaft, von den Anfangshoffnungen und -erwartungen ganz zu schweigen.

Lit.: Baraev, A. I., Osvoenie celinnych i zaležnych zemel' v Kazachstane, M 1955; Dvorskij, B. Ja./Sidorov, I. F., Celinnyj kraj, M 1964; Problemy sel'skogo chozjajstva Severnogo Kazachstana i stepnych rajonov Zapadnoj Sibiri. Sbornik statej, M 1967; Karger, A., Sowjetunion (Fischer Länderkunde Bd. 9), Frankfurt 1978; McCauley, M., Khrushhev and the Development of Soviet Agriculture: The Virgin Lands Programme, London 1976.

H.A.

Nichtangriffspakt(e) mit einzelnen europäischen Staaten zu schließen, war ein Hauptbestreben der s.en Sicherheitspolitik seit 1927, deren Richtung auf dem XV. ↑Parteitag festgelegt worden war. Das Ziel der beschleunigten ↑Industrialisierung der SU verlangte nach mehr Stabilität der politischen und wirtschaftlichen Außenbeziehungen. Entsprechend propagierte ↑Stalin eine präventive Friedens- und Vertragspolitik, um der vorgeblich akuten Gefahr eines „imperialistischen Krieges" zu begegnen; zugleich bekannte er sich zum Grundsatz der Koexistenz zwischen den widersprüchlichen Gesellschaftssystemen. Wirksam wurde die neue Orientierung zunächst in den s.en Initiativen zur Gewaltverzichts- und Abrüstungspolitik (↑Briand-Kellogg-Pakt; ↑Litvinov-Protokoll) sowie in der engeren Anbindung der ↑Komintern an die s.e Außenpolitik seit 1928. Dagegen fanden die s.en Bemühungen um bilaterale N. erst 1931/32, im Zeichen der japanischen Expansion im Fernen Osten, positive Resonanz: Zwischen Januar und März 1932 kam es zu Vertragsschlüssen mit Finnland, ↑Lettland und ↑Estland; nach erheblich langwierigeren Verhandlungen folgten die entscheidenden N. mit Polen (25. 7. 1932) und Frankreich (29. 11. 1932); den Abschluß bildete der auf Initiative Mussolinis ausgehandelte N. mit Italien (2. 9. 1933). Gegenstand aller N. war, neben der Verpflichtung auf friedliche Beziehungen und Neutralität bei Konflikten mit Dritten, auch der Verzicht auf Beteiligung an

Wirtschaftsboykotten und feindlicher Propaganda sowie das Verbot, gegen den jeweiligen Partner gerichtete Aktivitäten im eigenen Land zu dulden; Grenzgarantien enthielten lediglich die N. mit Finnland und Estland. Die außenpolitische Wirkung der N. bestand nicht zuletzt in einer Schwerpunktverlagerung in den s.en Beziehungen in Europa: Der Anschluß der SU an die Politik der kollektiven Sicherheit beschloß die außenpolitische Ära des ↑Rapallo-Vertrags und bahnte den Weg für den Beitritt zum ↑Völkerbund sowie für die ↑Beistandspakte von 1935.

Lit.: Jacobsen, H.-A., Primat der Sicherheit, 1928–1938, in: Osteuropa-Handbuch, Sowjetunion. Außenpolitik I, Köln/Wien 1972; Allard, S., Stalin und Hitler. Die sowjetische Außenpolitik 1930–1941, Bern 1974; Large, J. A., The Origins of Soviet Collective Security Policy, 1930–32, in: Sov. Stud. 30 (1978). *M.G.M.*

Nižnij Novgorod, am Zusammenfluß von Wolga und Oka, wurde 1221 gegründet. In der Neuzeit entwickelte sich die Stadt zu einem bedeutenden Handelszentrum (Flußverbindungen über die Wolga bis in den Iran, Zugang zum Orienthandel). Der Ausbau des Jahrmarkts, der Anschluß an das r.e Eisenbahnnetz (Linie ↑Moskau – N. N., Eisenbahnverbindungen zum Ural folgten) und die Gründung großer Industriebetriebe begünstigten das weitere Wachstum der Stadt, die auch ein regionales Zentrum bürgerlich-demokratischer und sozialdemokratischer Strömungen war. Nach der ↑Oktober-Revolution wurde das hier historisch begründete lokale Selbstbewußtsein rasch geschwächt. Zwar konsolidierte sich die s.e Macht sehr rasch und konnte von N. N. aus erfolgreich die alliierte Intervention (↑Bürgerkrieg) von ↑Archangel'sk bekämpfen. Mit der ↑Neuen Ökonomischen Politik konnte auch die seit 1917 geschlossene Messe wieder eröffnet werden. Die ökonomischen Voraussetzungen für Handelsgeschäfte gingen aber mit dem 1. ↑Fünfjahrplan, der ↑Industrialisierung und ↑Kollektivierung Ende der 20er Jahre verloren, der Jahrmarkt wurde 1928 letztmals abgehalten. N. N. verlor jegliche Sonderstellung gegenüber Moskau; ↑Kaganovič, ↑Molotov, ↑Mikojan und ↑Ždanov verbrachten hier Karrierestationen auf dem Weg zur Spitze um ↑Stalin. 1932 wurde N. N. anläßlich des 40jährigen Jubiläums der schriftstellerischen Tätigkeiten des Sohnes der Stadt, Maksim ↑Gor'kij, nach diesem benannt, erhielt unter ↑Gorbačev 1990 jedoch seinen alten Namen zurück. Seit 1962/63 ist die Stadt Hauptstadt des Wirtschaftsgebietes Wolga-Vjatka. Als ökonomisches und kulturelles Zentrum für das ↑Gebiet N. N. (1936–1990 Gebiet Gor'kij) wurde die Stadt mit zahlreichen neuen ↑Industrie-Betrieben, Versorgungs-, Lehr- und Bildungseinrichtungen ausgestattet. Die Einwohnerzahl wuchs von 10 000 (Ende 18. Jh.) über 38 000 (Mitte 19. Jh.), 95 700 (1897), 217 100 (1926), 644 100 (1939) und 941 000 (1959) auf 1,4 Mio. (1985).

Lit.: ↑Alma Ata. *B.Sch.*

NKGB, NKVD (NKWD) ↑Geheimpolizei

Nomenklatur (nomenklatura) bezeichnete das in der SU praktizierte System gesteuerter Personalpolitik (↑„Kader-Politik"). Es garantierte die führende Rolle der ↑Kommunistischen Partei in Regierung und Verwaltung, Wirtschaft und

Gesellschaft. Dabei gab es Stellungen, die der Grund-N. (osnovnaja nomenklatura) unterlagen und von der Partei allein besetzt wurden, und andere, die zur Registrier- und Kontroll-N. (učetno-kontrol'naja nomenklatura) gehörten und bei deren Besetzung die Partei konsultiert werden mußte. Entsprechendes galt für die Absetzung von Personen auf N.-Positionen. Welches Parteigremium zuständig war, richtete sich nach der Bedeutung der Stellung und wurde durch eine entsprechende N.-Liste geregelt. Die Entscheidung setzte die Führung entsprechender Personalakten voraus, was den dafür zuständigen Institutionen und Personen seit jeher eine erhebliche Machtfülle verlieh. Die wichtigsten Entscheidungen waren dem ↑Zentralkomitee vorbehalten. Auf seiner N.-Liste stand die Ernennung leitender Parteifunktionäre bis hinunter in die Provinz, die Besetzung von Spitzenpositionen in der Regierung, den ↑Streitkräften, den Massenmedien und Organisationen, aber auch die Auswahl von Direktoren besonders wichtiger Industriebetriebe oder des Polizeichefs von ↑Leningrad. Entsprechend abgestuft waren die Zuständigkeiten des Zentralkomitees in den ↑Unionsrepubliken und der Parteikomitees in den ↑Gebieten, Städten und Kreisen. Man schätzt, daß selbst in den mittleren Städten und den ländlichen Kreisen (rajony) die Zahl der N.-Positionen in die Hunderte ging und alle Stellungen bis hinunter zu den Sekretären der Parteibasisorganisationen, den Mittelschuldirektoren und Vorsitzenden der ↑Kolchozen erfaßte. Die westlichen Kenntnisse über die Entstehung, die Entwicklung und das Funktionieren der N. sind sehr bruchstückhaft; die bekanntgewordenen Angaben scheinen in der Nach-↑Stalin-Zeit, vor allem auch seit den 70er Jahren, eine gewisse Verringerung der N.-Positionen sowie eine gewisse Verlagerung der Entscheidungen nach unten widerzuspiegeln.

Lit.: Harasymiv, B., Die sowjetische Nomenklatur, 1. Organisation und Mechanismen, 2. Soziale Determinanten und Kaderpolitik, in: Osteur. 27 (1977); ders., Nomenklatura. The Soviet Communist Party's Leadership Recruitment System, in: Canadian Journal of Political Science 2 (1969); Lewytzkyj, B., Die Nomenklatur – ein wichtiges Instrument sowjetischer Kaderpolitik, in: Osteur. 11 (1961); Voslensky, M. S., Nomenklatura. Die herrschende Klasse der Sowjetunion, Wien/München 1980.   *H.A.*

NÖP ↑Neue Ökonomische Politik

Nordkaukasische Sowjetrepublik ↑Ordžonikidze, G. K.

Nordos(s)etische ASSR ↑RSFSR

Normen (normativy; normirovanie – Normung) legten einzelbetrieblich oder gesamtwirtschaftlich Richtwerte für die Eigenschaften bestimmter Stoffe bzw. Werkstücke oder für Dauer und Ergebnis bestimmter Arbeitsvorgänge fest. Im Rahmen der Einführung wissenschaftlicher Arbeitsorganisation und immer weitergehender Rationalisierung (Fordismus, Taylorismus) bestimmten N. den Arbeitsablauf im Betrieb und damit die Arbeitsbedingungen des einzelnen Arbeiters. Im Stücklohn war auch die Lohnhöhe von den festgesetzten N. abhängig. Die Kalkulation von N. erfolgte im Rahmen wissenschaftlicher Arbeitsorganisation und veränderte sich mit Einführung neuer Technologien und neuer Arbeitsverfahren. Z. B. wurden gültige N. während der ↑Stachanov-Bewegung nach oben korrigiert, nachdem sie von einzelnen ↑Arbeitern um ein Mehrfaches überboten worden waren. In den 20er und 30er Jahren wurde eine zu große Verstärkung des Leistungsdrucks dadurch verhindert, daß die Technischen Normungsbüros der Betriebe, die für Festsetzung der N. verantwortlich waren, in der Regel weder über qualifiziertes Personal noch über die nötigen Geräte verfügten, um N. wissenschaftlich zu bestimmen.

Lit.: Gal'cov, A. D., Normirovanie i osnovy naučnoj organizacii truda v mašinostroenii, M 1967; Schwarz, S., Arbeiterklasse und Arbeitspolitik in der Sowjetunion, Hamburg 1953; Filtzer, D., Soviet Workers and Stalinist Industrialization, London 1986; Süß, W., Der Betrieb in der UdSSR. Stellung, Organisation und Management 1917–1932, Frankfurt a. M. 1981; Tatur, M., „Wissenschaftliche Arbeitsorganisation" – Arbeitswissenschaften und Arbeitsorganisation in der Sowjetunion 1921–1935, Berlin 1979. *H.-H.Sch.*

Novonikolaevsk ↑Novosibirsk

Novosibirsk entstand 1893, als für die Transsibirische Eisenbahn (↑LGR) die Brücke über den Ob' gebaut wurde. Aus der Eisenbahnerniederlassung Gusevka, dann Siedlung Aleksandrovsk bzw. (1895) Siedlung Novonikolaevsk wurde schon 1903 die Stadt Novonikolaevsk. Ausgehend von den Brückenköpfen siedelten sich immer mehr Menschen an, zunächst besonders zahlreich Kaufleute (1913 an die 300 Handelsbetriebe). Industriebetriebe folgten rasch, „Sib-Chicago" entwickelte sich zum wirtschaftlichen Zentrum ↑Sibiriens. 1897 hatte Novonikolaevsk 8000 Einwohner, 1923 schon 73000, 1926 121000. Im Mai 1918 fiel die Stadt in die Hände der ↑„Weißen", zunächst an die menschevistische Regierung, im November 1918 an ↑Kolčak (↑Bürgerkrieg). Nach der Eroberung durch die ↑Rote Armee im Dezember 1919 wurde sie auch politisches Zentrum Sibiriens. Hier nahm 1922/25 das Sibirische Revolutionskomitee seinen Sitz, 1930 wurde die Stadt, die zunächst zum Gouvernement (↑LGR) ↑Tomsk gehört hatte und seit 1926 Novosibirsk hieß, Zentrum Westsibiriens, 1936 Hauptort des ↑Gebiets N. Der Ausbau des ↑Kuzbass festigte die Rolle der Stadt als Verkehrsknotenpunkt (Kreuzung der Transsibirischen und der Turkestanisch-Sibirischen Bahn sowie der Verbindung zum Kuzbass). Zugleich wurden neue Industriebetriebe angesiedelt (Maschinenbau und Metallurgie). Im Gebiet von N. wurden während des ↑Zweiten Weltkriegs zahlreiche verlagerte Großbetriebe aufgebaut. Kulturelle und wissenschaftliche Funktionen kamen unter ↑Chruščev hinzu: 1957 die Sibirische Abteilung der ↑Akademie der Wissenschaften in Akademgorodok („Akademiestädtchen") (die in verschiedenen Wissenschaftszweigen grundlegende Forschungen für die Politik der Reformen unter ↑Gorbačev unternahm), 1959 die Universität N. 1961 wurde N. Hauptort der Wirtschaftsregion Westsibirien. Seine Einwohnerzahl stieg von 403600 (1939) über 885000 (1959) auf 1,4 Mio. (1985).

Lit.: ↑Alma Ata. *B.Sch.*

„Novyj mir" (Neue Welt) war der Name einer vom s.en ↑Schriftstellerverband herausgegebenen Monatsschrift, die sich vor allem mit Literatur und Kunst, aber auch allgemeineren gesellschaftspolitischen Themen befaßte. Sie erschien seit Januar 1925. Sie brachte Erstdrucke von Werken zahlreicher s.er Schriftsteller, u. a. von M. ↑Gor'kij, A. N. Tolstoj (1883–1945), F. V. Gladkov (1883–1958), B.

↑Pasternak, I. Ėrenburg (↑Ehrenburg), V. Kataev (1897–1986), L. Leonov (geb. 1899), A. Fadeev (1901–1956) und M. ↑Šolochov, um nur einige wenige zu nennen. A. Tvardovskij (1910–1971), von 1950 bis 1954 und von 1958 bis 1970 Chefredakteur des „N. m.", öffnete die Zeitschrift nach ↑Stalins Tod jungen, nonkonformistischen Schriftstellern (↑Tauwetter). Zu den von ihm Geförderten gehörte auch A. ↑Solženicyn, dessen Erzählung „Ein Tag im Leben des Ivan Denisovič" (Ort der Handlung: ein s.es Zwangsarbeitslager) 1962 im „N. m." erschien. 1970 wurde Tvardovskij als Chefredakteur des N. m. abgesetzt. „N. m." unterstützte in der Zweiten Hälfte der 80er Jahre den Reformkurs (↑Perestrojka). Die Auflagenhöhe (1975: 172000) stieg bis Anfang der 90er Jahre auf über 1,5 Mio. Exemplare.

Lit.: Levickij, L. A., Novyj mir, in: BSĖ (3. Auflage) Bd. 18; Tvardovskij, A., Po slučaju jubileja, in: Novyj mir 1965, No. 1; Frankel, E. R., Novyj mir. A case study in politics of literature 1952–58, Cambridge 1980; Hotz, R. (Hrsg.), Allein der Wahrheit verpflichtet. Alexander Twardowski als Dichter und Literaturmäzen. Eine Dokumentation, Bern/ Frankfurt 1972; Kasack, W., Lexikon der russischen Literatur ab 1917, Stuttgart 1976; Spechler, D. R., Permitted Dissident in the USSR. Novyj mir and the Soviet Regime, New York 1982.   *H.A.*

Oberster Militärrat ↑Militärkommissare

Oberster Sowjet (Verchovnyj Sovet SSSR). Als „höchstes Organ der Staatsgewalt" schuf die ↑Verfassung von 1936 den O.nS. der SU (Art. 30). Er wurde (lt. Art. 134) auf der Grundlage des allgemeinen, gleichen und direkten Wahlrechts in geheimer Abstimmung gewählt und ersetzte den ↑Rätekongreß der UdSSR, der auf indirektem Wege (über die Lokal- und Regional-↑Sowjets), bei unterschiedlicher Stimmgewichtung (Unterschiede zwischen ↑Stadt und ↑Land) und unter Ausschluß bestimmter Bevölkerungsgruppen bestellt worden war. Mit dem Rätekongreß verschwand auch das ↑Zentrale Exekutivkomitee der Union. Der O.S. wurde auf 4 Jahre gewählt, war jährlich zweimal einzuberufen und bestand aus zwei Kammern: dem ↑Unions- und dem ↑Nationalitätensowjet; beide Kammern wählten in einer gemeinsamen Sitzung das ↑Präsidium des O.nS. Dem O.nS. sollten alle Bundeskompetenzen zustehen, soweit sie in der Verfassung nicht ausdrücklich dem Präsidium des O.nS., dem ↑Rat der Volkskommissare der UdSSR (seit 1946 ↑Ministerrat der UdSSR) oder den Volkskommissaren der UdSSR (seit 1946 ↑Ministerien der UdSSR) übertragen waren; alle genannten Organe der UdSSR waren ihrerseits dem O.nS. rechenschaftspflichtig. Art. 32 der Verfassung übertrug dem O.nS. das alleinige Gesetzgebungsrecht (ohne allerdings den Gesetzesbegriff materiell zu füllen); er verabschiedete den Volkswirtschaftsplan und den Staatshaushalt; der O.S. wählte auch (auf 5 Jahre) den Obersten Gerichtshof der UdSSR, ernannte (auf 7 Jahre) den Staatsanwalt der UdSSR und bildete (in gemeinsamer Sitzung der beiden Kammern) die Regierung, den Rat der Volkskommissare bzw. Ministerrat der UdSSR. Wie auf gesamtstaatlicher Ebene so wurden auch in den ↑Unions- und ↑Autonomen Republiken die Rätekongresse (und Zentralen Exekutivkomitees) durch O.S.s (und Präsidien der O.nS.s) ersetzt, auch sie wurden in allgemeinen, gleichen und direkten Wahlen bestellt (allerdings einkammerig). Der Bruch mit der revolutionären Tradition war unübersehbar. Die neue Institution der O.nS.s glich westlichen Parlamenten mehr als den improvisierten Räteversammlungen von 1917/18. Was den O.n S. aber weiterhin von diesen unterschied, war 1. die in der Wahlordnung vorgeschriebene Schlüsselstellung der ↑Kommunistischen Partei bei der Kandidatenaufstellung; 2. die starke Stellung des Präsidiums des O.n S.; 3. der nur formale Gesetzesbegriff, der das Gesetzgebungsmonopol des O.n S. entwertete, und 4. die kurze Dauer der Sitzungsperioden, die gar keine Beratung der umfangreichen Gesetzesvorlagen zuließ (so war der O. S. in den 50er, 60er und 70er Jahren nur durchschnittlich 1 Woche (pro Jahr) versammelt, meist verteilt auf die verfassungsmäßig vorgeschriebenen 2 Sessionen).

Die neue Verfassung von 1977 hielt am O.n S. als „höchstem Organ der Staatsgewalt der UdSSR" fest und ließ im wesentlichen auch Aufbau und Kompetenzen unverändert. Umfaßte der O. S. in seiner 1. Zuammensetzung (1937) über 1100 Mitglieder, so stieg die Mitgliederzahl bis Anfang der 80er Jahre auf etwa 1500. Der Prozentanteil von Parteimitgliedern (einschließlich Kandidaten) blieb in etwa gleich; der Partei gehörten rd. drei Viertel der Deputierten an. Im Frühjahr 1983 wählte der neue ↑Kongreß der Volksdeputierten einen O.n S., der, anders als sein Vorgänger, als ein „ständig arbeitendes Gesetzgebungs-, Verfügungs- und Kontrollorgan" (Art. 111 der geänderten Verfassung vom Dezember 1988) gedacht war und jährlich zwei Sitzungsperioden von jeweils drei bis vier Monaten abhalten sollte.

Lit.: Jurčik, E. T., Verchovnyj sovet SSSR, in: SIĚ Bd. 3; Ronin, S. L., K istorii razrabotki i utverždenija Stalinskoj konstitucii, M 1951; Fincke, M. (Hrsg.), Handbuch der Sowjetverfassung, 2 Bde., Berlin 1983; Maurach, R., Handbuch der Sowjetverfassung, München 1955. *H.A.*

Oberster Volkswirtschaftsrat (Vysšij Sovet Narodnogo Chozjajstva, VSNCh) ist die Bezeichnung für die höchste Wirtschaftsleitungsbehörde in den Jahren 1917–32 und 1963–65. Der O. V. wurde am 2.(A. S.)/15. 12. 1917 gegründet und leitete bis Ende des 1. ↑Fünfjahrplans die s.e ↑Industrie. Der O. V. wurde wiederholt reformiert. Während des ↑Kriegskommunismus erfolgte die Industrieleitung durch die „glavki" (Hauptverwaltungen), welche die Zuteilung von Roh- und Brennstoffen und Verteilung der Erzeugnisse zentral lenkten. Nach dem Übergang zur ↑Neuen Ökonomischen Politik wurde die Leitungsarbeit auf die Basis kommerzieller Rechnungsführung (chozrasčet) gestellt. Zur Führung der Trusts wurde die Zentralverwaltung der Industrie (CUGProm) geschaffen, für die Planungs- und Regulierungsarbeit die Staatliche Ökonomische Hauptverwaltung (GĚU VSNCh). Seit Mitte der 20er Jahre arbeitete der O. V. in Konkurrenz zu ↑Gosplan wiederholt Fünfjahrplanentwürfe aus. Am Ende des 1. Fünfjahrplans 1932 wurde der O. V. aufgelöst, und seine Aufgaben wurden auf die neugegründeten ↑Volkskommissariate für Schwer-, Leicht- und Holzindustrie übertragen.

Im Rahmen von ↑Chruščevs Wirtschaftsleitungsreform von 1963 wurde neuerlich ein O. V. des ↑Ministerrates der UdSSR gegründet (13. 3. 1963). Die neue Behörde, deren Leiter D. F. Ustinov (1908–1984) wurde, faßte die Aufgaben dreier nachgeordneter Organe zusammen: des Gosplan, das sich mit Perspektivplanung befaßte, des ↑Volkswirtschaftsrates, der für die laufende Planungsarbeit zuständig war, und des Staatlichen Komitees für Bauwesen (Gosstroj). Das

Plenum des ↑Zentralkomitees vom September 1965 leitete neuerlich eine Reform der Wirtschaftsverwaltung ein, in deren Verlauf der O.V. wieder aufgelöst wurde.

Lit.: Pollock, F., Die planwirtschaftlichen Versuche in der Sowjetunion 1917–1927, Leipzig 1929 (Nachdruck Frankfurt a. M. 1971); Venediktov, A. V., Organizacija gosudarstvennoj promyšlennosti v SSSR, t. 1, L 1957; Raupach, H., Das Planungssystem, in: Osteuropa-Handbuch. Sowjetunion. Das Wirtschaftssystem, Köln 1965, S. 140–179.

H.-H.Sch.

Oblast' ↑Sowjetunion

Odessa wurde in Verbindung mit einem neuen Kriegs- und Handelshafen 1794 gegründet und 1795 nach einer nahe gelegenen griechischen Siedlung des Altertums genannt. Der Getreideanbau in den südöstlichen Steppengebieten und vor allem der zunehmende Export stärkten O. und machten es zu der dem Umsatz nach wichtigsten r.en Hafenstadt. O. erhielt 1864 eine Universität. 1897 hatte O. 404 000 Einwohner und war die drittgrößte Stadt R.s (ohne Polen). In der Revolution von 1905 (↑LGR) konnten sich in O. die Aufständischen mit Unterstützung der Mannschaft des Panzerkreuzers „Potemkin" einige Tage lang halten. 1917 geriet O. voll in die Wirren des ↑Bürgerkriegs. Der Herrschaft der ↑Rada unter ↑Petljura folgte im Januar 1918 für kurze Zeit die Ukrainische ↑Räterepublik (↑Ukraine). Im März 1918 besetzten Truppen der Mittelmächte die Stadt. Ihnen folgten im November Ententetruppen (Beschießung der Stadt), die sich im Juli 1919 zurückziehen mußten. Die anschließende s.e Herrschaft endete mit der Eroberung der Stadt durch die Truppen ↑Denikins, die im März 1920 wiederum durch die ↑Rote Armee vertrieben wurden. Die großen Zerstörungen und die ↑Hungersnot 1921/22 setzten der Bevölkerung schwer zu. Wie 1905 kam es in dieser Zeit zu antijüdischen Pogromen. Die Phase der ↑Neuen Ökonomischen Politik, vor allem die Wiederaufnahme internationaler Handelsbeziehungen, wirkten sich günstig aus: 1926 hatte O. 411 000 Einwohner, davon ca. 37 % Juden, 39 % Großrussen, 17,6 % (im ↑Gebiet O. 65 %) Ukrainer, daneben Deutsche (71 400 im Gebiet O.), Polen und andere Minderheiten. Gegenüber ↑Kiev, ↑Char'kov und ↑Dnepropetrovsk fiel O. allerdings im Wachstum zurück. Metall-, Maschinenindustrie und Lebensmittelproduktion waren neben dem Hafen seine ökonomischen Schwerpunkte. Nach dem deutschen Angriff auf die SU (↑Zweiter Weltkrieg) konnten rumänische Truppen O. nach 69tägiger Verteidigung im Oktober 1941 einnehmen. Bis zur Rückeroberung im April 1944 war die Stadt Sitz der Verwaltung der rumänischen Provinz Transnistrien. Die jüdische Bevölkerung wurde ausgerottet, allerdings hatten etwa zwei Drittel evakuiert werden können. Der jüdische Bevölkerungsanteil lag 1979 im Gebiet O. nur noch bei etwas mehr als 3 %. Durch s.e Deportationen und deutsche Rücksiedlungen verlor O. auch seine Funktion als ein Zentrum der Schwarzmeerdeutschen (↑Sowjetunion-Deutsche). Unverändert hoch war 1979 der Anteil der Großrussen an der Stadtbevölkerung (im Gebiet O. insgesamt etwa 25 % bei mehr als 50 % Ukrainern, zudem Bulgaren, Rumänen, Gagauzen u. a. – insgesamt ca. 25 %). Die schweren Zerstörungen, welche die Deutschen zwischen Februar und April 1944 in O. anrichteten („Verbrannte Erde"), wurden nach dem Kriege beseitigt, das Gebiet O. durch ehemals rumänisches Territorium, die

Schwarzmeerküste zwischen Dnestr und Donau mit Ismailia, erweitert. Zusätzliche Industrieansiedlungen (Schiffbau) und die Anlage neuer Häfen für den Handel mit dem ↑Comecon und für den Welthandel gaben dem Wachstum der Stadt neue Impulse. Die Zahl der Bewohner stieg von 599 000 (1939) auf 614 000 (1959) und auf 1,2 Mio. (1980).

Lit.: ↑Alma Ata. *B.Sch.*

OGPU ↑Geheimpolizei

Ökonomischer Materialismus ↑Marxismus-Leninismus, ↑Pokrovskij

Ökonomische Kommission ↑Nationalitätensowjet

Okrug ↑Sowjetunion

Oktober-Kinder ↑Komsomol

Oktober-Revolution. Die Revolution vom 25. 10. (A. S.)/7. 11. 1917, im s.en Sprachgebrauch die „Große Sozialistische O.-R.", markiert den Übergang von der parlamentarischen Republik der Provisorischen Regierung (↑LGR) zur Räterepublik marxistisch-leninistischer Prägung, d. h. zum S.-Staat, oder, wirklichkeitsnäher ausgedrückt, die Aufhebung der seit dem Frühjahr bestehenden ↑Doppelherrschaft (↑LGR) von Regierung und Petrograder ↑Sowjet. Damit kamen die Bemühungen des radikalen Teils der r.en ↑Sozialdemokraten (↑LGR), der ↑Bolschewisten, zum Abschluß, der „bürgerlichen" Revolution (Februar-Revolution [↑LGR]) die sozialistische möglichst unmittelbar folgen zu lassen. Dies geschah nicht aufgrund einer kausalen Entwicklung, sondern war dem voluntaristischen Betreiben insbesondere Vl. I. ↑Lenins zuzuschreiben, der noch am 10. Oktober bei einem Geheimtreffen des ↑Zentralkomitees der RSDRP(b) die zögernden Genossen zur Tat überreden mußte und die Abstimmung über den bewaffneten Aufstand mit zehn Stimmen gegen diejenigen ↑Zinov'evs und ↑Kamenevs gewann. Andererseits kann man die O.-R. auch lediglich als ein Glied in einer Reihe von Ereignissen des Jahres 1917 sehen und ihr so den Charakter einer Zäsur nehmen, zumal ihr auch für die Folgezeit in vielen Bereichen (Außenpolitik, Patriotismus, ↑Minderheiten, zunächst auch Kunst und Wissenschaft u. a. m.) diese Eigenschaft aus heutiger Sicht nicht zukommt.

Für das Gelingen des Aufstandes wurden zwei Faktoren entscheidend: die Einberufung des 2. Allr.en ↑Rätekongresses für den 25. 10. auf Betreiben der Bolschewisten und die Kriegsmüdigkeit der Petrograder Garnison, die zur Folge hatte, daß die militärische Initiative auf das vom Rat eingesetzte Militärrevolutionäre Komitee (↑LGR) überging, in dem L. D. ↑Trockij die führende Rolle spielte. Er vor allem wurde der militärische Organisator des Aufstandes, indem er die ↑Roten Garden, lose organisierte Arbeiterbrigaden, aufstellte und die Besatzung der Peter-Paul-Festung am 23. 10. rhetorisch geschickt auf seine Seite zog. Die in der Hauptstadt loyal gebliebenen Regierungstruppen reagierten ebenso gelähmt und hilflos wie die Regierung selbst, deren Ministerpräsident A. F. Kerenskij (1881–1970) an nervöser Erschöpfung litt. Unter diesen Voraussetzungen konnte der eigentliche „Aufstand" in Form eines Handstreiches ohne großes Blutvergießen und von der Bevölkerung nahezu unbemerkt verlaufen: In der Nacht zum 25. 10. wurden zwei Bahnhöfe besetzt, am Morgen die Staatsbank und das zentrale Telefonamt. Um 10.00 Uhr verließ Kerenskij die Stadt, um Truppen von der Front zu holen, nachmittags hielt Lenin seine erste öffentliche Rede, in der er die Hoffnung auf die Weltrevolution ausdrückte. Seit 18.30 Uhr wurde allmählich der Winterpalast, der Regierungssitz, eingenommen, indem man zunächst mit einem Bombardement drohte. Dieses erfolgte tatsächlich von der Festung her, nachdem der Kreuzer der Baltischen Flotte „Aurora" um 21.45 Uhr das Signal mit einem Platzpatronenschuß gegeben hatte, richtete aber keinen großen Schaden an. Während um 23.00 Uhr der 2. Rätekongreß zusammentrat und nach Auszug der gemäßigten Sozialisten in den Morgenstunden die Aktionen sanktionierte, drangen die revolutionären Truppen in dem riesigen Palast vor, bis Vl. A. ↑Antonov-Ovseenko die Minister verhaftete. Am Morgen des 26. 10. wachten nur wenige Menschen in ↑Petrograd in dem Bewußtsein auf, daß ein weltgeschichtliches Ereignis stattgefunden hatte. Die sechs Toten waren alle Bolschewisten. Die neuen Machthaber begannen sofort mit der Regierungsarbeit (↑Dekret über das Land, ↑Dekret über den Frieden); der Rätekongreß vollzog am Abend des 26. 10. die Regierungsbildung. Die dilettantischen Widerstandsversuche des „Komitees zur Rettung des Vaterlandes und der [Februar-]Revolution", in dem sich die gemäßigten Sozialisten gesammelt hatten, sowie Kerenskijs, der am 27. 10. von Gatčina aus noch einmal versuchte, mit Hilfe von rechten Kräften und Kosakeneinheiten die Führung zurückzuerlangen, schlugen fehl und hatten zur Folge, daß der Ausnahmezustand verhängt wurde.

In ↑Moskau, wo der Aufstand nicht von langer Hand vorbereitet worden war und der Vorsitzende des Sowjets, V. P. Nogin (1878–1924), sich, obwohl Bolschewist, als Gegner einer solchen Aktion erwies, dauerten die Kämpfe eine Woche bis zum 3. 11. In anderen Gegenden war die O.-R. meist problemlos: in den industriellen Gebieten in Form eines Mehrheitswechsels, in den agrarischen mit Hilfe von Soldaten. Die Bolschewisten beklagten im ganzen ca. 500 Tote. Zur Ruhe kam das Land wegen des ↑Bürgerkrieges freilich noch lange nicht. Daß der Sieg auf diese Weise zunächst relativ leicht errungen wurde, wird in der Historiographie unterschiedlich erklärt. Die Marxisten sahen die O.-R. als Aufstand von Tausenden von Arbeitern und Bauernsoldaten unter der genialen Führung Lenins, die Nicht-Marxisten schrieben und schreiben alles den Umständen zu, nämlich dem Ersten Weltkrieg (↑LGR), den Fehlern der Provisorischen Regierung, der Hilfe des Deutschen Reiches für Lenin usw. Dies alles hat in der Tat bis zu einem gewissen Grade eingewirkt, aber im großen und ganzen spielte Lenin va banque, insofern er die große Masse der Bevölkerung, die ↑Bauern, gegen sich hatte und sich in der Hoffnung auf die unmittelbare Sicherung der O.-R. hinsichtlich des Ausbruchs der Weltrevolution, besonders in Deutschland, täuschte. Der Putsch hätte ebenso scheitern können wie der Juli-Aufstand (↑LGR). Deshalb müssen die Ursachen des bolschewistischen Sieges in der Tat sehr viel früher, mindestens in der Entwicklung seit der Februar-Revolution, gesucht werden. Eine entscheidende Voraussetzung lag vor allem in dem sozialen Wandel, den der Krieg mit sich gebracht hatte. (Weitere Einzelheiten ↑Oktober-Revolution im LGR.)

Lit.: Bonwetsch, B., Die russische Revolution 1917. Eine Sozialgeschichte von der Bauernbefreiung 1861 bis zum Oktoberumsturz, Darmstadt 1991; Hildermeier, M., Die Russische Revolution 1905–1921, Frankfurt a. M. 1989; Pipes, R., Die Russische Revolution, Bd. 1: Der Zerfall des Zarenreiches, Bd. 2: Die Macht der Bolschewiki, Berlin 1992 ↑Oktober-Revolution (↑LGR).   *H.-J. T.*

Omsk wurde 1716 als Festung zur Sicherung Sibiriens (↑LGR) gegen die Kazachen an der Mündung des Om' in den Irtyš gegründet. Eine nachfolgende zivile Ansiedlung wurde 1782 zur Stadt erhoben. Der Bau der Transsibirischen Eisenbahn (↑LGR, Anschluß 1894) regte in der Stadt (1897 37 000 Einwohner) den Ausbau von landwirtschaftlicher und anderer Industrie an. Die s.e Herrschaft konnte sich im Dezember 1917 etablieren, wurde jedoch Ende Juni 1918 durch einen Aufstand verdrängt. Die in O. eingerichtete „Provisorische Sibirische Regierung" ging in das Direktorium ein, das von ↑Ufa nach O. übersiedelte und im November durch ↑Kolčak gestürzt wurde (↑Ufa-Direktorium). Ein s.er Aufstandsversuch im Dezember scheiterte, erst im November 1919 eroberte die ↑Rote Armee O. Bis 1922 blieb die Stadt Sitz des Sibirischen Revolutionskomitees (↑Sibirien), dann wurden die übergreifenden Zuständigkeiten nach Novonikolaevsk (↑Novosibirsk) übertragen. O. wurde 1934 ↑Gebiets-Hauptstadt. Der ↑Zweite Weltkrieg, ebenso die ↑Neulandkampagne begünstigten die industrielle und agrarische Entwicklung in O. bzw. in seinem Umfeld. Die Einwohnerzahl wuchs von 161 00 (1926) auf 289 000 (1939) bzw. 581 000 (1959) und 1,1 Mio. (1985).

Lit.: ↑Alma Ata.   *B.Sch.*

Orden, Medaillen und Ehrentitel wurden nach der ↑Oktober-Revolution zunächst abgeschafft. Doch schon im September 1918 schuf die S.-Führung (für besondere Tapferkeit im ↑Bürgerkrieg) eine neue Auszeichnung, den O. „Rotes Banner". Seit Dezember 1920 wurde als Anerkennung für außergewöhnliche Leistungen in der Produktion der O. „Rotes Arbeits-Banner" verliehen. Nach der Gründung der SU übernahm der Gesamtstaat ihre Verleihung. Anfang der 30er Jahre wurden drei weitere O. gestiftet: „Lenin" (1930), „Roter Stern" (1930), „Zeichen der Ehre" (1935). Art. 49 der ↑Verfassung von 1936 übertrug Verleihung von O. und Ehrentiteln ausdrücklich dem ↑Präsidium des Obersten Sowjet. Eine Vielzahl neuer O. (jeweils mit mehreren Klassen) wurde während des ↑Zweiten Weltkriegs geschaffen. Die meisten waren nach Heerführern der r.en Geschichte (↑Sowjetpatriotismus) benannt: „Vaterländischer Krieg" (1942), „Suvorov" (1942), „Kutuzov" (1942), „Aleksandr Nevskij" (1942), „Bogdan Chmel'nickij" (1943), „Sieg" (1943), „Ruhm" (1943), „Ušakov" (1944), „Nachimov" (1944); hinzu kamen die O. „Mutter-Heldin" und „Mutterruhm" (1944). In den 60er und 70er Jahren wurden die O. der „Oktober-Revolution" (1967), „Völkerfreundschaft" (1972), „Arbeitsruhm" (1974) und „Für den Dienst an der Heimat in den ↑Streitkräften" (1974) neu geschaffen.

Die Verfassung von 1977 beließ (in Art. 121) die Stiftung und Verleihung von O., Medaillen und Ehrentiteln der UdSSR in der Zuständigkeit des Präsidiums des Obersten Sowjet. Zuletzt gab es in der SU etwa 20 verschiedene O. (mit jeweils mehreren Klassen), über 50 UdSSR-Medaillen sowie diverse damit verbundene oder nicht verbundene Ehrentitel (z. B. „Held der Sowjetunion",

„Held der sozialistischen Arbeit") und Ehrenabzeichen, was die SU zu einem
der orden- und titelfreudigsten Länder der Erde machte.

Lit.: Vyšsie stepeni otličija. Ordena i medali. Početnye zvanija. Pamjatnye znamena, in:
Sbornik zakonov SSSR i ukazov Prezidiuma Verchovnogo Soveta SSSR 1938–1975, Bd. 2,
M 1975, S. 413 ff.; Karamzin, G. B., Ordena i medali SSSR, in: SIĖ Bd. 10, Sp. 597 ff.;
Zalejko, B. A., Ordena SSSR, in: BSĖ (3. Aufl.) Bd. 18, 492 ff.; Fincke, M. (Hrsg.), Hand-
buch der Sowjetverfassung, 2 Bde., Berlin 1983.   *H.A.*

Ordžonikidze (Stadt) ↑Vladikavkaz

Ordžonikidze, Grigorij Konstantinovič (Sergo, 1886–1937), aus Kutaisi in ↑Ge-
orgien gehörte wie ↑Stalin und ↑Mikojan oder A. S. Enukidze (1877–1937) zu
den kaukasischen Vertretern in den Spitzengremien der ↑VKP(b) und des Staates. Seit 1903 war O. revolutionär für die RSDRP (↑Parteien [LGR]) aktiv.
Mehrmals emigrierte er, wurde verhaftet und verurteilt – zuletzt 1912 zu Sträflingsarbeit mit Verbannung (↑LGR) nach ↑Sibirien. Zuvor hatte O. die Parteischule in Longjumeau besucht und war als Anhänger ↑Lenins auf dem Prager
↑Parteikongreß 1912 ins ↑Zentralkomitee und ins Russische Büro des ZK gewählt worden. Im Sommer 1917 kehrte O. aus Sibirien zurück und wirkte in
↑Petrograd bei der ↑Oktober-Revolution mit. 1918–20 war er an Operationen
der ↑Roten Armee beteiligt (↑Bürgerkrieg). In dieser Zeit entwickelte sich die
enge Bindung an Stalin. 1918 engagierte sich O. als Außerordentlicher Kommissar für Süd-R. bei der Gründung einer Nordkaukasischen S.-Republik, die für
ein halbes Jahr die Schwarzmeer-, Terek- und Stavropol'-S.-Republiken vereinte. 1920 übernahm er Kommandos bei der Einbeziehung Kaukasiens in den
s.en Machtbereich. Er war Mitglied des Militärrevolutionären ↑Rats der Kaukasischen Front (Januar), Vorsitzender des Büros zur Wiederherstellung der S.-
Macht im Nordkaukasus (Februar), schließlich Vorsitzender des Kaukasischen
Büros des ZK der ↑RKP(b) (April), seit 1922 des Gebietsparteikomitees ↑Trans-
kaukasiens. O. setzte den maßgeblich von Stalin repräsentierten zentralistischen
Kurs auf Kosten regionaler Forderungen durch – Lenin hatte dieses Vorgehen
Anfang 1923 noch kritisiert. Stalin eröffnete O. auch den Weg zum Aufstieg in
der Zentrale. 1921 kehrte er ins ZK zurück. 1924–27 gehörte er dem Militärrevo-
lutionären Rat an, 1926 wurde er Nachfolger ↑Kujbyševs als Vorsitzender der
↑Zentralen Kontrollkommission und des ↑Volkskommissariats für ↑Arbeiter-
und Bauerninspektion, gleichzeitig einer der Stellvertretenden Vorsitzenden des
↑Rates der Volkskommissare und des ↑Rates für Arbeit und Verteidigung.
Schließlich wurde O. 1926 zusammen mit anderen Gefolgsleuten Stalins auch
Kandidat des ↑Politbüros. 1930 rückte O. als Vollmitglied ins Politbüro und
übernahm von Kujbyšev die Leitung des ↑Obersten Volkswirtschaftsrats sowie
nach dessen Aufteilung das Volkskommissariat für Schwerindustrie. Die ↑Indu-
strialisierung im ersten und zweiten ↑Fünfjahrplan war somit eng mit seinem
Einsatz verbunden. O. beging 1937 Selbstmord, offensichtlich weil seine Versuche, gegen die Verfolgung von Parteigenossen und -freunden, wahrscheinlich
konkret von seinem Stellvertreter ↑Pjatakov, anzugehen, unwirksam waren.

Lit.: ↑Andreev.   *B.Sch.*

Organisation Ukrainischer Nationalisten (OUN) ↑Bandera

Orgbüro. Im Zuge des Ausbaus der ↑Partei-Organisation, zunächst vor allem des zentralen Apparates, entstand im Frühjahr 1919 neben dem ↑Sekretariat und ↑Politbüro auch ein Organisationsbüro (Orgbüro) des ↑Zentralkomitees. Vom Plenum des ZK gewählt und aus fünf ZK-Mitgliedern bestehend, war es zuständig für die Organisationsprobleme der Partei: für die Entwicklung der Partei-(↑)kader, für den Kontakt zu den regionalen und lokalen Parteistellen, für Rechenschaftslegung und Information.

Das O. sollte sich zumindest dreimal die Woche versammeln und alle zwei Wochen dem Plenum des ZK Bericht erstatten. In der Praxis beschäftigte sich das O. vor allem mit organisatorischen Grundsatzfragen, während die technische Durchführung von dem Sekretariat weitgehend selbständig erledigt wurde. Die Leitung des Sekretariats bei gleichzeitiger Mitgliedschaft im Org- und Politbüro war eine wichtige Voraussetzung für I. V. ↑Stalins Aufstieg. Der XIX. ↑Parteitag übertrug (1952) die Organisationsarbeit ganz dem Sekretariat, das O. löste sich auf.

Lit.: Stichwort „Orgbjuro CK VKP(b)", in: SIÈ Bd. 10; Neuwald, M., The Central Organisation of the CPSU. Its Structure, Leadership, and Dynamics of Development 1917–1930, Cambridge/Mass. 1956; Schröder, H.-H., Arbeiterschaft, Wirtschaftsführung und Parteibürokratie während der Neuen Ökonomischen Politik. Eine Sozialgeschichte der bolschewistischen Partei 1920–1928, in: FOG Bd. 31, Berlin 1982.   *H.A.*

Orthodoxe Kirche. Die Russische O. K. (Russkaja Pravoslavnaja Cerkov') war die größte Glaubensgemeinschaft auf dem Territorium der SU. Sie verstand sich als Trägerin der r.-nationalen Kultur und war insofern – trotz des Gegensatzes zum ↑Atheismus – ein Element der Stabilität in der s.en Gesellschaft, in der die offizielle Weltanschauung des ↑Marxismus-Leninismus kaum noch Wertorientierung zu vermitteln vermochte.

Die O. K. (↑auch LGR) hielt von August 1917 bis September 1918 nach mehr als 200 Jahren erstmals wieder ein Landeskonzil in ↑Moskau ab, das im November 1917 unter dem Kanonendonner der ↑Oktober-Revolution Tichon (Belavin, 1865–1925) zum Patriarchen (↑LGR) wählte und damit die von Peter I. (↑LGR) aufgehobene kanonische Form der Leitung der Kirche wiederherstellte.

Die ↑Bolschewisten sahen in der O.n K. eine Stütze des Ancien Régime und den Klassenfeind. Das von ↑Lenin verfaßte Dekret „Über die Trennung der Kirche vom Staat und der ↑Schule von der Kirche" vom 23. 1. 1918 (A. S.) verbot der Kirche jede pädagogische Tätigkeit. Das Gesetz entzog allen Glaubensgemeinschaften die Rechte einer juristischen Person und das Recht, Eigentum zu besitzen. In den Jahren 1918 bis 1920 wurden mindestens 28 Bischöfe ermordet, Tausende von Klerikern wurden umgebracht oder verhaftet. Patriarch Tichon wurde im Mai 1922 unter Hausarrest gestellt. Unter dem Schutz der ↑GPU riß eine Gruppe von „Erneuerern" (obnovlency) die Leitung der Kirche an sich und bildete eine „Oberste Kirchenleitung". Die „Erneuerer" forderten und praktizierten einerseits innerkirchliche Reformen (Liturgiereform, Russisch als Liturgiesprache, verheiratete Bischöfe) und begrüßten andererseits die Bolschewisten als die Erbauer einer besseren, gerechten, sozialistischen Zukunft.

Für kurze Zeit erkannte ein Großteil der Bischöfe und des Gemeindeklerus die „Erneuerer" als kirchliche Obrigkeit an; die Gläubigen folgten der Revolution in der Kirche jedoch nicht. Nach der Haftentlassung des Patriarchen im Juni 1923 und seiner Loyalitätserklärung gegenüber der S.-Macht wandten sich viele Bischöfe und Priester wieder der „Tichon-Kirche" zu. Die O. K. hatte ihren Widerstand gegen die kirchenfeindliche, atheistische Staatsmacht aufgegeben. Das schützte sie jedoch nicht vor weiteren Verfolgungen. Unter erheblichem Druck (117 von etwa 160 Bischöfen des Patriarchats waren zwischen 1925 und 1927 verhaftet worden) unterzeichnete der Patriarchatsverweser Metropolit Sergij (Stragorodskij, 1867–1944) im Juni 1927 eine noch weitergehende Loyalitätserklärung. Während der Kampf der S.-Macht gegen die Kirche sich im ersten Jahrzehnt nach der Revolution im wesentlichen gegen die Bischöfe, Klöster, geistlichen Lehranstalten und besonders aktive Geistliche und Laien in den Städten gerichtet hatte, waren die dörflichen Gemeinden weitgehend erhalten geblieben. 1930 zählte das Moskauer Patriarchat noch 30 000 Gemeinden (1914: etwa 45 000). Das Gesetz der ↑RSFSR „Über religiöse Vereinigungen" vom 8. 4. 1929 markierte den Beginn des ↑Stalinismus in der Religionspolitik. Es verbot den Glaubensgemeinschaften jede gesellschaftliche, karitative und katechetische Tätigkeit. Die Schließung von Kirchen durch die Verwaltungsbehörden war jederzeit möglich. Zugleich mit der erzwungenen ↑Kollektivierung der ↑Landwirtschaft setzte 1929 die Massenschließung von Kirchen ein, vielfach begleitet von der Deportation der Geistlichen. 1939 schien das Ende der O.n K. als Institution bevorzustehen: Nur noch einige hundert Kirchen waren geöffnet, nur noch sieben Bischöfe befanden sich im Amt, alle Eparchialverwaltungen außer denjenigen in Moskau und ↑Leningrad hatten ihre Tätigkeit einstellen müssen.

Die Inkorporation der Westgebiete in die SU 1939/40 mit einer erheblichen weißr.en und ukrainischen orthodoxen Bevölkerung und besonders der Ausbruch des deutsch-s.en Krieges 1941 (↑Zweiter Weltkrieg) brachten einen Umschwung in der Kirchenpolitik. Die Notwendigkeit zur Eingliederung und Sowjetisierung der neuen Gebiete im Westen und zur Mobilisierung aller moralischen Kräfte im Krieg ließen Stalin die O. K. mit anderen Augen sehen. Das Moskauer Patriarchat beteiligte sich vom ersten Tag des Krieges an mit patriotischen Aufrufen und Geldsammlungen an den Kriegsanstrengungen und zollte auch dem „Führer"-Kult Tribut. Am 4. 9. 1943 empfing Stalin den Metropoliten Sergij, der vier Tage später zum Patriarchen gewählt werden konnte. Nach dessen Tod bestimmte ein Landeskonzil im Jahr 1945 Aleksij (Simanskij, 1877–1970) zum Patriarchen. Der kirchliche Wiederaufbau konnte auch nach Kriegsende fortgesetzt werden, so daß die O. K. Ende der 50er Jahre wieder über 20 000 bis 25 000 Gemeinden, acht Geistliche Seminare und zwei Geistliche Akademien zur theologischen Nachwuchsausbildung verfügte. Ein großer Teil dieser Gemeinden befand sich in den neugewonnenen Westgebieten, die nicht vom Vernichtungskampf der 30er Jahre berührt worden waren. Außerdem war das Moskauer Patriarchat durch die erzwungene Einverleibung der mit Rom unierten Kirche des slavischen Ritus in ↑Galizien („Konzil" von Lemberg 1946), der Nord-↑Bukowina und in der Karpato-↑Ukraine gestärkt worden. Ebenso hatte sich die O. K. die während der deutschen Okkupation entstandene „Autonome O. K." in der Ukraine und die „Ukrainische Autokephale O. K." wieder eingegliedert. Mit der letzteren war eine ukrainische Nationalkirche wieder aufgelebt, die schon von 1920 bis 1930 bestanden hatte und anfangs von der S.-Macht toleriert worden war. Eine neue Welle von Kirchenverfolgung von 1959 bis 1964 reduzierte den institutionellen Bestand der O.n K. um nahezu zwei Drittel. Mitte der 60er Jahre gab es etwa 7500 Gemeinden, Mitte der 80er Jahre etwa 7000. Fünf der acht Geistlichen Seminare wurden während der Kirchenverfolgung unter ↑Chruščev geschlossen. Von etwa 90 Klöstern blieben nur 18 geöffnet. Zuverlässige Daten über die Zahl der Gläubigen gab es nicht. Von sowjetatheistischer Seite wurde für die 80er Jahre angegeben, 10%–20% der Bevölkerung seien Gläubige (aller ↑Religionsgemeinschaften) gewesen.

Lit.: Chrysostomus, J., Kirchengeschichte Rußlands der neuesten Zeit, 3 Bde., München/Salzburg 1965–1968; Struve, N., Die Christen in der UdSSR, Mainz 1965; Simon, G., Die Kirchen in Rußland, München 1970; Pospielovsky, D., The Russian Church under the Soviet Regime. 1917–1982, 2 Bde., Crestwood (N.Y.) 1984; Ellis, J., The Russian Orthodox Church. A Contemporary History, London/Sydney 1986.   *G.S.*

Os(s)etien ↑Russische Sozialistische Föderative Sowjetrepublik, ↑Georgien

Osoaviachim (Abk. für Obščestvo sodejstvija oborone i aviacionno-chimičeskomu stroitel'stvu SSSR, zu deutsch: Gesellschaft zur Unterstützung der Verteidigung und für den Aufbau von Luftfahrt und Chemie in der SU) war eine paramilitärische Massenorganisation, die sich das Ziel setzte, ihre Mitglieder im Geist „kämpferischer Bereitschaft zur Verteidigung der sozialistischen Heimat" und „selbstloser Hingabe an ↑Partei und Regierung" zu erziehen. O. entstand im Januar 1927 aus der Vereinigung der „Gesellschaft für die Unterstützung der Verteidigung"(Oso) und der „Gesellschaft der Freunde der flugtechnischen und chemischen Verteidigung und Industrie" (aviachim), die selber wiederum unterschiedliche Vorgängerorganisationen hatte. In Wahrnehmung seiner militärisch-politischen Aufgaben wandte sich O. an Kinder, Jugendliche und Erwachsene, organisierte Aero-, Segelflieger-, Marine-, Kavallerie- sowie Schützenschulen und -klubs, die technisches und praktisches Wissen über den jeweiligen Gegenstand vermittelten und die paramilitärische Ausbildung mit entsprechenden sportlichen Wettkämpfen verbanden. Nach den Statuten des O. konnte jeder Staatsbürger der SU Mitglied werden, wenn er sich an einer der Grundorganisationen aktiv beteiligte und die Mitgliedsbeiträge bezahlte. Die Basisorganisationen sollten sich in den Betrieben (Fabriken, ↑Sovchozen, ↑Kolchozen, Behörden, Lehranstalten usf.) bilden und in entsprechende „Zirkel" untergliedern; die nach dem Prinzip des ↑demokratischen Zentralismus aufgebaute mehrstufige Gesamtorganisation gipfelte in einem Zentralrat. Aus O. entstand – mit Zwischenstufen – Ende der 40er/Anfang der 50er Jahre die neue Organisation ↑DOSAAF.

Lit.: Osoaviachim, in: BSÈ (1. Aufl.) Bd. 43, S. 468f.   *H.A.*

Ostblock ↑Sozialistisches Lager

OSVOK ↑Planwirtschaft

OUN ↑Bandera

Papanin, Ivan Dmitrievič (1894–1986), Arktisforscher, Doktor der Geographie (1938), Konteradmiral (1943), zweifacher ↑Held der SU (1937, 1940), Mitglied der ↑RKP(b) seit 1919, nahm als Soldat am ↑Bürgerkrieg teil, war Mitarbeiter des ↑Volkskommissariats für Post- und Fernmeldewesen und leitete seit 1932 Forschungsstationen am Nordpolarmeer. 1937/38 kommandierte er die erste auf dem Eise driftende Station „Nordpol" (SP-1). Dieses erfolgreiche Unternehmen wurde von der s.en Führung unter ↑Stalin groß herausgestellt, da es angeblich die Richtigkeit und die Effizienz der s.en Politik unter Beweis stellte. Zugleich wurde die Einsatzbereitschaft des s.en Menschen gewürdigt und wie mit den Flügen ↑Čkalovs innenpolitisch ↑Propaganda gemacht. Die Expedition untermauerte den Anspruch der s.en Polarforschung auf internationale Anerkennung und die territorialen Ansprüche der SU in der Arktis. P.s Unternehmen folgten die ähnlich gefeierte Drift des Eisbrechers „Sedov" und zahlreiche weitere Eisdriften seit den 50er Jahren. P. nahm in der Folge Aufgaben in der Handels- und Kriegsmarine der nördlichen Gewässer sowie der Ozeanforschung der ↑Akademie der Wissenschaften wahr.

Lit.: ↑Andreev; BSÈ (3. Aufl.), Bd. 19.   *B.Sch.*

Paris, Gipfelkonferenz von P. (geplant für 1960). Der Plan für die Gipfelkonferenz von P. stand im Zusammenhang der seit 1958 verstärkten Bestrebungen der SU, den Ost-West-Konflikt in Europa im Sinne der s.en Sicherheitsinteressen zu lösen: Nachdem die SU durch die Entwicklung von Interkontinentalraketen 1957 als Nuklearmacht mit den USA gleichgezogen hatte, hoffte ↑Chruščev, eine internationale Anerkennung des s.en Vormachtanspruchs in Osteuropa sowie der Teilung Deutschlands durchsetzen und zugleich die geplante Stationierung von Atomwaffen der NATO in der Bundesrepublik verhindern zu können. Der Versuch, dies mit Hilfe des ↑Berlin-Ultimatums von 1958 zu erzwingen, scheiterte zunächst. Doch schienen sich 1959 auf der Genfer Außenministerkonferenz sowie bei Chruščevs Treffen mit Präsident D. D. Eisenhower in den USA Kompromißmöglichkeiten in bezug auf europäische Sicherheitsregelungen abzuzeichnen. Noch vor der für 1960 vorgesehenen Gipfelkonferenz von P. komplizierte sich die Lage für die SU indessen, da die NATO-Staaten erneut Festigkeit gegenüber den s.en Verhandlungspositionen zeigten und China sich der gemutmaßten s.-amerikanischen Annäherung widersetzte. Daher zog es Chruščev vor, sich der Gipfelkonferenz zu entziehen; der Abschluß eines US-Spionageflugzeugs vom Typ U-2 über der SU am 1. 5. 1960 gab der s.en Seite den Anlaß, die Gipfelkonferenz von P. abzusagen. In der Deutschland- und Berlin-Frage verhärtete sich die s.e Politik in der Folge; gegenüber den USA setzte die SU ihre offensive Politik bis zur Konfrontation in der ↑Kuba-Krise fort.

Lit.: Dallin, D. J., Sowjetische Außenpolitik nach Stalins Tod, Köln/Berlin 1961; Wolfe, T. W., Soviet Power and Europe 1945–1970, Baltimore/London 1970.   *M.G.M.*

Partei ↑Kommunistische Partei der Sowjetunion

Parteien. In der ↑Oktober-Revolution hatten die ↑Bolschewisten die Übertragung der Staatsmacht an die ↑Räte verkündet; das neue Regime verstand sich als ↑Diktatur des Proletariats und der ärmsten Schichten der ↑Bauernschaft und ging mit Zwangsgewalt gegen die „halbfeudalen und bürgerlichen Partei- und Presseorgane" vor. So wurde die größte nichtsozialistische Gruppierung, die Partei der Liberalen, der „Kadetten" (↑Parteien [LGR]), zur „Partei der Volksfeinde" erklärt, ihre ↑Presse schon in den ersten Tagen nach der Revolution verboten und bereits im Dezember 1917 die Verhaftung ihrer Führer verfügt. Dieser Kurs war in der bolschewistischen ↑Partei nicht unumstritten: Eine starke Gruppe innerhalb des ↑Zentralkomitees verurteilte die Zwangsmaßnahmen gegen die Presse und forderte statt der bolschewistischen Alleinregierung eine breite Koalition mit den anderen in den S.s vertretenen Parteien, den Sozialrevolutionären und den Menschewisten. Als sie sich damit gegen die von ↑Lenin verfolgte Linie nicht durchsetzen konnten, traten fünf Mitglieder aus dem Zentralkomitee aus, vier ↑Volkskommissare legten ihre Ämter nieder. Im November/Dezember 1917 wurden einige Linke Sozialrevolutionäre (SRy) in die Regierung aufgenommen, doch die Koalition dauerte nur bis zum Frühjahr 1918: Aus Protest gegen den Frieden von ↑Brest-Litovsk verließen die Linken SRy den Rat der Volkskommissare wieder und machten endgültig einer bolschewistischen Alleinregierung Platz.

Während des ↑Bürgerkrieges wurden Sozialrevolutionäre und Menschewisten Schritt für Schritt auch aus den Regional- und Lokal-S.s verdrängt, wobei deren Eintreten für die Verfassungsgebende Versammlung (↑LGR), „antis.e"(d. h. antibolschewistische) Propaganda, Attentatsversuche von einzelnen Parteimitgliedern, der sozialrevolutionäre Aufstand gegen die bolschewistische Regierung (im Sommer 1918) und Koalitionen mit „bürgerlichen und konterrevolutionären" Kräften (vgl. z. B. ↑Ufa-Direktorium) die Handhabe boten. Was Sozialrevolutionäre und Menschewisten zusätzlich schwächte, war der Umstand, daß sie schon jeweils für sich und erst recht zusammen keine Einheit bildeten, in zentralen strategischen Fragen (Einschätzung der Revolution, Möglichkeit der Zusammenarbeit mit den Bolschewisten, Koalitionen mit nichtsozialistischen Kräften usf.) uneins waren und in Einzelgruppierungen zersplitterten. Der Sieg im Bürgerkrieg besiegelte die Etablierung der Bolschewisten als Staatspartei; stellvertretend für alle Oppositionsparteien wurde der größten von ihnen, den Sozialrevolutionären, 1922 in ↑Moskau der Prozeß gemacht. „Kadetten", Menschewisten und Sozialrevolutionäre gründeten in der Emigration neue Parteiorganisationen, die – mit der Hoffnung auf Rückkehr – teilweise bis zum ↑Zweiten Weltkrieg überlebten.

Der Fall des kommunistischen Machtmonopols und Führungsanspruches ließ in der SU ab Ende der 80er Jahre/Anfang der 90er Jahre erneut ein Mehrparteiensystem entstehen, ohne daß dieses bis zur Auflösung der SU schon klare Strukturen gewann.

Lit.: Bankrotstvo melkoburžuaznych partij Rossii 1917–1922 gg. Sbornik naučnych trudov, 2 Bde., M 1977; Brovkin, V. N., The Mensheviks after October, Socialist Opposition and the Rise of the Bolshevik Dictatorship, Ithaka/London 1987; Haimson, L. H. (Hrsg.), The Mensheviks. From the Revolution of 1917 to the Second World War, Chicago/London 1974; Jansen, M., A Show Trial under Lenin. The Trial of the Socialist Revolutionaries, M. 1922, The Hague 1982; Radkey, O. H., The Sickle under the Hammer: The Russian

Socialist Revolutionaries in the Early Months of Soviet Rule, New York 1963; Roobol, W.H., Tsereteli – A Democrat in the Russian Revolution. A Political Biography, The Hague 1976; Rosenberg, W.G., Liberals in the Russian Revolution. The Constitutional Democratic Party, 1917–1921, Princeton (N.Y.) 1974.   *H.A.*

Parteikonferenz, Parteikongreß ↑Parteitag

Parteikontrollkommission. Ausgehend vom unbefriedigenden Zustand der Gesamtpartei, beschloß die 9. ↑Parteikonferenz im September 1920 die Einrichtung einer P., die vom ↑Parteitag gewählt und nur ihm verantwortlich sein sollte. Unabhängig vom ↑Zentralkomitee und an seine Beschlüsse nicht gebunden, sollte sie Beschwerden entgegennehmen und untersuchen, um sie dann gemeinsam mit dem ZK oder dem Parteitag zu beraten. Seit dem X. Parteitag nannte sie sich Zentrale Kontrollkommission (CKK) der Russischen ↑Kommunistischen Partei (Bolschewisten). Nach dem Vorbild der CKK entstanden auch lokale (regionale) P.en. Der XII. Parteitag beschloß im April 1923 in Zusammenhang mit der Reorganisation der ↑Arbeiter- und Bauerninspektion die Zusammenlegung von Staats- und Parteikontrolle im ↑Volkskommissariat für Arbeiter- und Bauerninspektion, dessen Parteiabteilung die P. wurde. Der XVII. Parteitag beschloß im Januar 1934 die Trennung und schuf anstelle der CKK eine Kommission für Parteikontrolle beim ZK der Kommunistischen Allunionspartei der Bolschewisten, aus der 1952 das Komitee für Parteikontrolle beim ZK der KPdSU und im November 1962 die Parteikommission beim ZK der KPdSU wurde. Der erneute (1962 unternommene) Versuch ↑Chruščevs, Staats- und Parteikontrolle in einem Komitee für Partei- und Staatskontrolle zu vereinen, das gleichzeitig dem ZK und dem ↑Ministerrat der UdSSR unterstehen sollte, wurde 1965 rückgängig gemacht; es wurde erneut ein selbständiges Komitee für Parteikontrolle geschaffen.

Lit.: Andruchov, N.R., Partijnoe stroitel'stvo posle Oktjabrja (1917–1924), M 1973; ders., Partijnoe stroitel'stvo v period bor'by za pobedu socializma v SSSR (1917–1937) M 1977; Ikonnikov, S.N., Sozdanie i dejatel'nost' ob-edinennych organov CKK i RKI v 1923–34 gg., M 1971; Moskalenko, I.M., CKK v bor'be za edinstvo i čistotu partijnych rjadov, M 1973; ders., Central'naja kontrol'naja komissija VKP(b), in: SIĖ Bd. 15; Fincke, M., Die Kontrolle der sowjetischen Verwaltung, in: Jahrbuch für Ostrecht Bde. 6–8, 1965–1967; Neuwald, N., The Origin of the Communist Control Commission, in: ASEER 18, 1959; Richards, M., Central Control Commission of the CPSU, in: Mersh 6 (1978), S. 168ff.   *H.A.*

Parteilichkeit, im ↑Marxismus-Leninismus ein Strukturprinzip der Ideologie, das über deren Wahrheitsfähigkeit entscheidet, war innerhalb der ↑KPdSU ein Verhaltensgebot, das deren Mitglieder zur Beachtung proletarischer ↑Klassen-Interessen verpflichtete. Seit Beginn der 30er Jahre wurden auch Wissenschaft, Literatur und Kunst mit dem Argument auf die Grundsätze der P. eingeschworen, daß nur das bewußte Engagement für den ↑Sozialismus die Objektivität der Erkenntnis bzw. die realistische Abbildung der Wirklichkeit in Literatur und Kunst gewährleiste. Im Bereich der Wissenschaft wurde jedoch die Geltung der P. bereits Anfang der 50er Jahre im wesentlichen auf die Philosophie und die Gesellschaftswissenschaften (↑„Linguistik-Briefe") eingeschränkt. Seit den

70er Jahren verlor dieser Grundsatz auch in der Literatur und Kunst (↑Sozialistischer Realismus) viel von seiner ursprünglichen Bedeutung.

Der Lehre von der P. liegt die Auffassung zugrunde, daß alle Formen des sozialen Bewußtseins von bestimmten Klasseninteressen geprägt seien, die das Denken und Handeln der Menschen bestimmen. P. ist jedoch nicht schlechthin mit Voreingenommenheit und Einseitigkeit gleichzusetzen, da nach ↑Lenin die Möglichkeit der Wahrheitsfindung und Wirklichkeitserfassung ganz entscheidend von der jeweiligen Struktur abhängt, die die P. innerhalb einer Ideologie annimmt. Während die bürgerliche Ideologie eine P. begründe, die die Gesetze der gesellschaftlichen Entwicklung verleugne und damit die soziale Wirklichkeit verzerre, bringe das proletarische Klassenbewußtsein, das mit den Entwicklungstendenzen der Geschichte übereinstimme, eine Einstellung hervor, die mit dem Streben nach objektiver Erkenntnis und unverfälschter Wahrheit identisch sei.

Lit.: Wetter, G. A., Der dialektische Materialismus, Wien [4]1958; Konstantinov, F. V., Leninskaja partijnost' v filosofii i sovremennost', in: Kommunist 1 (1966); Batiščev, G., Partijnost', in: Filosofskaja ènciklopedija, Bd. 4, 1967; Uledow, A. K., Die Struktur des gesellschaftlichen Bewußtseins, Berlin 1972.   *R.A.*

Parteiprogramm(e), Parteistatut(en) ↑Kommunistische Partei der Sowjetunion

Parteitag(e) (s-ezd[y] partii), manchmal auch im Deutschen als Parteikongresse bezeichnet, waren das „oberste Organ"der ↑Kommunistischen Partei der SU und mußten nach den zuletzt gültigen ↑Parteienstatuten mindestens einmal in fünf Jahren einberufen werden. Sie legten laut Statut die Linie der Partei in der Innen- und Außenpolitik fest, beschlossen das Programm und die Statuten der Partei, nahmen den Rechenschaftsbericht der zentralen Parteigremien, des ↑Zentralkomitees und der ↑Zentralen Kontrollkommission, entgegen und bestimmten deren neue Zusammensetzung. Den Delegiertenschlüssel für den P. legte das Zentralkomitee fest. Auf dem XXVII. P. vertraten im Februar/März 1986 5000 Delegierte, wovon 4993 anwesend waren, die 18,4 Mio. Parteimitglieder.

Die Institution der P. war so alt wie die Partei selbst, und ihre Geschichte spiegelt die Etappen der Parteientwicklung wider. Auf dem I. P. (im März 1898) in ↑Minsk gründeten ganze neun Delegierte die Russische Sozialdemokratische Arbeiterpartei (↑Parteien [LGR]) und bestimmten drei Delegierte zum Zentralkomitee. Seit dem II. P. (im Juli/August 1903) in Brüssel und London zerfiel sie in eine bolschewistische und eine menschewistische Fraktion, die jedoch bis 1907 (bis zum V. P. in London) gemeinsame P. abhielten. Als der VI. P. (im Juli/August 1917) in ↑Petrograd zusammentrat, war die Trennung bereits endgültig vollzogen. Der VII. (und erste nachrevolutionäre) P. benannte im März 1918 die bolschewistische Parteifraktion in „Russische Kommunistische Partei/Bolschewisten" (RKP[b]) um und verfügte, das Programm der neuen Entwicklung anzupassen. Gleichzeitig zeigten die heftigen Auseinandersetzungen zur Frage eines Separatfriedens mit Deutschland (↑Brest-Litovsk), wie weit die innerparteilichen Ansichten über die weitere Entwicklung der Revolution auseinandergingen. Der mitten im ↑Bürgerkrieg, im März 1919, tagende VIII. P. nahm den Neuentwurf des Parteiprogrammes an, beschloß den Ausbau der zentralen und regionalen

Parteiorganisation und die Gründung der ↑Komintern. Nicht weniger einschneidend war der X. P. (im März 1921), auf dem die Abkehr von der Politik des ↑Kriegskommunismus vollzogen und die Resolution „über die Einheit der Partei" (mit dem Verbot der Fraktionsbildung) verabschiedet wurde. Der XI. und XII. P. bestätigten den Kurswechsel (↑Neue Ökonomische Politik). Darauf aufbauend vermochte ↑Stalin seine Strategie vom Aufbau des ↑„Sozialismus in einem Lande" durchzusetzen, erst die ↑linke, dann die ↑rechte Opposition auszuschalten und seine eigene Machtstellung zu festigen (so auf den XII., XIV., XV. und XVI. P., 1924–1930). Der XV. und XVI. P. gab zugleich das Startsignal für die forcierte ↑Industrialisierung, der die ↑Kollektivierung der ↑Landwirtschaft folgte. Dabei waren die P. immer mehr zu Mammutveranstaltungen geworden, die der Parteiführung nur mehr als Akklamationsforen und Resonanzboden für andernorts (↑Politbüro, ↑Sekretariat des Zentralkomitees) getroffene Entscheidungen dienten. Hatten am VII. P. (im März 1918) 104 Delegierte (46 stimmberechtigt und 58 beratend) teilgenommen, so waren es zehn Jahre später (auf dem XV. P. im Dezember 1927) 1669 Delegierte (898 stimmberechtigt und 771 beratend). Die seit dem Parteistatut von 1919 bestehende Vorschrift, den P. alljährlich einzuberufen, wurde schon seit 1926 nicht mehr eingehalten und im neuen Parteistatut von 1934 auch aufgegeben: Der P. mußte fortan nur mehr alle drei Jahre einberufen werden, und die bisher zwischen den P.en als eine Art ,kleiner Parteitag' tagende Parteikonferenz wurde abgeschafft. Zwar blieb der P. formell „oberstes Organ" der Partei, tatsächlich war er längst selbst Objekt der Stalinschen Politik geworden, wie sich in den ↑Säuberungen zeigte: Von 1966 Delegierten des XVII. P.s (1934) wurden 1108 konterrevolutionärer Verbrechen beschuldigt und verhaftet, 98 der 139 auf dem XVII. P. zu Kandidaten und Mitgliedern des Zentralkomitees Gewählten überlebten die Jahre 1937/38 nicht. Zwischen 1939 und 1952 fand überhaupt kein P. mehr statt. Der XIX. P. beschloß im Oktober 1952, P. künftig nur mehr alle vier Jahre einzuberufen. Abgesehen von organisatorischen Fragen (Abschaffung des ↑Orgbüros, Umbildung des Politbüros zum ↑Präsidium des ZK, Umbenennung der Partei in KPdSU unter Streichung des Zusatzes „Bolschewisten"), diente der P. vor allem der Absegnung des 5. ↑Fünfjahrplanes (mit den sog. Stalinschen Großbauten, den gigantischen Wasserkraftwerken zur Erweiterung der Energiebasis). Den großen Umschwung leitete die XX. P. im Februar 1956 ein, auf dem ↑Chruščev seine berühmte, rasch auch im Westen bekannt gewordene Geheimrede hielt, eine Generalabrechnung mit den Stalinschen Fehlern und Verbrechen. Vom XXII. P. wurde im Herbst 1961 ein neues Parteiprogramm beschlossen, das binnen zweier Jahrzehnte den Aufbau des ↑Kommunismus, die Überwindung aller wirtschaftlichen Probleme, die Überflügelung der USA in der Pro-Kopf-Produktion und Überfluß an materiellen und kulturellen Gütern versprach. Dabei blieb der P. das große Akklamationsforum, ja die Errichtung des neuen Kongreßpalates erlaubte es, die Zahlen zu verdoppeln und 1961 erstmals 4800 Delegierte zu versammeln. Diskussionen waren damit endgültig unmöglich geworden. Das blieb auch in der Folgezeit so. Der XXIII. P. machte große Teile der Parteireform rückgängig und entsprach damit den Wünschen vieler mittlerer Parteifunktionäre, außerdem wurde u. a. das Präsidium des ZK wieder in Politbüro und der 1. Sekretär der Partei wieder in ↑Generalsekretär umbenannt. Seit dem XXIV. P. (1971) wurden P. nur mehr alle fünf Jahre einberufen. Hatten der XXV. und

XXVI. P. (1976 und 1981) die Stagnation der s.en Politik und die zunehmende Erstarrung des politischen Systems demonstriert, so waren seit ↑Brežnevs Tod, verstärkt seit ↑Gorbačevs Wahl zum Generalsekretär neue Impulse zu spüren, die auch in Stil und Inhalt der Reden auf dem XXVII. P. im Frühjahr 1986 zum Ausdruck kamen. Der XXVIII. P im Juli 1990 war der letzte der KPdSU.

Lit.: Institut Marksizma-Leninizma pri CK KPSS (Hrsg.), Kommunističeskaja partija Sovetskogo Sojuza v rezoljucijach i rešenijach s-ezdov, konferencij i plenumov CK (1898–1971), 15 Bde., M ^{9}1983–1988; sowie die Berichte über die Parteitage seit 1952, in: Osteur., Stuttgart 1952 ff. *H.A.*

Partisanen haben im ↑Zweiten Weltkrieg eine wesentliche Rolle gespielt. Bereits in seiner großen Rundfunkrede vom 3. 7. 1941 hatte ↑Stalin zur „Entfachung des P.-Krieges überall und allerorts" in den vom Feind okkupierten Gebieten aufgerufen. Am 18. 7. 1941 erließ das ↑Zentralkomitee eine spezielle Verordnung „Zur Organisation des Kampfes im Rücken der deutschen Truppen", die eine frühere Direktive (vom 29. 6. 1941) konkretisierte und ergänzte. Nach ersten Organisationsversuchen im Herbst wurde am 30. 5. 1942 ein „Zentraler Stab der P.-Bewegung" geschaffen, der bis Anfang 1944 existierte und dem die P.-Stäbe der Einzelrepubliken und der ↑Gebiete unterstellt waren. Er wurde geleitet von P. K. Ponomarenko (1902–84), im Rang eines Generalleutnants.

So überraschend der deutsche Angriff für die s.e Führung kam, so wenig war sie auf einen P.-Krieg vorbereitet. Ihre militärische Strategie sah vor, den Kampf sogleich offensiv auf das Gebiet des Gegners zu tragen; zu unsicher war man sich der eigenen Bevölkerung, zu nah und ungeschützt lag das Zentrum der s.en Rüstungsindustrie. So kam auch die Aufstellung der P.-Verbände nur langsam voran. Noch im Winter 1941/42 spielten sie kaum eine Rolle. Erst mit der Wende des Krieges wuchs auch die P.-Bewegung sprunghaft an und erlebte 1944 ihren Höhepunkt. Nach s.en Angaben gehörten ihr an der Jahreswende 1941/42 80–90 000 aktive Mitglieder an, bis Herbst 1942 wuchs sie auf rund 150 000, und dabei blieb es bis zum Frühsommer 1943. Mit dem unaufhaltsamen Vorrücken der ↑Roten Armee wuchsen nun auch stetig die P.-Verbände bis auf 280 000 im Sommer 1944. Die Gesamtzahl der P.- und Untergrundkämpfer gibt die s.e Seite mit über 1 Mio. an, ihre aktive Unterstützung von vielen Millionen s.er Patrioten nicht gerechnet. Die Zahlen sind schwer überprüfbar, das gleiche gilt für das Verhältnis der Bevölkerung zur P.-Bewegung. Umstritten ist auch die militärische Bedeutung. Aus s.er Sicht waren sie ein wichtiger Faktor auf dem Weg zum Sieg über den Faschismus, wobei vor allem auf ihre Rolle bei der Störung des deutschen Nachschubs („Schienenkrieg" 1943) und die Bindung von regulären Truppen der Wehrmacht zur Sicherung von Straßen und Eisenbahnlinien abgehoben wird. Für westliche Autoren war der militärische Effekt der P., so spektakulär ihre Aktionen bisweilen auch waren, eher gering, vor allem wenn sie an ihrer (angeblichen oder tatsächlichen) zahlenmäßigen Stärke gemessen werden.

Lit.: Andrianov, V. N., Partizanskoe dviženie v Velikoj Otečestvennoj vojne 1941–1945, in: BSĖ (3. Aufl.) Bd. 19, S. 234 ff.; Logunova, T. A., Partijnoe podpol'e i partizanskoe dviženie v zapadnych i central' nych oblastjach RSFSR, ijul' 1941–1943 gg., M 1973; Armstrong, J. A., Soviet Partisans in World War II., Madison (Wisc.) 1964; Bychkov, L. N., Partisan Movement in the Soviet Union during World War II, in: Mersh 27 (1982), S. 29 ff.;

Bonwetsch, B., Sowjetische Partisanen 1941–1944, in: Schulz, G. (Hrsg.), Partisanen und Volkskrieg. Zur Revolutionierung des Krieges im 20. Jahrhundert, Göttingen 1985; Hesse, E., Der sowjetische Partisanenkrieg 1941–1944 im Spiegel der deutschen Kampfanweisungen und Befehle, Göttingen 1969; Howell, E. M., The Soviet Partisan Movement 1941–1944, Washington, D. C., 1956.   *H.A.*

Paß. Mit dem P.-Gesetz vom 27. 12. 1932 wurde in der SU ein einheitliches P.-System eingerichtet. Damit wurde der Inlands-P., den es bereits vor 1917 gegeben hatte, und der nach der Revolution abgeschafft worden war, erneut eingeführt. Gemäß dieser Regelung mußte jeder S.-Bürger über 16 Jahren, der in Städten oder ↑Arbeiter-Siedlungen wohnte bzw. im Verkehrswesen, in ↑Sovchozen oder auf Baustellen beschäftigt war, einen P. bei sich führen. Hinter der Einführung der Inlandspässe stand die Absicht, die durch ↑Industrialisierung und ↑Kollektivierung hervorgerufene Wanderungsbewegung einzudämmen. Indem Arbeitnehmer verpflichtet wurden, bei der Einstellung den P. vorzulegen, in dem dann die Arbeitsstelle eingetragen wurde, wollte die s.e Führung die Fluktuation der Arbeitskraft unter Kontrolle bringen. ↑Bauern, die in ↑Kolchozen organisiert worden waren, erhielten keinen P., da man sie an der Abwanderung vom ↑Land hindern wollte.

Der P. enthielt neben den üblichen Personaldaten Angaben über Nationalität, soziale Herkunft, Wehrpflichtstatus und Angaben zum Familienstand. Der P. mußte am ständigen Wohnort registriert sein, Ortswechsel und längere Abwesenheit war von den Behörden im P. zu vermerken. Damit wurde der P. zu einem Instrument, Wanderungsbewegung zu kontrollieren und zu lenken. Das System von P. und Zuzugsberechtigung war bis zum Ende der SU in Funktion. Der Inlands-P. berechtigte nicht zur Auslandsreise. Dafür mußte jeweils ein Auslands-P. beantragt werden.

Lit.: Sobranie zakonov 1932, Nr. 84, st. 516, 517; Sobranie postanovlenij pravitel'stva SSSR, 1974, Nr. 19, st. 109.   *H.-H.Sch.*

Pasternak, Boris Leonidovič (1890–1960), begann nach seinem Studium in ↑Moskau und Marburg mit der Veröffentlichung von Gedichten, die futuristischen Konzepten folgten. Seit 1922 wurde P. als einer der bedeutendsten Dichter R.s gewürdigt und war trotz des sich verschärfenden literaturpolitischen Kurses (↑Kulturrevolution und ↑RAPP) u. a. wegen der Bearbeitung von deutlich revolutionärer Thematik („Das Jahr 1905", 1926, „Leutnant Schmidt", 1927) der ↑Partei genehm. Dabei fand er sich nicht dazu bereit, seine Dichtung als „sozialen Auftrag" zu begreifen. Zwar wurde P. 1934 in den Vorstand des neugegründeten ↑Schriftstellerverbands berufen, war in seinen Publikationsmöglichkeiten konkret aber sehr eingeschränkt. Nach 1932 erschienen nur Auswahlbände älterer Gedichte und Poeme sowie zahlreiche Übersetzungen westlicher Literatur. Nach gewissen Erleichterungen im ↑Zweiten Weltkrieg – zwei Gedichtbände, die u. a. den Heroismus der Menschen im Krieg herausstellten, wurden gedruckt – konnte P. nach 1945 erneut nur Übersetzungen veröffentlichen. Seine deutliche Distanzierung von den künstlerischen Programmen der futuristischen Phase und die Annäherung an einen „klassischen klaren Stil" erleichterten ihm das Publizieren und seine Rezeption durch die Öffentlichkeit auch in der kulturfeindlichen Phase der ↑Ždanov-Ära in der späten ↑Stalin-Zeit. Die ↑Entstalini-

sierung und das ↑Tauwetter verschafften P. die Möglichkeit, Gedichte aus seinem neuen Roman „Doktor Živago" (abgeschlossen 1956) drucken zu lassen.
Das Buch selbst, das nach offizieller s.er Meinung eine „negative Einstellung zur
Revolution und Mißtrauen in die Möglichkeit sozialer Veränderung der Gesellschaft" erkennen ließ, erhielt dagegen keine Druckerlaubnis. Es erschien erstmals 1957 in Italien. Als P. für seine Lyrik 1958 den Nobel-Preis erhielt, wurde
von s.en Kulturfunktionären eine Kampagne gegen ihn in Gang gesetzt, die ihn
veranlaßte, auf seine Auszeichnung zu verzichten. Gleichwohl verlor er die
Mitgliedschaft im Schriftstellerverband. Somit scheiterte sein Versuch, die s.e
Wirklichkeit wahrzunehmen und positiv zu deuten, andererseits sich von deren
politischen Implikationen, v. a. von der Rechtfertigung und von der Anwendung
von Gewalt, zu distanzieren und christliche Normen zu behaupten. Das Verdikt
über P. wurde in der Folge abgemildert, „positive Qualitäten" wie die Treue zu
seiner Heimat, das Bemühen um Realismus (↑sozialistischer Realismus) und die
stilistische Wende zur Klassik anerkannt. Der Roman „Doktor Živago" konnte
allerdings erst 1988, unter ↑Gorbačev, in der SU erscheinen.

Lit.: Pasternak, B. L., Sočinenija, hrsg. von G. P. Struve u. B. A. Filippov, 3 Bde., Ann
Arbor (Mich.) 1961; Aucouturier, M., Boris Pasternak in Selbstzeugnissen und Bilddokumenten, Reinbek 1965; Mallac, G. de, Pasternak, Paris 1963; Erlich, V., A Testimony and
a Challenge – Pasternak's „Dr. Zhivago", in: Problems of Communism, Nov.–Dec. 1958.

B.Sch.

Patriarch ↑Orthodoxe Kirche, ↑LGR

Patriotismus ↑Sowjetpatriotismus

Perestrojka (Umbau, Umgestaltung) wurde in der Geschichte der ↑KPdSU ver-
schiedentlich als Schlagwort für organisatorische Veränderungen in der Parteistruktur benutzt. Sowohl die Reorganisation des Parteiaufbaus 1929/30 wie die
von 1934 wurden zeitgenössisch als P. bezeichnet.
   Einen grundlegend neuen Inhalt bekam der Begriff nach dem Amtsantritt
↑Gorbačevs als ↑Generalsekretär des ↑Zentralkomitees der KPdSU im März
1985. Schrittweise wurde eine Politik zur Modernisierung und Veränderung des
gesellschaftlichen, ökonomischen und politischen Systems erkennbar, die anfangs unter dem Schlagwort „uskorenie" (Beschleunigung) propagiert wurde.
Mitte 1986 löste der Begriff P. die Losung „uskorenie" ab. In der Folge füllte
sich die Parole P. zunehmend mit Inhalt, und die Politik, für die sie stand,
gewann Züge einer Systemreform. Als Elemente des P.-Konzepts wurden ein
offenerer Umgang mit der Gesellschaft (unter der Losung ↑„glasnost'"), ein
Wandel des politischen Systems mit Wahlrechtsreform in Partei und Staat sowie
Stärkung der Rolle der ↑Sowjets („demokratizacija" – Demokratisierung) und
eine durchgreifende Reform des Wirtschaftssystems („radikal'naja reforma ėko-
nomičeskogo mechanizma" – radikale Reform des Wirtschaftsmechanismus) mit
der Zielvorstellung der Schaffung eines sozialistischen Marktes propagiert. Zugleich begann eine intensive Diskussion über eine Rechtsreform (unter dem
Stichwort „socialističeskoe pravovoe gosudarstvo" = sozialistischer Rechtsstaat)
und über die Neuordnung der Gesellschaft („social'naja spravedlivost'" = soziale Ehrlichkeit bzw. Gerechtigkeit). Die Auseinandersetzung mit der eigenen

Geschichte und insbesondere mit dem ↑Stalinismus, der jetzt auch erstmals in
der SU so bezeichnet wurde – bildete einen integralen Teil des innergesellschaftlichen Wandlungsprozesses. Das „Neue Denken" in Außen- und Sicherheitspolitik sollte offenbar im internationalen Raum die Rahmenbedingungen für die
inneren Reformen schaffen.

Nachdem der XXVII. ↑Parteitag 1986 die Modernisierung des vorhandenen
Systems ohne wirkliche Einschnitte propagiert hatte, setzten die ZK-Plena des
Jahres 1987 und die XIX. ↑Parteikonferenz 1988 neue Zeichen. Veränderungen
waren zunächst in der Wirtschaft erkennbar. Das *Betriebsgesetz* verschaffte den
s.en Betrieben größeren Freiraum gegenüber ↑Gosplan und ↑Ministerien. Allerdings war absehbar, daß sich dieser ökonomische Spielraum erst nach Veränderung des Planungsverfahrens, nach Ablösung der material-technischen Versorgung durch Großhandel mit Produktionsmitteln und nach einer für 1990 ange-
kündigten Preisreform realisieren lassen würde. Das *Genossenschaftsgesetz* schuf
die rechtliche Grundlage für die Gründung von Privatbetrieben in ↑Industrie,
Dienstleistungsbereich und ↑Landwirtschaft. Damit wurde zugleich auch das
gesellschaftliche Eigentum an Produktionsmitteln – die Grundlage des s.en Wirt-
schafts- und Gesellschaftssystems – in Frage gestellt. Die von der XIX. Parteikonferenz beschlossene *Verfassungsreform*, die das Verhältnis von staatliche Exekutive und Parteiapparat neu regeln und über Wahlrechtsveränderungen den
Einfluß der Bürger erhöhen sollte, trat mit den Wahlen zu einem ↑Kongreß der
Volksdeputierten im Frühjahr 1989 in eine neue Phase ein. Die Wahlen zu den
lokalen S.s und die Errichtung eines Präsidialsystems im Frühjahr 1990 margina-
lisierten die KPdSU.

Aus den inners.en Diskussionen wurde deutlich, daß das Konzept der P.
unterschiedlich verstanden wurde. Ein Teil der Führung und viele Wissenschaftler begriffen die P. als „soziale Revolution" – d. h. als radikale Veränderung der
sozioökonomischen Struktur (T. Zaslavskaja) mit weitreichenden Folgen für das
politische und wirtschaftliche System. Auf der anderen Seite unterstützten manche Parteiführer zwar eine Modernisierung der Wirtschaft, doch waren sie nicht
bereit, das gesellschaftliche und politische System als solches in Frage zu stellen.
Die führende Rolle der Partei sollte danach in jedem Fall erhalten bleiben, politischer Pluralismus wurde entschieden abgelehnt; das gesellschaftliche – sprich
staatliche – Eigentum an Produktionsmitteln galt Vertretern dieser Richtung
(z. B. E. K. Ligačev) als unantastbar. Unter dem Druck der Wirtschaftskrise, die
schon im Laufe der Jahre 1989 immer offensichtlicher wurde, und angesichts des
politischen Umbruchs in den Ländern Osteuropas waren jedoch zu Beginn des
Jahres 1990 diese Positionen nicht mehr zu halten. Mitte 1990 begannen sich
jedoch die „konservativen" Kräfte zu formieren und suchten im Herbst und
Winter 1990 eine Wende rückwärts einzuleiten. Die Politik der P. war damit im
Grunde beendet. Die Umschichtungen in der Regierung – u. a. trat Außenminister ↑Ševardnadze zurück – signalisierten einen „Rechtsruck" an der Spitze. Der
Kern der neuen, „konservativen" Führungsmannschaft inszenierte dann im Au-
gust 1991 den ↑Putschversuch, dessen Scheitern das Ende der SU einleitete.

Lit.: Für die Phase der 20er und 30er Jahre: Kommunističeskaja partija Sovetskogo sojuza
v rezoljucijach i rešenijach s-ezdov, konferencij i plenumov CK (1898–1970, Moskva
⁸1970, Bd. 5 ff.; Schröder, H. H., Industrialisierung und Parteibürokratie in der Sowjet-

union, Berlin 1988. *Für die Gorbačev-Ära:* Gorbačev, M. S.: Izbrannye reči i stat'i, Moskva 1987 ff. (6 Bde.); Aganbegjan, A. G.: General'nyj kurs ėkonomičeskoj politiki, in: Ėkonomika i organizacija promyšlennogo proizvodstva 1985 No. 11, S. 3–21; Afanassjew, J. (Afanas'ev, Ju. N.) (Hrsg.), Es gibt keine Alternative zur Perestrojka, Nördlingen 1988; Meissner, B., Die Sowjetunion im Umbruch. Historische Hintergründe, Ziele und Grenzen der Reformpolitik Gorbatschows, Stuttgart 1988; Haberl, N. O., Glasnost, Gorbatschow und Perestrojka im Spiegel deutschsprachiger Neuerscheinungen. Ein Literaturbericht, in: Das Parlament, 29. 4. 1988, S. 14 f. (mit zahlreichen weiteren Literaturangaben); Hough, J. F.: Opening Up the Soviet Economy, Washington, D. C. (The Brookings Institution) 1988; Hewett, E. A., Reforming the Soviet Economy. Equality versus Efficiency, Washington, D. C. (The Brookings Institution) 1988; Segbers, K., Der sowjetische Systemwandel, Frankfurt a. M. 1989; Aslund, A., Gorbachev's Struggle for Economic Reform. The Soviet Reform Process, 1985–88, Ithaca, N. Y., 1989; Beyme, K., Reformpolitik und sozialer Wandel in der Sowjetunion 1970–1988, Baden-Baden 1989; Baske, S. (Hrsg.), Perestrojka. Multidisziplinäre Beiträge zum Stand der Realisierung in der Sowjetunion, Berlin 1990; Kluge, R.-D., Perestrojka – von innen gesehen. Beobachtungen, Erfahrungen, Perspektiven, Wiesbaden 1990. *H.-H.Sch.*

Perm' entstand aus einer Kupferhütte, die 1723 in der Nähe des Dorfes Jagošicha (am gleichnamigen Fluß) angelegt worden war. 1781 wurde das Dorf in P. umbenannt und zur Stadt erhoben. In der zweiten Hälfte des 19. Jh.s setzte sich der industrielle Ausbau intensiviert fort (Maschinenbau und Metallverarbeitung). Die s.e Verwaltung setzte sich 1917 rasch durch, mußte im Dezember 1918 aber vor den Truppen ↑Kolčaks zurückweichen, die sich bis Mitte 1919 in P. und in dem westlichen Uralgebiet halten konnten (↑Bürgerkrieg). 1924 wurde P. Hauptstadt des Uralgebiets. Von 1940–1957 war die Stadt in ↑Molotov umbenannt. Im Vordergrund der ökonomischen Entwicklung standen neben Maschinenbau und Metallverarbeitung die petrochemische ↑Industrie und die Lebensmittel- bzw. landwirtschaftliche Industrie. Als Ort mit zahlreichen Rüstungsbetrieben war P. bis 1991 geschlossene Stadt. Die Einwohnerzahl wuchs von 45 000 (1897) über 85 000 (1926), 300 000 (1939), 629 000 (1959) auf 1,05 Mio. (1985).

Lit.: ↑Alma Ata. *B.Sch.*

Permanente Revolution ist die Bezeichnung für die Revolutionstheorie ↑Trockijs, die er 1906 in der Schrift „Ergebnisse und Perspektiven" („Itogi i perspektivy") entwickelt hat. Sie setzt sich über die von K. Marx angenommene gesetzmäßige Phasenfolge in der Geschichte mit der Behauptung hinweg, daß die bürgerlich-kapitalistische Gesellschaftsformation im ökonomisch rückständigen R. durch die Machtergreifung der Arbeiterklasse während der demokratischen Revolution übersprungen oder zumindest abgekürzt werden könne. Das Proletariat habe in dieser sozialökonomischen Konstellation die Möglichkeit, während der demokratischen Revolution die Hegemonie über das schwache Bürgertum zu erringen, die ↑Diktatur des Proletariats zu errichten und mit der Grundlegung der sozialistischen Gesellschaft zu beginnen. Der endgültige Sieg des ↑Sozialismus ist nach dieser Konzeption freilich nur unter der Voraussetzung möglich, daß die Machtergreifung durch die Arbeiterklasse nicht auf ein Land beschränkt bleibt, sondern in einem permanenten Prozeß auch in allen industrialisierten Staaten erfolgt und damit einen mächtigen internationalen sozialistischen Wirtschaftsverband schafft, der allein die Vollendung des ↑Sozialismus in

R. gewährleisten kann. Da der internationale Aspekt dieser Theorie den Aufbau des ↑„Sozialismus in einem Lande" ausschließt, ist gerade dieser Gedanke mit allen sich daraus ergebenden restriktiven Konsequenzen von ↑Stalin seit 1924 in den innerparteilichen Auseinandersetzungen erfolgreich gegen die Autorität Trockijs ausgespielt worden. Stalin setzte sich gegen Trockij mit dem Argument durch, daß zwischen dem ↑Trotzkismus und dem ↑Leninismus ein unüberbrückbarer Widerspruch bestehe.

Lit.: Trockij, L.D., Itogi i perspektivy, M 1919; Brahm, H., Trockijs Kampf um die Nachfolge Lenins, Köln 1964; Schurer, H., Die permanente Revolution, in: Labedz, L. (Hrsg.), Der Revisionismus, Köln, Berlin 1965.   *R.A.*

Personenkult ist der kritische Begriff, mit dem die Verherrlichung der persönlichen Fähigkeiten und der politischen sowie wissenschaftlichen Verdienste ↑Stalins während seiner Herrschaftsperiode bezeichnet wird. Mit der Kritik an den Erscheinungsformen und Folgen des P.s ist von ↑Chruščev auf dem XX. ↑Parteitag der ↑KPdSU im Februar 1956 die Notwendigkeit der ↑Entstalinisierung begründet worden. Nach dem Volksaufstand in Ungarn (1956) und den Unruhen in Polen (1956) ist die Kritik am P. zeitweilig ausgesetzt, aber auf dem XXII. Parteitag der KPdSU im Oktober 1961 wieder erneuert worden. Auf beiden Parteitagen hat Chruščev den P. als eine dem ↑Marxismus-Leninismus „wesensfremde" Erscheinung verurteilt, die das Prinzip der ↑kollektiven Führung der Partei herabsetze, die Rolle der Volksmassen beim sozialistischen Aufbau schmälere und den persönlichen Machtmißbrauch Stalins rechtfertige. Die Ursachen für die Herausbildung des P.s um Stalin wurden in der Literatur einerseits mit „einigen negativen Charaktereigenschaften J.V. Stalins" und andererseits mit den „unvorstellbaren Schwierigkeiten" beim sozialistischen Aufbau in Zusammenhang gebracht, die eine zeitweilige Einschränkung der „sozialistischen Demokratie" erforderlich gemacht hätten. Seither wurde die offene Heroisierung eines lebenden Mitglieds der Kommunistischen Partei als ein Verstoß gegen die Prinzipien des Marxismus-Leninismus abgelehnt.

Lit.: Leonhard, W., Kreml ohne Stalin, Köln 1959; Meissner, B., Das Ende des Stalinmythus, Frankfurt 1956; ders., Rußland unter Chruschtschow, München 1960; Chruščev, N.S., Chruschtschows historische Rede, in: O. Pr. 25/26 (1956).   *R.A.*

Pervuchin, Michail Georgievič (1904–1978), stammte aus dem ↑Gebiet ↑Čeljabinsk. Er machte eine Ausbildung zum Elektroingenieur und stieg in den 20er und 30er Jahren in der s.en Elektroindustrie auf (↑Goėlro). Seit 1919 Mitglied der ↑RKP(b), wechselte er 1938 in das ↑Volkskommissariat für Schwerindustrie, zunächst als Stellvertreter, seit 1939 als 1. Stellvertreter von ↑Kaganovič. Bei der Verselbständigung des Ressorts Kraftwerke und Elektroindustrie 1939 wurde P. Leiter des Volkskommissariats, übernahm aber bereits 1940 das Amt eines Stellvertreters des Vorsitzenden des ↑Rates der Volkskommissare (bis 1944) und die Leitung des Rats für Elektrizität und Brennstoffe (bis 1943, erneut 1953/54). Dazu kam seit 1942 (bis 1950) das Volkskommissariat für Chemieindustrie. Bei der Sicherung der kriegswirtschaftlichen Produktion im ↑Zweiten Weltkrieg bewährte sich P. als Techniker und Verwaltungsmanager ebenso wie in der Rekonstruktionsphase nach dem Krieg. 1950 erneut zum Stellvertreter des Vorsitzen-

244

den des ↑Ministerrats ernannt, avancierte er – seit 1939 schon Mitglied des ↑Zentralkomitees – auf dem XIX. Parteikongreß ins ↑Präsidium des ZK. Damit gehörte der Technokrat zu dem kleinen Kreis von Personen, die die politische Linie und die Machtverteilung an der Spitze der SU bestimmten. Seine weiteren Aufgaben wechselten in der komplizierten Situation nach dem Tode ↑Stalins rasch. 1953/54 leitete er das Großministerium für Kraftwerke und elektrotechnische Industrie und wurde einer der zahlreichen Stellvertreter des Ministerratsvorsitzenden ↑Malenkov, als dessen Gefolgsmann P. galt. Er schlug sich 1955 auf die Seite ↑Chruščevs und wurde nach Malenkovs Ablösung 1. Stellvertreter des neuen Ministerratsvorsitzenden ↑Bulganin. 1956/57 hatte P. auch den Vorsitz in der Staatlichen Wirtschaftskommission für die laufende Planung der Volkswirtschaft. Um diese Zeit galt er als der wichtigste Vertreter der mittleren Generation in der Parteispitze. 1957 deuteten sich Verschiebungen an: P. erhielt das Ministerium für mittleren Maschinenbau und den Vorsitz im Staatskomitee des Ministerrats für Außenhandelsbeziehungen. Bei der Ausschaltung der ↑Anti-Partei-Gruppe im Juni 1957 wurde P. entmachtet. Er schied zunächst als Vollmitglied aus dem Präsidium des Zentralkomitees, 1958 auch aus den Verwaltungsposten aus. Bis 1962 vertrat er die SU als Botschafter in Ost-Berlin. Auf dem XXI. Parteikongreß verlor er auch den Status des Kandidaten des Präsidiums und den Platz im Zentralkomitee. Seine leichte Selbstkritik vor dem Plenum konnte diese Entscheidung nicht abwenden. 1962 wurde P. wegen Differenzen mit W. Ulbricht aus der DDR zurückberufen und fand Verwendung als Mitarbeiter des ↑Gosplan.

Lit.: ↑Andreev; ↑Andropov.   *B.Sch.*

Petljura, Semen Vasyl'evyč (1879–1926), aus Poltava, war ukrainischer Nationalist. 1900 schloß er sich der Ukrainischen Revolutionären Partei, später der Ukrainischen Sozialdemokratischen Arbeiterpartei an. Er führte ein wechselvolles Leben mit häufigen Orts- und Berufsveränderungen – zeitweilig im Exil oder außerhalb der ↑Ukraine, um der polizeilichen Verfolgung zu entgehen. P. war im Laufe der Jahre Mitarbeiter verschiedener ukrainischer Zeitungen. Der Erste Weltkrieg (↑LGR) eröffnete ihm neue legale Aktionsfelder. Nach der Februar-Revolution (↑LGR) organisierte P. ein Ukrainisches Frontkomitee, dessen Leitung er übernahm, und wurde in das Allukrainische Militärkommando der Zentralen ↑Rada in ↑Kiev gewählt. Er wurde Sekretär des Generalsekretariats der Rada für militärische Angelegenheiten. Während der Herrschaft ↑Skoropads'kyjs wirkte er als Vorsitzender des Kiever Zemstvo (↑LGR) und des Allukrainischen Zemstvoverbandes gegen dessen Regierung. Nach dem Sturz Skoropads'kyjs im November 1918 trat P. in das ↑Ukrainische Direktorium ein, wurde Ataman (Oberbefehlshaber) der Streitkräfte der ↑Ukrainischen Volksrepublik und im Februar 1919 Vorsitzender des Direktoriums. Die bereits 1917/18 kompliziert gewordene Situation des von ihm vertretenen bürgerlich-demokratischen, bauernfreundlichen ukrainischen Nationalstaats suchte er zunächst, gestützt auf die alliierten Interventionstruppen (↑Bürgerkrieg), gegen die s.en Kräfte, dann gegen die Truppen ↑Denikins, schließlich, nach der Niederlage seiner Truppen gegen die ↑Rote Armee, mit Unterstützung Polens gegen die Moskauer Angriffe zu meistern. Allenthalben war er genötigt, Zugeständnisse zu machen, um nur den Grundsatz ukrainischer Selbständigkeit im Kern zu verteidigen. Nach dem Scheitern eines Vorstoßes polnischer und ukrainischer Truppen nach Kiev im Frühjahr 1920 emigrierte P. 1926 wurde er in Paris ermordet. Es handelte sich dabei um einen Racheakt für die antijüdischen Pogrome, die P.s Truppen zuzuschreiben waren.

Lit.: Mark, R. A., Semen Petljura und die UNR. Vom Sturz des Hetman Skoropads'kyj bis zum Exil in Paris, in: FOG 40 (1987).   *B.Sch.*

Petrograd ↑St. Petersburg

Pioniere ↑Komsomol

Pišpek ↑Biškek

Pjatakov, Georgij Leonidovič (1890–1937), ein Ukrainer, kam 1910 von den Anarchisten (↑Anarchismus [LGR]) zu den Bolschewisten (↑Parteien [LGR]). Er gehörte zu deren linkem Flügel und vertrat auch nach der ↑Oktober-Revolution eine prononciert internationalistische Linie. Zunächst wurde P. 1917/18 zum Kommissar der Staatsbank berufen. Im Vordergrund standen aber seine Beiträge zu den politischen Konflikten in der Führung der ↑RKP(b). P. opponierte als ↑linker Kommunist mehrfach gegen den Kurs ↑Lenins, so beim Streit über die Linie bei den Friedensverhandlungen von ↑Brest-Litovsk. In der Phase der Kontakte der Linken mit den linken Sozialrevolutionären (↑Parteien) im Frühjahr 1918 war er möglicherweise als Nachfolger Lenins für den Vorsitz des ↑Rates der Volkskommissare im Gespräch. In seinen politischen Vorstellungen orientierte P. sich später an ↑Trockij. Als Vorsitzender der Kiever Organisation der KP und als Vorsitzender der Provisorischen Arbeiter- und Bauernregierung der ↑Ukraine vertrat P. eine antizentralistische Linie, geriet damit aber in eine Oppositionsstellung. Seine ukrainische Machtbasis verlor er vollends, als ↑Stalin ihn durch eine Intrige aus der Doneck-Kohleverwaltung verdrängen ließ (1921). P. behielt Aufgaben in der zentralen Wirtschaftsplanung und -verwaltung (Stellvertretender Leiter des ↑Gosplan und seit 1923 des ↑Obersten Volkswirtschaftsrats, Vorsitzender des Hauptkonzessionskomitees, ↑Außenhandel). 1921 wurde er Kandidat, 1923 Vollmitglied des ↑Zentralkomitees. Wie in der Kontroverse über die ↑Gewerkschaften hielt P. auch in der Auseinandersetzung zwischen Stalin und Trockij zu letzterem (Unterzeichnung der „Erklärung der 46" im Oktober 1924) – die Ausschaltung der ↑Linken Opposition betraf ihn daher auch. Ende 1926 wurde er als Handelsvertreter nach Paris abgeschoben, auf dem XV. ↑Parteitag aus der Partei ausgeschlossen. P. zog sich später von der Opposition zurück, seinem Wunsch auf Wiederaufnahme in die Partei und auf eine Möglichkeit zur Mitarbeit bei der ↑Industrialisierung wurde 1928 entsprochen. P. wurde stellvertretender Vorsitzender, 1929 Vorsitzender der Leitung der Staatsbank. 1930 trat er ins Präsidium des Obersten Volkswirtschaftsrats ein und wurde erneut ins Zentralkomitee berufen. 1932 übernahm er das Amt des Stellvertreters des ↑Volkskommissars für Schwerindustrie, ↑Ordžonikidze; zu seinen Aktivitäten gehörten auch die beiden „P.-Abkommen" mit dem R.-Ausschuß der Deutschen Wirtschaft über Handel und Kredit (1931/32). 1936 wurde

P. in die ↑Säuberungen einbezogen. Im Prozeß gegen das ↑„Antis.e Trockistische Zentrum" verurteilte ihn das Tribunal zum Tode und ließ ihn hinrichten (Januar 1937). 1988 wurde P. zusammen mit den anderen Angeklagten rehabilitiert.

Lit.: ↑Andreev; ↑Antonov-Ovseenko. *B.Sch.*

Planwirtschaft sollte in der SU ihrem Anspruch nach die volkswirtschaftlichen Produktions-, Investitions-, Innovations-, Verwendungs- und Verteilungsprozesse und die aus ihnen resultierenden sozialen Veränderungen umfassend, zentral und vollzugsverbindlich steuern. P. galt als grundlegende Methode zur Verwirklichung der Wirtschaftspolitik der ↑Kommunistischen Partei, die auf allseitigen Ausbau der Produktivkräfte und volle Befriedigung der geistigen und materiellen Bedürfnisse der Bevölkerung gerichtet sein sollte. Mit Hilfe der P. lenkte die Partei den komplexen Prozeß der Produktion.

In der Realität war die Umsetzung dieser Vorstellung von erheblichen Schwierigkeiten begleitet. Erste Ansätze zu einer P. entwickelten sich im ↑Kriegskommunismus, angelehnt an den Vorstellungen von kriegswirtschaftlicher Organisation, wie sie in R. in Ansätzen existiert hatte (↑Erster Weltkrieg [LGR]). Einen ersten Versuch umfassender Planung stellt der ↑Goėlro-Plan 1920 dar. Mitte der 20er Jahre wurde ein neuer Anlauf unternommen, P. zu realisieren. ↑Gosplan und OSVOK (Sonderberatung zur Rekonstruktion des Grundkapitals) des ↑Obersten Volkswirtschaftsrats begannen mit einem System von Kontrollziffern und Fünfjahrplanentwürfen die Möglichkeiten von P. zu erproben. Ein System von drei Planformen kristallisierte sich heraus. Ein Generalplan, der auf 10–15 Jahre angelegt war und Grundlinien wirtschaftlicher und sozialer Entwicklung vorgab, sollte den Rahmen für Perspektivpläne bilden, die fünf Jahre umfaßten (↑Fünfjahrpläne). Die konkrete, operative Planung schließlich sollte im Rahmen von Jahresplänen erfolgen. In der Realität hatte der Generalplan keine Bedeutung, auch die Fünfjahrpläne stellten eher wirtschaftspolitische Willenserklärungen dar, während die eigentliche Planungsarbeit im Rahmen der Jahrespläne erfolgte, die oft genug den im Fünfjahrplan vorgegebenen Rahmen korrigierten. Die Planungsorgane wurden mehrfach umstrukturiert (Gosplan, ↑Volkswirtschaftsrat, Oberster Volkswirtschaftsrat, ↑Wirtschaftsräte), im Prinzip fanden zentrale, wirtschaftspolitische Entscheidungen im ↑Politbüro, ↑Zentralkomitee und ↑Ministerrat statt. Die Stabsarbeit für diese Organe wurde von Gosplan bzw. der ihn jeweils ersetzenden Behörde geleistet. Der zentralen Planungsebene stand die Betriebsebene gegenüber, auf der im Rahmen der Vorgaben der vorgeordneten Stellen die konkrete Produktionsplanung erfolgte. Zwischen zentraler und Betriebsebene vermittelte eine mittlere Planungsebene, die vor der schwierigen Aufgabe stand, funktionale, sektorale und regionale Ziele im Rahmen der P. in Zusammenhang zu bringen. Funktionalorgane (z. B. Staatskomitees für Wissenschaft und Technik, Materialversorgung, Preise, Standardisierung usf.), sektoral organisierte Behörden (Branchenministerien) und Regionalorgane (z. B. Wirtschaftsräte in der Chruščev-Zeit) wurden phasenweise durchaus unterschiedlich gewichtet. Z. B. wurde unter ↑Chruščev die regionale Komponente stärker betont, während vor- und nachher größeres Gewicht bei den ↑Ministerien der einzelnen ↑Industriezweige lag.

Die P. zeigte im Verlauf ihrer Geschichte Stärken und Schwächen. Einerseits ermöglichte sie es, politisch gesetzte Prioritäten wirtschaftlich durchzusetzen (z. B. den raschen Ausbau einer schwerindustriellen Basis; Verhinderung von Arbeitslosigkeit), andererseits erwies es sich, daß ↑Bürokratie, dysfunktionales Verhalten der Betriebe und zunehmende Komplexität wirtschaftlicher Prozesse optimale Ressourcenallokation immer wieder verhinderten. In der ↑Perestrojka wurden die Elemente zentraler Planung immer weiter geschwächt. In den Wirtschaftsreformprogrammen des Jahres 1990 und dem Antikrisenprogramm von 1991 wurde Planwirtschaft als Konzept weitgehend von sozial orientierter Marktwirtschaft abgelöst. In der Realität dominierten allerdings nach wie vor Strukturen und Denkweisen, die in Jahrzehnten von P. geprägt worden waren.

Lit.: Nove, A., Das sowjetische Wirtschaftssystem, Baden-Baden 1980; Raupach, H., Das Planungssystem, in: Osteuropa-Handbuch. Sowjetunion. Das Wirtschaftssystem, Köln 1965; Dobias, P., Theorie und Praxis der Planwirtschaft, Paderborn 1977; Lorenz, R., Sozialgeschichte der Sowjetunion I. 1917–1945, Frankfurt a. M., 1976; Höhmann, H. H./ Kaser, M. C./Thalheim, K. C. (Hrsg.), Die Wirtschaftsordnungen Osteuropas im Wandel, Freiburg 1972; Planirovanie narodnogo chozjajstva SSSR. Učebnoe posobie, M 1977.

H.-H.Sch.

Podvojskij, Nikolaj Il'ič (1880–1948), war einer der wenigen Altkommunisten, die ↑Stalins ↑Säuberungen überlebten. Seit 1901 Parteimitglied, leistete er in allen Situationen und Funktionen solide Arbeit für die ↑Bolschewisten. So war er für Parteipublikationen verantwortlich, 1917 an der Organisation der militärischen Aktionen der ↑Partei beteiligt, nach der ↑Oktober-Revolution ↑Volkskommissar der ↑RSFSR für Verteidigung bis zur Übernahme dieses Amtes durch ↑Trockij und blieb auch danach mit militärischen Aufgaben betraut: Mitglied des ↑Obersten Militärrats, Vorsitzender der Obersten Militärinspektion, Mitglied des ↑Revolutionären Militärrats (1918/19) und Kommissar für Kriegs- und Marinewesen der ↑Ukraine. Weiterhin blieb P. für die allgemeine Wehrerziehung (1918–23) – ein obligatorisches 96-Stunden-Programm für alle 16- bis 40jährigen, mit dem der Soldatenmangel überbrückt werden sollte (Vsevobuč) – und die seit November 1919 damit organisatorisch verbundenen „Abteilungen für besondere Aufgaben", die Parteiwach- und -schutzverbände, zuständig, schließlich auch für die Körperkultur. Zeitweilig war er auch Vorsitzender der nach dem Vorbild der ↑Komintern organisierten „Sportintern". Politische Reibungen mit Stalin waren in diesen Positionen nicht möglich, so daß P. die Einbeziehung in die Säuberungen erspart blieb.

Lit.: ↑Andreev.   *B.Sch.*

Pokrovsk ↑Wolga-Deutsche

Pokrovskij, Michail Nikolaevič (1868–1932), schloß 1891 seine Ausbildung als Historiker an der Moskauer Universität ab, seine hauptsächlichen Lehrer waren V. O. Ključevskij (1841–1911) und P. G. Vinogradov (1854–1925). Er arbeitete danach als Mittelschullehrer. Um 1900 kam er in Verbindung mit bürgerlichen linken Gruppierungen (↑Bund der Befreiung [LGR]) und fand 1904/05 zu marxistischen Kreisen (1905 erste Begegnung mit ↑Lenin). 1907 war P. Delegierter des

5. Parteikongresses (Kandidat des ↑Zentralkomitees) der RSDRP (↑Parteien [LGR]). Durch rege publizistische Tätigkeit im marxistischen Sinne setzte er sich Verfolgungen der kaiserlichen Polizei aus, denen er sich 1909 durch die Emigration nach Frankreich entzog. In umfangreichen Darstellungen begann P. in dieser Zeit die r.e Geschichte neu zu schreiben und von den ökonomischen und sozialen Prozessen her neu zu bewerten (Geschichte R.s im XIX. Jh., 9 Bände 1907 ff., R.e Geschichte seit den ältesten Zeiten, 5 Bände, 1910/13). 1909–11 gehörte P. zur linken „Vpered"-Gruppe, später zum Kreis um die Zeitschrift „Naše slovo" (Unser Wort), doch näherte er sich im Ersten Weltkrieg (↑LGR) den Positionen Lenins. Die Ideologie und die praktische Politik der r.en Zaren (↑LGR) und Kaiser (↑LGR), v. a. deren imperialistische und kolonialistische Ambitionen unterzog er einer scharfen Kritik. Nach seiner Rückkehr nach ↑Moskau (1917) war P. bis zum Frühjahr 1918 Vorsitzender des Moskauer Stadt-(↑)sowjets und von 1918 bis zu seinem Tode Stellvertreter des ↑Volkskommissars für Bildung (↑Lunačarskij), zugleich Leiter der ↑Kommunistischen Akademie und Leiter von deren Instituten für Geschichte, der ↑Roten Professur (seit 1921), ferner der Gesellschaft der marxistischen Historiker (seit 1925) und des Zentralen Archivs (seit 192). Die neuen Einrichtungen der parteilichen Geschichtsschreibung (↑Parteilichkeit) wurden im wesentlichen von ihm aufgebaut und geprägt. Seine „Geschichte R.s in kürzester Fassung" (2 Bde., 1920, deutsche Ausgabe 1929) setzte die neuen Maßstäbe. Im Ausland machte P. sich einen Namen u. a. als Herausgeber der Dokumente aus den r.en Archiven über die „Internationalen Beziehungen im Zeitalter des Imperialismus" (deutsch 1931 ff.). 1929 wurde P. Mitglied der ↑Akademie der Wissenschaften. Im gleichen Jahr rechtfertigte er die Ausschaltung der noch vorhandenen bürgerlichen Historiker. Bald nach seinem Tod begann unter unmittelbarer Einflußnahme ↑Stalins die Distanzierung der ↑VKP(b) und der Historiker von P. Seine Traditionsfeindlichkeit und die Angriffe auf die zentralen Bestandteile der r.en Geschichte wurden abgelehnt, da Stalin diese zum Beweis des progressiven Charakters der r.en Geschichte und für die Begründung eines r.en und s.en ↑Patriotismus benötigte. Seine lange gefeierten Verdienste um die marxistische Historiographie reduzierten sich auf wenige positive Beiträge zur Auseinandersetzung mit der bürgerlichen Geschichtsschreibung. Zwischen 1934 und 1938 wurden die „antimarxistischen-vulgarisierenden Konzeptionen" P.s rigoros ausgemerzt („Vulgärmarxismus") und seine einseitige Soziologisierung der als „auf die Vergangenheit bezogene Politik" begriffenen (Betonung des Klassenkampfes) Geschichte mit Wiedereinführung des Geschichtsunterrichts und der Vorbereitung eines verbindlichen Geschichtsbuches aufgegeben. Die ↑Entstalinisierung erlaubte eine unbefangenere Sicht auf P.s Werk. Seine Ansätze wurden differenzierter bewertet, Mängel in seinem Herangehen bestätigt und zugleich seine Korrekturbereitschaft und die negativen Wirkungen seines Extremismus festgehalten.

Lit.: Luckij, E. A., Razvitie istoričeskoj koncepcii M. N. Pokrovskogo, in: Istorija i istoriki, M 1965; Black, C. E. (Hrsg.), Rewriting Russian History, New York 1956; Černobaev, M. N., Pokrovskij – učenyj i revoljucioner, in: Vopr. Ist. 1988, Nr. 8.   *B.Sch.*

Politbüro (Politisches Büro) hieß das engere Führungsgremium der ↑Kommunistischen Partei der SU. Die der Partei zustehende Richtlinienkompetenz gegenüber der Regierung (verankert in Art. 6 der ↑Verfassung von 1977 und im ↑Ministerrats-Gesetz von 1978/1981) wurde faktisch vom P. ausgeübt. Das P. bestand im Juli 1987 aus 14 Vollmitgliedern und 6 Kandidaten (letztere durften nur beratend an den Sitzungen teilnehmen); es tagte in der Regel einmal wöchentlich, wobei der ↑Generalsekretär den Vorsitz führte. Nach Art. 38 der Parteistatuten wurde es vom ↑Zentralkomitee gewählt, leitete die gesamte Parteiarbeit zwischen den Plenartagungen des ZK und war ihm dafür verantwortlich.

Bereits im Oktober 1917 wurde erstmals ein siebenköpfiges Politisches Büro eingerichtet, das allerdings keine größere Bedeutung erlangte. Als ständige Institution wurde es im März 1919 auf dem VIII. ↑Parteitag geschaffen. Der Parteitag wies ihm als Aufgabenfeld recht pauschal alle „Fragen, die keinen Aufschub dulden", zu und bestimmte L. B. ↑Kamenev, N. N. Krestinskij (1883–1938), V. I. ↑Lenin, I. V. ↑Stalin und L. D. ↑Trockij zu Vollmitgliedern, N. I. ↑Bucharin, G. E. ↑Zinov'ev und M. I. ↑Kalinin zu Kandidaten. Tatsächlich wurden seit Anfang der 20er Jahre alle Grundsatzfragen der Außen- und Innen-, Finanz- und Wirtschaftspolitik im P. vorberaten und -entschieden. Mit dem sprunghaften Wachstum der Partei, den zu Mammutkongressen werdenden Parteitagen (schon 1925 rund 1300 Delegierte) und dem Anwachsen des Zentralkomitees (1925 auf erstmals über 100 Mitglieder und Kandidaten) gewannen die engeren Führungsgremien, vor allem P. und ↑Sekretariat zusätzlich an Gewicht. Hier wurde der Kurs festgelegt, den das ZK diskutierte und die Parteitage nur noch bestätigten. Die Auseinandersetzungen an der Parteispitze um die ↑Neue Ökonomische Politik und die weitere Entwicklung der SU kulminierten 1926/27 im Ausschluß der ↑linken, 1929/30 im Ausschluß der ↑rechten Opposition aus dem P. Sie unterlagen im Machtkampf um die Nachfolge Lenins, der 1924 gestorben war; Stalin-Anhänger nahmen ihre Plätze ein. Mit dem Aufstieg Stalins zum unangefochtenen politischen „Führer" (vožd') verlor auch das P. in den 30er Jahren seine ursprüngliche Bedeutung, seine Rolle als eigenständiges, kollektives Führungs- und Entscheidungsorgan. 1952 beschloß der XIX. Parteitag die Auflösung des P., das zuletzt elf Mitglieder und einen Kandidaten umfaßt hatte; als neues Führungsgremium entstand ein Präsidium des Zentralkomitees. Der XXIII. Parteitag beschloß im April 1966 die Reorganisation des P.s, mit elf Vollmitgliedern und acht Kandidaten. Die Bedeutung des Gremiums in den letzten Jahren war schon an den Funktionen der (14) Vollmitglieder abzulesen: Neben dem Generalsekretär der Partei gehörten ihm (im Sommer 1987) die Ministerpräsidenten (Vorsitzende des ↑Ministerrates) der UdSSR und der ↑RSFSR, der Vorsitzende des ↑Präsidiums des Obersten Sowjet und der Außenminister, der 1. Stellvertreter des Ministerpräsidenten und der Vorsitzende des ↑KGB, der 2. Sekretär des Sekretariats des Zentralkomitees und der 1. Parteisekretär der ↑Ukraine, der Vorsitzende des Komitees für Parteikontrolle (↑Parteikontrollkommission) und die Sekretäre des Zentralkomitees für Wirtschaft, Rüstungsindustrie, den Agrarsektor sowie Agitation und ↑Propaganda an. Mit der Verlagerung der Macht von der Partei auf die ↑Sowjets, der Einrichtung und dem Ausbau des Präsidentenamtes, dem Verlust des kommunistischen Machtmonopols büßte auch das P. – noch mehrfach umgebildet – seine politische Bedeutung ein, endgültig nach dem ↑Putschversuch vom 18.–20. 8. 1991.

Lit.: Stichwort ,Politbjuro CK KPSS' in: SIÈ Bd. 11, Sp. 272 ff.; Bilinsky, Ya., Changes in the Central Commitee, Denver (Col.) 1967; Fainsod, M., Wie Rußland regiert wird, Köln 1965; Fincke, M. (Hrsg.), Handbuch dr Sowjetverfassung, 2 Bde., Berlin 1983; Meissner, B., Parteiführung und Parteiorganisation der KPdSU nach dem 27. Parteitag, in: Osteur. 36 (1986); Neuwald, M., The Central Organisation of the CPSU: Its Structure, Leadership, and Dynamics of Development 1917–1930, Cambridge (Mass.) 1956; Rigby, T. H., The Soviet Politbureau. A Comparative Profile 1951–1971, in: Sov. Stud., Bd. 24 (1972); Schneller, G. K., The Politburo, Stanford (Cal.) 1951. H.A.

Politische Kommissare ↑Militärkommissare

Politruk (Abk. für političeskij rukovoditel' = politischer Führer) nannte man Amtspersonen bei Kompanien, Batterien und vergleichbaren Einheiten der s.en ↑Streitkräfte, denen die politische Ausbildung des Personalbestandes oblag. Die Einrichtung des P.s wurde auf Befehl des ↑Revolutionären Militärrates der S.-Repubik (vom 14. 10. 1919) geschaffen. Der P. war der Personalchef einer Einheit, mit gleichen Rechten wie der militärische Kommandeur, und seine Aufgabe (vergleichbar mit derjenigen der ↑Militärkommissare bei größeren Truppenteilen, Verbänden und Institutionen) bestand vor allem darin, für die Durchführung und Umsetzung der ↑Partei-Direktiven in der Armee zu sorgen. In der zweiten Hälfte der 20er Jahre (mit der Einführung der Einmannleitung) zum bloßen „Gehilfen des Kommandeurs für den politischen Bereich" zurückgestuft, wurde die Institution des gleichberechtigten P. am 10. 5. 1937 (bis zum 12. 8. 1940) und am 16. 7. 1941 (bis zum 9. 10. 1942) erneut eingeführt, parallel zu- und untergeordnet den Militärkommissaren. Dann trat an die Stelle des P.s das Amt des „Stellvertreters des Kommandeurs für den politischen Bereich". In den 30er Jahren gab es P.s (sowie Unter-P.s und Ober-P.s) auch als Dienstbezeichnung in den s.en Streitkräften, identisch mit den unteren Rängen des politischen Führungsstabes von Armee und Flotte. Mit der Institution wurde am 9. 10. 1942 auch die Dienstbezeichnung abgeschafft.

Lit.: Bublik, L. A., Politruk, in: BSÈ (3. Aufl.) Bd. 20, S. 225; Kulešov, A. D., Zvanija voinskie, in: BSÈ (3. Aufl.) Bd. 9, S. 406 ff. H.A.

Polizei ↑Miliz

Poltorack ↑Ašchabad

Polytechnische Erziehung war ein wesentlicher Bestandteil der frühen S.-Pädagogik. Die Ursprünge dieser Bildungsidee gehen auf die französischen Sozialisten zurück. Später entwickelte Marx diese Konzeption weiter; sie wurde von ihm als eine Ausbildung gesehen, welche die allgemeinen Prinzipien aller Produktionsprozesse vermittelt und gleichzeitig die Heranwachsenden in den praktischen Gebrauch und in die Handhabung der elementaren Instrumente aller Arbeitszweige einweiht. Nach 1917 entwickelten vor allem ↑Lenin und seine Frau Nadežda, K. Krupskaja (1869–1939) diese Grundzüge weiter und versuchten, die p. E. in den Schulunterricht einzuführen. Dabei handelte es sich nicht um die handwerkliche Vorbereitung für einen Beruf, sondern gleichermaßen um die Einführung in die Prinzipien der industriellen Produktion, wobei in der SU die Groß(↑)industrie gemeint war. Wichtig war, daß Krupskaja die p. E. nicht „als irgendein besonderes Unterrichtsfach" aufgefaßt wissen wollte, sondern als Bildungsprinzip, das „alle Fächer durchdringen" müsse. Diese Grundsätze mußten unter der Bildungspolitik ↑Stalins zurücktreten, unter der vor allem hochspezialisierte ↑Kader herangebildet wurden. Später, unter und nach ↑Chruščev, gewann die p. E. wieder an Bedeutung, allerdings ohne sich als Prinzip vollkommen durchsetzen zu können. Als theoretisches Organ diente die Zeitschrift „Beruflich-technische Bildung" (Professional'no-techničeskoe obrazovanie), herausgegeben von dem Staatskomitee der UdSSR für beruflich-technische Bildung, die seit 1942 erschien.

Lit.: Krupskaja, N. K., Über die allgemeinbildende polytechnische Schule (aus dem R.en), Berlin 1959; Ivanovič, K. A./Epštejn, D. A. (Hrsg.), Polytechnischer Arbeitsunterricht in der UdSSR, Ravensburg 1975; Gock, A., Polytechnische Bildung und Erziehung in der Sowjetunion bis 1937, Berlin 1985.   *K.M.*

Pospelov, Petr Nikolaevič (1898–1979), Mitglied der ↑Partei seit 1916, tat sich als Spezialist für ↑Ideologie- und Wissenschaftsfragen hervor. 1930 schloß er seine Ausbildung an der Ökonomischen Abteilung des ↑Instituts der Roten Professur ab. Seine anschließenden Tätigkeitsfelder schlossen an seine frühen Engagements als ↑Agitprop-Instrukteur des ↑Zentralkomitees (seit 1927) bzw. als Propagandist und Agitator (seit 1917) an. In der Zeit der Vorbereitung und Durchführung der ↑Säuberungen gehörte P. (seit 1934) der ↑Parteikontrollkommission, seit 1937 der Propaganda- und Agitationskommission des ZK an. Mit der Wahl ins ZK auf dem XVIII. ↑Parteitag und der Berufung zum Chefredakteur der ↑„Pravda" (1940–49) gewann er außerordentlichen Einfluß auf die Vermittlung des ↑Stalin-Kultes und der ideologischen Linie ↑Stalins. 1949–52 leitete er das Marx-Engels-Lenin-Stalin-Institut (↑Institut für Marxismus-Leninismus), kehrte 1952/53 zurück in die Chefredaktion der „Pravda" (Stellv. Chefredakteur) und wurde nach Stalins Tod ins ↑Sekretariat des Zentralkomitees berufen. Nach ↑Chruščevs Aussage leitete P. die Kommission, die den Bericht über den Persönlichkeitskult Stalins vorbereitete, der von Chruščev auf dem XX. Parteitag als sog. „Geheimrede" vorgetragen wurde. Im weiteren war P. an der Gründung der gemeinsamen ideologischen Zeitschrift der kommunistischen Arbeiterparteien „Probleme des Friedens und des Sozialismus"(Prag, 1957–1990) beteiligt. Über den Status eines Kandidaten für das ↑Präsidium des ZK kam P. nicht hinaus (1957–61) und verlor auch den Posten eines Sekretärs des ZK 1960. Beim Ausscheiden aus den Spitzenstellungen der Partei verblieben ihm die Zugehörigkeit zum ZK-Büro für die ↑RSFSR, die Leitung des Marx-Engels-Instituts (1961–67) und Funktionen im Präsidium der ↑Akademie der Wissenschaften (nach 1967). Als kompetenter Ideologe wurde P. an der Herausgabe großer parteiamtlicher Darstellungen zur Geschichte der ↑Oktober-Revolution und des ↑„Großen Vaterländischen Kriegs" beteiligt.

Lit.: ↑Andreev.   *B.Sch.*

Potsdam, Konferenz von P. (17.7.–2.8. 1945). Die K. v. P. war die letzte Begegnung der „Großen Drei", bei der gemeinsame Beschlüsse über die militärisch-politischen Ziele der Anti-Hitler-Koalition des ↑Zweiten Weltkriegs gefaßt wurden. Bereits zuvor, in der Endphase des Kriegs gegen Deutschland, hatte sich der Gegensatz zwischen den Hauptalliierten zugespitzt. Zwar bestand das Interesse der USA fort, die SU zum Kriegseintritt gegen Japan zu bewegen und sie in eine weltweite Friedensordnung einzubeziehen (↑UNO). In bezug auf Ost- und Mitteleuropa jedoch kollidierten seit der Konferenz von ↑Jalta die s.en Ansprüche auf strategische Sicherung zunehmend mit der britisch-amerikanischen Doktrin, keine geschlossenen Einflußzonen zuzulassen: Während die SU die ihren Interessen gemäße Umgestaltung in den von der ↑Roten Armee besetzten Ländern rasch vorantrieb, gingen die Westmächte zu einer Politik der „Eindämmung" über, die in der zeitweisen Einstellung der amerikanischen Materiallieferungen an die SU im Rahmen des ↑Lend-Lease-Act am 11. 5. 1945 erstmals wirksam wurde. Der Ausgleichsversuch auf der K. v. P. konnte so nur mehr zu Teileinigungen führen. In bezug auf Polen erreichte ↑Stalin, daß die am 14. 4. 1945 vollzogene Übergabe der Gebiete östlich von Oder und Görlitzer Neiße an polnische Zivilverwaltung anerkannt und, mit dem Beschluß über die „Überführung" der deutschen Bevölkerung aus Polen, Ungarn und der Tschechoslowakei, auch die dort bereits begonnene Zwangsaussiedlung bestätigt wurde; lediglich die völkerrechtliche Anerkennung der so definierten deutsch-polnischen Grenze wurde einem Friedensvertrag vorbehalten. In der deutschen Frage setzte sich das (gegenüber Jalta modifizierte) s.e Konzept insofern durch, als Deutschland auch unter alliierter Zonenbesatzung als „wirtschaftliche Einheit" gelten sollte, wenngleich keine Zentralregierung vorgesehen war. Abermals vertagt wurde die Entscheidung über die ↑Reparationen. Eine Verständigung über die konkurrierenden Vorstellungen beider Seiten über die Gestaltung der jeweils anderen Einflußzone kam nicht zustande; der s.-amerikanische Gegensatz sollte sich hier auch bei der folgenden ↑Londoner Außenministerkonferenz als unüberbrückbar erweisen. Die Formelkompromisse im Beschlußprotokoll der K. v. P. (von der SU künftig als völkerrechtlich bindender „Potsdamer Vertrag" betrachtet) wurden im Zeichen des ↑Kalten Kriegs für beide Seiten Ausgangspunkt für konträre Auslegungen im Rahmen einer konflikthaften Deutschlandpolitik.

Lit.: Meissner, B., Rußland, die Westmächte und Deutschland, Hamburg ²1956; Flies, H., Zwischen Krieg und Frieden. Das Potsdamer Abkommen, Frankfurt a. M./Bonn 1962; Deuerlein, E., Deklamation oder Ersatzfrieden? Die Konferenz von Potsdam 1945, Stuttgart 1970.   *M.G.M.*

Potsdamer Vertrag (Abkommen) ↑Potsdam, Konferenz von P.

Präsidium des Nationalitätensowjets ↑Nationalitätensowjet

Präsidium des Obersten Sowjets. Zugleich mit dem ↑Obersten Sowjet der UdSSR richtete die ↑Verfassung von 1936 ein P. d. O. S. ein. Es sollte (nach Art. 48 der Verfassung) aus einem Vorsitzenden, vier Stellvertretern, einem Sekretär und 39 Mitgliedern bestehen, auf einer gemeinsamen Sitzung der beiden Kammern des Obersten Sowjet (↑Unions- und ↑Nationalitätensowjet) gewählt werden und in seiner gesamten Tätigkeit dem Obersten Sowjet rechenschaftspflichtig sein. Der Kompetenzbereich, den die Verfassung (in Art. 49) dem P. d. O. S. zuwies, war groß. Dazu gehörten: die Einberufung der Sitzungen des Obersten Sowjet; die

Auflösung des Obersten Sowjet bei Beschlußunfähigkeit und die Ausschreibung von Neuwahlen; die Auslegung von Gesetzen und die Herausgabe von Erlassen (ukazy); die Aufhebung von Beschlüssen und Verordnungen der Staatsregierung (↑Rat der Volkskommissare) und der Regierungen der ↑Unionsrepubliken, sofern sie mit den geltenden Gesetzen nicht übereinstimmten; die Verleihung von ↑Orden; das Recht der Begnadigung; die Ernennung und Entlassung des Oberkommandeurs der ↑Streitkräfte; die Erklärung der allgemeinen und partiellen Mobilmachung; die Ratifizierung internationaler Verträge; die Ernennung und Abberufung diplomatischer Vertreter der SU und die Akkreditierung ausländischer Diplomaten. Außerdem sollte das P. d. O. S. zwischen den Tagungen des Obersten Sowjet Regierungsmitglieder entlassen und ernennen und im Verteidigungsfall den Kriegszustand verkünden können. Durch Übertragung bestimmter, traditionell dem Staatsoberhaupt zustehender Aufgaben und Rechte wurde das P. d. O. S. zu einer Art kollektivem Staatsoberhaupt, wobei protokollarisch diese Funktion vor allem vom Vorsitzenden des P.s d. O. S. wahrgenommen wurde. Andererseits ermöglichten es die legislativen Kompetenzen, die Herausgabe von Erlassen (ukazy), daß das P. d. O. S. während der Zeit ↑Stalins die normale Gesetzgebungstätigkeit übernahm und das eigentliche Legislativorgan, den Obersten Sowjet, in den Hintergrund drängte. Erst seit den 50er Jahren trat der Oberste Sowjet wieder stärker hervor. Entsprechend zum P. d. O. S. der UdSSR wurden Präsidien der Obersten Sowjets auch in den Unions- und ↑Autonomen Republiken eingeführt. Die Verfassung von 1977 bestätigte Stellung und Funktion des P.s d. O. S. in den Art. 119–124 weitgehend; erhalten blieb auch die Normsetzungsbefugnis (Art. 123). Das P. d. O. S., dessen Größe sich seit 1936 mehrfach änderte, umfaßte danach 39 Personen: den Vorsitzenden, seinen Ersten Stellvertreter, 15 einfache Stellvertreter (je einen aus jeder Unionsrepublik) sowie 21 Mitglieder. Dabei bürgerte sich ein, daß die 15 Stellvertreter jeweils die Vorsitzenden des P.s d. O. S. in den Unionsrepubliken waren. Die Wahl, mit der das P. d. O. S. laut Verfassung (Art. 119) bestellt wurde, war in der Praxis ein formeller Bestätigungsakt; dabei wurde die vom ↑Zentralkomitee zuvor gebilligte Liste der Mitglieder vom Obersten Sowjet einstimmig angenommen. Der Vorsitzende des P. d. O. S. versah protokollarisch weiterhin die Rolle des Staatsoberhauptes. Das alles galt bis zur Einrichtung des ↑Kongresses der Volksdeputierten (1988/89) und des Präsidialsystems (1990).

Lit.: Fincke, M. (Hrsg.), Handbuch der Sowjetverfassung, 2 Bde., Berlin 1983; Maurach, R., Handbuch der Sowjetverfassung, München 1955; Reichel, H.-Chr., Das Präsidium des Obersten Sowjets der UdSSR, Baden-Baden 1976; Sprögel, C.-G., Die höchsten Organe der Staatsgewalt der Sowjetunion, Diss. Göttingen 1971. *H.A.*

Präsidium des ZK der KPdSU ↑Politbüro

„Pravda" (Wahrheit, Gerechtigkeit) war der Name der bekanntesten s.en Tageszeitung. Sie wurde vom ↑Zentralkomitee der ↑Kommunistischen Partei herausgegeben. Die „P." wurde 1912 als legale, dem bolschewistischen Flügel der r.en Sozialdemokratie (↑Parteien [LGR]) nahestehende Arbeiterzeitung gegründet. Konflikte mit den Behörden zwangen wiederholt zu Namensänderungen (Rabočaja pravda, Severnaja pravda, Pravda truda usf.); im Juli 1914 mußte das

Blatt sein Erscheinen einstellen. Nach der Februar-Revolution (↑LGR) als Kampfblatt des Zentralkomitees und des Petrograder Stadtkomitees der Bolschewisten neu gegründet und nach dem Juli-Aufstand (↑LGR) erneut verboten, wurde die „P." nach der ↑Oktober-Revolution endgültig zum Zentralorgan der Bolschewisten, offizielle Parteizeitung, Agitationsforum und politisches Massenblatt in einem. Der Erscheinungstag der ersten Nummer von 1912 (der 5. Mai) wurde seit 1922 in der SU als „Tag der ↑Presse" begangen. Die Zeitung wurde zweimal mit dem Leninorden (1945 und 1962) und einmal (1972) mit dem Orden der Oktober-Revolution (↑Orden) ausgezeichnet. Die tägliche Auflagenhöhe wurde 1983 mit 10,7 Mio. angegeben. Die „P." wurde auch in westliche Sprachen übersetzt; zeitweilig erschien in der zweiten Hälfte der 80er Jahre eine autorisierte deutsche Ausgabe in Wien. Nach dem ↑Putschversuch vom 18.–20. 8. 1991, dem Verbot der Kommunistischen Partei, Streichung der staatlichen Zuschüsse und Leserschwund stand – im Dezember 1991 – auch die „P." vor dem Ende. Hochverschuldet und auf der Suche nach einem neuen, unabhängigen Profil, erschien sie im März 1992, vier Seiten dünn, nur noch dreimal die Woche.

Lit.: Andronov, S. A., Cukasov, S. V., Pravda, in: BSÈ (3. Aufl.) Bd. 20, S. 470ff.; Slivker, B., Pravda, in: BSÈ (1. Aufl.) Bd. 46, Sp. 614ff.; Buzek, A., How the Communist Press Works, New York 1964; Inkeles, A., Public Opinion in Soviet Russia. A Study in Mass Persuasion, Cambridge 1962; Libbey, J. K., Pravda, in: Mersh 29 (1982), S. 168ff.; Merrill, J. C./Fisher, H. A., The World's Great Dailies. Profiles of Fifty Newspapers, New York 1980.   *H.A.*

Presse hat immer auch eine eminent politische Funktion; ihre politische Aufgabe in der SU bestand darin, am Aufbau des ↑Sozialismus, an der Erziehung des neuen Menschen mitzuwirken; diese Zweckbindung war einer abstrakten, unkontrollierten Pressefreiheit vorgeordnet. So etwa kann man die Grundmaxime der s.en Pressepolitik beschreiben, sie wurde auf ↑Lenin und die Revolutionszeit zurückgeführt.

Schon wenige Tage nach der Oktober-Revolution (↑LGR) hatten die ↑Bolschewisten zahlreiche bürgerliche Presseorgane verboten und die Verlagshäuser, Druckmaschinen und Papiervorräte beschlagnahmt. Was zunächst nur als vorübergehende Notmaßnahme ausgegeben wurde (vgl. das Dekret über die Presse vom 27.10. [A.S.]/9.11. 1917), erhielt bald eine grundsätzlichere Rechtfertigung: Das ↑Zentrale Exekutivkomitee lehnte (am 4. [S.A.]/17.11. 1917) die „Wiederherstellung der sog. Pressefreiheit" als Kapitulation vor den „Vergiftern des Volksbewußtseins" und als eindeutig „konterrevolutionäre" Maßnahme ab. Inzwischen hatte die wiedererscheinende ↑„Pravda" die Druckerei der konservativen Tageszeitung „Novoe vremja" (Die neue Zeit) übernommen, das Verlagshaus der liberalen Zeitung „Reč'" (Die Rede) ging an die "Soldatskaja pravda" (Soldatenwahrheit), die Druckerei des „Den'" (Der Tag) druckte künftig die „Derevenskaja bednota" (Dorfarmut) u. s. f. Die ↑Partei sah in der Presse ein unabdingbares „Instrument der ↑Propaganda, Agitation und Organisation".

Die erste s.e ↑Verfassung proklamierte im Juli 1918 die Enteignung der bürgerlichen Druckereien und ihre Übergabe an die ↑Arbeiter und ärmsten Schichten der ↑Bauern als materielle Garantie wirklicher Meinungsfreiheit, die von der bürgerlichen Demokratie nur formal gewährleistet worden sei (vgl. Art. 14 der Verfassung der ↑RSFSR von 1918, ↑auch Bürgerrechte). Der VIII. ↑Parteitag unterstützte im März 1919 diese Auffassung, schrieb sie im Parteiprogramm fest und definierte als Aufgabe der P., zum Gebrauch der Rechte und Freiheiten zu erziehen. Mit der Verfassung von 1936 entfiel die klassenmäßige Beschränkung der Bürgerrechte; sie garantierte Meinungs- und Pressefreiheit allen (werktätigen) Staatsbürgern und ihren Organisationen (Art. 125). Doch wurden sie nicht subjektives Recht, die Garantie bestand allein in der erklärten Zur-Verfügung-Stellung von Druckereien und Papier, und die Rechte sollten auch nur „in Übereinstimmung mit den Interessen der Werktätigen und zum Zwecke der Festigung des sozialistischen Systems" genutzt werden können. Die Zweckbindung der Rede- und Pressefreiheit wurde auch in Art. 50 der neuen Verfassung übernommen, wobei die angebliche materielle Garantie (Druckerei und Papier) faktisch nicht einklagbar war und nur eine weitere Kontrollmöglichkeit darstellte. Nach amtlichen Angaben erschien 1986 über 8500 Tageszeitungen mit einer täglichen Auflagenhöhe von 198 Mio. Exemplaren. Die größte Auflage besaß dabei das Gewerkschaftsorgan „Trud" (Arbeit) mit 13,5 Mio. Zur Spitzengruppe gehörten auch die Parteizeitung ↑„Pravda" (Wahrheit) mit 10,7 Mio., die ebenfalls vom ↑Zentralkomitee der KPdSU herausgegebene „Sel'skaja žizn'" (Landleben) mit 9 Mio., die Zeitung des kommunistischen Jugendverbandes ↑Komsomol, „Komsomol'skaja pravda", mit 10 Mio. und die Regierungszeitung „Izvestija" (Nachrichten) mit 8,6 Mio. (alle Zahlen beziehen sich jeweils auf das Jahr 1983). Die Zeitungen erschienen in 57 in der SU gesprochenen Sprachen sowie 10 Fremdsprachen. Daneben gab es über 5000 Zeitschriften/Periodika, die z. T. ebenfalls in Millionenauflage erschienen. Die von einem Großteil der P. mitgetragene Reformpolitik ↑Gorbačevs (↑Glasnost', ↑Perestrojka) ließ die Auflagenhöhe in der zweiten Hälfte der 80er Jahre noch einmal stark ansteigen, wobei Blätter wie die „Komsomol'skaja pravda" und die „Izvestija" die als eher konservativ geltende „Pravda" überholten.

Lit.: Dinerštejn, E. A. (Red.), Izdatel'skoe delo v pervye gody sovetskoj vlasti 1917–1922, M 1972; Sovetskaja pečat' v dokumentach, M 1961; Terechov, I. M., Pečat', in: BSÈ Bd. 19, S. 507 f.; Fincke, M. (Hrsg.), Handbuch der Sowjetverfassung, Bd. 1, Berlin 1983; R. Révesz, Recht und Willkür in der Sowjetpresse, Freiburg (Schweiz) 1974; Sampson, C. S., The Formative Years of the Soviet Press: An Institutional History, 1917–1924, Ph. D., University of Mass, 1970.   *H.A.*

Prokof'ev, Sergej Sergeevič (1891–1953), gehörte zunächst zur großen Gruppe r.er Künstler, die R. nach der ↑Oktober-Revolution verließen. Er hielt sich seit 1918 in den Vereinigten Staaten, später in Frankreich auf. Zu eigenen Konzerten reiste er seit 1927 aber mehrfach in die SU und kehrte 1932 endgültig in die Heimat zurück. Zu diesem Zeitpunkt war die Gleichschaltung des s.en kulturellen Lebens in vollem Gang – P. ließ sich auf die von der ↑Partei vorgenommene Disziplinierung der Künstler und die Politisierung des Kunstbegriffs (↑sozialistischer Realismus, Gründung des Verbandes s.er Komponisten 1932) ein. Die klare Absage der ↑VKP(b) an den „bürgerlichen Modernismus" traf wesentliche Teile seines vorangegangenen künstlerischen Werkes. Er gewann jedoch – und darin lag wohl auch der für P. unpolitische Anstoß zu seiner Rückkehr – die Möglichkeit, seine Kompositionen einer breiten Öffentlichkeit zu vermitteln und mit anderen Künsten zu kooperieren (Theater, Literatur, Kino – P. schrieb die Musik zu ↑Eisensteins Film „Ivan der Schreckliche") und gemäßigt moderne Elemente seines Komponierens beizubehalten. Trotz des Wohlwollens, das P. für sich wegen seiner Rückkehr erwarten konnte (Titel eines Volkskünstlers der ↑RSFSR 1947, mehrfache Würdigung mit dem ↑Stalin-Preis), wurde er in der ↑Ždanov-Ära amtlich getadelt. Der Erlaß des ↑Zentralkomitees vom 10. 2. 1948 verurteilte neben ↑Chačaturjan und ↑Šostakovič auch P. wegen angeblicher künstlerischer Fehler (Vorwurf der historischen Verfälschung, der Kakophonie, der Dekadenz, des volksfeindlichen Formalismus – ähnlich wie bei ↑Achmatova), ohne daß er deswegen wirkliche Nachteile erfahren hätte. 1951 wurde P. erneut mit dem Stalin-Preis ausgezeichnet. Die offizielle Kritik erkannte die positive Reaktion P.s auf den Tadel an. 1958 wurden die Vorwürfe von 1948 als überzogen deklariert und parteiamtlich zurückgenommen, wenngleich ihnen weiterhin eine positive Wirkung zugeschrieben wurde. Die Widersprüchlichkeit der ↑Entstalinisierung in der Kunstpolitik ↑Chruščevs trat somit klar an den Tag.

Lit.: Laux, K., Die Musik in Rußland und in der Sowjetunion, Berlin 1958; Prokofjew, S., Dokumente, Briefe, Erinnerungen, hrsg. von S.J. Schlifstein, Leipzig 1965; Streller, F., Sergej Prokofjew, Leipzig 1960.   *B.Sch.*

Prokopovič, Sergej Nikolaevič (1871–1955), hat mit seinen wirtschafts- und sozialwissenschaftlichen Untersuchungen zur r.en und s.en Entwicklung vom Ende des 19. Jh.s bis zum Beginn der 50er Jahre des 20. Jh.s die internationale Meinungsbildung über die Ergebnisse des s.en Experiments wesentlich geprägt. Dabei hat P. lange Jahre nicht nur als Wissenschaftler sondern auch als Politiker in R. gewirkt. Seine wichtigsten Veröffentlichungen vor der ↑Oktober-Revolution betrafen die Situation der r.en Arbeiterschaft und die r.e Agrarproblematik. Politisch tendierte P. zu einer sozialdemokratisch-revisionistischen Linie – ↑Lenin warf ihm vor, „bernsteinischer als Bernstein" zu sein. Seine Mitarbeit in der „Vereinigung der r.en Sozialdemokraten (↑Parteien [LGR]) im Ausland", seine Hinwendung zum „Bund der Befreiung" (1904) (↑LGR) und nach 1905 zu den Konstitutionellen Demokraten machten den pragmatischn Charakter seiner politischen Vorstellungen von einer Lösung der sozialen Probleme R.s deutlich. Im August 1917 trat P. als „nichtfraktionsgebundener Sozialdemokrat" in die ↑Provisorische Regierung (↑LGR) Kerenskijs ein, zunächst als Minister für Handel und Industrie, später für Versorgung. Nach der Oktober-Revolution blieb P. in R., „um mit eigenen Augen den in ihr beginnenden Prozeß der sozialen Revolution zu beobachten". Aus dem Hintergrund trat P. angesichts der Hungersnot 1921/22 und gründete ein „Gesellschaftliches Komitee für Hungerhilfe", das Unterstützungslieferungen vom Ausland trotz der wirtschaftlichen Blockade des Westens mobilisieren wollte. Wegen angeblichen antis.en Mißbrauchs des dafür geschaffenen Instrumentariums wurden P. und zahlreiche andere Helfer 1922 ausgewiesen. Bis 1939 in Prag, dann in der Schweiz, setzte er die wissenschaftliche Analyse der ökonomisch-sozialen Entwicklung der SU fort. Für die westliche Einschätzung der Problemlagen der ↑Neuen Ökonomischen Politik, aber auch der ↑Fünfjahrpläne ↑Stalins und ihrer Ergebnisse legte P. durch regelmäßige Publikationen der von ihm gegründeten Institute den Grund. Am bekanntesten wurde seine „Histoire économique de l' U.R.S.S." (Paris 1952).

Lit.: Prokopovič, S. N., Narodnoe chozjajstvo SSSR, Bd. 1–2, New York 1952.   *B.Sch.*

Proletariat ↑Arbeiter

Proletarischer Internationalismus ↑Internationalismus

Proletkult (Proletarskaja kul'tura = Proletarische Kultur) war eine kulturrevolutionäre Bewegung, die, am Vorabend der ↑Oktober-Revolution ins Leben gerufen, sich in der Zeit danach zur Massenorganisation entwickelte. Sie setzte sich zum Ziel, unabhängig von bürgerlicher ↑Intelligenz und ↑Bauern eine neue proletarische Kultur zu schaffen, und beanspruchte Selbständigkeit auch gegenüber der ↑Kommunistischen Partei: Aufgabe der Partei sei die politische Revolution, Sache der ↑Gewerkschaften die Revolutionierung der Wirtschaft; dem P. aber obliege die Durchführung der ↑Kulturrevolution. Mit dieser Absicht gründete der P. proletarische Klubs und Zirkel, Literaturstudios und sog. Arbeiter-Universitäten; er engagierte sich bei der Beseitigung des ↑Analphabetismus und in der Pflege der Folklore und experimentierte mit Massenschauspiel und Straßentheater als Mittel der Bewußtseinsschulung und Kreativitätsförderung des ↑Proletariats. 1920 zählte der P. in seinen Reihen 400 000 Mitglieder und 80 000 ↑Aktivisten und gab an die 20 literarische und kulturpolitische Zeitschriften heraus. Als wichtigster Theoretiker und Förderer des P. galt A. A. Bogdanov (1873–1928), der 1909 wegen abweichender Ansichten aus der bolschewistischen Partei ausgeschlossen worden war.

Während der für die Bildung zuständige ↑Volkskommissar A. V. ↑Lunačarskij den P. unterstützte, lehnte ↑Lenin die Vorstellung einer von Partei und Staat unabhängigen kulturrevolutionären Bewegung ab. Auch die Ansichten des P. über die bürgerliche Kultur (eine proletarische Kultur müsse auf der bürgerlichen aufbauen) teilte er nicht. Die futuristischen Einflüsse im P. charakterisierte Lenin als „unsinnige, widernatürliche Geschmacksneigungen". Im November/ Dezember 1920 beschloß das ↑Zentralkomitee der Kommunistischen Partei die Unterordnung und organisatorische Eingliederung des P.s ins Volkskommissariat für das Bildungswesen. Der P. wurde eine Abteilung des Volkskommissariats, für seine Arbeit sollten künftig die Richtlinien der Kommunistischen Partei verbindlich sein, die Freiheiten der künstlerischen Gestaltung allerdings gewahrt werden.

Lit.: Diskušina, N. I. u. Švecova, L. K., Proletkul't, in: BSĖ (3. Aufl.) Bd. 21, S. 74; Gorbunov, V., V. I. Lenin i Proletkul't, M 1974; Eimermacher, K. (Hrsg.), Dokumente zur sowjetischen Literaturpolitik 1917–1932, Stuttgart/Berlin/Köln/Mainz 1972; Gorsen, P. u. Knödler-Bunte, E., Proletkult, 2 Bde., Stuttgart 1974–1975; Holmes, L. E., Proletkul't, in: Mersh 30 (1982); Seemann, K. D., Der Versuch einer proletarischen Kulturrevolution in Rußland 1917–1922, in: JGO N. F. 9 (1961).   *H.A.*

Propaganda ist nach ↑Lenin ein wesentlicher Teil der politischen Tätigkeit der kommunistischen ↑Partei. Im Unterschied zur Agitation, die das praktische Handeln der Gesellschaftsmitglieder zu motivieren versucht, benutzte die s.e P. alle Mittel der Volksbildung und der Massenbeeinflussung zur Verbreitung des ↑Marxismus-Leninismus. Sie war auf die Herausbildung eines systemkonformen gesellschaftlichen Bewußtseins und damit letztlich auf die Indoktrination des

Glaubens an die Legitimität des s.en Staates gerichtet. Die Grundlagen der s.en P. bildeten die „revolutionären Ideen" von Marx, Engels und Lenin, die strategischen Beschlüsse und Parteiprogramme der KPdSU sowie die wichtigsten Deklarationen der kommunistischen Weltbewegung. Im einzelnen war es die Aufgabe der P., die Vermittlung der marxistisch-leninistischen Weltanschauung mit der Erziehung der Bevölkerung zur sozialistischen Moral zu verbinden, den Grundsatz von der führenden Rolle der Arbeiterklasse und der kommunistischen Partei zu erläutern und eine positive Einstellung zur Arbeit und zum gesellschaftlichen Eigentum zu schaffen. Schließlich war die P. gehalten, stets offensiv und grundsätzlich polemisch gegen die „imperialistische" Ideologie und Politik des Westens vorzugehen und allen Erscheinungsformen des Antikommunismus kompromißlos entgegenzutreten.

Lit.: Kalnins, B., Der sowjetische Propagandastaat. Das System und die Mittel der Massenbeeinflussung in der Sowjetunion, Stockholm 1956; Hollander, G. D., Soviet Political Indoctrination. Developments in Mass Media and Propaganda Since Stalin, New York/Washington/London 1972.   *R.A.*

Prostitution war in der ↑SU kein Straftatbestand. Die administrative Reglementierung der P., die man in R. bereits 1843 eingeführt hatte, wurde nach der ↑Oktober-Revolution wegen ihres diskriminierenden Charakters abgeschafft. Man ging von der Annahme aus, daß durch den Aufbau des Sozialismus die ökonomischen und sozialen Ursachen der P. beseitigt werden würden. Nach der Verabschiedung der Stalinschen ↑Verfassung im Jahre 1936 setzte sich das Dogma durch, daß die s.e Gesellschaft vom Makel der P. befreit sei. In der Großen Sowjetischen Enzyklopädie hieß es dazu: „Die UdSSR ist das einzige Land der Welt, in dem es keine Prostitution gibt und in dem auch ihre Ursachen und Wurzeln vollkommen ausgerottet sind." (Prostitucija, in: BSÈ, Bd. 47, Moskau 1940, S. 335) Eine rechtliche Regelung der P. erschien unter diesen Voraussetzungen überflüssig. Damit entfielen auch die rechtlichen Grundlagen für die polizeiliche Registrierung und die medizinische Kontrolle der P. Strafbar blieben allerdings die Verführung Minderjähriger zur P., das Betreiben von Bordellen, die Kuppelei und die Verbreitung von Geschlechtskrankheiten. Seit Mitte der 30er Jahre wurde die P. als Erscheinung des s.en Alltags in den Massenmedien und in der Fachliteratur nicht mehr erwähnt. Das änderte sich erst in der Zeit der ↑Perestrojka, in der die s.e Öffentlichkeit mit sozialkritischen Enthüllungen, u. a. auch über die P., förmlich überhäuft wurde. Die bald darauf in der konservativen ↑Presse einsetzende Kampagne für ein Verbot der P. erreichte zwar nicht ihr Ziel, veranlaßte jedoch das ↑Präsidium des Obersten Sowjets der ↑RSFSR zu dem Beschluß vom 29. Mai 1987, der für P. eine Ordnungsstrafe von 100 ↑Rubel vorsieht. Im Wiederholungsfall – innerhalb eines Jahres – kann die Geldstrafe auf 200 Rubel heraufgesetzt werden. Da sich die P. während der Perestrojka durch die Einführung marktwirtschaftlicher Strukturen und rechtsstaatlicher Normen rasch ausbreitete, sind 1989 zunächst in ↑Moskau und später auch in anderen r.en Großstädten Sondereinheiten der Polizei gebildet worden, um die P. besser unter Kontrolle zu halten.

Lit.: Geiges, A., Suworowa, T., Liebe steht nicht auf dem Plan. Sexualität in der Sowjetunion heute, Frankfurt a. M. 1989; Bargon, M., Prostitution und Zuhälterei, Lübeck 1982; Ahlberg, R., Prostition in der Sowjetunion, in: Osteur. 1989, 6.   *R.A.*

Protestanten ↑Religionsgemeinschaften

Prozeß der 16 ↑Säuberungen, ↑Trotzkistisch-Sinowjewistisches Terroristisches Zentrum

Prozeß der 17 ↑Säuberungen, ↑Antisowjetisches Trotzkistisches Zentrum

Prozeß der 21 ↑Säuberungen, ↑Antisowjetischer Block der Rechten und Trotzkisten

Putschversuch vom 18.–20. 8. 1991. In der Nacht vom 18. auf den 19. August 1991 entmachtete ein achtköpfiges „Notstandskomitee" den amtierenden Unionspräsidenten ↑Gorbačev, setzte ihn an seinem Urlaubsort auf der Krim fest und verhängte über das gesamte Land den Ausnahmezustand. Panzer wurden in die großen Städte geschickt, Kundgebungen und Demonstrationen verboten, die Massenmedien der Kontrolle des Notstandskomitees unterstellt und alle Verwaltungsorgane der SU angewiesen, seinen Anordnungen zu folgen. Die Politik der ↑Perestrojka, so rechtfertigte das Komitee sein Vorgehen, stecke „in einer Sackgasse", das Land sei „unregierbar" geworden und in „tödlicher Gefahr"; „Gesetz und Ordnung" müßten wiederhergestellt, die „Welt des Verbrechens" gnadenlos bekämpft und der Unionsvertrag noch einmal landesweit zur Diskussion gestellt werden.

Offenkundig hatte gerade der letzte Punkt die Beteiligten zum Losschlagen bewogen. Mit der bevorstehenden Unterzeichnung des neuen Unionsvertrages sahen sie die Reste der „alten" SU stürzen: den Zentralstaat und jene Organe, die ihn gestützt hatten; die Macht des ↑Zentralkomitees, der ↑Roten Armee und des ↑KGB; die Einheit der ↑Kommunistischen Partei; die sozialistische Ordnung von Wirtschaft und Gesellschaft; die Bedeutung des ↑Marxismus-Leninismus als Staatsideologie; sie bildeten über Jahrzehnte auch das Fundament der s.en Außenpolitik, der Stellung der UdSSR als Weltmacht. Dieses Ineinandergreifen von außen- und innenpolitischen Zielen spiegelte sich auch in der personellen Zusammensetzung des „Notstandskomitees" wider: Ihm gehörten die wichtigsten Behördenchefs, Mitarbeiter und Stellvertreter Gorbačevs auf Unionsebene an, und alle waren zugleich auch Mitglieder der Partei: der Vizepräsident, der Ministerpräsident, der Verteidigungs- und der Innenminister der Union (Janaev, Pavlov, Jasov, Pugo); Gorbačevs Stellvertreter als Vorsitzender des s.en Verteidigungsrates (Baklanov); der Chef des KGB (Krjučkov); die Vorsitzenden des ↑Kolchoz-Bauernverbandes und der Vereinigung der Staatsbetriebe (Starodubcev und Tizjakov).

Doch der Putsch scheiterte schon nach drei Tagen – nicht zuletzt am Widerstand der r.en Regierung und ihres Präsidenten ↑El'cin. Der gescheiterte Putsch beschleunigte ungemein jenen Prozeß, den er zu stoppen und rückgängig zu machen versuchte: den Vormarsch der Reformer; den Funktionsverlust der Partei; den „Machtverfall" des Zentrums; die Umwandlung der Union in einen Staatenbund. Alle Putschisten wurden verhaftet, und mit ihnen verlor auch eine ganze Reihe Gleichgesinnter ihren Posten, die den Putsch unterstützt, toleriert oder sich nicht rechtzeitig und entschieden genug von ihm distanziert hatten, so etwa der Parlamentspräsident und der Außenminister, der Generalstabschef und der Stadtkommandant von ↑Moskau, der Generalstaatsanwalt und drei seiner Stellvertreter, der Chef des Staatsfernsehens und der Leiter der Nachrichtenagentur ↑TASS. Zugleich verbot der Präsident der Russischen Republik der Kommunistischen Partei jede weitere Tätigkeit in R., bis eine Untersuchung ihre Rolle beim P. geklärt habe; das Parteivermögen wurde nationalisiert und treuhänderisch den jeweiligen Orts- und Gebiets- ↑Sowjets zur Verwaltung übergeben. Gorbačev sah sich genötigt, von seinem Amt als ↑Generalsekretär zurückzutreten, und die Moskauer Stadtverwaltung ließ die Parteizentrale (das ZK-Gebäude am ‚Alten Platz') versiegeln, um einer Vernichtung von Aktenmaterial vorzubeugen. Viele ↑Unionsrepubliken folgten dem r.en Beispiel, verboten auch auf ihrem Territorium der Partei jegliche Aktivitäten oder lösten zumindest ihre eigene Parteiorganisation von derjenigen der Union. Eine einheitliche KPdSU hörte auf zu existieren, ob und, wenn ja, in welcher Form kommunistische Parteiorganisationen überleben werden, ist unsicher.

Versuchten die Putschisten der Unterzeichnung des Unionsvertages zuvorzukommen, so beschloß der nach Scheitern des Putsches eilends einberufene ↑Kongreß der Volksdeputierten der UdSSR, den Übergang der SU zu einer „Union Souveräner Staaten" zu beschleunigen; die neue Union müsse auf den „Prinzipien der Unabhängigkeit und territorialen Integrität der Staaten, den ↑Menschen- und Völkerrechten sowie auf den Grundsätzen der sozialen Gerechtigkeit und der Demokratie" gründen, und das „Streben der Republiken nach Anerkennung als Subjekte des Völkerrechtes und nach Aufnahme in die ↑UNO soll[e] unterstützt" werden. Gleichzeitig erkannte die S.-Regierung die Abspaltung der baltischen Staaten (↑Baltikum) an.

Lit.: Gorbatschow, M., Der Staatsstreich, München 1991; Ruge, G., Der Putsch. Vier Tage, die die Welt veränderten, Frankfurt a. M. 1991. *H.A.*

Rabfak ↑Arbeiterfakultäten

Rabkrin ↑Arbeiter- und Bauerninspektion

Rada (ukr. u. weißr. ↑Rat, Sowjet). Die Ukrajins'ka Central'na Rada (Ukrainische Zentralrada) konstituierte sich am 17. 3. 1917 in ↑Kiev als Organisationszentrum der Revolution in der ↑Ukraine. Ein vom 19. bis 21. 4. tagender Allukrainischer Nationalkongreß erklärte die R., deren Vorsitzender der Historiker M. Hruševs'kyj (1866–1934) wurde, zur höchsten nationalen Instanz, die die revolutionären Interessen der Ukrainer vertreten und auf die Autonomie des Landes hinarbeiten sollte. Die politisch bestimmenden Kräfte der R. waren die ↑Parteien der nichtbolschewistischen Ukrainischen Sozialdemokraten, der Ukrainischen Sozialrevolutionäre und die eher bürgerlich-liberale Partei der Ukrainischen Sozialisten-Föderalisten. Die R. und das von ihr als Exekutive gewählte Generalsekretariat unter Leitung von V. Vynnyčenko (1880–1951), deren Autonomievorstellungen zu keinem Zeitpunkt von der Provisorischen Regierung (↑LGR) in ↑Petrograd akzeptiert worden waren, proklamierten nach der ↑Oktober-Revolution die autonome ↑Ukrainische Volksrepublik (UNR), die am 25. 1. 1918 ihre Unabhängigkeit erklärte. Bedrängt von einrückenden Teilen der ↑Roten Armee schloß die R. im Februar 1918 in ↑Brest-Litovsk einen

Separatfrieden mit den Mittelmächten. Deren Truppen besetzten bis Anfang Mai fast die gesamte Ukraine und bewahrten die UNR so vor einer Niederlage durch die ↑Bolschewisten. Am 28.4. 1918 wurden die R. und ihre Institutionen von der deutschen Besatzungsmacht aufgelöst und durch das von den Mittelmächten abhängige Regime des Hetmans (↑LGR) P. ↑Skoropads'kyj ersetzt. – Zur Weiß-r.en National-R. ↑Weißrußland.

Lit.: Geyer, D., Die Ukraine im Jahre 1917. Russische Revolution und nationale Bewegung, in: Geschichte in Wissenschaft und Unterricht 8 (1975); Pidhainy, O.S., The Formation of the Ukrainian Republic, Toronto/New York 1966; Stojko, W., Ukrainian National Aspirations and the Russian Provisional Government, in: Hunczak, T. (ed.), The Ukraine, 1917–1921: A Study in Revolution, Cambridge (Mass.) 1977; Kamenetsky, I., Hrushevsky and the Central Rada, ebd. *R.A.M.*

Radek, Karl Berngardovič (eigentl. Sobelsohn, 1885–1939), Pole aus Lemberg im österreichischen Ostgalizien, war nach Herkunft und politischer Gesinnung „Internationalist". Sowohl in der polnischen als auch in der deutschen Sozialdemokratie war er vor dem Ersten Weltkrieg (↑LGR) aktiv. Während des Kriegs gehörte er zu den radikalen Internationalisten, die jeden Gedanken an eine Fraktionierung der internationalen Arbeiterbewegung entschieden ablehnten. Nachdrücklich griff er ↑Trockijs Vorstellung von der ↑permanenten Revolution auf und argumentierte daher auch in der Diskussion über die Annahme des Friedens von ↑Brest-Litovsk gegen ↑Lenin. Im Sommer 1917 ging R. nach ↑Petrograd und schloß sich den Bolschewisten an. Trotz der Zugehörigkeit zum ↑Zentralkomitee der ↑RKP(b) seit dem VIII. ↑Parteitag blieb ihm die Entwicklung in der Partei und darüber hinaus in R. fremd. Seine Domäne war die Beobachtung der internationalen Zusammenhänge (Leitartikel in ↑„Pravda" und „Izvestija") unter dem Blickwinkel potentieller revolutionärer Entwicklungen, außerdem die Verbindung zwischen den linken ↑Parteien. Als Mitglied (1920 Sekretär) des Exekutivkomitees der ↑Komintern verfügte er über die dafür notwendigen Informationen und Kompetenzen, als besonderer Referent für die deutsche Sektion galt seine Aufmerksamkeit ganz den Fortschritten der deutschen Linken. Schon bei der Gründung der Kommunistischen Partei Deutschlands Anfang 1919 war er zugegen, aber auch während der deutschen Krise im Herbst 1923 beteiligte er sich und suchte den Kontakt zur nationalen Rechten sowie die Revolutionsbereitschaft der KPD zu fördern. Das Scheitern des „Deutschen Oktober" wurde von ↑Stalin geschickt gegen R. und Trockij ausgenutzt. Auf dem XV. Parteitag wurde auch R. aus der Partei ausgeschlossen. 1930 erfolgte die Wiederaufnahme. R. konnte als politischer Kommentator in s.en Zeitungen publizieren, ohne damit Einfluß auf die Komintern und die s.e Außenpolitik zu gewinnen. 1936 wurde er wiederum aus der Partei ausgeschlossen, 1937 im Prozeß gegen das ↑Antisowjetische Trotzkistische Zentrum zu zehn Jahren Gefängnis verurteilt. Tatsächlich ist R. im Lager zugrunde gegangen. 1988 wurde er zusammen mit ↑Pjatakov u.a. rehabilitiert.

Lit.: Legters, L.H., Karl Radek als Sprachrohr des Bolschewismus, in: FOG 7 (1959); Schüddekopf, O.-E., Karl Radek in Berlin. Ein Kapitel deutsch-russischer Beziehungen, in: Archiv für Sozialgeschichte, 2. Bd. (1962). *B.Sch.*

Radomysl'skij ↑Zinov'ev

Rapallo-Vertrag. Der R.-V. vom 16.4. 1922 formalisierte die Zusammenarbeit zwischen Deutschland und S.-R., die sich seit 1921 angesichts der anhaltenden wirtschaftlich-politischen Isolierung beider Staaten in Europa angebahnt hatte. Diese Isolierung zu überwinden, war nach dem Ende des ↑Bürgerkriegs zu einem Primärziel der sowjetr.en Außenpolitik geworden; abgestimmt auf die ↑Neue Ökonomische Politik sollte der Wiederaufbau durch kapitalistische Wirtschaftshilfe gefördert und durch eine vorläufige Stabilisierung der politischen Koexistenz mit den Großmächten abgesichert werden. Die Hoffnung, daß das britisch-s.e Handelsabkommen vom 16.3. 1921 (↑Handelsverträge) den Weg dafür bereiten würde, erfüllte sich jedoch nicht. Die Siegermächte des Ersten Weltkriegs (↑LGR) machten die Normalisierung der Beziehungen zur ↑RSFSR von der Anerkennung der r.en Auslandsschulden sowie der Entschädigung für nationalisierte Vermögenswerte abhängig, worüber es trotz weitgehender s.er Kompromißangebote auch auf der Wirtschaftskonferenz von ↑Genua nicht zur Einigung kam. Am Rande der Konferenz indessen unterzeichneten ↑Čičerin und der deutsche Außenminister Rathenau den bilateralen R.-V., dessen Grundzüge bereits ausgehandelt waren. Unter Verzicht auf gegenseitige finanzielle Ansprüche etablierten die Vertragspartner politische Beziehungen und räumten einander Meistbegünstigung im ↑Außenhandel ein. Während die wirtschaftlichen Impulse
· angesichts der Kapitalschwäche Deutschlands begrenzt blieben, war die politische Bedeutung des R.-V.s groß: Er verschaffte beiden Seiten Handlungsspielraum gegenüber dem Ausgrenzungsbestreben der Westmächte, ermöglichte eine gemeinsame Politik gegen Polen und untermauerte die bereits eingeleitete militärische Zusammenarbeit zwischen deutscher Reichswehr und ↑Roter Armee. So überdauerten die deutsch-s.en Sonderbeziehungen auch die massive Einmischung der ↑Komintern in Deutschlands innenpolitische Krise von 1923, und wurden trotz der außenpolitischen Reorientierung Deutschlands seit 1924 mit dem ↑Berliner Vertrag von 1926 bekräftigt.

Lit.: Schieder, Th., Die Probleme des Rapallo-Vertrags, Köln-Opladen 1956; Rosenbaum, K., Cummunity of Fate. German-Soviet Diplomatic Relations 1922–1928, New York 1965. *M.G.M.*

RAPP (Abk. für Rossijskaja Associacija proletarskich pisatelej = Russische Assoziation proletarischer Schriftsteller) war die größte und führende Gliederung innerhalb der VOAPP (Allunionsvereinigung der Assoziationen proletarischer Schriftsteller, bis 1928 VAPP) und bestimmte zwischen 1928 und 1931 die s.e Literaturpolitik entscheidend mit. Hatte der XV. ↑Parteitag (im Dezember 1927) die beschleunigte ↑Industrialisierung des Landes beschlossen und eine Allunionsberatung beim ↑Zentralkomitee im Mai/Juni 1928 Kultur und ↑Propaganda die Aufgabe zugewiesen, an der politischen Umerziehung der Massen für den sozialistischen Aufbau, am verschärften Klassenkampf gegen nichtproletarische, bürgerliche Einflüsse auf allen Gebieten, an der Festigung der Positionen des ↑Proletariats in Wissenschaft, Technik und Kunst und an der Errichtung einer proletarischen Kunst mitzuwirken, so bezeichneten sich VOAPP und RAPP als „Kerntruppe der proletarischen ↑Kulturrevolution, die im Bereich der Literatur

jene Aufgaben zu verwirklichen sucht, die von der Partei... gestellt werden".
RAPP benutzte ihre dominierende Stellung im Dachverband, der „Föderation
der Vereinigungen s.er Schriftsteller" (FOSP), um die anderen Schriftstellerorga-
nisationen unter „proletarischer Führung" gleichzuschalten: die Vereinigung
prorevolutionärer, aber nichtproletarischer Schriftsteller, der sog. „Mitläufer"
(VSP, seit 1929 VSSP); die Organisationen der Bauernschriftsteller (VOKP, seit
1930 VOPKP, seit 1931 ROPKP); die Gruppe „Paß" (Pereval) um die Zeitschrift
„Rotes Neuland". Andere Gruppen – wie die proletarische Gruppe „Die
Schmiede" (Kuznica); wie das „Literarische Zentrum der Konstruktivisten"
(LCK); wie die „Linke Kunstfront" (LEF) der Futuristen (der bis 1929 auch
V. V. ↑Majakovskij angehört hatte) – wurden in die Isolierung gedrängt; sie
lösten sich unter Druck auf und traten der RAPP bei. Für die militante Politik
der RAPP-Führung um L. L. Averbach (1903–1939) gab es nur ein Entweder-
Oder (Losung: „Verbündeter oder Feind"), was sich gegen das bloße „Mitläufer-
tum" richtete; sie kündigte das „Herunterreißen aller Masken" an und forderte
„Stoßarbeiter in die Literatur". Mit der selbständigen Position, die sie errungen
hatte, geriet sie seit Anfang der 30er Jahre selbst ins Kreuzfeuer der Kritik. Die
↑Partei, nun mehr auf Konsolidierung bedacht, warf der RAPP Unduldsamkeit
und Vulgärsozialismus vor. Am 23. 4. 1932 verfügte ein Beschluß des Zentralkomitees die Auflösung von RAPP und VOAPP. Aufbauend auf die Gleichschaltungspolitik der RAPP sollte nun ein einheitlicher s.er ↑Schriftstellerverband
gegründet werden.

Lit.: Eimermacher, K. (Hrsg.), Dokumente zur sowjetischen Literaturpolitik 1917–1932,
Stuttgart/Berlin/Köln/Mainz 1972; Hübner, P., Literaturpolitik, in: Anweiler, O. u. Ruffmann, K.-H., Kulturpolitik der Sowjetunion, Stuttgart 1973.   *H.A.*

Rat (Räte) ↑Sowjet(s), ↑Rada

Rat der Volkskommissare ↑Ministerrat, ↑Verfassung

Rätekongreß [-kongresse] (Sowjetkongresse) sah die ↑Verfassung der ↑RSFSR
von 1918 für jeden ländlichen Amtsbezirk (volost'), für jeden Kreis (uezd), für
jedes Gouvernement (gubernija, ↑LGR), für jedes ↑Gebiet (oblast') und für die
Gesamtstaatsebene vor; sie sollten jeweils die höchste Machtinstanz in ihrem
Territorium sein. Dabei wurden die oberen Räteorgane durch die unteren bestellt, nur die lokalen ↑Sowjets, die Dorf- und Stadträte, sollten direkt gewählt
werden; bei der Organisation der R. nach dem Delegationsprinzip war das
↑Dorf unter-, die ↑Stadt überrepräsentiert. Die R. wählten jeweils ein Exekutivkomitee, das die R. zwischen den Tagungen vertrat. Der wichtigste R. war der
gesamtstaatliche, der Allrussische R., oft mit „R." schlechthin gleichgesetzt; er
wählte ein Allrussisches ↑Zentrales Exekutivkomitee, das die Regierung, den
↑Rat der Volkskommissare, zu bilden und zu kontrollieren hatte. Er leitete seine
Tradition auf die Zeit vor der ↑Oktober-Revolution zurück, wurde danach zum
höchsten Machtorgan erklärt und von der Verfassung von 1918 (in Art. 24) als
„höchste Gewalt" im Staate bestätigt. Sollte er ursprünglich dreimal im Jahr
zusammentreten, so reduzierte die Verfassung von 1918 die Tagungshäufigkeit
auf zweimal pro Jahr, seit 1919 betrug sie nur mehr einmal jährlich. Nach Bil-

dung der SU wurde – analog zum Allrussischen R. in der ↑RSFSR – ein R. der UdSSR geschaffen. Die Verfassung von 1936 schaffte die R. auf der Ebene des Gesamtstaates, der ↑Unionsrepubliken und der ↑Autonomen Republiken ab und ersetzte sie jeweils durch einen direkt gewählten ↑Obersten Sowjet.

Lit.: Altrichter, H., Staat und Revolution in Sowjetrußland 1917–1922/23, Darmstadt 1981; ders. (Hrsg.), Die Sowjetunion. Von der Oktoberrevolution bis zu Stalins Tod, Bd. 1: Staat und Partei (dtv-Dokumente 2948), München 1986.   *H.A.*

Räterepublik ↑Sowjetunion

Rat für Arbeiter- und Bauernverteidigung (sovet rabočej i krest'janskoj oborony) oder kurz Rat für Verteidigung (sovet oborony) hieß das im ↑Bürgerkrieg neu geschaffene höchste Beratungs- und Entscheidungsorgan des S.-Staates. Am 30. 11. 1918 gegründet und ausgestattet mit allen Vollmachten, sollte es helfen, alle Kräfte und Mittel für die Kriegsführung zu mobilisieren; seine Anordnungen waren unmittelbar geltendes Recht und banden alle Institutionen und Entscheidungsträger ohne Ausnahme. Der Rat umfaßte nur sechs Personen und vereinte die wichtigsten zivilen und militärischen Stellen: ↑Lenin gehörte ihm als Vorsitzender des ↑Rates der Volkskommissare an, ↑Stalin als Vertreter des Allrussischen ↑Zentralen Exekutivkomitees, ↑Trockij als Vorsitzender des ↑Revolutionären Militärrates der Republik, L. B. ↑Krasin als Vorsitzender der Außerordentlichen Kommission zur Versorgung der ↑Roten Armee, N. P. Brjuchanov (1878–1943) als Stellvertreter des ↑Volkskommissars für Versorgung und V. I. Nevskij (1876–1937) als Volkskommissar für das Verkehrswesen. Von seinem Legislativrecht machte der R. umfangreich Gebrauch, er setzte Hunderte von Kommissionen zu Spezialproblemen ein und machte sich deren Ergebnisse als Instruktionen zu eigen. Als sich das Ende des Bürgerkrieges abzeichnete, wurde der R. im April 1920 reorganisiert und in ↑Rat für Arbeit und Verteidigung umbenannt.

Lit.: Altrichter, H., Staat und Revolution in Sowjetrußland, Darmstadt 1981; Pietsch, W., Revolution und Staat. Institutionen als Träger der Macht in Sowjetrußland 1917–1922, Köln 1969; Rigby, T. H., Lenin's Government. Sovnarkom 1917–1922, Cambridge 1979.   *H.A.*

Rat für Arbeit und Verteidigung (Sovet truda i oborony, STO). Die im ↑Bürgerkrieg geschaffene oberste Schaltstelle der Macht, der unter dem Vorsitz ↑Lenins fungierende ↑Rat für Arbeiter- und Bauernverteidigung wurde im April 1920 zum R. umgebildet. Er sollte fortan die Verteidigungsanstrengungen mit dem gezielten Arbeitseinsatz für den Wiederaufbau verbinden. Nach Ende des Bürgerkrieges (im Dezember 1920) wurde der R. seiner außerordentlichen Vollmachten entkleidet und zur Kommission des ↑Rates der Volkskommissare zurückgestuft. Dieser Kommission gehörten von Amts wegen an: der Vorsitzende des Rates der Volkskommissare (als Leiter) sowie die ↑Volkskommissare für Militärwesen, für Arbeit, für Verkehr, für ↑Landwirtschaft, für ↑Arbeiter- und Bauerninspektion, der Vorsitzende des ↑Obersten Volkswirtschaftsrates und ein Vertreter des Zentralrates der ↑Gewerkschaften (als Mitglieder). Der Leiter der Zentralen statistischen Verwaltung nahm mit beratender Stimme teil. Die Kommission sollte die Koordinierung der Bereiche Landesverteidigung und Wirtschaftsaufbau übernehmen und insbesondere einen einheitlichen Wirtschaftsplan erstellen. Beim R. wurde im Februar 1921 eine Staatliche Gesamtplankommission (↑Gosplan) gebildet. Mit der Bildung der SU wurde 1923 der R. der ↑RSFSR aufgelöst und durch einen R. der UdSSR ersetzt. Seine Vorsitzenden waren 1920–24 ↑Lenin, 1924–26 L. B. ↑Kamenev, 1926–30 A. I. ↑Rykov und 1930–37 V. ↑Molotov. Im April 1937 wurde der R. aufgelöst und sein Aufgabenbereich dem ↑Wirtschaftsrat beim Rat der Volkskommissare der UdSSR übertragen.

Lit.: Stichwort „Sovet truda i oborony (STO)", in: SIÈ 13; Altrichter, H., Staat und Revolution in Sowjetrußland 1917–1922, 23, Darmstadt 1981. *H.A.*

Rat für die Angelegenheiten der Religionen (Sovet po delam religij). Der R. beim ↑Ministerrat der UdSSR entstand 1965 aus dem Zusammenschluß des Rates für die Angelegenheiten der Russischen ↑Orthodoxen Kirche (geschaffen 1943) und des Rates für die Angelegenheiten der Religiösen Kulte (geschaffen 1944, zuständig für alle ↑Religionsgemeinschaften außer der Orthodoxen Kirche). Der R. war das oberste Aufsichts- und Kontrollorgan über alle Religionsgemeinschaften; er bildete die Spitze der s.en Staatskirchenbehörde. Dem R. unterstanden Bevollmächtigte in den territorialen Gliederungen bis auf die Ebene des ↑Gebietes (oblast') hinunter. Der R. war die Verbindungsstelle der Religionsgemeinschaften zu den ↑Sowjet- und ↑Partei-Organen. Zugleich exekutierte er das Staatskirchenrecht, wachte über dessen Einhaltung durch die Glaubensgemeinschaften und arbeitete gegebenenfalls neue Rechtsakte aus. Besonders umfassend war die Lenkung der internationalen kirchlichen und politischen Aktivitäten der Religionsgemeinschaften durch den R. Aber auch alle innerkirchlich-administrativen Fragen von einigem Gewicht konnten nur mit der Zustimmung des R.s oder seines Bevollmächtigten entschieden werden: von der Wahl eines Patriarchen (↑LGR) über die Registrierung einer Gemeinde, die Versetzung eines Geistlichen, die Zulassung eines Studenten zum Theologiestudium bis zur „Wahl" eines Kirchenältesten und der Reparatur eines Kirchendachs. Vorsitzender des R.s war bis 1984 V. A. Kuroedov (geb. 1906), danach K. N. Charčev (geb. 1934). Der R. wurde 1990/91 aufgelöst.

Lit.: Luchterhandt, O., Die Rechtsgrundlagen der sowjetischen Staatskirchenbehörden, in: WGO-Monatshefte für osteuropäisches Recht XVIII, 1976; ders., Die Religionsgesetzgebung der Sowjetunion, Berlin 1978. *G.S.*

Rat für die Angelegenheiten der religiösen Kulte, Rat für die Angelegenheiten der Russischen Orthodoxen Kirche ↑Rat für die Angelegenheiten der Religionen

Rat für die staatliche Vereinigung Rußlands (Sovet gosudarstvennogo ob-edinenija Rossii, SGOR) nannte sich eine antibolschewistische Gruppe, die sich während des ↑Bürgerkrieges im Herbst 1918 gebildet hatte und seit Dezember 1918 in ↑Odessa wirkte, das soeben von französischen und britischen Interventionstruppen besetzt worden war. Ihr gehörten Vertreter der ehemaligen Staatsduma (↑LGR), des Reichsrates (↑LGR), der ländlichen Selbstverwaltungskörperschaften (↑Zemstva [LGR]), der städtischen Selbstverwaltung (↑Stadtduma [LGR]) sowie Vertreter aus den Bereichen ↑Orthodoxe Kirche (↑auch LGR), ↑Universitäten, Gutsbesitz, Wirtschaft und Finanzen an. Insgesamt umfaßte die Gruppe 45 Mitglieder. Die Gruppe zerfiel, als die Franzosen im April 1919 Odessa räumten und die Stadt von der ↑Roten Armee besetzt wurde.

Lit.: Gukovskij, A. I., Francuzskaja intervencija na juge Rossii 1918–1919 gg., M-L 1928; Margulies, S. M., God intervencii, Berlin 1923; Hogenhuis-Seliverstoff, A., Les relations franco-soviétiques 1917–1924, Paris 1981; Munholland, J. K., The French Army and Intervention in Southern Russia, 1918–1919, in: Cahiers du Monde Russe et Soviétique 22 (1981); Ullmann, Anglo-Soviet Relations 1917–1921, 2 Bde., Princeton (N.J.) 1961/68.

H.A.

Rat für gegenseitige Wirtschaftshilfe ↑Comecon

Rat für Kollektivwirtschaften beim Ministerrat der UdSSR (Sovet po delam kolchozov pri Sovete Ministrov SSSR) war die Bezeichnung einer Behörde, die der ↑Ministerrat der UdSSR am 19. 9. 1946 in Zusammenhang mit der Verurteilung von Verletzungen des Statuts für landwirtschaftliche Arteli (↑Kolchozen) gründete. Der Ministerrat rügte, daß Teile des Kolchozlandes ungesetzlich in privates Hofland umgewandelt worden seien. Um die Beachtung des Statuts durch die Kolchozen zu sichern, Mißstände zu beseitigen und die Kolchozen zu kontrollieren, wurde der R. f. K. geschaffen. Im Rahmen der Umbildung der ↑Ministerien mit dem Erlaß vom 15. 3. 1953 wurde der R. f. K. in das Ministerium für ↑Landwirtschaft und Beschaffung der UdSSR überführt.

Lit.: Ėkonomičeskaja žizn' SSSR. Chronika sobytij i faktov 1917–1965 v 2 kn., M 1967.

H.-H.Sch.

Rayon ↑Sowjetunion

Rechte Abweichung ↑Rechte Opposition

Rechte Opposition (in der s.en Terminologie: rechte Abweichung [pravyj uklon]) – so bezeichnete die politische Führung Ende der 20er Jahre innerparteiliche Kräfte und Gruppierungen, die sich dem neuen Kurs der forcierten ↑Industrialisierung und der zwangsweisen ↑Kollektivierung der ↑Landwirtschaft widersetzten und statt dessen die Fortsetzung der ↑Neuen Ökonomischen Politik, die Aufrechterhaltung des „Klassenbündnisses zwischen ↑Arbeitern und ↑Bauern" (smyčka) und die Industrialisierung des Landes im Rahmen eines „dynamischen Gleichgewichtes" zwischen Konsum- und Investitionsinteressen forderten. Die Ablehnung der staatlichen Repressivpolitik gegenüber der Bauernschaft, der ständigen Steigerung des Tempos der Industrialisierung, der einseitigen Förderung der Schwerindustrie reichte bis hinauf ins ↑Politbüro, wo N. I. ↑Bucharin, A. I. ↑Rykov und M. P. Tomskij (1880–1936) als Wortführer der R.n O. galten. Tomskij berief sich dabei (als ↑Gewerkschafts-Vorsitzender) auf die materiellen Interessen der Arbeiter; Bucharin galt als Fürsprecher der Bauern (er war außerdem Vorsitzender der ↑Komintern und Herausgeber der ↑„Pravda"); Rykov saß dem ↑Rat der Volkskommissare vor. Alle drei verloren 1929/30 neben ihren Ämtern auch die Mitgliedschaft im Politbüro; sie kamen in den 30er Jahren während der ↑Säuberungen um.

Lit.: Vaganov, F. M., Pravyj uklon v VKP/b i ego razgrom, M 1977; Bettelheim, Ch., Les luttes des classes en U.R.S.S., Bd. 2, Paris 1977; Cohen, St. F., Bukharin and the Bolshevik Revolution. A Political Biography 1888–1938, New York 1974; Daniels, R. V., Das Gewissen der Revolution. Kommunistische Opposition in der Sowjetunion, Berlin ²1978; Reimann, M., Die Geburt des Stalinismus. Die UdSSR am Vorabend der „zweiten Revolution", Frankfurt a. M. 1979.   *H.A.*

REF ↑Majakovskij

Reformismus bezeichnet im Kategoriesystem des ↑Marxismus-Leninismus eine „opportunistische", sozial von der „Arbeiteraristokratie" getragene und konzeptionell mit dem ↑Revisionismus zusammenhängende Strömung innerhalb der Arbeiterklasse, die den „demokratischen Sozialismus" auf dem Wege der evolutionären Umgestaltung des Kapitalismus anstrebt und dabei die Zusammenarbeit mit allen ↑Klassen und Schichten der bürgerlichen Gesellschaft sucht. Als frühe Konzeptionen des R. werden u. a. der Revisionismus in Deutschland, der Ökonomismus und Menschewismus (↑Parteien) in Rußland, der Austromarxismus in Österreich und der Trade-Unionismus in England genannt. Die Ablehnung des R. erfolgte mit der Begründung, daß seine Vertreter, zu denen insbesondere die „rechten" politischen Führer der sozialdemokratischen und sozialistischen Parteien in aller Welt gezählt wurden, den Klassenkampf, die proletarische Revolution und die ↑Diktatur des Proletariats nicht als unabdingbare Voraussetzungen für die Verwirklichung des ↑Sozialismus anerkennen. Seit der Mitte der 60er Jahre wurde jedoch wieder immer häufiger hervorgehoben, daß die ↑KPdSU trotz aller prinzipiellen Gegnerschaften nach Möglichkeiten für einen konstruktiven Dialog mit den Führern des „rechten" Flügels der sozialdemokratischen und sozialistischen Parteien suchte, um auf diese Weise die Spaltung der internationalen Arbeiterbewegung zu überwinden.

Lit.: Leont'ev, L. A. (Hrsg.), Pravye socialisty – protiv socializma, M 1960; Sitkovskij, E. P., „Socialisty" bez socializma, in: Voprosy filosofii 10 (1962); Papke, S., Der Revisionismusstreit und die politische Theorie der Reform, Stuttgart 1979.   *R.A.*

Religion ↑Orthodoxe Kirche, ↑Religionsgemeinschaft(en), ↑Atheismus

Religionsgemeinschaft(en). Neben der ↑Orthodoxen Kirche und dem ↑Islam bestand in der SU eine beträchtliche Zahl weiterer R.; viele von ihnen waren als nationale R. fest mit einem bestimmten Volkstum verbunden. Das galt allerdings nicht für die nach der Orthodoxen Kirche und dem Islam größte R. der Evangeliumschristen-Baptisten, die vom 1944 gegründeten „Allunionsrat der Evangeliumschristen-Baptisten" geleitet wurden. Hier schlossen sich erstmals die seit dem 19. Jh. bestehenden protestantischen, freikirchlich-erweckerischen Bewegungen der Baptisten (Bund der Baptisten, gegründet 1884) und der Evangeliumschristen (Bund der Evangeliumschristen, gegründet 1909) zusammen. Dem Bund der Evangeliumschristen-Baptisten traten auch ein Teil der Pfingstler und ein Teil der Mennoniten bei. Die Evangeliumschristen und Baptisten waren eine der lebendigsten R. in der SU, die besonders in den 20er Jahren und nach dem ↑Zweiten Weltkrieg zahlenmäßig wuchsen. 1912 gab es etwa 100 000 Evangeliumschristen und Baptisten und 1928 2 Mio. 1957 nannte der Allunionsrat

530 000 gläubig getaufte Gemeindemitglieder in mehr als 5000 Gemeinden. 1961 kam es infolge der Kirchenverfolgung ↑Chruščevs zu einer Spaltung des Bundes. Ein Teil der Gemeinden, der dem Allunionsrat Willfährigkeit gegenüber der S.-Macht vorwarf, ging in die Illegalität und schloß sich hier um den Rat der Kirchen der Evangeliumschristen-Baptisten zusammen. Mehr als 1000 freie Baptisten wurden danach zu mehrjähriger Freiheitsstrafe verurteilt.

Die katholische Kirche hatte infolge des Terrors Mitte der 30er Jahre aufgehört zu bestehen. 1939/40 okkupierte die SU Gebiete mit einer zahlreichen katholischen Bevölkerung. Seit dem Zweiten Weltkrieg ist die katholische Kirche vor allem eine litauische – und teilweise lettische – Nationalkirche. Die etwa 2 Mio. litauischen Katholiken wurden Mitte der 80er Jahre von knapp 700 Priestern betreut. Im südlichen ↑Lettland (Kurland) versahen 150 Priester ihren Dienst bei den 350 000 Gläubigen. Seit Ende der 60er Jahre entstand in ↑Litauen eine zugleich katholische und national-litauische Protestbewegung, die für die Religionsfreiheit und die Stärkung der Nation kämpfte. Sie wurde die größte Dissidentenbewegung in der SU. Die mit Rom unierte katholische Kirche des slavischen Ritus in Galizien, der nördlichen Bukowina und der Karpato- ↑Ukraine wurde 1946–1949 durch Zwangsvereinigung mit der r.en Orthodoxen Kirche aufgelöst. Die mit dem nationalbewußten Ukrainertum verbundene Union bestand jedoch im Untergrund fort und entfaltete seit den 70er Jahren zunehmende Aktivität.

Die evangelisch-lutherischen Kirchen in ↑Estland und Lettland haben nach dem Zweiten Weltkrieg und durch die Kirchenschließungskampagne 1959–64 schwere Einbußen erlitten. In Estland betreuten Mitte der 80er Jahre etwa 120 Pfarrer 300 000 Gemeindemitglieder. In Lettland standen den 300 000 evangelischen Christen 142 Gemeinden und 90 Pfarrer zur Verfügung. Seit Ende der 70er Jahre erhielten die Deutschen in Nord ↑Kazachstan und im südlichen ↑Sibirien die Erlaubnis, etwa 150 lutherische Gemeinden neu zu registrieren, so daß Mitte der 80er Jahre hier etwa 220 deutsche lutherische Gemeinden legal tätig waren. Diese deutschen Gemeinden, die von Laien-Predigern betreut wurden und sich erst 1989 organisatorisch zusammenschließen konnten, sollten dem Auswanderungsbestreben der ↑Sowjetunion-Deutschen entgegenwirken.

Die georgische Orthodoxe Kirche und die armenische Gregorianische Kirche waren die ältesten Kirchen auf dem Territorium der SU. Mitte der 80er Jahre waren etwa 200 georgische Kirchen für den Gottesdienst geöffnet. Zu dieser orthodoxen Kirche, die sechs Jhe. älter ist als die r.e, zählten 14 Bischöfe und ungefähr 100 Priester. Im Unterschied zur georgischen nahm die armenische Gregorianische Kirche eine privilegierte Stellung unter den Kirchen der SU ein, weil sie von der großen Zahl der Auslandsarmenier unterstützt wurde, die alle den Ehrenprimat des Katholikos von Ečmiadzin anerkennen. Mitte der 80er Jahre gab es etwa 200 geöffnete armenische Kirchen in der SU.

Außerdem existierte eine Reihe weiterer christlicher Kirchen, so mehrere Denominationen der Altgläubigen (↑LGR), die reformierte Kirche der Karpato-Ukraine, die evangelisch-reformierte Kirche Litauens, die Methodistenkirche in Estland und die Adventisten des Siebten Tages. Die Wahren Orthodoxen Christen und die Wahre Orthodoxe Kirche, die beide die S.-Macht nicht als legale Obrigkeit anerkannten, sowie die sehr aktiven Zeugen Jehovas wirkten ausschließlich im Untergrund.

Der Kampf der S.-Macht gegen das religiöse Judentum (↑Antisemitismus) richtete sich in den 20er Jahren gegen die religiösen ↑Schulen und Festtage; 1926 bestanden aber noch 1100 Synagogen (ohne die 1939/40 okkupierten westlichen Gebiete). Ende der 20er Jahre begann die massenweise Schließung von Synagogen, die Verhaftung und Ermordung von Klerikern. Während und nach dem Zweiten Weltkrieg erstand in bescheidenem Rahmen ein religiöses Leben neu. 1956 gab es wieder 450 geöffnete Synagogen, von denen die meisten jedoch während der Verfolgung um 1960 geschlossen wurden. Mitte der 80er Jahre waren etwa 100 Synagogen legal tätig.

Der Buddhismus in der Form des tibetanischen Lamaismus ist die traditionelle Religion der mongolischen Völker der Burjaten, Kalmücken und Tuviner. In den 30er Jahren wurden alle 37 Klöster in ↑Burjatien – Mittelpunkte des religiösen Lebens – geschlossen. Seit 1950 bestand die Zentrale Geistliche Leitung der Buddhisten in der UdSSR mit Sitz in Ivolginsk, Burjatische ASSR, mit einem Bandido Chambo Lama an der Spitze. In Burjatien gab es wieder zwei Klöster.

Lit.: Kolarz, W., Die Religionen in der Sowjetunion, Freiburg 1963; Simon, G., Die Kirchen in Rußland, München 1970; Sawatsky, W., Soviet Evangelicals since World War II, Kitchener (Ontario) 1981; Bräker, H., Der Buddhismus in der Sowjetunion im Spannungsfeld zwischen Vernichtung und Überleben, Berichte des BIOst, Nr. 36, 1982; Pinkus, B., The Soviet Government and the Jews 1948–1967, Cambridge 1984; Stricker, G., Die Kirchen in der Sowjetunion 1975–1985, Berichte des BIOst, Nr. 18, 1986. *G.S.*

Reparationen für die materiellen Verluste im ↑Zweiten Weltkrieg beanspruchte die SU von allen ehemaligen Feindstaaten. In Rumänien, Bulgarien und Ungarn sowie in Österreich begann die Leistung von R. an die SU unmittelbar nach der Besetzung durch die ↑Rote Armee – zunächst in Gestalt von unkoordinierten Abtransporten von Waren und Industrieanlagen, dann von regelmäßigen Raten an der Friedensproduktion in z.T. beträchtlichem Umfang. In bezug auf Deutschland stießen die s.en Forderungen dagegen frühzeitig auf britisch-amerikanische Vorbehalte. Die Konferenz von ↑Jalta überwies die strittige Frage der R. einer in ↑Moskau zu bildenden alliierten Kommission; ↑Stalins Vorschlag, den Gesamtumfang der in Industriegütern zu leistenden deutschen R. auf 20 Mrd. US-$ (davon 50% für die SU) festzusetzen, wurde nur als unverbindliche Verhandlungsgrundlage akzeptiert. Auf der Konferenz von ↑Potsdam rückten die Westalliierten auch davon ab: R. sollten zunächst nur den eigenen Besatzungszonen entnommen werden dürfen; die Lieferungen aus den Westzonen an die SU und Polen sollten 25% der entbehrlichen Industrieproduktion betragen und z.T. durch Nahrungsmittellieferungen kompensiert werden; eine Gesamtsumme der deutschen R. wurde nicht mehr genannt. Die Lieferungen aus den Westzonen ließen die USA im Zeichen des beginnenden ↑Kalten Kriegs am 3.5. 1946 einstellen. Die s.e Besatzungszone/DDR leistete R. an die SU bis zu deren Verzicht nach dem ↑Siebzehnten Juni 1953.

Lit.: Meissner, B., Rußland, die Westmächte und Deutschland, Hamburg ²1954; Kucklick, B., American Policy and the Division of Germany. The Clash with Russia over Reparations, Ithaca 1972. *M.G.M.*

Republik(en) ↑Sowjetunion

Requirierungen (prodovol'stvennje razverstki, prodrazverstki = Lebensmittel-beschlagnahmen, Ablieferungspflicht) waren das wichtigste Instrument der S.-Macht im ↑Kriegskommunismus, Lebensmittel und agrarische Rohstoffe zu beschaffen. R. stellten das konstituierende Element der ↑Stadt- ↑Land-Beziehungen in dieser Phase und ein wichtiges Moment der „proletarischen Naturalwirtschaft" dar. Durch die Agrarrevolution 1917 war der Warenverkehr zwischen Stadt und Land teilweise zum Erliegen gekommen. Darüber hinaus besetzten die Mittelmächte nach Abschluß des Friedens von ↑Brest-Litovsk die ↑Ukraine. Die Versorgung der Städte und ↑Industrie-Zentren geriet infolgedessen in eine Krise. Die Führung beschloß deshalb im Frühjahr 1918, das Versorgungsproblem durch Zwangsmittel zu lösen und errichtete die Ernährungsdiktatur. Alle bäuerlichen Vorräte, die nicht für Aussaat und eigene Ernährung benötigt wurden, mußten zu festen Preisen, die niedrig angesetzt waren, an die Organe des S.-Staates abgeliefert werden. Da die industrielle Produktion weitgehend zusammengebrochen war, konnte der Staat kaum Gegenleistungen erbringen; das Geld, das die ↑Bauern erhielten, war deshalb und infolge einer fortschreitenden Inflation wertlos. Da die Bauern der Ablieferungspflicht nicht nachkamen, setzte der Staat Gewalt ein. Bewaffnete Abteilungen aus den Städten, die sich teilweise auf ↑Komitees der Armen stützen konnten, beschlagnahmten die Überschüsse – und mitunter auch mehr. Folge der gewaltsamen R. war einerseits ein Rückgang der Agrarproduktion – die Bauern bauten nur noch soviel an, wie sie selber benötigten –, zum andern riefen sie den bäuerlichen Widerstand hervor. 1920/21 befanden sich ganze Regionen im Aufruhr und setzten sich mit der Waffe in der Hand gegen die Beschaffungsabteilungen zur Wehr. Auf der anderen Seite war es die Ablieferungspflicht, die das Überleben der S.-Macht während des ↑Bürgerkrieges ermöglichte. Zwischen August 1918 und August 1919 wurden 110 Mio. Pud (1 Pud = 16,381 kg) Getreide beschafft, 1919–1920 220 Mio. Pud und 1920–21 weitere 65 Mio. Pud. Damit konnte die Versorgung von Armee und Städten zwar nur teilweise gesichert werden – den Rest besorgten Schwarzmarkt und „Sackträger". Die Beseitigung der Ablieferungspflicht durch den ↑Parteitag 1921 war der erste Schritt zur ↑Neuen Ökonomischen Politik.

Lit.: Lorenz, R., Sozialgeschichte der Sowjetunion, Bd. 1 1917–1945, Frankfurt a. M. 1976; Altrichter, H., Staat und Revolution in Sowjetrußland 1917–1922/23, Darmstadt 1981; Kritzman, L. N., Die heroische Periode der großen russischen Revolution, Wien/Berlin 1929 (Nachdruck Frankfurt a. M. 1971); Davydov, M. I., Bor'ba za chleb. Prodovol'stvennaja politika Kommunističeskoj partii i sovetskogo gosudarstva v gody graždanskoj vojny (1917–1920), M 1970; Strižkov, Ju. K., Prodovol'stvennye otrjady v gody graždanskoj vojny i inostrannoj intervencii 1917–1921 gg., M 1973.   *H.-H.Sch.*

Revisionismus war in der SU ein politischer Kampfbegriff, mit dem alle marxistisch orientierten Konzeptionen, die von den Positionen des offiziellen ↑Marxismus-Leninismus abwichen, als wahrheits- und fortschrittsfeindliche Äußerungen des Opportunismus in der Arbeiterbewegung verurteilt wurden. Die Kriterien, die den R.-Verdacht begründeten, hingen seit ↑Lenin mit dem dogmatischen Wahrheitsanspruch zusammen, den er dem Marxismus unterstellte und der später auf die gesamte s.e Staatsdoktrin ausgedehnt wurde. Seither wurde jeder im Namen des Marxismus vorgetragene Zweifel an diesem Anspruch als R. verdammt. In der modernen R.-Theorie kam ferner der s.e Führungsanspruch gegenüber der internationalen kommunistischen Bewegung zum Ausdruck. Das entscheidende Kriterium für die Unterscheidung zwischen einer „orthodoxen" oder „revisionistischen" Politik oder Theorie lag dabei in ihrer Übereinstimmung mit oder in ihrer Abweichung von der Theorie und Praxis der s.en Politik. Aus diesem Grunde führte bisher noch jedes ernsthafte Zerwürfnis zwischen der SU und einem sozialistischen Land oder der ↑KPdSU und einer anderen kommunistischen Partei oder auch zwischen zwei Fraktionen einer kommunistischen Partei zu wechselseitigen R.-Vorwürfen. Die politischen Konzeptionen der r.en und der westeuropäischen sozialdemokratischen Parteien wurden von s.er Seite seit jeher als „revisionistisch" bekämpft. Ebenso wurden die ideologischen Auseinandersetzungen nach dem Bruch Moskaus mit Jugoslawien (1948) und während der akuten Stadien des s.-chinesischen Konflikts in den 60er und 70er Jahren oder auch die Kontroversen mit dem westeuropäischen „Eurokommunismus" in den 70er Jahren z. T. mit wechselseitigen R.-Kampagnen ausgetragen. Die R.-Kampagnen wurden erst eingestellt, wenn sich einer der Kontrahenten durchgesetzt hatte oder wenn sich zwischen ihnen ein Kompromiß anbahnte.

Lit.: Labedz, L. (Hrsg.), Der Revisionismus, Köln, Berlin 1965; Popow, S. I., Der moderne Revisionismus. Weltanschauliche Grundlagen und Gesellschaftsmodelle, Berlin 1977; Butenko, A. P., Protiv sovremennogo revizionizma v filosofii i sociologii, M 1977.

R.A.

Revolutionärer Militärrat ↑Streitkräfte

Revolutionäre Tribunale wirkten als Sondergerichte in den Anfangsjahren nach der ↑Oktober-Revolution. Das Gerichtsdekret No. 1 (↑Justiz) übertrug ihnen (am 22. 11. [A. S.]/5. 12. 1917) den Kampf gegen die Konterrevolution und den Schutz der revolutionären Ordnung gegen Plünderung, Raub, Sabotage und Amtsmißbrauch. Ihr Vorsitzender war zusammen mit sechs Beisitzern jeweils vom Gouvernements- oder Stadt(↑)sowjet zu wählen, die Durchführung der Ermittlungen wurde wenig später der ↑Čeka übertragen. Als im Frühjahr 1918 die bolschewistische Macht gesichert schien, wurden viele R. T. aufgelöst. Nur in den Großstädten, ↑Industrie-Zentren und Eisenbahnknotenpunkten sollten sie erhalten bleiben. Ein neues Dekret (vom 4. 5. 1918) beschränkte die Zuständigkeit ausdrücklich auf den Kampf gegen die Konterrevolution und den Schutz der staatlichen Ordnung und übergab die allgemeinen Strafsachen den ordentlichen Gerichten; Ende Mai/Anfang Juni 1918 richtete die S.-Regierung ein oberstes Revolutionäres Tribunal mit Kassationsabteilung beim ↑Zentralen Exekutivkomitee ein. Alle Ansätze zur Einschränkung der Sondergerichtsbarkeit fanden im ↑Bürgerkrieg rasch ein Ende, Reformversuche zeitigten keinen dauerhaften Erfolg. Vielmehr entstanden nebenher noch eigene R. T. für das Militär- und das Eisenbahntransportwesen, wobei weit auslegbare Maximen („Beurteilung der Umstände", „kommunistisches Rechtsbewußtsein", „Interessen der proletarischen Revolution" usf.) als einzige Leitlinien der Rechtsprechung vorgegeben wurden. Erst nach Ende des Bürgerkrieges, mit der Gerichtsreform von 1922 und der Schaffung eines einheitlichen Gerichtssystems (↑Neue Ökonomische Politik) verschwanden die R.n T. Die Revolutionären Militärtribunale wurden in einfache Militär-Tribunale umbenannt.

Lit.: Dunaevskij, V. A./Stučkov, V. V., Revoljucionnye tribunaly, in: SIĖ Bd. 1, Sp. 925 f.; Koževnikov, M. V., Istorija sovetskogo suda 1917–1956, M 1957; Hazard, J. N., Settling Disputes in Soviet Society. The Formative Years of Legal Institutions, New York 1960; Kucherov, S., The Organs of Soviet Administration of Justice: Their History and Operation, Leiden 1970.   *H.A.*

RGW ↑Comecon

Riga, die 1201 gegründete Hauptstadt ↑Lettlands, gehörte seit dem Nordischen Krieg (↑LGR) zum Russischen Reich. Am Vorabend des Ersten Weltkriegs (↑LGR) war R. die drittgrößte Industriestadt, besaß den größten Export- und den zweitgrößten Importhafen Rußlands und war zugleich ein kulturelles Zentrum mit Ausstrahlung in das Russische Reich und in den nichtr.en Ostseeraum. 1917, zwischen Februar- (↑LGR) und ↑Oktober-Revolution, fiel R. in deutsche Hand. Erst nach dem deutschen Zusammenbruch und Rückzug konnten revolutionäre Gruppen im Januar 1919 die Stadt besetzen und in R. die erste lettische S.-Regierung bilden. Im Mai 1919 wurde diese Regierung durch lettische bürgerliche Truppen vertrieben. R. wurde Hauptstadt des unabhängigen Staates Lettland. Hier schlossen S.-Rußland und Polen 1921 den Frieden zur Beendigung des ↑russisch-polnischen Krieges. Nach der Annexion des Landes durch die SU als Folge des ↑Hitler-Stalin-Paktes blieb es Hauptstadt der lettischen SSR. Sowjetischerseits wurde die Rückgewinnung der Stadt als Ergebnis einer demokratischen Willensbildung bezeichnet, zugleich sei die durch die Abtrennung von Rußland 1918/19 eingetretene Abschottung R.s von seinen angestammten Rohstoffquellen und von den Abnahmegebieten seiner Industrieproduktion korrigiert worden. Nach dem Abzug der deutschen Bevölkerung in der Umsiedlung 1939/40 fand nun eine weitere Dezimierung und nationale Schwächung durch umfangreiche Deportationen bürgerlicher und antis.er Bevölkerungsgruppen statt. Zwischen Juli 1941 und Oktober 1944 war R. während des ↑Zweiten Weltkriegs von Deutschen besetzt und Sitz des „Reichskommissariats Ostland". In dieser Phase wurde vor allem die jüdische Bevölkerung R.s deportiert und zum großen Teil vernichtet. Bevölkerungsverluste gab es auch bei der Wiederherstellung der s.en Herrschaft. Starke Zerstörungen wurden nach dem Kriege beseitigt, das alte Gesicht der Stadt vielfach wiederhergestellt. Die ↑Industrie wurde in großem Umfang ausgebaut, neue Arbeitskräfte strömten in die Stadt, so daß die Verluste zahlenmäßig rasch wettgemacht waren. Die Zuzügler kamen in großer Zahl aus Lettland, v. a. aber aus der ↑RSFSR, aus der ↑Weißrussischen SSR und aus der ↑Ukraine. Während einerseits der historisch lettische Charakter R.s durchweg herausgestellt und die Funktion als nationales Zentrum betont wurde, verschob sich die nationale Zusammensetzung mehr und mehr zuungunsten der Letten. Die offensichtliche Aufwertung R.s, u. a. auch als Mittelpunkt des Ostseewirtschaftsbezirks, war so gleichbedeutend mit einer Russifizierung. Die Einwohnerzahl entwickelte sich in folgenden Etappen: 1897: 282 200, 1905: ca. 500 000, 1939: 385 000, 1959: 580 000, 1985: 833 000. Die nationale Zusammensetzung lag 1935 bei 63 % Letten (nach Umsiedeln der Deutschen 79 %), je ca. 10 % Deutschen und Juden, außerdem gab es eine starke r.e und eine polnische Minderheit. 1979 stellten die Letten ca. 45 %, die Russen 40 %, Juden, Ukrainer, Weißrussen u. a. 15 % der Bevölkerung.

Lit.: ↑Alma Ata; Lenz, W., Die Entwicklung Rigas zur Großstadt, Kitzingen 1954 (Marburger Ostforschungen 2).   *B.Sch.*

Riga, Friede von R. ↑Russisch-polnischer Krieg

Rjutin-Verschwörung ↑Kamenev

RKP(b) ↑Kommunistische Partei der Sowjetunion

Rokossovskij, Konstantin Konstantinovič (1896–1968), begann seine militärische Laufbahn in der kaiserlichen Armee und kam über die ↑Rote Garde zur ↑Roten Armee. Während der ↑Säuberungen unter Generälen und Offizieren (↑Tuchačevskij) war R. zeitweilig verhaftet. Im ↑Zweiten Weltkrieg führte R. verschiedene Armeen und kommandierte wechselnde Fronten. 1944 wurde er zum Marschall ernannt. Er kommandierte die Siegesparade am 24.6. 1945. 1945–49 war er Oberkommandierender der Nördlichen Gruppe der Streitkräfte. Auf dem Höhepunkt der Gleichschaltung der osteuropäischen kommunistischen Parteien und Staaten übernahm R. die unmittelbare Kontrolle der polnischen Armee. Seiner polnischen-ukrainischen Herkunft wegen (poln. Namensform Rokossowski) eignete er sich besonders gut für diese Überwachungsaufgabe. Angeblich auf polnische Bitte trat R. 1949 als Verteidigungsminister in die polnische Regierung ein. Die offene Einmischung ging soweit, daß R. zum Marschall Polens ernannt, Vizepremierminister, Abgeordneter des polnischen Sejm sowie Mitglied des Politbüros des ZK der Polnischen Vereinigten Arbeiterpartei wurde. Im Gefolge R.s kamen s.e Offiziere in großer Zahl in die polnische Armee und besorgten deren Ausrichtung auf s.e Interessen. 1956 kehrte R. in die SU zurück und übernahm neue ehrenvolle Aufgaben. So war er 1956/57 und 1958–62 stellvertretender Verteidigungsminister, anschließend Generalinspekteur.

Lit.: ↑Andreev.   *B.Sch.*

ROPKP ↑RAPP

ROSTA-Fenster meint die (Ausstellungs-)Fenster der Russischen Telegraphen-Agentur (Abk. ROSTA), der Vorläuferin von ↑TASS in ↑Moskau, in denen während des ↑Bürgerkrieges satirische Plakate, Bilder und Bildergeschichten das aktuelle Geschehen kommentierten. Die Idee dazu kam im Oktober 1919 dem Plakatmaler M.M. Čeremnych (1880–1962). Zu den bekanntesten R.-F.-Künstlern zählten D.S. Moor-Orlov (1883–1946) und V. ↑Majakovskij. Das Ziel der R.-F. war, einer Bevölkerung, die zur Hälfte aus Analphabeten bestand, Neuigkeiten in bunten Zeichnungen, satirischen Kurzkommentaren und bissigen Merkversen nahezubringen, wobei man an die Tradition der r.en Volksbilderbögen anknüpfte. Von Majakovskij stammt das Wort: „Die R.-F. sind telegraphische Nachrichten, die sofort in Plakate umgesetzt werden; sie sind Dekrete, die sich so schnell wie Volkslieder durchsetzen." Nach dem Erfolg der R.-F. in

Moskau wurden ähnliche „Fenster" auch in anderen Städten eingerichtet. Im ↑Zweiten Weltkrieg versuchte TASS (mit sog. TASS-Fenstern) daran anzuknüpfen.

Lit.: Butnik-Siverskij, B., Sovetskij plakat épochi graždanskoj vojny. 1918–1921, M 1960; German, M., Die Kunst der Oktoberrevolution (1917–1921), Düsseldorf/Wien 1979. *H.A.*

Rostov(-na-Donu) (Rostov am Don), zunächst Festung gegen die Türken, war im 19. Jh. zu einer wichtigen Hafen- und Industriestadt geworden. Die Arbeiterbewegung fand hier einen Stützpunkt. In großen Streikaktionen trat sie in der Revolution von 1905 (↑LGR), aber auch bei anderen Gelegenheiten hervor. Der im März 1917 gebildete ↑Sowjet übernahm im Oktober 1917 die Kontrolle über die Stadt. Allerdings ließ sich R. nicht behaupten. Zunächst eroberte die in Novočerkassk residierende Don-↑Kosaken-Regierung unter A. M. Kaledin (1861–1918) R. Nach dem Rückzug schon im Februar 1918 rückten deutsche und ↑„weiße" Truppen in die Stadt ein. Nach mehrfachem Wechsel der Besatzungen im ↑Bürgerkrieg konnte die Kavallerie ↑Budennyjs im Januar 1920 R. für die SU übernehmen. 1924/34/37 wurde R. Gebietsverwaltungshauptstadt. Im ↑Zweiten Weltkrieg fiel es im November 1941 vorübergehend, dann vom Juli 1942 bis Februar 1943 länger in deutsche Hand und erlitt schwere Kriegszerstörungen. Der Wiederaufbau gab der Stadt ein neues Gesicht, die vorhandene ↑Industrie wurde beträchtlich erweitert (Landmaschinenbau). Die Einwohnerzahl (1897: 120 000, 1926: 308 000, 1939: 600 000, 1959: 789 000) stieg auf (1985) knapp 1 Mio. Menschen.

Lit.: ↑Alma-Ata. *B.Sch.*

Rote Armee, Rote Garde ↑Streitkräfte

Rote Professur ↑Institut der Roten Professur

RSFSR ↑Russische Sozialistische Föderative Sowjetrepublik

RTS ↑MTS

Rubel (↑auch LGR) hieß die offizielle s.e Währung. Der Wert des R. war im ↑Kriegskommunismus stark gefallen. 1922 betrug der allr.e Lebenshaltungsindex das 288 000fache des Vorkriegsstandes. Deshalb wurde 1922 eine Währungsreform eingeleitet, die 1924 abgeschlossen war. Am 11. 10. 1922 wurde eine neue Banknote, der Červonec, eingeführt, der den Papier-Rubel verdrängte. 25 % der Červoncy waren durch Edelmetall- oder Devisenreserven gedeckt. Der Červonec-R. wurde die Standard-Währungseinheit. In den 30er Jahren war der Kurs des R. zunächst an den französischen Franc gebunden, ab 1937 an den US-Dollar (1 $ = 5,3 R.). Nach dem ↑Zweiten Weltkrieg machte der Stand des R. eine Devaluation mit der Rate 1 : 10 notwendig, die im Dezember 1947 durchgeführt wurde. Im Verlauf dieser Reform wurde der Červenec abgeschafft. 1950 gab die UdSSR die Dollar-Definition des R. auf und orientierte sich am Goldstandard. Die Dollar-R.-Ratio betrug nominell 4 : 1. 1960 wurde eine erneute Devaluation des R. im Verhältnis 1 : 10 notwendig (1. 1. 1961). Der Goldgehalt des R. wurde auf 0,987412 g Feingold erhöht (15. 11. 60), der offizielle Wechselkurs zum Dollar auf 1 R = 1,11 $ festgelegt. Dieser Kurs wurde entsprechend den internationalen Kursschwankungen regelmäßig neu bestimmt. Neben den offiziellen Kursen existierten für harte Währungen Schwarzmarkt-R.-Kurse, die in der Regel erheblich abwichen. Mit der ↑Perestrojka geriet auch die Geldpolitik in Bewegung. Der offizielle R.-Kurs wurde mehrfach neu definiert, um Spekulanten zu entmutigen. Der Besitz von Valuta wurde S.-Bürgern gestattet. Im Rahmen der Wirtschaftsreform wurde auch an Konzepten gearbeitet, den R. international konvertibel zu machen. Dies wurde bis zum Ende der SU nicht mehr realisiert.

Lit.: Seraphim, H. J., Die russische Währungsreform des Jahres 1924, Leipzig/Berlin 1925; D'jačenko, V. P., Istorija finansov SSSR (1917–1950 gg.), M 1978; Hedtkamp, G., Finanzsystem und Geldwesen, in: Osteuropa-Handbuch. Sowjetunion. Wirtschaft, Köln 1965, S. 236–289.   *H.-H.Sch.*

Russische Sozialistische Föderative Sowjetrepublik (Rossijskaja Sovetskaja Federativnaja Socialističeskaja Respublika; RSFSR). Die RSFSR war die weitaus größte und bedeutendste ↑Unionsrepublik der UdSSR. Sie umfaßte mit 17,1 Mio. km² drei Viertel des Territoriums der SU. Hier lebten etwas mehr als die Hälfte der Bevölkerung. Zwei Drittel der ↑Industrie- und die Hälfte der landwirtschaftlichen Produktion wurden in der RSFSR erzeugt. Von den 137 Mio. Einwohnern waren 1979 82,6 % Russen; 69 % der Bevölkerung lebten in Städten. Damit war die RSFSR nach ↑Estland (70 %) die am stärksten urbanisierte Unionsrepublik.

Die aus der ↑Oktober-Revolution hervorgegangene Russische (genau: Rußländische) ↑Sowjetrepublik wurde durch den III. Allrussischen (genau: Allrußländischen) ↑Sowjetkongreß im Januar 1918 als Föderation konstituiert und als RSFSR ausgerufen; sie erhielt im Juli 1918 ihre erste ↑Verfassung. Innerhalb der RSFSR wurden nationale ↑Autonome Sozialistische Sowjetrepubliken (ASSR) und ↑Autonome Gebiete (AG) gebildet. Mit den anderen S.-Republiken (↑Ukraine, ↑Weißrußland, ↑Azerbajdžan, ↑Georgien und ↑Armenien) bestanden formal, wenn auch nicht faktisch völkerrechtliche Beziehungen. Mit der Konstituierung der UdSSR im Dezember 1922 gingen die zentralen gesamtstaatlichen Funktionen (Außenpolitik, Militärwesen, Wirtschaftsleitung) auf die Union über; die RSFSR sank auf den Status einer Unionsrepublik herab. Sie war formal sogar schlechter gestellt als die anderen Unionsrepubliken: Sie erhielt keine eigene Hauptstadt (↑Moskau war die Hauptstadt der UdSSR), keine eigene ↑Akademie der Wissenschaften, aber vor allem keine eigene ↑Partei-Organisation. Lediglich von 1957 bis 1964 bestand ein Büro des ↑Zentralkomitees für die RSFSR als Spitze einer eigenen Parteiorganisation. Tatsächlich waren jedoch die gesamtstaatlichen und gesamtparteilichen Institutionen in erster Linie Repräsentanten der Russen und des Russischen. Anfang 1925 bestanden auf dem Territorium der RSFSR 9 ASSR und 15 AG. 1928/29 kam es zu einer administrativ-territorialen Neuordnung. An die Stelle der Gouvernements (↑LGR), Kreise (uezdy) und Bezirke (volosti) traten 14 Regionen (kraja) und Gebiete (oblasti) und 2085 Rayons (rajony) (Stand: Anfang 1931). Im Dezember 1930 wurden acht Nationale Kreise (nacional'nye okrugi) für die kleinen Völker des Nordens geschaffen. In den 20er und 30er Jahren wurde der Status der nationalen Autonomien vielfach und freigiebig erhöht, so daß es 1937 17 ASSR und sechs AG gab. In den r.en Siedlungsräumen bestanden 1937 fünf Regionen und 19 Gebiete. Mit der neuen Verfassung der UdSSR vom Dezember 1936 schieden die ↑Kazachische und ↑Kirgizische ASSR aus dem Verband der RSFSR aus und bildeten eigene Unionsrepubliken. Von 1940 bis 1956 hatte die Karelische ASSR – erweitert durch Gebietsabtretungen von Finnland – den Status einer Karelo-Finnischen Unionsrepublik – als Kern einer dann nicht zustande gekommenen Einbeziehung ganz Finnlands in die UdSSR. Nach dem ↑Zweiten Weltkrieg wurden der Norden Ostpreußens mit Königsberg (= Gebiet ↑Kaliningrad), Süd-Sachalin und die Kurilen der RSFSR einverleibt. 1944 wurde Tuva ein Teil der RSFSR, seit 1961 als ASSR. Aus Anlaß des 300. Jahrestages des Anschlusses der Ukraine an Rußland 1954 wurde die Krim in die Administration der Ukraine übergeben. 1957/58 wurden die national-territorialen Autonomien der am Ende des Zweiten Weltkriegs deportierten Völker wiederhergestellt: die Čečeno-Ingušische ASSR, die Kalmückische ASSR, die Kabardino-Balkarische ASSR und das AG der Karačaer und Čerkessen. Die ↑Sowjetunion-Deutschen und die Krim-Tataren erhielten dagegen nicht die Erlaubnis, in ihre Heimat zurückzukehren; die ASSR der ↑Wolgadeutschen und die ASSR der Krim wurden nicht wiedererrichtet. 1988 bestand die administrativ-territoriale Gliederung der RSFSR aus 6 Regionen, 49 Gebieten, 16 ASSR, 5 AG und 10 Autonomen Kreisen (avtonomnye okrugi).

Lit.: Jakubovskaja, S. I., Razvitie SSSR kak sojuznogo gosudarstva 1922–1936 gg., M 1972; Istorija nacional'no-gosudarstvennogo stroitel'stva v SSSR. Šerstobitov, V. P., u. a. (Hrsg.), 2 Bde., Moskau ³1979; Allworth, E. (Hrsg.), Ethnic Russia in the USSR. The Dilemma of Dominance, New York 1980.   *G.S.*

Russisch-polnischer Krieg (1919–1920). Der r.-p.e K. wurde ausgelöst durch Polens militärische Vorstöße nach ↑Litauen, ↑Weißrußland und in die ↑Ukraine, wo nach dem Rückzug der deutschen Besatzungstruppen seit November 1918 (Friede von ↑Brest-Litovsk) der ↑Bürgerkrieg zwischen der S.-Macht und den jeweiligen antibolschewistischen Nationalregierungen aufgeflammt war. Die wiedererstandene polnische Republik unter Führung J. Piłsudskis (1867–1935) hoffte, die instabile Machtlage im Westen und Süden der ↑RSFSR sowie die Unentschiedenheit der Westalliierten nutzen zu können, um Polens historische Ostgrenze aus der Zeit vor der ersten Teilung (↑LGR) wiederherzustellen; dabei sollten Ukrainer, Weißrussen und Litauer mit einem föderalistischen Staatskonzept für die polnischen Pläne gewonnen werden. Im April 1919 stießen polnische Truppen in die kurz zuvor proklamierte ↑Litauisch-Weißrussische S.-Republik vor und eroberten ↑Wilna. Das Besatzungsgebiet wurde in den folgenden Monaten schrittweise nach Osten ausgedehnt. Im Juni 1919, als sich in der Ukraine die Kämpfe zwischen den Truppen der Räteregierung und denen der ↑Ukrainischen Volksrepublik sowie der Armee ↑Denikins ausweiteten, intervenierte Polen hier mit der Besetzung Ostgaliziens. Obwohl die polnische Besatzungsgrenze damit weit jenseits der Demarkationslinie verlief, die der Oberste Rat der Alliierten am 8. 12. 1919 als vorläufige Grenze festsetzte (↑Curzon-Linie), stand S.-R. in Friedensverhandlungen mit Polen und bot am 22. 1. 1920 förmlich die Anerkennung des territorialen Status quo an. Piłsudski willigte zwar in Verhandlungen ein, betrieb aber gleichzeitig die Verständigung mit dem bedrängten ↑Ukrainischen Direktorium, die mit dem polnisch-ukrainischen Offensivpakt vom 21. 4. 1920 besiegelt wurde. Fünf Tage später begannen polnische Truppen ihre Offensive in der Ukraine; am 7. 5. besetzten sie ↑Kiev. Der Abwehrerfolg der Reiterarmee ↑Budennyjs (6. 6.) und die Gegenoffensive ↑Tuchačevskijs (2. 7.) brachten jedoch rasch eine Wende, welche S.-R. nun als Möglichkeit zu nutzen hoffte, die Revolution auf militärischem Weg nach Mitteleuropa hineinzutragen. In der am 28. 7. besetzten Stadt Białystok wurde ein Polnisches Provisorisches Revolutionskomitee gegründet. Gleichzeitig begannen auf polnisches Ersuchen neue Friedenssondierungen auf der Grundlage des am 11. 7. erneuerten alliierten Grenzvorschlags der Curzon-Linie. Doch fiel die Entscheidung erst nach einer abermaligen militärischen Wende: Piłsudskis am 16. 8. eröffnete Gegenoffensive vor Warschau („Wunder an der Weichsel") zwang Tuchačevskij zu überstürztem Rückzug und bewog die sowjetr.e Führung nun zu weitreichenden territorialen Zugeständnissen. Im Rigaer Vorfrieden vom 12. 10. 1920 setzte Polen eine ca. 150 km östlich der Curzon-Linie durch Weiß-R. und die Ukraine verlaufende Grenze durch, die in dem förmlichen Friedensvertrag von ↑Riga am 18. 3. 1921 bestätigt wurde. Die Revision dieser Grenzentscheidung gelang der SU erst im ↑Zweiten Weltkrieg.

Lit.: Wandycz, P. S., Polish-Soviet Relations 1917–1921, Cambridge (Mass.) 1969; Davies, N., White Eagle, Red Star. The Polish-Soviet War 1919–20, New York 1972.   *M.G.M.*

Rußland ↑Russische Sozialistische Föderative Sowjetrepublik

Rußland-Deutsche ↑Sowjetunion-Deutsche, ↑Wolga-Deutsche

Rykov, Aleksej Ivanovič (1881–1938), gehörte 1904 zur Gruppe um ↑Lenin und trat 1906 in das illegale ↑Zentralkomitee der RSDRP (↑Parteien [LGR]) ein. Am Vorabend des Ersten Weltkriegs (↑LGR) nahm R. als „Versöhnler" eine rechte Flügelposition ein. Im April 1917 äußerte sich R. abweichend von Lenin skeptisch über die Chancen einer sozialistischen Revolution im „kleinbürgerlichen Rußland". Nach seiner Berufung ins ZK auf dem VI. ↑Parteikongreß und in den ersten ↑Rat der Volkskommissare (Ressort für innere Angelegenheiten) trat R. aus Protest gegen die Ablehnung der von ihm geforderten Koalition der linken ↑Parteien von seinem Amt zurück und büßte auch den Platz im ZK ein. Im Oktober 1918 empfahl Lenin R. für die Leitung des ↑Obersten Volkswirtschaftsrats (eingenommen bis 1921). Auf dem IX. Parteikongreß rückte R. von neuem ins ZK, 1921 (bis 1924) ins ↑Org-, 1922 ins ↑Politbüro. Seine verläßliche Mitarbeit und seine ökonomische Kompetenz (Ablehnung der von ↑Trockij vertretenen Militarisierung der Wirtschaft) machten ihn zum geeigneten Vertreter der ↑Neuen Ökonomischen Politik. Seit 1921 war R. Stellvertreter Lenins als Vorsitzender des Rates der Volkskommissare und folgte ihm nach seinem Tode 1924 als Vorsitzender. R. stützte ↑Stalins Kampf gegen Trockij und gegen die ↑Linke Opposition. Der Kurswechsel Stalins nach dem XV. Parteikongreß und das Ende der NÖP mit dem Übergang zum ersten ↑Fünfjahrplan brachten R. in

Gegensatz zur Parteimehrheit Stalins. Der Abweichler R. geriet v. a. durch seine Gegnerschaft gegen die ↑Kollektivierung der ↑Bauern in die Isolierung. 1930 wurde R. aus dem Politbüro ausgeschlossen. Er schied auch aus dem ZK und verlor den Vorsitz im Rat der Volkskommissare, wurde aber mit dem ↑Volkskommissariat für Post- und Fernmeldewesen (1931–36) zunächst abgefunden. Während der ↑Säuberungen wurde R. 1937 aus der Partei ausgeschlossen und als Mitglied des ↑„Antisowjetischen Blocks der Rechten und Trotzkisten" angeklagt, zum Tode verurteilt und erschossen. Erst unter ↑Gorbačev wurde R. wie andere rechte Parteimitglieder rehabilitiert und seine Mitgliedschaft in der Partei posthum wiederhergestellt. Seine bauernfreundliche Politik wird gegenwärtig mit großem Respekt gewürdigt.

Lit.: ↑Andreev; Oppenheim, S. A., The Practical Bolshevik. A. I. Rykov and Russian Communism, 1881–1938, Stanford 1979; Šelestov, D., Vremja Alekseja Rykova, M 1990.

B.Sch.

Saburov, Maksim Zacharovič (1900–1977), war einer der jungen Ingenieure (vgl. auch ↑Pervuchin), die frühzeitig (1920) Mitglied der ↑RKP(b) wurden und nach der Technikerausbildung und langjähriger Leitungstätigkeit in industriellen Großbetrieben, schließlich auch in der Partei, während der ↑Säuberungen in höchste Verwaltungsämter (Wirtschaftsverwaltung) aufstiegen. S. hatte zudem Industriebetriebe in den USA und in Deutschland kennengelernt, als er 1938 ins ↑Volkskommissariat für Schwermaschinenbau eintrat. Kurz darauf wurde er bereits Abteilungsleiter, später 1. Stellvertreter des Vorsitzenden des ↑Gosplan (↑Voznesenskij), dessen Stelle er 1941–43 einnahm. 1941–44 amtierte S. als einer der Stellvertreter des Vorsitzenden des ↑Rates der Volkskommissare (bzw. des Ministerrats).

1944–46 wurde er mit besonderen Aufgaben in der Landesverteidigung betraut: S. war „assistierender Chef" des s.en Oberkommandierenden in Deutschland, für die Demontagen in der s.en Besatzungszone verantwortlich und gehörte der s.en Delegation in ↑Potsdam 1945 an. 1947 wurde er erneut Stellvertreter des Ministerratsvorsitzenden ↑Stalin und übernahm nach der Ausschaltung Voznesenskijs wiederum den Vorsitz im Gosplan (1949). 1952 trat S. ins ↑Zentralkomitee ein und wurde sogleich in dessen ↑Präsidium berufen. Nach Stalins Tod schied er vorübergehend aus dem Vorsitz des Ministerrats aus und wurde Minister für den gesamten Maschinenbau. Schon Ende 1953 kehrte S. in den Ministerrat zurück und wurde einer der stellvertretenden, nach ↑Malenkovs Ausscheiden der 1. stellvertretende Ministerratsvorsitzende. Gleichzeitig leitete er den Gosplan. S. rettete seine Positionen durch den rechtzeitigen Übertritt von Malenkov zu ↑Chruščev und blieb daher auch nach der Teilung des Gosplan als Vorsitzender der Staatlichen Wirtschaftskommission des Ministerrats für die laufende Planung der Volkswirtschaft in einem wichtigen weiteren Ressort bis zur Ablösung durch Pervuchin Ende 1956. Wie dieser wurde S. 1957 von Chruščev der Zugehörigkeit zur ↑Anti-Partei-Gruppe bezichtigt und politisch kaltgestellt. Er schied aus dem Ministerrat und dem Präsidium aus. Als Leiter eines Industriebetriebs versetzte man ihn nach Syzran/Wolga. 1961 wurde ihm auch der Sitz im Zentralkomitee genommen.

Lit.: ↑Andreev.

B.Sch.

Sacharov, Andrej Dmitrievič (1921–1989), arbeitete seit 1945 am Physikalischen Institut der ↑Akademie der Wissenschaften und gehörte ihr seit 1953 als Vollmitglied an. Der Physiker war an der Entwicklung der s.en Wasserstoffbombe führend beteiligt. Für seine wissenschaftlichen Leistungen wurde er mehrfach als Held der sozialistischen Arbeit sowie mit ↑Lenin- und Staatspreisen (↑Orden) ausgezeichnet. Mit den zerstörerischen und menschheitsbedrohenden Möglichkeiten dieser Waffe setzte sich S. seit Ende der 50er Jahre intensiv auseinander. Er entwickelte sich zu einem entschiedenen Gegner der Atomrüstung. Die Hindernisse, die man seinem Engagement in den Weg legte, und die Erfahrung der s.en Wirklichkeit machten ihn zu einem Kritiker der Unzulänglichkeiten der s.en Gesellschaftsordnung. S. entwickelte Vorstellungen dringender Reformen (Memorandum 1968). Zusammen mit weiteren „Andersdenkenden" bzw. Dissidenten gründete er 1970 in ↑Moskau ein Komitee für ↑Menschenrechte. Während der Westen S. größte Aufmerksamkeit zuwandte und in seinem Wirken tragfähige Ansätze zu einer inners.en Reform sah, ließ die s.e Führung unter ↑Brežnev S. immer stärker ihre Ablehnung spüren. Je hartnäckiger sich S. gegen die allgemeinen Unzulänglichkeiten und für rechtlose Minderheiten einsetzte, um so konsequenter isolierte sie ihn und beraubte ihn sukzessive der Privilegien eines Akademiemitglieds. Die Verleihung des Friedensnobelpreises 1975 bezeugte dagegen die internationale Anerkennung für S. Die anschließende Verbannung S.s nach ↑Gor'kij (1980) sollte ihm nach dem Willen der s.en Führung die Moskauer Verbindungen und die internationalen Kontakte nehmen. Seine Rückkehr nach Moskau, durch ↑Gorbačev im Dezember 1986 angekündigt, eröffnete S. neue Wirkungsmöglichkeiten. In der Phase der Demokratisierung übernahm er nach der Rolle des Sprechers der Dissidenten die Aufgaben eines Führers der nichtkommunistischen Kräfte auch im 1989 gewählten ↑Kongreß der Volksdeputierten und dem ↑Obersten Sowjet.

Lit.: Sacharow, A., Mein Leben, München 1991; Bailey, G., Sacharow. Der Weg zur Perestroika, München 1988; Le Vert, S., The Sakharov File. A Study in Courage, New York 1986.   *B.Sch.*

SALT I/SALT II ↑INF-Vertrag, ↑Streitkräfte

Samara wurde an erhöhter Stelle auf dem linken Ufer der Wolga an einer großen Ostschleife des Flusses 1586 als Festung gegen die Nomaden gegründet. Erste Siedler waren Kosaken (↑LGR). Die Stadt hatte eine günstige Verkehrslage und war zunächst Teil des Verwaltungsbezirks Simbirsk (seit 1924 Ul'janovsk). 1851 wurde S. Hauptort eines Gouvernements (↑LGR) und 1896 Ausgangspunkt für den Bau der Transsibirischen Eisenbahn (↑LGR) sowie der Linie nach ↑Taškent (1906). ↑Lenin lebte hier 1889–93. Nach der ↑Oktober-Revolution vermochten sich die ↑Bolschewisten unter V. V. ↑Kujbyšev zunächst zu etablieren, konnten aber nicht verhindern, daß sich ihre Gegner im ↑Bürgerkrieg zeitweilig festsetzten. Im Juni 1918 eroberte die ↑Tschechoslowakische Legion die Stadt und stützte das von Sozialrevolutionären und Menschewisten (↑Parteien) getragene Komitee der ↑Konstituierenden Versammlung. Die ↑Rote Armee eroberte S. im Oktober 1918 zurück und verteidigte die Stadt 1919 erfolgreich gegen die Truppen ↑Kolčaks. In den Jahren 1921/22 gehörte sie zu den von ↑Hungersnöten

besonders betroffenen Gebieten und hatte bedeutende Bevölkerungsverluste zu
ertragen. 1935 erfolgte die Umbenennung zu Ehren V. V. Kujbyševs. Im ↑Zwei-
ten Weltkrieg wurden wegen der bedrohlichen Situation von ↑Moskau im Oktober 1941 zahlreiche Moskauer Regierungsstellen (so der ↑Gosplan unter ↑Vozne-
senskij) und das diplomatische Korps (bis August 1943) nach Kujbyšev verlagert.
Zahlreiche evakuierte ↑Industrie-Betriebe wurden wiederaufgebaut und stärkten
das Wirkungspotential der Stadt. Die Energiebasis bot das 1958 fertiggestellte
Wasserkraftwerk am Kujbyšev-Stausee. Die Einwohnerzahl der Hauptstadt des
gleichnamigen ↑Gebiets und des Mittel-Wolga-Wirtschaftsbezirks stieg von
90 000 (1897) über 176 000 (1926), 390 000 (1939) und 806 000 (1959) auf 1,25
Mio. (1985) – Kujbyšev konnte somit den seit dem 19. Jh. eingenommenen Rang
als wichtigste Stadt an der Wolga behaupten. 1990 wurde aus Kujbyšev wieder S.

Lit.: ↑Alma-Ata.   *B.Sch.*

Samarkand war im 14./15. Jh. unter den Timuriden ökonomisches und kulturelles Zentrum ↑Mittelasiens, sank nach seiner Eroberung durch die Uzbeken
(1500) aber rasch auf den Status einer Provinzstadt im Chanat Chiva ab. 1868
besetzten r.e Truppen die Stadt. S. wurde regionales Verwaltungszentrum. Im
Gebiet um S. begann der Baumwollanbau. Die s.e Herrschaft konnte sich Ende
1917 durchsetzen. S. kam zur ↑Turkestanischen SSR und war 1924–30 Hauptstadt der ↑Uzbekischen ASSR, verlor diese Funktion allerdings mit der Verlegung der Regierung nach ↑Taškent. Die ↑Fünfjahrpläne führten zu einer beträchtlichen Stärkung der industriellen Ausstattung (v. a. der landwirtschaftlichen ↑Industrie). Während des ↑Zweiten Weltkrieges wurden Betriebe nach S.
verlagert. Die Einwohnerzahl, die 1897 bei 55 000, 1926 bei 105 000, 1939 bei
136 000 und 1959 bei 196 000 gelegen hatte, erreichte 1985 371 000, darunter ca.
70 % Uzbeken, je knapp 10 % Tadžiken und Russen sowie andere. Die Stadt, die
1970 ihr 2500jähriges Bestehen feierte, nimmt mit ihrem Reichtum an Zeugnis-
sen der islamischen Vergangenheit im Selbstverständnis der islamischen Uzbeken
einen wichtigen Platz ein.

Lit.: ↑Alma-Ata.   *B.Sch.*

Samizdat ist eine Abkürzung, die Selbstverlag bedeutet und Begriffen wie Gosiz-
dat (Staatsverlag), Goslitizdat (Staatlicher Literaturverlag), Gosmedizdat (Staatlicher medizinischer Verlag) ironisch nachgebildet ist. Sie bezeichnete die private
Verbreitung von Texten und Manuskripten, die aufgrund ihres kritischen oder
nonkonformistischen Inhalts kaum eine Chance gehabt hätten, die staatliche
↑Zensur zu passieren. Das Verfahren der Publikation war denkbar einfach: Die
Vorlage wurde mit möglichst vielen Durchschlägen abgetippt und der Text an
Freunde und Bekannte weitergegeben, die durch erneutes Abschreiben zur wei-
teren Verbreitung beitrugen. Mit Vorformen seit Ende der 50er Jahre, entwik-
kelte sich S. vor allem in der zweiten Hälfte der 60er Jahre zu einer eigenen
„Schreibmaschinenkultur" alternativen Denkens (Eichwede). Sie wandte sich
gegen die drohende Restalinisierung der Sowjetgesellschaft, wie sie sich in den
Prozessen gegen den Lyriker I. A. Brodskij (geb. 1940) 1964 und gegen die
Schriftsteller A. D. Sinjavskij (geb. 1925) und Ju. M. Daniel' (geb. 1925) 1966
anzukündigen schien. Am 30. 4. 1968 erschien im S. die erste Ausgabe der

„Chronik der laufenden Ereignisse", die sich zur Aufgabe setzte, „ohne vorhe-
rige offizielle Genehmigung" über alle nichtkonformen Bewegungen, Initiativen
und Schriften sowie über Verletzungen von ↑Menschenrechten und den Kampf
um ihre Erhaltung zu berichten. Über 60 Nummern der „Chronik" sind im
ganzen erschienen. Religiöse Gruppen meldeten sich im S. ebenso zu Wort wie
nationale, Menschen- und Bürgerrechtskomitees, „Demokraten" und „Liberale", „wahre Kommunisten" und „wahre Marxisten-Leninisten". Entsprechend
unterschiedlich waren die Texte: Es zirkulierten Berichte über Menschenrechtsverletzungen und nationale Diskriminierungen, politische und religiöse Trak-
tate, Werke nonkonformer Schriftsteller und Abschriften alter, nicht wieder
aufgelegter Texte, Protokolle von Dissidentenprozessen und Schriften ausländischen Ursprungs. Parallel zur Verbreitung nonkonformer Texte im S. entwik-
kelte sich die Überspielung kritischer Lieder und Balladen von B. Š. Okudžava
(geb. 1924), A. A. Galič (1917–1977) und A. V. Vysockij (1937–1980) im sog.
magizdat (magnitofon-izdatel'stvo = Tonbandverlag). Manche Autoren gaben
ihre Werke auch an ausländische Verlage weiter, um sie im sog. tamizdat („Dort-
verlag") erscheinen zu lassen. Gestützt auf die Art. 70 und 190-1 des Strafgesetz-
buches (Anti-s.e Propaganda und Diffamierung des Sowjetsystems) ging die
Sowjetregierung seit Ende der 70er Jahre verschärft gegen S., Dissidenten und
Bürgerrechtsbewegung vor und vermochte sie bis Anfang der 80er Jahre weitgehend zu ersticken.

Lit.: Crowe, D. M., Jr., Samizdat, in: Mersh 33 (1983), S. 61 ff.; Eichwede, W., Abweichendes Denken in der Sowjetunion, in: Geschichte und Gesellschaft 13 (1987); Feld-
brugge, E. J. M., Samizdat and Political Dissent in the Soviet Union, Leyden 1975; Loeber, D. A., Samizdat under Soviet Law, in: Barry, D. D., u. a. (Hrsg.), Contemporary
Soviet Law. Essays in Honor of John N. Hazard, The Hague 1974; Shatz, M. S., Soviet
Dissent in Historical Perspective, Cambridge 1980; Quellensammlung und Dokumente ab
1966/68: Archiv Samizdata. 1972–1978: Sobranie dokumentov Samizdata. 1978 ff.: Materialy Samizdata, alle hrsg. Archiv Samizdata. Radio Liberty München.   *H.A.*

St. Petersburg (r. Sankt-Peterburg) (↑auch LGR) wurde am Anfang des 18. Jhs.
durch Peter den Großen (↑LGR) gegründet. Zu Beginn des Ersten Weltkrieges
(↑LGR) 1914 in Petrograd umbenannt, trug die Stadt seit dem Tode ↑Lenins im
Januar 1924 und bis 1991 seinen Namen: Leningrad. In Petrograd fand 1917 die
↑Oktober-Revolution statt. Seitdem war die Stadt für einige Monate die Hauptstadt S.-R.s. In der Nacht zum 11. 3. 1918 verlegte die neue Regierung, der ↑Rat
der Volkskommissare unter dem Vorsitz Lenins, ihren Sitz in die alte r.e Hauptstadt ↑Moskau. Seitdem ist St. P. nach Moskau das zweite politische, industrielle
und kulturelle Zentrum der SU.
    Während des ↑Bürgerkrieges und der Interventionskriege war die Stadt mehr-
fach militärisch äußerst bedroht. Die Bevölkerungszahl, die 1917 2,4 Mio. betragen hatte, wurde dezimiert und konnte erst später, in den 30er Jahren, die
3-Mio.-Grenze erreichen. Das historische Stadtbild der früheren Zarenresidenz
blieb erhalten. Ehemalige Adelspaläste und Regierungssitze wurden nun „gesell-
schaftlich" genutzt. Vereinzelte Neubauten fanden nur in den Randbezirken
(z. B. Kirov-Rayon) ihre Verwirklichung. Im Süden der Stadt, etwa 10 km vom
alten Zentrum entfernt, wurde in den 30er Jahren ein umfangreiches Neu-
baugebiet errichtet, das den künftigen Mittelpunkt der Stadt markieren sollte;

doch wurden diese Pläne durch den ↑Zweiten Weltkrieg unterbrochen und kamen später nicht mehr zur Ausführung. Industrielle Entwicklung und kulturelle Aktivitäten hielten an. Die alte politische Rivalität mit Moskau fand ihren dramatischen Höhepunkt, als am 1.12. 1934 der Gebietssekretär von Leningrad, S. M. ↑Kirov, in seinem Amtssitz ermordet wurde. Eine Mitwisserschaft ↑Stalins wird vermutet. Das Datum gilt allgemein als Beginn der ↑Säuberungen in der SU. Im Zweiten Weltkrieg mußte Leningrad seine große Bewährungsprobe bestehen. Als einzige Großstadt der SU war sie fast 900 Tage durch die Truppen der Deutschen Wehrmacht eingeschlossen. Von Anfang September 1941 bis zur Aufhebung der Blockade am 27.1. 1944 widerstand Leningrad der deutschen Belagerung verlustreich, aber heldenhaft. Die Verluste der Bevölkerung gingen in die Hunderttausende. Leningrad wurde „Heldenstadt" der SU. Noch vor Beendigung des Krieges wurde beschlossen, die Stadt Leningrad „nach dem historischen Vorbild" wieder aufzubauen und damit auch das alte, historische Zentrum wiederherzustellen. Die Kriegsschäden an der Bausubstanz betrugen etwa ein Drittel. Inzwischen ist vor allem die historische Innenstadt vorzüglich restauriert und bietet sich in aller Schönheit seiner Ensembles aus dem 19. Jh. dem Besucher dar. Außerhalb des Zentrums ist die Stadt entlang der Küste des Finnischen Meerbusens zu einer gewaltigen Agglomeration herangewachsen, deren Einwohnerzahl die Fünf-Mio.-Grenze überschritten hat. Wichtig ist, daß es sich bei der Ausdehnung von St. P. um einzelne Stadtteile handelt, die durch gezielt angelegte Naherholungsgebiete (Parks) voneinander getrennt sind. Die kulturelle Bedeutung von St. P. hat nach dem Zweiten Weltkrieg noch zugenommen.

Lit.: Očerki istorii Leningrada, Bd. 4–6, M–L 1964 ff.; Oborona Leningrada 1941–1944. Vospominanija i dnevniki učastnikov, L 1968; Pamjatniki architektury Leningrada, L 1969; Salisbury, H. E., 900 Tage. Die Belagerung von L., Frankfurt a. M. 1970; Hallmann, G., Leningrad, Leipzig ²1975; Luber, S./Rostankowski, P., Die Agglomeration Leningrad. Gegenwärtige und zukünftige Entwicklung, Hannover 1978; Meyer, K., Kaiserliche Residenz und sozialistische Großstadt. Typologische Überlegungen zur Geschichte der Stadt St. Petersburg-Petrograd-Leningrad, in: Ostmitteleuropa, hrsg. v. U. Haustein u. a., Stuttgart 1981, S. 64–77. *K.M.*

Saratov wurde 1590 als Festung zur Sicherung des Wolga-Schiffahrtsweges gegründet. Mit der landwirtschaftlichen Erschließung der Steppengebiete beiderseits der Wolga seit dem 18. Jh. wurde S. ein bedeutender Getreideumschlagplatz. Der 1828 gegründeten ersten r.en Tabakfabrik folgten zahlreiche landwirtschaftliche Industriebetriebe (Getreide- und Ölmühlen). Wie in anderen Städten an der Wolga bildeten sich in S. seit den 70er Jahren revolutionäre Gruppen (↑Narodniki [LGR]), 1901 entstand der erste sozialdemokratische Kreis und während der Revolution von 1905 (↑LGR) bestand ein ↑Sowjet. Die S.-Macht konnte sich 1917 sehr schnell einrichten und vermochte sich während des ↑Bürgerkrieges gegen die ↑tschechoslowakische Legion und gegen ↑Denikin zu behaupten. Seit 1928 Hauptstadt des unteren Wolgabezirkes, wurde S. 1936 Zentrum des ↑Gebiets S. 1921/22 lag S. im Hungergebiet (↑Hungersnot). Die ↑Industrialisierung in den ↑Fünfjahrplänen führte zum Aufbau einer leistungsfähigen Landmaschinenindustrie. Evakuierungen von Betrieben und schwerpunktmäßiger Ausbau im ↑Zweiten Weltkrieg und danach sicherten S. den Rang eines bedeutenden Wirtschaftszentrums (Metallverarbeitung, Ausbau der Erdölproduktion und

-verarbeitung: „Zweites Baku"). Die Bevölkerung wuchs von 1897: 137 000 über 1926: 212 000 (davon 84,3 % Russen, 4,5 % Deutsche), 1939: 372 000, 1959: 579 000 und 1985: 899 000.

Lit.: ↑Alma-Ata.   *B.Sch.*

Satelliten ↑Sozialistisches Lager

Säuberung(en) ist die exakte Übersetzung des Wortes čistka. Als politischer Begriff meint čistka ursprünglich (*erste* Bedeutung) die in unregelmäßigen Abständen erfolgende Überprüfung des Mitgliederbestandes der ↑Kommunistischen Partei, mit nachfolgendem Ausschluß der „parteifremden" und „parteischädigenden Elemente". Zu diesem Zweck war bereits 1920 eine zentrale ↑Parteikontrollkommission eingerichtet worden, die nach und nach ein Netz regionaler und lokaler Kontrollorgane aufzubauen begann. Art. 51 der ↑Parteistatuten von 1919 sah dabei vor, daß schwere Fälle nicht nur mit Ausschluß geahndet, sondern an die zuständigen Verwaltungs- und Gerichtsbehörden weitergeleitet werden sollten. Eine erste solche General-S. der Partei wurde 1921 durchgeführt; sie reduzierte die Mitgliederzahl um fast ein Viertel (rund 160 000), wovon nur 10 % „freiwillig" gingen. Gründe für einen Ausschluß waren Amtsvergehen (Amtsmißbrauch, Erpressung, Bestechung), parteiunwürdiges Verhalten (Karrierismus, bürgerliche Lebensform, Religiosität) und Bruch der Parteidisziplin (Nichtausführung von Direktiven, völlige Passivität u. ä.). Nach dem Muster von 1921 wurden in den Folgejahren weitere Teil-S. der Partei durchgeführt (so z. B. 1925 der ↑Sowjet- und ↑Hochschul-Zellen, 1926 von ↑Dorf-Parteizellen sowie die S. der Partei von der ↑linken und ↑rechten Opposition).

Spricht man in westlicher Literatur von *den* S. oder den Großen S., so meint man vor allem (*zweite* Bedeutung) die S. der 30er Jahre, besonders die der Jahre 1934–38. In ihnen ließ ↑Stalin einen Großteil der alten Parteielite nicht nur aus den Führungspositionen entfernen, sondern physisch liquidieren. Den Anlaß dazu lieferte der Mord am Vorsitzenden der Leningrader Parteiorganisation (↑Kirov), der – von Stalin wohl mit veranlaßt – der ehemaligen Opposition in die Schuhe geschoben wurde. Inwieweit Stalin mit der Inszenierung der S. einer gegen seine Person gerichteten Gruppenbildung im ↑Politbüro zuvorzukommen suchte, ist ungeklärt. In Schauprozessen gegen das ↑„Trotzkistisch-Sinowjewistische Terroristische Zentrum" (auch: „Prozeß der 16") im August 1936, gegen das ↑„Antisowjetische Trotzkistische Zentrum" (auch „Prozeß der 17") im Januar 1937 und gegen den ↑„Antisowjetischen Block der Rechten und Trotzkisten" (auch: „Prozeß der 21") im März 1938 wurden ↑Zinov'ev, ↑Kamenev, ↑Pjatakov, ↑Radek, ↑Sokol'nikov, ↑Rykov und ↑Bucharin mit ihren Gesinnungsgenossen unter den abstrusesten Anschuldigungen vor Gericht gestellt und abgeurteilt. Die S. beschränkten sich nicht nur auf die oberste Ebene der Parteihierarchie. Wie ↑Chruščev in seiner Geheimrede vor dem XX. ↑Parteitag 1956 bekanntgab, wurden von den 1966 Delegierten des XVII. Parteitages, der im Frühjahr 1934 stattfand, 1108 konterrevolutionärer Verbrechen beschuldigt und verhaftet, und 70 % (98 der 139) der auf dem XVII. Parteitag zu Kandidaten und Mitgliedern des ↑Zentralkomitees Gewählten in den Jahren 1937/38 ermordet. Die Zahl der Parteimitglieder fiel von 3,5 (1933) auf 1,9 (1938) Mio., und Zehntausende, vielleicht Hunderttausende von ihnen bezahlten die Zugehörigkeit zur Partei mit ihrem Leben.

In Erweiterung des ursprünglichen Wortsinns hat man den Begriff der S. auch auf jene parallelen Maßnahmen staatlichen Terrors bezogen, die sich gegen Nicht-Partei-Mitglieder richteten (*dritte* Bedeutung). Im weitesten Sinne zählen dann auch die Deportation von Hunderttausenden von ↑Bauern (↑„Kulaken") im Zuge der ↑Kollektivierung dazu sowie die Schauprozesse gegen die Leitung der Kohlengruben von Šachty (1928), gegen die sog. ↑Industrie-Partei (1930), gegen das angebliche Bundesbüro der Menschewisten (1931) (↑Parteien), gegen die Ingenieure der Firma Metro-Vickers (1933). Einen Höhepunkt erlebte der stalinistische Terror in der zweiten Hälfte der 30er Jahre. Nach dem Leiter des ↑NKVD, N.I. ↑Ežov, nennt man diese Phase der S. auch Ežovščina. Der Staatsterror richtete sich nicht nur gegen Schriftsteller und Intellektuelle, er hauste vernichtend auch unter den eben neuaufgebauten Wirtschaftskadern und in der Führung der ↑Roten Armee: Mehr als die Hälfte der Generäle und Obersten (darunter 3 von 5 Marschällen, 13 von 15 Armeebefehlshabern, 110 von 195 Divisionskommandeuren) verloren 1937/38 ihre Posten, viele auch das Leben. Nach einer gewissen Lockerung während der Kriegszeit (↑Zweiter Weltkrieg) folgte in der zweiten Hälfte der 40er Jahre eine erneute Repressionswelle (wofür man auch den Begriff einer „Zweiten Ežovščina" gebraucht hat).

Exakte Zahlen über die Gesamtzahl der Opfer sind schwer zu geben. Sofern man im Westen – bis Mitte der 80er Jahre – eine Schätzung wagte, ging man davon aus, daß wohl mehr als eine halbe Million Menschen im Zuge der S. erschossen wurde. Nicht minder schwer bestimmbar war die genaue Zahl der Häftlinge in den Zwangsarbeitslagern (↑GULag) während der 30er und 40er Jahre: Westliche Schätzungen schwankten hier zwischen 2 und 20 Mio. (und mehr), mit dem Hinweis, daß die Sterberate außerordentlich hoch gewesen sein dürfte. Die Zahl stieg noch einmal, wenn die S. für die Hungertoten des Jahres 1932 (vermutlich mehr als 5 Mio.) mitverantwortlich gemacht wurden (↑Hungersnöte). Die schrittweise Öffnung der s.en Archive und die Einsetzung einer Kommission zur Klärung der Bevölkerungsverluste (1989) macht allmählich genauere Angaben möglich. So wird nun unter anderem die Zahl der registrierten Lagerinsassen für Anfang 1937 mit 2,65 Mio. angegeben, die Gesamtzahl der „Bevölkerungsverluste" zwischen 1927 und 1939 (aufgrund einer neuen Auswertung der Volkszählungen) auf ca. 12 Mio. berechnet. Diese Angaben blieben nicht unwidersprochen, und es ist anzunehmen, daß die Zahl der Opfer noch Jahre, wenn nicht Jahrzehnte, strittig bleiben wird.

Lit.: Stichwort: Čistka partii, in: SIĖ Bd. 16, Sp. 61 f.; Andreev, E., u. a., Opyt ocenki čiselennosti naselenija SSSR 1926–1941 gg. (Kratkie rezul'taty issledovanija), in: Vestnik statistiki 1990, Nr. 7; Bailes, K. E., Technology and Society under Lenin and Stalin. Origins of the Soviet Technical Intelligentsia 1917–1941, Princeton 1978; Caplin, V. V., Statistika žertv stalinizma v 30-e gody, in: Vopr. Ist. 1989, Nr. 4; Carmichael, J., Säuberung. Die Konsolidierung des Sowjetregimes unter Stalin 1934–1938, Frankfurt a. M. 1972; Conquest, R., Am Anfang starb Genosse Kirov. Säuberungen unter Stalin, Düsseldorf 1970; Ellman, M., A Note on the Number of 1933 Famine Victims, in: Sov. Stud. 43 (1991); Getty, J. A., Origins of the Great Purges. The Soviet Communist Party Reconsidered 1933–1938, Cambridge 1985; Medvedev, R., Wer kennt die Opfer, nennt die Namen, in: Moskau News 1989, Nr. 1 (ders., in: Argumenty i fakty 1989, Nr. 5); Merl, St.,

Kollektivierung und Bauernvernichtung, in: Geschichte und Gesellschaft (Sonderheft 14), Göttingen 1991; Schapiro, L., Die große Säuberung, in: Lidell Hart, B.H. (Hrsg.), Die Rote Armee, Bonn 1957; Schramm, G. (Hrsg.), Handbuch der Geschichte Rußlands Bd. 3, Stuttgart 1983; H.-H. Schröder, Arbeiterschaft, Wirtschaftsführung und Parteibürokratie während der Neuen Ökonomischen Politik. Eine Sozialgeschichte der bolschewistischen Partei (FOG Bd. 31), Berlin 1982; Volkov, A., Iz istorii perepisi naselenija 1937 goda, in: Vestnik statistiki 1990, Nr. 8; Wheatcroft, S. G., On Assessing the Size of Forced Concentration Camp Labour in the Soviet Union, 1929–1956, in: Sov. Stud. 33 (1981); Ziehr, W., Die Entwicklung des „Schauprozesses" in der Sowjetunion. Ein Beitrag zur sowjetischen Innenpolitik 1928–1938, Diss. Tübingen 1970; Žirmovskaja, V. B., Vsesojuznye perepisi naselenija 1926, 1937, 1939 godov, in: Istorija SSSR 1990, Nr. 3.   *H.A.*

Schauprozesse ↑Säuberung(en)

Scherenkrise ↑Neue Ökonomische Politik

Schewardnadse ↑Ševardnadze

Schiedsgerichte entschieden in der SU Wirtschaftsstreitigkeiten zwischen staatlichen Betrieben, Einrichtungen und Organisationen (Arbitrage-Verfahren). Schon das Gerichtsdekret No. 2 vom 7. 3. 1918 hatte den normalen Klageweg zwischen staatlichen Stellen ausgeschlossen, mit dem Übergang zur ↑Neuen Ökonomischen Politik wurden zur Regelung solcher Rechtsfälle (1922) staatliche und innerbehördliche Arbitragekommissionen eingerichtet. Sie wurden 1931 durch staatliche Sch. ersetzt, die bei den Regierungen (↑Rat der Volkskommissare, später ↑Ministerrat) der UdSSR, der ↑Unionsrepubliken und der ↑Autonomen Republiken, bei den Exekutivkomitees der ↑Gau- und ↑Gebiets- ↑Sowjets sowie bei den Exekutivkomitees der Stadt-S.s von ↑Moskau, ↑Leningrad und ↑Kujbyšev gebildet werden sollten. Neben der Staatsarbitrage (gosudarstvennyj arbitraž) wurde eine Ressortschiedsgerichtsbarkeit (vedomstvennyj arbitraž) eingerichtet, zuständig, wenn die beiden streitenden Parteien derselben Behörde (z. B. dem gleichen ↑Ministerium) unterstanden. Seit der Zeit ↑Chruščevs (1959) stand es den Parteien frei, Wirtschaftsstreitigkeiten statt durch die staatlichen Arbitrageorgane durch ad hoc zu bildende Sch. entscheiden zu lassen. Die neue ↑Verfassung übernahm (1977) die Staatsarbitrage erstmals in den Verfassungstext (Art. 163), neue Gesetze und Verordnungen regelten nachfolgend ihre Tätigkeit. Daneben fungierte – freilich auf anderer juristischer Grundlage – eine ↑Außenhandels-Arbitrage und eine Seearbitrage-Kommission. Das System der Sch. (Staatsarbitrage) wurde nach dem ↑Zweiten Weltkrieg auch von anderen volksdemokratischen Ländern übernommen und teilweise selbständig weiterentwickelt.

Lit.: Stichwort: Arbitraž gosudarstvennyj v SSSR, in: BSÈ (2. Aufl.) Bd. 2, S. 616 f.; Gosudarstvennyj arbitraž, in: BSÈ (3. Aufl.) Bd. 2, S. 163 f.; Fincke, M. (Hrsg.), Handbuch der Sowjetverfassung, 2 Bde., Berlin 1983.   *H.A.*

Schriftstellerverband. Aufbauend auf die Gleichschaltungspolitik der ↑RAPP verfügte das ↑Zentralkomitee der ↑Kommunistischen Partei am 23. 4. 1932, „alle Schriftsteller, die das Programm der S.-Macht unterstützen und danach streben, am Aufbau des ↑Sozialismus teilzunehmen, in einem einheitlichen Verband s.er Schriftsteller, der eine kommunistische Fraktion besitzt, zu vereinigen". Zwei Jahre später, im August 1934, wurde der „Sowjetische Schriftstellerverband" auf dem 1. Allunionskongreß s.er Schriftsteller offiziell gegründet. Ein Statut regelte die Bildung der Unterorganisationen, von den Ortsgruppen bis hinauf zu den Schriftstellerverbänden der ↑Unionsrepubliken, und proklamierte den ↑sozialistischen Realismus zur „Hauptmethode der s.en Schönen Literatur und Literaturkritik". Der Beitritt zum Sch. sollte freiwillig sein, und als erstes Ziel und wichtigste Aufgabe wurde die „aktive Beteiligung der S.-Schriftsteller am sozialistischen Aufbau" und die „Erziehung der breiten werktätigen Massen im sozialistischen Geist" definiert. Verstöße dagegen konnten vom Sekretariat der Leitung des Republikverbandes mit dem Ausschluß geahndet werden.

Staat und Parteiführung erhielten damit ein mächtiges Instrument zur Kontrolle und Disziplinierung ihrer Schriftsteller. Da das Verlagswesen seit Ende der 20er Jahre zentralisiert war und die kleinen Privatverlage verschwunden waren, blieb die Möglichkeit zur Publikation faktisch an die Mitgliedschaft im Sch. gebunden. Nur die Mitgliedschaft ermöglichte öffentliche Auftritte (Lesungen) und den Zugang zu gut dotierten Verlagsverträgen (z. B. für Übersetzungen und Editionen). Mit ihrem Entzug verlor der Schriftsteller auch die Privilegien, die Staat und Sch. den Autoren gewährten (Benutzung besonderer Erholungseinrichtungen, Pensionsansprüche, besondere medizinische Versorgung, Reisemöglichkeiten usf.). So trat neben die ↑Zensur noch die Selbstzensur. Die Diktatur ↑Stalins stellte den Verband in den 30er Jahren in den Dienst der Mobilisierung und Disziplinierung im Sinne der erklärten Staatsziele; die ↑Säuberungen trafen (neben Partei und Militär) die Gruppe der Schriftsteller besonders hart (vor allem nach dem Tod M. ↑Gor'kijs, der den Verband mitorganisiert und geleitet hatte). Nach einer gewissen Lockerung während des ↑Zweiten Weltkrieges verschärfte die ↑Ždanov-Ära erneut den Kurs (Ausschluß von M. M. Zoščenko (1895–1958) und der ↑Achmatova aus dem Sch.). Der 2. Allunionskongreß s.er Schriftsteller fand erst nach Stalins Tod, im Dezember 1954, statt, obwohl er nach den Statuten von 1934 alle 3 Jahre hätte stattfinden sollen. Die ↑Entstalinisierung ↑Chruščevs schlug sich auch in der Literaturpolitik nieder: (Ablösung des Stalinisten Fadeev [1901–1956] als Verbandspräsident; ↑Tauwetter; die liberalen Jahre des ↑„Novyj mir" unter A. Tvardovskij [1910–1971]). Die Ära ↑Brežnevs beendete diese Entwicklung (Prozeß gegen A. D. Sinjavskij [geb. 1925] und Ju. M. Daniel' [geb. 1925] 1966; Ausschluß ↑Solženicyns aus dem Sch. 1969; Verdrängung Tvardovskijs aus der Redaktion des „Novyj mir" 1970 usf.), ohne allerdings zu den Stalinschen Terrormethoden zurückzukehren; eine Erscheinung wie der ↑Samizdat wäre zur Stalinzeit undenkbar gewesen. Seit Beginn der 80er Jahre, vor allem mit ↑Gorbačev, begann ein neuer Kurs der Liberalisierung, auch in der Verbandspolitik. Mit einer (seit dem Ende der 20er Jahre) ungewohnten Offenheit wurden im Juni 1986 auf dem 8. Schriftstellerkongreß der UdSSR die Verbandsprobleme diskutiert, wobei die ↑„Literaturnaja gazeta" Auszüge aus der Diskussion abdruckte.

Lit.: Stichwort: Sojuz pisatelej SSSR, in: BSÉ (3. Aufl.) Bd. 24 (1), S. 272; Der Achte UdSSR-Schriftstellerkongreß, Auszüge aus den Diskussionen, in: Osteur.-Archiv 37. Jg. (1987); Etkind, E., Unblutige Hinrichtung. Warum ich die Sowjetunion verlassen mußte,

München 1978; Hübner, P., Literaturpolitik, in: Anweiler, O./Ruffmann, K.-H. (Hrsg.), Kulturpolitik der Sowjetunion, Stuttgart 1973; Schmitt, H.-J./Schramm, G. (Hrsg.), Sozialistische Realismuskonzeptionen. Dokumente zum 1. Allunionskongreß der Sowjetschriftsteller, Frankfurt a. M. 1974.   *H.A.*

Schule(n). Das Schulwesen im vorrevolutionären R. war äußerst mangelhaft entwickelt (↑Analphabetismus). Auch nach der ↑Oktober-Revolution gelang es nicht sofort, die allgemeine Schulbildung einzuführen. Erst unter der Herrschaft ↑Stalins wurden zu Beginn der 30er Jahre die entscheidenden Verordnungen erlassen, durch die die rasche Verwirklichung der allgemeinen Schulpflicht gewährleistet wurde. Um die gesamte Bevölkerung der SU, vor allem auch auf dem ↑Dorf, zu erreichen, wurde ein regelrechter „Kulturfeldzug" geführt, der paramilitärische Züge trug. An der Spitze stand der ↑Volkskommissar für das Bildungswesen, der Altbolschewist A. S. Bubnov (1883–1940; posthum rehabilitiert), der energische Nachfolger ↑Lunačarskijs. Es konnte allerdings nicht mehr erreicht werden, daß bis zum Ausbruch des ↑Zweiten Weltkrieges die Masse der Bevölkerung zunächst nur eine vierjährige Grundschulbildung durchlaufen konnte; erst später konnte die Bildung an den Sch. zunächst auf sieben oder acht Jahre, dann auch auf zehn Jahre ausgedehnt werden. Zuletzt sollte die allgemeine Bildung auf elf Schuljahre erweitert werden. Die Bezeichnung der Sch. als „Mittelsch." war in der SU üblich; die Bezeichnung „Gymnasium" gab es nicht. Die allgemeinbildenden Sch. wurden in ihren höheren Jahrgängen ergänzt durch verschiedene Formen von berufsbildenden Sch., von denen die bekannteste und wichtigste Form die „Mittlere Fachsch." (r. technikum) war. Diese traditionelle Bezeichnung galt auch für diejenigen Fachsch., die Personal für andere Berufe heranbildeten, es gab also auch „Pädagogische, Medizinische, Landwirtschaftliche" u. a. Technika. An ihnen wurde mittleres Personal ausgebildet, das sich von den hochqualifizierten Spezialisten mit Hochschulbildung (↑Hochschulen) deutlich unterschied. An den 4495 Mittleren Fachsch. waren 1985 rund 4,5 Mio. Fachschüler eingeschrieben, wobei lediglich 2,8 Mio. Direktunterricht nahmen. Sowohl die berufsbildenden Sch. wie auch die Technika führten zur „Abgeschlossenen Mittleren Bildung", die – ebenso wie die erfolgreiche Absolvierung der Zehnjahres-Mittelsch. – zum Hochschulstudium berechtigte. Diese „Durchlässigkeit" galt mit Recht als einer der bedeutendsten Vorzüge des s.en Bildungssystems.

Unter ↑Chruščev wurden Ansätze zu einer umfassenden Bildungsreform gemacht, die „Sch. und praktisches Leben" enger miteinander verbinden sollte. 1958/59 mit großem Aufwand propagiert, blieb diese Reform jedoch im Ansatz stecken. Die Idee, jeder Absolvent der Mittelsch. sollte vor Beginn des Studiums eine praktische Arbeit in der Produktionssphäre ableisten, scheiterte an der Praxis (↑Polytechnische Erziehung). Erst anderthalb Jahre später wurde 1983 eine neue Reform für das Schulwesen und die Berufsausbildung eingeleitet, die in den letzten Jahren der SU realisiert wurde. Grundgedanke dabei war, den Hauptstrom der Mittelschüler nicht mehr über die allgemeinbildende Mittelsch., sondern über die berufsbildenden Anstalten zur Hochschulreife hinzuführen. Einflüsse aus der Arbeitswelt sind auch hier unverkennbar. Ein Entwicklungsschema verdeutlicht die geplante Organisation des Bildungswesens:

Die Struktur des sowjetischen Bildungswesens nach dem Reformplan von 1984

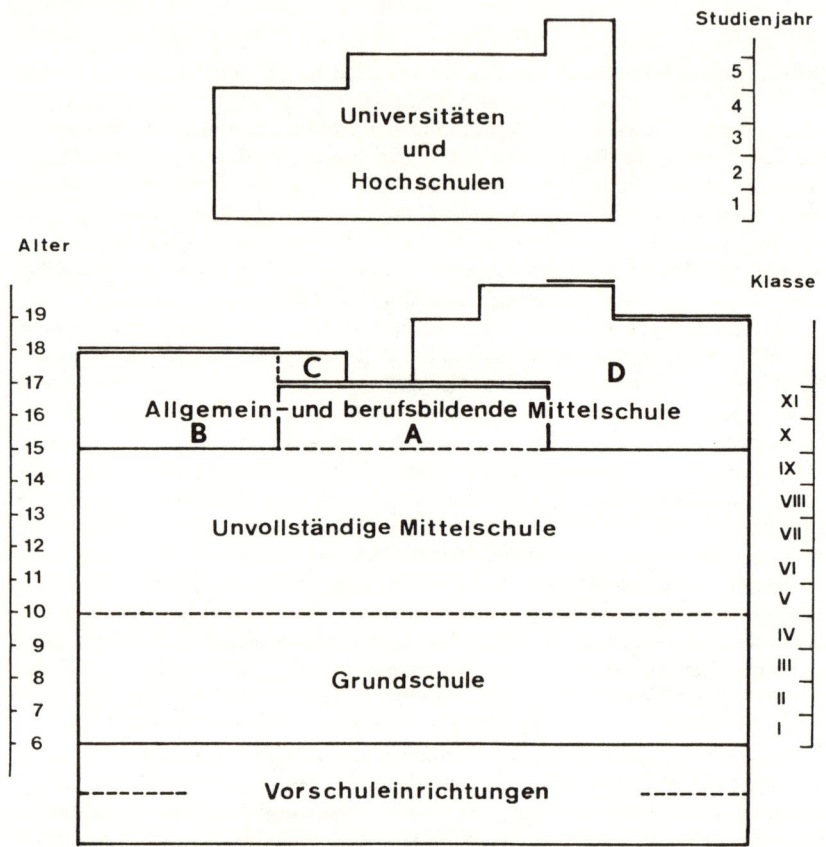

A = 10. und 11. Klasse der allgemeinbildenden Schule
B = Mittlere beruflich-technische Schule
C = Einjährige Abteilung der Mittleren beruflich-technischen Schule (für Absolventen der allgemeinbildenden Mittelschule)
D = Mittlere Fachschule
= = vollständige mittlere Bildung (Hochschulreife)

(Sonderschulen für Behinderte, Spezialschulen für Begabte und die Abend-Mittelschulen sind nicht berücksichtigt.)

Lit.: Anweiler, O. u. Meyer, K., Die sowjetische Bildungspolitik 1917–1960, Berlin ²1979; Anweiler, O. u. Kuebart, F., Die sowjetische Bildungspolitik von 1958 bis 1973, Berlin 1976; Anweiler, O., Die sowjetische Schul- und Berufsbildungsreform, in: Osteur. 1984, Heft 11/12; Anweiler, O. u. Kuebart, F. (Hrsg.), Bildungssysteme in Osteuropa. Reform oder Krise? Berlin 1984; dies., Die sowjetische Schul- und Berufsschulreform: Vorbereitung, Schwerpunkte, Beginn der Realisierung (Berichte des BIOst, 1986/12), Köln 1986.

K.M.

Sekretariat des Zentralkomitees. Das S. d. Z. leitete – nach Art. 38 der ↑Parteistatuten – die „laufende Arbeit" des ↑Zentralkomitees der ↑Kommunistischen Partei, wobei ihm hauptsächlich „die Auslese der ↑Kader" und die „Organisation der Kontrolle über die Durchführung" der Anweisungen des ZK oblag. In seiner Arbeit stützte es sich auf den Apparat, vor allem die etwa 20 Fachabteilungen des ZK, die zu allen zentralen Bereichen von Partei und Staat (Organisation, ↑Propaganda, Wirtschaft, ↑Landwirtschaft, ↑Militär, Wissenschaft, Kultur, Internationale Beziehungen usf.) geschaffen worden waren. Dem S. d. Z. gehörten Anfang 1987 11 Personen an: ↑Gorbačev (als ↑Generalsekretär), E. K. Ligačev (geb. 1920) (als zweiter Sekretär); die übrigen 9 Sekretäre waren zugleich Leiter wichtiger ZK-Fachabteilungen. Mit dem Machtverlust der Partei verlor auch das S. d. Z. schrittweise seine Bedeutung.

Als feste Einrichtung wurde das S. d. Z. (neben ↑Politbüro und ↑Orgbüro) vom VIII. ↑Parteitag im März 1919 geschaffen: Es sollte von einem Mitglied des ZK, das gleichzeitig Mitglied des Orgbüros war, geleitet werden; ihm wurden 5 technische Sekretäre, sämtlich erfahrene Parteifunktionäre, unterstellt; erste Aufgabe des S. d. Z. sollte es sein, Fachabteilungen aufzubauen. Bis Dezember 1919 waren bereits 8 Abteilungen (mit insgesamt 80 Mitarbeitern) geschaffen, darunter eine Finanz-, eine Agitprop-, eine Organisations- und eine Personalabteilung. Zuständig für die gesamte operative Arbeit beim Aufbau des Parteiapparates, überflügelte das S. d. Z. in seiner politischen Bedeutung bald das Orgbüro, das sich weitgehend auf die Entscheidung von organisatorischen Grundsatzfragen beschränkte. Hatte die Parteizentrale bis Anfang 1919 keinen Überblick über das Organisationsnetz, so war Ende des Jahres bereits zu über 90 % der Kreisparteikomitees Kontakt aufgenommen worden, wobei allerdings bis zum Ende des ↑Bürgerkriegs von einer gezielten „Kaderpolitik" nicht die Rede sein konnte. Die Voraussetzungen hierfür wurden erst in den 20er Jahren geschaffen, vor allem unter ↑Stalin, den das ZK-Plenum im April 1922 mit der Leitung des dreiköpfigen S. d. Z. betraut hatte und der gleichzeitig auch dem Org- und Politbüro angehörte. Stalin verfügte damit über eine Machtfülle, die ↑Lenin bereits Ende des Jahres bedenklich erschien (↑Testament Lenins) und die Stalin nach dessen Tod (1924), bei der Regelung der Nachfolgefrage, wirksam einzusetzen vermochte.

Das S. d. Z. war das logistische Zentrum beim Wandel der KP von der Revolutions- zur Regierungs- und von der Regierungs- zur Staatspartei; bei der Schaffung einer leidlich funktionierenden, die Gliederungen erfassenden Parteiorganisation; bei der Rekrutierung und Mobilisierung immer neuer Parteikader. Unter seiner organisatorischen Leitung vollzog sich das stürmische Wachstum der KP, die Mitte der 20er Jahre bereits die Millionen-, Anfang der 30er Jahre die Zweimillionengrenze überschritt (Mitglieder und Kandidaten zusammengerechnet).

Was den Einfluß des S. d. Z. zusätzlich stärkte: Je größer die Partei wurde, desto größer (und schwerfälliger) wurden Parteitage und das Plenum des Zentralkomitees, denen das S. d. Z. eigentlich verantwortlich war. Nach den Parteistatuten von 1934 trat der Parteitag nur mehr alle drei Jahre, das Plenum des ZK alle 4 Monate zusammen; 1952 wurden die Fristen noch weiter auf 4 Jahre bzw. 6 Monate verlängert. Trotz seiner großen Aufgaben blieb das S. d. Z. relativ klein, 1934 gehörten ihm neben Stalin (als Generalsekretär) nur noch A. A. ↑Ždanov, L. M. ↑Kaganovič und S. M. ↑Kirov an (im März 1946 und im März 1953 umfaßte es jeweils 5 Mitglieder). In der Zeit nach Stalin wuchs die Zahl der Sekretäre auf das Doppelte, auch die Zahl der Fachabteilungen (nach dem Parteistatut von 1934 noch 8) erweiterte sich erheblich. Ihre (seit 1934/1948 erfolgte) Ausrichtung nach dem Produktionsprinzip blieb jedoch erhalten; zuständig (s. o.) für jeweils einzelne zentrale Lebensbereiche, waren die dort tätigen Staats- und Wirtschaftsorgane den entsprechenden Abteilungen des Zentralkomitees zugeordnet. Allerdings schien sich zuletzt das politische Gewicht wieder sehr viel stärker vom S. d. Z. auf sein ↑Präsidium bzw. sein Politbüro verlagert zu haben.

Lit.: Stichwort: Sekretariat CK KPSS, in: SIÈ Bd. 12, Sp. 699 ff.; Avtorkhanov, A., The Communist Party Apparatus, Chicago 1966; Brunner, G., Das Parteistatut der KPdSU 1903 bis 1961, Köln 1965; Hammer, D. P., U. S. S. R.: The Politics of Oligarchy, Hinsdale (Ill.) 1974; Meissner, B., Parteiführung und Parteiorganisation der KPdSU nach dem XXVII. Parteitag, in: Osteur. 36 (1986); Schröder, H.-H., Arbeiterschaft, Wirtschaftsführung und Parteibürokratie während der Neuen Ökonomischen Politik. Eine Sozialgeschichte der bolschewistischen Partei 1920–1928 (FOG Bd. 31), Berlin 1982.   *H.A.*

Sekten ↑Religionsgemeinschaften

Selbstkritik ↑Kritik und Selbstkritik

Selbstbestimmungsrecht. Das S. (der Völker) war ein zentraler Punkt der bolschewistischen Agitation vor 1917, mit dessen Hilfe das „Völkergefängnis" R. aufgesprengt werden sollte. Die ↑Bolschewisten versprachen den Völkern das Recht auf nationale Selbstbestimmung einschließlich der Lostrennung. Allerdings galt dabei die Einschränkung, daß die nationalen Forderungen den Interessen des proletarischen Klassenkampfes untergeordnet seien. Seit der ↑Oktober-Revolution vertraten die Bolschewisten den Standpunkt, daß die Sezession *vor* der sozialistischen Revolution progressiv, *nach* der sozialistischen Revolution jedoch konterrevolutionär sei. Diese Doppelstrategie erlaubte es der ↑KPdSU, sich einerseits für die nationalen Befreiungsbewegungen in der Dritten Welt einzusetzen und auf der anderen Seite den Völkern innerhalb des sozialistischen Lagers die Realisierung des S.s zu verweigern. Seit den 60er Jahren beriefen sich zahlreiche nationale Oppositionsgruppen innerhalb der ↑UdSSR – vor allem in den baltischen Republiken (↑Baltikum), in ↑Armenien, ↑Georgien und in der ↑Ukraine – auf das S. als eines der unveräußerlichen Menschenrechte. Die daraus abgeleiteten konkreten Forderungen reichten von der Rückkehr in die Heimat – bei den ↑Krim-Tataren – bis zur Separation von der UdSSR bei mehreren baltischen Oppositionsgruppen.

Lit.: Meissner, B., Die Sowjetunion und das Selbstbestimmungsrecht, Köln 1962; Simon, G., Nationalismus und Nationalitätenpolitik in der Sowjetunion, Baden-Baden 1986. *G.S.*

Šelepin, Aleksandr Nikolaevič (geb. 1918), Mitglied der ↑Partei seit 1940, machte seinen politischen Aufstieg als Funktionär des ↑Komsomol und war seit 1952 dessen 1. Sekretär. Gleichzeitig wurde er ins ↑Zentralkomitee berufen (bis 1976). ↑Chruščevs Vertrauen verschaffte ihm 1958 zunächst den Posten des Abteilungsleiters für die Parteiorgane der ↑Unionsrepubliken im ↑Sekretariat des ZK, im gleichen Jahr folgte Š. ↑Serov als Vorsitzender des ↑KGB. Von westlicher Seite wurden ihm die Anschläge auf führende Vertreter der s.en Emigration zugeschrieben (↑Bandera). 1961 gab Š. diesen Vorsitz an V. E. Semičastnyj (geb. 1924) ab, der ihn bereits als Komsomolchef abgelöst hatte. Š. wurde auf dem XXII. ↑Parteitag zum ZK-Sekretär berufen, 1962 stellvertretender Vorsitzender des ↑Ministerrats. Außerdem übernahm er den Vorsitz im neugegründeten Komitee des ZK der KPdSU und des Ministerrats für Partei- und Staatskontrolle (↑Parteikontrollkommission). Š. galt nun als einer der wichtigsten Mitarbeiter Chruščevs und als aussichtsreicher Kandidat für dessen Nachfolge. Den Höhepunkt seiner Karriere erreichte er mit dem Eintritt in das ↑Präsidium des ZK (ohne Kandidatenzeit) unmittelbar nach Chruščevs Ablösung. Schon 1967 brach die Erfolgskurve ab. Š. wurde Vorsitzender des s.en ↑Gewerkschaftsbundes und blieb es bis kurz nach seinem Ausscheiden aus dem ↑Politbüro (1975). Den Führungsanspruch ↑Brežnevs, zu dessen Konkurrenten er zeitweilig gehört hatte, konnte er nicht mehr gefährden. Bis 1984 fand er Verwendung in unbedeutenden staatlichen Aufgaben.

Lit.: ↑Andreev. *B.Sch.*

Šepilov, Dmitrij Trofimovič (geb. 1905), war seiner Ausbildung nach Politökonom. Seine eigentliche politische Karriere begann erst nach Tätigkeiten in der Verwaltung der ↑Landwirtschaft und nach Kriegseinsatz im ↑Zweiten Weltkrieg sowie in zentralen ↑Partei-Institutionen (Abteilung des ↑Zentralkomitees für ↑Propaganda und Agitation). 1949 mußte Š., Parteimitglied seit 1926, wegen positiver Äußerungen über ein Buch ↑Voznesenskijs offizielle Kritik hinnehmen. Gleichwohl wurde er 1950 Inspekteur des ZK und 1952 auf dem XIX. ↑Parteitag ins ZK (bis 1961) gewählt. Seit 1952 Chefredakteur, seit 1955 Chefherausgeber der ↑„Pravda", übernahm Š. auch die Leitung der Landwirtschaftsabteilung des ZK. Daß seine Position in der Auseinandersetzung um die Parteiführung zwischen ↑Malenkov und ↑Chruščev brüchig war, belegt die Unterbrechung der Zugehörigkeit zum Sekretariat (seit 1955) zwischen Dez. 1956 und Febr. 1957. Andererseits berief ihn der XX. Parteitag zum Kandidaten des ↑Präsidiums, und im Juni 1956 wurde er zum Minister des Äußeren bestellt. In den internationalen Krisen der zweiten Jahreshälfte 1956 (Suez, ↑ungarischer Aufstand) lag große Verantwortung auf ihm, der keinerlei außenpolitische Erfahrungen in sein Amt mitbrachte. Š. wurde Chruščevs Ansprüchen nicht gerecht; dieser war genötigt, zeitweilig Š.s Vorgänger ↑Molotov zu konsultieren. Schon im Februar 1957 mußte Š. daher sein Ressort abgeben (an ↑Gromyko). Wegen Zugehörigkeit zur ↑Anti-Partei-Gruppe verlor er bald darauf auch alle anderen Parteifunktionen.

Lit.: ↑Andreev. *B.Sch.*

Serov, Ivan Aleksandrovič (geb. 1905), stieg in ↑Stalins persönlichem Sekretariat während der 30er Jahre auf und übernahm seit den ↑Säuberungen Aufgaben in der ↑Geheimpolizei. 1940 wurde S. ↑Volkskommissar für Inneres der ↑Ukraine, gleichzeitig Mitglied des ↑Zentralkomitees und des Büros des ZK der Ukrainischen ↑Kommunistischen Partei und somit Kollege des ukrainischen Parteichefs ↑Chruščev. Er führte die politische Eingliederung der Republiken ↑Estland, ↑Lettland und ↑Litauen durch und war für die umfangreichen Deportationen politisch unerwünschter Personen aus dem Baltikum und aus den ostpolnischen Gebieten verantwortlich. Seit 1941 amtierte S. als Stellvertreter ↑Berijas und besorgte die Deportation der ↑Čečenen, ↑Ingušen, ↑Kalmücken und ↑Krim-Tataren. 1945 war S. als Abteilungsleiter in den von den Deutschen befreiten Gebieten und in Polen für die Säuberungen und den Aufbau der Geheimpolizei zuständig. Mit gleichen Aufgaben wirkte Generaloberst S. als Stellvertreter des Obersten Chefs in Sachen der Ziviladministration in der sowjetischen Besatzungszone Deutschlands. 1946–1954 gehörte S. dem s.en Innenministerium an, 1954–1958 war er als Mann Chruščevs Vorsitzender des KGB. Seit 1955 Armeegeneral, war S. an der Niederschlagung des ↑ungarischen Aufstands 1956 unmittelbar beteiligt. 1958 ließ Chruščev S. fallen, seine Nachfolge als Leiter des KGB übernahm ↑Šelepin. Seit dem XX. ↑Parteitag gehörte S. dem ZK an (seit 1952 Kandidat), schied aber schon auf dem XXII. Parteikongreß wieder aus.

Lit.: ↑Andreev.   *B.Sch.*

Ševardnadze, Éduard Amvrosievič (geb. 1928), übernahm 1985 das Amt des s.en Außenministers, ohne sich wie sein Vorgänger ↑Gromyko früher im diplomatischen Dienst profiliert zu haben. Der Georgier trat mit 20 Jahren in die ↑Partei ein und beendete 1951 die Ausbildung an einer Parteischule. 1955 wurde er zum Sekretär des Zentralkomitees des ↑Komsomol ↑Georgiens gewählt und gehörte zu den Personen, die in diesem Verband die Beschlüsse des XX. ↑Parteitags (↑Entstalinisierung) verwirklichten. 1958 wählte man ihn zum 1. Komsomolsekretär, gleichzeitig trat er ins Büro des ↑Zentralkomitees der KP Georgiens. 1959 schloß Š. ein Geschichtsstudium ab. Seit 1961 war er als Parteifunktionär in ↑Tiflis eingesetzt. 1964 wechselte er in die Regierung der ↑Republik Georgien, zunächst als Stellvertreter, 1965 als Minister für den Schutz der gesellschaftlichen Ordnung (1968: des Innern). 1972 wählte das ZK der KP Georgiens Š. ohne vorangehende Kandidatenschaft ins Büro des ZK und zum 1. Sekretär des ZK, nachdem er gerade erst den Posten des Innenministers mit dem des Stadtparteisekretärs für Tiflis getauscht hatte. Auf dem XXV. Parteitag erfolgte seine Wahl ins Zentralkomitee der KPdSU. Auf dem November-Plenum 1978 berief ihn die Versammlung zum Kandidaten des ↑Politbüros. Nach der Wahl ↑Gorbačevs zum ↑Ersten Sekretär des ZK erfolgte die Berufung Š.s zum Vollmitglied des Politbüros und die Ernennung zum Außenminister. Die Grundlage für dieses überraschende Avancement war offensichtlich die enge Vertrautheit mit Gorbačev durch die gemeinsame Arbeit in zentralen Parteiinstitutionen. Š. verstand seine neue Aufgabe als ein initiativenreiches, loyales Zuarbeiten für Gorbačev im Sinne des „neuen Denkens". Auf zahlreichen Missionen an internationale Krisenplätze (↑Afghanistan) und bei vielen Begegnungen an Brennpunkten internationaler Diskussionen setzte er sich für eine langfristige Neugestaltung der Ost-

West-Beziehungen ein. Seinen Rücktritt Ende 1990 verstand er als Warnung vor zu großer Nachgiebigkeit Gorbačevs gegenüber konservativen Kräften, was durch den ↑Putschversuch vom 18.–20. August 1991 bestätigt wurde. 1991 kehrte er noch einmal bis zur Auflösung der SU in das Amt des Außenministers zurück.

Lit.: ↑Andreev; Lavrin, A., Kto est' kto v perestrojke. Spravočnik, Marburg 1990.   *B.Sch.*

Sibirien erstreckt sich vom Ural bis zum Pazifischen Ozean und war mit 12,5 Mio. km² mehr als doppelt so groß wie der europäische Teil der SU (5,57 Mio. km²). Neben diesem weiteren Begriff gab es in der SU auch die Bezeichnung S. in einem engeren geographischen Sinn, der sich an das Territorium des Ende des 16. Jhs. von Moskau eroberten Chanats Sibir' (↑Sibirien [LGR]) anlehnt. Danach wurde die Großregion Ferner Osten nicht S. zugerechnet. Hier wird der Begriff S. im weiteren Sinn gebraucht.

Im Frühjahr 1918 brach die schwache bolschewistische Macht in S. zusammen und mußte zunächst der Provisorischen Sibirischen Regierung weichen, die von ↑Sozialrevolutionären und sibirischen Regionalisten beherrscht war. Im November 1918 erklärte sich der ↑„weiße" Admiral A. V. ↑Kolčak in S., wo seine Machtbasis lag, zum „Obersten Regenten" R.s. Anfang 1920 wurde mit Hilfe der ↑Roten Armee die S.-Macht in S. errichtet. Von April 1920 bis Oktober 1922 bestand die gegenüber Moskau semisouveräne ↑Fernöstliche Republik als Pufferstaat gegen Japan mit rudimentären Formen einer parlamentarischen Demokratie. 1925/26 wurde der gesamte sibirische Raum administrativ-territorial neu geordnet; es entstanden die Sibirische Region (kraj; 1930 in Ostsibirische und Westsibirische Region aufgeteilt) und die Fernöstliche Region. 1922 wurden die ↑Jakutische ↑ASSR, 1923 die ↑Burjat-Mongolische (seit 1958 Burjatische) ASSR geschaffen. 1930 entstanden Nationale Kreise (okrug) für die kleinen Völkerschaften. 1988 bestand die administrativ-territoriale Gliederung S.s aus 2 Regionen (Altaj und Krasnojarsk), 14 ↑Gebieten (oblast'), 3 ASSR, 3 ↑Autonomen Gebieten und 8 ↑Autonomen Kreisen. Die Bevölkerung S.s wuchs von 12,3 Mio. 1926 auf 27,9 Mio. 1979; 90 % von ihnen sind Russen.

In den 30er Jahren entstand in S. mit dem ↑Ural-Kuzneck-Kombinat (Verbindung der Erzvorkommen des Ural mit den Bodenschätzen des Kuzneck-Beckens in West-S.) die zweite (neben dem ↑Doneck-Becken) schwerindustrielle Basis der UdSSR. Bei der seither stets bevorzugten Stellung S.s im Hinblick auf Kapitalinvestitionen haben geostrategische Gründe eine herausragende Rolle gespielt. Während des ↑Zweiten Weltkriegs wurde ein Teil der ↑Industrie aus dem bedrohten europäischen Teil der UdSSR nach S. verlagert; die Industrieproduktion West-S.s verdreifachte sich in den Kriegsjahren. Seit den 50er Jahren nahm die Bedeutung S.s als Rohstoff- und Energielieferant noch erheblich zu. In den 50er und 60er Jahren wurden riesige Wasserkraftwerke an den großen sibirischen Flüssen gebaut. In den 60er Jahren setzte ein gewaltiger Boom der Erdölförderung ein; seit den 70er Jahren wird außerdem in großem Umfang Erdgas gefördert. Während 1965 in West-S. weniger als 1 Mio. Tonnen Rohöl gefördert wurden, kletterte die Fördermenge 1980 auf 300 Mio. Tonnen. 1970 lieferte das Gebiet Tjumen' 9,2 Mrd. Kubikmeter Erdgas. 1980 waren es bereits 143 Mrd. Damit stieg der Anteil der Erdölförderung des Gebiets Tjumen' an der s.n

Gesamtförderung von 8 % 1970 auf 50 % 1980. Bei Erdgas kletterten die Anteile von 5 % auf 36 %. Die Stromproduktion der Wirtschaftsregionen West-S. und Ost-S. betrug 1950 8,2 Mrd. kWh, 1970 dagegen 119,5 Mrd. kWh.

Diese Zahlen vermitteln insofern ein falsches Bild, als sie verhüllen, daß außer der Extraktion von Rohstoffen und der Gewinnung von Energie für die Entwicklung S.s wenig Fortschritte erzielt wurden. Es fehlte allenthalben an Infrastruktur, eine rohstoffverarbeitende Industrie wurde nicht aufgebaut. Auch die Großinvestition einer zweiten transsibirischen Eisenbahn (↑Bajkal-Amur-Magistrale) erfüllt die Erwartungen für die Infra-Erschließung des Raumes nicht. Es herrschte Mangel an qualifizierten Dauerarbeitskräften. Einer der Sprecher der kulturellen ↑Intelligencija S.s, der Schriftsteller Valentin Rasputin (geb. 1937), hat S. deshalb als „Kolonie" bezeichnet und wiederholte damit die Vorwürfe an die Zentralmacht, die schon von den sibirischen Regionalisten (oblastniki) am Ende des 19. Jhs. geäußert worden waren.

Lit.: Istorija Sibiri s drevnejšich vremen do našich dnej v pjati tomach, 5 Bde., L 1968–1969; Thomas, L., Geschichte Sibiriens. Von den Anfängen bis zur Gegenwart, Berlin 1982; Leptin, G. (Hrsg.), Sibirien. Ein russisches und ein sowjetisches Entwicklungsproblem, Berlin 1986; Chichlo, B. (Hrsg.), Sibérie. Questions sibériennes. 3 Bde., Paris 1985–1986.   *G.S.*

Sicherheitsorgane ↑Geheimpolizei

Siebenjahrplan (semiletnij plan, semiletka). Der S. war die Revision des 6. ↑Fünfjahrplanes (1956–60) und sollte für die Jahre 1959–1965 gelten. Als Gründe für den Abbruch des Fünfjahrplans und die Konzeption des S.s wurde die Entdeckung neuer Bodenschätze und die Notwendigkeit neuer Regionalpläne nach Einführung der ↑Wirtschaftsräte angegeben. Darüber hinaus wollte ↑Chruščev offenbar das Wirtschaftswachstum beschleunigen, u. a. durch verstärkten Ausbau der chemischen ↑Industrie und durch stärkere Nutzung von Öl und Erdgas. Tatsächlich gelang es, die Industrieproduktion im S. erheblich zu steigern. In einigen Bereichen zeigten sich jedoch erhebliche Defizite, die langfristig zu Chruščevs Sturz (1964) beitrugen.

	1958	*1965* (Plan)	*1965* (tatsächlich)
Nationaleinkommen (%)	100 %	162–65 %	158 %
Bruttoproduktion der Industrie (%)	100 %	180 %	184 %
– Produktionsgüter (%)	100 %	185–88 %	196 %
– Konsumgüter (%)	100 %	162–65 %	160 %
Stahl (Mio. t)	54,9	86–91	91,0
Kohle (Mio. t)	493	600–12	578
Öl (Mio. t)	113	230–40	242,9
Elektroenergie (Mrd. kWh)	235	500–20	507
Mineraldünger (Mio. t)	12	35	31,6
Synthetikfasern (1000 t)	166	666	407
Baumwolle (Mio. m²)	5,79	7,7–8,0	7,08
Getreideernte (Mio. t)	134,7	164–80	121,1
Fleisch (Mio. t)	3,37	6,13	5,25

Lit.: Nove, A., An Economic History of the U.S.S.R, Harmondsworth 1980; Medwedjew, R., Chruschtschow. Eine politische Biographie, Stuttgart/Herford 1984; Bergson, A., The Economics of Soviet Planning, New Haven 1964.   *H.-H.Sch.*

Siebzehnter Juni. Der 17.6. 1953 ist das Datum des Volksaufstands in der DDR, in dem sich die Spannungen entluden, welche aufgrund der widersprüchlichen s.en Deutschlandpolitik seit 1952 entstanden waren. Im Bestreben, der „Wiederbewaffnung" der Bundesrepublik und ihrer Integration in ein westliches Bündnis (EVG) entgegenzuwirken, hatte die SU im Frühjahr 1952 Verhandlungen über eine Vereinigung und Neutralisierung Deutschlands angeboten, war aber angesichts der kategorischen Ablehnung des Westens wieder zu verstärkter Konsolidierung ihrer eigenen Einflußzone übergegangen: Mit s.er Billigung verkündete die 2. SED-Parteikonferenz (9.–12.7. 1952) den „planmäßigen Aufbau des Sozialismus" in der DDR und leitete eine forcierte Umgestaltung nach s.em Muster ein.

Sie führte vor allem zu großen wirtschaftlichen Belastungen und damit zu wachsender Unzufriedenheit der Bevölkerung. Nach ↑Stalins Tod versuchte die neue s.e Führung dadurch zu reagieren, daß sie die SED ab April 1953 zu einer erneuten Kurskorrektur nötigte und sich bemühte, die Verhandlungen über eine internationale Lösung der Deutschlandfrage wieder in Gang zu bringen. Die Hoffnung auf Entspannung scheiterte sowohl an den unbeweglichen Fronten des ↑Kalten Kriegs als auch an der widerstrebenden SED-Spitze, die nur zu halbherzigen wirtschaftlich-politischen Zugeständnissen bereit war. So kam es am 16.6. 1953 zu einem Streik Ost-Berliner Bauarbeiter gegen erhöhte Arbeitsnormen, der sich am nächsten Tag zu politischen Protesten im ganzen Land ausweitete. Sie wurden durch sofortiges Eingreifen s.er Besatzungstruppen unterdrückt. Unter dem Eindruck des Aufstands beschloß die s.e Führung, die im Frühjahr eingeleitete Liberalisierung in der DDR nicht weiter voranzutreiben und das SED-Regime unter W. Ulbricht, das bereits preisgegeben schien, erneut zu festigen. Zugleich markierten die Ereignisse des S.n J. die Abkehr der s.en Politik von der Option einer internationalen Friedensregelung für Gesamtdeutschland, über die 1954 auf der ↑Vier-Mächte-Außenministerkonferenz von Berlin noch einmal ergebnislos verhandelt werden sollte.

Lit.: Baring, A., Der 17.Juni 1953, Köln/Berlin 1965; Wassmund, H., Kontinuität im Wandel. Bestimmungsfaktoren sowjetischer Deutschlandpolitik in der Nach-Stalin-Zeit, Köln/Wien 1974.   *M.G.M.*

Sinowjew ↑Zinov'ev

Skoropads'kyj, Pavlo Petrovyč (1873–1945), aus einer ukrainischen Gutsbesitzerfamilie stammend, war Militär, diente sich im Ersten Weltkrieg (↑LGR) bis zum Rang eines Generalleutnants hoch. Seit August 1917 befehligte er das 1. ukrainische Korps. Im Oktober 1917 wählte eine „Versammlung freier ↑Kosaken" ihn zum Chef der militärischen Einheiten der Zentralen ↑Rada der ↑Ukraine. Im Frühjahr 1918 sicherte sich S. die Unterstützung der deutschen Obersten Heeresleitung. Während des Einmarsches von Truppen der Mittelmächte ließ er sich durch einen Kongreß von Rechtsparteien in ↑Kiev zum

Hetman (↑LGR) der Ukraine wählen und rief einen „Ukrainischen Staat" aus. S. vermochte sich als Erfüllungsgehilfe der Deutschen und gestützt auf sie zu behaupten, bis ihn im Dezember 1918 das ↑Ukrainische Direktorium aus Kiev vertrieb. Die politische Herrschaft des großr. und monarchistisch gesinnten Generals hatte keinen tragfähigen Grund gefunden. S. ging nach Deutschland ins Exil.

Lit.: Hunczak, T., The Ukraine under Hetman Pavlo Skoropadskyj, in: The Ukraine 1917–1921: A Study in Revolution, ed. by T. Hunczak, Cambridge (Mass.) 1977.   *B.Sch.*

Šljapnikov, Aleksandr Gavrilovič (1885–1937), schloß sich als Metallarbeiter den Bolschewisten (↑Parteien [LGR]) an. Er hielt unter allen Umständen an linken, gewerkschaftlichen Positionen fest. Als Mitglied des illegalen Russischen Büros des ↑Zentralkomitees in ↑Petrograd, welches vor der Rückkehr der maßgeblichen Genossen aus der Verbannung (↑LGR) in ↑Sibirien nach der Februar-Revolution (↑LGR) für die ↑Partei sprach, plädierte Š. zusammen mit ↑Molotov für die Machtübernahme des Petrograder ↑Sowjets. Š. gehörte zur linken Minderheit, die ↑Lenins April-Thesen (↑LGR) stützte. Hingegen widersetzte er sich Lenin in der Auseinandersetzung um die Koalitionsfrage und sprach sich wie ↑Rykov u. a. gegen die Einparteienherrschaft der Bolschewisten aus. Aus Protest gegen die von Lenin durchgesetzte Linie legte Š. das soeben übernommene Amt des ↑Volkskommissars für Arbeit nieder. Wegen seiner entschieden gewerkschaftlichen Position mußte Š. mehrfach Zurücksetzungen hinnehmen. So büßte er den Kandidatenstand für das ZK, der ihm auf dem VI. ↑Parteikongreß verliehen worden war, ein Jahr später wieder ein. In der Diskussion über die Rolle der ↑Gewerkschaften nahm Š. erneut einen extremen Standpunkt – für eine dreifache „Gewaltenteilung" (Daniels) zwischen Partei, Sowjets und Gewerkschaften – ein. Ende 1920 formulierte Š. als Sprecher der ↑Arbeiter-Opposition zusammen mit ↑Kollontaj die Forderung nach autonomer Leitung der ↑Industrie durch die Gewerkschaften auf der Basis von Arbeiterwahlen. Der X. Parteikongreß delegierte Š. ins ZK, doch ließ dieser sich dadurch nicht einbinden. Er griff die ↑Neue Ökonomische Politik als arbeiterfeindlich an. Im August 1921 beantragte Lenin seinen Ausschluß aus der Partei. Das ZK begnügte sich mit einer Rüge. Als Š. 1922 gemeinsam mit Kollontaj Unterstützung bei ausländischen Arbeiterparteien suchte und sich mit der „Erklärung der 22" an das Exekutivkomitee der ↑Komintern wandte, erfuhr er dort eine Abfuhr. Ein Sonderausschuß des XI. Parteikongresses erhob gegen Š. und seine Anhänger den Vorwurf, eine „illegale fraktionelle Organisation" aufrechterhalten zu haben, und verurteilte sie deswegen. Š. verlor erneut den Platz im ZK, im weiteren auch jede Einflußmöglichkeit in den Machtrivalitäten um die Nachfolge Lenins. ↑Trockij und seine Anhänger fanden bei Š. keine Unterstützung. Unter massivem Druck ↑Stalins kapitulierte Š. 1926 und sprach sich gegen jegliche Fraktionsbildung aus. 1933 wurde Š. aus der Partei ausgeschlossen. In den ↑Säuberungen wurde er nicht in einen der Schauprozesse einbezogen: Stalin ließ ihn verhaften und liquidieren. Unter ↑Gorbačev erfolgte seine Rehabilitierung.

Lit.: ↑Andreev; ↑Antonov-Ovseenko.   *B.Sch.*

Smena Vech ↑Nationalkommunisten

SMERŠ ↑Geheimpolizei

Smolensk verdankt seine Entwicklung zum Hauptort im Westen R.s seiner günstigen Lage am Weg von den „Warägern (↑LGR) zu den Griechen", der hier den Oberlauf des Dnepr erreichte, und wurde in der Nestor-Chronik (↑LGR) unter dem Jahr 863 erstmals erwähnt. Das Fürstentum S. verlor um 1400 seine Selbständigkeit und wurde 1404–1514 Bestandteil des Großfürstentums Litauen und 1611–1654/1667 Polens. Seitdem war es wichtigste r.e Grenzfestung im Westen und hatte infolge seiner Lage am Hauptverbindungsweg von Europa nach ↑Moskau schicksalhafte Bedeutung (Schlacht von S. 1812 [↑Napoleons Rußlandfeldzug, LGR], Kesselschlacht von S. 1941 [↑Zweiter Weltkrieg]). Nach der Westverschiebung R.s in den Teilungen Polens (↑LGR) verlor sie allerdings an strategischer Bedeutung. Die administrativen und kulturellen Beziehungen zu den weißr.en Nachbargouvernements intensivierten sich. Bei der Bildung der weißr.en SSR (↑Weißrußland) verblieb die Stadt trotz gemischter weiß-/großr.er Bevölkerung bei der ↑RSFSR, verlor aber noch 1924 Teile des Gouvernementsgebietes an die Nachbarrepublik. Seitdem hat sich der weißr.e Bevölkerungsanteil in der Stadt und dem Gebiet S. auf wenige Prozent reduziert. S. hat gegenüber den benachbarten Hauptstädten Moskau und ↑Minsk nur eine bescheidene Entwicklung genommen. Im Vordergrund stand die Funktion als Eisenbahnknotensowie Verwaltungsmittelpunkt (Westgebiet 1929, Gebiet S. 1939). Die Einwohnerzahl stieg von 47000 (1897) auf 67000 (1923). Für die westliche Forschung wurde die Entwicklung des Gebiets in der Sowjetzeit durch die wissenschaftliche Auswertung des im ↑Zweiten Weltkrieg erbeuteten „Smolensker Archivs" greifbar. Die Stadt war von Juni 1941 bis September 1943 von deutschen Truppen besetzt, die Zivilbevölkerung hatte große Opfer zu beklagen (Einwohnerzahl 1939 157000, 1959 erst 147000). Laut s.er Statistik waren bei Kriegsende von 8000 Gebäuden 7300 zerstört, 93% des Wohnungsfonds vernichtet. Nach dem Wiederaufbau, der die Wiederherstellung zahlreicher Sakral- und Verwaltungsgebäude des Mittelalters und der Neuzeit einschloß, hatte die Stadt 331000 (1985) Einwohner.

Lit.: Milowski, A., Altrussische Städte. Reiseführer, M. 1986; Fainsod, M., Smolensk under Soviet Rule, Cambridge, Mass. 1958.

Sokol'nikov, Grigorij Jakovlevič (eigentl. Brilliant, 1888–1939) wurde seit ↑Gorbačev als „Vater der harten s.en Währung gewürdigt". Die von ↑Stalin während der ↑Säuberungen veranlaßte Liquidierung S.s wurde 1989 für rechtswidrig erklärt, und S. wurde rehabilitiert. Er war 1905 der RSDRP (↑Parteien [LGR]) beigetreten, gehörte vor dem Ersten Weltkrieg (↑LGR) zu den „Versöhnlern", die für die Einheit der sozialdemokratischen Parteiflügel waren, und hatte sich im Ersten Weltkrieg der „Naše Slovo"-Gruppe ↑Trockijs angeschlossen. Auf dem VI. ↑Parteikongreß wurde S. ins ↑Zentralkomitee gewählt. Unmittelbar vor und nach der ↑Oktober-Revolution stand er in allen Streitfragen auf der Seite ↑Lenins: Bei der Vorbereitung des Aufstands, in der Koalitionsfrage, aber auch bei der Abstimmung über den Frieden von ↑Brest-Litovsk. Seine besonderen Fähigkeiten auf dem Gebiet der Finanz- und Wirtschaftspolitik konnten sich erst mit dem Übergang zur ↑Neuen Ökonomischen Politik entfalten. Lenin veranlaßte 1921 seine Berufung ins Kollegium des ↑Volkskommissariats der Finanzen, das er seit Ende 1922 leitete. Gestärkt durch die Aufnahme ins Zentralkomitee auf dem XI. Parteikongreß trat S. als entschiedener Befürworter einer sich selbst finanzierenden ↑Industrie und eines freien Marktes auf. Mit der 1922–24 durchgeführten Finanzreform (Beseitigung der Inflation und Stabilisierung der Währung durch Einführung des Goldstandards [↑Rubel]) schuf er die Grundlage für ein leistungsfähiges Zahlungs- und Preissystem sowie für die internationale Anerkennung der s.en Währung. Mit der Berufung zum Kandidaten des ↑Politbüros erreichte S. 1924 den Höhepunkt seines politischen Wirkens. In dieser Zeit gehörte er auch dem ↑Rat für Arbeit und Verteidigung und dem Exekutivkomitee der ↑Komintern an. Allerdings wurde die Position S.s im Kampf um die Nachfolge Lenins bald prekär. S. schloß sich der „Neuen Opposition" ↑Zinov'evs an und wurde in deren Niederlage gegen ↑Stalin auf dem XIV. Parteikongreß hineingezogen. Anfang 1926 mußte er das Finanzressort abgeben und wurde Stellvertreter des Vorsitzenden der ↑Staatlichen Planungskommission. Nach der Niederlage der „Vereinigten Opposition" kapitulierte auch S. und bekannte sich der Verletzung der Parteidisziplin schuldig. Auf dem XV. Parteikongreß verblieb ihm sein Platz im ZK (bis 1930, Kandidat des ZK 1934). S. war an den Vorbereitungen des ersten ↑Fünfjahrplans beteiligt, ließ aber seine Skepsis gegenüber den Plänen deutlich erkennen und prophezeite deren Mißerfolg. Im Sommer 1928 wirkte S. bei erfolglosen Versuchen um ein gemeinsames Vorgehen der ↑Linken und ↑Rechten Opposition gegen Stalin mit. Ende 1929 wurde S. nach der Wiederherstellung der 1927 abgebrochenen diplomatischen Beziehungen s.er Botschafter in Großbritannien und vertrat dort die außenpolitische Linie ↑Litvinovs, dessen Stellvertreter er 1932 wurde. 1936 ließ Stalin S. verhaften. Im Prozeß gegen das ↑„Antisowjetische Trotzkistische Zentrum" wurde S. 1937 zu zehn Jahren Gefängnis verurteilt. Bereits 1939 kam er in der Haft um.

Lit.: ↑Andreev; Genis, W., Der Vater der harten sowjetischen Währung, in: Sputnik, Juni 1989, S. 113–117; Simonov, J.S., Sovetskaja finansovaja politika v uslovijach NĖPa (1921–1927 gg.), in: Ist. SSSR, 1990, 5, S. 42–59.   *B.Sch.*

Šolochov, Michail Aleksandrovič (1905–1984), war der bedeutendste der politisch angepaßten r.en Schriftsteller in der Zeit ↑Stalins und ↑Chruščevs. Er trat Mitte der 20er Jahre mit Erzählungen an die Öffentlichkeit und legte 1928/34 den Roman „Der stille Don" in einer ersten Fassung vor. Von diesem Werk leitete sich fortan sein schriftstellerischer Rang her. Dabei soll Š. zum größeren Teil ein Werk des 1920 gestorbenen Kosakenführers Fedor Krjutkov übernommen haben. Seine politische Anpassungsbereitschaft demonstrierte Š. 1932 mit dem Roman über die ↑Kollektivierung „Neuland unterm Pflug" (abgeschlossen 1959). So wie Š. sich literarisch in den Dienst der Politik Stalins begab, bezog er auch unmittelbar politisch Stellung: 1932 trat er der ↑Partei bei, seit 1934 war er Mitglied der Leitung des ↑Schriftstellerverbandes der SU, 1936 wurde er Deputierter des ↑Obersten Sowjets und gehörte fortan über neun Wahlperioden diesem Gremium an. Im ↑Zweiten Weltkrieg arbeitete Š. als Korrespondent der

tet und erhielten reguläres Gehalt; die Leitung der S. lag in der Hand eines staatlich eingesetzten Direktors. Die ersten S. entstanden während der Agrarrevolution 1917/18. Es entsprach der ursprünglichen Konzeption der ↑Bolschewisten, die vorhandenen landwirtschaftlichen Großbetriebe zu wahren und im Kollektivbesitz weiterzuführen. Dies entsprach nicht der Vorstellung der ↑Bauern, die in der Regel das Land der Güter umverteilten. Nur wenige Großbetriebe wurden in Form von S. weitergeführt. 1922 gab es 4316 S., die ca. 2 % des ursprünglichen Gutslandes bewirtschafteten. Die S. sollten einerseits Armee und Bevölkerung mit Lebensmitteln und Rohstoffen versorgen, ferner als sozialistische Musterbetriebe fungieren und schließlich den Bauern in der Umgebung materielle und technische Unterstützung zukommen lassen. Dies Programm erwies sich in der ↑Neuen Ökonomischen Politik als Fehlschlag. Die ↑Kollektivierung der Landwirtschaft gab der Bildung von S. neuen Anstoß. Es wurde eine Reihe landwirtschaftlicher Großbetriebe geschaffen (z. B. der S. „Gigant" mit 127 000 ha 1928 und 239 000 ha 1931), die in der Regel einen größeren Anteil ihrer Produktion vermarkteten als die Kolchozen. Dennoch stagnierte die Entwicklung der S. bis Mitte der 50er Jahre. Unter ↑Chruščev expandierte die Zahl der S., eine Entwicklung, die sich unter ↑Brežnev fortsetzte. Die S. spezialisierten sich zunehmend und gingen zu kommerzieller Rechnungsführung über. 1975 betrug der Verdienst eines S.-Arbeiters ca. 87 % des s.en Durchschnittslohns.

	1940	1950	1960	1965	1970	1972
Zahl der S.	4159	4988	7375	11681	14994	15747
Beschäftigte (1000)	1373	1665	5800	8230	8888	9328
Saatfläche (1000 ha)	11559	12894	67208	89062	91749	96561

Lit.: Zelenin, I. E., Zernovye sovchozy SSSR (1933–1941 gg.), M 1966; ders., Sovchozy v SSSR (1941–1950 gg.), M 1969; Bogdenko, M. L. u. Zelenin, I. E., Sovchozy SSSR. Kratkij istoričeskij očerk, M 1968; Conquest, R., Agricultural Workers in the USSR, London 1968; Wädekin, K.-E., Die sowjetischen Staatsgüter. Expansion und Wandlungen des Sowjetsektors, Wiesbaden 1969.   *H.-H.Sch.*

Sovnarchoz ↑Volkswirtschaftsrat

Sovnarkom ↑Ministerrat

Sowjet(s) (Rat, Räte) war die kurze Sammelbezeichnung für die Arbeiterausschüsse und Soldatenkomitees, die sich seit dem Frühjahr 1917, seit der Februar-Revolution (↑LGR), vielerorts zu bilden begannen; sie verstanden sich als Interessenvertretung und „Kontrollorgan der revolutionären Demokratie". Die S. der Revolution von 1905 (↑LGR) lieferten das Vorbild. Die Hauptstadt, ↑Petrograd, ging voran, die Städte und Garnisonen des Hinterlandes folgten. Teilweise schufen sich ↑Arbeiter und Soldaten einen gemeinsamen Rat, teilweise blieben sie getrennt; auch Größe und Wahlmodus waren nicht genau festgelegt. Im Juli 1917 trafen sich Deputierte von Arbeiter- und Soldaten-S. erstmals zu einer gesamtstaatlichen Räteversammlung, zum 1. Allrussischen ↑Rätekongreß, der ein Allrussisches ↑Zentrales Exekutivkomitee wählte.

↑Lenin sah in den S. und ihrer Organisation die Keimzelle und das Grundmodell eines neuen, proletarischen Staates, fortschrittlicher und demokratischer als der westliche Parlamentarismus. Mit Hilfe der S. sollte die Provisorische Regierung (↑LGR) gestürzt, die Staatsmacht den S. übertragen werden und auf die bürgerliche Revolution sogleich eine sozialistische folgen. Die Strategie Lenins, erstmals formuliert in den April-Thesen (↑LGR), setzte sich im Frühjahr 1917 als Parteilinie durch. Ihre Realisierung wurde jedoch erst im Herbst möglich, nachdem die ↑Bolschewisten in den beiden wichtigsten S. (den Räten in Petrograd und ↑Moskau) die Mehrheit der Arbeiter- und Soldatenvertreter hinter sich gebracht hatten. Der Apparat des Petrograder Arbeiter- und Soldatenrates diente zur Verbreitung des bewaffneten Oktoberaufstandes (↑Oktober-Revolution); unter der Losung „Alle Macht den Räten" wurden die Minister der Provisorischen Regierung verhaftet und die Russische Räterepublik ausgerufen. Der unmittelbar nach der Revolution tagende 2. Allrussische Rätekongreß bestätigte diese Entscheidung, und als sich die Verfassungsgebende Versammlung (↑LGR) im Januar 1918 diesen Planungen widersetzte, wurde sie nach nur einer Sitzung aufgelöst.

Die Errichtung eines funktionierenden Rätestaates stand allerdings vor erheblichen Problemen: Noch im Winter 1917/18 und bis ins Frühjahr hinein war Räte-R. nicht viel mehr als die Ansammlung einfacher lokaler S., die nur der gemeinsame Haß gegen das Alte zusammenhielt. Wo sich überregionale Räteregierungen herausbildeten, bestanden sie auf möglichst großer Unabhängigkeit gegenüber der Zentralregierung; nirgends waren die Kompetenzen genau abgegrenzt. Auf das ↑Dorf, wo noch immer drei Viertel der Bevölkerung wohnten, hatte die Rätebildung noch überhaupt nicht übergegriffen; die ↑Bauern hielten an der bisherigen Form der lokalen Selbstverwaltung, den Dorfversammlungen, fest; und völlig ungeklärt war die Rolle, die die bolschewistische ↑Partei im S.-Staat spielen sollte. Die im Juli 1918 verabschiedete erste ↑Verfassung bestätigte den Übergang der gesamten ungeteilten Staatsgewalt an die S. Die Räte-Organisation sollte nach jenen Strukturen erfolgen, wie sie sich seit Frühjahr 1917 herausgebildet hatten: an der Basis direkt gewählte Dorf- und Stadt-S. als Grundformen proletarischer Selbstverwaltung; Rätekongresse und Exekutivkomitees in den Amtsbezirken, Landkreisen, Gouvernements (↑LGR) und ↑Gebieten; an der Spitze ein Allrussischer Rätekongreß und ein Zentrales Exekutivkomitee (ihnen sollte die Regierung, der ↑Rat der Volkskommissare, verantwortlich sein). Genaue Kompetenzabgrenzungen fehlten. Im ↑Bürgerkrieg änderten sich die innerstaatlichen Machtverhältnisse von Grund auf. An der Spitze zog die Regierung rasch alle Kompetenzen an sich, die Kontrolle durch die Räteorgane verkümmerte; die auf Autonomie bedachten Regionalregierungen verschwanden; zur Wahrnehmung der wichtigsten Staatsfunktionen wurden außerordentliche Organe neben den S. gegründet, welche die Lokal-S. entbehrlich machten; diese lösten sich weitgehend auf. Und es gelang den Bolschewisten, die anderen sozialistischen ↑Parteien (Sozialrevolutionäre und Menschewisten) aus den S. zu verdrängen, die ↑Kommunistische Partei wurde von einer Regierungs- zur Staatspartei. Die Wiederherstellung der verfassungsmäßigen Ordnung zu Beginn der ↑Neuen Ökonomischen Politik stellte in vielem einen Neuanfang dar. Die Räteorganisation war nur noch in Relikten, an der Spitze, erhalten. Die Neugründung der Regional- und Lokal-S. erfolgte von oben; neue Statuten regelten ihren Wahlmodus und die Kompetenzen; der hierarchische Aufbau wurde festgeschrieben; die permanente Neuwahl entfiel. Mit den improvisierten Räteversammlungen der Revolutionszeit hatten diese neuen Verwaltungsinstanzen nur noch den Namen gemeinsam. An der Spitze des Rätestaates verlagerte sich das Schwergewicht vom Rätekongreß (der seit 1919 nur mehr einmal im Jahr tagte) auf das Zentrale Exekutivkomitee und von diesem wiederum auf sein Präsidium. Je schwächer die Stellung der Rätespitze wurde, desto stärker wurde die Position der Regierung, die verfassungsmäßig von ihr kontrolliert werden sollte. Und die Richtlinien der Politik wurden ohnehin nicht vom Rätekongreß, sondern von der Kommunistischen Partei und ihrem ↑Politbüro festgelegt, die in der Verfassung gar nicht vorgesehen waren.

Diesen Zustand beendete die Verfassung von 1936, welche die Kommunistische Partei (in Art. 126) als „Vortrupp der Werktätigen" definierte und ihr (in Art. 141) eine zentrale Rolle bei der Aufstellung der Kandidaten für die S.-Wahlen einräumte. Gleichzeitig ersetzte sie den Rätekongreß durch einen direkt gewählten ↑Obersten Sowjet und übertrug diesem neuen „Volksparlament" im Sinne einer „Funktionsteilung" das alleinige Recht der Gesetzgebung. Obwohl der Name (Sowjet, sowjetisch) beibehalten wurde, war der Abschied von den ursprünglichen Vorstellungen des Rätestaates endgültig vollzogen. Mit der Begründung, seit der Verwirklichung des ↑Sozialismus gebe es keine antagonistischen ↑Klassen mehr, erweiterte die Verfassung von 1936 das S.-Wahlrecht auf alle Staatsbürger. Die darauf aufbauende und seit der Zeit ↑Chruščevs übliche These, der S.-Staat habe sich von einer ↑Diktatur des Proletariats zu einem Staat des ganzen Volkes gewandelt, fand ihren Niederschlag in Art. 2 der Verfassung von 1977. Darin heißt es: „Alle Macht in der UdSSR liegt bei dem Volke. Das Volk übt die Staatsgewalt durch die S. der Volksdeputierten aus, welche die politische Grundlage der UdSSR bilden."

Seit Mitte der 80er Jahre bemühte sich die Staatsführung um eine tiefgreifende Reform des politischen Systems (↑Perestrojka). Sie erklärte die direkte Einmischung der Partei in die Verwaltung, die ↑Justiz und die Wirtschaft zur Fehlentwicklung und setzte auf die Wiederaufwertung der S. als eigentliche Träger der Staatsmacht. Mit der Aufstellung mehrerer Kandidaten sollten die S.-Wahlen ihren bloß akklamatorischen Charakter verlieren, und in den Räten sollten (den Obersten S. eingeschlossen) auch abweichende, ja konträre Meinungen zu Wort kommen können.

Lit.: Andreev, A. M., Sovety rabočich i soldatskich deputatov nakanune Oktjabrja, M 1967; Gimpel'son, E. G., Sovety v gody inostrannoj intervencii i graždanskoj vojny, M 1968; Lepeškin, A. I., Sovety – vlast' trudjaščichsja 1917–1936, M 1966; Zlatopol'skij, D. L., Ot sovetov 1905 goda k sovetam obščenarodnogo gosudarstva, M 1980; Anweiler, O., Die Rätebewegung in Rußland 1905–21, Leiden 1958; Fincke, H. (Hrsg.), Handbuch der Sowjetverfassung, 2 Bde., Berlin 1983; Male, D. Y., Russian Peasant Organisation before Collectivisation. A Study of Commune and Gathering 1925–1930, Cambridge 1971; Schultz, L., Die strukturellen Wandlungen im Rätesystem der Sowjetunion, in: Monatshefte für osteuropäisches Recht 13. Jg. (1971); Wolters, M. u. A., Elemente des russischen Rätesystems, 9 Bde., Hamburg 1976–1980.   *H.A.*

Sowjetisch-finnischer Krieg. Unter dem s.-f.n Krieg versteht man den „Winterkrieg" von 1939–1940 und den „Fortsetzungskrieg" von 1941–1944. Zu dem Konflikt kam es, als die SU aufgrund der deutsch-s.en Geheimvereinbarungen über Finnland (↑Hitler-Stalin-Pakt) versuchte, die finnische Regierung im Oktober 1939 zu beträchtlichen Gebietsabtretungen sowie zum Abschluß eines Stationierungs- und ↑Beistandsvertrags zu nötigen. In Finnland rechnete man mit s.en Annexionsabsichten und bot in den folgenden Verhandlungen nur begrenzte Konzessionen an, worauf die SU im November 1939 einen militärischen Grenzzwischenfall inszenierte. Diesem folgte am 30.11. eine Offensive der ↑Roten Armee in ↑Karelien und am 1.12. die Proklamation einer finnischen Marionetten-Regierung im s. besetzten Grenzgebiet. Der schwachen finnischen Verteidigung gelang es allerdings überraschend, den s.en Vormarsch an der sog. „Mannerheim-Linie" aufzuhalten und die weiter vorgedrungenen s.en Verbände einzukesseln. Zugleich komplizierte sich die s.e Position politisch: Wegen der Aggression gegen Finnland wurde die SU am 14.12.1939 aus dem ↑Völkerbund ausgeschlossen; außerdem erwogen England und Frankreich, die seit Herbst 1939 geplante Truppenlandung in Nordschweden und Norwegen, die Deutschlands Erzimporte unterbrechen sollte, nun auch mit einer Intervention in Finnland zu verbinden. So suchte die SU im Februar 1940 wiederum Verhandlungen mit der finnischen Regierung, die angesichts der nachlassenden Verteidigungskraft ebenfalls kompromißbereit war. Am 13.3.1940 wurde in ↑Moskau ein Friedensvertrag unterzeichnet, mit dem Finnland im wesentlichen die strategischen und territorialen Forderungen der SU vom Herbst 1939 erfüllte. ↑Stalin strebte jedoch eine endgültige „Lösung" der Finnland-Frage an, und s.er Druck führte rasch zu neuen Spannungen, auf die Finnland seit Sommer 1940 mit einer Annäherung an Deutschland reagierte. Auf wirtschaftliche Kooperation und deutsche Rüstungshilfe folgte der Aufmarsch deutscher Truppen in Finnland, der am 25.6.1941, drei Tage nach dem deutschen Angriff auf die SU (↑Zweiter Weltkrieg), den „Fortsetzungskrieg" auslöste. Die Rüstungserfolge der Friedensmonate und die allgemeine Kriegslage sicherten Finnland jetzt eine gute Ausgangsposition. Bis Ende 1941 waren die 1940 verlorenen Gebiete zurückgewonnen, und in Ostkarelien war eine günstige Verteidigungslinie erreicht, die lange Zeit allen s.en Gegenoffensiven standhielt. Erst 1944 kam die Front wieder in Bewegung. Die konzentrierten s.en Angriffe im Juni und Juli konnten mit deutscher Unterstützung zwar noch abgefangen werden. Doch nach den verlustreichen Abwehrschlachten und angesichts des Zusammenbruchs der deutschen Militärmacht war die finnische Position prekär geworden. So nutzte der finnische Oberbefehlshaber und neue Präsident C. G. v. Mannerheim die im August 1944 eingetretene Pause in der s.en Offensive, um die im Frühjahr abgebrochenen geheimen Verhandlungen mit der SU wieder aufzunehmen, die zu dem Waffenstillstandsabkommen vom 19.9.1944 führten. Es bekräftigte u.a. die Friedensregelungen von 1940 (mit weiteren territorialen Zugeständnissen an die SU), verpflichtete Finnland, die verbliebenen deutschen Truppen zu entwaffnen bzw. zu evakuieren, und regelte die s.en Reparationsansprüche sowie die innenpolitischen Auflagen, welche die Grundlage für die besonderen Beziehungen zwischen der SU und dem neutralen Finnland seit Kriegsende bilden sollten.

Lit.: Lundin, C. L., Finland in the Second World War, Bloomington (Ind.) 1957; Jakobson, M., The Diplomacy of the Winter War, Cambridge (Mass.) 1961; Krosby, H. P., Finland, Germany and the Soviet Union 1940–1941, Madison (Wis.) 1968. *M.G.M.*

Sowjetkongreß ↑Rätekongreß

Sowjetpatriotismus wurde im Sommer 1934 von ↑Stalin als eine neue Mobilisierungsideologie verkündet, nachdem bis dahin „Patriotismus" ausschließlich ein Negativbegriff gewesen war. Der Patriotismus „neuen Typs" sollte als eine Art „Reichsidee" den Nationalismus aller Völker überwölben. Die hier gemeinte Heimat war „sozialistisch", die Tradition „revolutionär". Der S. war als Surrogat für den nicht mehr vorhandenen revolutionären Enthusiasmus ein Teil der Stalinschen „Revolution von oben". Der ↑Stalin-Kult wurde zu einem integralen Bestandteil des S. Daß dieses künstliche Produkt der s.en Propaganda dennoch Realität annahm, ist vor allem zwei Umständen zu verdanken: der Auffüllung des S. mit r.em Nationalismus seit Ende der 30er Jahre und dem s.en Sieg im ↑Zweiten Weltkrieg, der das Zusammenwirken der Völker zur Verteidigung der Heimat Wirklichkeit werden ließ. Chauvinismus unter dem Deckmantel des S. erreichte seinen Höhepunkt in den Jahren 1945 bis 1952. In der Nach-Stalin-Zeit war der S. nicht in der Lage, an die Stelle des wachsenden Nationalbewußtseins der Nationen zu treten. Der gesamtstaatliche Patriotismus wurde zuletzt neben der romantisierenden Erinnerung an den Zweiten Weltkrieg vor allem vom „s.en Stolz" auf die Weltmachtrolle genährt.

Lit.: Oberländer, E., Sowjetpatriotismus und Geschichte, Köln 1967.   *G.S.*

Sowjetrepublik(en) ↑Sowjetunion

Sowjetunion. Mit dem Sturz der Provisorischen Regierung (↑LGR) im Oktober 1917 (↑Oktober-Revolution) und der nachfolgenden Auflösung der Konstituante (↑LGR) im Januar 1918 waren die Weichen für die Errichtung einer sozialistischen Sowjetrepublik, deren soziale Grundlage die ↑„Diktatur des Proletariats und der ärmsten Schichten der Bauernschaft" und deren führende Kraft die bolschewistische ↑Partei sein sollte, gestellt. Die bolschewistische „Deklaration der Rechte des werktätigen und ausgebeuteten Volkes" schrieb am 5. 1. (A. S.)/ 18. 1. 1918 die Grundzüge der künftigen Sozialordnung fest, und die Resolution „über die föderativen Einrichtungen der r.en Republik" entwarf am 15. 1. (A. S.)/28. 1. 1918 das Grundschema des staatlichen Aufbaus: Die r.e Sozialistische Räterepublik sollte eine Föderation sein, ein freiwilliger Zusammenschluß der von den Völkern R.s gebildeten Räterepubliken, mit einem Allrussischen ↑Rätekongreß und einem Allrussischen ↑Zentralen Exekutivkomitee als oberste Organe. Gebiete mit „besonderer Lebensweise und Nationalität" sollten sich zusammenschließen können, die Kompetenzverteilung zwischen Gebiets-, Regional- und Zentralorganen sollte durch eine ↑Verfassung geregelt werden. Sie wurde im Juli 1918 verabschiedet und bildete die Grundlage der ↑Russischen Sozialistischen Föderativen Sowjetrepublik (RSFSR).
    Faktisch stand zu diesem Zeitpunkt nur Zentral-R. unter bolschewistischer Herrschaft; in weiten Teilen des Landes machten ihr ↑„Weiße" Armeen und Freiwilligenverbände (↑Bürgerkrieg) die Macht streitig. Randgebiete, wie Finnland, ↑Estland, ↑Litauen, ↑Weißrußland, die ↑Ukraine, der Nordkaukasus, ↑Georgien, ↑Armenien, ↑Azerbajdžan, das Khanat von Chiva und das Emirat von ↑Buchara, hatten sich, zum Teil unterstützt von ausländischen Interven-

tionsmächten, vom r.en Staatsverband losgesagt und ihre Unabhängigkeit erklärt. Der Sieg der ↑Roten Armee im Bürgerkrieg sicherte die bolschewistische Herrschaft und zwang auch die Randgebiete (bis auf Finnland, Polen, die baltischen Staaten und die ↑Fernöstliche Republik) in den Staatsverband zurück. Ihre antibolschewistischen Regierungen wurden gestürzt, pros.e Kräfte übernahmen die Führung. Die Angleichung der Verfassungen an die Verfassung der RSFSR und ein festes Bündnis mit der RSFSR bildeten die Vorstufe zur staatlichen Wiedervereinigung. Sie wurde im Dezember 1922 formell vollzogen: Die RSFSR, die Weißrussische Sozialistische Sowjetrepublik, die Ukrainische Sozialistische Sowjetrepublik und die zur ↑Transkaukasischen Sozialistischen Föderativen Sowjetrepublik zusammengeschlossenen Gebiete von Georgien, Armenien und Azerbajdžan vereinigten sich zur „Union der Sozialistischen Sowjetrepubliken" (Sojuz Sovetskich Socialističeskich Respublik, abgek. SSSR, deutsch UdSSR oder Sowjetunion). Vertraglich hatte man vereinbart, daß Grundlage der Vereinigung das Prinzip der Freiwilligkeit und Gleichberechtigung der Unionsrepubliken sein sollte und jeder Unionsrepublik das Recht des freien Austritts aus der Union verblieb. So stand es auch in der neuen Gesamtstaatsverfassung, die am 6. 7. 1923 vom Zentralen Exekutivkomitee der UdSSR angenommen und am 31. 1. 1924 vom 2. Sowjetkongreß der UdSSR bestätigt wurde. Sie definierte die (sehr weitgefaßten) Bundeskompetenzen: Der Bund war künftig für die Außenpolitik, den ↑Außenhandel, die Verteidigung, Verkehr und Transport, Post und Telegraphie zuständig; er hatte die Richtlinienkompetenz für die Wirtschafts- und Finanzplanung, für die Justiz- und Arbeitspolitik; ansonsten sollten die Unionsrepubliken souverän bleiben. Daß die RSFSR unter den vier Unionsrepubliken eine Sonderstellung einnahm, war unübersehbar: Ihre Bevölkerung machte über 70 %, ihr Territorium über 90 % des Gesamtstaates aus.

Die territoriale Gliederung der SU erfuhr schon in den 20er und 30er Jahren erhebliche Veränderungen. Durch Ausgliederung aus den bestehenden Unionsrepubliken wurden neue geschaffen. Bis zum Erlaß der Stalinschen Verfassung 1936 waren es bereits elf. Die Verfassung zählte sie (in Art. 13) auf; neben der RSFSR gab es jetzt die Ukrainische, Weißrussische, Azerbajdžanische, Georgische, Armenische, ↑Turkmenische, ↑Uzbekische, ↑Tadžikische, ↑Kazachische und ↑Kirgizische Sozialistische Sowjetrepublik. Wie im Gesamtstaat sollte künftig auch an der Spitze der Unionsrepubliken ein direkt gewählter ↑Oberster Sowjet stehen, der den Rätekongreß ersetzte. Gedeckt durch den Pakt mit dem nationalsozialistischen Deutschland (↑Hitler-Stalin-Pakt) und unter Einsatz ihrer politischen und militärischen Machtmittel, gelang es der Sowjetführung, seit 1939 das Staatsgebiet im Westen erheblich zu erweitern. Unter anderem wurden dabei weitere Teile jener Randgebiete zurückgewonnen, die in der Revolution und in der Zeit danach verlorengegangen waren. Die neuen Territorien (Teile ↑Kareliens, Ostpolens, ↑Bessarabiens und der ↑Bukowina sowie der baltischen Staaten und später auch der nördliche Teil Ostpreußens [↑Kaliningrad]) wurden in die bestehenden Unionsrepubliken eingegliedert oder mit Teilen der bestehenden zu neuen Unionsrepubliken zusammengefaßt. So erhöhte sich die Zahl der Unionsrepubliken (nach Bildung der Litauischen, Lettischen, Estnischen, ↑Moldauischen und Finno-Karelischen SSR) bis Kriegsende auf 16. Sie reduzierte sich auf 15, nachdem die Finno-Karelische Unionsrepublik 1956 zur Autonomen Republik (s. u.) zurückgestuft und der RSFSR eingegliedert wurde.

Der Aufbau der neuen Sowjetverwaltung unterhalb der Ebene der Unionsrepubliken (↑Sowjets) folgte bis Mitte der 20er Jahre weitgehend der alten Einteilung des Russischen Reiches in ländliche Amtsbezirke (volosti), Kreise (uezdy)
und Gouvernements (gubernii) (↑LGR). Neu hinzugekommen waren nur als
unterste Verwaltungsinstanz die ↑Dorf-Räte (sel'skie sovety). Seit Mitte der 20er
Jahre ersetzte man den ländlichen Amtsbezirk durch den größeren Rayon
(rajon), wobei die Rayons dann zum Verwaltungsbezirk (okrug) und die Verwaltungsbezirke zum Gebiet (oblast') und Gau (kraj) zusammengefaßt werden sollten. Nachdem man in den 30er Jahren die Verwaltungsbezirke wieder aufgelöst
und die Gebiete und Gaue schrittweise verkleinert hatte, schälte sich allmählich
jener Verwaltungsaufbau heraus, wie er in der SU zuletzt bestand: mit kleinen
Ansiedelungen dörflichen und städtischen Typs als unterster Stufe; darüber
Rayons (wobei auch größere ↑Städte in Rayons aufgeteilt waren); als Mittelstufe
Gebiete und Gaue; und als deren Zusammenfassung die Unionsrepublik. Als
Zusammenfassung kleinerer Nationalitäten und Volksgruppen sah die Verfassung von 1923/24 nach dem Vorbild der RSFSR „Autonome Sozialistische Sowjetrepubliken" (ASSR) und „Autonome Gebiete" (AO) vor, allerdings ohne
nähere Angaben über Reichweite und Grenzen der Autonomie zu machen.
Diese Autonomen Republiken und Gebiete sollten innerhalb der Unionsrepubliken gebildet werden, aber mit eigenen Repräsentanten im Zentralen Exekutivkomitee der UdSSR (↑Nationalitätensowjet) vertreten sein. Die Verfassungen von
1936 und 1977 sicherten ihnen den gleichen Vertretungsanspruch in der Natio-
nalitätenkammer des Obersten Sowjet der UdSSR zu. Die Verfassung von 1936
zählte (neben neun autonomen Gebieten) 22 Autonome Republiken auf: die
Tatarische, Baškirische, Dagestanische, Burjat-Mongolische, Kabardino-Balkarische, Kalmückische, Karelische, die der Komi, die der Krim, die der Mari, die
Mordvinische, die Wolgadeutsche, Nordos(s)etische, Udmurtische, Čečeno-Ingušische, Čuvašische und Jakutische (alle in der RSFSR); die Moldauische (in der
Ukrainischen SSR); die Nachičevanische (in der Azerbajdžanischen SSR); die
Abchazische und Adžarische (in der Georgischen SSR) und die Kara-Kalpaki-
sche (in der Uzbekischen SSR). Nachdem Krim-Tataren und Wolgadeutsche
durch Umsiedlung während des ↑Zweiten Weltkriegs ihre eigene Autonome
Republik verloren, gab es zuletzt noch 20 Autonome Republiken, dazu acht
Autonome Gebiete und zehn Autonome Distrikte. Sie konnten als Gebietskör-
perschaften beschränkter nationaler Selbstverwaltung gelten, deren sog. Auto-
nomie vor allem im Sinne der Kulturautonomie zu verstehen war. Autonome
Republiken, Gebiete und Distrikte ordneten sich dem oben beschriebenen Ver-
waltungsaufbau ein und unter.
    Die Verfassung von 1977 knüpfte inhaltlich an den Staatsvertrag von 1922 an.
Die UdSSR, so definiert sie in Art. 70, sei „ein einheitlicher multinationaler
Bundesstaat", der, „als freiwillige Vereinigung gleichberechtigter sozialistischer
Sowjetrepubliken gebildet", die „staatliche Einheit des Sowjetvolkes verkörpert"
und „alle Nationen und Völkerschaften zum gemeinsamen Aufbau des ↑Kom-
munismus" zusammenschließt. Nach Art. 72 stand jeder Unionsrepublik der
Austritt aus dem Staatsverband weiterhin frei. Die drei Baltenrepubliken machten davon 1991 als erste Gebrauch. Ende 1991 hörte die SU mit der Gründung
der ↑„Gemeinschaft unabhängiger Staaten" (21. 12.) endgültig zu existieren auf.

Lit.: Alekseeva, G. D. (u. a.), Sojuz Sovetskich Socialističeskich Respublik, in: SIĖ Bd. 13, Sp. 505 ff.; Šerstobitov, V. P. (u. a.), Istorija nacional'no-gosudarstvennogo stroitel'stva v SSSR 1917–1978, 2 Bde., M ³1979; Altrichter, H. (Hrsg.), Die Sowjetunion. Von der Oktoberrevolution bis zu Stalins Tod, Bd. 1: Staat und Partei, Dokumente, München 1986; Arnold, J., Die nationalen Gebietseinheiten der Sowjetunion, Köln 1973; Fincke, M. (Hrsg.), Handbuch der Sowjetverfassung, 2 Bde., Berlin 1983; Maurach, R., Handbuch der Sowjetverfassung, München 1955; sowie die Literatur zu ↑Kommunistische Partei, ↑Russische Sozialistische Föderative Sowjetrepublik, ↑Verfassung.   *H.A.*

Sowjetunion-Deutsche waren fast ausschließlich Nachkommen der deutschen Kolonisten des 18. und 19. Jhs. Das städtische Deutschtum R.s (vor allem in Moskau und Petersburg [↑LGR] ansässig) verschwand durch Emigration nach Deutschland oder Verbannung in das Landesinnere. Etwa 390 000 Deutsche verließen außerdem 1939/40 aufgrund von deutsch-s.en Vereinbarungen jene Gebiete, die nach dem ↑deutsch-s.en Nichtangriffspakt und dem ↑Hitler-Stalin-Pakt vom August und September 1939 von der SU okkupiert wurden (↑Estland, ↑Lettland, ↑Litauen, West-↑Weißrußland, West-↑Ukraine, Nord-↑Bukowina, ↑Bessarabien).

Die S.-Macht schuf für die deutsche, überwiegend bäuerliche Bevölkerung im Oktober 1918 die „Arbeitskommune der Deutschen des Wolgagebiets", im Januar 1924 umgebildet zur ↑ASSR der ↑Wolga-Deutschen. Außerdem wurden deutsche Rayons (↑Sowjetunion, 1933 bestanden 10) vor allem für die deutschen Dörfer in der südlichen Ukraine eingerichtet. In den deutschen administrativ-territorialen Einheiten bestanden Schulen mit Deutsch als Unterrichtssprache, z. T. bis auf die Hochschulebene hinauf, deutsche Zeitungen und ein deutschsprachiges Kulturleben; zum Teil war Deutsch eine der Amtssprachen. Die Deutschen hatten hohe Verluste durch die ↑Zwangskollektivierung zu beklagen, weil es bei ihnen eine breite Schicht wohlhabender ↑Bauern (↑„Kulaken") gab. Das kirchliche Leben wurde durch den Vernichtungskampf gegen die Kirchen in den 30er Jahren zerstört (↑Religionsgemeinschaften). Die größte Katastrophe ihrer Geschichte brach mit der Deportation aller S.-D. nach Ausbruch des deutsch-s.en Krieges (↑Zweiter Weltkrieg) herein. Zwischen Juli und Oktober 1941 wurden etwa 650 000–700 000 Deutsche, davon 400 000 aus der Wolgarepublik, nach ↑Zentralasien und ↑Sibirien deportiert, in Zwangsansiedlungen (specposelenija) eingewiesen oder zur „Arbeitsarmee"(trudarmija) zwangsverpflichtet. Wegen des schnellen Vormarsches der Wehrmacht befanden sich jedoch mehr als 300 000 S.-D. unter nationalsozialistischer Besatzungsherrschaft. Mehr als 200 000 verließen mit den deutschen Truppen 1943/44 ihre Heimat, wurden im Warthegau von der ↑Roten Armee überrollt und ebenfalls in die Zwangsansiedlungen deportiert.

Erst im Dezember 1955 wurde die Zwangsansiedlung für die S.-D.n aufgehoben, und im August 1964 wurden sie politisch rehabilitiert. Der Vorwurf der Kollaboration mit Nazi-Deutschland wurde ausdrücklich zurückgenommen. Sie erhielten jedoch nicht das Recht zur Rückkehr in ihre alten Wohngebiete. Keine der territorialen Autonomien wurde wiederhergestellt, und das sprachlich-kulturelle Eigenleben blieb äußerst begrenzt. So waren die S.-D.n seit Ende der 60er Jahre zwischen Assimilation (von den 1,9 Mio. S.-D.n erklärten 1979 nur noch 57 %, Deutsch sei ihre Muttersprache, 1926 waren es 95 % gewesen) und Rückwanderungsbegehren in die Bundesrepublik Deutschland gespalten. Mehr als 80 000 S.-D. erhielten von 1971 bis 1986 von der SU die Erlaubnis zur Übersiedlung in die Bundesrepublik, von 1988–1991 kamen 460 000.

Lit.: Eisfeld, A., Die Deutschen in Rußland und in der Sowjetunion, Wien 1986; Pinkus, B./Fleischhauer, I., Die Deutschen in der Sowjetunion, Baden-Baden 1987; Kappeler, A./Meissner, B./Simon, G. (Hrsg.), Die Deutschen im Russischen Reich und im Sowjetstaat, Köln 1987; Heitman, S., The Third Soviet Emigration: Jewish, German and Armenian Emigration from the USSR since World War II, Berichte des BIOst Nr. 21/1987.   *G.S.*

Sozialdemokratie ↑Parteien, ↑Kommunistische Partei der Sowjetunion

Sozialismus ↑Marxismus-Leninismus

Sozialismus in einem Lande. ↑Lenin und seine Anhänger hatten 1917 darauf gesetzt, daß das „internationale Proletariat" der zahlenmäßig noch kleinen r.en Industriearbeiterschaft zu Hilfe kommen und daß die ↑Oktober-Revolution die „Weltrevolution" auslösen werde; der Kapitalismus sei „reif" für den Untergang, und R. das schwächste Glied in der Kette kapitalistischer Staaten. Diese Hoffnung und Erwartung erfüllte sich nicht. Mit dem Sieg im ↑Bürgerkrieg und den raschen Erfolgen der ↑Neuen Ökonomischen Politik wuchs in der ↑Partei die Zuversicht, daß das sozialistische Räte-R. auch ohne Weltrevolution, auf sich allein gestellt, überleben und sich weiterentwickeln könne. Dieser Zuversicht gab der ↑Generalsekretär der Partei, ↑Stalin, Ausdruck, als er Mitte der 20er Jahre die Parole vom „Aufbau des S.i.e.L." ausgab – mit Berufung auf Lenin, unterstützt durch ↑Bucharin und gegen die heftige Kritik der ↑„linken Opposition". Die in der westlichen Literatur diskutierte Frage, ob Stalin oder Bucharin der Vater der Theorie vom Aufbau des S.i.e.L. gewesen sei, erscheint zweitrangig gegenüber dem Umstand, daß die Politik des S.i.e.L. seit Jahren praktiziert und von der Gesamtpartei mitgetragen wurde. Auch die „linke Opposition" vermochte keine gangbare Alternative zu formulieren, was Stalins innerparteiliche Position eher festigte. Die Theorie vom S.i.e.L. machte einerseits die Rückbesinnung auf die Geschichte (↑Pokrovskij), den Staat und den ↑Sowjetpatriotismus sowie letztlich auch die Versöhnung mit der ↑Orthodoxen Kirche möglich, andererseits diente sie zur Rechtfertigung gewaltsamer Formen in der ↑Kollektivierung, ↑Industrialisierung und ↑Kulturrevolution.

Lit.: Stalin, J.W., Werke, Bd. 7, Berlin 1952 (bes. S. 94 ff.); Carr, E.H., Socialism in One Country, 1924–1926, New York/London 1958; Cohen, St. F., Bukharin and the Bolshevik Revolution. A Political Biography, 1888–1938, New York 1974; Deutscher, I., Stalin. A Political Biography, London 1961; Hingley, R., Stalin, Stalinismus, in: Sowjetsystem und demokratische Gesellschaft, Bd. 6, Freiburg 1972, Sp. 187 ff.; Layton, R.V. Jr., Socialism in One Country, in: Mersh 36 (1984), S. 80 ff.   *H.A.*

Sozialistische Akademie. Durch Dekret des ↑Zentralen Exekutivkomitees der ↑RSFSR vom 25. 6. 1918 in ↑Moskau zunächst unter dem Namen „S.A. für Gesellschaftswissenschaften" gegründet, erhielt die S.A. am 15. 4. 1919 ihren verkürzten Namen. Am 17. 4. 1924 wurde sie in „Kommunistische Akademie" umbenannt. Erster Leiter war der bekannte marxistische Historiker M.N. ↑Pokrovskij, der zugleich Stellvertreter ↑Volkskommissar für das Bildungswesen war. Bei der S.n A. handelte es sich nicht nur um eine Akademie im herkömmlichen Sinne, sondern die etwa 100 Ordentlichen und zahlreichen Korrespondierenden Mitglieder auch pädagogische Aufgaben wahrnahmen, um ideologisch gefestigte Fachwissenschaftler heranzubilden. In den 30er Jahren kam es nach Pokrovskijs Tod zur Rivalität mit der ↑Akademie der Wissenschaften der UdSSR, in deren Verband die Kommunistische Akademie am 8. 2. 1936 schließlich aufging.

Lit.: Die Akademien der UdSSR (Folge 2), Berlin 1953, S. 15–17; Sokolov, O. D., Pokrovsky, Outstanding Organizer of Research in the USSR, in: Sov. Stud. in History 8 (1969/70); Enteen, G. M., M. N. Pokrovskij and the Administration of Soviet Historical Scholarship, in: JGO 22 (1974).   *K.M.*

Sozialistische Gesetzlichkeit ↑Justiz

Sozialistischer Realismus wurde in der SU eine künstlerische Methode genannt, welche die Wirklichkeit im Kontext der ideologischen Entwicklung darstellte. Der sozialistische Realismus war für alle Zweige der Kunst verbindlich; am stärksten hat er sich jedoch in der Literatur ausgewirkt. Im Zusammenhang mit der organisatorischen Neuordnung des Schriftstellerwesens (↑Schriftstellerverband) im Laufe des Jahres 1932 wurden die Grundprinzipien des sozialistischen Realismus von ↑Stalin und von ↑Ždanov beispielhaft entwickelt. Dabei ist vor allem Stalins Äußerung bekanntgeworden, die Schriftsteller müßten „Ingenieure der menschlichen Seele" sein (26. 10. 1932). Auf dem 1. Allunionskongreß der Schriftsteller im August 1934 wurde der sozialistische Realismus als Hauptmethode der s.en Literatur proklamiert. Seine wichtigsten Kennzeichen sind die ↑„Parteilichkeit" (partijnost'), wobei der Schriftsteller in unbedingter Übereinstimmung mit der jeweils herrschenden Parteilinie zu schreiben hat; zweitens die „Volkstümlichkeit"(narodnost'), die sich vor allem in einer volksnahen, antiexperimentellen und antiformalistischen Stilform ausdrückt; schließlich das „Typische" (tipičnost'), das die dargestellten Hauptfiguren als ausschließlich der ↑Partei ergebene Menschen schildert. Dieser geschilderte Typ ist der „positive Held"; er ist der Partei schrankenlos ergeben und bildet auf der Grundlage der „Idee" (idejnost') ein Vorbild für die neue S.-Gesellschaft. Dieser Held ist äußerlich sympathisch, schweigsam, asketisch und voller Opferbereitschaft für die Sache ↑Lenins. Gleichsam als positiver Antiheld des „überflüssigen Menschen" aus der r.en Literatur des 19. Jh.s entwickelt, strahlt er einen unbezwingbaren Optimismus aus; er kennt die große Perspektive der Zukunft. Dieser Optimismus ist häufig mit einem Schuß revolutionärer Romantik angereichert, den vor allem ↑Gor'kij propagiert hat. Klassisches Werk des sozialistischen Realismus ist bis heute der Roman „Wie der Stahl gehärtet wurde" von N. A. Ostrovskij (1904–1936), veröffentlicht 1932–1934. Als Vorläufer des sozialistischen Realismus können die Romane „Was tun?" (1863) von N. G. Černyševskij (1828–1889) sowie „Die Mutter" (1906) von M. Gor'kij gelten; auch die Romane „Čapaev" (1923) von D. A. Furmanov (1891–1926) und „Zement" (1925) von F. V. Gladkov (1883–1958) gehören in diesen Zusammenhang. Später schlossen sich Werke wie „Neuland unterm Pflug" (1932 ff.) von M. A. ↑Šolochov und „Die junge Garde" (1946) von A. A. Fadeev (1901–1956) an, die für den sozialistischen Realismus als richtungweisend angesehen werden können.

Lit.: Terc, A., Was ist sozialistischer Realismus?, in: Der Prozeß beginnt, Frankfurt/Main, Hamburg 1966, S. 120–155; Clark, K., The Soviet Novel. History as Ritual, Chicago 1981; Günther, H., Die Verstaatlichung der Literatur. Entstehung und Funktionsweise des sozialistisch-realistischen Kanons in der sowjetischen Literatur der 30er Jahre, Stuttgart 1984.   *K.M.*

Sozialistischer Wettbewerb ist ein Begriff, der auf einen Artikel ↑Lenins aus dem Januar 1918 (erst Anfang 1929 veröffentlicht) zurückgeht. Unter dem Titel „Wie soll man den Wettbewerb organisieren?" legte Lenin dar, daß der ↑Sozialismus den Wettbewerb nicht ersticke, sondern im Gegenteil der Masse der Werktätigen erst die Möglichkeit gebe, Unternehmungsgeist, Wettbewerb und kühne Initiative zu entfalten. Die Befreiung der Arbeit ermögliche eine neue Haltung zur Arbeit. Konkrete Form nahm der sozialistische Wettbewerb jedoch erst nach dem Übergang zur forcierten ↑Industrialisierung an, als nach Veröffentlichung von Lenins Artikel die „Komsomol'skaja Pravda" die Mitglieder des ↑Komsomol aufforderte, den unionsweiten Wettbewerb zu organisieren (26. 1. 1929). Die XVI. ↑Parteikonferenz im April/Mai 1929 nahm diesen Aufruf auf. In der Folge breitete sich der sozialistische Wettbewerb rasch aus. 1934 beteiligten sich angeblich 73,4 % der Industriearbeiter, 54,5 % der Bauarbeiter und 40 % der ↑Arbeiter in ↑Sovchozen. Der sozialistische Wettbewerb nahm unterschiedliche Formen an (↑Stoßarbeiterbewegung, ↑Stachanov-Bewegung). Seit 1931 spielten auch materielle Anreize eine große Rolle (Prämien, Lohnstaffelung, Versorgungsprivilegien). 1959 gab der XXI. ↑Parteitag dem sozialistischen Wettbewerb einen neuen Anstoß. Bis zuletzt hatte der sozialistische Wettbewerb bei der Mobilisierung der Arbeit eine gewisse Funktion in der s.en Wirtschaft. 1975 waren angeblich 91 % aller s.en Bürger im arbeitsfähigen Alter in den sozialistischen Wettbewerb einbezogen. Nach wie vor besteht jedoch das Problem zu bewerten, in welchem Maße die Beteiligung am sozialistischen Wettbewerb rein formalen Charakter hatte und wieweit sie tatsächlich wirtschaftlich wirksam wurde.

Lit.: Lenin, V. I., KPSS o socialističeskom sorevnovanii (sbornik), M 1973; Rogačevskaja, L. S., Socialističeskoe sorevnovanie v SSSR. Istoričeskie očerki 1917–1970, M 1977; Schwarz, S., Arbeiterklasse und Arbeitspolitik in der Sowjetunion, Hamburg 1953.
                                                                                       H.-H.Sch.

Sozialistisches Lager ist der im ↑Kalten Krieg geprägte Begriff für die Gesamtheit der Staaten (und kommunistischen Parteien), die, nach s.em Verständnis, in politischer Konkurrenz zu dem von den USA geführten „imperialistischen Lager" standen. Er geht zurück auf die „Zwei-Lager-Theorie", die ↑Ždanov 1947 bei der Gründungskonferenz des ↑Kominform als s.e Reaktion auf die sog. „Truman-Doktrin" und die Marshallplan-Politik der USA formulierte. Danach hatte sich der Gegensatz „zwischen der Welt des Kapitalismus und der Welt des ↑Sozialismus" im Ergebnis des ↑Zweiten Weltkriegs auf eine globale Konfrontation mit der neuen imperialistischen Führungsmacht USA zugespitzt, wodurch der SU sowie den „Ländern der neuen Demokratie" die Aufgabe zufiel, alle „antiimperialistischen und friedliebenden Kräfte" zusammenzuführen und im Sinne des proletarischen ↑Internationalismus gegen die Aggression der USA und deren Verbündeten zu unterstützen. Als zugehörig zum S.n L. galten neben der

SU Polen, die DDR, Ungarn, die Tschechoslovakei, Rumänien, Bulgarien, Jugoslavien, Albanien, China, Nord-Korea, Nord-Vietnam, die Mongolei und Kuba sowie in weiterer Perspektive die an der SU orientierten Kommunistischen Parteien anderer Länder. Es gab jedoch zu keiner Zeit eine das ganze S. L. umfassende Organisation. Weder das Kominform noch die späteren Konferenzen der Kommunistischen und Arbeiterparteien wurden von allen angesprochenen Parteien beschickt. Auch die zwischenstaatlichen Bündnis- und Kooperationsbeziehungen blieben regional begrenzt und banden, wie im Fall des ↑Rats für gegenseitige Wirtschaftshilfe (1949) und des ↑Warschauer Pakts (1955), vor allem die seit 1945 unter s.em Einfluß stehenden europäischen Staaten enger an die SU. Eine weitergehende Integration scheiterte dagegen immer wieder an ideologischen und machtpolitischen Gegensätzen innerhalb des S.en L.s. So führte die von ↑Stalin seit 1947 forciert betriebene Sowjetisierung der „Volksdemokratien" und deren strikte Einbindung in die s.e Blockdisziplin nicht nur zum Konflikt mit J. B. Titos Jugoslavien (1948), sondern längerfristig auch zu einem Loyalitätsverlust bei den von der SU abhängigen bzw. pro-s. orientierten Parteien. Von 1953 an vollzog ↑Chruščev daher einen Kurswechsel gegenüber den Staaten des S.n L.s, der vor allem auf zwei Ziele gerichtet war: die Beziehungen innerhalb des s.en Blocks durch die Gewährung größerer innenpolitischer Spielräume zu verbessern und, damit verknüpft, die Attraktivität der s.en Politik sowohl gegenüber den unabhängigen kommunistischen Regimes als auch gegenüber den zunehmend umworbenen blockfreien Staaten der Dritten Welt zu steigern. Während dieser „Neue Kurs" die s.en Beziehungen zu China (1954) und Jugoslavien (1955/56) tatsächlich zeitweise verbesserte, war die ↑Entstalinisierung im Verhältnis zu den europäischen Blockstaaten indessen erheblichen Krisen ausgesetzt; der Aufstand vom ↑Siebzehnten Juni 1953 in der DDR sowie die polnische Krise und der ↑Ungarische Aufstand von 1956 zeigten, daß die Duldung „verschiedener nationaler Wege zum Sozialismus" für die SU Risiken barg, und veranlaßten die s.e Führung hier zu erneuten Korrekturen. Auf der Moskauer Konferenz der 12 regierenden Kommunistischen Parteien vom 14.–16. 11. 1957 schienen sich diese Widersprüche freilich noch einmal durch einen Kompromiß überspielen zu lassen. Die Schlußerklärung über „Volksdemokratische Grundprinzipien" bekräftigte einen begrenzten Pluralismus der nationalen Entwicklungswege, forderte aber zugleich zum Kampf gegen ↑„Revisionismus und Dogmatismus" auf und bestätigte, auf chinesisches Betreiben, die führende Rolle der SU im S.n L. Mit der Weigerung Jugoslaviens, diese Erklärung zu unterzeichnen, und den 1958 beginnenden chinesisch-s.en Spannungen zeichnete sich jedoch eine noch stärkere Fraktionierung des S.n L.s ab. Der 1963/64 vollzogene Bruch Chinas mit der SU ließ sich trotz Entspannungsversuchen in der Ära ↑Brežnev und seiner Nachfolger ebensowenig revidieren wie das Ausscheren Jugoslaviens und, seit 1964, Rumäniens. Wenn die SU also in der Folge eine erneute Straffung der Blockdisziplin anstrebte, so war diese nur noch in der unmittelbaren s.en Einflußsphäre durchsetzbar: Indem die 1968 im Zusammenhang mit der Intervention in der ČSSR formulierte „Brežnev-Doktrin" die Souveränität der sozialistischen Länder als beschränkt durch die Loyalität zum S.n L. definierte, setzte sie dieses jetzt implizit mit dem Warschauer Pakt gleich; entsprechend gelang es auf dem Kongreß der Kommunistischen und Arbeiterparteien von 1969 nicht mehr, die s.e Politik gegenüber China und der ČSSR als

Generallinie des S.n L.s im weiteren Sinne bestätigen zu lassen. In der Ära ↑Gorbačev setzte sich die Desintegration des S.n L.s fort. Während die SU von der Brežnev-Doktrin abrückte und die politische Eigenverantwortlichkeit aller sozialistischen Länder betonte, grenzten sich einzelne Staaten ihrerseits gegen die vermeintliche Preisgabe der gemeinsamen Grundsätze durch die SU ab. Doch mit der Entmachtung der einzelnen sozialistischen Parteien und der Auflösung des Comecon und des Warschauer Paktes im Sommer 1991 zerfiel das S.e L. endgültig. Die s.en Bemühungen um einen Ausgleich mit China dagegen bezogen sich schon länger nicht mehr primär auf die ideologische Gemeinsamkeit des S.n L.s, sondern zielten konventionell auf normale zwischenstaatliche Beziehungen.

Lit.: International Communism after Khrushchev, hrsg. v. L. Labedz, Cambridge (Mass.) 1965; Brzezinski, Z., Der· Sowjetblock. Einheit und Konflikt, Köln 1962; Löwenthal, R., Chruschtschow und der Weltkommunismus, Stuttgart 1963; Wolfe, Th. W., Soviet Power and Europe 1945–1970, Baltimore/London 1970.   *M.G.M.*

Sozialrevolutionäre ↑Parteien

Spanischer Bürgerkrieg (1936–1939). Der durch eine Offiziersrevolte unter General Franco im Juli 1936 ausgelöste Sp.e B. bildete eine Herausforderung nicht nur für die antifaschistische Volksfront-Strategie der ↑Komintern, sondern auch für die Außenpolitik der SU, die mit den ↑Beistandspakten von 1935 de facto einen Kurs der internationalen Eindämmung des nationalsozialistischen Deutschland eingeschlagen hatte. Der Unterstützung Francos durch Deutschland, Italien und Portugal, die seit November 1936 auch mit „Freiwilligen"-Verbänden (zuletzt ca. 76 000 Mann) im Sp.n B. intervenierten, setzte die SU ihrerseits Hilfeleistungen für die republikanische Seite entgegen: Während die Komintern die Aufstellung der Internationalen Brigaden koordinierte, begann die SU im Oktober 1936, regelmäßig Kriegsgerät zu liefern und Militärberater zu entsenden; quantitativ wurden die Hilfeleistungen an Franco dadurch freilich nicht annähernd aufgewogen. Welche Ziele die SU mit dem Eingreifen in den Sp.n B. verknüpfte, ist umstritten. Es ging wohl darum, der Kominternpolitik und -propaganda durch die Hilfe für die spanischen Kommunisten Nachdruck zu verleihen. Möglicherweise hat ↑Stalin aber vor allem darauf gesetzt, daß die Internationalisierung des Konflikts eine für die SU wünschenswerte militärische Konfrontation zwischen den kapitalistischen Staaten auslösen mochte. Dies würde erklären, warum das s.e Engagement nicht noch einmal verstärkt wurde, als sich die Westmächte statt dessen noch 1936 auf eine Politik der strikten Nichteinmischung zurückzogen. Jedenfalls war die SU in der Folge nicht auf einen Sieg der Republikaner um jeden Preis bedacht; indem sie den Terror der ↑Säuberungen auch in das Lager der spanischen Linken hineintrug, wirkte sie sogar selbst an dessen Schwächung mit. Letztlich bedeutete das erfolglose Eingreifen im Sp.n B. einen Rückschlag für die SU: Nicht nur das internationale Prestige des ↑Kommunismus an sich war am Ende beträchtlich geschmälert; vielmehr hatten die Auseinandersetzungen um die Intervention auch das Verhältnis der SU zu den Westmächten stark beeinträchtigt und die Aussichten auf ein gemeinsames Vorgehen gegen die aggressive Politik Deutschlands weiter verringert.

Lit.: Cattell, D. T., Soviet Diplomacy and the Spanish Civil War, Berkeley 1957; Bolloten, B., The Grand Camouflage. The Spanish Civil War and Revolution, 1936–1939, London 1968. *M.G.M.*

Sputnik (Wegbegleiter) hieß der erste künstliche Erdsatellit, den die SU am 4. 10. 1957 in den Weltraum schoß. Kugelförmig, mit knapp 60 cm Durchmesser, 4 langen Stabantennen und über 80 kg Gewicht, umkreiste er in 96,2 min die Erde und sandte dabei – wenn auch nur 3 Monate lang – 1 Watt starke Ortungssignale zur Erde. Die SU verzeichnete damit einen großen Prestigeerfolg und verunsicherte die westliche Welt, demonstrierte der Sp.-Start doch die s.e Überlegenheit bei der Entwicklung von ballistischen Interkontinentalraketen. Der Versuch ↑Chruščevs, aus einer Position der Stärke heraus Abrüstungsverhandlungen anzuregen, zeitigte keinen Erfolg. Als Reaktion beschloß der (amerikanische) nationale Sicherheitsrat, die Produktion der Mittelstreckenraketen zu erhöhen, die Entwicklung der Interkontinentalraketen zu beschleunigen und die Grundlage für die Entwicklung der zweiten Generation von Fernflugkörpern zu legen. Am 3. 11. 1957 und am 15. 5. 1958 startete die SU zwei weitere Sp. genannte Erdsatelliten, wobei der zweite Sp. (mit über 500 kg Nutzlast und der Hündin „Lajka" an Bord) erneut für großes Aufsehen sorgte.

Lit.: Keesings Archiv der Gegenwart, 1957, S. 6675, 6683 ff., 6725 f., 6735. *H.A.*

SSR ↑Sowjetunion

Staatliche Planungskommission ↑Gosplan

Staatskapitalismus bezeichnet in der vorrevolutionären ökonomischen Literatur in der Regel den Kapitalismus, der entsteht, wenn sich innerhalb des kapitalistischen Systems die Staatsmacht kapitalistische Betriebe direkt unterordnet. Von dieser Bestimmung des Begriffs setzte sich ↑Lenin deutlich ab, wenn er den Terminus St. für bestimmte Aspekte beim Aufbau des ↑Sozialismus im S.-Staat verwendete. Man kann bei Lenin zwei Phasen unterscheiden, in denen er von St. spricht. Bald nach der ↑Oktober-Revolution bezeichnete er in seiner Broschüre „Über linke Kinderei und über Kleinbürgerei" (Mai 1918) den St. als einen Schritt vorwärts für die S.-Republik. Durch Nationalisierung von Grund und Boden, Enteignung von Banken und Großindustrie, Zusammenschluß der Unternehmer zu Zwangsgemeinschaften, ↑Arbeiterkontrolle, Arbeitspflicht und planmäßige Verteilung der Güter wollte man ein staatskapitalistisches Monopol schaffen, das zum Nutzen des ganzen Volkes angewandt wird und das dadurch aufgehört hat, ein kapitalistisches Monopol zu sein. Im Jahre 1921, beim Übergang zur ↑Neuen Ökonomischen Politik, griff Lenin die Formel vom St. wieder auf. In seiner Broschüre „Über die Naturalsteuer" beschrieb er, was der St. im Rahmen des S.-Systems praktisch bedeute. In Form von Konzessionen, ↑Genossenschaften, freiem Handel und der Verpachtung staatlicher Unternehmen sollte Kapitalismus zugelassen werden. Das Problem sah Lenin darin, diesen Kapitalismus, dessen Entwicklung er — in einem gewissen Grade und für eine gewisse Zeit – für unvermeidlich hielt, in das Fahrwasser des St. zu lenken und in der Zukunft die Umwandlung des St. in den Sozialismus zu sichern. Durch Beset-

zung der „Kommandohöhen" (Großindustrie, Banken, Außenhandelsmonopol
u. a.) und durch Festigung der Macht des ↑Proletariats im politischen Bereich
schien Lenin die Möglichkeit gegeben, den St. für den Übergang zum Sozialismus
dienstbar zu machen. In diesem Sinne war der St. in der Anfangsphase der Neuen
Ökonomischen Politik das dieser zugrundeliegende theoretische Konzept.

Lit.: Lenin, W. I., Werke, Berlin, 1956 ff.; Lorenz, R., Die Anfänge der bolschewistischen
Industriepolitik, Köln 1965; Altrichter, H., Staat und Revolution in Sowjetrußland
1917–1922/23, Darmstadt 1981; Levin, A. Ja., Social'no-ėkonomičeskie uklady v SSSR v
period perechoda ot kapitalizma k socializmu (Gosudarstvennyj kapitalizm i častnyj kapitalizm), M 1967; Kossoj, A. I., Gosudarstvennyj kapitalizm v uslovijach stroitel'stva socializma, M 1975.   *H.-H.Sch.*

Staatskomitee für Verteidigung ↑Streitkräfte

Staatskontrolle meinte als stehender Begriff die Kontrolle staatlicher Einrichtun-
gen durch eigens dafür geschaffene Organe oder innerbehördliche Abteilungen.
Die Organisationsform hat häufig gewechselt, wiederholt wurden Staats- und
↑Partei-Kontrolle zusammengelegt und wieder getrennt, was ihre Geschichte
etwas verwirrend macht. Schon im Dezember 1917 war ein ↑Volkskommissar für
St. eingesetzt und mit der Bildung eines Kollegiums beauftragt worden. Im
Januar 1918 wurden ein zentrales Kontrollkollegium und regionale Rechen-
schaftskollegien (zur Bekämpfung bürokratischen Schlendrians) eingerichtet,
ohne ihre Funktionen von der St. genauer abzugrenzen. Im April 1919 verfügte
ein neues Dekret die Verstärkung und Reorganisation der St.: Zwar sei der alte
Bürokratismus zerschlagen, aber die Bürokraten seien geblieben und trieben
jetzt in S.-Behörden ihr Unwesen; dem müsse ein Ende gemacht werden. Offenbar wirkten aber weiterhin mehrere Systeme nebeneinander. Eine gewisse Abhilfe brachte die erneute Reorganisation und die Gründung der ↑Arbeiter- und
Bauerninspektion im Februar 1920. Sie sollte Bürokratismus und Schlendrian
bekämpfen und die Einhaltung der Gesetze wie die Durchführung der Regie-
rungsanweisungen kontrollieren. 1923 wurden Staats- und Parteikontrolle, Ar-
beiter- und Bauerninspektion und ↑Zentrale Kontrollkommission verbunden,
ohne ihre organisatorische Selbständigkeit völlig aufzuheben. 1930 wurde zusätzlich ein Organ zur Überprüfung der Durchführung der Regierungsentschei-
dungen, die Ausführungskommission beim ↑Rat der Volkskommissare der
UdSSR, geschaffen. 1934 wurde das Volkskommissariat der Arbeiter- und Bauerninspektion aufgelöst und seine Funktion (sowie die der Ausführungskommission) einer noch im gleichen Jahr gebildeten Kommission für S.-Kontrolle beim
Rat der Volkskommissare der UdSSR übertragen. 1940 wurde sie zu einem
unionsrepublikanischen Volkskommissariat (seit 1946 Ministerium) für St. umgebildet. 1957 wurden diese Ministerien für St. (im Gesamtstaat und den ↑Uni-
onsrepubliken) aufgelöst und durch Kommissionen für S.-Kontrolle ersetzt, die
seit 1962 wieder mit den Parteikontrollorganen verbunden waren. Das Dezem-
berplenum des ↑Zentralkomitees löste 1965 diese Verbindung und beschloß
gleichzeitig die Abschaffung der speziellen St.-Organe. An ihre Stelle sollten
gesellschaftliche Organe der „Volkskontrolle" treten, die von den ↑Räten zu
organisieren waren und die auf ehrenamtlicher Basis arbeiten sollten (vgl. Art. 92
der Verfassung von 1977).

Lit.: Gusev, K. V., Kratkij očerk istorii organov part.-gos. kontrolja v SSSR, M 1965; Ikonnikov, S. N., Sozdanie i dejatel'nost' ob-edinennych organov CKK-RKI v 1923–1934 gg., M 1971; Lunev, A. E., Gosudarstvennyj kontrol', in: BSĖ (3. Aufl.), Bd. 7, S. 171 ff.; ders., Gosudarstvennyj kontrol' v SSSR, M 1951; Fincke, M. (Hrsg.), Handbuch der Sowjetverfassung, 2 Bde., Berlin 1983.   *H.A.*

Staatspolizei, Staatssicherheit ↑Geheimpolizei

Stachanov-Bewegung hieß eine Initiative zur Steigerung der Arbeitsproduktivität und zum Einsatz rationeller Arbeitsmethoden in der s.en Wirtschaft, die 1935 organisiert wurde und unter diesem Namen bis etwa 1941 fortbestand. Auslöser der St.-B. war der „Rekord" des Hauers A. G. Stachanov (1905–1977), der am 31. 8. 1935 in einer Schicht 102 t Kohle abbaute, bei einer Norm von 7 t. Der Erfolg war durch intensive Vorbereitung des Arbeitsplatzes und durch verbesserte Arbeitsteilung vor Ort herbeigeführt worden. Im Gefolge von A. G. Stachanovs Tat kam es zunächst innerhalb der Kohleindustrie, später auch gesamtwirtschaftlich zu einer Rekordbewegung, die benutzt wurde, um ↑Arbeiter und Management für Steigerung der Arbeitsproduktivität und intensivere Nutzung der Arbeitskraft zu mobilisieren. Die St.-B. muß auf dem Hintergrund des 2. ↑Fünfjahrplanes gesehen werden, der mit der Losung „osvoenie" („Aneignung", nämlich der neuen Betriebe und Technologien) die Wirtschaft dazu zu stimulieren suchte, die neuerrichteten Industrieanlagen in Betrieb zu nehmen und effizient zu nutzen. Da sich die s.e Führung gegen das Management nicht durchsetzen konnte, initiierte sie eine Massenbewegung von unten, die sich auch gegen die „Schlafmützigkeit" des Managements richtete.

Lit.: Rogačevskaja, L. S., Socialističeskoe sorevnovanie v SSSR. Istoričeskie očerki 1917–1970 gg., M 1977; Geršberg, S. R., Rukovodstvo kommunističeskoj partii dviženiem novatorov promyšlennosti (1935–1941), M 1956; Stachanow, A., Mein Lebensweg, Münster 1972; Rittersporn, G. T., Héros du travail et commandeurs de la production – La campagne stakhanoviste et les stratégies fractionelles en U.R.S.S. (1935–1936), in: Recherches No. 32/33 (Sept. 1978); Filtzer, D., Soviet Workers and Stalinist Industrialization, London 1986; Siegelbaum, L., Stakhanovism and the Politics of Productivity in the USSR, 1935–1941, Cambridge/New York usw. 1988; Maier, R., Die Stachanov-Bewegung 1935–1938. Der Stachanovismus als tragendes und verschärfendes Moment der Stalinisierung der sowjetischen Gesellschaft, Stuttgart 1990 (Quellen und Studien Europa 31).   *H.-H.Sch.*

Stadt. Als St. bezeichnete die s.e Sozialwissenschaft einen großen besiedelten Punkt, dessen Bewohner hauptsächlich in ↑Industrie und Handel beschäftigt sind, aber auch im Dienstleistungsbereich, in der Verwaltung, Wissenschaft und im Kulturbereich. Entscheidendes Merkmal für die Kategorisierung eines besiedelten Punktes als St. sind Zahl der Einwohner (St. [gorod] in der ↑RSFSR über 12 000; Siedlung städtischen Typs [poselok gorodskogo tipa] über 2000) und Funktion (industrielle Produktion, Verwaltung, Kultur und Politik, Kur und Erholung usf.). Charakteristisch für die St. sind hohe Bevölkerungsdichte und Geschlossenheit (kompaktnost') der Bebauung.

Im Rahmen der ↑Industrialisierung und des sozialen Wandels, der damit in Zusammenhang steht, hat sich der Prozeß der Urbanisierung, der bereits in der ersten Phase der r.en Industrialisierung im ausgehenden 19. Jh. begann, fortgesetzt.

Wachstum der Städte und der Stadtbevölkerung in der UdSSR

	1926	1939	1959	1970
Zahl der Städte				
a)	709	923	—	—
b)	—	1190	1679	1935
Zahl der Siedlungen				
städtischen Typs				
a)	1216	1450	—	—
b)	—	1568	2940	3569
Städtische Bevölkerung				
(Mio.)				
a)	26,3	56,1	—	—
b)	—	60,4	100,0	136,0
Anteil an der Gesamt-				
bevölkerung (%)				
a)	18,0	33,0	—	—
b)	—	32,0	48,0	56,0

a) Grenzen vom 17. 9. 1939   b) Grenzen von 1990

Beschleunigt wurde der Urbanisierungsprozeß in den Jahren der forcierten Industrialisierung und ↑Kollektivierung, als viele ↑Bauern das ↑Dorf verließen und in die industriellen Zentren strömten. Das führte zu einem raschen Wachstum der vorhandenen Städte (↑Char'kov 1923: 312 000, 1939: 833 000; ↑Kiev 1923: 435 000, 1939: 847 000; ↑Petrograd 1923: 1 044 000, Leningrad 1939: 3 385 000; ↑Moskau 1923: 1 490 000, 1939: 4 132 000; ↑Nižnij Novgorod 1923: 134 000, Gor'kij 1939: 644 000) und zu zahlreichen Neugründungen (Dzeržinsk [bis 1929 Rastjapino] 1923: 3000, 1939: 103 000; ↑Karaganda 1923: –, 1939: 156 000; Kemerovo [bis 1932 Ščeglovsk] 1923: 11 000, 1939: 133 000; Komsomol'sk na Amure 1923: –, 1939: 71 000; ↑Magnitogorsk 1923: –, 1939: 146 000; Novokuzneck [bis 1961 Sibirskij Stalinsk] 1923: 3000, 1939: 166 000; Prokop'evsk 1923: –, 1939: 107 000). Das rasche Wachstum der Stadtbevölkerung brachte erhebliche Probleme mit sich, da der Ausbau der Städte, insbesondere der Wohnungsbau (↑Wohnraum), nicht Schritt hielt. In diese Phase fällt auch die Rekonstruktion einiger alter Städte, vor allem der Hauptstädte der ↑Unionsrepubliken. In Moskau wurde nach einem Generalplan die Innenstadt saniert und das alte Stadtbild vernichtet. Der großzügige Ausbau des Metro-Netzes und die Errichtung repräsentativer Hochhäuser (Lomonosov-Universität, Hotel Ukraina u. a.) gehörten in den Rahmen dieser Rekonstruktion. Der deutsche Angriff 1941 (↑Zweiter Weltkrieg) führte zu erheblichen Zerstörungen. In den besetzten Städten wurden 1 209 000 von 2 567 000 Wohnhäusern zerstört, 32 000 große und mittlere Industriebetriebe, sowie 82 000 ↑Schulen. Nach 1945 waren deshalb alle Anstrengungen auf den Wiederaufbau gerichtet, der teilweise mit Neuplanung verbunden war (z. B. in Kiev). Einen neuen Anstoß erhielt der Städtebau unter ↑Chruščev, der sich gegen den Baustil der Stalin-Zeit wandte und einer Versachlichung der städtebaulichen Planung und einer Industrialisierung des Bauwesens das Wort redete. Auch in der SU entstanden Trabantenstädte (goroda-sputniki) und Agglomeration von Städten (aglomeracija naselennych punktov). Probleme wie innerstädtischer Verkehr, Organisation kommunaler Dienstleistungen, Entsorgung und Stadtbeleuchtung, Versorgung mit Energie, Lebensmitteln u. a., Gesundheitsversorgung (↑Gesundheitswesen) und die Befriedigung von Kultur- und Bildungsbedürfnissen mußten in diesem Zusammenhang gelöst werden.

Lit.: Chorev, B. S., Problemy gorodov, M 1971; Glazyrin, M. V., Upravlenie social'no-ékonomičeskim razvitiem goroda, Novosibirsk 1983; Rukavišnikov, V. O., Naselenie goroda (Social'nyj sostav, rasselenie, ocenka gorodskoj sredy), M 1980; Harris, C. D., Cities of the Soviet Union, Chicago 1970; Taubman, W., Governing Soviet Cities. Bureaucratic Politics and Urban Development in the USSR, New York usw. 1973; Martiny, A., Bauen und Wohnen in der Sowjetunion nach dem Zweiten Weltkrieg, Berlin 1983.   *H.-H.Sch.*

Stalin (eigentl. Džugašvili), Iosif Vissarionovič (1879–1953), war zwischen 1928 und 1953 der unangefochtene „Führer" (vožd') der SU und der auf die ↑VKP(b) bzw. KPdSU orientierten Kommunistischen und Arbeiterparteien sowie der von der SU abhängigen Länder. Als Politiker und als sowjetmarxistischer Theoretiker hat St. das Denken und die Praxis des ↑Marxismus-Leninismus in seiner Epoche und bis in die Gegenwart maßgeblich geprägt (↑Stalinismus).

St. war Georgier. Als Student der orthodoxen Theologie kam St. in Berührung mit r.en Marxisten und schloß sich sozialdemokratischen Kreisen an – der Beginn seiner Zugehörigkeit zur KPdSU wird parteioffiziell mit dem Jahr 1898 angesetzt. 1899 wurde St. wegen revolutionärer Aktivitäten aus dem geistlichen Seminar ausgeschlossen. Tatsächlich betätigte er sich als Berufsrevolutionär, der zunächst in ↑Transkaukasien unter den Arbeitern agitierte, marxistische Publikationen edierte oder verfaßte und vermutlich an „Expropriationen" zur Stärkung der Parteikasse mitwirkte. St. engagierte sich nach der Rückkehr aus Gefängnis und ↑Sibirien (1902–04) in der Revolution von 1905 (↑LGR) im Kaukasus, trat gleichzeitig in immer engere Kontakte zu den Zentren der r.-sozialdemokratischen Bewegung und nahm als kaukasischer Delegierter an der I. ↑Parteikonferenz in Tammerfors, ebenso am IV. und V. ↑Parteikongreß teil. 1906 schloß St. sich in der Agrarfrage einer von ↑Lenin abweichenden Position an, gehörte vor dem Ersten Weltkrieg (↑LGR) aber zu dessen verläßlicheren Anhängern. Als solcher wurde St. nach der VI. Parteikonferenz 1912 vom ↑Zentralkomitee kooptiert und gehörte ihm bis zu seinem Tode an. St. war an der Gründung und Herausgabe der Zeitungen „Zvezda" (Der Stern) und ↑„Pravda" beteiligt, die zunächst einen „versöhnlerischen" Kurs verfolgten. Anläßlich der Beratung des ZK mit Parteiarbeitern in Krakau (1912) setzte Lenin seine antimenschewistische Linie durch. In dieser Zeit entwickelte St. in der von Lenin angeregten Schrift „Die nationale Frage und die Sozialdemokratie" (1915) das von Lenin aufgegriffene Nationalitätenkonzept der ↑Bolschewisten. St.s Aktivität, fast regelmäßig durch Verhaftungen, Deportationen und Fluchten unterbrochen, war zwischen 1913 und 1917 durch die Verbannung (↑LGR) in das Gebiet von Turuchansk blockiert. Nach der Februar-Revolution (↑LGR) kehrte er nach ↑Petrograd zurück. Er trat ins Präsidium des Büros des ZK ein und gehörte erneut zur Redaktion der „Pravda". In dieser Phase unterstützte St. mehrfach Positionen, die von denen Lenins abwichen, so hinsichtlich der Einschätzung der Rolle der ↑Sowjets und des Zusammenschlusses der sozialdemokratischen Fraktionen. Nach der Rückkehr Lenins folgte St. ihm jedoch in allen wichtigen Fragen, gewährte im Spätsommer 1917 den Gegnern Lenins allerdings Raum für ihre Ansichten in der „Pravda" und sprach sich gegen den von Lenin geforderten Ausschluß ↑Zinov'evs und ↑Kamenevs aus.

Im ersten ↑Rat der Volkskommissare übernahm St. das Ressort für Nationalitätenangelegenheiten (1917–23) und war damit – in Abstimmung mit Lenin – für die Gestaltung der s.en Politik gegenüber den nichtr.en Völkern und Minderheiten verantwortlich. Im ↑Bürgerkrieg war St. für das ZK an verschiedenen Fronten des Südens und Südostens um ↑Caricyn im politisch-militärischen Einsatz. In dieser Phase kam es zu den ersten schweren Konflikten mit ↑Trockij, aber auch zum Ausbau eines Netzes von Freundschafts- bzw. Abhängigkeitsverhältnissen, das St. später zum Ausbau der Macht seiner Partei nutzte. St. gehörte dem engsten Kreis der s.en Führungsriege um Lenin und allen zentralen staatlichen (Rat der Volkskommissare, ↑Zentrales Exekutivkomitee) und den parteilichen (ZK, ↑Polit-, ↑Org-Büro) Gremien sowie dem ↑revolutionären Militärrat an. Er stützte Lenin bei der Auseinandersetzung mit allen „Abweichungen" und wurde auf dessen Vorschlag auf dem XI. Parteikongreß zum ↑Generalsekretär des ZK gewählt. Im Vorfeld der Gründung der ↑UdSSR geriet St. wegen seines rigorosen Umspringens mit den transkaukasischen Genossen und wegen beleidigender Äußerungen gegenüber Lenins Frau in Konflikt mit Lenin, der Ende 1922 dazu riet, St. das Amt des Generalsekretärs zu nehmen (↑Testament Lenins). St. hatte die Mehrheit der Parteifunktionäre schon hinter sich. Die Spannungen zwischen konkurrierenden politischen Richtungen geschickt ausnutzend, gelang es ihm nach Lenins Tod, in den entscheidenden Gremien (Parteikongreß/-konferenz, ZK, Politbüro) jeweils die Mehrheit gegen ↑Trockij, die ↑linke, die vereinigte linke und die ↑rechte Opposition zu gewinnen. Seit 1928 bestimmte St. allein den politischen Kurs. In diesem Jahr begann auch der eigentliche ↑Personenkult um St. Er setzte die Abkehr von der ↑Neuen Ökonomischen Politik und den Übergang zu ↑Industrialisierung, ↑Kollektivierung und zu den ↑Fünfjahrplänen durch. Die „Revolution von oben" war sein Werk. Ebenso waren zentrale Konzepte der Außenpolitik (↑Sozialismus in einem Land, ↑Kominform, ↑Sozialistisches Lager) ihm zuzuschreiben, der außenpolitische Kurs, den die Außenkommissare/-minister ↑Čičerin, ↑Litvinov, ↑Molotov und – seit 1949 – ↑Vyšinskij vertraten, wurde von ihm gesteuert. Zentrale außenpolitische Entscheidungen (↑Hitler-Stalin-Pakt, Konferenzen von ↑Teheran, ↑Jalta und ↑Potsdam) übernahm St. persönlich. Dies galt auch für die Führung der s.en Operationen im ↑Zweiten Weltkrieg. St. ließ sich dafür 1945 mit dem Titel des Generalissimus der SU auszeichnen. Erst nach dem deutschen Überfall übernahm er den Vorsitz im Rat der Volkskommissare von Molotov und behielt ihn (seit 1946 als Vorsitzender des ↑Ministerrats) bis zu seinem Tode. Im übrigen blieb das Sekretariat der Ort, in dem St. seine Entscheidungen durchsetzte, soweit er sie nicht bei sich, durch sein persönliches Sekretariat bzw. in Einzelgesprächen traf, ggf. die konkurrierenden Mitarbeiter gegeneinander ausspielend (↑Malenkov, ↑Ždanov, ↑Chruščev). Partei-, Staats- und Wirtschaftsverwaltung waren von ihm abhängig, die Partei konnte keine Eigenständigkeit bewahren. Um so gewichtiger und folgenreicher war die Mitwirkung der ↑Geheimdienste, v. a. ↑Jagodas, ↑Ežovs und – in entscheidender Weise – ↑Berijas. Mit pron021r0021rierten Äußerungen schaltete sich St. in allen Stadien in die Kulturpolitik ein und wirkte bei der Entwicklung von Konzepten mit, die für die Künstler oder für das öffentliche Leben allein verbindlich gemacht wurden (↑sozialistischer Realismus, ↑Sowjetpatriotismus, ↑Ždanov-Ära). Persönlich nahm er an der künstlerischen und wissenschaftlichen Entwicklung Anteil. Seine Eingriffe trugen zum Niedergang der s.en Forschung und Wissenschaft bei (↑Lysenko). Schließlich disziplinierte St. die Parteifunktionäre aller Ränge, die Parteigenossen und die Bevölkerung in den ↑Säuberungen der 30er Jahre, ebenso in der Nachkriegszeit (↑Leningrader Affäre und ↑Ärzte-Komplott). St. scheute vor millionenfachen „Liquidierungen" nicht zurück (Kollektivierung, ↑Nationalitäten). Die St.-↑Verfassung von 1936 konnte als Kernstück seiner innenpolitischen Vorstellungen begriffen werden. Hier wurden scheinbare Rechte vermittelt, die in der Realität keine Basis hatten. St. sah mit dieser Verfassung die sozialistische Entwicklung der SU abgeschlossen und verkündete, die SU sei auf dem Wege zum ↑Kommunismus. St. bediente sich verläßlicher junger Mitarbeiter, die in den 30er Jahren von ihm herangezogen wurden und die Lücken zu füllen hatten, die die Vernichtung der Mitarbeiter der ersten Jahre riß. St. sicherte seine Politik bis zu seinem Tode mehrfach ideologisch ab: Den Abhandlungen zu „Fragen des ↑Leninismus" (1926) ließ er 1938 den ↑„Kurzen Lehrgang", 1950 die ↑„Linguistik-Briefe" und 1952 die „Ökonomischen Probleme des Sozialismus" folgen.

Außerhalb der SU ist St.s Beitrag zur s.en Gschichte stets mit Skepsis, ja mit Abscheu betrachtet worden. In der SU konnten die Verbrechen St.s erst während der ↑Entstalinisierung unter Chruščev angesprochen werden. Allerdings wurde bis zu ↑Gorbačev sorgfältig vermieden, das Ausmaß seiner Untaten, etwa die Zahl der Opfer, genau zu bestimmen und sich mit den Nachwirkungen des Stalinismus in der SU zu beschäftigen. Das Ausmaß der Verbrechen St.s, besonders auch die Vernichtung hochrangiger und bewährter Parteigenossen, haben zu Überlegungen geführt, er sei Paranoiker gewesen. Dafür sind Anzeichen nicht vorhanden. Die von Trockij behauptete Mittelmäßigkeit und das Unvermögen St.s, mit komplizierten Lebenswirklichkeiten und Gedanken umzugehen, schließlich das Mißtrauen und die Angst vor überlegenen Konkurrenten können seine Engstirnigkeit und Rücksichtslosigkeit gegenüber anderen erklären. Sein Dogmatismus und seine Gewohnheit, eng dualistisch zu argumentieren und zu handeln, könnten das extreme Vorgehen zum Teil bedingt haben, aber auch die Unfähigkeit, in problematischen Situationen, die nicht nur von ihm abhingen, nüchtern und sachgerecht zu kalkulieren oder zu reagieren (so beim deutschen Überfall auf die SU, so sein Zaudern in schwierigen Lagen, etwa während des ↑Korea-Kriegs und davor).

Lit.: Iremaschwili, J., Stalin und die Tragödie Georgiens. Erinnerungen von seinem langjährigen Freund, Berlin 1932; Tucker, R. C., Stalin as Revolutionary, 1879–1929. A Study in History and Personality, New York 1973; ders., Stalin in Power. The Revolution from Above, New York 1990; Deutscher, I., Stalin. Eine politische Biographie, Berlin 1979; Ulam, A. B., Stalin. Koloß der Macht, Esslingen 1977; de Jonge, A., Stalin and the Shaping of the Soviet Union, London 1986; Volkogonov, D. A., Triumph und Tragödie. Politisches Porträt des J. W. Stalin. 2 Bde., Berlin 1990; Osmyslit' kul't Stalina, Moskau 1989; Medvedev, R. A., O Staline i stalinizme, Moskau 1990 (frühere engl. Fassung: On Stalin and Stalinism, Oxford u. a. 1979). *B.Sch.*

Stalinabad ↑Dušanbe

Stalingrad ↑Volgograd

Stalingrad, Schlacht von St. ↑Zweiter Weltkrieg

Stalinismus ist als Begriff auf dem Höhepunkt des Stalin-Kults (↑Personenkult) in der SU geprägt worden, um die Gleichrangigkeit der wissenschaftlichen und politischen Leistungen ↑Stalins mit denen ↑Lenins zum Ausdruck zu bringen. Während dieser Begriff im Zuge der ↑Entstalinisierung aus der s.en Terminologie eliminiert wurde und erst seit ↑Gorbačev wieder gebraucht wird, griff man ihn in der westlichen Sozialismusforschung in einer kritischen Bedeutung auf. Hier bezeichnet er sowohl die Theorie und Praxis eines marxistischen Terrorregimes als auch die konkreten Erscheinungsformen, in denen sich der Machtmißbrauch Stalins in der Politik äußerte. Eine dritte Bedeutungsvariante hat sich in der westlichen marxistisch orientierten Kritik am s.en Herrschaftssystem herausgebildet. In dieser Version versteht man unter St. ein bürokratisches oder etatistisches Herrschaftssystem marxistischer Provenienz, das seinen Rückhalt bei der Bevölkerung verloren und damit auch das Recht eingebüßt hat, sich auf den Marxismus (↑Marxismus-Leninismus) als Legitimationsgrundlage zu berufen.

Zu den Grundzügen des St. gehört die Aufwertung des ↑Leninismus zu einer besonderen Theorie des Sozialismus, die den Marxismus des 19. Jhs. an die neuen Bedingungen der imperialistischen Entwicklungsphase des Kapitalismus angepaßt und damit auch historisch überholte marxistische Positionen korrigiert habe. Die direkte Berufung auf die Texte von Marx bei der Analyse und Bewertung aktueller Sachverhalte gilt seither als „Dogmatismus". Zweitens ist der St. durch die Lehre vom Aufbau des Sozialismus in den Grenzen und mit den Mitteln eines Landes gekennzeichnet (↑Sozialismus in einem Lande). Mit dieser Theorie wurden die gewaltsamen Formen gerechtfertigt, die die ↑Kollektivierung der ↑Landwirtschaft, die nachzuholende ↑Industrialisierung und die sozialistische ↑Kulturrevolution in den 30er Jahren annahmen. Die dritte Eigenart des St. ergibt sich aus der Revision der marxistischen Staatstheorie. Der Glaube, daß die Bedeutung des Staates im Prozeß des sozialistischen Aufbaus abnimmt, wird vom St. mit dem Argument zurückgewiesen, daß die Gefahr, die aus der ↑kapitalistischen Einkreisung erwachse, nur mit den Mitteln eines starken Staates abgewehrt werden könne. Ein viertes Merkmal hängt mit der besonders extensiven Auffassung vom Klassenkampf im Sozialismus zusammen. Die Intensität der Klassenauseinandersetzungen nimmt demnach während des fortschreitenden sozialistischen Aufbaus nicht ab, sondern steigert sich im selben Maße, wie der Sozialismus seiner Vollendung entgegengeht. Diese Unterstellung diente in den 30er Jahren zur ideologischen Rechtfertigung der Schauprozesse und ↑Säuberungen des Parteiapparats. In der politischen Praxis manifestierte sich der Machtmißbrauch Stalins in administrativer Gewaltanwendung und im Massenterror. Nach s.en Darstellungen äußerte sich das im einzelnen in der Deportation ganzer Völkerschaften und in Massenrepressalien, die sich gegen die ganze Bevölkerung richteten. Stalin habe die Verhaftung und Hinrichtung von Tausenden unschuldiger Menschen ohne ordnungsgemäße Untersuchungs- und Gerichtsverfahren angeordnet und damit die Bevölkerung in Furcht und Schrecken versetzt. Er habe einen Unfehlbarkeitsanspruch erhoben, die Grundsätze der ↑kollektiven Führung verletzt und die Einberufung von ↑Parteitagen und Sitzungen des ↑Zentralkomitees der ↑KPdSU um Jahre verzögert. Aus Berichten einer s.en Untersuchungskommission geht hervor, daß sich der Terror auch gegen führende Mitglieder und Kandidaten des ZK der Partei gerichtet habe. So seien von den 139 Mitgliedern und Kandidaten des ZK der Partei, die auf dem XVII. ↑Parteitag im Januar 1934 gewählt worden seien, in den Jahren 1937 und 1938 98 Personen erschossen und von den 1966 Delegierten dieses Parteitages später 1108 Personen unter der Beschuldigung konterrevolutionärer Verbrechen festgenommen und deportiert worden. Vor dem ↑Zweiten Weltkrieg habe Stalin die Sicherheit des Landes durch die Vernachlässigung der Verteidigungspolitik und durch mangelhafte Generalstabsplanung gefährdet und nach dem Krieg durch die Provokation der politischen Führer Jugoslaviens die Solidarität mit den sozialistischen Ländern aufs Spiel gesetzt.

Lit.: Stalin, J., Fragen des Leninismus, Berlin 1950; Lange, M. G., Marxismus, Leninismus, Stalinismus, Stuttgart 1955; Chruščev, N. S., Chruschtschows historische Rede, in: O. Pr. 25/26 (1956); Hofmann, W., Stalinismus und Antikommunismus, Frankfurt a. M. 1967; Kofler, L., Stalinismus und Bürokratie, Neuwied 1970; Urban, G. R. (Hrsg.), Stalinism, Trowbridge (Wiltshire) 1985.   *R.A.*

Stalin-Kult ↑Personenkult

Stalino ↑Doneck

Stalin-Preis ↑Lenin-Preis

Stanislavskij (eigentl. Alekseev), Konstantin Sergeevič (1863–1938), hat mit seinen Inszenierungen r.er Dramatiker der Jahrhundertwende in R. und auch in der westlichen Welt anregend und stilbildend gewirkt. Sein Konzept des „magischen Realismus" prägte das r.e Theater, es ging über seine Schüler A. Ja. Tairov (1885–1950), E. B. Vachtangov (1883–1922) und ↑Meyerhold nach der ↑Oktober-Revolution in die vielfältigen neuen Ansätze des „Revolutionstheaters" ein, die allerdings den von St. gezogenen Rahmen vielfältig sprengten – in den zahlreichen Experimenten, die u. a. das Zusammenwirken aller Kunstsparten, die Ansprache und die Einbeziehung der Massen, die Erweiterung um neue stilistische Formen anstrebten bzw. verwirklichten. Der Gedanke, über das Theater politisch zu agitieren, blieb St. fremd, hingegen ließ sich sein Konzept für Theater und Schauspieler, das „St.-System", in das seit Anfang der 30er Jahre allgemein verbindlich gemachte Kunstgebot des ↑sozialistischen Realismus gut einpassen. ↑Stalin sagte im Gegensatz zum experimentellen Theater die „klassische" und eingängige Art St.s zu: 1936 ließ er ihn als „Volkskünstler der UdSSR" auszeichnen. Für die Ausbildung s.er Regisseure ist das St.-System seitdem prägend geworden. Auch der Kanon der Theaterstücke ist durch St. mitgeprägt worden, während die Traditionen des experimentellen Theaters als formalistisch und zersetzend verpönt wurden. Gerade die unpolitische Art St.s und seiner Vorstellung von Theater erlaubte die Füllung mit politischen Inhalten. Erst im Gefolge des ↑Tauwetters während der ↑Entstalinisierung unter ↑Chruščev wurde die dogmatische Durchsetzung des St.-Systems und die damit einhergehende, nicht von St. stammende Reduktion der Probleme (Theorie der Konfliktlosigkeit) aufgebrochen und überwunden, wenngleich die Zeit nach Chruščev bis zu ↑Glasnost' neue Einschränkungen und Verbote brachte.

Lit.: Slonim, M., Russian Theatre from the Empire to the Soviets, New York 1962; Magarshack, D., Stanislavsky. A Life, 1950 (Nachdruck: London 1986); Kosteckij, I. V., Sovetskaja teatral'naja politika i sistema Stanislavskogo, München 1956.   *B.Sch.*

START ↑INF-Vertrag, ↑Streitkräfte

Steppe (Generalgouvernement) ↑Kirgizien, ↑Kazachstan

Stiljaga (Pl. stiljagi, von „stil'" = Stil; etwa: Halbstarker) war in der Ära ↑Chru-ščevs die Bezeichnung für einen Typ Jugendlichen, der in Verhalten und Klei-dung westliche Vorbilder imitierte. S.en Zeitungsberichten zufolge schwärmte der St. für amerikanischen Jazz und Rock'n Roll, beschaffte sich westliche Klei-dung auf dem Schwarzmarkt, redete seine Gesinnungsgenossen mit englischen Spitznamen an und suchte jeder Arbeit aus dem Wege zu gehen. Die Schilderun-gen s.er Zeitungen waren wohl Reflex eines Generationenkonflikts, der sich nach Ende der ↑Stalin-Zeit auch in der Öffentlichkeit äußern konnte. Der Typ des St., der in den 50er Jahren auch westlichen Beobachtern auffiel, stellt wohl nur die extremste Form nonkonformistischen Verhaltens unter Jugendlichen in dieser Zeit dar. In welchem Maße solche Haltungen verbreitet waren, ist kaum zu ermitteln. Urteilt man nach der offiziellen s.en Reaktion, wurde das abwei-chende Verhalten Jugendlicher jedoch als Bedrohung aufgefaßt.

Lit.: Komsomol'skaja Pravda 11.8. 1956, S.2; 15.8. 1956, S.2; 9.7. 1958; Kassof, A., Youth vs. the Regime: Conflict in Values, in: Problems of Communism, 1957 No.3, S. 15–23; Utechin, S. V./Utechin, P., Patterns of Nonconformity, ebd. S.23–29; Speco-vius, G., Die Russen sind anders. Mensch und Gesellschaft im Sowjetstaat, Düsseldorf 1963, S. 154ff.   *H.-H.Sch.*

Stoßarbeiterbewegung (udarničestvo) bezeichnete im ↑Kriegskommunismus Ar-beitergruppen, die besonders dringliche Aufgaben lösten. Der Begriff wurde im Rahmen der forcierten ↑Industrialisierung wieder aufgegriffen und wurde nun für Werktätige benutzt, die besonders hohe Arbeitsleistung erbrachten bzw. sich dazu verpflichteten. Erste Stoßarbeiterbrigaden entstanden offenbar auf lokale Initiative hin 1926–28, doch erst nach Ausrufung des ↑sozialistischen Wettbe-werbs im Januar 1929 verbreitete sich die St. im ganzen Land. Anfang 1931 waren über 60 % der Industriearbeiter in die St. einbezogen. Allerdings schloß diese Zahl zahlreiche „lžeudarniki" (Pseudostoßarbeiter) ein. Ohnehin war es in der Regel schwierig festzustellen, ob Stoßarbeiter wirklich hohe Arbeitsleistung erbrachten, da die industrielle Normung (↑Normen) weitgehend im argen lag. Die Entstehung der ↑Stachanov-Bewegung verdrängte 1935 die St. In den 50er Jahren wurde der Begriff St. wiederbelebt, schien aber oft nur noch rein forma-len Charakter zu haben.

Lit.: Rogačevskaja, L.S., Socialističeskoe sorevnovanie v SSSR. Istoričeskie očerki 1917–1970 gg., M 1977; Lebedeva, N.B.U., Škaratan, O.I. Očerki istorii socialističes-kogo sorevnovanija, L 1966; Marš udarnych brigad. Molodež' v gody vosstanovlenija narodnogo chozjajstva i socialističeskogo stroitel'stva 1921–1941 gg. Sbornik dokumentov, M 1965.   *H.-H.Sch.*

Straflager, Sträflingslager ↑GULag

Streiks waren in der S.-Republik während der ↑Neuen Ökonomischen Politik nicht verboten, in der staatlichen ↑Industrie allerdings unerwünscht. Trotzdem kam es in den 20er Jahren regelmäßig zu größeren Streikaktionen, die spontan und ohne Unterstützung durch die ↑Gewerkschaften entstanden. St. waren ein Ausdruck der Arbeiterunzufriedenheit während der politischen Krise des Winters 1920/21. In den folgenden Jahren kam es zu einer Welle von St. in der staatlichen Industrie mit Höhepunkt im Sommer 1923. Ursache waren verzögerte Lohnauszahlungen, die infolge der Inflation zu einer Senkung der Reallöhne führten. In der zweiten Hälfte der Neuen Ökonomischen Politik gingen Zahl und Intensität der St. zurück. Die Verschärfung der Arbeitsdisziplin in der Periode der ↑Fünfjahrpläne führte dazu, daß über St. offiziell keine Angaben mehr gemacht wurden. Wenigstens 1932 aber hat es mehrfach St. in der Industrie gegeben, mit denen sich ↑Arbeiter gegen die katastrophale Versorgungslage zur Wehr setzten. Spätestens mit dem Erlaß von 1940 waren St. endgültig zu Straftaten geworden. Nach dem Krieg wurde die Arbeitsdisziplin zwar gelockert, doch gab es St. bis 1985 nur als illegale Aktionen. Ende der 80er Jahre kam es erneut zu Massen-St., besonders in den Bergbaugebieten von ↑Kuzbass und ↑Donbass. Die Streikenden stellten zunächst wirtschaftliche, in der Folge auch politische Forderungen.

Lit.: Plogstedt, S., Arbeitskämpfe in der sowjetischen Industrie 1917–1933, Frankfurt a. M. 1980; Schröder, H. H., Arbeiterschaft, Wirtschaftsführung und Parteibürokratie während der Neuen Ökonomischen Politik (Forschungen zur osteuropäischen Geschichte, Bd. 31), Berlin 1982; Meyer, G., Studien zur sozialökonomischen Entwicklung Sowjetrußlands 1921–1923, Köln 1974; Schlögel, K., Der renitente Held. Arbeiterprotest in der Sowjetunion 1953–1983, Hamburg 1984; Pravda, A., Spontaneous Workers' Activities in the Soviet Union, in: Kahan, A./Ruble, B. A. (Hrsg.), Industrial Labor in the USSR, New York 1979. *H.-H.Sch.*

Streitkräfte. In der Militärpolitik hatten sich die ↑Bolschewisten festgelegt: Das stehende Heer sollte abgeschafft und durch eine Territorialmiliz, die „allgemeine Bewaffnung des Volkes", ersetzt werden. So stand es im ↑Parteiprogramm, und die April-Thesen (↑LGR) hatten im Frühjahr 1917 diese Forderung wiederholt. Unmittelbar nach der ↑Oktober-Revolution begann die Demontage der alten Armee: Per Dekret des ↑Rates der Volkskommissare wurden im Dezember alle militärischen Titel, ↑Orden und Dienstabzeichen abgeschafft, Rangunterschiede sollte es künftig nicht mehr geben, und die Truppe sich ihren Vorgesetzten wählen. Die „Deklaration der Rechte des werktätigen und ausgebeuteten Volkes" kündigte am 3. 1. (A. S.)/16. 1. 1918 die Bildung einer „Sozialistischen Roten Arbeiter- und Bauernarmee" an, und am 15. 1. (A. S.)/28. 1. wurde die Gründung mit einem Dekret des Rates der Volkskommissare vollzogen. Die neue Armee sollte als Freiwilligenarmee aus den „bewußten und bestorganisierten" Teilen der ↑Arbeiter- und ↑Bauernschaft gebildet werden, die Vorstufe zum Milizsystem bilden und der „vorwärts schreitenden sozialistischen Revolution in Europa" Hilfestellung leisten. Parallel dazu wurde am 29. 1. (A. S.)/11. 2. 1918 eine „Sozialistische Rote Arbeiter- und Bauernflotte" gegründet, ohne daß dieser Flotte zunächst größere Bedeutung zukam. Erst recht galt dies für die ersten Staffeln einer „Roten Luftwaffe".

Das Schicksal der Revolution wurde zu Lande entschieden. Die noch im Winter eilends aufgestellten Verbände der Roten Armee nahmen sich die lose organisierten bewaffneten Arbeiterbrigaden und Fabrikwachen (Rote Garden) zum Vorbild. Rasch erwies sich, daß sie – nach Unterbrechung der Friedensverhandlungen mit Deutschland und Wiederaufnahme der Kampfhandlungen – den regulären deutschen Truppen nicht standzuhalten vermochten. Diese Erfahrung bewog die S.-Regierung, noch im Frühjahr 1918 die Milizidee aufzugeben und die Rote Armee zur regulären Armee auszubauen. Die eben eingeführte Wahl der Vorgesetzten durch die Truppe wurde wieder abgeschafft, die freiwillige Meldung durch eine obligatorische Dienstpflicht (unter Ausschluß der besitzenden Schichten) ersetzt; der Erlaß strenger Disziplinarordnungen folgte. Nach Ausbruch des ↑Bürgerkrieges glaubte man, auf den militärischen Sachverstand der alten Offiziere nicht länger verzichten zu können, und stellte sie als „Militärspezialisten" erneut ein. Bei der Ausübung der Kommandogewalt wurden sie allerdings streng überwacht von den politischen ↑Militärkommissaren, die für die Durchsetzung der Parteidirektiven in der Armee zu sorgen hatten. Gleichzeitig wurde – neben den ↑Räten und unabhängig von ihnen – eine straff organisierte Militärverwaltung geschaffen und an deren Spitze ein „Revolutionärer Militärrat der Republik" (Abk. Revvoensovet respubliki, auch RVSR) eingerichtet, dessen Vorsitz der für Heer und Flotte zuständige ↑Volkskommissar (bis 1925 ↑Trockij) übernahm. Hatte die Rote Armee im April 1918 knapp 200 000 Soldaten, so wuchs sie bis Ende 1920 auf über 5 Mio. an. Auch nach Ende des Bürgerkrieges kehrte man nicht zur ursprünglichen Idee einer Milizarmee zurück, vielmehr wurde der Ausbau des regulären Heeres fortgesetzt und durch die Militärreform von 1924/25 bestätigt. Wenn daneben („Territorialmiliz" genannte) Reserveverbände mit verkürzter Dienstzeit aufgestellt wurden, so geschah das lediglich aus Kostengründen und zur Auffüllung der regulären Armee im Kriegsfall (sie wurden in den 30er Jahren wieder aufgelöst). 1934 wurde der – offenkundig schon wegen seines Namens suspekte – Revolutionäre Militärrat abgeschafft, das Volkskommissariat für Heer und Flotte in Volkskommissariat für Verteidigung und der Stab der Roten Armee 1935 in Generalstab umbenannt. Im gleichen Jahr wurden die seit der Revolution abgeschafften Offiziersränge (statt der bloßen Dienstbezeichnungen) wiedereingeführt. Die ↑Verfassung von 1936 hob die klassenmäßigen Einschränkungen auch für die Armee auf und machte die Verteidigung des Vaterlandes zur „heiligen Pflicht eines jeden Staatsbürgers" (Art. 133). Der 1939 neu gefaßte Fahneneid verzichtete im Gegensatz zu früher auf jede weltrevolutionäre Floskel und verpflichtete den Soldaten, alle Dienstanweisungen „widerspruchslos" auszuführen. Von den ↑Säuberungen der 30er Jahre wurde besonders hart auch die Armee betroffen. Mißtrauisch gegen deren Führung hatte ↑Stalin 1937 auf das Kontrollinstrument der politischen Militärkommissare zurückgegriffen. Im August 1940 wurden sie zwar wieder abgeschafft, aber wie unsicher sich Stalin der Armeeführung noch immer war, zeigt der Umstand, daß man nach dem deutschen Überfall auf die SU (↑Zweiter Weltkrieg) die Militärkommissare, „als Vertreter von ↑Partei und Regierung" und gleichberechtigt neben dem Kommandeur, erneut einführte.

Angesichts der vitalen Bedrohung des Gesamtstaates wurde noch Ende Juni 1941 ein „Staatskomitee für Verteidigung" geschaffen und mit außerordentlichen Vollmachten ausgestattet. Stalin übernahm darin den Vorsitz und zusätzlich auch das Verteidigungskommissariat. Um das Band zwischen politischer Führung und Armee zu stärken, wurde der Parteieintritt für Armeeangehörige erheblich erleichtert. So stieg die Zahl der Parteimitglieder in der Armee zwischen 1941 und 1945 von 1,3 auf 3,3 Millionen. Als sich die Wende des Krieges abzuzeichnen begann, wurden im Herbst 1942 die Militärkommissare abgeschafft bzw. zum Stellvertreter des Kommandeurs, zuständig für den politischen Bereich, zurückgestuft), und auf die siegreich vorrückende Rote Armee, eben noch mißtrauisch beargwöhnt, ergoß sich eine Flut neugeschaffener, patriotischer Orden. 1942 wurden erste Garderegimenter aufgestellt, 1943 die (alte) Unterteilung in Mannschaften, Unteroffizie, Offiziere und Generalität wieder eingeführt. Im gleichen Jahr erhielten die Offiziere die seit der Revolution verpönten goldenen Achselstücke zurück, 1945 benannte man die Rote Arbeiter- und Bauernarmee (einschließlich Flotte) in „Sowjetische Streitkräfte" um. Die Rückkehr zur Kaderarmee war damit zum Abschluß gekommen, und das Beispiel der Armee machte auch in anderen Bereichen Schule. Im Rüstungswettlauf, der Anfang der 50er Jahre begann (↑Kalter Krieg), vermochte die SU das atomare Monopol der USA auszugleichen und zeitweilig sogar einen sichtbaren Vorsprung im Bereich der Interkontinentalraketen (↑Sputnik) zu erzielen. Bereits Ende der 50er/Anfang der 60er Jahre war ein atomares Patt erreicht als „Gleichgewicht des Schreckens" und Grundlage des s.en Anspruchs auf weltpolitische Parität mit den Vereinigten Staaten. Nach westlichen Schätzungen betrugen die s.en Militärausgaben Anfang der 80er Jahre ca. 119 Mrd. Dollar (gegenüber 134 Mrd. der USA); sie machten 8,4 bis 15 %, nach einigen Schätzungen sogar 18 %, des Bruttosozialprodukts aus (gegenüber ca. 6 % bei den USA); die Stärke der Militärs betrug 3,7 Mio. und 5 Mio. Reservisten (gegenüber 2,1 Mio. bzw. 900 000 bei den USA). Das genaue Ausmaß der Rüstung war zwischen den Lagern ebenso umstritten wie seine Interpretation, die etwaige Überlegenheit der einen oder anderen Seite.

Seit Ende der 60er Jahre führten die Supermächte Gespräche über die Begrenzung strategischer Waffen, in den 70er Jahren wurden entsprechende Abkommen (SALT I und SALT II) abgeschlossen. Im Oktober 1973 wurden in Wien Verhandlungen über beiderseitige ausgewogene Truppenreduzierung (MBFR) aufgenommen, ohne zu konkreten Ergebnissen zu führen. Anfang der 80er Jahre begann in Genf eine neue Runde von Abrüstungsverhandlungen (START). Die Wahl ↑Gorbačevs zum neuen ↑Generalsekretär der Partei gab (Mitte der 80er Jahre) den Abrüstungsverhandlungen auf s.er Seite neue Impulse (Vorschlag einer Reduzierung der strategischen Trägerwaffen um 50 % Ende September 1985 in Genf; Vorlage eines größeren Pakets an Abrüstungsvorschlägen beim 2. Gipfeltreffen in Reykjavik im Oktober 1986, das an der Forderung, amerikanischerseits auf das SDI-Projekt zu verzichten, scheiterte). Im Dezember 1987 unterzeichneten Gorbačev und Reagan einen Vertrag über den Abbau aller Mittelstreckenraketen (↑INF-Vertrag), beim darauffolgenden Moskauer Treffen wurden am 1. 6. 1988 die entsprechenden Ratifikationsurkunden ausgetauscht.

Der Wandel der s.en Militärstrategie ist hier nicht nachzuzeichnen. Festzuhalten bleibt: Trotz gewachsener Bedeutung der s.en St. blieben sie eingebunden in das politische System, und der Führungsanspruch der Partei blieb unangetastet. Bezeichnenderweise stieg keiner der S.-Führer über eine militärische Karriere zur Staats- und Parteispitze auf. Mit der SU zerfiel auch die Einheit der s.en St. Die Mitglieder der ↑GUS haben begonnen, eigene St. aufzubauen.

Lit.: 60 let Vooružennych sil SSSR. Dokumenty i materialy, M 1978; KPSS o vooružennych silach 1917–67. Sbornik dokumentov, M 1969; Eronin, N. V., Sovetskie vooružennye sily, in: SIÈ Bd. 13, SP. 124 ff.; Altrichter, H. (Hrsg.), Die Sowjetunion. Von der Oktoberrevolution bis zu Stalins Tod. Bd. 1: Staat und Partei. Dokumente, München 1986; Ballance, E. O., The Red Army. A Short History, London 1964; Garder, M., Die Geschichte der Sowjetarmee, Frankfurt a. M. 1968; Holloway, D., The Soviet Union and the Arms Race, New Haven 1983; Kolkowicz, R., The Soviet Military and the Communist Party, Princeton (N. J.) 1967; Liddell Hart, B. H. (Hrsg.), The Soviet Army, New York 1956; Poser, G., Militärmacht Sowjetunion 1980, München 1980; Ritter, G., Das Kommunemodell und die Begründung der Roten Armee im Jahre 1918, Berlin 1965. *H.A.*

Šturmovščina ↑Planwirtschaft

Sufismus ↑Islam

Sultan-Galievismus heißt eine durch nationale und kulturelle Identitätsbedürfnisse motivierte politische Strömung unter den moslemischen Mitgliedern der ↑KPdSU, die sich nach der ↑Oktober-Revolution unter dem Einfluß des Tataren M. S. Sultan Galiev (1880–1939?) das Ziel setzte, eine unabhängige moslemische kommunistische Partei zu gründen und für die moslemischen Völker auf dem Territorium der SU die staatliche Selbständigkeit zu erringen. Der Begriff S.-G. brachte in der s.en Terminologie die offizielle Ablehnung der politischen Ziele dieser Bewegung zum Ausdruck.

Sultan Galiev wurde 1918 als Vertreter einer nationalen Minderheit in das ↑Volkskommissariat für Nationalitätenfragen berufen, wo er zunächst eng mit ↑Stalin bei der Gestaltung der s.en Nationalitätenpolitik zusammenarbeitete. Seit 1919 begann er sich jedoch immer entschiedener zu panislamischen und pantürkischen Ideen zu bekennen. Er forderte die Schaffung einer unabhängigen moslemischen kommunistischen Partei und darüber hinaus die staatliche Vereinigung der Wolgatataren mit den moslemischen Völkern in ↑Mittelasien. Letztlich plante er die Zusammenführung aller moslemischen Völker in einer autonomen sozialistisch-islamischen S.-Republik. Damit wurde sein politisches Programm zu einer ernsthaften Bedrohung für die Hegemoniebestrebungen Moskaus. Im Mai 1923 wurde Sultan Galiev auf Betreiben Stalins wegen „nationaler Abweichungen" verhaftet, aber aufgrund internationaler Proteste wieder freigelassen. Im November 1928 wurde er abermals festgenommen und wegen Hochverrats zu 10 Jahren Zwangsarbeit verurteilt. Er ist wahrscheinlich 1939 in der Gefangenschaft gestorben.

Während des Prozesses wurden die politischen Vorstellungen Sultan Galievs als Ausdruck einer antibolschewistischen Ideologie verurteilt. Das ↑Zentralkomitee der ↑Tatarischen ASSR rief 1929 die Parteimitglieder dazu auf, „die letzten Überreste des ↑S.-G. auszurotten, den Kampf gegen nationale Vorurteile unter den rückständigen Massen erneut aufzunehmen und die Verfechter der Sultan-Galiev-Ideologie, die es noch in unserer Partei gibt, zu entlarven". Die s.e Propaganda verurteilte insbesondere den Gedanken, daß die moslemische Arbeiterschaft innerhalb ihrer nationalen Siedlungsgebiete die führende Rolle in der sozialistischen Revolution übernehmen und sich von jeder politisch-ideologischen Bevormundung durch die r.en und westeuropäischen Kommunisten befreien müsse. Die originelle Verknüpfung des ↑Islam mit dem ↑Sozialismus zu

einer Theorie der nationalen Befreiung der moslemischen Völker von den Kolo-
nialmächten macht den S.-G. zu einer frühen Spielart des „Islamischen Sozialismus", der sich erst Jahrzehnte später in der arabischen Welt zu einer mächtigen
politischen Bewegung formieren sollte.

Lit.: Bennigsen, A./Broxup, M., The Islamic Threat to the Soviet State, London 1983;
Kolarz, W., Die Nationalitätenpolitik der Sowjetunion, Frankfurt 1956; Sultan Galiev,
M. S., Metody antireligioznoj propagandy sredi Musul'man, M 1922.   *R.A.*

Suslov, Michail Andreevič (1902–1982), stammte aus bäuerlichem Milieu. Seine
politische Laufbahn führte ihn in die Spitzenposition des Hauptparteiideologen
während der Zeit ↑Brežnevs. Auf dem ↑Dorf, in seinem Heimatgouvernement
Simbirsk, kam er mit den neuen Einrichtungen des s.en Staates in Berührung
(↑Komitees der Armen, ↑Komsomol) und trat 1921 der ↑Partei bei, die ihm den
Aufstieg über die Ausbildung an den neuen Bildungsinstituten (↑Arbeiter- und
Bauernfakultät, Volkswirtschaftsinstitut ↑Moskau, Wirtschafts- ↑Institut der Roten Professur) ermöglichte und anschließend mit Lehraufgaben an ↑Hochschulen
betraute. Die offizielle Biographie hebt hervor, daß S. „aktiv am Kampf gegen
das Trotzkistisch-Sinowjewistische Terroristische Zentrum und gegen die
↑rechte Abweichung in der VKP(b)" teilgenommen habe. Auf diese Weise als
verläßlich ausgewiesen, verlief die weitere Karriere S.s gradlinig und rasch.
1931–36 gehörte er der ↑Zentralen Kontrollkommission der VKP(b)/ ↑Volkskom-
missariat für ↑Arbeiter- und Bauerninspektion bzw. der Kommission für Sowjetkontrolle beim ↑Rat der Volkskommissare an, 1937–39 war er Abteilungsleiter bzw. Sekretär des ↑Gebiets-Parteikomitees ↑Rostov, 1939–44 Erster Sekretär
des Regionkomitees Stavropol'. Während des ↑Zweiten Weltkriegs nahm er an
den Verteidigungs- bzw. Wiederaufbauaktivitäten dieser Region teil. 1944 wurde
S. Vorsitzender des Büros des ↑Zentralkomitees für die ↑Litauische SSR und war
Koordinator der Sowjetisierung Litauens. 1947 folgte die Berufung zum Sekretär
des ZK (Mitglied seit 1941). Unter ↑Chruščev trat er 1955 auch in dessen ↑Präsi-
dium ein und gehörte diesem bzw. dem ↑Politbüro bis zu seinem Tode an.
Weitere Posten (Zugehörigkeit zum ↑Obersten Sowjet und zu dessen Ausschüs-
sen) waren wie für andere Spitzenfunktionäre damit verbunden – allerdings hatte
S. nie ein Ministeramt inne. S.s Domäne waren ideologische Fragen einschließlich der Abstimmung in theoretischen und politischen Fragen der internationalen
kommunistischen und Arbeiterbewegung (Teilnahme an den entsprechenden
Konferenzen), aber auch an der Niederschlagung des ↑Ungarischen Aufstands
1956. S. war ein starrer Vertreter eines orthodoxen ↑Marxismus-Leninismus, wie
↑Stalin ihn geprägt hatte. Als solcher sprach er sich auch gegen die Anerkennung
Jugoslaviens als eines sozialistischen Staates aus, als Chruščev die Beziehungen
wiederaufnahm. Als Sekretär für ideologische Fragen bestimmte S. den politischen Kurs entscheidend mit, auch die Restalinisierung bzw. den Stillstand der
↑Entstalinisierung unter ↑Brežnev. Beim Machtwechsel 1964 spielte S. eine
wichtige Rolle, gegen Ende der Brežnev-Zeit galt er als potentieller Nachfolge-
kandidat und als „Königsmacher". Sein Tod kurz vor Brežnevs Tod markierte
das Ende der „Stagnations-Ära".

Lit.: Medvedev, R., Štrichi iz žizni Michaila Suslova, in: ders., Oni okružali Stalina, M
1990, S. 313–350.   *B.Sch.*

Sverdlov, Jakov Michajlovič (geb. 1885), starb bereits im März 1919. Sein Name konnte daher die politischen Auseinandersetzungen der 20er Jahre und auch die Zeit ↑Stalins unangefochten überstehen. Seit 1901 arbeitete S. für die RSDRP (↑Parteien [LGR]) und war in den Jahren vor dem Ersten Weltkrieg (↑LGR) einer der aktivsten Organisatoren, die an zahlreichen, oft rasch wechselnden Orten die Parteiarbeit in Gang hielten. Mehrfach hielt er sich im Ural, u. a. in ↑Ekaterinburg, auf, das 1924 ihm zu Ehren in Sverdlovsk umbenannt wurde. 1911 war S. an der Gründung der Zeitschrift „Zvezda" (Der Stern), 1912 der ↑„Pravda" beteiligt und setzte dabei die Vorstellungen ↑Lenins durch. Nach der Prager ↑Parteikonferenz wurde S. ins ↑Zentralkomitee kooptiert und in das Russische Büro der ZK aufgenommen. Von dort nahm er auch auf die Tätigkeit der Dumagruppe (↑LGR: Staatsduma) der Bolschewisten Einfluß, ehe er – nach wiederholter Verhaftung und mehrfacher Verbannung (↑LGR) – 1913 erneut nach ↑Sibirien verschickt wurde. Erst 1917 kehrte S. nach ↑Petrograd und Ekaterinburg zurück und war für wichtige organisatorische Aufgaben zuständig. Lenins Kurs trug S. mit – nach der ↑Oktober-Revolution wurde er zum Vorsitzenden des Allrussischen ↑Zentralen Exekutivkomitees gewählt und war an ersten Weichenstellungen (Ausarbeitung der ersten ↑Verfassung, der Gründung der ↑Komintern, Ausbildung von Agitatoren [↑Propaganda] an der späteren kommunistischen Sverdlov-Universität [↑Hochschulen]) beteiligt.

Lit.: ↑Andreev, ↑Antonov-Ovseenko.   *B.Sch.*

Sverdlovsk ↑Ekaterinburg

Švernik, Nikolaj Michajlovič (1888–1970), gehörte zu den wenigen Alt-↑Bolschewisten, welche die ↑Säuberungen überstanden und auch nach ↑Stalins Tod politisch tätig waren. Š. stammte aus einer Arbeiterfamilie und stieß als Metallarbeiter 1905 zu den r.en Sozialdemokraten (↑Parteien [LGR]). Er arbeitete an verschiedenen Stätten in Parteikomitees und zeitweilig im Vorstand des Metallarbeiterverbandes. Längere Zeit war er verhaftet und im Exil. 1917 wurde Š. in ↑Samara aktiv, nach der ↑Oktober-Revolution Vorsitzender des dortigen ↑Sowjet. Während des ↑Bürgerkriegs nahm Š. Aufgaben an der Südostfront wahr. Seitdem gehörte er zum Mitarbeiterkreis Stalins. Durch ihn wurde er nach ↑Gewerkschafts-Arbeit (1921–23) 1923 in das Präsidium der ↑Zentralen Kontrollkommission der ↑RKP(b) und des ↑Volkskommissariats der ↑Arbeiter- und Bauerninspektion der ↑RSFSR geholt, 1926 Sekretär des ↑Gebiets-Parteikomitees ↑Leningrad und des Nordwestlichen Büros des ↑Zentralkomitees, 1927/28 Sekretär des ZK, 1928/29 Parteisekretär des Uralgebiets. Danach ging er in die Gewerkschaftsarbeit und amtierte von 1930–44 als Sekretär der Gewerkschaften. Seit 1925 Mitglied des ZK, gehörte Š. 1926/27 und 1930–46 dem ↑Orgbüro, seit 1939 als Kandidat dem ↑Politbüro, 1952/53 und ab 1957 als Vollmitglied (1953–57 Kandidat) dem ↑Präsidium des ZK an. 1941–45 war Š. Vorsitzender der Außerordentlichen Kommission zur Feststellung und Verfolgung der Verbrechen der deutschen faschistischen Eroberer. Von 1946 bis 1953 hatte Š. den Vorsitz des ↑Obersten Sowjets der SU inne. Š. übernahm 1953 erneut den Vorsitz des Gewerkschaftsverbandes, 1956 den Vorsitz in der ↑Parteikontrollkommission, 1962–66 der Parteikommission beim ZK. In die Auseinandersetzungen ↑Chruščevs mit der ↑Anti-Partei-Gruppe wurde Š. nicht hineingezogen; da er nicht zu den allerengsten Mitarbeitern Stalins gehört hatte, blieb ihm diese Demütigung erspart.

Lit.: ↑Andreev.   *B.Sch.*

Tadžikistan in der Hochgebirgsregion im Südosten Sowjetisch-↑Zentralasiens grenzte im Süden an ↑Afghanistan und war seit den 80er Jahren die gegenüber dem Geschehen in diesem Land am stärksten exponierte s.e Muslimregion der SU. T. wurde 1924 als ↑Autonome Republik innerhalb ↑Uzbekistans, 1929 als eigenständige ↑Unionsrepublik mit der Hauptstadt ↑Dušanbe (bis 1961 Stalinabad) konstituiert. Die Osthälfte des Territoriums T.s entfällt auf das autonome Gebiet Berg-Badachšan (Hauptstadt Chorog) mit Minderheiten der iranischen Pamir-Völker. T. hatte 1990 5,2 Mio. Einwohner, davon etwa 62 % Tadžiken, 23 % Uzbeken und 10,5 % Russen. Außerhalb ihrer Republik leben Tadžiken in Uzbekistan (800 000) und in Afghanistan, wo sie neben den Paschtunen die wichtigste Nationalität bilden. Sie gehörten als einzige Republik-Titularnation in Zentralasien nicht den Turkvölkern, sondern der iranischen (ostiranischen) Völkergruppe an. Anders als die Iraner sind sie aber Sunniten und bildeten mit den Uzbeken zusammen den Kern der seßhaften Bevölkerung des von der turkoiranischen Kultur geprägten Zentralasiens.

Obgleich die älteste Ethnie dieser Region, bildeten die Tadžiken vor der Sowjetisierung keine eigene nationalstaatliche Einheit, sondern waren größtenteils Untertanen der uzbekisch dominierten lokalen Herrschaftsgebilde ↑Buchara, Chiva und Kokand. Ihr erst in s.er Zeit ausgebildetes Nationalbewußtsein rekurriert aber historisch auf die Glanzperioden des Ostranertums (Samanidenreich, 9.–10. Jh.) und auf ihre eigene Rolle bei der Verbreitung persischer Kultur in Zentralasien. Nach der r.en Eroberung war das Gebiet des heutigen T. zwischen dem Emirat Buchara und den Provinzen Fergana und ↑Samarkand Russisch-↑Turkestans aufgeteilt. Nach 1917 wurde T. durch den Kampf zwischen der S.-Macht in Turkestan und der muslimischen Guerilla der Basmači durch demographische Erschütterungen (Massenflucht nach Afghanistan) und ein Absinken der Agrarproduktion um mehr als 50 % in Mitleidenschaft gezogen. Die Etablierung der S.-Macht nahm hier mehr als ein Jahrzehnt in Anspruch. Sie war anfangs noch mehr als im übrigen Zentralasien r. bestimmt, und der Mangel an verfügbaren einheimischen ↑Kadern zwang dazu, noch in der Periode der „korenizacija" (Rekrutierung einheimischer Kader) für die Besetzung der ↑Partei- und ↑Sowjet-Organe in T. auf Russen zurückzugreifen. Die Sowjetisierung im Sinne politischer, sozialer und ökonomischer Transformation konnte hier nicht vor 1926 einsetzen und wurde im wesentlichen erst in den 30er Jahren in Angriff genommen. Die ↑Kollektivierung der ↑Landwirtschaft erzeugte wie in anderen Teilen Zentralasiens Verbitterung in der Bevölkerung und bei den nationalen Parteikadern. Partei(↑)säuberungen von „bürgerlich-nationalistischen Elementen" erfaßten 1934 66 % aller Parteimitglieder, eine weitere Terrorwelle 1937–38 beseitigte das noch übriggebliebene nationale Kaderpotential. In den 30er Jahren wurde die mit rigorosen Umsiedlungsaktionen verbundene Umstellung auf Baumwollproduktion auf breiter Basis durchgesetzt. Die ↑Industrialisierung begann erst in den 40er Jahren mit dem Aufbau von Zweigen der Leichtindustrie. Heute bilden elektrochemische Betriebe, Aluminiumwerke sowie Textil- und Konservenfabriken die wichtigsten Industriebranchen in T. In der Landwirtschaft dominiert die Baumwolle, die wie in anderen Teilen Zentralasiens andere Agrarkulturen brutal verdrängt hat.

Der Aufbau einer neuen Gesellschaft begann wesentlich erst nach ↑Stalin mit dem Entstehen einer neuen nationalen Elite und deren Partizipation an den politischen, sozialen und kulturellen (weniger den wirtschaftlichen) Machtstrukturen T.s. Die Rate der ↑Alphabetisierung erreichte 1970 99,6 %. 1953 gab es in T. 60 000 Industriearbeiter, davon 30 % Tadžiken. In relevanten sozialen und demographischen Kennziffern (Urbanisierungsgrad, Bevölkerungswachstum, Berufsorientierung) zeigte T. aber deutliche Merkmale einer Dritte-Welt-Realität. Die tadžikische Gesellschaft blieb in hohem Maße von traditionellen islamischen Werten und Verhaltensmustern bestimmt. Sie wies die höchste Geburtenrate in der UdSSR auf und die niedrigste Rate der Einbeziehung von Frauen in die ökonomische und soziale Öffentlichkeit. In den 80er Jahren mehrten sich in der s.en Publizistik Meldungen über eine Zunahme inoffizieller islamischer Organisationen speziell in T. In der Nationalitätenentwicklung unter ↑Gorbačev wuchs auch ein säkularer tadžikischer Nationalismus (Themen: Tadžikisch als Staatssprache, Rückkehr zur arabischen Schrift, Kontrolle über Samarkand und Buchara als historische Zentren tadžikischer Kultur, Autonomie für Tadžiken in Uzbekistan u. a.). Wie in anderen Unionsrepubliken entstanden in T. Volksfronten und informelle Gruppen mit nationalen Programmen, z. B. die Gruppen „Waadad" (Einheit) und „Rastachiz" (Wiedergeburt), sowie eine politische Opposition gegen das kommunistische Ancien régime, das sich hier auch nach dem ↑Putschversuch vom 18.-20. 8 1991 in ↑Moskau und der Unabhängigkeitserklärung T.s (9. 9. 1991) halten konnte.

Lit.: Rakowska-Harmstone, T., Russia and Nationalism in Central Asia: The Case of Tadzhikistan, Baltimore 1970; dies., Tadzhikistan and the Tadzhiks, in: Katz, Z., Handbook of Major Soviet Nationalities, New York 1975, S.315–352; Akiner, Sh., Islamic Peoples of the Soviet Union, London u. a. 1983, S.302–313; Iskandorov, M., Iz istorii sovetskogo stroitel'stva v Tadžikistane 1924–1929, Dušanbe 1976; Socialističeskoe stroitel'stvo v Tadžikistane, otv. red. K. P. Marsakov, Dušanbe 1979.   *U.H.*

Tallin(n) ist die estnische Bezeichnung der Stadt Reval (russ. Revel'), die während des Nordischen Kriegs (↑LGR) von Schweden (seit 1561) an das R.e Reich gelangt war. Bis in die Zeit der Großen Reformen (↑LGR) Kaiser Alexanders II. (↑LGR) lagen die städtische Selbstverwaltung sowie Handel und Handwerk in der Hand der deutschen Bevölkerung. Erst seitdem differenzierte sich die ökonomische, soziale und nationale Struktur. Seit der Revolution von 1905 (↑LGR) waren die nationalen Ansprüche der estnischen Bevölkerungsmehrheit unübersehbar. Reval erlebte 1917 die politischen Veränderungen, wie sie allenthalben in R. stattfanden. Die s.e Verwaltung wurde im Februar 1918 durch deutsche Truppen vertrieben, nach der deutschen Kapitulation übernahmen bürgerliche Gruppierungen die Macht. T. wurde Hauptstadt ↑Estlands. 1940 wurde die Stadt von s.en Truppen besetzt und damit Hauptstadt der Estnischen SSR. Gleichzeitig wurden die bürgerlichen Führungsschichten und den Kommunisten unbequeme Kräfte deportiert – die deutsche Bevölkerung (1934: 5,6 % der Stadteinwohner) war schon vorher umgesiedelt worden. Die deutsche Besetzung während des

↑Zweiten Weltkriegs war mit Kriegszerstörungen verbunden, die kleine jüdische Bevölkerungsgruppe wurde dezimiert. Die erneute Sowjetisierung seit September 1944 hatte weitere Verluste durch Deportationen zur Folge. Dem Wiederaufbau T.s folgte ein rascher Ausbau der Industriebetriebe, der immer neue ↑Arbeiter in die Stadt brachte. Die großen Neubaugebiete prägen das Bild der Außenbezirke T.s, während sich im Zentrum ein geschlossenes mittelalterliches Stadtbild erhalten hat. T. ist seit 1897 von mehr als 64 500 Einwohnern auf (1939) 160 000 und über (1959) 282 000 auf (1985) 464 000 gewachsen. Stark gewandelt hat sich die nationale Zusammensetzung: Der r.e Anteil, der in der Zwischenkriegszeit unter 10 % lag, betrug 1970 35 %, während die estnische Bevölkerung 55,7 % der Einwohner stellte.

Lit.: ↑Alma Ata.   *B.Sch.*

Taškent, seit 1930 Hauptstadt der Uzbekischen SSR (↑Uzbekistan), war eine der ältesten Städte der SU. Es war seit 1809 Teil des Chanats Kokand und entwickelte sich zu einem Hauptort des R.-Handels. 1865 besetzte R. das Gebiet, T. wurde Hauptstadt des Generalgouvernements (↑LGR) Turkestan. Nach der ↑Oktober-Revolution konnten sich s.e Kräfte rasch militärisch durchsetzen. T. wurde Hauptstadt der ↑Turkestanischen ASSR und war im ↑Bürgerkrieg wichtiger Stützpunkt der s.en Streitkräfte (Januar 1919 Niederschlagung eines Aufstands in T.). Die politische und militärische Führung lag dabei bei der Turkestanischen Kommission des Allrussischen ↑Zentralen Exekutivkomitees und des ↑Rats der Volkskommissare. Auch nach dem Bürgerkrieg gingen von T. aus die Feldzüge gegen die aufständischen Basmačen weiter. 1920 wurde in T. eine Universität gegründet. Die ↑Industrialisierung in den ↑Fünfjahrplänen stärkte v. a. den Maschinenbau für die Baumwollgewinnung und -verarbeitung. Während des ↑Zweiten Weltkriegs wurden nicht nur Industriebetriebe, sondern auch kulturelle und wissenschaftliche Einrichtungen nach T. ausgelagert, viele Menschen hierher evakuiert. Davon ging eine starke Anregung für die industrielle Entwicklung seit 1945 und für den Ausbau uzbekischer kultureller Einrichtungen aus. Die Schäden des Erdbebens von 1966 wurden bald beseitigt. Der Ausbau der modernen Stadt wurde kaum gebremst fortgesetzt, die Einwohnerzahl wuchs von 156 000 (1897) über 314 000 (1926), 556 000 (1939) und 927 000 (1959) auf 2,030 Mio. (1985) – 1970 waren 37 % Uzbeken, 40,8 % Russen, 7 % Tataren, 4 % Juden, 2,9 % Ukrainer. Die Stadt blieb ein Zentrum der s.en Muslime ↑Zentralasiens (1980 Islamische Konferenz der muslimischen Organisationen der SU); der muslimische Charakter (geistliche Hochschule) wurde im Hinblick auf die Wirkung in den Staaten des Mittleren Ostens auch von der s.en Führung gerne herausgestellt (↑Islam). Die in T. 1966 unterzeichnete Deklaration der Staatsoberhäupter Indiens und Pakistans (Vermittlung durch ↑Kosygin) stärkte die internationale Ausstrahlung der Stadt, die seitdem der Darstellung der s.en Politik der Koexistenz in Asien diente.

Lit.: ↑Alma-Ata.   *B.Sch.*

TASS (Abk. für Telegrafnoe agentstvo Sovetskogo Sojuza) war der Name der staatlichen Nachrichtenagentur der SU. Sie wurde im Juli 1925 durch Verordnung des ↑Zentralen Exekutivkomitees der UdSSR als Allunionsorgan gegründet

und trat an die Stelle der Russischen Telegraphen-Agentur (Rossijskoe telegrafnoe agentstvo, abgek. ROSTA), die seit September 1918 existierte. Seit Dezember 1971 hatte TASS den Status eines Staatskomitees beim ↑Ministerrat der
UdSSR. TASS sammelte offizielle und allgemeine Informationen, Nachrichten
und Bildmaterial und gab sie an s.e Presseorgane, an Radio und Fernsehen, an
andere s.e Organisationen und an ihre Abonnenten im Ausland weiter. TASS
hatte Korrespondenten und Agenturbüros in mehr als 100 Ländern und mehr als
500 Korrespondenten im eigenen Land. Nach Auflösung der SU war auch die
Zukunft von TASS ungewiß. Das r.e Parlament beriet Ende 1991 ihre Umwandlung in eine Aktiengesellschaft.

Lit.: Zubkova, L. Ju., Telegrafnoe agentstvo Sovetskogo sojuza (TASS), in: BSĖ (3. Aufl.)
Bd. 25, S. 392; Stichwort: Rossijskoe telegrafnoe agentstvo (ROSTA), in: ebenda, Bd. 22,
S. 309.   *H.A.*

Tatarien, Tatarische ASSR ↑Russische Sozialistische Föderative Sowjetrepublik

„Tauwetter" nennt man eine gemäßigt kritische Entwicklungsperiode der s.en
Literatur, die im Rahmen der ↑Entstalinisierung kurz nach ↑Stalins Tod 1953
einsetzte und bis zur Mitte der 60er Jahre dauerte. Den Namen gab dieser
Periode der Roman „Tauwetter" (Ottepel') von I. G. ↑Ehrenburg, der 1954
erschien. Die Liberalisierung der Kulturpolitik führte zur Veröffentlichung der
sogenannten „Anklageliteratur", die sich mit den Stalinschen Konzentrationslagern (↑GULag) und den Auswirkungen des ↑Personenkults auf die verschiedensten Lebensbereiche der s.en Gesellschaft beschäftigte. Obwohl die Parteiführung diese kritische Literatur zeitweilig gegen ihre dogmatischen Kritiker in der
SU in Schutz nahm, waren ihre Enthüllungs- und Aufklärungstendenzen, auf die
Dauer gesehen, mit dem Prinzip der ↑Parteilichkeit und den Grundsätzen des
↑sozialistischen Realismus unvereinbar. Namentlich die Forderung, den Wert
der literarischen Werke nicht mehr nach ihrer politischen Orientierung, sondern
nach Kriterien der Aufrichtigkeit und Wahrhaftigkeit zu bemessen, verwickelte
die kritischen Schriftsteller in einen Dauerkonflikt mit den zuständigen Behörden. Diese Auseinandersetzungen spitzten sich im Laufe der Jahre derart zu, daß
die Behörden wieder zu den Mitteln der administrativen Unterdrückung der
„Entstalinisierungsliteratur" griffen. Die sich nach 1964 häufenden Strafverfah-
ren gegen kritische Schriftsteller, insbesondere der Prozeß gegen A. D. Sinjavskij
(geb. 1925) und Ju. M. Daniel' (geb. 1925), die im Februar 1966 zu fünf bzw.
sieben Jahren Lagerhaft verurteilt wurden, bezeichnen das Ende der relativ liberalen Kulturpolitik.

Lit.: Seemann, K.-D., Die sowjetische Literaturpolitik seit Stalins Tod in historischer
Sicht, in: JGO 13 (1965); Steininger, A., Literatur und Politik in der Sowjetunion nach
Stalins Tod, Wiesbaden 1965; Ginzburg, A., Weißbuch in Sachen Sinjawskij/Daniel,
Frankfurt a. M. 1967.   *R.A.*

Tbilisi (bis 1936 r. Tiflis) kam mit Ost-↑Georgien 1801 an das Russische Reich
und war die wichtigste Stadt südlich des Kaukasus (Gouvernement [↑LGR]
Georgien, seit 1846 Tiflis, Sitz des r.en Oberkommandierenden bzw. seit 1845
des r.en Statthalters im Kaukasus). Seit der Mitte des 19. Jhs. siedelten sich

zahlreiche Fabrikbetriebe für die Verarbeitung landwirtschaftlicher Produkte an, beim Bau von Eisenbahnen (seit 1871) wurde T. Knotenpunkt mit großen Eisenbahnwerkstätten. Damit gab es einen Ansatzpunkt für die Arbeiterbewegung. Marxistische Ideen und nationale Autonomieansprüche entwickelten sich in T. seit der Jahrhundertwende zu starken politischen Organisationen, darunter auch sozialdemokratisch ausgerichtete Gruppierungen. Die Revolution von 1905 (↑LGR) fand in T. starken Widerhall. Nach der Februar-Revolution (↑LGR) konnten sich in der Stadt T. die Menschewisten (↑Parteien [LGR]) durchsetzen; die ebenfalls menschewistisch geführte Regierung Georgiens hatte in T. seit 1918 ihren Sitz. Sie gründete die Universität. Ein Aufstand der ↑Bolschewisten im Mai 1920 scheiterte. 1921 wurde die georgische Regierung durch die s.en ↑Streitkräfte in Zusammenarbeit mit Bolschewisten in der Stadt gestürzt. T. wurde Hauptstadt der ↑Sowjetrepublik Georgien sowie (1922–36) der ↑Transkaukasischen Föderation. Die Stadt mit umfangreichen Industrieanlagen, Wohnsiedlungen, kulturellen und wissenschaftlichen Einrichtungen war seit ↑Chruščev Hauptort des Wirtschaftsbezirks Transkaukasien. T., das 1897 160 000 Einwohner hatte, wuchs kontinuierlich: 1926: 294 000, 1939: 519 000, 1959: 703 000, 1985: 1,158 Mio. Bewohner, davon 1970 57,5 % Georgier, 16,9 % Armenier, 14 % Russen, 2,5 % Os(s)eten, 2,2 % Juden, 6,9 % andere Nationalitäten. T. hat somit weit stärker als andere Republikhauptstädte seine nationale und die sprachlich-religiös-kulturelle Identität bewahren können. 1978 kam es bei der Einführung der neuen georgischen Verfassung in T. zu nationalen Unruhen wegen der neuen Sprachbestimmungen, die daraufhin zurückgenommen wurden. Unter ↑Gorbačev spitzten sich die nationalen Konflikte von neuem zu (blutige Unterdrückung 1988).

Lit.: ↑Alma-Ata.   *B.Sch.*

Teheran, Konferenz von T. (28. 11.–1. 12. 1943). Die K. v. T., das erste Treffen zwischen ↑Stalin, Churchill und Roosevelt, eröffnete die Reihe der alliierten Konferenzen in der Endphase des ↑Zweiten Weltkriegs, auf denen die militärischen und politischen Ziele der Anti-Hitler-Koalition festgelegt wurden. Noch in der ersten Jahreshälfte 1943 war es darüber zu scharfen Gegensätzen innerhalb der Kriegskoalition gekommen. Doch hatte die militärische Wende an der s.en Front durch die Erfolge der ↑Roten Armee im Juli 1943 die Bündnisposition der SU wesentlich gestärkt, und auf der Moskauer Außenministerkonferenz vom 19.–30. 11. 1943 waren im Zeichen britischer und amerikanischer Kompromißbereitschaft Einigungsmöglichkeiten sichtbar geworden. So erlangte Stalin auf der K. v. T. nicht nur die Verpflichtung der Verbündeten, die lange verzögerte Eröffnung der „Zweiten Front" in Europa 1944 zu realisieren, sondern auch deren Anerkennung der ↑Curzon-Linie (unter Einbeziehung des nördlichen Ostpreußen) als künftige polnisch-s.e Grenze. Amerikanischen Erwartungen entsprach dafür die s.e Absichtserklärung, nach dem Sieg über Deutschland in den Krieg gegen Japan einzutreten. Die übrigen potentiellen Gegensätze zwischen den Alliierten blieben indessen unausgetragen – so die Frage nach Reichweite und Charakter des von der SU beanspruchten künftigen Einflusses in Mittel- und Osteuropa sowie das Problem der Neuordnung und eventuellen Teilung Deutschlands. Dies entsprach dem allseitigen Bedürfnis, Konflikte um der Stabilität des Bündnisses willen zu vertagen. Doch wurde so unvermeidlich, daß durch den Kriegsverlauf neue politische Fakten geschaffen wurden, noch bevor es auf der Konferenz von ↑Jalta zu weiteren verbindlichen Entscheidungen kam.

Lit.: Zieger, G., Die Teheran-Konferenz 1943, Hannover 1967; Kolko, G., The Politics of War. Allied Diplomacy and the World Crisis 1943–1945, London 1969.   *M.G.M.*

Testament Lenins. Als T. L. bezeichnet man die Niederschrift eines Briefes, den ↑Lenin Ende Dezember 1922 diktiert und an den ↑Parteitag gerichtet hatte. Schon schwer krank, skizzierte er darin u. a. die Schwächen und Stärken seiner wichtigsten Mitstreiter und möglichen Nachfolger. Er beschrieb ↑Bucharin als „überaus wertvollen und bedeutenden Theoretiker", der zu Recht der „Liebling der ganzen ↑Partei" sei; Bucharins theoretische Anschauungen könnten allerdings „nur mit sehr großen Bedenken zu den völlig marxistischen" gerechnet werden. L. B. ↑Kamenevs und G. E. ↑Zinov'evs Versuche, die ↑Oktober-Revolution zu verhindern, seien „natürlich kein Zufall" gewesen, und Ju. L. ↑Pjatakov sei zwar „ein Mann mit großer Willenskraft und glänzenden Fähigkeiten", aber auch mit einem „allzu starken Hang für das Administrieren und für administrative Maßnahmen". Der „fähigste Mann im gegenwärtigen ↑Zentralkomitee" war für Lenin L. D. ↑Trockij; doch zu seinen „hervorragenden Fähigkeiten" gesellten sich „ein Übermaß von Selbstbewußtsein und eine übermäßige Vorliebe für rein administrative Maßnahmen". I. V. ↑Stalin schließlich sei „zu grob"; er konzentriere, seit er ↑Generalsekretär geworden sei, eine „unermeßliche Macht in seinen Händen". Lenin bezweifelte, daß Stalin immer verstehen werde, „von dieser Macht vorsichtig genug Gebrauch zu machen", und schlug „den Genossen vor, sich zu überlegen, wie man Stalin ablösen könne". Nach Lenins Tod (1924) wurde der Brief (über Lenins Frau, N. K. Krupskaja, 1869–1939) dem XIII. Parteitag zur Kenntnis gebracht, und Stalin bot formell auch seinen Rücktritt an; doch Stalins Rücktritt wurde abgelehnt und der Brief nur zu den Akten genommen. Vollständig veröffentlicht wurde das T. L. erst nach dem XX. Parteitag, in Nr. 9 der Zeitschrift ↑„Kommunist" (von 1956) und dann auch in einer Broschüre mit Massenauflage.

Lit.: Deutsche Übersetzung u. a. in: Lenin, W. I., Ausgewählte Werke in 3 Bden., Berlin ⁸1970, Bd. 3; Daniels, R. V., Soviet Succession. Lenin and Stalin, in: Russian Review 12 (1953); Deutscher, I., The Prophet Unarmed. Trotsky 1921–1929, Oxford 1959; Dziewanowski, M. K., Lenin's Testament, in: Mersh 19 (1981); Lewin, M., Lenin's Last Struggle, New York 1968.   *H.A.*

Tichonov, Nikolaj Aleksandrovič (geb. 1905), gehörte zur Dnepropetrovsker Gruppe um ↑Brežnev, die mit dessen Aufstieg einflußreiche ↑Partei- und Staatsposten besetzte. Zunächst arbeitete T. als Lokomotivführergehilfe, machte 1930 den Abschluß am Metallurgischen Institut in ↑Dnepropetrovsk und war anschließend als Berg- und Hütteningenieur tätig. 1940 trat T. der Partei bei, 1947 wurde er Fabrikdirektor und wechselte 1950 ins Unionsministerium für Schwarzmetallurgie. 1957 übernahm er als Vorsitzender des ↑Volkswirtschaftsrats in Dnepropetrovsk Aufgaben in der allgemeinen Wirtschaftsverwaltung. 1960 kehrte T. als Minister in die Zentralverwaltung zurück, zunächst als stellvertretender Vorsitzender des Staatlichen Wissenschaftlich-wirtschaftlichen Rats des ↑Ministerrats der SU, seit 1963 als Stellvertretender Vorsitzender des ↑Gosplan, seit 1965 als Stellvertreter, seit 1976 als 1. Stellvertreter des Ministerrats unter ↑Kosygin. 1980 übernahm T. dessen Amt. 1961 war er Kandidat, 1966 Mitglied des ↑Zentralkomitees geworden und hatte 1979 den Sprung ins ↑Politbüro geschafft. T. gehörte zu den Politikern, die im s.en Zentralverwaltungssystem aufgewachsen waren und mit ihm umzugehen gelernt hatten. Die Probleme der s.en Wirtschaft seit Mitte der 70er Jahre überstiegen indessen das Vermögen T.s. Er schied 1985 aus seinen Funktionen aus und ging in Pension.

Lit.: ↑Andreev.   *B.Sch.*

Tiflis ↑Tbilisi

Timošenko, Semen Konstantinovič (1895–1970), war einer der wenigen hohen Militärs, die die ↑Säuberungen überlebten. Der Soldat der zaristischen Armee ging nach der ↑Oktober-Revolution auf die s.e Seite über und nahm an der Niederschlagung des Angriffs N. A. Kaledins (1868–1918) teil. Im ↑Bürgerkrieg war er Kommandeur von Abteilungen der ↑Roten Armee in verschiedenen Abschnitten der südlichen und südöstlichen Front (u. a. bei ↑Caricyn), seit 1919 innerhalb des Reiterkorps ↑Budennyjs. Bei der Niederschlagung der ↑Machno-Bewegung und der Vertreibung ↑Wrangels tat die Division T.s sich besonders hervor. Der Ausbildung zum Generalstabsoffizier in den 20er Jahren folgten in den 30er Jahren Führungsaufgaben in wechselnden Militärbezirken, zunächst als stellvertretender, seit 1937 als Kommandeur. 1939 kommandierte T. die Truppen der Ukrainischen Front, die an der Besetzung Polens nach dem ↑Hitler-Stalin-Pakt mitwirkten, während des ↑sowjetisch-finnischen Krieges 1939/40 war er Befehlshaber der Nordwestfront, anschließend bis zum deutschen Überfall ↑Volkskommissar für Verteidigung. Während des ↑Zweiten Weltkriegs agierte T. zeitweilig glücklos, entsprechend rasch wechselten auch – ↑Stalins Launen folgend – seine Kommandos. Erst in der Endphase, seit August 1944, verblieb T. mit der Koordination der 2., 3. und 4. Ukrainischen Front eine längerfristige Aufgabe. Nach dem Krieg stand T. an der Spitze wechselnder Militärbezirke. Seit März 1960 amtierte er ein Jahr lang als Generalinspekteur der Gruppe der Inspektoren des Verteidigungsministeriums der SU, ehe er für 10 Jahre den Vorsitz des Komitees für die Kriegsveteranen übernahm. Der Marschall der SU (1940) war seit 1919 ↑Partei-Mitglied, 1939–52 Mitglied des ↑Zentralkomitees, anschließend bis 1970 Kandidat des ZK. Die zahlreichen ihm verliehenen Auszeichnungen konnten nicht über das vergleichsweise geringe militärische und gar politische Gewicht des Heerführers T. hinwegtäuschen.

Lit.: ↑Andreev.   *B.Sch.*

Todesstrafe. Nach der Februar-Revolution (↑LGR) hatte die Provisorische Regierung (↑LGR) die T. generell abgeschafft, im Juli 1917 für Flotte und Armee wiedereingeführt (ohne die Front damit stabilisieren zu können). Unmittelbar nach der ↑Oktober-Revolution verfügte der II. ↑Sowjetkongreß (am 26. 10. (A. S.)/8. 11. 1917) die Rücknahme dieser Einschränkung, so daß die T. wieder generell als aufgehoben galt. Doch die Lynchjustiz der Straße hielt sich daran ebensowenig wie die zum Kampf gegen Konterrevolution und Sabotage geschaffene ↑Čeka und die ↑Revolutionären Tribunale. Das galt erst recht für die Zeit des ↑Bürgerkrieges. Das mit dem Übergang zur ↑Neuen Ökonomischen Politik 1922 erlassene (1.) Strafgesetzbuch der ↑RSFSR sah in Art. 33 „die höchste Strafe (Erschießung)" provisorisch, d. h. „bis zu ihrer Aufhebung durch das Allrussische ↑Zentrale Exekutivkomitee", vor. Mit ähnlicher Einschränkung wurde die T. auch in das (2.) Strafgesetzbuch der RSFSR von 1926 (vgl. Art. 21) aufgenommen. Der Anwendungsbereich (auf Verbrechen gegen den Staat und seine Verwaltungsordnung, was auch Wirtschaftsdelikte und Amtsvergehen einschloß) war von Anfang an weit gefaßt und erweiterte sich noch durch eine Vielzahl von Strafgesetznovellen während der 30er Jahre. Am 26. 5. 1947 beschloß der ↑Oberste Sowjet die Abschaffung der T.; Höchststrafe sollte die Einweisung in ein Besserungslager für 25 Jahre sein. Doch schon im Januar 1950 wurde die T. für „Vaterlandsverräter, Spione und Saboteure" erneut eingeführt, was faktisch den alten Zustand wiederherstellte. Eine Strafrechtsnovelle vom 30. 4. 1954 sah erstmals auch für die unter erschwerenden Umständen begangene Tötung eines Menschen die T. vor. Unter ↑Chruščev beschloß der Oberste Sowjet (1958) ein neues „Gesetz über die Grundlagen der Strafgesetzgebung der UdSSR"; auf seiner Grundlage wurden auch die Strafgesetzbücher der ↑Unionsrepubliken neu gefaßt. Sie hielten an der T. (durch Erschießen) als „außerordentlicher Strafmaßnahme... bis zu ihrer vollständigen Abschaffung" fest und sahen sie vor allem für Vaterlandsverrat, Spionage, Terrorakte und Mord vor. Mehrere Novellierungsgesetze erweiterten den Katalog 1961/62 erheblich; die T. konnte fortan – bei erschwerenden Umständen – auch Anwendung finden auf: Entwendung staatlichen und gesellschaftlichen Vermögens, Bestechung, gewerbsmäßig betriebene Devisenvergehen, Notzuchtverbrechen und Anschläge auf Milizangehörige. Vermehrte Berichte über die strikte Anwendung dieser Gesetze, auch gegen Spitzenfunktionäre von ↑Partei und Staat, waren Teil der seit ↑Brežnevs Tod laufenden Antikorruptionskampagne (↑Andropov, ↑Gorbačev).

Lit.: Strafgesetzbücher in dt. Übersetzung vgl. bei Freund, H. (Hrsg.), Strafgesetzbuch, Gerichtsverfassungsgesetz und Strafprozeßordnung Sowjetrußlands, Mannheim/Berlin/Leipzig 1925; Gallas, W. (Hrsg.), Strafgesetzbuch der Russischen Sozialistischen Föderativen Sowjetrepublik vom 22. November 1926 (in der Fassung vom 1. Januar 1952), Berlin 1953; Pusylewitsch, T., Strafgesetzbuch der Russischen Sozialistischen Föderativen Sowjetrepublik vom 27. Oktober 1960 (in der Fassung vom 6. Mai 1963), Berlin 1964; Todesstrafe und Todesurteile in der UdSSR, in: Osteur.-Archiv 35 (1985); Maurach, R., Todesstrafe in der Sowjetunion, in: Osteur. 13 (1963); Rollins, P. J., Death Penalty in Russia and the Soviet Union, in: Mersh 8 (1978). *H. A.*

Tomsk, seit 1944 ↑Gebiets-Hauptstadt, wurde während der Eroberung Sibiriens (↑LGR) 1604 als Festung gegründet. Während die militärische Bedeutung mit der Verschiebung der r. en Grenzen gegenüber Mongolen und Chinesen sank, wuchs die Bedeutung der Stadt als Handels- und Industrieort. Seit den 80er Jahren des 19. Jhs. war T. Verbannungsort (↑Verbannung [LGR]). Der offiziellen Gründung der ersten sibirischen Universität in T. (1880) folgte schrittweise die Eröffnung von deren Abteilungen, 1896 die Einrichtung der ersten höheren technischen Lehranstalt in Sibirien. Zu Beginn des 20. Jhs. bildeten sich in T. sozialdemokratische Zusammenschlüsse. Nach der ↑Oktober-Revolution setzten sich Anfang 1918 die s.en Kräfte durch, vermochten sich aber gegen die ↑Tschechoslowakische Legion nicht zu behaupten und mußten sich Ende Mai 1918 geschlagen geben (↑Bürgerkrieg). Erst Ende 1919 konnte die ↑Rote Armee T. zurückerobern. Die weitere Entwicklung verlief nur langsam, da der Ausbau der Eisen- und Stahlindustrie T. nicht im gleichen Maße erfaßte wie andere westsibirische Städte. T., das 1897 bereits 52000 Einwohner zählte, hatte 1926 91000, 1939 145000, 1959 249000 und 1985 475000 Bewohner.

Lit.: ↑Alma-Ata.   *B.Sch.*

Transkaspien ↑Turkmenien

Transkaukasien, Transkaukasische Demokratische Föderative Republik, Transkaukasisches Kommissariat ↑Armenien, ↑Azerbajdžan, ↑Georgien

Transkaukasische Föderation (Transkaukasische Sozialistische Föderative Sowjetrepublik) nannte sich der Zusammenschluß von ↑Georgien, ↑Armenien und ↑Azerbajdžan, der von 1922 bis 1936 bestand, Hauptstadt war ↑Tbilisi (Tiflis), wo die obersten Partei- und Staatsorgane der Föderation ihren Sitz hatten. Die Föderation kam gegen den massiven Widerstand der georgischen ↑Nationalkommunisten zustande. Auf dem Höhepunkt des Konflikts zwischen der Zentralmacht und der ↑Kommunistischen Partei Georgiens im Oktober 1922 trat das ↑Zentralkomitee Georgiens geschlossen zurück, weil es seine Forderung nach direktem (also nicht durch die T.F. vermitteltem) Eintritt Georgiens in die UdSSR und nach Aufhebung der politischen Föderation mit Armenien und Azerbajdžan nicht durchsetzen konnte. Die T.F. war aus der Sicht Moskaus ein Instrument zur Zügelung des georgischen Nationalismus und der anderen Nationalismen. Der Zwangszusammenschluß sollte dazu beitragen, die kurze Tradition der staatlichen Selbständigkeit der drei Republiken nach 1918 zu verdrängen. Die T.F. war nicht Ausdruck eines gewachsenen Regionalismus.

Lit.: Pipes, R., The Formation of the Soviet Union, Cambridge (Mass.) 1964; Charmandarjan, S.V., Lenin i stanovlenie Zakavkazskoj Federacii. 1921–1923, Erevan 1969.   *G.S.*

Transportwesen ↑Verkehrswege

Trockij (eigentl. Bronštejn), Lev Davidovič (1879–1940), existierte für die s.e Geschichtsschreibung und die s.e Öffentlichkeit seit ↑Stalin nicht mehr. Stalin löschte jeden Bezug auf die Person T.s aus, lediglich in der ideologischen Auseinandersetzung mit dem ↑Trotzkismus wurde in völlig verzerrter Weise die Erinnerung an T. fortgetragen. Erst unter ↑Gorbačev zeichnete sich (1989) der Beginn einer sachlichen Beschäftigung mit Person und Werk T.s ab.

T. schloß sich gegen Ende seiner Schulzeit im Gouvernement (↑LGR) Cherson revolutionär-marxistischen Kreisen an. 1899 wurde er erstmals verbannt (↑Verbannung [LGR]) und kam nach seiner Flucht nach Westeuropa 1902 in Verbindung zu ↑Lenin. Einer großen Nähe folgte die Distanzierung, die in der Broschüre „Unsere politischen Aufgaben" (1904) in einer scharfen Auseinandersetzung gipfelte. T. pendelte bis 1917 zwischen den Fraktionen der RSDRP (↑Parteien [LGR]). In der Revolution von 1905 (↑LGR) war T. der letzte Vorsit-

zende des Petersburger ↑Sowjet. 1906 wurde T. erneut verbannt, konnte 1907
fliehen und hielt sich bis 1914 in Wien, während des Ersten Weltkriegs (↑LGR)
in der Schweiz, dann in Frankreich und 1917 in den USA auf. Hatte er vor dem
Krieg zwischen den konkurrierenden Richtungen zu vermitteln versucht, so trug
er im Krieg zur Formierung der linken Positionen (Zimmerwalder Manifest
1915) bei – das von ihm vertretene Konzept der ↑„permanenten Revolution"
kam in den auch von Lenin gestützten linken internationalistischen Vorstellungen zum Tragen. Im Mai 1917 kehrte T. nach R. zurück und stellte sich zunächst
auf die Seite der ↑Bolschewisten, ehe der VI. ↑Parteikongreß die förmliche Aufnahme beschloß. Während Lenins Flucht aus ↑Petrograd wurde T. führender
Mann in der ↑Partei, im Exekutivkomitee des Petrograder S. übernahm er den
Vorsitz. Als Vorsitzender des ↑Militärrevolutionären Komitees (↑LGR) bestimmte T. die wichtigsten Abläufe der ↑Oktober-Revolution. T. übernahm im
↑Rat der Volkskommissare das Ressort für auswärtige Angelegenheiten. Er ver-
trat R. in den Waffenstillstands- und Friedensverhandlungen mit dem Deutschen
Reich. Sein Kurs – „Weder Krieg noch Frieden" – wurde von Lenin scharf
bekämpft. Lenins Erfolg in der innenpolitischen Absicherung des Friedens von
↑Brest-Litovsk folgte T.s Wechsel an die Spitze des ↑Volkskommissariats für
Krieg und des ↑Revolutionären Militärrats (bis Januar 1925). T. besorgte den
Aufbau der ↑Roten Armee, er verantwortete wesentliche Teile der s.en Operationen im ↑Bürgerkrieg und schließlich das Konzept und die praktische Verwirklichung des ↑Kriegskommunismus. Sein Vorgehen war keineswegs unumstritten,
Konflikte mit Lenin und ↑Stalin traten zutage. T. tat sich schwer beim Kurswechsel Lenins zur ↑Neuen Ökonomischen Politik. Insbesondere in der Diskussion über die Rolle der ↑Gewerkschaften isolierte sich T. durch die Forderung
rigoroser Unterordnung. Trotz seiner Skepsis gegenüber T. übertrug ihm Lenin
noch wichtige Aufgaben. Allerdings geriet T. schon bald nach Lenins Tod mit
seinen Angriffen gegen die Allmacht des Parteiapparats (d. h. Stalins) in die
Minderheit. Nach Angriffen auf ↑Zinov'ev und ↑Kamenev verlor T. das Volkskommissariat; schon vorher hatte Stalin es verstanden, T.s Einfluß zu blockieren.
T. wurde nicht nur seine Unfähigkeit zum Verhängnis, sich mit dem anti-intel-
lektuellen Trend in der Partei zu arrangieren. Gegen ihn wurden auch außenpolitische Fehlkalkulationen und die Ablehnung der NÖP geltend gemacht. Seine
wirtschaftspolitischen Vorstellungen (antibäuerlich, für radikale ↑Industriali-
sierung) fanden zunächst keine Zustimmung. Der Versuch, sich in der Vereinigten
(↑Linken) Opposition mit Zinov'ev und Kamenev durchzusetzen, scheiterte.
Am 23. 10. 1926 wurde T. aus dem ↑Politbüro (Mitglied seit 1919), im November 1927 aus der Partei ausgeschlossen. Der Verbannung nach ↑Alma Ata folgte
1929 die Abschiebung aus der SU. Im Exil (auf der türkischen Insel Prinkipo,
seit 1933 in Frankreich, 1935 in Norwegen, 1937 in Mexiko) agierte T. kontinuierlich gegen Stalin. Dank guter Verbindungen und Kenntnisse begleitete T.
dessen Politik mit scharfen Kommentaren. Zugleich versuchte er eine von Moskau unabhängige kommunistische Bewegung in Gang zu bringen (Gründung der
IV. Internationale 1938), mußte aber deren Wirkungslosigkeit mit ansehen. Auf
Veranlassung Stalins wurden mehrere Attentate auf T. unternommen, 1940
wurde er ermordet.

Lit.: Deutscher, I., Trotzki, Bd. 1–3, Stuttgart 1962; Broué, D., Trotzky, Paris 1988; Trotzki, L., Mein Leben. Versuch einer Autobiographie, Berlin 1961; Abosch, H., Trotzki. Zur Einführung, Hamburg 1990; Pancov, A. V., Lev Davidovič Trockij, in: Vopr. Ist., 1990 Nr. 5, S. 65–87; Wassezki, N., Lew Trotzki. Ein Gesicht im Schaufenster der Geschichte, in: „Unpersonen" – wer waren sie wirklich?, Berlin 1989, S. 88–133.   *B.Sch.*

Trojka ↑Geheimpolizei

Trotzki ↑Trockij

Trotzkismus ist ein polemischer Begriff, mit dem in der SU die Auffassungen ↑Trockijs über die Struktur der proletarischen Revolution, die Bedingungen des sozialistischen Aufbaus und den Typ des s.en Herrschaftssystems als ↑„linke Abweichung" von orthodoxen Positionen verurteilt wurden. Daneben wurde der Begriff zur abwertenden Charakterisierung des politischen Programms der „trotzkistischen Opposition" innerhalb der ↑KPdSU verwendet, die unter der Führung Trockijs in wechselnden Gruppierungen 1924–27 die Politik ↑Stalins bekämpfte. Der Ausschluß Trockijs aus der Partei am 14. 11. 1927 erfolgte mit der Begründung, daß er den ↑Leninismus revidiert, die Möglichkeit des sozialistischen Aufbaus in der SU geleugnet, das Bündnis der Arbeiterklasse mit der Bauernschaft hintertrieben und parteifeindliche Wühlarbeit organisiert habe. In aktuellen Bezügen diente der Begriff zur Bezeichnung der „linken Abweichung" innerhalb und außerhalb der sozialistischen Länder. Ferner wurde und wird er benutzt, um die Ideologie der 4. (trotzkistischen) Internationale (gegr. 1938) zu verdammen.

Im Mittelpunkt des T. steht die Theorie der ↑permanenten Revolution. Sie setzt sich über den marxistischen Geschichtsdeterminismus mit der Behauptung hinweg, daß die kapitalistische Entwicklungsphase der Geschichte in rückständigen Ländern wie R. mit Hilfe der sozialistischen Revolution übersprungen werden könne. Die Grundlegung des Sozialismus könne nach der Errichtung der ↑Diktatur des Proletariats zwar begonnen, aber erst nach dem Sieg der Weltrevolution vollendet werden. Lenin hat sich 1917 jene Teile dieser Theorie zu eigen gemacht, die die sozialistische Revolution, die Machtergreifung der Arbeiterklasse und den sozialistischen Aufbau im rückständigen R. in den Bereich der aktuellen politischen Möglichkeiten rückten. Aber im Unterschied zu Trockij, der die ↑Bauern für eine reaktionäre ↑Klasse hielt, betonte Lenin ostentativ den dauerhaften Charakter des Bündnisses zwischen ↑Arbeitern und Bauern beim sozialistischen Aufbau. Als Stalin 1924 erstmals von der Möglichkeit sprach, den ↑„Sozialismus in einem Lande" aufzubauen, führte das sofort zu schweren ideologischen Auseinandersetzungen mit den Anhängern Trockijs. Sie beharrten darauf, daß sich der Sozialismus in der SU erst nach dem Sieg der Revolution zumindest in Westeuropa und nur mit Hilfe der westlichen Industriestaaten verwirklichen ließe.

Der zweite wichtige Bestandteil des T. hat sich in der kritischen Auseinandersetzung mit der s.en Wirklichkeit herausgebildet. Trockij begann 1923 die bürokratischen Organisations- und Entscheidungsstrukturen der KPdSU, die zur Entfremdung des Parteiapparats von den Mitgliedermassen führten, mit zunehmender Heftigkeit zu kritisieren. Die fortschreitende Bürokratisierung des Partei- und Staatsapparats erschien ihm als eine „Entartung" der S.-Ordnung. Dementsprechend forderte er die Wiederherstellung der innerparteilichen Demokratie und die Entmachtung der Staatsfunktionäre durch die Arbeiterklasse. Im Exil (seit 1929) faßte er seine kritischen Analysen des ↑Stalinismus in der Theorie der „Übergangsgesellschaft" zusammen. Sie besagt, daß die revolutionäre Transformation der s.en Gesellschaft unter dem Einfluß des Partei- und Staatsapparats irgendwo auf dem Wege vom Kapitalismus zum Sozialismus steckengeblieben sei und seither in einem politisch unentschiedenen Zustand festgehalten werde. Die S.-↑Bürokratie habe sich des Verwaltungsapparats bemächtigt, der demokratischen Kontrolle entledigt und damit in eine „herrschende Schicht" verwandelt, welche die s.en Institutionen zur Durchsetzung ihrer besonderen Interessen mißbrauche. Die Stagnation, in die das s.e System dadurch geraten sei, könne nur noch durch eine neuerliche politische Revolution überwunden werden, die die bürokratische Diktatur stürze und die sozialistische Demokratie wiederherstelle.

Lit.: Deutscher, I., Trotzki, 3 Bde., Stuttgart 1962–63; Trotzki, L., Verratene Revolution, Frankfurt a. M. 1968; Mandel, E., Zur Theorie der Übergangsgesellschaft, Berlin 1972; Abosch, H., Trotzki und der Bolschewismus, Basel 1975.   *R.A.*

Trotzkistisch-Sinowjewistisches Terroristisches Zentrum wurde polemisch eine der Stalinschen Politik kritisch gegenüberstehende Gruppe genannt, deren führende Mitglieder bereits 1927 aus der ↑Partei ausgeschlossen worden waren. Den Mord am Vorsitzenden der Leningrader Parteiorganisation S. M. ↑Kirov (1934) nahm ↑Stalin zum Anlaß, um der ehemaligen ↑Linken Opposition endgültig den Prozeß zu machen. Im August 1936 hatten sich G. E. ↑Zinov'ev, L. B. ↑Kamenev, G. E. Evdokimov (1884–1936) und 13 ihrer Anhänger vor dem Militärtribunal des Obersten Gerichtshof der UdSSR als T.-S. T. Z. zu verantworten. Die Anklage legte ihnen nicht nur den Mord an Kirov zur Last; über seine Unterorganisationen habe das „Zentrum" weitere Terrorattentate (u. a. auch auf Stalin) geplant und mit dem Ziel vorbereitet, die Staatsmacht an sich zu reißen. Alle 16 Angeklagten wurden zum Tod verurteilt (↑Säuberungen).

Lit.: Conquest, R., Am Anfang starb Genosse Kirov. Säuberungen des Sowjetregimes unter Stalin, Düsseldorf 1970; Medwedew, R. A., Die Wahrheit ist unsere Stärke. Geschichte und Folgen des Stalinismus, Frankfurt a. M. 1971; Ziehr, W., Die Entwicklung des „Schauprozesses" in der Sowjetunion. Ein Beitrag zur sowjetischen Innenpolitik 1928–1938, Diss. Tübingen 1970.   *H.A.*

Tschechoslovakische Legion hieß das Freiwilligencorps, das im Ersten Weltkrieg (↑LGR) unter Mitwirkung des Tschechoslovakischen Nationalrats vor allem aus Kriegsgefangenen in R. rekrutiert worden war. Nach dem Frieden von ↑Brest-Litovsk und der deutschen Besetzung der ↑Ukraine zog die T. L. nach ↑Sibirien ab; mit der S.-Regierung wurde am 26. 3. 1918 ihre Evakuierung nach Westeuropa (zu erneutem Kriegseinsatz in Frankreich) vereinbart. Auseinandersetzungen über Umstände und Weg der Evakuierung des ca. 50 000 Mann starken Corps führten jedoch im Mai 1918 zur offenen Konfrontation mit der S.-Macht: Die T. L. besetzte nun weite Gebiete entlang der Transsibirischen Eisenbahn (↑LGR) und löste durch ihre Unterstützung ↑„weißer" Verbände eine rasche

Eskalation des ↑Bürgerkriegs aus. Zugleich gab der Aufstand den Ausschlag bei der Interventionsentscheidung der Alliierten, welche die T. L. im Juni 1918 zur Verbündeten erklärten und sie aufforderten, eine neue „Ostfront" an der Wolga zu errichten. Schon nach dem Waffenstillstand in Westeuropa (11.11. 1918) freilich zog sich die T. L. schrittweise aus dem Engagement im Bürgerkrieg zurück, wodurch sowohl die alliierte Intervention als auch die Diktatur ↑Kolčaks ihren wichtigsten militärischen Rückhalt verlor. Dennoch dauerten die Kämpfe in Sibirien noch über ein Jahr. Erst im Januar 1920 konnte die T. L. gegen die Auslieferung Kolčaks an die ↑Rote Armee einen Waffenstillstand sowie freies Geleit nach ↑Vladivostok aushandeln, von wo aus die Evakuierung auf amerikanischen Schiffen erfolgte.

Lit.: Thunig-Nittner, G., Die Tschechoslowakische Legion in Rußland. Ihre Geschichte und Bedeutung bei der Entstehung der 1.Tschechoslowakischen Republik, Wiesbaden 1970.   *M.G.M.*

Tscheka ↑Geheimpolizei

Tscherkessien ↑Čerkessien

Tschernenko ↑Černenko

Tschetschenien ↑Čečenien

Tschitscherin ↑Čičerin

Tschuwaschien ↑Čuvašien

Tuchačevskij, Michail Nikolaevič (1893–1937), war adliger Herkunft. Er schloß die Kriegsschule 1914 ab, geriet in Kriegsgefangenschaft und floh 1917 zurück nach R. 1918 schloß T. sich der ↑Roten Armee und der ↑RKP(b) an. Er nahm als Kommandeur an verschiedenen Operationen des ↑Bürgerkrieges gegen ↑Kolčak, gegen ↑Denikin, am ↑russisch-polnischen Krieg, an der Niederschlagung des ↑Kronstädter Aufstands und des ↑Antonov-Aufstands im Gouvernement (↑LGR) Tambov teil. 1921 übernahm T. die Leitung der Militärakademie, war dann Kommandeur der Truppen des westlichen Militärbezirks, 1924 Gehilfe des Chefs, 1925–28 Chef des Stabes der Roten Armee. 1924/25 wirkte T. bei der Heeresreform mit. Seine Karriere verlief auch nach dem Sieg ↑Stalins über seine Parteigegner ungebrochen weiter: 1928–31 Kommandeur des Leningrader Militärbezirks, 1931–34 Stellvertretender Vorsitzender des ↑Revolutionären Militärrates, 1934–36 Stellvertreter, seit 1936 1.Stellvertreter des ↑Volkskommissars für Verteidigung und Chef der Verwaltung für Gefechtsausbildung. T. spielte eine entscheidende Rolle bei der Einführung moderner Waffensysteme in der Roten Armee, ebenso bei der Schulung der s.en Generalität und des Offizierskorps sowie bei der Entwicklung der s.en strategischen und taktischen Konzepte. T. genoß in der Roten Armee, in der Partei und in der Öffentlichkeit großes Ansehen. 1934 avancierte T. zum Kandidaten des ↑Zentralkomitees, 1935 wurde er zum Marschall der SU ernannt. Stalin ließ ihn in den ↑Säuberungen wegen

angeblichen Verrats an das Deutsche Reich liquidieren. In der ↑Entstalinisierung
nach der Geheimrede ↑Chruščevs auf dem XX. ↑Parteikongreß wurde T. rehabilitiert, seine Leistungen wurden in vollem Umfang anerkannt.

Lit.: Ströbinger, R., Stalin enthauptet die Rote Armee. Der Fall Tuchatschewski, Stuttgart
1990; Delo o tak nazyvaemoj „antisovetskoj trockistskoj voennoj organizacii v Krasnoj
Armii, in: Izvestija CK KPSS, 1989 Nr. 4, S. 42–80.   *B.Sch.*

Tula, Hauptort des gleichnamigen ↑Gebiets (seit 1937), liegt knapp 170 km süd-
lich von ↑Moskau. Die Stadt wurde erstmals in der Mitte des 12. Jhs. erwähnt.
Seit Ende des 16. Jhs. war T. ein Zentrum der Waffenproduktion. Die um T.
vorhandenen Metalle bildeten schon im 17. Jh. die Basis der industriellen Eisen-
verarbeitung und sicherten im 19. Jh. dank neuer industrieller Verfahren eine
Erweiterung der Produktionszweige (v. a. im Bereich der Metallverarbeitung).
Antizaristische Bewegungen, v. a. sozialdemokratische Gruppen, fanden in der
Arbeiterschaft T.s Unterstützung. Im ↑Bürgerkrieg nahm T. eine Schlüsselrolle
bei der Verteidigung Moskaus ein, der Vormarsch ↑Denikins kam vor T. zum
Stillstand, die Truppen wurden durch den Vorstoß der ↑Roten Armee von T. aus
zerschlagen (Sept./Okt. 1919). Die Situation sah 1941 ähnlich aus, als deutsche
Truppen von Westen und Süden her auf Moskau marschierten und im Dezember
1941 T. angriffen. Auch diesmal konnte T. gehalten werden. Die ↑Industrie T.s
wurde in den ↑Fünfjahrplänen der 30er Jahre und – nach Beseitigung der Kriegszerstörungen – seit 1945 weiter ausgebaut. Eisen- und Stahlerzeugung, Maschi-
nen- und Gerätebau sowie Energieerzeugung bildeten die Hauptentwicklungs-
felder. Die Stadt, die 1897 115 000, 1926 150 000, 1939 285 000 und 1959 351 000
Einwohner zählte, hatte 1985 die Zahl von 532 000 Menschen erreicht.

Lit.: ↑Alma-Ata.   *B.Sch.*

Turkestan, Turkestanische ASSR, Turkmenistan ↑Turkmenien

Turkkomissija ↑Zentralasien

Turkmenien (Turkmenistan) wurde am 27. 10. 1924 aus Teilen der ↑Sowjetrepu-
bliken Turkestan, ↑Buchara und Chorezm (↑Zentralasien) als eine ↑Unionsrepu-
blik mit ↑Aschabad als Hauptstadt eingerichtet. Das zuvor als „Transkaspien"
bezeichnete, sich vom Kaspischen Meer bis zu den Kerngebieten Zentralasiens
erstreckende Gebiet besteht zu 80 % aus Wüste (Kara Kum) und war vor der
Sowjetisierung die am wenigsten erschlossene Region des Zarenreiches. Die
Turkmenische SSR hatte 1990 3,6 Mio. Einwohner (1924: 855 114), davon 72 %
Turkmenen, 12 % Russen und 8,5 % Uzbeken. Außerhalb ihrer Republik lebten
Turkmenen in ↑Uzbekistan und ↑Tadžikistan sowie in ↑Afghanistan, dem Iran
und der Türkei. Sie sind ein muslimisches Turkvolk der Oghusischen oder West-
türkischen Gruppe und stehen den anatolischen Türken, den Azeri oder den
Krim-Tataren näher als den zentralasiatischen Türken. Von der beherrschenden
Volksgruppe Zentralasiens, den Uzbeken, grenzen sie sich durch diese ethnische
Zuordnung und ein ausgeprägtes nomadisches Überlegenheitsgefühl ab. Die
Turkmenen, die zwischen dem 12. und 14. Jh. von Sufi-Orden islamisiert wur-
den und dem sunnitischen ↑Islam hanefitischer Rechtsschule angehören, haben

auf ihrem ethnischen Territorium keine eigene Staatsbildung vollzogen. Sie waren in Stämmen organisiert und lebten z. T. in den Grenzen der Chanate ↑Buchara und Chiva, mit deren dominierendem Bevölkerungsteil, den Uzbeken, sie in Konflikt gerieten. Die vor der ↑Kollektivierung der ↑Landwirtschaft in den 30er Jahren überwiegend nomadisierenden Turkmenen haben ihre auf den Gemeinschaftsgrößen Stamm, Sippe und Großfamilie basierende Sozialordnung durch die Umwandlungsprozesse der Sowjetisierung hindurch weitgehend bewahrt. Islamisch oder tribal geprägte Sitten und Institutionen wie *kalym* (Brautkauf), *karšylyk* (Doppelehen zwischen Geschwisterpaaren) und *aqsaqalizm* (Respekt vor dem „Graubart") blieben bis in die Gegenwart gültig.

Turkmenen widersetzten sich der r.en Eroberung heftiger als die übrigen Turkvölker Zentralasiens. Dadurch konnte die Einverleibung ihrer Siedlungsgebiete in das Russische Reich erst in der Mitte der 80er Jahre des 19. Jh.s abgeschlossen werden. 1881 stürmten r.e Truppen die turkmenische Festung Geok Tepe, wobei über 14 000 Verteidiger ums Leben kamen. Erste urbane Siedlungspunkte in Transkaspien entstanden im Zuge des Baus der Transkaspischen Eisenbahn (1881–1886). Nach dem Zusammenbruch des Zarenreiches 1917 strebten die Turkmenen z. T. mit Unterstützung von außen (britische Intervention Sommer 1918 bis Februar 1919) eine auf Stammestradition begründete Autonomie an. Muslimische Gebietskomitees als Machtorgane der einheimischen Bevölkerung wurden von den ↑Bolschewisten aufgelöst. Nach dem Abzug britischer Truppen konnte die S.-Regierung von Turkestan die Kontrolle über die turkmenischen Gebiete festigen. Die Sowjetisierung begann 1925 mit einer Land- und Wasserreform. Die Kollektivierung der Landwirtschaft erlebte T. ähnlich wie andere nomadische Regionen als traumatischen Eingriff in tradierte Wirtschafts- und Lebensformen. Die zwangsweise Seßhaftmachung und Einbindung in das kollektive Agrarsystem provozierte in T. landesweiten Widerstand, in dem sich die Oppositionsbewegung der „Turkmen Azatlygi" (Freiheit für T.) formierte. Dem Terror gegen „bürgerliche Nationalisten" (in einem Land, in dem es nie ein Bürgertum gegeben hat) fiel ein Großteil des nationalen ↑Partei-Personals zum Opfer, darunter der Regierungschef Atabaev und der Präsident des ↑Obersten Sowjets Ajtokov, denen in der Periode der ↑Entstalinisierung Denkmäler in der Hauptstadt Ašchabad gesetzt wurden.

Wie im übrigen Zentralasien war die Sowjetisierung in T. mit einer steilen industriellen Wirtschaftsentwicklung bei äußerst niedrigem Ausgangsniveau verbunden. In ihrem Mittelpunkt standen Baumwolle, Erdgas und Erdöl. In den 80er Jahren zeigten sich die Auswirkungen einer einseitigen Ausrichtung der regionalen Wirtschaft auf die Baumwolle. Nach Uzbekistan war T. die von den negativen Konsequenzen einer Baumwoll-Monokultur in ihrer ökonomischen, ökologischen, sozialen und politischen Entwicklung am meisten betroffene Unionsrepublik. Sie blieb auch die in Hinsicht auf ↑Perestrojka und Demokratisierung unter ↑Gorbačev am weitesten zurückliegende aller 15 Unionsrepubliken. Auch nach dem Zerfall der SU und der Unabhängigkeitserklärung T.s (27. 10. 1991) regierte hier die alte kommunistische ↑Nomenklatur unangefochten weiter.

Lit.: Akiner, S., Islamic Peoples of the Soviet Union, London u. a. 1983; Murat, A. B., Turkmenistan and the Turkmen, in: Katz, Z., Handbook of Major Soviet Nationalities,

New York 1975; Wimbush, S. E./Bennigsen, A., Muslims of the Soviet Empire, London
1985; Lorenz, R., Die Turkmenen. Zum historischen Schicksal eines mittelasiatischen
Volkes, in: Mende, E. v. (Hrsg.), Turkestan als historischer Faktor und politische Idee.
Festschrift für Baymirza Hayit zu seinem 70. Geburtstag, Köln 1988.   *U.H.*

Turksib ↑Verkehrswege

Tuva, Tuvinische ASSR ↑Russische Sozialistische Föderative Sowjetrepublik

Tvardovskij ↑„Novyj Mir"

Tver', an der Einmündung des Flusses Tvercy in die Wolga, entstand im 12. Jh.
Seit 1775 Hauptort eines Gouvernements (↑LGR), entwickelte sich die Stadt im
19. Jh. zu einem Zentrum der r.en Textilindustrie. Während des ↑Zweiten Weltkriegs besetzten deutsche Truppen 1941 Kalinin, wie T. seit 1931 zu Ehren von
M. I. ↑Kalinin genannt wurde. Die Einwohnerzahl wuchs von 53 500 (1897)
über 108 000 (1926), 216 100 (1939) und 261 000 (1959) auf 438 000 (1985). 1990
wurde die alte Bezeichnung T. wiedereingeführt.

Lit.: ↑Alma-Ata.   *B.Sch.*

Udmurten, Udmurtische ASSR ↑Russische Sozialistische Föderative Sowjetrepublik

UdSSR ↑Sowjetunion

Ufa, seit 1922 Hauptstadt der ↑Baškirischen ASSR, geht auf die baškirische
Festung Turatan zurück, an deren Stelle 1586 die r.e Stadt gegründet wurde. Die
Lage am Weg von R. nach Sibirien (↑LGR) begünstigte die Entwicklung U.s als
Handelsplatz. Im ↑Bürgerkrieg besetzte die ↑Tschechoslovakische Legion U. Im
September 1918 tagte in U. die Allrussische Staatskonferenz, die das ↑Ufa-
Direktorium bildete. Im Juni 1919 eroberte die ↑Rote Armee die Stadt für die
S.-Regierung zurück. Ansätze zu einer national-kulturellen Autonomie der
↑Muslims, die sich schon 1917 in U. herauskristallisiert hatten (Muslimische
Nationalversammlung Dezember 1917), wurden mit der Erhebung U.s zur
Hauptstadt Baškiriens fortgeführt. Dabei bildeten Tataren (15 %) und Baškiren
(14,3 %) 1926 nur Minderheiten neben der r.en Bevölkerung (70 %). Während
des ↑Zweiten Weltkriegs wurde in U. eine der vier geistlichen Behörden für die
s.en Muslims eingerichtet. Für die industrielle Entwicklung U.s war der Ausbau
der Erdöl- und Chemie(↑)industrie seit dem Krieg besonders wichtig. Bei einer
Bevölkerungszahl (1985) von 1,064 Mio. (1897: 49 000, 1926: 99 000, 1939:
258 000, 1959: 547 000) blieben Tataren und Baškiren in der Minderheit.

Lit.: ↑Alma-Ata.   *B.Sch.*

Ufa-Direktorium ist die Bezeichnung für eine antibolschewistische Regierung
während des ↑Bürgerkrieges. Nach dem Ausbruch des Krieges und dem Vorstoß
der ↑Tschechoslovakischen Legion entlang der Transsibirischen Eisenbahn
(↑LGR) nach Westen hatten sich im Sommer 1918 zwei antibolschewistische

Gegenregierungen gebildet: eine sozialrevolutionäre (↑Parteien) in ↑Samara und eine eher nationalkonservative in ↑Omsk. Im September trat in ↑Ufa eine Staatskonferenz (von ca. 170 Personen) zusammen, an der sich Vertreter beider Regierungen (sowie anderer politischer und regionaler Organisationen) beteiligten, und deren Ziel es war, sich auf ein gemeinsames politisches und militärisches Programm zu einigen. Als neue Regierung setzte man ein fünfköpfiges Direktorium ein, dessen Vorsitz der Sozialrevolutionär N. D. Avksent'ev (1878–1943) übernahm und dem außerdem der Premier der Omsker Regierung (P. V. Vologodskij), ein Volkssozialist (N. V. Čajkovskij), ein Kadett (N. I. Astrov) und ein als liberal geltender General (V. G. Boldyrev) angehören sollten. (Da nicht alle der Gewählten zugegen waren, mußten sie teilweise durch vorläufige Ersatzkandidaten vertreten werden.) So recht zufrieden war keine Seite mit dem Kompromiß, und die Unterstützung der neuen Regierung durch die Bevölkerung war schwach. Anfang Oktober übersiedelte das U.-D. nach Omsk und geriet damit völlig in den Macht- und Einflußbereich der nationalkonservativen Militärs. In der Nacht zum 18. 11. 1918 stürzte ein Militär-Putsch das U.-D., seine sozialistischen Mitglieder wurden verhaftet (und später ins Ausland abgeschoben), und A. V. ↑Kolčak übernahm als „Oberster Regent" die Macht. Nach einigem Zögern entschlossen sich die alliierten Interventionsmächte zur Anerkennung seines Regimes.

Lit.: Garmiza, V. V., Krušenie ėserovskich pravitel'stv, M 1970; ders., Direktorija i Kolčak, in: Vopr. Ist. 1976; Ioffe, G. Z., Krach rossijskoj monarchičeskoj kontrrevoljucii, M 1977; Bunyan, J., Intervention, Civil War, and Communism in Russia, April–December 1918, Baltimore 1936; Footman, D., Civil War in Russia, New York 1962; Long, J. W., Ufa Directorate, in: Mersh 40 (1985). *H.A.*

Ukraine (ukr. Ukrajina). Die U. bildete als Ukrainische ↑SSR den südwestlichen Teil der SU. Nach der Februar-Revolution (↑LGR) konstituierte sich in ↑Kiev (Kyjiv) die vor allem von nichtbolschewistischen Sozialisten getragene ↑Rada, die am 25. 1. 1918 die U. als unabhängige ↑Ukrainische Volksrepublik proklamierte. Die in der U. nur schwach vertretenen ↑Bolschewisten hatten am 26. 12. 1917 in ↑Char'kov (Charkiv) unter der Bezeichnung „Volkssekretariat" eine ukrainische S.-Regierung gebildet, die aufgrund innerer Differenzen weitgehend untätig blieb. Zum eigentlichen Repräsentanten der S.-Macht wurden daher die vom ↑Rat der Volkskommissare gesandten Truppen ↑Antonov-Ovseenkos, die im Januar 1918 die Rada aus Kiev vertrieben. Sie mußten sich jedoch vor den nach Abbruch der Friedensverhandlungen in ↑Brest-Litovsk die U. besetzenden Deutschen und Österreichern wieder zurückziehen, die im April 1918 den ehemaligen zarischen General Pavlo ↑Skoropads'kyj als Hetman (↑LGR) der U. einsetzten. Der Entscheidungskampf um die Macht in der U. begann im Januar 1919, als nach dem Abzug der Armeen der Mittelmächte das ↑Ukrainische Direktorium den Hetman gestürzt und die Volksrepublik restituiert hatte und die als Kommunistische Partei der U. neu organisierten Bolschewisten im November 1918 eine ukrainische S.-Regierung unter J. ↑Pjatakov und Ch. Rakovskij (1873–1941) formiert hatten. Nach wechselhaften Kämpfen, in denen die U. zu einem Hauptschauplatz des ↑Bürgerkriegs wurde, unterlag schließlich die von S. ↑Petljura geführte, im ↑russisch-polnischen Krieg mit Polen verbündete Volksrepublik. Nach dem Frieden von Riga und nach der Räumung auch der Krim durch die ↑„weißen" Truppen unter ↑Wrangel beherrschten die Bolschewisten den größten Teil des ukrainischen Territoriums. Vor allem in den Randgebieten hielten jedoch die Kämpfe gegen einzelne Aufstandsgruppen und Diversanten noch einige Zeit an. Nicht mit einbezogen in die S.-Ukraine war die zwischen San und Zbruč liegende West-U., die sich im Januar 1919 zu einem autonomen Gebiet der Volksrepublik erklärt hatte, im Juni 1919 aber von polnischen Truppen vollständig besetzt worden war und nun nach dem Rigaer Frieden zu Polen gehörte. Verloren blieben auch die Bukowina und ↑Bessarabien, die bereits im Oktober bzw. im April 1918 Rumänien eingegliedert worden waren. Die so entstandene Dnestr-Grenze wurde von der SU völkerrechtlich nicht anerkannt. Sie machte ihre Ansprüche auf die jenseits gelegenen Gebiete durch die im Rahmen der Ukrainischen SSR erfolgte Gründung der Autonomen Moldauischen Sowjetrepublik (↑Moldau) unübersehbar.

Die endgültige Etablierung der Bolschewisten in der U., die bis 1934 von Char'kov aus regiert wurde, verlief seit 1923 über eine von Moskau weitgehend autonome Innenpolitik, die mit einer zügig voranschreitenden Ukrainisierungskampagne möglichen unkontrollierbaren nationalen Autonomiebestrebungen und separatistischen Tendenzen entgegenwirkte. Diese von „Nationalkommunisten" (↑Nationalkommunismus) wie O. Šums'kyj (?–1934) und M. Skrypnyk (1872–1933) nachhaltig geförderte Politik fand ein abruptes Ende, als ↑Stalin mit dem ersten ↑Fünfjahrplan das Ruder herumriß und als ↑Säuberungen, vor allem aber die ↑Zwangskollektivierung der ↑Landwirtschaft der U. in den 30er Jahren Millionen Tote kosteten. Nach Ausbruch des ↑Zweiten Weltkrieges und als Folge des ↑Hitler-Stalin-Paktes wurden am 1. 11. 1939 Ostgalizien als West-U. sowie Wolhynien, am 2. 8. 1940 die Rumänien abgezwungene Nordbukowina und Teile der südbessarabischen Distrikt Izmail und Akkerman der Ukrainischen SSR eingegliedert. Ein schmaler Gebietsstreifen der aufgelösten Moldauischen ASSR auf dem linken Dnestrufer gehörte von nun an der in Bessarabien neu gebildeten Moldauischen SSR. Mit den im Juni 1941 einrückenden deutschen und rumänischen Armeen begann für die U. – eines der Hauptziele der NS-Kriegspolitik – die deutsche Besatzungszeit mit wirtschaftlicher Ausbeutung, Zwangsrekrutierungen und Massenmord, nach deren Ende außer riesigen Zerstörungen auch fünf Mio. Tote zu beklagen waren. Mit der in der U. wiedereingesetzten S.-Macht wollte sich jedoch die während der deutschen Okkupationszeit entstandene nationalukrainische Partisanen- und Aufstandsbewegung (UPA) (↑Bandera) nicht abfinden. Ihre Gruppen konnten erst zu Beginn der 50er Jahre von den s.en Sicherheitskräften endgültig besiegt bzw. aus dem Land gedrängt werden.

Der vor dem Wiederaufbau stehenden U. – seit April 1945 ↑UNO-Mitglied – wurde durch die am 6. 2. 1945 in ↑Jalta als polnisch-s.e Grenze festgelegte, nur wenig veränderte ↑Curzon-Linie nicht nur die Eingliederung Wolhyniens und der West-U. bestätigt, sie konnte auch einen weiteren Gebietszuwachs verzeichnen. Ihr wurde am 29. 6. 1945 von der ČSR als Dank für die „Befreiung" durch die ↑Rote Armee die Karpatho-U. (12 600 km²) angegliedert, und am 19. 2. 1954 wurde die bisher zur ↑RSFSR gehörende Krim als ↑Gebiet der U. – ein Geschenk des aus der U. stammenden ↑Chruščev aus Anlaß des 300jährigen Jubiläums der Unterstellung ukrainischer Kosaken (↑LGR) unter die Moskauer Zaren.

Die U. in Gestalt der modernen Ukrainischen SSR umfaßte ein Territorium von 603 700 km² mit 1989 51,7 Mio. Einwohnern. Von diesen waren rund 74 % Ukrainer. Ihnen folgten als stärkste ethnische Gruppen Russen, Juden, Weißrussen und Polen. Insgesamt verteilte sich die Bevölkerung auf über 100 verschiedene Nationalitäten. In der U. wurde etwa ein Drittel der s.en Steinkohle gefördert und ca. 40 % der eisenmetallurgischen Produktion erzeugt. Ihre ↑Landwirtschaft zeichnete sich – bedingt durch die Schwarzerdeböden und ein milderes Durchschnittsklima – durch höhere Produktionsergebnisse aus. Einen erheblichen Rückschlag in diesem Bereich sowie eine teilweise katastrophale Verschlechterung der lokalen Lebensbedingungen brachte 1986 der Reaktorunfall im Kernkraftwerk von ↑Černobyl'.

Nachdem die sich um die Bewegung „Ruch" gruppierenden nationalen Kräfte ein gewichtiger politischer Faktor geworden waren, erklärte die U. am 16. 7. 1990 ihre Souveränität. Nach dem Moskauer ↑Putschversuch vom 18.–20. 8. 1991 erfolgte am 24. 8. die Unabhängigkeitserklärung.

Lit.: Lewytzkyj, B., Die Sowjetukraine 1944–1963, Köln/Berlin 1964; Mace, J. E., Communism and the Dilemmas of National Liberation. National Communism in Soviet Ukraine, 1918–1933, Cambridge (Mass.) 1983; Istorija Ukrajins'koji RSR. Seveljev, A. G., (Holovnyj red.), Bde. 5–8, Kiev 1977–1979; Krawchenko, B., Social Change and National Consciousness in Twentieth-Century Ukraine, Houndmills/Basingstoke/Hampshire/London 1987; Subtelny, O., Ukraine. A History, Toronto/Buffalo/London 1988.   *R.A.M.*

Ukrainische Aufständische Armee (UPA) ↑Ukraine

Ukrainische Legion ↑Bandera

Ukrainisches Direktorium. Das U. e D. wurde im November 1918 von Vertretern nationalrevolutionärer ukrainischer Parteien und Gruppierungen geschaffen. Es leitete die Erhebung gegen den von den Mittelmächten im April 1918 eingesetzten Hetman (↑LGR) der ↑Ukraine, P. ↑Skoropads'kyj, und dessen Regime und restituierte die ↑Ukrainische Volksrepublik. Zu den Initiatoren und Mitgliedern des U.n D.s gehörten die Sozialdemokraten (↑Parteien) V. Vynnyčenko (1880–1951) und S. ↑Petljura, der Sozialrevolutionär und bisherige Geologieprofessor F. Švec' (1882–1940), der von der Partei der Sozialisten-Unabhängigen kommende O. Andrijevs'kyj (1878–1955) sowie der parteilose Beamte A. Makarenko (1885–1963). Im Laufe des erfolgreich durchgeführten Aufstandes gewann Petljura immer mehr Popularität. Er löste Vynnyčenko als Vorsitzenden des U.n D.s ab, als jener im Februar 1919 auf Forderung der alliierten Interventionsmächte, aber auch aus Enttäuschung über den wenig sozialrevolutionären Kurs der Volksrepublik aus dem U.n D. ausschied. Ein als Kongreß der Werktätigen Ende Januar 1919 in ↑Kiev tagendes ukrainisches Vorparlament bestätigte angesichts der in die Ukraine eindringenden S.-Truppen das U. e D. vorläufig als höchstes Staats- und Exekutivorgan der Volksrepublik. Mit Petljura an der Spitze führte es 1919 und 1920 zwischen allen Fronten des ↑Bürgerkrieges einen zähen Kampf um die nationale Unabhängigkeit der Ukraine, der Ende 1920 mit der Internierung der Armee der Volksrepublik und ihrer Führung in Polen endete.

Lit.: Reshetar, J.S., The Ukrainian Revolution, 1917–1920. A Study in Nationalism, Princeton (N.J.) 1952; Bohachevsky-Chomiak, M., The Directory of the Ukrainian National Republik, in: The Ukraine, 1917–1921: A Study in Revolution, ed. T. Hunczak, Cambridge (Mass.) 1977; Mark, R.A., Symon Petljura und die UNR. Vom Sturz des Hetmans Skoropads'kyj bis zum Exil in Polen, in: FOG 40 (1988).   *R.A.M.*

Ukrainische Volksrepublik. Die UNR (Abk. für ukr. Ukrajins'ka Narodna Respublika) wurde am 20.11. 1917 durch einen Erlaß (III. Universal) der ↑Rada in ↑Kiev als autonomer Teilstaat einer zukünftig föderativen Russischen Republik proklamiert. Schon am 25.1. 1918 erfolgte die Unabhängigkeitserklärung (IV. Universal), die außer von den Mittelmächten von keiner anderen Macht anerkannt wurde. Die UNR und ihre Organe, die zu keinem Zeitpunkt ihrer Existenz auf dem gesamten ukrainischen Territorium Staatsgewalt ausüben konnten, blieb eine ephemere Erscheinung des ↑Bürgerkrieges. Im April 1918 mußte sie dem von den Mittelmächten installierten Regime des Hetmans (↑LGR) ↑Skoropads'kyj weichen, das im Dezember 1918 von nationalrevolutionären ehemaligen Rada-Politikern gestürzt wurde. Die danach restituierte UNR, der sich im Januar 1919 die gegen Polen um Ostgalizien kämpfenden Westukrainer anschlossen, versuchte unter der Führung des ↑Ukrainischen Direktoriums bis Ende 1920 im Kampf gegen S.-Truppen und die „Freiwilligenarmee" ihre nationale Unabhängigkeit durchzusetzen. Trotz sporadischer rumänischer Hilfe und eines seit April 1920 bestehenden Bündnisses mit Polen gehörte die UNR schließlich zu den Verlierern des Bürgerkrieges. Im Ringen um die Herrschaft über die Ukraine blieben die s.en Kräfte Sieger.

Lit.: Borys, J., The Sovietization of Ukraine 1917–1923. The Communist Doctrine and Practice of National Self-Determination, Revised ed., Edmonton 1980; ↑Ukrainisches Direktorium.   *R.A.M.*

Ulanova, Galina Sergeevna (geb. 1909 A.S., 1910 N.S.), war die herausragende Tänzerin des s.en Balletts in der Zeit ↑Stalins und ↑Chruščevs und wurde von ihnen mit Ehrungen überschüttet. Von 1928 bis 1944 gehörte sie zum Kirov-Theater in ↑Leningrad, dann bis 1960 zum Moskauer Bol'šoj-Theater; hier wirkte sie anschließend auch als Ballettmeisterin. U. knüpfte an die Traditionen des klassischen r.en Balletts an und führte sie auf eine neue Höhe. Für das s.e Kunstverständnis unter Stalin und seinem Nachfolger, das sich eng an Vorbilder des vorrevolutionären bürgerlichen Kunstschaffens anlehnte und Experimente scheute, war der Stil der U. mustergültig. Ein ↑Lenin-Preis sowie zahlreiche Stalin- und Staatspreise machten die hohe Wertschätzung für die Künstlerin deutlich. Das hohe Ansehen, das sie auch im westlichen Ausland genoß, konnte als Beleg für die erfolgreiche Kunstförderung der ↑KPdSU gelten.

Lit.: Bogdanov-Berezovski, V.M., Ulanova and the Development of the Soviet Ballet, London 1952.   *B.Sch.*

Ul'janov ↑Lenin

Ungarischer Aufstand. Im U.n A. vom Herbst 1956 entluden sich die Spannungen, welche die s.e Politik der ↑Entstalinisierung im Rahmen des ↑sozialistischen Lagers innerhalb des ungarischen Systems erzeugt hatte. ↑Chruščevs Verständigung mit

J. B. Tito und das Bekenntnis des XX. ↑Parteitags der ↑KPdSU zur Möglichkeit besonderer „nationaler Wege zum ↑Sozialismus" hatten eine Wende zu mehr Selbständigkeit in den Beziehungen der SU zu den Volksdemokratien signalisiert. Doch erwies sich der neue s.e Kurs vor allem für die Monopolparteien in Ungarn und Polen zugleich als eine innere Gefährdung, da beide Länder in den Sog kontroverser öffentlicher Reformdiskussionen gerieten, über die sich die Parteien zu spalten und handlungsunfähig zu werden drohten. Während es aber in Polen, trotz der Posener Unruhen vom März, zu einem Kompromiß kam, den die s.e Billigung eines polnischen Reformkurses unter Führung des „Nationalkommunisten" W. Gomułka (1905–1982) im Oktober 1956 besiegelte, blieben s.e Steuerungsversuche in Ungarn erfolglos: Die von Chruščev veranlaßte Ablösung des Altstalinisten M. Rákosi (1892–1971) durch E. Gerö (geb. 1898) und s.e Kreditzusagen für die Verbesserung der Versorgungslage entschärften den Konflikt nicht. Unter dem Eindruck der Zugeständnisse in Polen wuchs der Protest vielmehr zu einer Massenbewegung an, die sich immer offener auch gegen die s.e Präsenz in Ungarn richtete. Erst nach gewaltsamem Eingreifen s.er Besatzungstruppen am 27. 10. 1956 und der gleichzeitigen Ernennung des populären Rákosi-Gegners I. Nagy (1896–1958) zum Ministerpräsidenten trat vorübergehend Ruhe ein. Dieser kündigte jetzt aber nicht nur politische Reformen an, sondern auch den Austritt Ungarns aus dem ↑Warschauer Pakt, was den Ausschlag für die s.e Interventionsentscheidung gab. Während eine s.e Delegation Scheinverhandlungen über den Abzug der ↑Roten Armee mit der Nagy-Regierung aufnahm, verständigte sich deren Mitglied J. Kádár (geb. 1912) mit dem s.en Botschafter ↑Andropov über ein ungarisches Hilfeersuchen an die SU sowie die Bildung einer Gegenregierung, die am 4. 11. 1956, nach der Verhaftung der ungarischen Verhandlungsdelegation und dem Beginn des s.en Angriffs auf Budapest, förmlich proklamiert wurde. Die am 11. 11. 1956 abgeschlossene „Pazifizierung" forderte über 3000 Todesopfer und veranlaßte fast 200 000 Ungarn zur Emigration. Politisch bedeutete der U. A. einen empfindlichen Rückschlag für Chruščevs Blockpolitik; er markierte das vorläufige Scheitern „nationalkommunistischer" Ansätze.

Lit.: Kecskemeti, P., The Unexpected Revolution, Stanford 1961; Zinner, P. E., Revolution in Hungary, New York 1962.   *M.G.M.*

Unierte ↑Religionsgemeinschaften

Union der Sozialistischen Sowjetrepubliken ↑Sowjetunion

Union für die Befreiung der Ukraine (deutsch auch: Bund zur B. d. U.; ukr. Sojuz vizvolennja Ukrajini) nannte sich eine im August 1914 in Lemberg gegründete politische Organisation von Ukrainern, die aus dem r.en Teil der ↑Ukraine in den österreichischen (nach Ostgalizien) emigriert waren. Sie unterstützten die Mittelmächte in ihrem Kampf gegen R. und suchten in Anlehnung an Deutschland und Österreich-Ungarn die Errichtung eines unabhängigen ukrainischen Staates zu erreichen. So warben sie z. B. in deutschen Kriegsgefangenenlagern unter Kriegsgefangenen ukrainischer Nationalität für die Aufstellung ukrainischer Divisionen auf Seiten der Mittelmächte. Im Sommer 1917 wurde ↑Lenin vorgeworfen, gemeinsam mit der U. f. d. B. d. U., als deutsche Agenten, den Abschluß eines Separatfriedens mit Deutschland zu betreiben.

Lit.: Lenin, V.I., Werke, 4.Aufl. Bd.25, Berlin 1960, S.152, 218, 290f.; Švačuljak, M. M., Sojuz vizvolennja Ukrajini, in: Ukrajins'ka radjans'ka encyklopedija, 2. Aufl. Kiev 1983, S.350; Krupnyckyj, B., Geschichte der Ukraine, Leipzig ²1943; Kubijovyč, V. (Hrsg.), Ukraine. A Concise Encyclopaedia, Toronto 1963.   *H.A.*

Unionsrepublik(en) ↑Sowjetunion

Unionssowjet. Die nach der Bildung der SU 1922/23 neu ausgearbeitete ↑Verfassung sah als oberste Machtorgane der UdSSR einen ↑Rätekongreß und ein ↑Zentrales Exekutivkomitee der UdSSR vor, wobei das Zentrale Exekutivkomitee sich aus zwei Kammern, einem U. und einem ↑Nationalitätensowjet zusammensetzte. Beider Zustimmung war zur Verabschiedung eines Gesetzes notwendig. Differenzen sollten durch eine Schlichtungskommission, eine gemeinsame Sitzung oder den Rätekongreß beigelegt werden. Die Mitglieder des U. (insgesamt 371) wurden vom Rätekongreß aus den Vertretern der ↑Unionsrepubliken im Verhältnis zu ihrer Bevölkerungszahl gewählt; sie bestimmten ihrerseits einen siebenköpfigen Vorstand und zusammen mit den Mitgliedern des Nationalitätenrates ein gemeinsames 21köpfiges Präsidium des Zentralen Exekutivkomitees (wobei die Mitglieder des Vorstandes in das Präsidium eingingen). Die Verfassung von 1936 übernahm die Zweikammerneinteilung für den neugeschaffenen ↑Obersten Sowjet der UdSSR. Wie das Zentrale Exekutivkomitee der UdSSR setzte auch er sich aus einem U. und einem Nationalitätensowjet zusammen. Der U. wurde dabei von den Staatsbürgern nach Wahlbezirken direkt gewählt, wobei jeder Wahlbezirk 300000 Einwohner zu umfassen hatte. Beide Kammern waren nach der Verfassung völlig gleichberechtigt; sie wählten sich je einen Vorsitzenden und zwei Stellvertreter, die jeweils die Sitzungen leiteten; bei gemeinsamen Sitzungen der beiden Kammern hatten sich die Vorsitzenden abzuwechseln. Darüber hinaus bestellten sie – als gesondertes Organ – ein 41köpfiges ↑Präsidium des Obersten Sowjet der UdSSR. Beide Kammern bildeten je eine Wahlprüfungs-(Mandats-)Kommission sowie Ad-hoc-Kommissionen, deren Zahl in der Verfassung nicht festgelegt war. Die Verfassung von 1977 änderte am Zweikammernsystem und an der rechtlichen wie funktionellen Gleichstellung von U. und Nationalitätensowjet nichts; sie verfügte aber zusätzlich, daß sie auch die gleiche Größe besitzen sollten (zuletzt etwa 750), nachdem sich als Folge des Bevölkerungswachstums die Relationen zugunsten des U. verschoben hatten. Grundsätzlich blieb das Zweikammersystem auch nach den Verfassungsänderungen von 1988 und 1990 (Präsidialsystem, ↑Kongreß der Volksdeputierten) erhalten.

Lit.: Kozlova, E.I./Ševcov (Hrsg.), Sovetskoe gosudarstvennoe pravo, M 1978; Fincke, M. (Hrsg.), Handbuch der Sowjetverfassung, 2 Bde., Berlin 1983; Sprögel, C.G., Die höchsten Organe der Staatsgewalt der Sowjetunion, Diss. Göttingen 1971; Vannemann, P., The Supreme Soviet: Politics and Legislative Process in the Soviet Political System, Durham 1977.   *H.A.*

Unionsvertrag ↑GUS

Universitäten ↑Hochschulen

UNO. Die United Nations Organisation („Vereinte Nationen") wurde am 26. 6. 1945 gegründet. Den von den USA seit 1943 verfolgten Plan für eine neue Weltorganisation hatte ↑Stalin trotz der negativen s.en Erfahrungen mit dem ↑Völkerbund frühzeitig unterstützt, um die Kooperation der Großmächte über das Ende des ↑Zweiten Weltkriegs hinaus zu gewährleisten. Das 1945 ausgehandelte Statut trug beiderseitigen Vorbehalten Rechnung, indem es der Vollversammlung und dem Generalsekretär der UNO den Sicherheitsrat überordnete, in dem die 5 Großmächte (China, Frankreich, Großbritannien, SU und USA) ständigen Sitz und Veto-Recht haben sollten; daneben konnte die SU ihre Bestrebungen, sich einen breiteren Rückhalt unter den Mitgliedsstaaten zu sichern, insofern durchsetzen, als der ↑Ukrainischen wie der ↑Weißrussischen ↑Sowjetrepublik je ein eigener Sitz in der UNO eingeräumt wurde. Die Gemeinsamkeit der Gründungsstaaten stand indessen von Anfang an dadurch in Frage, daß die USA ihr mit der s.en Politik zunehmend kollidierendes Konzept der „Einen Welt", d. h. einer wirtschaftlich und politisch offenen Weltordnung, zur Grundlage ihrer UNO-Politik machten. So griffen die Gegensätze des ↑Kalten Kriegs rasch auf die UNO über, indem die zunächst pro-amerikanische Mitgliedermehrheit die Politik der „Eindämmung" kommunistischer Einflußpolitik in Europa, dem Nahen Osten und Asien unterstützte. Die SU nahm daher die Weigerung der Generalversammlung, das kommunistische China aufzunehmen, zum Anlaß, um sich im Januar 1950 aus allen UNO-Organen zurückzuziehen, kehrte jedoch im August 1950 zurück, nachdem die Generalversammlung die s.e Abwesenheit zu den Interventionsbeschlüssen im ↑Korea-Krieg sowie zu einer Aufwertung ihrer eigenen Entscheidungskompetenz beim Einsatz von UN-Friedenstruppen („Uniting for Peace-Resolution") benutzt hatte. Da s.e Vorstöße zur Revision der UNO-Strukturen (erneute Beschränkung der Interventionsrechte, Umschichtung der finanziellen Lasten, Umgestaltung des Generalsekretariats in ein Dreierkollegium) scheiterten, war die SU in der Folge darauf bedacht, Angelegenheiten der eigenen Außenpolitik vom Forum der UNO fernzuhalten. Dies galt nicht nur für den ↑Ungarischen Aufstand, die Deutschland-Frage oder ↑Afghanistan, sondern auch für den nach dem Ende des Kalten Krieges einsetzenden Entspannungs- und Abrüstungsprozeß. Veränderungen traten seit den 60er Jahren jedoch dadurch ein, daß sich die Gewichte in der UNO zugunsten der neuen blockfreien Mitgliedsstaaten Asiens und Afrikas verschoben und die SU unter ↑Chruščev die Kooperation mit diesen auch hier intensivierte. Zudem wurden seit der Aufnahme Chinas (1971) auch Gegensätze innerhalb des ↑Sozialistischen Lagers im Rahmen der UNO zunehmend wirksam. Grundsätzlich gewandelt hat sich die s.e UNO-Politik in der Ära ↑Gorbačevs. Indem die SU die Kuwait-Resolutionen des UN-Sicherheitsrats von 1990/91 unterstützte, welche die Intervention der USA und ihrer Verbündeten gegen den Irak begründeten, konnte die UNO erstmals als Forum für ein zwischen den Supermächten koordiniertes Krisen-Management genutzt werden.

Lit.: Dallin, A., Sowjetunion und Vereinte Nationen, Köln 1965; Jacobson, H. K., The USSR and the UN's Economic and Social Activities, Notre Dame (Ind.) 1963; Link, W., Das Konzept der friedlichen Kooperation und der Beginn des Kalten Krieges, Düsseldorf 1971.   *M.G.M.*

UNR ↑Ukrainische Volksrepublik

Ural-Kuzneck-Kombinat (Uralo-Kuzneckij kombinat, UKK) war die Bezeichnung für das Projekt, durch Verbindung der Eisenerzlager des Ural mit der Kohle des ↑Kuzbass eine „zweite Kohle- und metallverhüttende Basis" zu schaffen. Die Idee eines solchen Verbundes wurde bereits vor der ↑Oktober-Revolution formuliert, doch erst mit dem Preisausschreiben des ↑Obersten Volkswirtschaftsrates im Jahre 1918 trat das Projekt in das Planungsstadium ein. Ziel war, die auf Holzkohleverhüttung eingestellte Metallindustrie des Ural auf modernere Schmelzmethoden umzustellen. Verkokbare Steinkohle war jedoch nur in einer Entfernung von 1500–2000 km – im ↑Donbass oder Kuzbass – verfügbar. Der 1. ↑Fünfjahrplan sah vor, vier Hüttenwerke – drei im Ural (↑Magnitogorsk, Alapaevsk) und eins in Kuzneck – zu bauen. Der Bedarf an mineralischer Energie – zum Teil war noch Holzkohleverhüttung vorgesehen – sollte partiell mit Kuznecker Kohle gedeckt werden. 1932 wurde der erste Hochofen in Magnitogorsk in Betrieb genommen. Im ↑Zweiten Weltkrieg spielte die Schwer(↑)industrie in ↑Sibirien und im Ural nach Ausfall des Donbass kriegswirtschaftlich eine entscheidende Rolle. 1977 produzierten in Magnitogorsk 8 Hochöfen 11 Mio. t Roheisen im Jahr.

Lit.: Kirstein, T., Sowjetische Industrialisierung – geplanter oder spontaner Prozeß? Eine Strukturanalyse des wirtschaftspolitischen Entscheidungsprozesses beim Aufbau des Ural-Kuzneck-Kombinats 1918–1930, Baden-Baden 1979; dies., Die Bedeutung von Durchführungsentscheidungen in dem zentralistisch verfaßten Entscheidungssystem der Sowjetunion. Eine Analyse des stalinistischen Entscheidungssystems am Beispiel des Aufbaus von Magnitogorsk (1928–1932), Berlin 1984; Holzman, F. D., The Soviet Ural-Kuznetsk Combine. A Study in Investment Criteria and Industrialization Policies, in: The Quarterly Journal of Economics, vol. LXXI. 1957, S. 368–405; Matuškin, P. G., Bor'ba Kommunističeskoj Partii za sozdanie vtoroj ugol'no-metallurgičeskoj bazy SSSR, Čeljabinsk 1966.

H.-H.Sch.

Uzbekistan, die nach der Bevölkerungszahl von 20 Mio., ihrer historischen Bedeutung und ihrer Schlüsselstellung in der regionalen Wirtschaft wichtigste ↑Unionsrepublik ↑Zentralasiens, wurde im Rahmen der ↑„nationalen Abgrenzung" am 27. 10. 1924 aus Teilen der Volksrepubliken ↑Buchara und ↑Chorezm (Chiva) und der ↑ASSR ↑Turkestan konstituiert und 1925 der UdSSR eingegliedert. Die Hauptstadt war anfangs ↑Samarkand, ab 1930 ↑Taškent. Die Bevölkerung setzte sich neben Uzbeken (69 %) aus Russen (11 %), Tadžiken, Tataren, Kazachen u. a. Nationalitäten zusammen. Uzbeken lebten außerdem in den anderen zentralasiatischen Unionsrepubliken (1,5 Mio.) und in ↑Afghanistan (1,6 Mio.). Sie waren das größte Turkvolk der SU (das zweitgrößte der Welt nach den Türkeitürken) und nach Russen und Ukrainern die drittgrößte S.-Nation.

Die Uzbeken waren die letzten türkischen Invasoren in Zentralasien (Landnahme U.s im 15. Jh.). Ihr Ethnonym geht auf den Chan Özbek (1312–1342) der Goldenen Horde (↑LGR) zurück, in dessen Armee dieses damals nomadische Volk diente. Als die dominierende seßhafte Ethnie in Mittelasien und seinen lokalen Herrschaftsgebilden Buchara, Chiva und Kokand unterlagen die Uzbeken in der zweiten Hälfte des 19. Jh.s dem r.en Vordringen nach Zentralasien. 1865 wurde ↑Taškent erobert und 1867 das r.e Generalgouvernement (↑LGR)

Turkestan gegründet. 1876 fiel Kokand unter r.e Herrschaft, während das Chanat Chiva und das Emirat Buchara bis 1920 formell unabhängige Staaten unter r.em Protektorat blieben. Aus den 1921–1924 gebildeten S.-Republiken Turkestan, Buchara und Chorezm (Chiva, zur politisch-territorialen Entwicklung der Region bis 1924 ↑Zentralasien) wurden im Zuge der „nationalen Abgrenzung" neue national-territoriale Einheiten geschaffen, darunter die Uzbekische SSR. U. ging aus der Abgrenzung als das mit wirtschaftlichen und finanziellen Ressourcen am besten ausgestattete, am dichtesten besiedelte und ethnisch am meisten homogene Gebiet (damals 74,7 % Uzbeken) in Zentralasien hervor. Seine territoriale Struktur wurde 1929 (Ausgliederung der ↑Autonomen Republik ↑Tadžikistan), 1935 (Anschluß der Autonomen Republik der Kara-Kalpaken) und 1963 (Anschluß eines vorher zu ↑Kazachstan gehörenden Teils der Hungersteppe) verändert.

Die Sowjetisierung U.s war in den 20er und 30er Jahren vorrangig mit einer ↑„Kulturrevolution" verbunden, die in diesem Kernland des orthodoxen sunnitischen ↑Islam mit seinen Bildungszentren Samarkand und Buchara als Säkularisierungspolitik in Erscheinung trat. An dem bis 1927 ausgebauten Grundschulwesen partizipierten vorläufig nur sehr wenige Einheimische. Ab 1928 griff die S.-Macht in die bis dahin unangetasteten traditionellen Sozialisationsfelder ein. Noch 1928 gab es in U. 9500 geistliche Lehrer gegenüber 3780 s.en Propagandisten. 1927 wurde die unter der Bezeichnung „hudjum" (Offensive) bekannt gewordene Kampagne zur Aufhebung der Verschleierung von Frauen entfacht, die auf erheblichen Widerstand in der patriarchalischen Gesellschaft U.s stieß. Zwischen 1930 und 1936 wurde der größte Teil der Moscheen geschlossen. Trotz dieser administrativen Unterdrückung islamischer Traditionen und Institutionen blieb die Orientierung am Islam als einem „nationalen Kultursymbol" in allen Sozialschichten U.s lebendig. Gleichzeitig wurde die Partizipation der einheimischen Bevölkerung am s.en Bildungssystem vor allem in der Ära ↑Brežnev beträchtlich erweitert, in den 70er Jahren besonders im Hochschulbereich (↑Hochschulen).

Die ökonomische Transformation begann in den 20er Jahren mit einer Land- und Wasserreform und der Bildung einer subsistenzfähigen kleinbäuerlichen Schicht. Die ↑Kollektivierung der ↑Landwirtschaft ging dann seit 1929 mit dem forcierten Ausbau des Baumwollsektors einher. Auch die ↑Industrialisierung war größtenteils der Baumwolle zugeordnet (Produktion von Erntemaschinen, Pestizide u. a.). Gegen diese Ausrichtung auf eine monokulturelle Wirtschaftsstruktur leisteten Teile der ↑Kommunistischen Partei U.s und der Regierung Widerstand, dessen Symbolfigur Ministerpräsident Faizullah Chodžaev (1896–1938) war. Er wurde im Moskauer ↑Schauprozeß vom März 1938 zum Tode verurteilt und erschossen. Der forcierte Ausbau des Baumwollsektors, der zuletzt 65 % der Gesamtproduktion U.s ausmachte und 40 % der Arbeitskräfte beanspruchte, rief erhebliche soziale und ökologische Probleme hervor (unterbezahlte Frauen- und Kinderarbeit, Vernichtung anderer Agrarkulturen, Erschöpfung der Wasserressourcen, Verseuchung weiter Bodenflächen mit toxischen Chemikalien). Die Parole vom „weißen Gold" wurde in U. in die vom „weißen Tod" umgewandelt, in Anspielung auf ökologisch bedingtes Ansteigen der Sterblichkeits- und Krankheitsquote und die Tragödie des Aral-Sees und seiner Anwohner. Mit der Baumwolle waren auch die gewaltigen Korruptions- und

Planfälschungsaffairen der späten Rašidov-Ära verbunden (Šaraf Rašidov war 1959 bis 1983 Parteichef U.s). In den angespannten Nationalitätenbeziehungen unter ↑Gorbačev trat U. mit der Bildung nationaler Bewegungen (z. B. Volksfront „Birlik"), mit der Forderung nach mehr Selbstbestimmung und mit Anzeichen wachsender ethnischer Gewalt (Pogrom an der Minderheit der Mescheten im Juni 1989, Konflikt mit Kirgizen 1990) in Erscheinung. Nach dem ↑Putschversuch vom 18.–20. 8. 1991 in ↑Moskau erklärte U. am 31. 8. seine Unabhängigkeit. Die KP benannte sich in „Demokratische Volkspartei" um. Unter Präsident Islam Karimov regierte die alte ↑Nomenklatur weiter, stellte ihre Legitimationsgrundlage aber zügig von der leninistischen auf die nationale Ideologie um.

Lit.: Akiner, Sh., Islamic Peoples of the Soviet Union, London 1983, S. 266–286; Carlisle, D. S., Uzbekistan and the Uzbeks, in: Katz, Z., Handbook of Major Soviet Nationalities, New York 1975, S. 283–315; Rumer, B. Z., Soviet Central Asia. A Tragic Experiment, Winchester (Mass.) 1989.   *U.H.*

U-2-Zwischenfall ↑Paris, Gipfelkonferenz von P.

Vallach ↑Litvinov

VAPP ↑RAPP

Verband der kämpferischen Gottlosen ↑Atheismus

Vereinigte Opposition ↑Linke Opposition

Vereinte Nationen ↑UNO

Verfassung. Unter der Losung „Alle Macht den Räten" und unter Führung der bolschewistischen ↑Partei wurde im Oktober 1917 (↑Oktober-Revolution) die Provisorische Regierung (↑LGR) gestürzt und die russische Räterepublik ausgerufen. In ↑Stadt und ↑Land sollten ↑Räte als Organe der ↑Diktatur des Proletariats und der ärmsten Schichten der ↑Bauernschaft die Macht übernehmen und sich zu regionalen und überregionalen Organisationen zusammenschließen. An der Spitze des Rätestaates sollten ein Allrussischer ↑Rätekongreß und ein von diesem gewähltes Allrussisches ↑Zentrales Exekutivkomitee stehen; die Entwicklung der Arbeiter- und Soldatenräte zwischen Frühjahr und Herbst 1917 lieferte das Vorbild. Die Regierungsgeschäfte wurden einem ↑Rat der Volkskommissare übertragen, der in engem Kontakt mit den Massenorganisationen der ↑Arbeiter, Bauern und Soldaten agieren und dem Rätekongreß und seinem Zentralen Exekutivkomitee verantwortlich sein sollte. Gleichzeitig (oder wenig später) erfolgte die Nationalisierung und Neuverteilung des Bodens, die Einführung der ↑Arbeiterkontrolle in den Fabriken, die Verstaatlichung der Banken und die Einrichtung des ↑Obersten Volkswirtschaftsrates als Zentraler Planungsbehörde und Wirtschaftsverwaltung. Als im Januar 1918 die noch unter der Provisorischen Regierung geplante Verfassungsgebende Versammlung (↑LGR) endlich zusammentrat, verlangten die Bolschewisten die Anerkennung der inzwischen neugeschaffenen Staats- und Gesellschaftsordnung. Als ihr Antrag (die „Deklaration der Rechte des werktätigen und ausgebeuteten Volkes") von der nichtbolschewistischen Mehrheit abgelehnt wurde, verließen die Bolschewisten die Versammlung. Am folgenden Tag löste man die Konstituante auf. Die Entscheidung für den Rätestaat wurde nicht revidiert, die Absage an den westlichen Parlamentarismus, an den bürgerlichen Beamtenstaat, an das Prinzip der Gewaltenteilung bekräftigt. Seit April 1918 war eine Kommission beauftragt, ein Grundgesetz für die S.-Republik auszuarbeiten.

Die im Juli 1918 verabschiedete (1.) V., die Konstitution der ↑Russischen Sozialistischen Föderativen Sowjetrepublik (RSFSR), sah ihre Hauptaufgabe in der Aufrichtung der Diktatur des städtischen und ländlichen Proletariats und der ärmsten Schichten der Bauernschaft, der vollständigen Unterdrückung der Bourgeoisie und der Beseitigung jeder Ausbeutung des Menschen durch den Menschen. Am Ende dieser „Übergangsperiode" müsse die Errichtung des ↑Sozialismus stehen, unter dem es keine Klasseneinteilung und Staatsgewalt mehr geben werde. Die „gesamte Gewalt" im Staate wurde den städtischen und ländlichen Räten – als Organen der werktätigen Bevölkerung des Landes – übertragen. Die Dorf- und Stadt-S.s sollten direkt gewählt werden, auf Bezirks-, Kreis-, Gouvernements- (↑LGR) und ↑Gebiets-Ebene Rätekongresse zusammentreten, wobei die oberen S.-Organe nach festem Schlüssel durch die unteren zu bestellen waren. Die „höchste Gewalt" war laut V. der Allrussische Rätekongreß. Er wählte das Allrussische Zentrale Exekutivkomitee als „höchstes gesetzgebendes, verfügendes und kontrollierendes Organ"; das Zentrale Exekutivkomitee bestellte zur „allgemeinen Verwaltung der Geschäfte" den Rat der Volkskommissare. Beide waren dem Rätekongreß verantwortlich. S.-Wahlrecht besaß nur, wer einer produktiven Arbeit nachging. Die Ausübung der ↑Bürgerrechte war eingeschränkt und an den Staatszweck gebunden.

Mit der Bildung der ↑Sowjetunion 1922/23 erweiterte sich das Staatsgebiet. Die neue (2.) V., die Konstitution der UdSSR, übertrug das Staatsmodell der RSFSR auf die UdSSR. An der Spitze des Staates stand künftig der Allunions-Rätekongreß (auch Rätekongreß der UdSSR); seine Delegierten wurden von den Rätekongressen der vier ↑Unionsrepubliken (der RSFSR, der ↑Ukrainischen Sozialistischen S.-Republik, der ↑Weißrussischen Sozialistischen S.-Republik und der ↑Transkaukasischen Sozialistischen Föderativen S.-Republik) gewählt. Das neue Zentrale Allunions-Exekutivkomitee (auch Zentrales Exekutivkomitee der UdSSR) bestand aus zwei Kammern, einem ↑Unions- und einem ↑Nationalitäten-S., wobei der Unions-S. vom Rätekongreß der UdSSR, der Nationalitäten-S. von den Rätekongressen der Unionsrepubliken gewählt wurde. Unions- und Nationalitäten-S. wählten zusammen und als eigenes Organ das Präsidium des Zentralen Exekutivkomitees. Außenpolitik, Militärwesen, ↑Außenhandel, Verkehrswesen, Post und Telegraphie waren künftig Sache der Union; ↑Landwirtschaft, ↑Justiz, Inneres, ↑Gesundheitswesen und Volksaufklärung verblieben im Zuständigkeitsbereich der Unionsrepubliken; bei Versorgung, Arbeit, Finanzen, Wirtschaft und Staatskontrolle teilte man sich die Kompetenzen. Nach der V. verblieb jeder Unionsrepublik das Recht des freien Austritts aus der Union.

1935 beauftragten Rätekongreß und Zentralkomitee eine Kommission, die V. der sozialökonomischen Entwicklung anzupassen. Aus der geplanten Revision ging eine völlig neue (3.) V., die sog. ↑Stalin-V. von 1936, hervor. Sie ging davon aus, daß nach ↑Industrialisierung und ↑Kollektivierung der Sozialismus „im wesentlichen" verwirklicht sei, es keine antagonistischen ↑Klassen mehr gebe. Deshalb sei es nun auch möglich, das allgemeine, gleiche, direkte und geheime Wahlrecht einzuführen; die Rätekongresse und Zentralen Exekutivkomitees an der Spitze des Gesamtstaates und der Einzelrepubliken wurden abgeschafft, an ihrer Stelle (jeweils) ein vom Volk direkt gewählter ↑Oberster Sowjet geschaffen und diesem das (allerdings nicht sehr scharf umrissene) Legislativrecht übertragen. Die Abkehr von der ursprünglichen Leitidee eines Rätestaates war unübersehbar: Nachdem schon Anfang der 20er Jahre die permanente Neuwahl der Räte aufgegeben worden war und sich (analog zur bürgerlichen Gewaltenteilung) das Prinzip der „Funktionstrennung" (zwischen Rätespitze, Regierung und Justizorganen) herausgebildet hatte, wurde nun der Oberste Sowjet explizit als „Volksparlament" bezeichnet; es war nur konsequent, daß 1946 auch der Rat der Volkskommissare in ↑Ministerrat umbenannt wurde. Was die s.e V. weiterhin von den westlich-parlamentarischen V.en unterschied, war die eingeschränkte Geltung der Grundrechte und die dominierende Rolle der Kommunistischen Partei, die in der V. von 1936 zum ersten Mal erwähnt wurde: als freiwillige Vereinigung der „aktivsten und zielbewußtesten Bürger aus den Reihen der Arbeiterklasse und aus anderen Schichten der Werktätigen" und als „Vorhut der Werktätigen in ihrem Kampf für die Festigung und Entwicklung des sozialistischen Systems". Daß sie längst von der Regierungspartei zur Staatspartei geworden war, daß ihr als „führender Kern" aller gesellschaftlichen und staatlichen Organisationen der Werktätigen die Schlüsselstellung, ja das Monopol bei der Aufstellung der Kandidaten für die S.-Wahlen zufiel, konnte man der V. allenfalls indirekt entnehmen. Die V. regelte auch die Kompetenzen zwischen dem Gesamtstaat und den (inzwischen 11) Unionsrepubliken neu, beließ ihnen aber formell das Recht auf freien Austritt aus der Union.

1959 kündigte ↑Chruščev die Ausarbeitung einer neuen V. an. Sie sollte die Konsequenzen aus der Nachkriegsentwicklung ziehen, aber auch Perspektiven für die Zukunft aufzeigen (im Gegensatz zur Stalin-V., die nur zu fixieren suchte, „was bereits erreicht war"). Seit 1962 tagte eine 96-köpfige V.s-Kommission; nach Chruščevs Sturz übernahm ↑Brežnev darin den Vorsitz. Aus ihrer Arbeit ging die letzte (4.) V. hervor; sie wurde im Oktober 1977 vom Obersten Sowjet der UdSSR verabschiedet. Sie proklamierte – den Spuren Chruščevs folgend – den endgültigen Wandel des S.-Staates zu einem „sozialistischen Staat des ganzen Volkes" (Art. 1). Das Volk übe „die Staatsgewalt durch die S.s der Volksdeputierten aus, welche die politische Grundlage der UdSSR bilden" (Art. 2). Entsprechend sei die Kommunistische Partei von einer proletarischen Partei zu einer Partei des ganzen Volkes geworden; ihre führende Rolle als „lenkende Kraft der s.en Gesellschaft, Kern ihres politischen Systems, der staatlichen und gesellschaftlichen Organisation", wurde (in Art. 6) ausdrücklich bestätigt. Der bundesstaatliche und institutionelle Aufbau der UdSSR blieb unberührt. Im Dezember 1988 stimmten die beiden Kammern des Obersten Sowjets einer Verfassungsänderung zu, die neue Organe und Verfahren vorsah (↑Kongreß der Volksdeputierten). Ihr folgte 1990 die Einführung des Präsidialsystems.

Lit.: Gurvič, G. S., Istorija sovetskoj konstitucii, M 1923; Kukuškin, Ju. S./O. I. Čistjakov, Očerk istorii sovetskoj konstitucii, M 1980; Ronin, S. L., K istorii konstitucii SSSR

1924 g., M/L 1949; ders., Konstitucija SSSR 1936 g., M 1957; Taranov, A.P., Konstitucija obščenarodnogo gosudarstva, Kiev 1980; Altrichter, H. (Hrsg.), Die Sowjetunion. Von der Oktoberrevolution bis zu Stalins Tod. Bd. 1: Staat und Partei. Dokumente, München 1986; Fincke, M. (Hrsg.), Handbuch der Sowjetverfassung, 2 Bde., Berlin 1983; Maurach, R., Handbuch der Sowjetverfassung, München 1955.   *H.A.*

Verfassungsgebende Versammlung ↑LGR, ↑Verfassung

Vernyj ↑Alma-Ata

Verkehrswege – Eisenbahn, Wasserwege, Straßen, Rohrleitungen und Fluglinien – schaffen wesentliche Voraussetzungen für das Funktionieren der Volkswirtschaft und den innergesellschaftlichen Austausch; sie sind aber auch vom wirtschaftlichen Entwicklungsstand und politischen Entscheidungen abhängig, ebenso wie von geographischen und klimatischen Gegebenheiten. Diese waren für die SU nicht günstig: die Landmasse (22 774 900 km²) verfügte nur über wenige schiffbare Wasserstraßen, die zudem meist nur in Nord-Süd-Richtung verliefen (Wolga, Don, Dnepr, Ob, Lena usf.). Die riesigen Distanzen (↑Kaliningrad/Königsberg–↑Vladivostok 10 400 km; afghanische Grenze–Weißes Meer 4800 km) mußten vorwiegend auf dem Landweg – später auch per Flugzeug – überwunden werden. Die klimatischen Bedingungen (47 % der Fläche lagen in Dauerfrostgebieten) erschwerten die Anlage von V.n und behinderten über lange Phasen im Jahr den Schiffsverkehr. In der langen Schlammperiode (rasputica) war die Fortbewegung außerhalb befestigter Wege außerordentlich erschwert.

Aufgrund dieser Gegebenheiten dominierte in den 20er Jahren der Eisenbahnverkehr (1928 78 % des Güterverkehrs). Die Struktur des Verkehrsnetzes mit Schwerpunkten in den ↑Industrie-Zentren des europäischen R.s entsprach den volkswirtschaftlichen Erfordernissen der Vorkriegsjahre. In der forcierten ↑Industrialisierung, die Ende der 20er Jahre betrieben wurde, wurde vordringlich in der Schwerindustrie investiert, der Ausbau der Verkehrsinfrastruktur wurde weitgehend vernachlässigt. Immerhin wuchs die Länge des Eisenbahnstreckennetzes von 58 500 km (1913) über 76 900 km (1928) und 81 800 km (1932) bis 106 100 km (1940). Nur ein geringer Anteil dieser Strecken war zweigleisig ausgebaut (1913 14 300 km; 1928 15 600 km; 1932 19 000 km; 1940 28 600 km). Eine umfassende technische Umrüstung wurde unterlassen. Infolge des während des Industrieausbaus rasch steigenden Verkehrsaufkommens kam es deshalb Anfang der 30er Jahre zu einer schweren Transportkrise, die erst allmählich durch sukzessive Ausweitung des Eisenbahnnetzes mit regionaler Schwerpunktsetzung und den Bau des Moskau-Wolga-Kanals (1932–37) überwunden wurde. Eine neue Belastung brachte der ↑Zweite Weltkrieg mit sich. Angesichts der Schwerpunktverlagerung der Rüstungsindustrie in den Ural und nach West-↑Sibirien wurde es nötig, das Verkehrsnetz in diesem Raum beschleunigt auszubauen. Seit Mitte der 50er Jahre begann die Bedeutung anderer Verkehrsmittel zu wachsen, doch überwog nach wie vor der Bahnverkehr. 1955 betrug sein Anteil im Güterverkehr 83,3 %, der der Binnenschiffahrt 5,8 %, des Rohrleitungstransports 1,34 % und des Lastwagenverkehrs 3,6 %. 1975 betrugen diese Anteile für die Eisenbahn 62,2 %, für die Binnenschiffahrt 4,2 %, für den Transport per Pipeline 12,8 % und für den Straßenverkehr durch Lkw 6,5 %. Im Personenverkehr

sah die Verteilung etwas anders aus. Dort nahmen Autobus (43,2 %) und Flugzeug (17,3 %) der Bahn (38,5 %) 1979 viele Passagiere ab.
Der ungleichmäßige und jeweils kurzfristigen Erfordernissen angepaßte Ausbau der V. und der Verzicht auf einen durchgreifenden Umbau der Transportin-
frastruktur in der Anfangsphase der Industrialisierung hatte bis zuletzt Folgen.
U. a. daraus resultierte eine verzögerte Integration des Staatsraumes in wirtschaftlicher, kultureller und sozialer Hinsicht, da große Regionen verkehrsinfra-
strukturell unterversorgt waren. Das wirkte auf die Standortplanung der Industrie zurück, da industrielle Konzentrationen vor allem in Räumen mit relativ
guter Verkehrsausstattung angesiedelt wurden. Wo dies nicht der Fall war, er-
höhten sich die Kosten der Betriebsansiedlung ganz erheblich. Da Verkehrspla-
nung und Industrieplanung nicht aufeinander abgestimmt wurden, entstanden
zwei Eisenbahnnetze, die technisch und ökonomisch auf unterschiedlichem Niveau betrieben wurden. Neben dem Netz des Verkehrsministeriums
(143 600 km) bestand ein Gleisnetz, das den Industrieverwaltungen unterstand
(100 600 km) und technisch nur unzureichend ausgestattet war. Daraus ergaben
sich zahlreiche Friktionen.

Lit.: Tismer, J. F., Verkehrswesen, in: Bütow, H. (Hrsg.), Länderbericht Sowjetunion,
München 1986, S. 342–352; ders., Die Transportentwicklung im Industrialisierungsprozeß
der Sowjetunion, Berlin 1963; Hunter, H., Soviet Transport Experience: Its Lessons for
Other Countries, Washington, D. CL., 1968; Danilov, S. K. (Hrsg.), Ėkonomika trans-
porta, M ²1957; Markova, A. N., Transport SSSR i osnovnye ėtapy ego razvitija, M 1977.

H.-H.Sch.

Versammlung der Volksdeputierten ↑Kongreß der Volksdeputierten

Vier-Mächte-Abkommen über Berlin. Das V.-M.-A. ü. B. vom 3. 9. 1971 flan-
kierte und ergänzte die bilateralen Verträge, welche die Bundesrepublik
Deutschland zwischen 1970 und 1972 mit der SU und anderen sozialistischen
Ländern schloß. Zwar bildete es eine separate Übereinkunft der SU mit den
Westmächten; doch bestand sowohl bei der Aushandlung als auch bei der Ratifizierung des V.-M.-A.s ein Junktim mit dem ↑Moskauer Vertrag vom 12. 8. 1970
und dessen Folgeverträgen. Mit der Festschreibung des widersprüchlichen Status
quo kam es auch hier zu einem Teilkompromiß über die konträren Rechtsstand-
punkte in der Berlin- und Deutschland-Frage: Das V.-M.-A. schloß eine Zugehörigkeit der Westsektoren zur Bundesrepublik explizit aus, ohne dabei die
Frage der Vier-Mächte-Verantwortung für ganz Berlin oder den Status Ost-
Berlins in bezug auf die DDR neu zu regeln. Zugleich sanktionierte es jedoch die
faktischen „Bindungen" West-Berlins an die Bundesrepublik (einschließlich be-
grenzter politischer Vertretungsrechte) und ebnete den Weg für die Transit- und
Einreiseregelungen, die in den folgenden deutsch-deutschen Vereinbarungen
präzisiert wurden. De facto verzichtete die SU mit dem V.-M.-A. auf die traditionelle Option, die Berlin-Frage als Instrument offensiver Deutschlandpolitik
zu nutzen, setzte ihrerseits aber die praktische Anerkennung der s.en Position in
bezug auf die DDR und deren staatliche Existenz seitens der Bundesrepublik
und ihrer NATO-Verbündeten durch. Das V.-M.-A. galt bis zur Aufhebung des
Vier-Mächte-Status von B. durch die ↑„Zwei-Plus-Vier-Vereinbarungen" von
1990.

Lit.: Mahnke, D., Berlin im geteilten Deutschland, München/Wien 1973; Ziegler, G. (Hrsg.), Zehn Jahre Berlin-Abkommen 1971–1981, Köln etc. 1983. *M.G.M.*

Vier-Mächte-Außenministerkonferenz von Berlin (25. 1.–18. 2. 1954). Auf der V.-M.-A. v. B. kam es erstmals seit dem Ende der ↑Berliner Blockade zu direkten Verhandlungen über Deutschland zwischen den Siegermächten des ↑Zweiten Weltkriegs. Vorausgegangen waren bereits 1952 und 1953 s.e Verhandlungsangebote über eine Wiedervereinigung und Neutralisierung Deutschlands, die der militärisch-politischen Westintegration der Bundesrepublik entgegenwirken sollten. Die Westmächte griffen die s.en Initiativen jedoch erst auf, nachdem sich die Fronten infolge der Bündnisentscheidung über die Bundesrepublik sowie des Aufstands in der DDR vom ↑Siebzehnten Juni 1953 weiter verhärtet hatten. So nahm auf der V.-M.-A. v. B. nun auch die SU bewußt in Kauf, daß eine einvernehmliche Lösung der Deutschland-Frage an maximalistischen Forderungen beider Seiten scheiterte. Positive Ergebnisse zeitigte die Konferenz lediglich mit der Nebenübereinkunft, am 26. 4. 1954 in Genf internationale Verhandlungen über Korea (↑Korea-Krieg) und Indochina aufzunehmen.

Lit.: Wassmund, H., Kontinuität im Wandel. Bestimmungsfaktoren sowjetischer Deutschlandpolitik in der Nach-Stalin-Zeit, Köln/Wien 1974. *M.G.M.*

V. I. Lenin-Gesamtunionsakademie der Landwirtschaftswissenschaften. Die 1929 in ↑Moskau gegründete Akademie (Vsesojuznaja Akademija sel'skochozjajstvennych nauk imena V. I. Lenina; VASChNIL) war die älteste der drei Fachakademien der SU (neben der ↑Akademie der Medizinischen Wissenschaften und der ↑Akademie der Pädagogischen Wissenschaften). Das Gründungsdatum mag mit dem Beginn der ↑Kollektivierung der ↑Landwirtschaft zusammenhängen. Die Akademie unterstand dem Ministerium für Landwirtschaft der UdSSR; sie stellte die höchste wissenschaftliche Einrichtung des Landes auf dem Gebiet der Landwirtschaftswissenschaften dar und bearbeitete alle wichtigen Probleme sowohl in der Forschung als auch auf praktischem Gebiet der Landwirtschaft in der SU. Als Leitstelle für die gesamte Agrarforschung verwirklichte sie einen umfangreichen Aufgabenkatalog, der sich in der vielfältigen Gliederung ihrer acht Abteilungen widerspiegelte: Landbau und Chemie; Pflanzenanbau und Pflanzenzüchtung; Tierzucht; Veterinärwesen; Mechanisierung und Elektrifizierung; Hydrotechnik und Melioration; Forstwirtschaft; Ökonomik und Organisation der Produktion; Pflanzenschutz. Neben rund 30 zentralen Forschungsinstituten unterhielt die Akademie lokale Einrichtungen in ↑Kiev, ↑Taškent und ↑Novosibirsk. Den 124 ordentlichen und 117 korrespondierenden Mitgliedern sowie 52 ausländischen Mitgliedern stand als Präsident A. A. Nikonov vor. Seit 1956 gab die Akademie den „Vestnik sel'skochozjajstvennych nauk" heraus.

Lit.: Meyer, K., Das wissenschaftliche Leben in der UdSSR, Berlin ²1963; Vsesojuznaja ordena Lenina Akademija sel'skochozjajstvennych nauk imeni V. I. Lenina. Kratkij spravočnik, M 1965; Schinke, E., Statut der V. I. Lenin-Gesamtunionsakademie der Landwirtschaftswissenschaften (Einleitung und Text vom 28. 9. 1976), in: Meyer, K., Die Statuten der Wissenschaftlichen Akademien der UdSSR, Berlin 1982, S. 43–68. *K.M.*

Vilnius (r. Vil'njus, poln. Wilno, deutsch Wilna), seit 1323 Hauptort des Groß-fürstentums (↑LGR) Litauen, kam 1795 bei der Dritten Teilung Polens (↑LGR) zum Russischen Reich. V. sank auf den Status einer Gouvernementsstadt ab, doch blieb es mit der 1579 gegründeten, 1803 reorganisierten Universität kulturelles Zentrum und nahm in der polnischen Befreiungsbewegung des 19. und beginnenden 20. Jhs. einen wichtigen Platz ein. Im Ersten Weltkrieg (↑LGR) wurde V. von deutschen Truppen besetzt (1915–1918), Ende 1918 konnten sich s.e Kräfte in V. durchsetzen, V. wurde Hauptstadt der ↑Sowjetrepublik ↑Litauen bzw. der gemeinsamen ↑Litauisch-weißrussischen S.-Republik (Litbel). Im April 1919 besetzten polnische Truppen V., mußten es aber im ↑russisch-polnischen Krieg im Juni 1920 räumen. V. kam im Juli an Litauen, doch schon im Oktober 1920 wurde die Stadt durch Eroberung Teil „Mittel-Litauens", das Polen angeschlossen wurde. Aufgrund des ↑Hitler-Stalin-Pakts fiel V. in die s.e Interessensphäre. S.e Truppen besetzten die Stadt, die an Litauen übergeben und nach dessen Annektion durch die SU Hauptstadt der Litauischen SSR wurde. Die von den S.s eingeleiteten sozialökonomischen Veränderungen wurden durch die deutsche Besetzung (1941–1944) im ↑Zweiten Weltkrieg unterbrochen. Deportationen durch die s.e ↑Geheimpolizei, die Judenverfolgung während der deutschen Besetzung und Umsiedlungen im Rahmen s.-polnischer Abkommen führten zur nationalen Umstrukturierung mit Stärkung des litauischen, aber auch des r.en Bevölkerungsanteils (1959 33,6 % Litauer, 29,4 % Russen, 20 % Polen, andere 16 %). Die Einwohnerzahl wuchs von 138 000 (1897) auf 181 400 (1910), sank 1919 auf 129 000, stieg 1939 auf 215 000, 1959 auf 236 000 und lag 1985 bei 544 000. In der Konkurrenz mit der litauischen Hauptstadt der Zwischenkriegszeit, Kaunas, konnte sich V. durch den Ausbau der ökonomischen, administrativen und kulturellen (↑Akademie der Wissenschaften u. a.) Funktionen seit dem Kriegsende durchsetzen. Auch die polnische Minderheit behielt einen Grundbestand kultureller Rechte. Anfang 1991 kam es in V. zu einer Kraftprobe zwischen der SU und der litauischen Unabhängigkeitsbewegung, die zu einem Massaker führte.

Lit.: ↑Alma-Ata.   *B.Sch.*

VKP (b) ↑KPdSU

Vladikavkaz, am Terek auf der Nordseite des Kaukasus gelegen, geht auf eine Festung zurück, die 1784 zur Sicherung der Verbindung nach ↑Georgien über die Grusinische Heerstraße angelegt und 1860 Stadt wurde. 1917/18 lag V. im Zentrum widerstreitender Ansprüche (↑Bürgerkrieg). Zunächst richtete sich im Dezember 1917 ein „Zentralkomitee des Verbandes der Gebirgsvölker des nördlichen Kaukasus" ein, das eine ↑„Berg-Republik" anstrebte, sich dann aber zunächst auf eine spannungsreiche Kooperation mit den Terek-↑Kosaken (↑LGR) in einer „Terek-↑Dagestan-Regierung" einließ. Im März 1918 ging die Stadt an die in Pjatigorsk gegründete Terek-↑Sowjetrepublik (als Teil der ↑RSFSR). Zwischen Februar 1919 und März 1920 konnte sich ↑Denikin dort festsetzen. Dem bunten Völkergemisch (1926 bei 74 000 Einwohnern 57,8 % Großrussen, 10,5 % Armenier, 6,6 % Georgier, 2,3 % Perser, ferner Griechen, Juden, Ingušen u. a.) versuchte die SU durch Föderalisierungskonzepte Rechnung zu tragen, bei denen die Stadt zunächst Zentrum der Autonomen Sozialistischen Sowjetischen Berg-Republik wurde. Bei der Einrichtung des Nordos(s)etischen ↑Autonomen Gebiets (1936 ASSR) übernahm V. die Funktion der Hauptstadt. 1932 erhielt es nach G. K. ↑Ordžonikidze den Namen Ordžonikidze, der 1944 zugunsten des os(s)etischen Namens Dzaudžikau aufgehoben, nach ↑Stalins Tod aber wiederhergestellt wurde (1954). Der deutsche Vorstoß während des ↑Zweiten Weltkriegs konnte im Herbst 1942 nordwestlich von Ordžonikidze angehalten und zurückgeschlagen werden. 1939 hatte die Stadt 131 000, 1959 164 000 und 1985 303 000 Einwohner. Die multinationale Zusammensetzung erhielt sich, die nationalen Anteile allerdings verschoben sich. Zuletzt artikulierten sich in dem 1990 wieder in V. zurückbenannten Ort gegensätzliche nationale Ansprüche von Os(s)eten und Ingušen.

Lit.: ↑Alma-Ata. B.Sch.

Vladivostok hatte sich seit seiner Gründung (1860/62) zum wichtigsten s.en Ort am Pazifik entwickelt. Ausgangspunkt waren die Hafenanlagen für die r.e Kriegsmarine und die Handelsschiffahrt. Im Ersten Weltkrieg (↑LGR) war V. für die r.e Versorgung mit Kriegsmaterial und Lebensmitteln wichtig, da es durch die Mittelmächte nicht blockiert werden konnte. V. machte die politischen Veränderungen des Jahres 1917 mit. Für seine Situation im ↑Bürgerkrieg waren die Unterbrechung der Verbindungen zu ↑Moskau einerseits, die Anwesenheit von Expeditionstruppen der Entente (v. a. Japans, der USA, Großbritanniens) seit April 1918 andererseits folgenreich. Die ↑Tschechoslowakische Legion setzte im Juni das Rätekomitee („Rat der ↑Volkskommissare des Fernen Ostens") ab und unterstellte die Stadt der Provisorischen Sibirischen Regierung, die durch ↑Kolčak abgelöst wurde. Im Januar 1920 wurde dessen Herrschaft gestürzt. Eine Verwaltung lokaler linker Gruppen übernahm das Regiment, V. kam zum Gebiet der ↑Fernöstlichen Republik. Gestützt auf in V. 1920 verbliebene japanische Truppenteile, gelang im Mai 1921 ein weißgardistischer Putsch, die Herrschaft rechter Gruppen konnte erst im Oktober 1922 militärisch gestürzt werden. Im November 1922 kam V. mit der Fernöstlichen Republik zur ↑RSFSR. Die weitere Entwicklung erfolgte entsprechend den ↑Fünfjahrplänen und knüpfte an die vorhandenen Schwerpunkte in Handel und ↑Industrie an. Allerdings erwies sich die Lage der Stadt angesichts der japanischen Expansion in den 30er Jahren als äußerst exponiert. Erst nach der japanischen Niederlage 1945 und der Rückgewinnung bzw. Annektion von Gebieten Japans verbesserte sich die militärische und handelspolitische Situation der Stadt. Sie wurde seit den 60er Jahren vermehrt als Eingangstor für eine internationale Wirtschaftskooperation in ↑Sibirien und im Fernen Osten propagiert. In V. trafen sich 1974 ↑Brežnev und der amerikanische Präsident G. Ford und vereinbarten strategische Rüstungsbegrenzungen. 1986 propagierte ↑Gorbačev von V. aus eine pazifische Sicherheitszone. Die Einwohnerzahl stieg von 21 900 (1897) über 102 000 (1926), 206 000 (1939) und 291 000 (1959) auf 600 000 (1985).

Lit.: ↑Alma-Ata. B.Sch.

Vlasov, Andrej Andreevič (1901–1946), machte Karriere in der ↑Roten Armee, ehe er sich in deutscher Kriegsgefangenschaft in antis.e Kombinationen hineinziehen ließ. Er hatte sich als Freiwilliger im ↑Bürgerkrieg den s.en Truppen angeschlossen. V. avancierte rasch, wobei ihm die Mitgliedschaft in der ↑Partei (seit 1930) zugute kam. Die ↑Säuberungen betrafen ihn nicht. 1938/39 gehörte er zu einer Gruppe s.er Militärberater in China. Anschließend folgten Rangerhöhungen, Auszeichnungen durch immer gewichtigere Kommandos. 1941 erhielt er einen ↑Lenin-Preis. Bei Beginn des ↑Zweiten Weltkriegs kommandierte V. ein Korps, später eine Armee. Im März 1942 ernannte ↑Stalin ihn zum stellv. Kommandeur der Volchov-Front, V. übernahm das Kommando über die 2. Stoßarmee. Am 12. Juli geriet er in deutsche Gefangenschaft und erklärte sich sofort als ein entschiedener Gegner der S.-Macht. V. bot seine Mithilfe im Krieg gegen die SU an und stellte im Ergebnis den Sieg in Aussicht. Er drängte auf die Bildung von Truppenteilen aus r.en Kriegsgefangenen und r.er Zivilbevölkerung in den besetzten Gebieten. Dem stand entgegen, daß an eine Kooperation mit den „Ostvölkern" nicht gedacht war. Allenfalls suchte man sie für Hilfsdienste heranzuziehen. Ebenso wirkte das Mißtrauen gegenüber der Person V.s und seiner Siegesgewißheit bremsend. Seit 1942/43 liefen die Vorbereitungen für die Bildung einer „R.en Befreiungsarmee" (ROA), doch erst nach dem Attentat auf Hitler am 20. Juli 1944 kamen die deutschen Kräfte zum Zuge, die auf V. setzten. V. erhielt die Erlaubnis, die ROA zu bilden, und wurde Vorsitzender eines „Komitees zur Befreiung der Völker R.s". Am 28. 1. 1945 wurde V. zum Kommandeur der ROA bestellt – eigenständig zu handeln war ihm (mit höchstens 10000 Mann) nicht möglich. V. fiel im Mai 1945 in s.e Gefangenschaft und wurde zusammen mit seinen Generälen verurteilt und hingerichtet.

Lit.: Strik-Strikfeldt, W., Gegen Stalin und Hitler. General Wlassow und die russische Freiheitsbewegung, Mainz 1970; Fröhlich, S., General Wlassow. Russen und Deutsche zwischen Hitler und Stalin, Köln 1987; Frenklin, A., Vlasov i Vlasovcy, in: Literaturnaja gazeta, 13. 9. 1989; Korenjuk, N., Trudno žit' s mifami. General Vlasov i Russkaja osvoboditel'naja armija, in: Ogonek, 1990 Nr. 45, S. 29–31. *B.Sch.*

VOAPP, VOKP ↑RAPP

Volgograd, bis 1925 Caricyn, seitdem – bis zur zweiten ↑Entstalinisierung unter ↑Chruščev 1961 – Stalingrad, verdankte seine Gründung 1589 der militärstrategischen Lage an der Nahtstelle von Wolga und Don. Im ↑Bürgerkrieg stellte Caricyn einen wichtigen Vorposten der ↑Bolschewisten dar, da es die Verbindung zum Erdöl des Kaukasus und den Getreidegebieten sicherte. Vom Juni 1919 bis zum Januar 1920 hielten Truppen ↑Denikins die Stadt besetzt, die danach Gouvernements-(↑LGR) (später ↑Gebiets-)Stadt wurde. Im ersten ↑Fünfjahrplan wurde in Stalingrad eine große Traktorenfabrik gebaut und damit auf den landwirtschaftlichen Charakter der Region Bezug genommen. Im ↑Zweiten Weltkrieg stießen deutsche Truppen im Juli 1942 bis Stalingrad vor und besetzten die Stadt. Die Schlacht um Stalingrad, die mit der Einkesselung der VI. Armee und deren Kapitulation endete, erwies sich als ein Wendepunkt des Krieges. Die schwer zerstörte Stadt wurde mit Hilfe deutscher Kriegsgefangener wieder aufgebaut – in Teilen als ein Siegesmonument. Neue Industriegebiete wurden angesiedelt, die Verkehrsverbindungen ausgebaut (Lenin-Kanal zwischen Wolga und Don 1952), auch eine Energiebasis (Wolgastausee mit Wasserkraftwerk) wurde errichtet. Die Einwohnerzahl entwickelte sich von 1132 Personen (1789) über 7027 (1802), 56 500 (1897), 148 000 (1926), 445 000 (1939), 591 000 (1959), zu 974 000 (1985).

Lit.: Gorod-geroj Volgograd, Volgograd 1966.   *B.Sch.*

Völkerbund. An der Gründung des V.s auf der Pariser Friedenskonferenz im Jahre 1920 war S.-R. ebensowenig beteiligt worden wie an dessen Arbeiten in den folgenden Jahren; entsprechend hat die SU den V. lange als ein Instrument des Imperialismus verurteilt und Kontakte vermieden. Eine Wende trat erst im Zuge der s.en Koexistenz-Politik seit 1927 ein: Die SU entsandte Beobachter nach Genf und knüpfte mit ihren Abrüstungs- und Friedensinitiativen (↑Litvinov-Protokoll; ↑Nichtangriffspakte) an die V.-Prinzipien der kollektiven Sicherheit an. Ende 1933 schließlich, nach dem Austritt Japans und Deutschlands aus dem V., kam es zur Verständigung über den förmlichen Beitritt der SU, der am 18. 9. 1934 vollzogen wurde. Während der fünfjährigen Mitgliedschaft im V. und dessen Rat spielte die SU im Blick auf ihr eigenes Sicherheitsbedürfnis eine führende Rolle bei den Bemühungen um internationale Stabilität, bis die Krise um die deutschen Annexionen von 1938 die Reorientierung der s.en Außenpolitik einleitete. Der Abschluß des ↑Hitler-Stalin-Pakts besiegelte die Abkehr vom V., der die SU nach Ausbruch des ↑sowjetisch-finnischen Kriegs am 14. 12. 1939 ausschloß.

Lit.: Walters, F. P., A History of the League of Nations, 2 Bde., London/New York 1952.

M.G.M.

Volksdeputiertenkongreß ↑Kongreß der Volksdeputierten

Volkskommissar(e), Volkskommissariat ↑Ministerien

Volkswacht ↑Miliz

Volkswirtschaftsrat (Sovet Narodnogo Chozjajstva, SNCh) ist die Bezeichnung für Wirtschaftsverwaltungsbehörden, die im Rahmen der Industrieverwaltungsreform ↑Chruščevs geschaffen wurden. Um den Problemen der Dezentralisierung entgegenzuwirken, die aus der Organisation regionaler ↑Wirtschaftsräte entstanden, wurde 1960 je ein V. für die ↑RSFSR, die ↑Ukraine und ↑Kazachstan gebildet, der dem jeweiligen ↑Ministerrat der ↑Unionsrepubliken unterstand und die Wirtschaftsarbeit dieser Republiken koordinierte. Im November 1962 wurde auf Beschluß des Plenums des ↑Zentralkomitees der ↑KPdSU ein V. für die gesamte SU gebildet, der neben den bisherigen Aufgaben von ↑Gosplan auch für die laufenden Angelegenheiten des wirtschaftlichen Aufbaus zuständig sein sollte. Bereits am 13. 3. 1963 wurde der „SNCh SSSR" in den ↑Obersten Volkswirtschaftsrat der UdSSR umgewandelt.

Lit.: Raupach, H., Das Planungssystem, in: Osteuropa-Handbuch. Sowjetunion. Das Wirtschaftssystem, Köln 1965; Cikulin, V. A., Istorija gosudarstvennych učreždenij SSSR, 1936–1965 gg., M 1966; Zaleski, E., Planning Reforms in the Soviet Union, 1962–1966, Chapel Hill (N. C.) 1967.   *H.-H.Sch.*

VOPKP ↑RAPP

Voronež ist Hauptort des r.en Schwarzerdegebiets. Die erste Erwähnung bezieht sich auf das Jahr 1177. Im 19. Jh. entwickelte sich in der Stadt landwirtschaftliche Industrie. Der Getreideabsatz wurde durch den Eisenbahnbau nach ↑Rostov am Don (1868) und nach ↑Moskau erleichtert. V. war ein Zentrum der revolutionären Bewegung, später vor allem der Sozialrevolutionäre (↑Parteien [LGR]). Auch im Jahr 1917 waren sie die führende politische Kraft und hielten V. bis zu dessen Besetzung durch die ↑Bolschewisten. Im April 1918 konnten Anarchisten (↑Anarchismus [LGR]) für einige Tage Teile von V. erobern. Auch danach kam es bis 1921 mehrfach zu Aufständen. Im Endstadium des ↑Bürgerkriegs geriet V. in die Kämpfe zwischen ↑Denikin und der ↑Roten Armee. Im September 1919 konnten sich ↑Kosaken-Truppen vorübergehend im Osten der Stadt festsetzen. Es kam zu einem Judenpogrom. Reitereinheiten unter ↑Budennyj konnten die Stadt im Oktober zurückerobern. Der rechts des Flusses V. gelegene Teil war zwischen Juli 1942 und Januar 1943 von deutschen Truppen besetzt. V. wurde in den Kämpfen zu 95 % zerstört. Die Stadt ist heute ein Zentrum des Maschinenbaus. Die Einwohnerzahl lag 1985 bei 850 000 (1897: 84 100, 1926: 129 600, 1939: 326 800, 1959: 447 000).

Lit.: ↑Alma-Ata.   *B.Sch.*

Vorošilov, Kliment Efremovič (1881–1969), ging fünfzehnjährig als Metallarbeiter ins Donecker Industriegebiet um Lugansk und schloß sich dort später den Bolschewisten (↑Parteien [LGR]) an. Im Verlauf der Revolution von 1905 (↑LGR) leitete er Streiks und war Vorsitzender des Lugansker ↑Sowjet. Bis 1917 war V. Parteiarbeiter im Untergrund, zwischenzeitlich auch inhaftiert und in Verbannung (↑LGR). Nach der Februar-Revolution (↑LGR) übernahm V. Parteiaufgaben in ↑Petrograd und in Lugansk, nach der ↑Oktober-Revolution organisierte er zusammen mit ↑Dzeržinskij die VČK (↑Geheimpolizei). Im weiteren Verlauf der Kämpfe um die politische Führung in der ↑Ukraine und im ↑Bürgerkrieg übernahm V. Leitungsaufgaben in den s.en ↑Streitkräften. An den Kämpfen um Caricyn sowie an der Sicherung der Ukraine wirkte V., zeitweilig auch als ukrainischer ↑Volkskommissar des Innern, mit – auf diese Zeit ging die enge Verbindung zu ↑Stalin zurück. V., der im Frühjahr 1919 der „Militäropposition" (gegen die Verwendung von Militärspezialisten der Kaiserlichen Armee) angehörte, nahm 1921 an der Niederschlagung des ↑Kronstädter Aufstands teil und trug zur militärisch-politischen Eingliederung der Kaukasusgebiete bei (1921/24 Mitglied des Südostbüros der ↑RKP [b]). Als Gefolgsmann Stalins übernahm V. 1924 die Leitung des Moskauer Militärbezirks und folgte 1925 ↑Frunze als Volkskommissar für Krieg und Marine, seit 1934 für Verteidigung. V. tat sich als bedingungsloser Anhänger Stalins hervor und spielte in den ↑Säuberungen, denen große Teile der Generalität und des Offizierskorps zum Opfer fielen, eine unrühmliche Rolle. Dabei wurde ihm in der Debatte um die ↑Kollektivierung 1928 eine zeitweilig „liberale" Position nachgesagt. Seit 1921 gehörte V. dem ↑Zentralkomitee, seit 1926 auch dem ↑Politbüro an. 1935 wurde er zum Marschall ernannt. Nach dem ↑sowjetisch-finnischen Krieg wurde V. 1940 als Verteidigungskommissar abgelöst und wechselte zu einem der Stellvertreter des Vorsitzenden des ↑Rates der Volkskommissare (seit 1946 Ministerrat) und in den Vorsitz des Verteidigungsrats. 1942 war er drei Monate lang Oberkommandierender der Partisanenbewegung. 1944 nahm V., der zeitweilig die Nordostfronst befehligte, einen Platz im Staatskomitee für Verteidigung ein. 1945–47 leitete er die Alliierte Kontrollkommission in Ungarn. In Stalins letzten Jahren genoß V. offensichtlich dessen Gunst nicht mehr und war Verfolgungen ausgesetzt. Bei der Neuverteilung der Macht nach Stalins Tod bekam V. den Vorsitz im ↑Präsidium des Obersten Sowjets (Staatsoberhaupt), geriet jedoch mit der ↑Entstalinisierung in Konflikt und wurde 1957 als Mitglied der ↑Anti-Partei-Gruppe zur Rechenschaft gezogen. Wegen der Bereitschaft, Selbstkritik zu üben, und der langjährigen Verbindungen zu der Gruppe um ↑Chruščev konnte V. sich aber halten. Er schied 1961 aus dem ZK und dem Präsidium des Obersten Sowjets, außerdem 1960 aus dem ↑Präsidium des ZK aus. Unter ↑Brežnev wurde V. erneut ins ZK gewählt. Nach seinem Tode erhielt die Stadt Lugansk, die schon 1935 nach ihm benannt, 1958 aber rückbenannt worden war, erneut den Namen Vorošilovgrad.

Lit.: Suvenirov, O. F., Narkomat oborony i NKVD v predvoennye gody, in Vopr. Ist., 1991 Nr. 6, S. 26–35; Medvedev, R., Krasnyj maršal Vorošilov, in: ders., Oni okružali Stalina, M 1990. *B.Sch.*

Voznesenskij, Nikolaj Andreevič (1903–1950), durchlief die neuen Bildungseinrichtungen S.-R.s, die Kommunistische Sverdlov-Universität (↑Hochschulen) und das Ökonomische ↑Institut der Roten Professur (Abschluß 1931, anschließend wissenschaftliche Arbeit), parallel dazu übernahm er – seit 1919 Mitglied der ↑RKP(b) – Parteiaufgaben. Auf Tätigkeiten in der ↑Zentralen Kontrollkommission bzw. in der Kommission für Sowjetkontrolle folgten Aufgaben in der Umgebung ↑Ždanovs in ↑Leningrad: Vorsitzender der Stadtplankommission und stellvertretender Vorsitzender des Stadts.s. Schon 1938 wurde V. zum Vorsitzenden der ↑Staatlichen Planungskommission berufen, war gleichzeitig auch Mitglied des Büros der Kommission für Sowjetkontrolle und seit 1939 Stellvertreter des Vorsitzenden des ↑Rats der Volkskommissare (seit 1941 erster Stellvertreter). Damit hatte er Einblick in das gesamte Wirtschaftsplan- und Vollzugssystem. Der Aufnahme ins ↑Zentralkomitee (1939) folgte (1941) die Berufung ins ↑Politbüro. Im ↑Zweiten Weltkrieg gehörte V. (seit 1942) dem Staatskomitee für Verteidigung an. 1943 wurde er in das Komitee für die Wiederherstellung der Wirtschaft in den befreiten Gebieten einbezogen. 1947 trat V. als Vollmitglied dem Politbüro bei. 1948 erhielt er den Staatspreis der SU. Wie kein anderer kannte V. die s.e Wirtschaft und ihre Probleme – in Verbindung mit Ždanov hatte er eine exzeptionelle Position. Offensichtlich legte V. sich mit ↑Berija und ↑Malenkov an. In der „Leningrader Affäre" wurden ihm diese Spannungen zum Verhängnis: V. wurde verhaftet und 1950 hingerichtet, unter ↑Chruščev 1956 rehabilitiert.

Lit.: Kolotov, V. V., Nikolaj Andreevič Voznesenskij, 2. Aufl., M 1976; Bonwetsch, B., Die „Leningrad-Affäre" 1949–1951. Politik und Verbrechen im Spätstalinismus, in: Deutsche Studien 111, 1990, S. 306–322. *B.Sch.*

Vrangel' ↑Wrangel

VSP, VSSP ↑RAPP

Vulgärmarxismus ↑Reformismus, ↑Revisionismus, M. N. ↑Pokrovskij, ↑RAPP

Vyšinskij, Andrej Januar'evič (1883–1954), prägte die Entwicklung der s.en Rechtstheorie und Rechtsprechung im Sinne des ↑Stalinismus seit Mitte der 20er Jahre. V. war polnischer Herkunft und wuchs in bürgerlichen Verhältnissen auf. Seit 1913 praktizierte er nach Abschluß eines juristischen Studiums an der Universität (↑Hochschulen) ↑Kiev als Rechtsanwalt. Seit 1903 gehörte V. zu den Menschewisten (↑Parteien [LGR]), erst 1920 trat er der ↑RKP(b) bei. Zu Beginn der 20er Jahre gehörte V. dem Lehrkörper der Juristischen Fakultät der Universität ↑Moskau, dann der Wirtschaftsfakultät des Plechanov-Instituts für Volkswirtschaft an und war 1925–28 Rektor der Moskauer Universität, anschließend bis 1931 Mitglied des Kollegiums des ↑Volkskommissariats für Volksbildung. Nachdem er bereits 1923–25 als Staatsanwalt beim Obersten Gerichtshof der SU tätig gewesen war, trat er 1931 in die Justizverwaltung ein, zunächst als Staatsanwalt (und Stellvertretender ↑Volkskommissar für Justiz) der ↑RSFSR, dann der SU. Als Generalstaatsanwalt der SU 1936–39 war er Chefankläger in den Schauprozessen während der ↑Säuberungen. Schon vorher hatte er die s.e Rechtstheorie in unmittelbare Abhängigkeit von der Parteilinie gebracht; mit seinen Auftritten in den Prozessen gegen (potentielle) Gegner ↑Stalins zerstörte V. endgültig jeden Gedanken an Autonomie oder Rechtlichkeit des s.en Rechtssystems. Als Leiter des Instituts für Recht der ↑Akademie der Wissenschaften (1937–41) sicherte V. diese Linie ab und machte sie verbindlich für die s.e Justiz. Nachdem V. sich auf diese Weise bewährt (und seine menschewistische Vergangenheit wettgemacht) hatte, wurde er auch zu weiteren Staats- und Parteiaufgaben herangezogen: seit 1939 gehörte V. dem ↑Zentralkomitee an, 1940 betrieb er in ↑Riga die Sowjetisierung ↑Lettlands, 1939–44 war er Stellvertretender Vorsitzender des ↑Rates der Volkskommissare und 1940–49 Stellvertretender Volkskommissar bzw. Minister des Äußeren, somit Kontrolleur ↑Molotovs, den er von 1949 bis 1953 ablöste. 1952 wurde V. Kandidat des ↑Präsidiums des ZK. Der Tod Stalins leitete das Ende seiner Karriere ein. Er wurde Stellvertretender Außenminister und Ständiger Vertreter der SU bei den ↑Vereinten Nationen. Die ↑Entstalinisierung unter ↑Chruščev konzentrierte sich stark auf V. als einen Hauptvertreter des ↑Personenkults. Seine Aktivitäten und Theorien, so wurde ihm posthum bescheinigt, hätten zu „ernsten Verletzungen der sozialistischen Gesetzlichkeit" geführt.

Lit.: Waksberg, A., „Gnadenlos". Andrei Wyschinski – Mörder im Dienste Stalins, Bergisch-Gladbach 1991; Israëljan, V. L., „Prokurorskaja diplomatija" Vyšinskogo, in: Otkryvaja novye stranicy..., M 1989.   *B.Sch.*

„Wahrheit des Arbeiters" ↑Linke Opposition

Währung ↑Rubel

Warschauer Aufstand (1. 8.–2. 10. 1944). Mit dem W. A. gegen die deutsche Besatzungsmacht unternahmen die in der „Landesarmee" (Armija Krajowa; AK) zusammengefaßten Kampfverbände des polnischen Widerstands den Versuch, der Errichtung s.er Kontrolle über ganz Polen zuvorzukommen. Nachdem die ↑Rote Armee am 20. 7. 1944 die als s.e Westgrenze reklamierte ↑Curzon-Linie (Konferenz von ↑Teheran) überschritten hatte, war am 22. 7. 1944 in Chełm ein pros.es polnisches Nationalkomitee (PKWN) gebildet worden, das sofort die s.e Anerkennung als legitime Vertretung Polens (in Konkurrenz zur Londoner Exilregierung) erlangte. Die AK-Einheiten, die den s.en Vormarsch mit Partisanenaktionen unterstützt hatten (Aktion „Sturm"), wurden dagegen feindselig behandelt. So beschloß die AK-Führung, den Kampf um die Befreiung Warschaus aus eigener Kraft zu eröffnen, um ihre militärische und politische Präsenz im Lande zu behaupten. Der W. A. begann, als die s.e Offensive bereits die Weichsel erreicht und stellenweise überschritten hatte. Die Aufstandsführung hoffte jedoch vergeblich auf rechtzeitigen Beistand von außen, da die s.en Truppen ihren Vormarsch vor Warschau einstellten und ↑Stalin erst viel später, nach diplomatischen Interventionen der Westalliierten, auf polnische Hilfeersuchen reagierte. Allerdings hatte auch Großbritannien den geforderten Einsatz polnischer RAF-Flieger und Luftlandetruppen im W. A. verweigert. Als s.e Einheiten dann am 14. 9. 1944 das östliche Weichselufer bei Warschau einnahmen und die englisch-amerikanischen Versorgungsflugzeuge Landerechte im s. besetzten Gebiet erhielten, war es für wirksame Hilfe zu spät. Die 50 000 Aufstandskämpfer in der Stadt waren nach schweren Kämpfen mit den deutschen Interventionstruppen auf wenige Brückenköpfe zurückgedrängt und auf 9000 Mann dezimiert worden; diese kapitulierten am 2. 10. 1944. Das Scheitern des W. A.s erleichterte der SU die Durchsetzung ihrer politischen Ziele für Polen auf der Konferenz von ↑Jalta und ermöglichte es zugleich, die Rolle der AK im ↑Zweiten Weltkrieg nach 1945 in Polen zu diskreditieren. Erst nach 1980 wurde der „bürgerliche" polnische Widerstand historisch rehabilitiert.

Lit.: Krannhals, H. v., Der Warschauer Aufstand 1944, Frankfurt a. M. ²1964.   *M.G.M.*

Warschauer Pakt hieß im westlichen Sprachgebrauch das militärisch-politische Bündnissystem der SU in Europa, das mit dem Warschauer „Vertrag über Freundschaft, Zusammenarbeit und gegenseitigen Beistand" vom 14. 5. 1955 begründet worden war. Die Bildung des W. P.s stand im Zusammenhang der s.en Bestrebungen nach ↑Stalins Tod, die politische Integration des ↑Sozialistischen Lagers nach neuen, die Selbständigkeit der Einzelstaaten stärker berücksichtigenden Grundsätzen voranzutreiben. Vor allem aber erfolgte sie als unmittelbare Reaktion auf die Pariser Verträge vom 23. 10. 1954 über den NATO-Beitritt der Bundesrepublik Deutschland, mit denen die politische Blockbildung im Zuge des ↑Kalten Krieges auf westlicher Seite zum Abschluß gebracht worden war: Die W. P.-Staaten begründeten den Vertragsschluß nicht nur mit der Weigerung der USA und ihrer Verbündeten, auf s.e Vorschläge für eine allseitige Verständigung über die politische Ordnung in Deutschland und Europa einzugehen; vielmehr wurde auch in Art. 11 des Bündnisvertrags proklamiert, daß der W. P. „im Falle der Schaffung eines Systems der kollektiven Sicherheit in Europa" automatisch erlöschen sollte. Die Unterzeichnerstaaten – die SU, Polen, die Tschechoslovakei, Ungarn, die DDR, Rumänien, Bulgarien und (bis 1968) Albanien – bekannten sich zum „Prinzip der souveränen Gleichheit" und verpflichteten sich zu politischen Konsultationen bei internationalen Krisen (Art. 3), zu militärischem Beistand im Verteidigungsfall (Art. 4) sowie zur Nichteinmischung in die inneren Angelegenheiten anderer Mitgliedsländer (Art. 8); der Beitritt zu anderen Bündnissystemen wurde ausgeschlossen (Art. 7); als gemeinsame Organe sollten ein Vereinigtes Oberkommando und ein Beratender Politischer Ausschuß gebildet werden; der Vertrag war auf 20 Jahre geschlossen und sollte sich danach, wenn nicht gekündigt, je um 10 Jahre verlängern. Für die s.e Politik bestand die Hauptfunktion des W. P.s darin, daß er über ↑Kominform und ↑Comecon hinaus eine formelle zwischenstaatliche Bindung der Volksdemokratien an die SU schuf. Dagegen blieb das Interesse der SU, die vorgesehenen kooperativen Strukturen innerhalb des W. P.s zu entwickeln, stets gering. Dessen politische Gremien erlangten, abgesehen von dem unregelmäßig und in großen Abständen tagenden Beratenden Ausschuß, kein Eigengewicht. Im militärischen Oberkommando, das seinen Sitz in ↑Moskau erhielt und durchweg einem s.en Marschall und Stellvertretenden Verteidigungsminister der SU unterstellt war, blieben die Partnerstaaten ohne Einfluß; Vorrang für die militärische Kooperation innerhalb des Blocks behielten statt dessen die zwischen 1944 und 1947 geschlossenen und in den 60er Jahren erneuerten bilateralen Bündnisverträge sowie die 1956/57 im Rahmen des W. P.s getroffenen Abkommen über s.e Truppenstationierungen. Unter den Bedingungen fortschreitender politischer Differenzierung des Sozialistischen Lagers in der Ära ↑Brežnev erfuhr die Struktur des W. P.s als Instrument s.er Blockpolitik eine restriktivere Deutung. Die SU legte die Bündniszugehörigkeit fortan als Einschränkung der Souveränität der Mitgliedstaaten aus und leitete daraus im Fall der ČSSR 1968 auch das Recht zur militärischen Intervention ab. Dagegen bekannte sich ↑Gorbačev 1989 wiederum zum Prinzip uneingeschränkter Souveränität der Bündnisstaaten und verurteilte die ČSSR-Intervention von 1968 als völkerrechtswidrig. Die angestrebte Neuordnung des W. P.s als eine lose politische Gemeinschaft kam jedoch angesichts der faktischen Lösung Polens, Ungarns, der ČSFR und der DDR vom Sozialistischen Lager nicht mehr zustande. Nachdem die DDR aufgrund des „Drei-Plus-Vier-Abkommens" schon 1990 aus dem Bündnis ausgeschieden war, wurde der W. P. am 1. 7. 1991 aufgelöst.

Lit.: Meissner, B. (Hrsg.), Der Warschauer Pakt, Köln 1962; Korbonski, A., The Warshaw Pact, 1969; Hoensch, J. K., Sowjetische Osteuropapolitik 1945–1975, Kronberg 1977. *M.G.M.*

Weißrußland (weißr. Belarus') heißt das östlich von Narev und Bobr sich bis an den Oberlauf von Dvina (Düna) und Dnepr erstreckende Gebiet, das im Süden vom Pripjat' begrenzt wird und im Norden bis kurz vor Wilna (↑Vilnius) und Dünaburg (lett.: Daugavpils) reicht.

Die ideologisch stark zersplitterte weißr.e Bewegung sammelte sich im März 1917 zu einem in Minsk tagenden Nationalkomitee, das im Juli nach ukrainischem Vorbild eine Weißr.e Nationalrada (= Nationalrat) bildete. Praktisch unter dem Schutz der deutschen Besatzungsmacht, von dieser aber nicht anerkannt, proklamierte die Rada am 25. 3. 1918 die Weißrussische Volksrepublik (Belarus'-

kaja Narodnaja Respublika, Abk. BNR). Mit dem Abzug der Deutschen Ende 1918 gewannen aber die bolschewistischen Kräfte die Oberhand. Sie riefen am 14.1. 1919 die Weißr.e ↑Sowjetrepublik aus, die sich wenig später mit der in Wilna proklamierten litauischen zur Litauisch-Weißr.en S.-Republik („Litbel") vereinigte und ein Bündnis mit der ↑RSFSR schloß. Im ↑russisch-polnischen Krieg 1920 mußten die von K. Mickevicius-Kapsukas (1880–1935) geführten ↑Bolschewisten den Truppen Piłsudskis und der halb restituierten BNR unter A. Luckevič (1884–1946) weichen. Nach dem Frieden von Riga am 18.3. 1921 wurde W. geteilt. Alle Gebiete östlich einer von der lettischen Grenze an der Dvina nach Süden über den Pripjat' verlaufenden Linie bildeten nun das Territorium der schon am 31.7. 1920 wiederhergestellten Weißrussischen SSR, der 1924 die Gebiete Mogilev (Mahilen) und Vitebsk (Vicebsk) sowie 1926 auch Gomel' (Homel') und Rečica (Rečyca) angeschlossen wurden. Die an Polen gefallenen Gebiete mit ca. 5 Mio. Einwohnern, von denen aber nur 1,6 Mio. Weißrussen und „Tutejši" (= „Hiesige", wie sich die weniger nationalbewußte Bevölkerung nannte) waren, wurden in die vier Wojewodschaften Wilna, Nowogródek, Polesie und Białystok gegliedert; autonome Rechte wurden ihnen jedoch vorenthalten. Nach einer Anfangsphase, in der sich die Behörden den nationalen, vor allem kulturellen Belangen der weißr.en Bevölkerung gegenüber entgegenkommend verhielten, nahm die polnische Minderheitenpolitik immer restriktivere und auf Assimilierung angelegte Formen an. Der sich in der schmalen weißr.en Intelligenzschicht dagegen erhebende Widerstand wurde von Warschau als kommunistisch inspiriert gewertet – was zu einem Teil auch zutraf – und führte seit 1930 zu drakonischen Strafmaßnahmen und schließlich zu einer recht tief reichenden Verstimmung zwischen beiden Seiten.

Zwei unterschiedliche Phasen charakterisierten auch die Entwicklung der Weißr.en SSR. Während sich in den 20er Jahren die S.-Republik einer weitreichenden kulturellen Selbständigkeit im Innern und einer erfolgreich einsetzenden Politik der ↑Industrialisierung erfreute, waren für die 30er Jahre ↑Säuberungen und stalinistische Zwangsmaßnahmen bestimmend. Die Zwangsrussifizierung des Bildungswesens setzte allerdings erst 1938 ein. Nach dem ↑Hitler-Stalin-Pakt und infolge der polnischen Niederlage im September 1939 besetzten s.e Truppen Ostpolen; nachdem dann Ende Oktober eine Volksversammlung in Białystok die Errichtung der S.-Macht verkündet hatte, wurde der bisher polnische Teil W.s am 2.11. 1939 der Weißr.en SSR eingegliedert und nach S.-Muster umstrukturiert. Mit dem Einfall der deutschen Armeen am 22.6. 1941 wurde W. als Generalbezirk Teil des Reichskommissariats Ostland. Die nationalsozialistische Okkupationspolitik mit Zwangsrekrutierung, Terror- und Vernichtungsaktionen gegen die Bevölkerung sowie direkte Kriegseinwirkung hinterließen über zwei Mio. Tote und ein fast ganz zerstörtes Land. Nach Kriegsende wurde in einem Vertrag mit der polnischen Regierung am 16.8. 1945 als gemeinsame Grenze die nur wenig veränderte ↑Curzon-Linie festgelegt, die das Gebiet um Białystok bei Polen beließ. Aus dem ehemaligen polnischen Territorium wurden ca. 1,5 Mio. Polen, und aus Polen ca. 500000 Weißrussen und Ukrainer umgesiedelt.

Die Weißr.e SSR – Mitglied der ↑UNO – hatte 1989 knapp 10,2 Mio. Einwohner und nahm ein Territorium von 207600 km² ein. Die Industrialisierung hatte W. zu einem wichtigen Standort der s.en Kraftfahrzeug- und Maschinenbauindustrie werden lassen. Seit den 60er Jahren trugen neu entstandene Branchen der Großchemie und Düngemittelproduktion zu einem forcierten Wirtschaftswachstum bei, dessen beachtliche Zuwachsraten wie auch der überproportionale Anteil an der s.en Agrarproduktion die wirtschaftliche Bedeutung W.s kennzeichneten. Vergleichsdaten für den Zeitraum von 1970–1984 zeigen, daß die Industrieproduktion W.s schneller zunahm als die anderer S.-Republiken. Parallel dazu stieg auch das Selbstbewußtsein und Nationalgefühl der Weißrussen, die lange im Schatten von Polen und Russen standen. Seit dem Ende der 80er Jahre wurden vor allem die Förderung der durch das Russische verdrängten Nationalsprache und die volle Autonomie im Innern gefordert. Am 27. 7. 1990 erklärte W. seine Souveränität. Die Unabhängigkeitserklärung erfolgte am 26. 8. 1991.

Lit.: Vakar, N. P., Belorussia. The Making of a Nation. A Case Study, Cambridge (Mass.) 1956; Lubachko, I. S., Belorussia Under Soviet Rule, 1917–1957, Lexington 1972; Gistoryja Belarus'kaj SSR, 5 Bde., Minsk 1972–1975; Kosman, M., Historia Białorusi, Wrocław/Kraków/Warszawa/Gdańsk 1979; Bergman, A., Sprawy Białoruskie w II Rzeczypospolitej, Warszawa 1984; Baranowa, M. P./Pawlowa, N. G., Kurze Geschichte der Belorussischen Sozialistischen Sowjetrepublik, Jena 1985; Byelorussian Statehood – Reader and Bibliography, Eds. Kipel, V., Kipel, Z., New York 1988. *R.A.M.*

Weiße, Weißgardisten ↑Bürgerkrieg

Westukrainische Volksrepublik nannte sich der Staat, den die ukrainischen Parteien und Abgeordneten des österreichischen Parlaments Ende Oktober 1918, nach dem Zerfall Österreich-Ungarns, in Lemberg ausriefen. Der Staat sollte neben Ostgalizien einen großen Teil der ↑Bukowina und der Karpatenukraine umfassen. Die W. V. versuchte ihre Unabhängigkeit gegenüber Polen zu verteidigen und S. V. ↑Petljura in der (Ost-)↑Ukraine in seinem Kampf gegen die ↑Bolschewisten zu unterstützen. Beide Unternehmen scheiterten: Ostgalizien kam 1919 an Polen, und weder die nationalukrainischen Kräfte Petljuras noch die ↑„weißen" Armeen ↑Denikins (↑Bürgerkrieg) konnten den Sieg der Bolschewisten in der Ukraine verhindern.

Lit.: Krupnyckyj, B., Geschichte der Ukraine, Leipzig 1943; Nahayewsky, J., History of the Modern Ukrainian State, 1917–1923, München 1966. *H.A.*

Wilna ↑Vilnius

Winterkrieg ↑Sowjetisch-finnischer Krieg

Wirtschaft ↑Außenhandel, ↑Landwirtschaft, ↑Industrie

Wirtschaftsräte (Sovety narodnogo chozjajstva, sovnarchozy; wörtl. Volkswirtschaftsräte) gab es bereits in den Anfangsjahren der S.-Macht. Nach Gründung des ↑Obersten Volkswirtschaftsrates 1917 organisierte man ein Netz regionaler W. auf Gouvernementsebene (gubsovnarchozy). Mitte der 20er Jahre wurde jedoch die Kontrolle über die ↑Industrie von den Regionen in die Branchenverwaltungen des Obersten Volkswirtschaftsrates verlagert. – Im Rahmen der Industrieverwaltungsreform ↑Chruščevs wurden 1957 neuerlich W. geschaffen, die bis 1964 bestanden. Dabei wurde die Industrieverwaltung nach territorialen, nicht nach Branchengesichtspunkten organisiert. Mit Ausnahme der Rüstungs-industrie sowie einiger anderer Bereiche wurden die entsprechenden ↑Ministe-rien abgeschafft und ihre Funktionen auf 105 (später 103, noch später 47) regio-nale W. übertragen. Die Dezentralisierung der Wirtschaftsverwaltung brachte zahlreiche Probleme mit sich, so daß seit etwa 1960 Bestrebungen zu einer Rezentralisierung erkennbar waren. Die Zahl der W. wurde verringert, die Ver-waltungsgebiete wurden vergrößert, ein Teil der Industriezweige wurde aus der Zuständigkeit der W. herausgenommen. Nach Chruščevs Absetzung 1964 wur-den die W. durch Erlaß des ↑Obersten Sowjets vom 2. Oktober 1965 aufgelöst.

Lit.: Nove, A., Das sowjetische Wirtschaftssystem, Baden-Baden 1980; Raupach, H., Das Planungssystem, in: Osteuropa-Handbuch. Wirtschaft, Köln 1965; Cikulin, V. A., Istorija gosudarstvennych učreždenij SSSR 1936–1965, M 1966; Zaleski, E., Planning Reforms in the Soviet Union, 1962–1966, Chapel Hill (N. C.) 1967. *H.-H.Sch.*

Wohnraum in ausreichendem Maße zu errichten, war eine der Fragen, deren Lösung in der SU bis zum Ende nicht gelang. Wohnungsnot bestand – besonders in den industriellen Zentren – bereits in der Zeit vor 1917. Emigration und Stadtflucht während der Revolutions- und ↑Bürgerkriegs-Jahre milderten den Wohnungsmangel in den Städten zwischenzeitlich, doch bald nach Beginn der ↑Neuen Ökonomischen Politik setzte eine Rückwanderung in die Städte ein, die zur erneuten Verknappung von W. führte. Dieser Trend verstärkte sich in den Vorkriegs(↑)fünfjahrplänen noch, da die Politik der forcierten ↑Industrialisie-rung zu einem raschen Wachstum der ↑Stadt-Bevölkerung führte, mit der der Wohnungsbau nicht Schritt halten konnte.

Wohnungssituation in der UdSSR 1923–1932
(m²/Person)

Jahr	UdSSR	↑Leningrad	↑Tula	↑Sverdlovsk
1923	6,45		4,7	5,3
1926	5,85		4,5	4,8
1928	5,91	8,1	>4,0	4,0
1932	4,66	5,8		

Quelle: Kontrol'nye cifry po trudu, Moskva 1930, S. 136 f.; Sosnovy, T., The Housing Problem in the Soviet Union, New York 1954, S. 119.

Der städtische W., der schon in den 30er Jahren katastrophal knapp war, wurde während des Krieges teilweise zerstört. Zwar hatte man zwischen 1946 und 1956 250–300 Mio. m² Wohnfläche neu gebaut, doch waren allein zwischen 1950 und 1956 die Einwohnerzahlen in den Städten um 18,8 Mio. gestiegen. Angesichts der wachsenden Wohnraumnot kam nach ↑Stalins Tod bald eine Diskussion um Baupolitik und Wohnungsbau in Gang. Der XX. ↑Parteitag 1956 beschloß eine Erhöhung der Plansätze für Wohnungsbau und forderte die verstärkte Anwendung neuer technischer Verfahren. Tatsächlich stieg der Um-fang der neugebauten Wohnungsfläche unter ↑Chruščev: Waren 1950–55 240,5 Mio, m² (6,052 Mio. Wohnungen, Durchschnittsgröße 39,7 m²) gebaut worden, so waren es 1956–60 474,1 Mio. m² (11,292 Mio. Wohnungen, Durchschnittsgröße $42{,}0\,m^2$) und 1961–65 490,6 Mio. m^2 (11,551 Mio. Wohnungen, Durchschnittsgröße $42{,}5\,m^2$). Allerdings gelang es weder unter Chruščev noch unter seinen Nachfolgern, den Wohnungsbau so weit auszuweiten, daß einer wachsenden Bevölkerung in ausreichendem Maße W. zur Verfügung gestellt werden konnte.

Wohnungssituation in der UdSSR 1980–1989

Jahr	*Wohnraum* (1000 m²)	*Bevölkerung* (in 1000)	*Wohnraum pro Kopf (m²/Person)*		
			Stadt	*Land*	*insgesamt*
1979		262 436			
1980	3 573 000		13,1	13,9	13,4
1985	4 072 000		14,1	15,6	14,6
1986	4 191 000				
1987	4 316 000				
1988	4 431 000				
1989	4 540 000	286 731	15,3	16,8	15,8

Quelle: Narodnoe Chozjajstvo SSSR v 1989 g., Moskva 1990, S. 17, 165, 170 f.

Lit.: Sosnovy, T., The Housing Problem in the Soviet Union, New York 1954; Martiny, A., Bauen und Wohnen in der Sowjetunion nach dem Zweiten Weltkrieg. Bauarbeiterschaft, Architektur und Wohnverhältnisse im sozialen Wandel, Berlin 1983.   *H.-H.Sch.*

Wolga-Deutsche (ASSR der W.-D.n). Für die W.-D.n wurde im Oktober 1918 eine „Arbeitskommune der Deutschen des Wolgagebiets" unter maßgeblicher Beteiligung von Sozialisten aus Deutschland und Österreich geschaffen und im Januar 1924 zur ↑Autonomen Sozialistischen Sowjetrepublik der W.-D.n umgewandelt. Hauptstadt war seit 1923 das gegenüber ↑Saratov auf der „Wiesenseite" der Wolga gelegene Pokrovsk (bis 1914 Pokrovskaja), das die Deutschen „Kosakenstadt" nannten und das 1931 in Engels (Ėngel's) umbenannt wurde (1926: 34 000 Einwohner, davon 44 % Russen, 42 % Ukrainer, 11 % Deutsche und 3 % andere Nationalitäten). In dieser wichtigsten national-territorialen Autonomie der ↑Sowjetunion-Deutschen war Deutsch eine der Amts- und Unterrichtssprachen im allgemeinbildenden Schulwesen und bis auf die Hochschulebene hinauf. Es erschienen deutsche Zeitungen und Bücher (1933–1935 555 Titel in einer Gesamtauflage von 2,8 Mio. Exemplaren im Deutschen Staatsverlag), und es entfaltete sich ein deutschsprachiges Kulturleben – selbstverständlich unter der strikten Kontrolle der ↑Partei. Die 380 000 (1926) Deutschen stellten ⅔ der Bevölkerung der ASSR d. W.-D.n, waren jedoch in der Partei- und ↑Komsomol-Mitgliedschaft sowie unter den Funktionären deutlich unterrepräsentiert. Weil die Deutschen ganz überwiegend eine bäuerliche Bevölkerung geblieben waren, hatten sie während der ↑Hungersnöte 1921/22 und 1932/33 sowie durch die „Entkulakisierung" überdurchschnittlich hohe Opfer zu bringen. Nach Ausbruch des deutsch-s.en Krieges (↑Zweiter Weltkrieg) wurde die ASSR d. W.-D.n im September 1941 aufgehoben und die gesamte deutsche Bevölkerung nach ↑Sibirien und ↑Zentralasien deportiert.

Lit.: Pinkus, B./Fleischhauer, I., Die Deutschen in der Sowjetunion, Baden-Baden 1987; Kappeler, A./Meissner, B./Simon, G. (Hrsg.), Die Deutschen im Russischen Reich und im Sowjetstaat, Köln 1987.   *G.S.*

Wrangel (Vrangel'), Baron Peter (Petr Nikolaevič, 1878–1928), aus dem r.en Erbadel, schlug nach dem Abschluß des Berg-Instituts die militärische Laufbahn ein. Er nahm am r.-japanischen Krieg (↑LGR) und an Aktionen zur Unterdrükkung von Aufständen im ↑Baltikum teil. Im Ersten Weltkrieg (↑LGR) avancierte W. zum Kommandeur eines Kavalleriekorps. Nach der ↑Oktober-Revolution nahm er seinen Abschied. Er schloß sich im ↑Bürgerkrieg im August 1918 den antis.en Kräften an und befehligte in der Freiwilligen Armee eine Kavalleriedivision sowie anschließend ein Kavalleriekorps, seit Frühjahr 1919 die Kaukasusarmee. Meinungsverschiedenheiten mit ↑Denikin führten erneut zu seiner Versetzung in den Ruhestand, jedoch wurde W. im April 1920 zum Oberkommandierenden der aus Novorossijsk evakuierten r.en Krim-Armee gewählt. Nach deren Niederlage floh W. mit beträchtlichen Teilen seiner Truppen (146 000 Mann) ins Ausland, letztlich nach Bulgarien und Jugoslavien. W. organisierte die Exiltruppen in der „Russischen allgemein-militärischen Union" und lebte im belgischen Exil.

Lit.: Vrangel', P. N., Zapiski, in: Beloe Delo, Bd. 5 u. 6 (Berlin 1928) (engl. Wrangel, P. N., Always with Honor. New York 1958); ↑Bürgerkrieg.   *B. Sch.*

Wunder an der Weichsel ↑Russisch-polnischer Krieg

Ždanov, Andrej Aleksandrovič (1896–1948), galt auf dem Höhepunkt seiner politischen Macht als der „reine Ideologe" des ↑Stalinismus. Seine Lebensgeschichte verlief weitgehend parallel mit der Entwicklung des sozialistischen R.s. Seit 1912 betätigte Ž. sich in der revolutionären Bewegung, 1915 stieß er zur RSDRP(b) (↑Parteien [LGR]). Nach der Februar-Revolution (↑LGR) war er Soldatendeputierter. Seit 1918 war er in der lokalen ↑Partei-Arbeit, während des ↑Bürgerkriegs mit politischer Arbeit in der ↑Roten Armee befaßt. Bis 1924 hatte er verschiedene Aufgaben in ↑Tver', 1924–34 war er Sekretär des Gouvernementparteikomitees ↑Nižnij Novgorod bzw. des ↑Gebiets-Parteikomitees Gor'kij. Von dieser Machtbasis aus hat Ž., gefördert durch ↑Stalin, seinen Machtaufstieg in der Zentrale betrieben: 1925 wurde er Kandidat, 1930 Mitglied des ↑Zentralkomitees, ebenfalls 1925 Mitglied des ↑Zentralen Exekutivkomitees. 1934 wurde Ž. zum Sekretär des ZK berufen. Nach der Ermordung ↑Kirovs folgte Ž. ihm als Sekretär des Gebiets- und Stadtparteikomitees ↑Leningrad der ↑VKP(b). Schon 1935 wurde er Kandidat, 1939 Vollmitglied des ↑Politbüros. An der Einleitung der ↑Säuberungen war Ž. unmittelbar beteiligt. Er selbst übernahm die Führung von Vernichtungsaktionen – so in ↑Baškirien (↑Ufa). (Eine Anordnung des ZK bezeichnete 1989 Ž. als einen der Organisatoren der Massenstrafmaßnahmen der 30-/40er Jahre gegen völlig unschuldige s.e Bürger.) Das Schwergewicht seiner Arbeit lag auch in der Folgezeit auf der Parteiarbeit. 1940 übernahm Ž. die Sowjetisierung ↑Estlands. Im ↑Zweiten Weltkrieg gehörte Ž. dem Militärrat der Leningrader Front an und wurde für seine Verdienste zum Generalobersten ernannt. Seit 1944 arbeitete Ž. im ZK und entwickelte sich zu dessen, genauer: Stalins Sprachrohr in allen wichtigen Fragen, so der Kulturpolitik (↑Ždanov-Ära), aber auch der internationalen Kommunistischen Bewegung (↑Kominform). Zusammenstöße mit ↑Berija und ↑Malenkov führten 1948 zur politischen Entmachtung Ž.s; er starb unter ungeklärten Umständen. Viele Par teigenossen aus seiner Umgebung wurden in der „Leningrader Affäre" politisch kaltgestellt, einige von ihnen auch hingerichtet (↑Voznesenskij, ↑Kosygin). Stalin zog, um das Gleichgewicht unter seinen Mitarbeitern wiederherzustellen, ↑Chruščev seit 1949 stärker heran. Die kulturpolitische Linie Ž.s wurde in der ↑Entstalinisierung unter Chruščev als überzogen und „subjektivistisch" getadelt. Nach Ž. benannte Orte wie seine Geburtsstadt Mariupol' erhielten ihren alten Namen zurück. Aber erst unter ↑Gorbačev begann eine intensive Auseinandersetzung mit der Rolle Ž.s bei der Entwicklung des stalinistischen Systems.

Lit.: Der „reine Ideologe" des Stalinismus, in: Sputnik, 1989 Nr. 1, S. 89–95; ↑Andreev.

B.Sch.

Ždanov-Ära (ždanovščina). Als Ž.-Ä. bezeichnet man die s.e Kulturpolitik der späten 40er/beginnenden 50er Jahre. Ihr Grundzug war die wachsende ideologische Abgrenzung vom „bourgeois-dekadenten" Westen. Sie propagierte den Aufbau einer eigenen s.en Kultur, optimistisch und volksnah, und alle s.en Künstler waren angehalten, daran mitzuwirken. Eine sowjetpatriotische Gesinnung (↑Sowjetpatriotismus) wurde von ihnen gefordert, nicht „vaterlandsloser Kosmopolitismus"; „kämpferische bolschewistische ↑Parteilichkeit", nicht bürgerlicher „Objektivismus"; ↑„sozialistischer Realismus", nicht abstrakter „Formalismus". Wer diesen Prinzipien zu widersprechen schien, war scharfen Repressionen ausgesetzt. Im ↑Zentralkomitee für ↑Propaganda und Agitation zuständig, hatte A. A. ↑Ždanov den Kurs der s.en Kulturpolitik schon in den 30er Jahren mitbestimmt, er prägte sie – nach außen sichtbar – in der Nachkriegszeit. Dabei wurde die kulturpolitische Abgrenzung noch vor der politischen (↑Kominform) vollzogen.

Die Abkehr vom liberalen Kurs der Kriegszeit leitete eine Entschließung des Zentralkomitees am 14. 8. 1946 ein, die sich gegen zwei Zeitschriften, „Zvezda" (Der Stern) und „Leningrad", richtete. Ihnen wurde u. a. vorgeworfen, Werke des Satirikers M. Zoščenko (1895–1958) und der Lyrikerin A. ↑Achmatova veröffentlicht zu haben, die als verleumderisch, antis., widerwärtig, ideenlos, dekadent und pessimistisch eingestuft wurden. Zoščenko und die Achmatova wurden aus dem ↑Schriftstellerverband ausgeschlossen, die Zeitschrift „Leningrad" wurde eingestellt, der Chefredakteur der „Zvezda" entlassen und auch die Leitung des ↑Schriftstellerverbandes ausgetauscht. Die Aktion bildete den Auftakt zur ↑Säuberung weiterer Redaktionsstuben. Eine entsprechende Entschließung des Zentralkomitees zum Repertoire s.er Theater erging am 26. August, sie kritisierte die Dominanz nichts.er, bürgerlicher Stücke und verordnete Abhilfe. Am 4. September nahm sich das Zentralkomitee des Films an; Beschlüsse zur Oper, Musik und Bildenden Kunst folgten. Der Kampf gegen die „vaterlandslosen Kosmopoliten" wurde an den Akademieinstituten (↑Akademie der Wissenschaften) und ↑Hochschulen fortgesetzt, wobei sich unter den gemaßregelten Philosophen und Historikern auffällig viele jüdische Wissenschaftler befanden. An den Auseinandersetzungen innerhalb der Sprachwissenschaft beteiligte sich auch ↑Stalin mit seinen ↑Linguistik-Briefen. Besonders groteske Züge trug der Versuch der Sowjetisierung der Naturwissenschaft (↑Lysenko). Wieweit hier nur die Entwicklung der 30er Jahre fortgesetzt wurde, wieweit die Ereignisse Ausdruck des sich verschärfenden ↑Kalten Krieges waren, wieweit in die Gesamtentwicklung auch Fraktionskämpfe an der Staatsspitze mit hineinspielten, ist ungeklärt.

Lit.: Anweiler, O.,/Ruffmann, K.-H. (Hrsg.), Kulturpolitik der Sowjetunion, Stuttgart 1973; McCagg, Jr., W. O., Stalin Embattled, 1943–1948, Detroit 1978; Hahn, W. G., Postwar Soviet Politics. The Fall of Zhdanow and the Defeat of Moderation 1946–53, Ithaca, (N. Y.)/London 1982; Jablonowski, H., Die Lage der sowjetischen Geschichtswissenschaft nach dem Zweiten Weltkrieg, in: Saeculum 2 (1951); Meissner, B., Shdanow, in: Osteur. 2 (1952); Nekritsch, A., Entsage der Angst. Erinnerungen eines Historikers, Frankfurt/Berlin/Wien 1983; Ra'anan, G. D., International Policy Formation in the USSR. Fractional „Debates" during Zhdanovshchina, Hamden (Conn.) 1983. *H.A.*

Zensur. Als die ↑Bolschewisten unmittelbar nach der ↑Oktober-Revolution bürgerliche Zeitungsverlage und Druckereien besetzen ließen, gaben sie dies noch als bloße Übergangsmaßnahme aus: Die administrativen Beeinträchtigungen der ↑Presse, des Buchwesens würden beseitigt, die „vollständige Freiheit" wiederhergestellt, wenn sich die Neuordnung erst gefestigt habe (so das Dekret vom 27. 10. (A. S.)/9. 11. 1917). Doch schon am 4. 11. (A. S.)/17. 11. 1917 wurde (in einer Resolution des ↑Zentralen Exekutivkomitees) die Wiederherstellung der „sogenannten Pressefreiheit" grundsätzlicher, nämlich als eine „Maßnahme von zweifellos konterrevolutionärem Charakter" abgelehnt. Mitte Dezember 1917 erließ das ↑Volkskommissariat der ↑Justiz eine Verordnung über die Errichtung eines speziellen ↑Revolutionären Tribunals für die Presse als oberstes Z.-Organ. Am 28. 1. (A. S.)/10. 2. 1918 wurde die Verordnung durch ein Dekret des ↑Rates der Volkskommissare bestätigt, Mitte des Jahres die gesamte oppositionelle Presse verboten und Anfang 1918 die Einführung der Vorzensur beschlossen. Im Juni 1922 wurde als neue Z.-Behörde die „Hauptverwaltung für Angelegenheiten der Literatur und der Verlage" (Glavnoe upravlenie literatury i izdatel'stv, abgek. Glavlit) geschaffen; sie unterstand dem Volkskommissariat für Bildung (Volksaufklärung). Obwohl der zuständige Volkskommissar (A. V. ↑Lunačarskij) erneut von einer „einstweiligen" Einrichtung sprach, blieb Glavlit bis zuletzt erhalten, selbst wenn sich die genaue Bezeichnung (zuletzt: Hauptverwaltung zur Wahrung von Militär- und Staatsgeheimnissen im Druckwesen) und die Zuständigkeit (zuletzt: unter Aufsicht des Komitees für Druckwesen beim ↑Ministerrat der UdSSR) mehrfach änderte. Da der Staatszweck, die „Festigung des sozialistischen Systems" und die Wahrung der „Interessen der Werktätigen" (des „Volkes") (vgl. ↑Verfassung von 1936 Art. 125; Verf. von 1977 Art. 39 und 50), der Presse- und Meinungsfreiheit immer vorgeordnet blieb, war es stets die Aufgabe der Z.-Behörde, die Einhaltung dieses Rahmens (vorab) zu überprüfen, wobei der Rahmen entsprechend der Gesamtpolitik weiter oder enger ausgelegt werden konnte.

Die Stalinsche Revolution von oben Ende der 20er/Anfang der 30er Jahre führte zur völligen Gleichschaltung von Literatur und Presse; Z. und Selbst-Z. in den Köpfen der Autoren erstickten dissidente Meinungsäußerungen völlig. Die gewisse Auflockerung der Kriegszeit dauerte nur kurz, die ↑Ždanov-Ära setzte ihr ein Ende. Die erste nachhaltigere Liberalisierung setzte mit der Politik der ↑Entstalinisierung unter ↑Chruščev ein (↑Tauwetter). Seit Mitte der 60er Jahre schlug das Pendel wieder in die andere Richtung aus, jedoch ohne daß Z. und Repressionen das Ausmaß der 30er und 40er Jahre erreicht hätten (↑Samizdat). Eine erneute Öffnung begann nach ↑Brežnevs Tod 1982 und vor allem mit der ↑Glasnost'.

Lit.: Fogelevič, L. S. (Hrsg.), Dejstvujuščee zakonodatel'stvo o pečati, M 1929; ders., Osnovnye direktivy i zakonodatel'stvo v pečati, M 1935; Dewhirst, M./Farrell, R. (Hrsg.), The Soviet Censorship, New York 1973; Fincke, M. (Hrsg.), Handbuch der Sowjetverfassung, 2 Bde., Berlin 1983; Hübner, P., Aspekte der sowjetischen Zensur, in: Osteur. 22 (1972); Kasack, W., Die sowjetische literarische Zensur, in: Osteur. 35 (1985); Vladimirov, L., Glavlit. How The Soviet Censor Works, in: Index of Censorship 1 (1972); Walker, G., Soviet Book Publishing Policy, Cambridge 1978.   *H.A.*

Zentralasien bildet mit den ↑Unionsrepubliken ↑Kazachstan, ↑Uzbekistan, ↑Turkmenien, ↑Tadžikistan und ↑Kirgizien eine über 4 Mio. km² große Region vom Südrand ↑Sibiriens bis zur afghanischen Grenze und von der Ostküste des Kaspischen Meeres bis zur Grenze mit China. Sein Kerngebiet (ohne die weitläufige Nordregion Kazachstans) ist „Westturkestan" (als „Ostturkestan" werden die turk-muslimischen Gebiete Chinas bezeichnet). Es gelangte in der zweiten Hälfte des 19. Jh.s unter r.e Herrschaft. Die Kazachen standen bereits ein Jh. früher unter r.em Einfluß. Neben dem 1867 gebildeten r.en Generalgouvernement (↑LGR) Turkestan mit der Hauptstadt ↑Taškent bestanden bis 1920 von Uzbeken dominierte lokale Staatsgebilde, das Emirat ↑Buchara und das Chanat Chiva (↑Chorezm), in weitgehender Abhängigkeit von R. Das heutige Kazachstan wurde vom „Generalgouvernement der Steppe" regiert. In Turkestan (1906: 6,24 Mio. Einwohner) stieg infolge des slavischen Siedlungskolonialismus der europäische Bevölkerungsanteil bis 1911 auf über 6 % an. Landkonfiskationen zugunsten der Kolonisten begründeten einen scharfen Interessengegensatz zwischen Europäern und Einheimischen. Die Unzufriedenheit der Einheimischen entlud sich 1916 in einem allgemeinen Aufstand gegen die Kolonialmacht. Deren Wirken in Z. war andererseits aber auch mit der erstmaligen Erschließung der Region (Eisenbahnbau), mit der Erweiterung der Landwirtschaft (Ausbau der Irrigationssysteme), mit dem Aufbau einer lokalen Kleinindustrie und mit entsprechenden sozialen Transformationserscheinungen verbunden. Die zahlenmäßig kleine nationale ↑Intelligencija umfaßte traditionelle islamische Eliten, die in Turkestan eine Bastion der islamischen Orthodoxie bildeten, und eine von Tataren beeinflußte kleine Gruppe von Reformern (Djadidisten), die Emanzipation von der Kolonialmacht über die Erneuerung des ↑Islam und die Öffnung seines Bildungssystems suchten. Eine „muslimische Nationalbewegung" wurde 1905 (↑Revolution von 1905 [LGR]) unter dem Eindruck der revolutionären Situation in R., der jungtürkischen Bewegung und der konstitutionellen Bewegung im Iran politisiert.

Nach dem Zusammenbruch des Zarismus führte ein duales Regierungssystem in Z. (↑Provisorische Regierung [↑LGR], Taškenter ↑Sowjet) lediglich zu Machtverschiebungen in der europäischen Gemeinde. Nach dem Sieg der S.s Ende 1917 blieb es bei der bestehenden interethnischen Machtkonstellation. Die lokalen ↑Bolschewisten lehnten die Beteiligung der Muslime an den s.en Machtorganen ab. Im April 1918 wurde die ↑Autonome Republik ↑Turkestan gebildet, die sich bis 1924 vor allem mit der muslimischen Guerilla der Basmači auseinanderzusetzen hatte. Anfangs von der Zentralmacht durch den ↑Bürgerkrieg isoliert, wurde Turkestan ab 1919 in die Planung der s.en Nationalitätenpolitik zunehmend einbezogen. Dafür wurde eine Spezialkommission für die Region, die Turkkommissija, unter Leitung ↑Frunzes, ↑Kujbyševs u. a. gebildet. Sie sollte die S.-Verwaltung in Z. unter stärkerer Einbeziehung einheimischer ↑Kader re-organisieren. Gleichzeitig kämpfte sie gegen „muslimische ↑Nationalkommunisten" in Turkestan, welche die ethno-kulturelle Einheit Z.s betonten und eine autonome „KP türkischer Völker" verlangten. Nationale Konflikte und jungtürkische Opposition im Emirat Buchara und Chanat Chiva führten zu einer s.en Intervention und der Umwandlung in Volksrepubliken, die 1923/24 von der SU annektiert wurden. Aus den Territorien der drei Staatsgebilde Turkestan, Buchara und Chorezm (Chiva) wurden 1924 auf der Grundlage der ↑„nationalen Abgrenzung" neue nationalterritoriale Einheiten mit etwas höherer ethnischer Homogenität geschaffen, aus denen sich bis 1936 die Unionsrepubliken Z.s bildeten.

In der Folgezeit lief die s.e Sprachen- und Kulturpolitik in Z. auf die Schaffung partikularer Nationen der Uzbeken, Kirgizen, Turkmenen, Tadžiken und Kazachen hinaus. Dabei konnte das supranationale Bewußtsein eines regionalen islamischen und turko-iranischen Zusammenhanges allerdings nicht beseitigt werden.

Lit.: Vaidyanath, R., The Formation of the Soviet Central Asian Republics. A Study in Soviet Nationalities Policy 1917–1936, New Delhi 1967; Allworth, E., Central Asia, A Century of Russian Rule, New York 1967. *U.H.*

Zentrale Kontrollkommission ↑Parteikontrollkommission

Zentrales Exekutivkomitee (genauer: Allrussisches Zentrales Exekutivkomitee, VCIK) hieß der vom Allrussischen ↑Rätekongreß erstmals im Juni 1917 gewählte, rund 250 Personen umfassende Ausschuß, der zwischen den Tagungen des Rätekongresses dessen Aufgaben wahrnehmen sollte. Die erste ↑Verfassung der ↑RSFSR vom Juli 1918 bestimmte (in Art. 24) den Rätekongreß zur „höchsten Gewalt", das von ihm gewählte Z. E. (in Art. 31) zum „höchsten gesetzgebenden, verfügenden und kontrollierenden Organ" der RSFSR. Das Z. E. bildete und kontrollierte – laut Verfassung – die Regierung, den ↑Rat der Volkskommissare. Mit der Bildung der SU blieb das Z. E. für die RSFSR zuständig. Das in der Verfassung der UdSSR von 1923/24 neugeschaffene Z. E. der UdSSR (CIK SSSR) bestand aus über 700 Mitgliedern und Kandidaten und gliederte sich in einen ↑Unions- und einen ↑Nationalitätensowjet, wobei der Unions-S. nach vorgegebenem Schlüssel vom Rätekongreß der UdSSR, der Nationalitäten-S. von den Rätekongressen der ↑Unionsrepubliken gewählt wurde. Gleichzeitig führte die Verfassung als eigenes Organ ein Präsidium des Zentralen Exekutivkomitees ein, das zwischen den Sitzungen des Z.en E.s das höchste legislative, ausführende und verfügende Organ der UdSSR sein sollte. Mit der ↑Verfassung von 1936 wurden die Z.en E.s und die ihnen vorgeordneten Rätekongresse in der UdSSR, in den Unionsrepubliken und ↑Autonomen Republiken abgeschafft. In den Republiken und auf der Ebene des Gesamtstaates wurde fortan ein ↑Oberster Sowjet gewählt, der ein ↑Präsidium (des Obersten Sowjets) bestellte.

Lit.: Vserossijskij Central'nyj Ispolnitel'nyj Komitet (VCIK), in: SIÈ Bd. 3, Sp. 813 f.; Central'nyj ispolnitel'nyj komitet Sojuza Sovetskich Socialističeskich Respublik (CIK SSSR), in: SIÈ Bd. 15, Sp. 734 ff. *H.A.*

Zentrales Parteiarchiv (CPA) ↑Institut für Marxismus-Leninismus

Zentralkaspische Diktatur ↑Azerbajdžan

Zentralkomitee (ZK) hieß das vom ↑Parteitag der ↑Kommunistischen Partei der SU gewählte Organ, das zwischen den Parteitagen „die gesamte Tätigkeit der Partei sowie der örtlichen Parteiorgane" leitete, sich mit der „Auslese und Verteilung der führenden Kräfte" befaßte (↑Nomenklatur) und die „Arbeit der zentralen staatlichen Organisationen wie der öffentlichen Organisationen der Werktätigen durch die in ihnen bestehenden Parteigruppen" lenkte. So stand es in Art. 35 des bis 1990 gültigen ↑Parteistatuts. Das ZK vertrat die KPdSU im Verkehr mit anderen Parteien, mußte statuarisch (nach Art. 37) mindestens einmal in 6 Monaten zu einer Plenartagung zusammentreten und war (nach Art. 33) dem Parteitag, der seit 1971 alle 5 Jahre stattfand, rechenschaftspflichtig. Zu den wichtigsten Funktionen des ZK gehörten die Wahl des ↑Generalsekretärs, des ↑Politbüros, des ↑Sekretariats und des Komitees für Parteikontrolle (↑Parteikontrollkommission). Der XXVIII. Parteitag, der am 2. 7. 1990 im Kongreßpalast des Kreml eröffnet wurde, verabschiedete eine Neufassung der Parteistatuten, die – trotz Änderungen in der Führungsstruktur – im wesentlichen die Befugnisse von Parteitag und ZK bestätigte. Die 4683 Delegierten wählten abschließend 412 Mitglieder ins ZK, nur 15,3 % hatten bereits dem bisherigen (1986 gewählten, 309 Mitglieder zählenden) ZK angehört. Obwohl als Institution bereits vorher vorhanden, kam das ZK erst seit 1917 zu regelmäßigen Sitzungen zusammen. Der VII. Parteitag wählte im März 1918 15 Mitglieder und 8 Kandidaten ins ZK, der VIII. Parteitag erweiterte im März 1919 den Bestand auf 19 Mitglieder und 8 Kandidaten und beauftragte das ZK, ein Politbüro, ein ↑Orgbüro und ein Sekretariat zu bilden. Das ZK selbst sollte nicht seltener als zweimal im Monat tagen und auf diesen Plenarversammlungen alle zentralen Fragen der Politik und Organisation besprechen, sofern sie nicht Eilentscheidungen verlangten; Politbüro, Orgbüro und Sekretariat sollten dem ZK rechenschaftspflichtig sein. Die im gleichen Jahr beschlossenen Parteistatuten bestätigten diese Kompetenzverteilung. Das Parteistatut von 1922 übertrug es dem Parteitag, die Größe des ZK zu bestimmen. 1925 wurden bereits über 100, 1930 fast 140, 1952 über 230 Mitglieder und Kandidaten ins ZK gewählt. Je größer das ZK wurde, desto seltener wurden seine Tagungen. Die Parteistatuten hatten 1922 die (Mindest-)Zahl der Plenarsitzungen auf sechs im Jahr („alle 2 Monate"), 1934 auf drei im Jahr („alle 4 Monate"), 1952 auf zwei im Jahr reduziert; das galt bis zuletzt. Je seltener die Tagungen des ZK-Plenums wurden, desto mehr Gewicht gewannen die 1919 neugeschaffenen Zentralorgane, vor allem das Politbüro und das Sekretariat des ZK, obwohl sie dem Plenum des ZK de jure untergeordnet waren und blieben. Das Sekretariat übernahm auch die Leitung der seit 1919 geschaffenen, seit 1934 systematisch ausgebauten (Fach-)Abteilungen des ZK.

Lit.: Central'nyj komitet Kommunističeskoj partii Sovetskogo Sojuza, in: SIĖ Bd. 15, sp. 730 ff.; Kommunističeskaja partija Sovetskogo Sojuza, in: SIĖ Bd. 7, sp. 650 ff.; Običkin, O. G., Kratkij očerk istorii ustava KPSS, M 1969; Brunner, G., Das Parteistatut der KPdSU, 1903 bis 1961, Köln 1965; Neuwald, M., The Central Organisation of the CPSU. Its Structure, Leadership, and Dynamics of Development 1917–30, Cambridge (Mass.) 1956; Oppenheim, S. A., Central Committee of the CPSU, in: Mersh (1978), S. 165 ff.;

Schneider, E., Moskaus Leitlinie für das Jahr 2000. Die Neufassung von Programm und Statut der KPdSU, München 1987. *H.A.*

Zinov'ev (Radomysl'skij, eigentl. Hirsch Apfelbaum), Grigorij Evseevič (1883–1936), erreichte den Zenit seines Einflusses als Mitglied der „Trojka", die nach ↑Lenins Erkrankung die Parteiführung in die Hand nahm und ↑Trockij entmachtete. 1901 wurde Z. in die RSDRP (↑Parteien [LGR]) aufgenommen, auf dem Londoner ↑Parteikongreß (1907) trat er zum ersten Mal für die Bolschewisten auf, in der Frage des Boykotts der Wahlen zur Duma (↑LGR) kam es wenig später erstmals zu einer Interessenkonvergenz Z.'s und ↑Kamenevs mit Lenin. Aber auch danach schloß sich Z. eng an Lenin an und unterstützte ihn in allen Streitfragen. Seit der 6. ↑Parteikonferenz 1912 gehörte er ununterbrochen dem ↑Zentralkomitee an. Im Exil hielt er sich wie Lenin in der Schweiz auf und kehrte mit ihm zusammen 1917 nach R. zurück. Zunächst unterstützte Z. Lenins Position gegen die Provisorische Regierung (↑LGR), für die ↑Räte, distanzierte sich aber im Sommer/Herbst immer deutlicher von Lenins Kurs und näherte sich rechten Positionen. Nach dem Juli-Aufstand (↑LGR) mußte er sich verbergen. Im Oktober 1917 sprach er sich wie Kamenev öffentlich gegen den Aufstandsplan aus. Lenin forderte daraufhin – vergeblich – seinen Ausschluß aus der Partei. Die Konfrontation wiederholte sich in der Koalitionsfrage: Erneut äußerte sich Lenin abfällig und bezeichnete Z. wie Kamenev als Deserteure. Wenig später widerrief Z. und wurde in die ihm entzogenen Rechte als ZK-Mitglied wiedereingesetzt. Damit endete die rechte Auflehnung. Beim Streit um die Annahme des Friedens von ↑Brest-Litovsk hielt Z. zu Lenin, ebenso in der Diskussion um die ↑Gewerkschaften und auch beim Übergang zur ↑Neuen Ökonomischen Politik. Seit 1918 gehörte Z. zu den konsequenten Gegnern Trockijs und war somit in der Machtauseinandersetzung nach Lenins Ausscheiden aus der Politik auf die Kooperation mit ↑Stalin gegen Trockij festgelegt. Seine Machtbasis war die Parteiorganisation ↑Leningrads (Vorsitz des Stadt-S.s 1919–26). 1919–26 war er Vorsitzender der ↑Komintern, seit 1919 Kandidat, seit 1921 Mitglied des ↑Politbüros. In der s.en Regierung und in der Wirtschaftsverwaltung hatte er keine Zuständigkeiten. Seit 1922 nahm er in der Führung die Rolle des primus inter pares ein, ohne daß ihm dies Trockij, Stalin oder anderen gegenüber irgendein Vorrecht gegeben hätte. Bei der politischen Ausschaltung Trockijs wirkte Z. nachdrücklich mit. Wenig später geriet er selbst als Kopf der ↑linken Opposition in Konflikt mit Stalin. Trotz erbitterter Gegenwehr und der Mobilisierung seiner Leningrader Anhängerschaft mußte er sich auf dem XIV. Parteikongreß geschlagen geben. Er mußte seinen Posten in Leningrad an ↑Kirov abgeben, wurde aus dem Politbüro ausgeschlossen und mußte den Komintern-Vorsitz an ↑Bucharin abtreten (Oktober 1926). Die Versuche, seine Position durch Kooperation mit Trockij in der ↑„Vereinigten Opposition" zu verteidigen, scheiterten. Zunächst übte Z. Selbstkritik, um dem Parteiausschluß zuvorzukommen. 1927 wurde er daraufhin erneut ins ZK aufgenommen, zusammen mit anderen Vertretern der ↑„Vereinigten Opposition", aber schon im Oktober aus der Partei ausgeschlossen. 1928 folgte die Wiederaufnahme, 1932 der erneute Ausschluß und die Verbannung nach ↑Sibirien, 1933 die Wiederaufnahme, 1935 der dritte Ausschluß sowie die Verhaftung wegen angeblicher Beteiligung an der Ermordung Kirovs. 1935 ergingen zwei Urteile gegen Z. und Kamenev. 1936

wurde Z. im ersten Schauprozeß (↑Säuberungen) gegen das ↑Trotzkistisch-Sino-
wjewistische Terroristische Zentrum zum Tode verurteilt und hingerichtet. Erst
unter ↑Gorbačev konnte 1988 die Rechtswidrigkeit der Verfahren und der Urteile gegen Z. konstatiert werden. Vorbehalte gegen Z. und seine politischen
Positionen blieben gleichwohl bestehen.

Lit.: ↑Andreev; Wassezki, N., Grigori Sinowjew. Seiten seines Lebens und politischen
Wirkens, in: „Unpersonen" – wer waren sie wirklich?, Berlin 1990, S. 138–179.   *B.Sch.*

Zivildienst ↑Bürokratie

Žukov, Georgij Konstantinovič (1896–1974), war der herausragende Vertreter
der s.en ↑Streitkräfte im ↑Zweiten Weltkrieg. Danach wurde er einerseits auch in
die Parteipolitik einbezogen, andererseits mehrfach aus politischen Gründen
gemaßregelt. 1915 kam er zur kaiserlichen r.en Armee (seit 1916 Unteroffizier),
1918 schloß er sich der ↑Roten Armee an und trat 1919 der ↑RKP(b) bei. Mit 26
Jahren wurde er Regimentskommandeur, mit 34 Jahren kommandierte er eine
Division, mit 41 (1937) ein Korps. 1939 befehligte Ž. die 1. Armeegruppe der s.-
mongolischen Truppen gegen die Japaner am Chalchyn-Gol. 1940 wurde ihm
der Kiever Militärbezirk unterstellt. Im Februar 1941 machte ihn ↑Stalin zum
Generalstabschef und zum 1. Stellvertreter des ↑Volkskommissars für Verteidigung ↑Timošenko. Wegen „einer Reihe von Fehlern" ließ Stalin Ž. bald nach
dem deutschen Überfall ablösen, übertrug ihm aber das Kommando über verschiedene Fronten, so daß Ž. immer an entscheidenden Operationen beteiligt
war. Seit August 1942 fungierte Ž. als Stellvertreter des Oberstkommandieren-
den. Als Vertreter des Hauptquartiers koordinierte er die Aktivitäten verschiedener Fronten (↑Stalingrad, ↑Leningrad, ↑Kursk u. a.). 1944 erhielt Ž. den Mar-
schallrang. Als Befehlshaber der 1. Weißr.en Front war Ž. maßgeblich an den
Schlußoperationen des Krieges und an der Eroberung Berlins beteiligt und nahm
als s.er Vertreter am 9. Mai die Kapitulation der deutschen Wehrmacht entgegen.
Bis April 1946 war Ž. Chef der s.en Militärverwaltung in Deutschland, anschließend kurzfristig Oberbefehlshaber der s.en Landstreitkräfte. Es folgte im Juni
1946 die Versetzung auf zweitrangige Posten (Wehrbezirksbefehlshaber in
↑Odessa, dann im Ural), seine Position blieb bis zum Tode Stalins gefährdet. Auf
dem XIX. ↑Parteikongreß wurde Ž. ins ↑Zentralkomitee und im März 1953 zum
Stellvertretenden Verteidigungsminister unter ↑Bulganin, 1955 zu dessen Nach-
folger berufen. Den Höhepunkt seiner politischen Karriere erreichte Ž., als er
↑Chruščev bei der Ausschaltung der ↑Anti-Partei-Gruppe unterstützte. Seit dem
XX. Parteikongreß Kandidat, wurde er nun Vollmitglied des ↑Präsidiums des
ZK. Jedoch schon nach vier Monaten ließ Chruščev ihn im Oktober 1957 aus
dem Präsidium und dem ZK ausschließen, auch das Ministeramt büßte er ein
und erhielt seinen Abschied. U. a. wurde ihm zum Vorwurf gemacht, daß er den
Führungsanspruch von Partei und Regierung über die Armee boykottiert habe. -
Nach Chruščevs Sturz wurde seine Situation gemildert, eine politische oder
militärische Reaktivierung fand aber nicht statt.

Lit.: Shukow, G. K., Erinnerungen und Gedanken. Bd. 1–2, Berlin 1969; Georgij Kon-
stantinowitsch Shukow – Heerführer und Memoirenverfasser, in: Osteur. 1988, S.
A 327–A 336.   *B.Sch.*

Zwangsarbeitslager ↑GULag

Zwangskollektivierung ↑Kollektivierung

Zwangsrequisitionen ↑Requirierungen

Zwei-plus-Vier-Vereinbarungen ↑Moskauer Vertrag

Zweiter Weltkrieg. Am Z.n W. war die SU als kriegführende Macht beteiligt, seitdem Deutschland die SU am 22. 6. 1941 ohne Vorwarnung überfallen und damit die im ↑Hitler-Stalin-Pakt begründete Konstellation zerschlagen hatte. Der von Hitler bereits im Juli 1940 befohlene Angriff war kein Präventivkrieg. Er traf die SU vielmehr in jeder Beziehung unvorbereitet, da ↑Stalin trotz vielfältiger Warnungen einen Konflikt mit Deutschland 1941 weder für möglich gehalten noch Maßnahmen für einen Eventualfall getroffen hatte. Obwohl mit nur geringfügig überlegenen Kräften vorgetragen, bewirkte der deutsche Angriff daher zunächst dramatische Einbrüche: Der stalinistische Machtapparat vermochte sich nur mit großen Verzögerungen auf die Kriegssituation umzustellen; die allein auf Offensivstrategien verpflichtete ↑Rote Armee erlitt in den schlecht koordinierten Abwehrkämpfen unverhältnismäßige Verluste; bereits nach den ersten Kriegsmonaten behaupteten die deutschen Armeen eine Frontlinie, die von ↑Leningrad über ↑Smolensk bis zur Krim reichte, während ca. 3 Mio. s.e Soldaten in Gefangenschaft geraten waren. In dieser Lage ersuchte die SU noch im Juni/Juli 1941 die Westmächte um Beistand. Aufgrund von Hilfsabkommen mit Großbritannien (12. 7. 1941) und den USA (2. 8. 1941) wurde die SU am 7. 11. 1941 in die Hilfslieferungen nach dem ↑Lend-Lease-Act einbezogen, wodurch – nach der s.en Anschlußerklärung zur Atlantik-Charta (24. 9. 1941) – auch der Weg zur politischen Einbindung in die Anti-Hitler-Koalition geebnet war. Diese erfolgte durch das ↑englisch-s.e Bündnis vom 26. 5. 1942 sowie den Beistands- und Kooperationsvertrag mit den USA vom 11. 6. 1942. Die Bündniskooperation war indessen frühzeitig Spannungen ausgesetzt, da nicht nur die Lend-Lease-Lieferungen an die SU nur zögernd in Gang kamen, sondern auch die von Stalin seit Juli 1941 beharrlich geforderte zweite Front in Westeuropa ausblieb. Deren Errichtung wurde der SU von den USA zwar am 29. 5. 1942 noch für dasselbe Jahr zugesichert, nach einem britischen Veto jedoch zugunsten der Nordafrika-Invasion wieder aufgeschoben.

So war es zunächst auch vor allem den eigenen Mobilisierungsanstrengungen der SU für den (bald so genannten) „Großen Vaterländischen Krieg" zuzuschreiben, daß der deutsche Vormarsch zur Jahreswende 1941/42 doch an Schwung verlor. Nachdem die deutsche Heeresgruppe Mitte in ihrem Angriff auf ↑Moskau bereits im Oktober 1941 aufgehalten worden war, begann hier am 5. 12. 1941 ein Gegenangriff, der einen deutschen Teilrückzug erzwang. Damit aber war das deutsche Konzept, den „Rußlandfeldzug" als Blitzkrieg zu führen, bereits gescheitert. Denn die deutschen Offensiven des folgenden Jahres brachten mit dem Vorstoß an die Wolga und zum Kaukasus zwar noch einmal einen gewaltigen Raumgewinn. Doch gelang es nicht mehr, die s.en Armeen in großen Einkesselungsschlachten zu schlagen. In den Kämpfen um ↑Stalingrad seit dem Sommer 1942 erlitten vielmehr die Angreifer ihre erste entscheidende Nieder-

lage. Die deutsche Stalingrad-Armee wurde am 22. 11. 1942 eingeschlossen und
mußte endlich, nach schweren Verlusten, am 31. 1./2. 2. 1943 kapitulieren; im
militärischen Kräfteverhältnis war nun ein relatives Gleichgewicht hergestellt,
das angesichts der stetig zunehmenden Mannschafts- und Rüstungsstärke der
Roten Armee bald zugunsten der SU umschlagen sollte. Aber auch außenpolitisch gewann die SU in der Folge zusehends an Gewicht. Während Stalin es
gegenüber westlichen Verbündeten nach deren Ausweichen in der Frage der
zweiten Front darauf ankommen ließ, daß sich die Beziehungen bis 1943 krisen-
haft verschlechterten, kam es, wahrscheinlich auf s.e Initiative, seit Dezember
1942 mehrfach zu geheimen deutsch-s.en Kontakten in Schweden. Ob Stalin
dabei einen Separatfrieden mit Deutschland jemals ernsthaft angestrebt hat, ist
nicht geklärt. Sicher aber hat die SU die indirekte Drohung mit einem Separatfrieden bewußt als Druckmittel eingesetzt, um ihre Verbündeten zu Konzessionen an die bisher ausgeklammerten s.en Kriegszielforderungen zu bewegen. Den
Ausschlag für ein stärkeres Entgegenkommen der Westmächte gegenüber der SU
gaben aber erst die s.en Kriegserfolge im Jahresverlauf 1943. Nachdem die s.en
Offensiven zum Entsatz Leningrads (erfolgreich am 18. 1. 1943) und zur Rückeroberung der kriegswichtigsten Wirtschaftsregionen die Fronten vor allem am
Don und im Südosten in Bewegung gebracht hatten, traten die Deutschen im Juli
1943 noch einmal zu einem Großangriff am „Kursker Bogen" an. Sie wurden
jedoch innerhalb von Tagen zurückgeworfen, und mit dem folgenden Gegenangriff ging die militärische Initiative endgültig auf die inzwischen überlegenen
Verteidiger über; von ↑Partisanen-Verbänden zunehmend wirksam unterstützt,
drängte die Rote Armee in stetigen Angriffsbewegungen rasch nach Westen,
ohne den deutschen Kräften noch einmal Gelegenheit zur Stabilisierung ihrer
Ostfront zu geben.

Auf der Konferenz von ↑Teheran erlangte die SU dementsprechend Ende 1943
nicht nur die Verpflichtung der Westalliierten zur Invasion in Frankreich; vielmehr vermochte Stalin nun erstmals auch den Territorial- und Sicherheitsinteressen der SU im künftigen Europa innerhalb der Allianz Geltung zu verschaffen.
Dabei richteten sich die s.en Bestrebungen seit der Kriegswende vom Sommer
1943 vor allem auf die Festschreibung der ↑Curzon-Linie als neuer (nach Westen
verschobener) Grenze zu Polen sowie die Schaffung einer breiten Sicherheitszone im europäischen Vorfeld der SU, die aus kooperationswilligen (aber nicht
notwendig kommunistisch regierten) Nachbarstaaten bestehen sollte. Die Frage
wurde in dem Maße akut, wie die Rote Armee in ihren Offensiven vom Winter
1943/44 und Sommer/Herbst 1944 an allen Fronten die s.en Vorkriegsgrenzen
überschritt. So kam es in Rumänien (das ↑Bessarabien und die Nord-↑Bukowina
an die SU abtreten mußte) sowie in Bulgarien nach der s.en Besetzung zur
Bildung pro-s.er Regierungen mit kommunistischer Beteiligung; ähnlich war es
in Ungarn, wo allerdings nach einem faschistischen Staatsstreich am 15. 10. 1944
die Autorität der unter s.em Schutz gebildeten Gegenregierung (6. 12. 1944) erst
1945 durchgesetzt werden konnte. In bezug auf die Tschechoslowakei war am
12. 12. 1943 ein Freundschaftsvertrag mit der Exilregierung geschlossen worden,
aufgrund dessen 1945 eine kommunistische Regierungsbeteiligung sowie die Abtretung der Karpato-↑Ukraine an die SU zustande kam. Die Versuche, eine
ähnliche Lösung für Polen durchzusetzen, scheiterten dagegen. Nachdem das
1941 geschlossene s.-polnische Bündnis wegen des Konflikts um ↑Katyn am

25. 4. 1943 ausgesetzt worden war, verhandelte die SU zwar weiter mit den Westmächten über die Ansprüche der Exilregierung, welche die s.en Grenzforderungen beharrlich zurückwies. Doch lief die s.e Politik seit der Bildung des kommunistisch geführten Nationalen Befreiungskomitees im soeben besetzten Chełm (22. 7. 1944) und vollends nach dem Zusammenbruch des ↑Warschauer Aufstands auf eine einseitige Lösung hinaus; das spätere so genannte Lubliner Komitee übernahm am 31. 12. 1944 die Funktion einer provisorischen Regierung, die erst Mitte 1945 unter britisch-amerikanischem Druck einige unabhängige Politiker aufnahm. Die Westalliierten hatten diese Entwicklung seit 1944 kritisch verfolgt und vor allem in bezug auf Polen mit Protesten interveniert.

Indessen überwog vorerst das Interesse, die Kooperation der SU in der Kriegsallianz zu erhalten: zunächst wegen des Erfordernisses, die alliierten Operationen seit der Normandie-Invasion (6. 6. 1944) zu entlasten, später im Hinblick auf die Bestrebungen vor allem der USA, den Kriegseintritt der SU gegen Japan (8. 8. 1945) sowie deren Mitwirkung an der Gründung der ↑UNO sicherzustellen. So konnte die SU, gestützt auf die Erfolge der letzten Großoffensive seit Januar 1945, die am 2. 5. 1945 zur Eroberung Berlins und am 8./9. 5. 1945 zur deutschen Gesamtkapitulation führte, auf den Konferenzen von ↑Jalta und ↑Potsdam sowohl eine weitgehende Anerkennung des Status quo in den s. besetzten Ländern (einschließlich der Oder-Neiße-Grenze) als auch Zugeständnisse in der Frage von deutschen ↑Reparationen durchsetzen. Allerdings war das Einvernehmen der Alliierten jetzt nur noch durch Formelkompromisse gestützt, die bald nach dem Ende des Z.n. W.s mit der japanischen Kapitulation vom 2. 9. 1945 zerbrachen. Im Konflikt um die Deutschland- und Europapolitik sowie um internationale Einflußsphären sollte seit 1946 der s.-amerikanische Gegensatz des ↑Kalten Kriegs in den Vordergrund treten. In der Geschichte des Z.n W.s war die SU auf alliierter Seite der am stärksten bestimmende Faktor. Sie hat einerseits mit schätzungsweise 20 Mio. Todesopfern und mit enormen wirtschaftlichen Verlusten die schwersten Kriegslasten getragen und zugleich den größten militärischen Beitrag zum Sieg der Anti-Hitler-Koalition geleistet. Andererseits ist das weltpolitische Gefüge durch den Geltungszuwachs der SU sowie durch die Entstehung ihres Hegemonialsystems in Osteuropa im Ergebnis des Z.n W.s am nachhaltigsten verändert worden.

Lit.: Telpuchowski, B. S., Die sowjetische Geschichte des Großen Vaterländischen Kriegs, hrsg. v. Hillgruber, A., u. Jacobsen, H.-A., Frankfurt a. M. 1961; Erickson, J., Stalin's War with Germany, 2 Bde., London 1975–1983; Hillgruber, A., Der Zweite Weltkrieg, in: Osteuropa-Handbuch Sowjetunion: Außenpolitik I, Köln 1972, S. 300–342; Feis, H., Churchill, Roosevelt, Stalin. The War They Waged and the Peace They Sought, Princeton 1957; Beitzell, R., The Uneasy Alliance. America, Britain and Russia 1941–1943, New York 1972; Davis, L. E., The Cold War Begins. Soviet-American Conflict Over Eastern Europe, Princeton 1974.   *M.G.M.*

Die wichtigsten Daten der sowjetischen Geschichte
(bis zum 1. 2. 1918 nach dem julianischen ↑Kalender)

1917, 25. 10.	Oktober-Revolution
1917–1920	Bürgerkrieg
1917–1921	Kriegskommunismus
1917, 26./27. 10.	„Dekret über den Frieden" und „Dekret über das Land"
2. 11.	Deklaration über die Rechte der Völker Rußlands Transkaukasische Föderation
6. 12.	Unabhängigkeitserklärung Finnlands
1918, 5. 1.	Verfassungsgebende Versammlung
9. 1.	Unabhängigkeitserklärung der ukrainischen Rada
1. 2. (= 14. 2.)	Einführung des gregorianischen Kalenders
24. 2.	Unabhängigkeitserklärung Estlands
3. 3.	Frieden von Brest-Litovsk
6.–8. 3.	VII. Parteitag. Umbenennung der Partei in „Kommunistische Partei Rußlands (Bolschewisten)"
25. 3.	Unabhängigkeitserklärung Weißrußlands
11. 5.	Nordkaukasische Föderative Republik
26. 5.	Unabhängigkeitserklärung Georgiens
26. 5.	Unabhängigkeitserklärung Armeniens
28. 5.	Unabhängigkeitserklärung Azerbajdžans
16./17. 7.	Ermordung Nikolaus' II. und seiner Familie
19. 7.	Verfassung der RSFSR
18. 11.	Unabhängigkeitserklärung Lettlands
1919, 1. 1.	Weißrußland Sowjetrepublik
2.–6. 3.	Gründung der Komintern
18.–23. 3.	VIII. Parteitag
8. 4.	Ukraine Sowjetrepublik
1920, 2. 2.	Friede von Dorpat mit Estland
29. 3.–5. 4.	IX. Parteitag. Billigung des Goëlro-Plans
6. 4.	Fernöstliche Republik
12. 6.	Friede von Moskau mit Litauen
11. 8.	Friede von Riga mit Lettland
14. 10.	Friede von Dorpat mit Finnland
1921–1927	Neue Ökonomische Politik
1921, 22. 2.	Gründung von Gosplan
2.–18. 3.	Kronstädter Aufstand
8.–16. 3.	X. Parteitag. Beschluß über die NĖP
18. 3.	Friede von Riga mit Polen
6. 5.	Handelsvertrag mit Deutschland
1922, 27. 3.–2. 4.	XI. Parteitag
3. 4.	Stalin Generalsekretär
16. 4.	Vertrag von Rapallo
12. 5.	Patriarch Tichon legt sein Amt nieder

10. 11.	Angliederung der Fernöstlichen Republik
27. 12.	Gründung der UdSSR
1923, 17.–25. 4.	XII. Parteitag. „Scheren"-Krise
6. 7.	Verfassung der UdSSR
1924, 21. 1.	Lenins Tod
2. 2.	Diplomatische Anerkennung der UdSSR durch England
23.–31. 5.	XIII. Parteitag
1925, 18.–31. 12.	XIV. Parteitag. Umbenennung der Partei in „Kommunistische Partei der Sowjetunion (Bolschewisten)"
1926, 24. 4.	Berliner Vertrag
28. 9.	Nichtangriffspakt mit Litauen
17.–31. 12.	Volkszählung (147 Mio. Einwohner)
1927, 2.–19. 12.	XV. Parteitag. Parteiausschluß Trockijs und Zinov'evs; Beschlüsse über die Kollektivierung der Landwirtschaft und den ersten Fünfjahrplan
1928–1932	1. Fünfjahrplan
1929, 9. 2.	Litvinov-Protokoll zum Briand-Kellogg-Pakt
1930, 1. 5.	Eröffnung der Turksib
26. 6.–13. 7.	XVI. Parteitag
25. 11.–7. 12.	Prozeß gegen die „Industriepartei"
1932, 21. 1.	Nichtangriffspakt mit Finnland
25. 1.	Nichtangriffspakt mit Polen
5. 2.	Nichtangriffspakt mit Lettland
4. 5.	Nichtangriffspakt mit Estland
1933–1937	2. Fünfjahrplan
1933, 2. 9.	Nichtangriffspakt mit Italien
16./17. 11.	Diplomatische Anerkennung der UdSSR durch die USA
1934, 26. 1.–10. 2.	XVII. Parteitag
18. 9.	Eintritt der UdSSR in den Völkerbund
1. 12.	Ermordung Kirovs
1935, 2. 5.	Beistandspakt mit Frankreich
16. 5.	Beistandspakt mit der Tschechoslowakei
1936, 19.–24. 8.	„Prozeß der 16" (erster Schauprozeß)
5. 12.	Neue Verfassung
1937, 23.–30. 1.	„Prozeß der 17"
1938–1942	3. Fünfjahrplan
1938, 2.–13. 3.	„Prozeß der 21"
1. 10.	Veröffentlichung des „Kurzen Lehrgangs der Geschichte der KPdSU"
1939, 17.–26. 1.	Volkszählung (190,7 Mio. Einwohner)
10.–21. 3.	XVIII. Parteitag. Neues Parteistatut
19. 8.	Handels- und Kreditabkommen mit Deutschland
23. 8.	Nichtangriffspakt mit Deutschland (Hitler-Stalin-Pakt) mit Geheimabkommen
28. 9.	Grenz- und Freundschaftsvertrag mit Deutschland. Beistandspakt mit Estland
5. 10.	Beistandspakt mit Lettland
10. 10.	Beistandspakt mit Litauen

22. 10.–14. 11.	Eingliederung der Westukraine und Westweißrußlands
30. 11.–1940, 12. 3.	„Winterkrieg" mit Finnland
14. 12.	Ausschluß der UdSSR aus dem Völkerbund
1940, 11. 2.	Wirtschaftsabkommen mit Deutschland
2. 8.	Eingliederung Bessarabiens und der Nordbukowina
3., 5. u. 6. 8.	Eingliederung Litauens, Lettlands und Estlands
20. 8.	Ermordung Trockijs
1941, 13. 4.	Neutralitätsabkommen mit Japan
22. 6.	Beginn des „Großen Vaterländischen Krieges" mit Deutschlands Angriff auf die UdSSR
23. 6.	Kriegserklärung der Slovakei
26. 6.	Kriegserklärung Finnlands
27. 6.	Kriegserklärung Ungarns
12. 7.	Militärvertrag mit England
14. 8.	Militärvertrag mit Polen
28. 8.	Auflösung der ASSR der Wolga-Deutschen
8. 9.–1944, 20. 1.	900tägige Blockade Leningrads
24. 9.	Erklärung der UdSSR für die Ziele der „Atlantik-Charta"
1942, 26. 5.	Bündnis- und Freundschaftsvertrag mit Großbritannien
17. 7.–1943, 2. 2.	Schlacht von Stalingrad
1943, 15. bzw. 22. 5.	Auflösung der Komintern
9. 9.	Wahl des Metropoliten Sergij zum Patriarchen
19.–30. 10.	Moskauer Außenministerkonferenz
28. 11.–1. 12.	Konferenz von Teheran
1944, 5. 9.	Kriegserklärung an Bulgarien
10. 12.	Bündnis mit Frankreich
1945, 4.–11. 2.	Konferenz von Jalta
2. 5.	Eroberung von Berlin
8. 5.	Wiederholung der deutschen Gesamtkapitulation in Berlin-Karlshorst
26. 6.	Unterzeichnung der Charta der Vereinten Nationen
17. 7.–2. 8.	Potsdamer Konferenz
8. 8.	Kriegserklärung an Japan
1946–1950	4. Fünfjahrplan
1947, 10. 2.	Friedensverträge mit Italien, Rumänien, Bulgarien, Ungarn und Finnland
22.–27. 9.	Gründung der Kominform
1948, 6. 4.	Freundschafts- und Beistandspakt mit Finnland
24. 6.–1949, 12. 5.	Berliner Blockade
1949, 25. 1.	Gründung des „Rates für gegenseitige Wirtschaftshilfe"
1950, 14. 2.	Freundschaftspakt mit China
26. 6.–1954, 27. 7.	Korea-Krieg
1951–1955	5. Fünfjahrplan
1952, 10. 3.	Deutschland-Note
5.–14. 10.	XIX. Parteitag. Neues Parteistatut
1953, 5. 3.	Stalins Tod
10. 7.	Sturz Berijas

1954, 25. 1.–18. 2.	Berliner Außenministerkonferenz
23. 9.	Buchausgabe von Ehrenburgs „Tauwetter"
1955, 14. 5.	Gründung des Warschauer Paktes
15. 5.	Österreichischer Staatsvertrag
18.–23. 7.	Genfer Gipfelkonferenz
9.–13. 9.	Adenauer in Moskau. Diplomatische Beziehungen mit der Bundesrepublik
1956–1960	6. Fünfjahrplan (1959 abgebrochen)
1956, 14.–25. 2.	XX. Parteitag. Chruščevs Geheimrede über Stalin
17. 4.	Auflösung der Kominform
1957, 4. 7.	Entmachtung Malenkovs, Molotovs und Kaganovičs
4. 10.	Start des „Sputnik"
1958, 27. 3.	Rücktritt Bulganins, Chruščev Vorsitzender des Ministerrats, Ende der „kollektiven Führung"
23.–31. 10.	Pasternak-Affäre
27. 11.	Erstes Berlin-Ultimatum
1959–1965	Siebenjahrplan
1959, 15.–22. 1.	Volkszählung (208,8 Mio. Einwohner)
27. 1.–5. 2.	XXI. Parteitag. „Entfalteter Aufbau des Kommunismus"
1960, 16./17. 5.	U-2-Zwischenfall und Platzen der Pariser Gipfelkonferenz
Juni	Beginn des offenen Bruchs mit China
1961, 12. 4.	Gagarin erster Mensch im Weltall
17.–31. 10.	XXII. Parteitag. Beschluß über einen Zwanzigjahrplan. Neues Parteiprogramm und -statut
1. 11.	Entfernung von Stalins Leichnam aus dem Mausoleum
1962, 22.–26. 10.	Höhepunkt der Kuba-Krise
1964, 14. 10.	Entmachtung Chruščevs, Brežnev Erster Sekretär
1966–1970	8. Fünfjahrplan
1966, 29. 3.–8. 4.	XXIII. Parteitag
1968, 21. 8.	Invasion der ČSSR
6. 11.	Formulierung der „Brežnev-Doktrin"
1969, 2. 3.	Beginn der militärischen Grenzzwischenfälle mit China
17. 11.	Beginn der SALT (Gespräche über eine Begrenzung der strategischen Rüstung)
23. 12.	21 Thesen gegen den linken und rechten Revisionismus
1970, 14./15. 1.	Volkszählung (241,7 Mio. Einwohner)
12. 8.	Vertrag mit der Bundesrepublik über gegenseitigen Gewaltverzicht
1971–1975	9. Fünfjahrplan
1971, 30. 3.–9. 4.	XXIV. Parteitag
3. 9.	Vier-Mächte-Abkommen über Berlin
1972, 21. 11.	Beginn von SALT II
1973, 3. 7.–1975, 1. 8.	KSZE in Helsinki und Genf
1974, 12./13. 2.	Ausweisung Solženicyns
1975	Friedensnobelpreis für A. Sacharov
1976–1980	10. Fünfjahrplan
1976, 24. 2.–5. 3.	XXV. Parteitag

1977, 1. 9.	Neue Nationalhymne
7. 10.	Neue Verfassung
1978, 6. 5.	Vertrag über wirtschaftliche Zusammenarbeit mit der Bundesrepublik
1979, 17.–24. 1.	Volkszählung (262,4 Mio. Einwohner)
26./27. 12.	Einmarsch in Afghanistan
1980–1986	Verbannung A. Sacharovs in Gor'kij
1980, 19. 7.–3. 8.	22. Olympische Sommerspiele in Moskau, Boykott von über 40 Staaten
1981–1985	11. Fünfjahrplan
1981, 23. 2.–3. 3.	XXVI. Parteitag
1982, 12. 11.	Andropov Generalsekretär
1984, 12. 2.	Černenko Generalsekretär
1985, 11. 3.	Gorbačev Generalsekretär
1986–1990	12. Fünfjahrplan
1986, 25. 2.–6. 3.	XXVII. Parteitag. Beschluß über „Modernisierung"
26. 4.	Explosion der Kernkraftanlage in Černobyl'
1987, 25./26. 6.	ZK-Sitzung: „Juni-Plenum" („Beschleunigung" der Wirtschaftsreform)
30. 6.	Neues Unternehmensgesetz (erweiterte Rechte für die Betriebe)
8. 12.	INF-Vertrag
1988, 15. 4.	Genfer Abkommen über Afghanistan
28. 6.–1. 7.	19. Parteikonferenz (Beschluß über „Glasnost'")
1989, 25. 5.–9. 6.	1. Kongreß der Volksdeputierten
1990, 4. 5.	Unabhängigkeitserklärung Lettlands
11. 3.	Unabhängigkeitserklärung Litauens
30. 3.	Unabhängigkeitserklärung Estlands
23. 6.	Unabhängigkeitserklärung Moldaviens (Moldau)
2.–13. 7.	XXVIII. Parteitag
23. 8.	Unabhängigkeitserklärung Armeniens
1991, 9. 4.	Unabhängigkeitserklärung Georgiens
12. 6.	Wahl El'cins zum Präsidenten Rußlands
28. 6.	Auflösung des Comecon
1. 7.	Auflösung des Warschauer Pakts
18.–20. 8.	Putschversuch konservativer Kräfte
21. 8.	Unabhängigkeitserklärung Azerbajdžans
24. 8.	Rücktritt Gorbačevs als Generalsekretär; Unabhängigkeitserklärung der Ukraine
26. 8.	Unabhängigkeitserklärung Weißrußlands
31. 8.	Unabhängigkeitserklärungen Kirgiziens und Uzbekistans
5. 9.	Gesetz über die „Organe der Staatsmacht und der Regierung der UdSSR in der Übergangszeit"
9. 9.	Unabhängigkeitserklärung Tadžikistans
27. 10.	Unabhängigkeitserklärung Turkmeniens
16. 12.	Unabhängigkeitserklärung Kazachstans
21. 12.	Gründung der „Gemeinschaft Unabhängiger Staaten"

durch 11 Republiken der ehemaligen UdSSR in Alma-Ata

25. 12. Rücktritt Gorbačevs als Präsident

Nachschlagewerke und Gesamtdarstellungen zur sowjetischen Geschichte

Belaruskaja saveckaja ėncyklapedyja. Bd. 1–12 u. Registerbd. Minsk 1969–76.
Bol'šaja sovetskaja ėnciklopedija. 3. Aufl. Bd. 1–30 [Bd. 24 in zwei Bden., Bd. 24,2: UdSSR. Personenregister]. M 1970–78. (Englische Übersetzung: The Great Soviet Encyclopedia. New York/London 1973–78. Bd. 1–31 [Bd. 31: USSR] und Registerbd. [1983].)
Carr, E. H., History of Soviet Russia: The Bolshevik Revolution 1917–23. Bd. 1–3. London 1950–53; The Interregnum 1923–24. London 1954; Socialism in One Country 1924–26. Bd. 1–3. London 1958–64; Foundations of a Planned Economy 1926–29. Bd. 1 (zus. mit R. W. Davies) – 3 (Bd. 3 in drei Teilbden.). London 1969–78.
Dejateli Sojuza Sovetskich Socialističeskich Respublik i Oktjabr'skoj revoljucii (Avtobiografii i biografii). Bd. 1–3. M 1927–29. (Bd. 41 des – „Ėnciklopedičeskij slovar' Granat".) [Reprint M 1989.]
Dictionary of Russian Abbreviations, comp. by E. Scheitz. New York 1986.
Dictionary of the Russian Revolution, ed. by G. Jackson and R. Devlin. Westport, CT, 1989.
Ėnciklopedičeskij slovar' Granat. 7. Aufl. Bd. 1–58 [Bd. 56 nicht erschienen]. M 1910–48. (Bd. 41 – ↑„Dejateli…".)
Ežegodnik Bol'šoj sovetskoj ėnciklopedii [Fortsetzungsbde. zur BSĖ]. M 1957 ff.
Feichtner, W., u. Seyr, B., Sowjetunion. 2 Bde. München 1981–82. (Beck'sche Schwarze Reihe 245 u. 246.)
Handbuch der Geschichte Rußlands. Bd. 3, hrsg. v. G. Schramm. 1. Halbbd., Stuttgart 1983; 2. Halbbd., Lieferungen 11–22, Stuttgart 1983–92.
Heller, M., u. Nekrich, A., Geschichte der Sowjetunion. Frankfurt a. M. 1985 (Fischer Taschenbücher 4346/47).
Hösch, E., u. Grabmüller, H.-J., Daten der sowjetischen Geschichte. Von 1917 bis zur Gegenwart. München 1981. (dtv 3241).
Kasack, W., Lexikon der russischen Literatur ab 1917, Stuttgart 1976.
Kubijovyč, V. (Hrsg.), Ukraine. A Concise Encyclopaedia, Toronto 1963.
Länderbericht Sowjetunion, hrsg. v. H. G. Bütow. Bonn 1988.
Mark, R., Die Völker der Sowjetunion. Ein Lexikon. Opladen 1989.
Osteuropa-Handbuch. Sowjetunion: Das Wirtschaftssystem, hrsg. von W. Markert. Köln/Graz 1965; Verträge und Abkommen, hrsg. v. W. Markert u. D. Geyer. Köln/Graz 1967; Außenpolitik (I–III), hrsg. v. D. Geyer. Köln/Wien 1972–76.
Party and Government Officials of the Soviet Union 1917–1967, ed. by E. L. Crowley, A. I. Lebed, H. E. Schulz. New Jersey 1969.
Prominent Personalities in the USSR. A biographic directory containing 6,015 biographies of prominent personalities in the Soviet Union, ed. by E. L. Crowley, A. I. Lebed, H. E. Schulz. New Jersey 1968.
Radjans'ka encyklopedija istorii Ukrainy. Bd. 1–4. Kiev 1969–72.
Rossi, J., The Gulag Handbook. An Encyclopedia Dictionary of Soviet Peni-

tentiary Institutions and Terms Related to the Forced Labor Camps. Aus dem Russischen übersetzt von W. A. Burhans. New York 1989.

Ruffmann, K.-H., Sowjetrußland. Struktur und Entfaltung einer Weltmacht. München 1967 (dtv 4008).

Scheitz, E., Russische Abkürzungen und Kurzwörter. Russisch-deutsch, mit etwa 20000 Abkürzungen. Berlin 1961. (↑Dictionary of Russian Abbreviations.)

Sovetskaja istoričeskaja ėnciklopedija. Bd. 1–16. M 1961–76.

Sovetskaja voennaja ėnciklopedija. Bd. 1–8. M 1976–80.

Sowjetunion … Ereignisse, Probleme, Perspektiven, hrsg. vom Bundesinstitut für ostwissenschaftliche und internationale Studien Köln. München/Wien 1974 ff.

Sowjetsystem und demokratische Gesellschaft. Eine vergleichende Enzyklopädie, hrsg. von C. D. Kernig. Bd. 1–6. Freiburg/Basel/Wien 1966–72 u. Sonderbd. 1969.

The Blackwell Encyclopedia of the Russian Revolution, ed. by H. Shukman. Oxford 1988.

The Cambridge Encyclopedia of Russia and the Soviet Union, ed. by A. Brown. Cambridge 1981.

The Dictionary of the Russian Revolution, ed. by G. Jackson and R. Devlin. Westport, CT, 1989.

The Military-Naval Encyclopedia of Russia and the Soviet Union, ed. by D. R. Jones. Bd. 1–4, Gulf Breeze, FL, 1978–84.

The Modern Encyclopedia of Russian and Soviet History, ed. by J. L. Wieczynski. Vol. 1–54. Gulf Breeze, FL, 1976–90.

The Soviet Union and Eastern Europe. A Handbook, ed. by G. Schöpflin, London 1970.

The Tauris Soviet Directory. The Elite of the USSR Today. London 1989.

Ukrains'ka radjans'ka encyklopedija. Bd. 1–17 u. Registerbd. Kiev 1959–68 (2. Aufl. Bd. 1–12. Kiev 1977–85). [Parallel dazu die russische Ausgabe: Ukrainskaja sovetskaja ėnciklopedija. 2. Aufl. Bd. 1–12. Kiev 1978–85.]

Vronskaya, J., A Biographical Directory of the Soviet Union 1971–88. London etc. 1989.

Who Was Who in the USSR. A biographic directory containing 5,015 biographies of prominent Soviet historical personalities, ed. by H. E. Schulz, P. K. Urban, A. I. Lebed. New Jersey 1972.

Who's Who in the Socialist Countries. A biographical encyclopedia of 10,000 leading personalities in 16 Communist countries, ed. by B. Lewytskij and J. Stroynowski. New York/München 1978.

Who's Who in the Soviet Union. A biographical encyclopedia of 5,000 leading personalities in the Soviet Union, ed. by B. Lewytskij. München/New York/London/Paris 1984.

Zemtsov, I., The Lexicon of the Soviet Political Terms. Godstone 1985.

Die Entstehung der Union der
Sozialistischen Sowjetrepubliken Ende 1922

0   200   400   600 km

━━━━ Grenze der UdSSR, gegründet 30. 12. 1922

Russische Sozialistische Föderative
Sowjetrepublik (RSFSR)

SSR   = Sozialistische
         Sowjetrepublik

ASSR = Autonome Sozialis-
         Sowjetrepublik

AG   = Autonomes Gebiet

Erklärung der Zahler

1 Weißrussische SSR 1.

Zur Transkaukasischen SFSR gehörend (12. 3. 1922):

2 Georgische SSR 25. 2. 1921
2a Abchasische ASSR 3.1. 1921
2b Adsharische ASSR 16. 6. 1921
2c Süd-Ossetisches AG 23. 4. 1922

3 Armenische SSR 29. 11. 1920

4 Aserbaidschanische SSR 28. 4. 1920
4a AG Nachitschewan Februar 1923
4b AG der Berg-Karabachen 7. 7. 1923

5 ASSR der Krim 18. 10. 1921
6 AG der Mari 4. 11. 1920
7 AG der Tschuwaschen 24. 6. 1920
8 AG der Wotjaken 4. 11. 1920
9 Wolgadeutsche Arbeiterkommune
    19. 10. 1918, am 19. 12. 1923 ASSR
10 AG der Kalmücken 4. 11. 1920

Zur RSFSR gehörend (12. 3. 1920):

11 AG der Adygej-Tscherkessen 27. 7. 1922
12 AG der Karatschajewo-Tscherkessen 27. 6. 1922
13 Kabardinisch-Balkarisches AG 1. 9. 1921
14 ASSR der Bergvölker 20. 1. 1921
15 Tschetschenisches AG 30. 11. 1922
16 Ojrotisches AG 1. 6. 1922

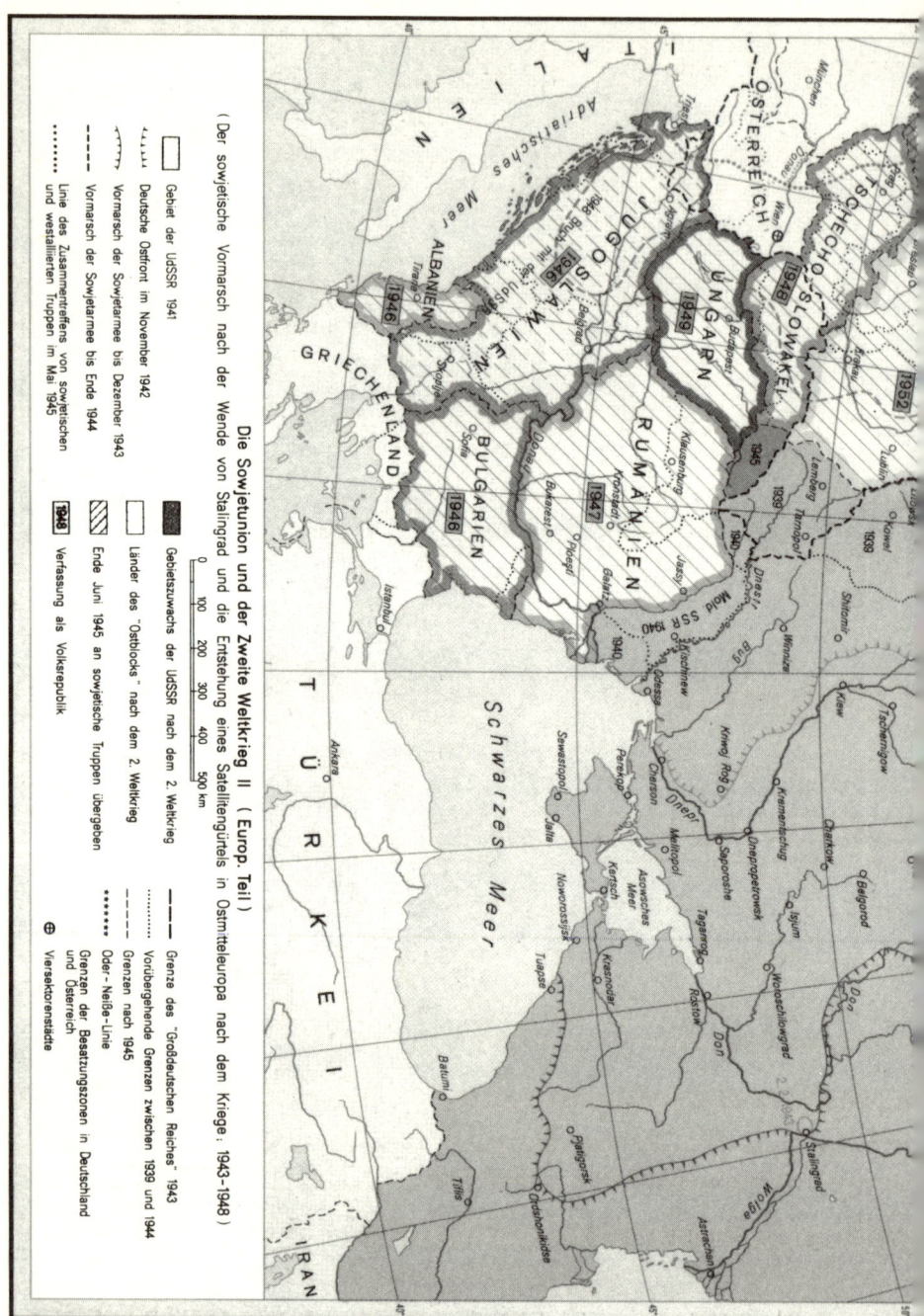

Die Sowjetunion und der Zweite Weltkrieg II (Europ. Teil)

(Der sowjetische Vormarsch nach der Wende von Stalingrad und die Entstehung eines Satellitengürtels in Ostmitteleuropa nach dem Kriege ; 1943-1948)

☐ Gebiet der UdSSR 1941

↟↟↟ Deutsche Ostfront im November 1942

⌄⌄⌄ Vormarsch der Sowjetarmee bis Dezember 1943

— · — Vormarsch der Sowjetarmee bis Ende 1944

········· Linie des Zusammentreffens von sowjetischen und westalliierten Truppen im Mai 1945

■ Gebietszuwachs der UdSSR nach dem 2. Weltkrieg

☐ Länder des "Ostblocks" nach dem 2. Weltkrieg

— — Ende Juni 1945 an sowjetische Truppen übergeben

——— Grenze des "Großdeutschen Reiches" 1943

········· Vorübergehende Grenzen zwischen 1939 und 1944

—·—·— Grenzen nach 1945

★★★★★ Oder-Neiße-Linie

⊕ Grenzen der Besatzungszonen in Deutschland und Österreich Viersektorenstädte

▨ 1946 Verfassung als Volksrepublik

0 100 200 300 400 500 km

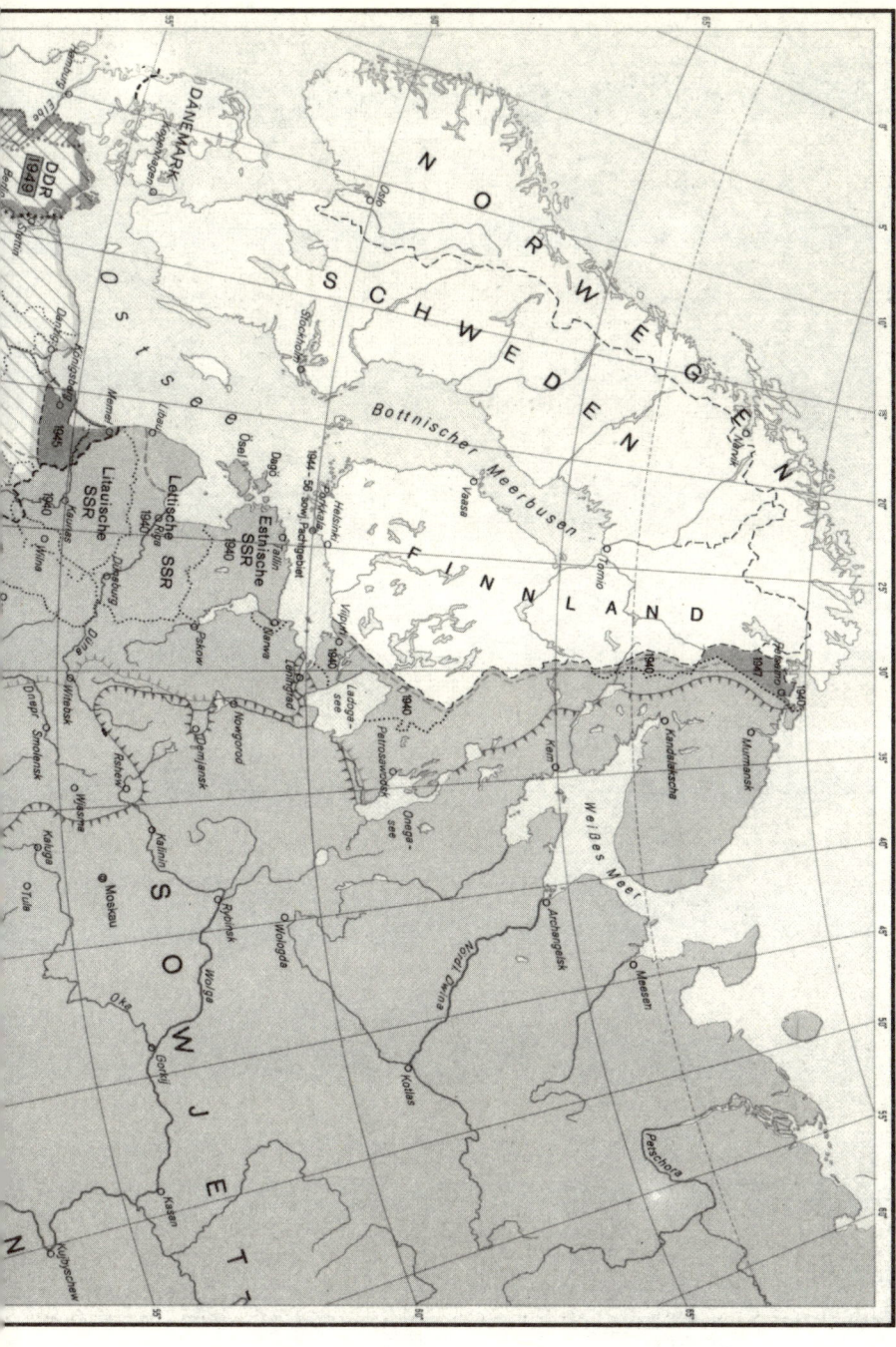

RUSSLAND (DIE SOWJETUNION) IM 20. JAHRHUNDERT

Gebietsveränderungen in der ersten Hälfte
des 20. Jahrhunderts:

Gebietsverluste

Gebietserwerbungen

verlorene Gebiete,
die wiedererworben wurden

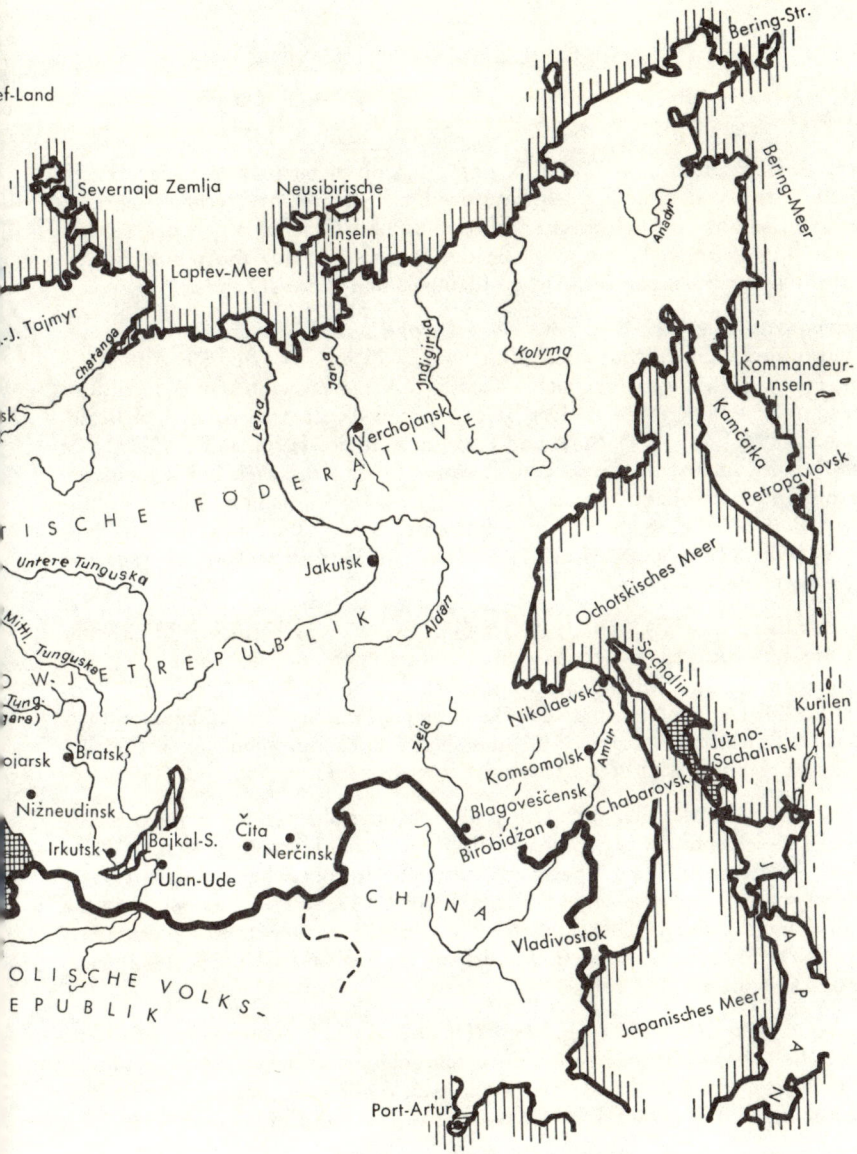

Folgende Unionsrepubliken sind mit Zahlen bezeichnet:

1 Estnische SSR   6 Georgische SSR
2 Lettische SSR   7 Azerbajdžanische SSR
3 Litauische SSR   8 Armenische SSR
4 Weißrussische SSR   9 Tadžikische SSR
5 Moldauische SSR

Die Autoren

René Ahlberg (R. A.), geb. 1930, Dr. phil., ist Universitätsprofessor für Soziologie Osteuropas am Osteuropa-Institut der Freien Universität Berlin. Wichtigste Veröffentlichungen: Dialektische Philosophie und Gesellschaft in der Sowjetunion (1960); Entwicklungsprobleme der empirischen Sozialforschung in der UdSSR (1968); Sozialismus zwischen Ideologie und Wirklichkeit (1979).

Helmut Altrichter (H. A.), geb. 1945, Dr. phil., ist Universitätsprofessor für osteuropäische Geschichte am Institut für Geschichte der Friedrich-Alexander-Universität in Erlangen-Nürnberg. Wichtigste Veröffentlichungen: Konstitutionalismus und Imperialismus. Der Reichstag und die deutsch-russischen Beziehungen 1890–1914 (1977); Staat und Revolution in Sowjetrußland 1917–1922/23 (1981); Die Bauern von Tver'. Vom Leben auf dem russischen Dorfe zwischen Revolution und Kollektivierung (1984); Hrsg.: Die Sowjetunion. Von der Oktoberrevolution bis zu Stalins Tod. Dokumente. 2 Bde. (Bd. 2 zus. mit H. Haumann) (1986/87); Kriegsausbruch 1939. Beteiligte, Betroffene, Neutrale (zus. mit J. Becker) (1989).

Uwe Halbach (U. H.), geb. 1949, Dr. phil., ist Wissenschaftlicher Mitarbeiter am Bundesinstitut für ostwissenschaftliche und internationale Studien in Köln. Wichtigste Veröffentlichungen: Der russische Fürstenhof vor dem 16. Jahrhundert (1985); Der fünfte Punkt: Die Bedeutung ethnischer Beziehungen und nationaler Bewußtseinsprozesse für das Nationalitätenproblem unter Gorbatschow. Ergebnisse und Perspektiven der sowjetischen Reformpolitik (1989).

Klaus Meyer (K. M.), geb. 1928, Dr. phil., ist Universitätsprofessor für osteuropäische Geschichte am Osteuropa-Institut der Freien Universität Berlin. Wichtigste Veröffentlichungen: Theodor Schiemann als politischer Publizist (1956); Das wissenschaftliche Leben in der UdSSR (1959, ²1963). Hrsg.: Die sowjetische Bildungspolitik seit 1917. Dokumente und Texte (zus. mit O. Anweiler) (1961, ²1979); Die Statuten der wissenschaftlichen Akademien der UdSSR (1982); Berlin und Osteuropa (1991).

Rudolf A. Mark (R. A. M.), geb. 1951, Dr. phil., ist Lehrbeauftragter für osteuropäische Geschichte am Institut für osteuropäische Geschichte der Johannes-Gutenberg-Universität in Mainz. Wichtigste Veröffentlichungen: Symon Petljura und die UNR (1988); Die Völker der Sowjetunion. Ein Lexikon (1989).

Michael G. Müller (M. G. M.), geb. 1950, Dr. phil., ist Wissenschaftlicher Mitarbeiter bei der Historischen Kommission zu Berlin. Wichtigste Veröffentlichungen: Polen zwischen Preußen und Rußland. Souveränitätskrise und Reformpolitik 1736–1752 (1983); Die Teilungen Polens, 1772–1793–1795 (1984); Beiträge zum „Lexikon der Geschichte Rußlands" (1985) und zum „Handbuch der Geschichte Rußlands", Bd. 2 (1986 u. 1987/89).

Bernhard Schalhorn (B. Sch.), geb. 1939, Dr. phil., ist Direktor der Ost-Akademie Lüneburg und Chefredakteur der Vierteljahresschrift „Deutsche Studien". Wichtigste Veröffentlichungen: Lokalverwaltung und Ständerecht in Rußland zu Beginn der Herrschaft Nikolaus' I. (1979); Beiträge zum „Osteuropa-Handbuch. Sowjetunion. Außenpolitik", I–II (1972–76), zu „Die Sowjetunion" (1981) und zum „Lexikon der Geschichte Rußlands" (1985).

Hans-Henning Schröder (H.-H. Sch.), geb. 1949, Dr. phil., Wissenschaftlicher Mitarbeiter am Bundesinstitut für ostwissenschaftliche und internationale Studien in Köln und Lehrbeauftragter am Lehrstuhl für osteuropäische Geschichte der Ruhr-Universität Bochum. Wichtigste Veröffentlichungen: Arbeiterschaft, Wirtschaftsführung und Parteibürokratie während der Neuen Ökonomischen Politik (1982); Industrialisierung und Parteibürokratie. Ein sozialgeschichtlicher Versuch über die Anfangsphase des „Stalinismus" 1928–1934 (1988).

Gerhard Simon (G. S.), geb. 1937, Dr. phil., ist Wissenschaftlicher Direktor im Bundesinstitut für ostwissenschaftliche und internationale Studien in Köln und Professor für osteuropäische Geschichte an der Universität zu Köln. Wichtigste Veröffentlichungen: K. P. Pobedonoscev und die Kirchenpolitik des Heiligen Sinod, 1880–1905 (1969); Neue Wege der Sowjetunion-Forschung (zus. mit A. von Borcke) (1980); Nationalismus und Nationalitätenpolitik in der Sowjetunion (1986); Der Umbruch des politischen Systems in der Sowjetunion (1990).

Hans-Joachim Torke (H.-J.T.), geb. 1938, Dr. phil., ist Universitätsprofessor für osteuropäische Geschichte am Osteuropa-Institut der Freien Universität Berlin. Wichtigste Veröffentlichungen: Das russische Beamtentum in der ersten Hälfte des 19. Jahrhunderts (1967); Die staatsbedingte Gesellschaft im Moskauer Reich. Zar und Zemlja in der altrussischen Herrschaftsverfassung, 1613–1689 (1974); Beiträge zum „Handbuch der Geschichte Rußlands", Bd. 2,1 (1986) und zum „Lexikon der Geschichte Rußlands" (1985). Hrsg. des letzteren und der „Forschungen zur osteuropäischen Geschichte", Bd. 25–46 (1978–92).

Politik und Geschichte Rußlands

Ruslan G. Skrynnikow
Iwan der Schreckliche und seine Zeit
Mit einem Nachwort von Hans-Joachim Torke
1992. 377 Seiten. Leinen

Boris Omjotew/John Stuart
St. Petersburg in frühen Photographien
Ausgewählt und erläutert von Boris Omjotew und John Stuart
unter Mitarbeit von Olga Suslowa und Lilija Uchtomskaja
2., durchgesehene Auflage. 1992. 240 Seiten mit 295 Abbildungen.
Broschiert

Andreas Kappeler
Rußland als Vielvölkerreich
Entstehung – Geschichte – Zerfall
1992. 395 Seiten mit 11 Karten. Leinen

Hans-Joachim Torke (Hrsg.)
Lexikon der Geschichte Rußlands
Von den Anfängen bis zur Oktoberrevolution
1985. 446 Seiten. Leinen

Roland Götz/Uwe Halbach
Politisches Lexikon GUS
1992. 309 Seiten mit 24 Grafiken und 12 Karten.
Paperback
Beck'sche Reihe Band 852

Verlag C. H. Beck München